DER NEUE MENSCH

Von CYRIL MOOG

DER NEUE MENSCH

1917–1923

Von CYRIL MOOG

Roman

1. Auflage Januar 2018
© Verlag zeitgeist Print & Online, Höhr-Grenzhausen 2018
© Cyril Moog 2018

Redaktionsschluss: Dezember 2017
Satz: Hoos Mediendienstleistung, Landau
Coverdesign: Grafikfee GmbH, Bingen
Druck und Bindearbeiten: CPI books GmbH, Leck

Printed in Germany
ISBN 978-3-943007-13-8
www.der-neue-mensch.eu
www.zeitgeist-online.de

Für Desirée Khan, mit der mich das Schicksal zusammenführte, woraufhin ich mich auf jene Reise begab, welche mich in meine inwendigen Tiefen führte und damit in die Vergangenheit: in die Geschichte der revolutionären Bewegungen in Deutschland und des aufkeimenden Nationalsozialismus.

Danke an meine liebe Zsófia Tamássy, die mich mit Rat und Tat unterstützte und mir mit all ihrer Erfahrung zur Seite stand, damit ich mein Anliegen verwirklichen möge.

Danke auch an das Team vom Verlag zeitgeist Print & Online, das sich meines Werkes mit Herzblut und Hingabe angenommen hat.

Zu diesem Buch

Deutschland, Ende des Ersten Weltkrieges, Wiege des »neuen Menschen«: Revolution liegt in der Luft, gesellschaftlicher und kultureller Aufbruch, daneben blüht der Revanchismus. Der Roman erzählt – vor authentischem Hintergrund – die Geschichte von Anna und Heinrich, die sich von Kindesbeinen an kennen. Inmitten der Wirren dieser spannungsreichen Epoche suchen sie nach Orientierung: Anna begeistert sich für all das Erwachende, für neue Formen der Selbstentfaltung, für neue Kunst und Literatur. Kriegsheimkehrer Heinrich hingegen, traumatisiert von den Schlachtfeldern, erlebt beim bayerischen Militärgeheimdienst hautnah mit, wie Hitler zum Führer aufgebaut wird.

»Räterepublik in München – unfassbar!«

So ähnlich denken beide, meinen aber etwas gänzlich anderes: Heinrich ist entsetzt, voller Wut auf die »Bolschewisten« stürzt er sich an der Seite der Freikorps in den Häuserkampf – und entdeckt Anna: Stolz schreitet sie in erster Reihe neben den Revolutionären Ernst Toller und Gustav Landauer durch die Straßen. Dennoch: Anna und Heinrich halten zusammen, ein unsichtbares Band verknüpft sie.

Auf ihrem Weg von München über Berlin nach New York, Detroit und zurück kommt es zu überraschenden Wendungen, zudem begegnen ihnen zahllose Größen jener Zeit, etwa im Café Größenwahn, bei konspirativen Treffen diverser Bruderschaften, auf der 2. Internationalen Eugenik-Konferenz, im Harlemer Jazzclub oder auf dem Monte Verità. Und langsam wächst bei beiden ein tieferes Verständnis von den Wirkmächten hinter dem Weltgeschehen, die auch ihre Geschicke zu lenken suchen …

INHALT

Vorwort 11

I. Präludium 17

II. Neue Aufgaben............ 25

III. Schulung 75

IV. Aufbruch 141

V. Vereinigung 213

VI. Schattenspiele 247

VII. Unterwelt 323

VIII. Machtspiele 349

IX. Eskalation 381

X. Verzweiflung 411

XI. Finale 451

Bibliografie 485

Abbildungsnachweis 495

VORWORT

»Die Seele ist ungeboren, uralt, immer dauernd.
Sie wird nicht erschlagen, wenn der Körper erschlagen wird.«
Aus der Bhagavad Gita

Nach Jahren des Umherschweifens, letztlich wohl des Ausweichens vor der Aufgabe, bin ich nun also doch dem Drange erlegen, jene Geschichte niederzuschreiben, die da in mir rumorte und pochte und mir die Ruhe raubte. Und allein wenn ich sehe, in welcher Diktion ich hier beginne, schaudert es mich – als würde ein anderer, ein Früherer, die Feder führen und aus mir sprechen, als überlappten sich in mir die Zeiten. Tatsächlich offenbaren sich mir die geschilderten Geschehnisse vor meinem inneren Auge, als sei ich selbst darin verstrickt gewesen und hätte grauenhafte Untaten begangen, obgleich mich heute doch kein vernünftig denkender Mensch dafür mehr verantwortlich machen könnte, bin ich selbst doch erst sehr viel später, 1970, im Zeichen des Krebses, geboren.

Da aber doch nun mal *Erinnerungen* an eine Zeit viele Jahre vor meiner Geburt in mir aufstiegen und ich in ein intensives inneres Bilderleben eintauchte, woraufhin ich die hier erzählte Geschichte mit beeindruckender Leichtigkeit aufzuschreiben vermochte, als sei es meine eigene, so gibt es dafür nur zwei mögliche Erklärungen: Entweder spielten meine neuronalen Netzwerke ein merkwürdiges Spiel mit mir – was ja weiterhin bedeutete, dass sämtliche Kreativität in Nervenzellen angesiedelt wäre –, oder unser materialistisches Weltbild ist schlichtweg falsch. Auch wenn das Kulturestablishment entrüstet aufschreien respektive müde mit den Schultern zucken wird, so ist es mir jedenfalls Beweis genug, dass es sich mit der Realität keineswegs so verhält, wie man es sich gemeinhin vorstellt, nämlich dass wir keine eigenständigen Wesen sind, sondern dass auch die hehrsten Gedanken des Wahren, Schönen und Guten selbst von hochangesehenen Meinungsmachern quasi als Ausscheidungen betrachtet werden müssen, das Gehirn gleichsam als Verdauungsorgan, das uns gleichzeitig vormacht, wir seien es selbst, die da denken, urteilen und entscheiden. Somit ist es denn nichts anderes als eine Reduktion höherer Ordnungen vonseiten der Wissenschaften, wenn sie Körper auf Zellen, Zellen auf Moleküle, Moleküle auf Atome und diese auf sich verflüchtigende Wellen zurückführen, die sich mit der Quantenphysik nunmehr im Nichts zu verlieren scheinen. Und auch wenn mancher meint, sich von der unzeitgemäßen Umklammerung religiöser Weltbilder und der Bevormundung durch Priesterkasten befreit zu haben, so wurde doch im Ergebnis das Kind mit dem Bade ausgeschüttet, weil man uns eben nicht nur aufklärte, sondern in der Konsequenz der Prämissen strenger Wissenschaftlichkeit vor einen Abgrund gähnender Leere und Langeweile führte und dort alleine ließ mit der vermeintlich fundierten Anschauung, dass wir uns im Tode einfach nur in nichts auflösten.

In unserer Zeit der schnellen Lektüre und seichten Gewässer ist dies nun ein Buch für all jene, welche die historischen Hintergründe – die Wurzeln sowie deren feine Verästelungen – der geistigen Entwicklung hin zum Nationalsozialismus kennenlernen und verstehen möchten, wie Menschen dazu kamen, dem Dämon zu folgen und ihn in sich aufzunehmen. Ihm gegenüber stehen Potenziale, die nicht nur in Deutschland hinweggespült wurden, erfasst von einer mächtigen Welle, die sich Anfang des 20. Jahrhunderts und nach Ende des Ersten Weltkriegs forciert weltweit aufbaute. Dies zeigt sich an der Geschichte von Heinrich und Anna, beide im Jahr 1900 geboren. Sie erzählt einerseits von dem lichten Feuer, welches sich in Annas Herz entzündete, andererseits von jener eisigen Dunkelheit, in die Heinrich hineingezogen wurde, und offenbart die Machenschaften derer, welche dafür verantwortlich zeichnen, was die Deutschen stets nur sich selbst aufbürdeten. Dies mag zu einem durchaus befreienden Erlebnis führen – und auch auf unsere heutige Zeit ein erhellendes Licht werfen.

Cyril Moog
Frankfurt am Main, 24. Dezember 2017

»Erschaffung des Lichts« von Gottfried Graf, 1916, Holz-
schnitt

Davos, Mitte November 1923.

»*Heinrich...!*« Annas Stimme hallte in mir nach.

»*Heinrich...!*«

Eine schwere Detonation lässt mich aufschrecken. Die Einschläge der Artillerie, die aufsteigenden Rauch- und Feuersäulen, sie kommen immer näher. So schnell ich nur kann, stehe ich auf und renne voller Panik den Hang hinab. Falle immer wieder hin, rappele mich auf und laufe weiter. Ringsumher liegen die Kameraden, von Kugeln getroffen oder in Stücke gerissen, ein heilloses Durcheinander, Angst und Verwirrung. Bald renne ich durch die verschneiten Gassen von Davos, gejagt von Dämonen.

Da kommt ein Soldat auf mich zu. Ein Feind? Ich greife in meine Brusttasche und ziehe den Revolver hervor...

»*Heinrich! Nicht schießen!*«

Meine Hand zittert, doch ich halte weiter auf ihn zu.

»*Heinrich! Ich bin es...*«

Da erkannte ich sie endlich und fiel mit einem Schluchzen auf die Knie, die Waffe rutschte mir in den Schnee. Anna ließ sich ebenfalls fallen und nahm mich in den Arm. So verharrten wir, Anna und ich hielten uns fest, als wären wir von einem anderen Stern gemeinsam auf diesem Planeten gestrandet...

I. PRÄLUDIUM

Soldaten

München, 16. August 1917. Ich stand in meiner neuen Uniform vor dem Grab meines Bruders Hubertus auf dem Alten Südlichen Friedhof und hielt meine Mütze in der Hand, eine Rose in der anderen. Ringsumher wuchsen Gräser, darin weiße Blütentupfer. Über mir rauschte der Wind in den Blättern der alten Bäume. Ich schloss kurz die Augen, lauschte dem heiteren Zwitschern der Vögel, die den Sommertag zu feiern schienen, atmete die vielfältigen Düfte ein, die friedliche Atmosphäre, und spürte nichts ahnend dem warmen Lufthauch hinterher, ohne einen Schimmer, was in den kommenden Jahrzehnten auf mich zukam – dass ich, das ganze Land, ja die ganze Menschheit an den Abgrund geführt werden sollte.

Hinter der Grabstätte ragte eine Säule empor, auf der ein Engel gen Himmel wies. »Ich habe fast den Eindruck, der Himmelsbote dort möchte mir etwas mitteilen«, sagte ich zu Hermann von Stieglitz, der mit andachtsvoll gefalteten Händen neben mir stand.

In seiner Familie hatte ich das letzte Jahr verbracht, nachdem mein Großvater verstorben war. Meine Mutter war schon lange tot, und mein Vater reiste in der Welt umher. Hermann von Stieglitz, sein alter Freund, hatte dafür gesorgt, dass ich bei seiner Frau und seinen Töchtern in München unterkam. Denn auch er lebte schon seit Jahren räumlich getrennt von den Seinen, zunächst in Mannheim, wo er vor dem Krieg Direktor bei der Badischen Anilin- und Sodafabrik gewesen war. Heute arbeitete er als Finanzberater in der Kriegsrohstoffabteilung des preußischen Kriegsministeriums. Nun war er überraschend aus Berlin angereist, um bei meiner Verabschiedung dabei sein zu können, denn ich würde noch heute in den Krieg ziehen, so war es mein Wunsch.

»Vielleicht, dass dein Bruder jetzt sehr stolz auf dich wäre«, antwortete er mit seiner sonoren Stimme.

Ich schluckte.

Stieglitz legte vertrauensvoll seine große Hand auf meine Schulter. Auch wenn sein Haar schon deutlich dünner wurde, so schien doch jede Pore seines fülligen Körpers einen unbändigen Willen auszuströmen, der ihn von Erfolg zu Erfolg führte. Er trug einen Maßanzug aus feinstem, leicht glänzendem Stoff, hatte aber einen breiten Schädel und starke Wangenknochen, als stamme er aus einem schweizerischen Alpendorf. Nun blickte er mich mit großen, Intelligenz ausstrahlenden Augen an und sagte: »Heinrich, du weißt, dass du dich jederzeit an mich wenden kannst.« Er stockte einen Moment lang und fuhr dann fort: »Du hattest eine sehr schwere Kindheit und Jugend, aber dank deiner inneren Stärke hast du alle Schicksalsschläge bewältigt. Erst deine Mutter, dann deine Großeltern und nun auch noch dein Bruder…« Sanft schüttelte er seinen Kopf.

»Meinen Sie wirklich, er hat sich umgebracht?«, fragte ich mit einem Kloß im Hals.

»So jedenfalls stand es in dem Brief der Armee.«

»Wäre er doch im Kampf gefallen! Das wäre wenigstens ehrenvoll gewesen. Aber so…«

»Nun, vielleicht hat er die Grausamkeiten an der Front nicht ertragen können, er war ja nicht wie du. Ich habe den größten Respekt vor deinem Mut, deiner Entschlossenheit. Du erinnerst mich an deine Mutter…«

»Wie gut haben Sie sie eigentlich gekannt?«, fragte ich.

»Es ist schon sehr lange her.« Er nahm die Hand von meiner Schulter. »Sie war sehr schön. Äußerlich glich sie dir, auch sie hatte dunkelblonde Haare und blaue Augen. Allerdings war sie nicht so sportlich wie du, sondern zart gebaut. Daneben aber äußerst willensstark.«

»Und sie vermochte meinen Vater hier in Deutschland zu halten. Doch nun steht er auf der Seite des Feindes!«, fügte ich traurig hinzu.

Stieglitz seufzte. »Paul de Lanoy ist Belgier – was kann er schon tun? Ich bin sicher, dass du ihn wiedersiehst, sobald der Krieg vorüber ist.«

Ich nickte und schwieg. Tatsächlich hatte ich einen etwas ungewöhnlichen familiären Hintergrund: Meine französische Großmutter mütterlicherseits hatte meinen in Niederschlesien beheimateten Großvater geheiratet, der aus preußischem Adelsgeschlecht stammte. Meine Mutter wiederum vermählte sich mit einem belgischen Bankier, sodass man ohne Übertreibung sagen konnte, ich kam aus einer dem westlichen, frankophonen Europa äußerst zugewandten Familie. Doch dann starb Mutter an Tuberkulose, und kurz darauf, 1905, übernahm Vater einen Posten bei der Belgischen Nationalbank in Brüssel. Ich war erst fünf Jahre alt, da ließ er uns bei den Großeltern im niederschlesischen Creisau zurück. Hubertus und ich waren am Boden zerstört. In den Folgejahren bekamen wir unseren Vater nur ganz sporadisch zu Gesicht, seine

Eltern sahen wir nie wieder. Ich begann eine tiefe Antipathie für meinen Vater zu entwickeln. Fortan weigerte ich mich, seinen Namen zu tragen, und nannte mich stattdessen nach den Eltern meiner Mutter: Heinrich von Trott.

Als ich sieben war, starb meine Großmutter an derselben verfluchten Krankheit wie meine Mutter, sodass nur noch mein Großvater übrig blieb, der uns im Sinne des Preußentums und mit der Überzeugung, einer aristokratischen Herrenschicht anzugehören, heranzog. Seit der Reichsgründung 1871 predigte er gern den Niedergang der liberalen Bewegung.

Hubertus meldete sich gleich 1914, um am Großen Krieg teilzunehmen. Sein Suizid vor wenigen Monaten war für mich noch ganz irreal, völlig unerklärlich. Vor allem aber war es unendlich schmerzhaft. Nun war auch ich Soldat, und ich rechnete mir keine großen Überlebenschancen aus.

»Sobald das alles vorüber ist«, sagte Stieglitz, »werde ich mich für dich einsetzen.«

Ich blickte zu Boden. »Sie haben schon so viel für mich getan.«

Er lächelte. »Ach was. Nach einem Studium kann ich dir einen Posten in der Industrie verschaffen. Wenn du möchtest, bei der BASF.«

»Anna hat mir erzählt, dass man Sie dort schätzt. Sicher gehen Sie nach dem Krieg zurück nach Mannheim?«

»Wie geht es Anna eigentlich?«, fragte er, anstatt zu antworten. »Ich habe in den letzten Wochen kaum etwas von meiner ältesten Tochter gehört. Und wenn ich es richtig sehe, habt ihr beide viel füreinander übrig, oder?« Er grinste verschmitzt.

»Nun, ich denke, es geht ihr ganz gut«, antwortete ich etwas verunsichert. Ich hatte keine Ahnung, woher er von unserer Liaison wusste. Doch schien es ihn ja keineswegs zu stören. »Allerdings weiß sie noch gar nicht, dass ich morgen früh fahre. Aber ich kann Ihrer Familie auch nicht ständig auf der Tasche liegen.«

Stieglitz neigte den Kopf zur Seite. »Ich respektiere deine Entscheidung, Heinrich. Aber du musst wissen, dass du für mich zur Familie gehörst!«

Ich nickte ernst, legte die Rose auf das Grab meines Bruders und setzte die Mütze auf. »Zeit für mich zu gehen.«

Schon morgen früh

Am späten Nachmittag eilte Anna durch die Hans-Sachs-Straße im Münchner Glockenbachviertel, die von grauen, grünen und ocker-farbenen Altbauten gesäumt war. Ihre blonden, schulterlangen Haare wippten, und ihre grünen, slawisch anmutenden Augen funkelten voller Lebensfreude. Gut gelaunt klemmte sie im Laufen ein Buch unter den linken Arm, fischte ihren Schlüssel aus der Tasche, um sogleich die Tür zu einem der Patrizierhäuser aufschließen zu können. Innen stürmte sie die Stufen bis in die dritte Etage hoch, öffnete möglichst leise die schwere Tür und schlüpfte in die Wohnung. Doch ihre Mutter hatte sie gehört und trat in den Flur.

»Wo bist du nur wiederrr gewäsen?« Elina von Stieglitz schaute sie streng an. Die jüdischstämmige Russin aus St. Petersburg, deren Vor-fahren vom Zaren für ihre Verdienste um die Finanzierung des Hofes geadelt worden waren, zeigte sich einmal mehr elegant gekleidet, im französischen Sinne sogar durchaus etwas kokett. Die mit grauen Strähnen durchzogenen Haare waren kunstvoll geflochten, sodass ihre hohe Stirn gut zur Geltung kam. Allerdings begann sie ein wenig in die Breite zu gehen, was ihrer lasziven Sinnlichkeit jedoch keinen Abbruch tat. Hermann von Stieglitz war ihr während eines Urlaubs in der Schweiz begegnet und hatte ihr anschließend lange Zeit den Hof gemacht. Schließlich gab sie ihm das Ja-Wort – unter der Voraussetzung, dass sie immer wieder einige Monate lang in St. Petersburg würde leben kön-nen. So war die Familie mit den drei Töchtern zwischen Russland und Deutschland hin und her gependelt, in Deutschland zusätzlich zwischen München und Creisau, wo Elinas Eltern eine Sommerresidenz besaßen. Hier hatten sich Anna und Heinrich kennengelernt. Doch da sich die Kommunisten jetzt ihrer Heimatstadt bemächtigt hatten, kehrte Elina St. Petersburg zentnerschweren Herzens den Rücken. Seit 1916 lebte die Familie in München.

Anna lächelte ihre Mutter entwaffnend an, das Buch mit verschränk-ten Armen vor ihrer Brust, und antwortete: »Unterwegs. Ist Heinrich schon zurück?«

»Ja. Weißt du, wo er heute Morgen war?«

»In der Bibliothek«, antwortete Anna. »Zumindest hat er mir das er-zählt. Wo soll er denn sonst gewesen sein?«

Ihre Mutter ließ sich nicht ablenken, sie musterte Anna von oben bis unten. »Und du? Schon wieder in Schwabing?«

Anna bemerkte plötzlich ihre beiden jüngeren Schwestern Alice und Barbara, die durch eine halb geöffnete Tür lugten.

»Ja, ich war im Café Stefanie. Und ich habe einen Maler kennengelernt!«, antwortete sie mit leicht trotzigem Unterton und versuchte, an ihrer Mutter vorbeizulaufen.

Elina hielt sie fest und verzog missbilligend die Mundwinkel. »Wieder so einen Bohemien?«

»Nein, ein Russe. Wassily Kandinsky. Abstrakte Malerei.« Sie strahlte.

»Was für ein Firrrlefanz! Ich habe dir doch immer wieder gesagt, dass du dich von diesen Taugenichtsen fernhalten sollst! Übrigens ist Heinrich auf dem Friedhof gewesen.«

Anna runzelte die Stirn. »An Hubertus' Grab?«

»Ja. Dein Vater hat ihn begleitet.«

»Papa ist da? Warum hast du mir das nicht erzählt? Was ist denn los?«

»Heinrich hat mich darum gebeten. Dein Vater ist aus Berlin angereist, um sich von ihm zu verabschieden.«

»Wie bitte? Was ist...« Annas Stimme kippte, das Blut wich ihr aus dem Gesicht. Sie ahnte etwas.

Ihre Mutter ging auf sie zu. »Heinrich verlässt uns morgen früh, er hat sich zur Armee gemeldet.«

Abschied

Als ich nach dem Abendessen, an dem Anna nicht teilgenommen hatte, zurück aufs Zimmer ging und das Licht andrehte, fuhr ich zusammen: Sie saß in meinem roten Sessel in der Zimmerecke. »Du hättest es mir sagen können...«

Sachte schloss ich die Tür hinter mir und lehnte mich dagegen. Wir schwiegen und blickten uns an, sahen einander in die Herzen, einen Moment lang, eine Ewigkeit.

Schließlich nahm Anna das Buch, welches neben ihr auf dem kleinen runden Tisch lag, und schlug es auf. Jacob Burckhardt, der Schweizer Kulturhistoriker. Während ihr die Tränen übers Gesicht liefen, begann sie zu lesen, wobei ihre Stimme immer wieder brach, sodass es mir schier das Herz zerriss. »Wenn der deutsche Geist noch einmal aus seinen innersten und eigensten Kräften gegen diese große Vergewaltigung durch die äußere, materielle Zivilisation reagiert, wenn er ihr eine neue Kunst, Poesie und Religion entgegenzustellen imstande ist, dann sind wir gerettet. Ich sage Religion, denn ohne ein überweltliches Wollen, das den ganzen Macht- und Geldrummel aufwiegt, geht es nicht.«

»Wir werden dem etwas entgegensetzen«, sagte ich leise.

»Nur im Frieden …« Sie blickte zu mir hoch, ihre Augen schwammen. Dann sprang sie auf, lief zu mir, umarmte mich und drückte mich an sich, als wolle sie mit mir verschmelzen. »Heinrich«, sagte sie flehend, »der Krieg ist nichts als ein Abgrund. Das Verderben. Finsternis …«

Jekyll Island

April 1918, Georgia, USA. Der Küstenstreifen war übersät mit den Ästen abgestorbener Bäume, die wie Knochen aus dem Sand ragten.

»Als wären wir hier an einem Korallenriff.« Paul de Lanoy schüttelte den Kopf. »Einfach skurril.«

Hermann von Stieglitz hielt die Nase in den Wind und genoss die frische Brise. »Das verdammte Meer holt sich Stück für Stück die gesamte Insel zurück.«

Die beiden wirkten deplatziert hier am Strand mit ihren polierten Schuhen, den eleganten Anzügen und Krawatten, die ihnen um die Ohren flatterten. De Lanoys schmale Lippen zierte zudem ein feiner Schnurrbart.

»Wie geht es Heinrich?«, fragte er.

»Dein Sohn schlägt sich wacker«, antwortete Stieglitz und massierte sich den Nacken. »Immer an vorderster Front dabei. Du kannst sehr stolz auf ihn sein.«

»Hat er mal nach mir gefragt?«

»Vor ein paar Wochen. Ich habe ihm geschrieben, dass ich nichts von dir gehört hätte.«

De Lanoy nickte traurig. »Und Anna?«

»Ich habe sie nicht oft sehen können. Generell die ganze Familie.«

»Ja, ich weiß.«

»Aber Elina schreibt, dass sich Anna viel mit diesen Literaten und Revolutionären in München herumtreibt.«

»Sie bringt sich doch nicht etwa in Gefahr?«, fragte de Lanoy besorgt. »Die Armee wird irgendwann mit den Aufständischen kurzen Prozess machen. Du solltest deine Tochter warnen, unbedingt!«

»Sobald ich mich für ein, zwei Tage freimachen kann, werde ich das tun.«

Einen Moment schwiegen beide. De Lanoy blickte auf die Brandung des Atlantischen Ozeans. »Meinst du, dass wir unsere Ziele erreichen werden?«

Stieglitz hob die Schultern, doch die Frage versetzte ihm einen Stich, denn Deutschland, seine Heimat, war drauf und dran, den Krieg zu verlieren. Allerdings hatte er sehr ambivalente Gefühle, was die Entwicklung in Mitteleuropa anging. Denn ihn hielten noch andere, der Öffentlichkeit unbekannte Bande. Egal wem gegenüber er sich loyal verhielt – einer Seite musste er zum Verräter werden.

»Schau mal«, sagte de Lanoy plötzlich, »der bricht sich noch den Hals.« Belustigt sahen sie einen Butler auf sie zukommen, der strauchelnd gegen den Wind ankämpfte, hinter ihm das große, herrschaftliche Gebäude, in dem sie zurzeit gemeinsam an einer Besprechung des Round Table teilnahmen.

Der Diener winkte ihnen eilfertig zu. Kurz darauf stand er vor ihnen und brachte etwas außer Atem hervor: »Lord Hellbroke wünscht Sie zu sprechen!«

Vor dem Anwesen, das mit Marmorstatuen und ionischen Säulen gesäumt war, standen kleine Gruppen von Männern, die ihre Gespräche unterbrachen und ihnen hinterherschauten, als sie dem Butler ins Haus folgten. Stieglitz staunte einmal mehr über die langen, verwinkelten Flure, durch die sie geführt wurden, eine Ahnengalerie entlang, Gemälde reihte sich an Gemälde. Wie seltsam, dachte er, so groß das Anwesen auch war, es schien ausgeschlossen, dass ein Gang so weit nach innen gehen könnte – endlos, als würde sich die Zeit darin zähflüssig dehnen. Aus einem der Zimmer vernahm er das rhythmische Schlagen einer Pendeluhr. Tiefer, immer tiefer hinein ging es. Endlich blieb der Diener vor einer Tür aus verziertem Holz stehen. Als er sie öffnete, blickten sich die beiden Freunde an. Was könnte der Alte von ihnen wollen? War ihnen ein Fehler unterlaufen? Zögernd betraten sie ein geräumiges, im Halbdunkel liegendes Büro. Hinter ihnen fiel die Tür ins Schloss, sie hörten ein schnarrendes Geräusch. Der Butler hatte sie eingeschlossen! Stieglitz schnappte nach Luft.

Lord Hellbroke saß hinterm Schreibtisch in einem hochlehnigen Ledersessel, langsam zeichnete sich sein Spinnwebgesicht im Gegenlicht ab. »Kommt nur näher«, sagte er und wies auf zwei Sessel ihm gegenüber. Als sie sich setzten, konnte sich Stieglitz wieder einmal des Gefühls nicht erwehren, dass ihm etwas im Hosenbein hochkrabbelte. Auf dem Schreibtisch stand eine Büste des Kunsthistorikers John Ruskin, davor lagen einige lose Blätter, die offenbar Regionen der Welt abbildeten; eines zeigte die eurasische Landmasse, darauf hatte jemand mit zittriger Hand in Großbuchstaben »PIVOT AREA« geschrieben, eine zweite Region, die von Westeuropa über den Nahen Osten bis nach China reichte, war mit »INNER CRESCENT« gekennzeichnet. Und auf einem äußeren Ring, bestehend aus Großbritannien, Kanada, den USA, Südafrika, Australien und Japan, las Stieglitz »LANDS OF OUTER CRESCENT«. Was mochte das bedeuten?

Lord Hellbroke wollte etwas sagen, wurde aber zunächst von einem heftigen Hustenanfall geschüttelt. Anschließend musterte er sie mit seinen leicht blutunterlaufenen Augen. Stieglitz wartete gespannt. Doch der Alte musste erneut husten. War er denn so krank? Schließlich lehnte er sich vor und bedachte ihn und Paul de Lanoy mit einem Raubtierlächeln. »Ihr beiden«, hob er an, »habt wahrlich Großes für uns und das Empire geleistet. Ihr gehört zu unserer Speerspitze auf dem Kontinent. Und ihr dürft nie in Zweifel ziehen, dass ihr mich über all die Jahre mit Stolz erfüllt habt!« Er hielt einen Moment inne und saugte rasselnd Luft ein. »Bisher war euer Leben ein einziger Sonnenaufgang. Sehr bald aber soll die Sonne hell über euch erstrahlen. Nur noch eine Schwelle müsst ihr überschreiten, um in den inneren Kreis zu treten.«

Eine Schwelle? Was könnte er damit meinen? Stieglitz ahnte, dass jetzt das Wichtigste folgen würde, und atmete tief ein. Offenbar wartete Hellbroke aber zunächst auf eine Reaktion ihrerseits. Also richtete er sich auf, räusperte sich und sagte: »Mylord, was können wir für Sie tun?«

II. Neue Aufgaben

Heimkehr

16. April 1919, in der Nähe von Ulm. Schneeschleier umwehten die Windschutzscheibe, die Landschaft war wie von einem Leichentuch bedeckt. Während sonst um diese Jahreszeit die Hoffnung auf den Frühling, auf einen Neuanfang keimte, schien dieser Winter kein Ende nehmen zu wollen. Ich blickte aus dem nach Benzin stinkenden Heereslastwagen und dachte an all die Kameraden, die in der kalten Erde lagen. Ich aber war ein Überlebender…

»Willkommen in der Heimat«, sagte der Fahrer mit ironischem Unterton, während sein Atem in der kalten Luft kondensierte, ein junger Kerl, vielleicht gerade 18, der Mühe hatte, die Augen offen zu halten, während er das Lenkrad mit schmutzigen Händen fest umklammerte, als müsse er auf hoher See navigieren. Wir befanden uns auf einer rumpligen Landstraße Richtung Ulm, die sichtbar noch Spuren des Krieges zeigte, und waren in dicke Decken eingewickelt, da sich das Fenster neben mir nicht mehr ganz schließen ließ.

Wie so viele meiner Kameraden war ich noch immer gezeichnet von den Strapazen der letzten Monate des Krieges, der bis in den November hinein getobt hatte: Kantige Backenknochen, fahle Haut und Augenringe zeugten davon, dass die Schrecken weiterwirkten, auch wenn der Krieg vorbei war und wir uns nun schon seit einigen Wochen neuen Aufgaben stellen mussten.

Nachdem ich mich 1917 zur Armee gemeldet hatte, schickte man mich zur weiteren Ausbildung ausgerechnet nach Belgien. Dort wurde auf einem großen schlammigen Exerzierplatz ein Sturmbataillon zusammengestellt, eines jener Himmelfahrtskommandos, das die meisten von uns direkt in die Arme des Todes trieb. Trotz heftigem Beschuss von Flachbahngeschossen hatten wir in die feindlichen Schützengräben einzudringen, um der unmittelbar danach eingreifenden Infanterie den Weg zu bahnen. Wenn ich jetzt daran dachte, sah ich noch immer die entsetzten Augen der Soldaten aufblitzen – Franzosen und Belgier –, die ich töten musste, um mein eigenes Leben zu retten. Dabei war mir stets zumute, als zöge ich gegen einen Teil meiner selbst zu Felde – ein

Albtraum ohnegleichen. Ich kann mich an keinen Traum entsinnen, der auch nur annähernd so schrecklich gewesen wäre wie der Alltag an der Front! Dabei waren die schlimmsten Bilder noch verdrängt, in ein abgrundtiefes Loch gestürzt, von wo sie mich heimsuchten und quälten. Immer wieder.

»Zigarette?« Der Fahrer hielt mir ein Päckchen entgegen. Ich nickte dankbar, doch noch während ich eine herauszog und mit einem Streichholz anzündete, drifteten meine Gedanken schon wieder ab. Beim Fronteinsatz war der Kanonendonner teilweise so lebhaft gewesen, dass man einzelne Schüsse nicht unterscheiden konnte, man hörte nur ein unentwegtes Rollen. Und welche Verwüstungen die Artillerie anrichtete! Nie werde ich das groteske Bild vergessen: zwei Soldaten, ein deutscher und ein französischer, die sich noch im Tode wie zwei besoffene Freunde gegenseitig stützten, nachdem einer den anderen mit dem Bajonett durchbohrt hatte. Wie gerne wäre ich damals einfach eingeschlafen, um nach Ende des Krieges, im Frieden, wieder aufzuwachen. Stattdessen kamen 1918 die Januarstreiks. Vor allem die in den Rüstungsbetrieben blieben nicht ohne Wirkung an der Westfront. Angesichts der bevorstehenden großen Offensive – der letzten, wie heute klar war – stießen die Aktionen bei den Soldaten auf heftige Ablehnung, auch wenn so mancher hinter vorgehaltener Hand Sympathie für die Aufständler signalisierte. Später hörten wir, dass an die 50 000 streikende Arbeiter zwangsweise eingezogen worden waren.

»Wenn das mit dem Scheißschnee nicht bald aufhört, werd' ich noch anhalten müssen«, schimpfte der Fahrer und kniff die Augen zusammen. »Ich sehe überhaupt nichts mehr!«

»Auf keinen Fall, los, fahr weiter!«, trieb ich ihn an. »Wir müssen die Waffen noch heute in Ulm abliefern. Beeil dich lieber, bevor es ganz dunkel wird.«

»Na, den Wettlauf können wir kaum gewinnen«, entgegnete er und zog an der Zigarette, als wäre es seine letzte. Tatsächlich wurde es immer düsterer, vor uns im spärlichen Scheinwerferlicht tauchte die Landstraße in die Schneeschleier ein, neben uns streckten vereinzelte Bäume ihre Äste in die Höhe.

Nachdem die Großoffensive, mit der endlich ein Durchbruch im Westen erreicht werden sollte, über dem unwegsamen, zerschossenen Gelände wieder zum Erliegen gekommen war, sehnten viele Kameraden nur noch die Niederlage herbei – letzter Garant für den Frieden. Wie schnell doch unser Kampfeswille in sich zusammengebrochen war! Bald darauf, nachdem die Monarchie nicht mehr haltbar war, durften keine Bilder mehr des Kaisers, Hindenburgs und Ludendorffs in den improvisierten Kinos gezeigt werden.

Nach Kriegsende wurde unser Regiment nach Ulm abkommandiert, wo das Oberkommando Ulm gebildet wurde, es unterstand Generalmajor Arnold von Möhl, ebenso wie alle mobilen, bayerischen und württembergischen Truppen am Lech, denen auch die neu aufgestellten Freikorps zugeordnet werden sollten. Man wollte also nun uns »brave Frontsoldaten« gegen die Matrosen ausspielen, welche die Revolution vom Zaun gebrochen hatten. Dabei vergaßen viele, dass auch an der Front die Stimmung reif dafür gewesen war.

Einer derjenigen, die den Auftrag erhalten hatten, ein Freikorps zur Rückeroberung Münchens aufzustellen, war Rudolf von Sebottendorf, eine Persönlichkeit, um die sich verschiedenste Gerüchte rankten wie Efeu um ein verwunschenes Schloss. Ihm sollte ich demnächst als Verbindungsoffizier zur Seite stehen, um die Zusammenarbeit mit der bayerischen Armee sicherzustellen. Ich war ausgesprochen überrascht, dass man mich hierfür ausgewählt hatte – war ich doch während des Krieges als Sturmtruppsoldat mit ganz anderen Aufgaben betraut gewesen. Ich hatte versucht, es abzulehnen, aber Befehl war Befehl. Ich solle es als große Ehre ansehen, so sagte man mir, als Vertrauensbeweis, denn es zeigte, dass man an höchster Stelle auf mich aufmerksam geworden war – was auch immer das bedeuten mochte.

Ursprünglich hatte der Krieg für mich etwas Besonderes sein sollen, eine Weihe, der Übertritt in die Welt der Erwachsenen. Ich wollte ein richtiger Mann werden, auch um Anna zu imponieren und mich ihr gegenüber als würdig zu erweisen. Die Schulbücher hatten uns damals noch weismachen wollen, dass wir in einen von Heldenmut geprägten Kampf zogen, der Mann gegen Mann geführt wurde, so wie 1870/71, als wir die Franzosen im Handumdrehen besiegten. Stattdessen erwies sich der Krieg als ein Drache, der feuerspeiend seine dunklen Schwingen über uns ausbreitete und sich mit rotem Menschenblut vollsoff. Wie naiv wir doch waren! Welch stolze Erwartungen mit uns in den Schmutz gezerrt wurden! Stets Nietzsche im Gepäck, war uns der Krieg Abwechslung und Ausbruch aus der alten Welt gewesen: Befreiung von Enge und Kleinlichkeit, ein Katalysator der Erneuerung, heiliger Ernst und berauschendes Abenteuer zugleich, nichts weniger als die

Geburtsstunde des Übermenschen, der sich über die Begrenzungen des ausgehenden Zeitalters erhebt, der die schnöde Sklavenmoral, der Gut und Böse sowie Gefühlsduseleien und übertriebene Sensibilität in sich ausmerzt und überwindet, um sich in heroischer Selbstentfaltung der Sonne zu nähern...

Plötzlich roch es nach Rauch. Ich hob erschreckt den Kopf – der Fahrer war eingenickt und hatte seine Zigarette auf die Decke fallen lassen. »He!«, rief ich und rüttelte ihn. Der Mann war sofort wieder da und riss das Lenkrad herum – fast wären wir im Straßengraben gelandet. »So eine verdammte...«, stammelte er.

»Pass doch auf, Mann!« Ich nahm meine Feldflasche und schüttete entnervt Wasser auf die qualmende Stelle. »Schlafen kannst du später.«

Während wir weiterrumpelten, wanderten meine Gedanken wieder in die Vergangenheit, ins Menschenschlachthaus Krieg, schweiften vor und zurück. Meine Seele war im Grunde noch gar nicht heimgekehrt, sondern mit den Kameraden dort im Schlamm zurückgeblieben – in tausend Stücke zerrissen. Von Heldenmut und Kriegsbegeisterung war schon bald keine Rede mehr gewesen. Allzu deutlich wurde allen bewusst, wie sehr die neuen Waffensysteme der Feinde unterschätzt worden waren: die Artillerie, das Maschinengewehr, die Reichweite von Mörsergeschossen und Granaten. Wie Ratten suchten wir in den Gräben Schutz und entdeckten inmitten destruktiver Kraftentfaltung, der ununterbrochenen Angst und der Sinnlosigkeit des anonymen Tötens und Sterbens einen neuen Gott: den Zufall. Ich selbst versank bald in Gleichgültigkeit und Apathie, saß im Schützengraben, kaute Kommissbrot und starrte vor mich hin. Als ein Kamerad neben mir eine Kugel in den Kopf bekam und einfach so nach hinten wegkippte – ausgerechnet er einer der Unverdrossenen, die stets beteuerten, dass ihnen hier gar nichts passieren könne; das sei daran zu erkennen, wie viele er bereits überlebt habe –, registrierte ich lediglich kühl, dass er sich dann wohl geirrt hatte, und aß einfach weiter. Mitgefühl, Trauer und auch Angst waren in mir abgetaucht wie U-Boote auf hoher See. Aber handelte es sich hier nicht genau um jene Härte, von der Nietzsche spricht? War nicht das schaurige Schlachtfeld des Großen Krieges die perfekte Entbindungsstation für sein »strahlendes Sonnenkind«?

Doch dann kam alles anders: Mit leeren Händen kehrten wir zurück aus der verlorenen Schlacht, verstört, enttäuscht und desillusioniert. Keine Siegesfeiern, keine Fanfaren, die uns stolz den Blick gen Himmel heben ließen, keine jubelnden Massen, keine Frauen, die sich uns um den Hals warfen. Stattdessen – unfassbar, beschämend, ein schlechter Witz: Räterepublik in München! Ich war voller Hass und Verbitterung...

Im Café Größenwahn

München, 16. April 1919. Anna liebte die Atmosphäre im Café Stefanie, das von manchen abfällig »Café Größenwahn« genannt wurde. Sie erhob sich von ihrem Platz, um einen Freund zu begrüßen, der weiter hinten im lebhaften Gespräch mit einem Gesinnungsgenossen stand. Der Gürtel um die Taille ihres violetten Kleides mit floralem Muster hob ihre weiblichen Formen hervor. Um ihren Hals wand sich ein kleiner Fuchspelz mitsamt Kopf – ganz entspannt, ein Gegenbild zu der Aufregung rundherum.

Das verrauchte Lokal war über und über mit roten Fahnen dekoriert. Dahinter und dazwischen hingen expressionistische Werke an den Wänden, Zeugen jener außergewöhnlichen Verbindung von künstlerischer Erneuerung und politischem Umsturz. Schon vor dem Kriege hatte das Café dem ein oder anderen die Universität ersetzt, es war ein Knotenpunkt, ein elektrisierendes Kraftzentrum der Avantgarde. Hier und da wurde für noch mehr Frische auch mal eine Prise Kokain weitergereicht... Und die Diskussionen erhielten allein dadurch eine besondere Würze, dass so mancher sein Gewehr neben sich stehen hatte oder lässig den Revolver am Gürtel hervorblitzen ließ, als sei man im Wilden Westen.

Soeben hatte man Ludwig III., König von Bayern, mit einem Tritt in den Allerwertesten verabschiedet, nun wurde getrunken, gesungen und gelacht. Aufbruchsstimmung bei allen, bei Revolutionären und Künstlern aus dem In- und Ausland, Russen, Ungarn, Balkanslawen – all jenen, die der Münchner gern unter dem Namen »Schlawiner« subsumiert. Räterepublik, ist es zu fassen? Und doch war die Situation bereits wieder am Kippen, die Revolution in Gefahr. Anna schnürte es die Luft ab, wenn sie daran dachte. Sie wollte fest daran glauben, dass ein Goldenes Zeitalter anbrach, die neue Ära trug sie in ihrem Herzen wie Sonnenblumenkerne. Die alte Gesellschaft hingegen war ihr ein Graus, und sie war durchaus gewillt, etwas zu riskieren, um dem Neuen zum Durchbruch zu verhelfen. Allein das Stimmengewirr wirkte auf sie wie ein Aphrodisiakum. Da, ein hysterisches Lachen – kam es von einem Mann oder einer Frau? Sie blickte sich um. Zwei Tische weiter saß Oskar Maria Graf mit Erich Mühsam zusammen, einem der Hauptprotagonisten der Räterepublik. Anna trat hinzu, und gemeinsam sahen sie sich Fotografien vom Monte Verità an, wo sich seit Beginn des Jahrhunderts Lebensreformer und Künstler niedergelassen und eine Kolonie gegründet hatten. Ein Foto zeigte Hermann Hesse nackt auf einer Felswand stehend und über das Tal blickend. Auf anderen waren Männer und Frauen ohne Bekleidung bei der Gartenarbeit zu sehen, beim Sonnengruß oder beim modernen Ausdruckstanz.

Anna ging zurück zu ihrem Platz, um die Zeitung zu lesen, die vor ihr lag. Doch ihre Gedanken ließen sich nicht bändigen. Wann würde dieser Winter endlich ein Ende nehmen? Nach den langen, schrecklichen Kriegsjahren sehnte sie sich nach Sonne und Wärme. Wann würde es richtigen Frieden geben? Und wann endlich würde sie unbeschwert ihre Jugend genießen können? Denn trotz aller Renitenz und innerem Feuer für die Revolution sehnte sie sich auch nach einer gewissen Normalität. Anna erinnerte sich noch allzu gut an die Zeit zu Beginn des Krieges. Deutschland hatte sich in ein Narrenhaus verwandelt, es war, als seien die Leute von einer Massensuggestion erfasst worden: Wolken und Sterne wurden für Flieger gehalten, Thermosflaschen und Fahrradstangen für Bomben. Vermeintliche Spione wurden standrechtlich erschossen, und Wasserleitungen sollten vergiftet worden sein. Andererseits: Wie lustig hatte sie mit 14/15 Jahren die kurzfristige Modeerscheinung des Abschreiens gefunden! Wie so viele Münchner war sie gern auf belebte Plätze und Kreuzungen gegangen, wo die Leute, sobald sie jemanden in Uniform in einem Auto sitzen sahen, in ein vielstimmiges »Hurra!« ausbrachen. Einige Tage lang hatte sie es sich zur Pflicht gemacht, mindestens fünfzehn Leutnants »abzuschreien«, bevor sie sich erlaubte, nach Hause zu gehen. Später, mit 17, hatte sie dann Schwabing entdeckt und die Bohème kennengelernt. Fasziniert von der kreativen Energie, von Künstlern und Schriftstellern, die man in den diversen Cafés und Restaurants einfach so ansprechen konnte, wuchs in ihr der unbändige Drang nach persönlicher und politischer Freiheit. Außerdem konnte man hier wunderbar flirten – Anna liebte es, den Männern, jungen wie auch etwas älteren, schöne Augen zu machen. Sie hatte sogar kürzlich eine Affäre mit einem allerdings eher erfolglosen Künstler begonnen, für drei Wochen ihre »große Liebe«. Doch wurde sie seiner bald überdrüssig, umso mehr da sie immer wieder an Heinrich denken musste, auch wenn sie ihn nun bald zwei Jahre nicht mehr gesehen hatte.

Anna bestellte einen Kaffee und griff gerade wieder nach dem Tagesblatt, als sie einen jungen Mann mit schwarzem, gelocktem Haar bemerkte, der zu ihr herübersah. Verlegen senkte sie den Blick. Im Leitartikel »Die neue Kunst« war ein Bild zu sehen: Tieftraurige Augen, gezeichnet von den unmenschlichen Verhältnissen der Industriegesellschaft, blickten sie aus holzschnittartigen Gesichtern an. Bilderunterschrift: »Verbot der Kinderarbeit«. »Die neue Kunst jubelt der Weltrevolution zu«, hieß es in dem Artikel. »Denn lange bevor das Ende des Weltkrieges dem Geist der neuen Zeit politisch die Bahn frei machte, erfolgte die Revolution in der Kunst, hier war dieser Geist bereits lebendig. Das ist es, was das werktätige Volk heute wissen muss: dass die jungen Künstler und die neue Kunst seine Bundesgenossen sind.« Ja, das stimmte, sie hatte den Schritt von der Kunst zur Politik vollzogen, zur Revolte gegen die Welt der Väter, auch gegen die ihres eigenen Vaters. Gustav Landauer und Erich Mühsam waren ihre Vorbilder, mit Landauer verband sie zudem Freundschaft.

Doch nun war der Neuanfang durch die Konterrevolution gefährdet. Würde es bald wieder um Leben und Tod gehen? Anna blickte besorgt hinaus in den rieselnden Schnee, der die Stadt in weiße Unschuld kleidete, als wolle er die Vergangenheit für immer unter sich begraben. Der Bräutigam aber schwenkte unverdrossen die feuerrote Fahne und hielt seine Zukünftige fest im Arm, damit sie nicht friere, wohl wissend, welch eisiger Wind von Norden her wehte, der die Hochzeitsgesellschaft durcheinanderzuwirbeln und zu trennen drohte, noch bevor sich die Lippen des Paares würden berühren können.

Anna nahm vom Kellner ihren Kaffee entgegen und registrierte nebenher, dass der Mann mit den dunklen Locken wieder zu ihr herübersah.

Der Baron

Ulm, 17. April 1919. Gekleidet in graue Armeeuniform und hohe schwarze Stiefel, stand ich vor dem Eingang der Kommandantur des III. Bayerischen Armeekorps und wartete auf die Ankunft Rudolf Freiherr von Sebottendorfs. Um mich herum herrschte hektisches Treiben: marschierende Soldatentrupps, Armeefahrzeuge, Zivilisten. So viele Menschen waren für Deutschland in den Krieg gezogen! So viele hatten ihr Leben gelassen, und sie waren dabei vielleicht sogar noch besser dran als all die Verstümmelten, die nun wie schattenhafte Klagegeister umherirrten. Und hier in der sogenannten Heimat hatten sie nichts Besseres zu tun, als uns in den Rücken zu fallen, eine Revolution anzuzetteln und den Krieg für verloren zu erklären. Damit zogen sie alles, wofür wir als Soldaten gekämpft haben, in den Schmutz: Kaiser, Reich und Vaterland! Dabei hatten wir den Krieg doch gar nicht wirklich verloren, oder? Hatte nicht Friedrich Ebert höchstpersönlich den Truppen zugerufen, dass kein Feind uns überwunden habe? Standen unsere Armeen bei Kriegsende nicht im Feindesland? Wir waren weder zurückgewichen noch vertrieben worden. Zerstörte Städte und Industrieanlagen oder verseuchte Landstriche – sie alle befanden sich außerhalb unserer Grenzen! Eine Niederlage war nicht wirklich zu erkennen, vielmehr war unser Sieg durch innere Feinde vereitelt worden, die sich nun also in München breitmachten.

Aber es hatte auch Kameraden gegeben, die schon Monate zuvor am Sieg zweifelten. Sie waren es, die sich schließlich sogar für die Republik aussprachen, für die Errichtung einer Demokratie und für mehr »soziale Gerechtigkeit«. Ich aber gehörte zum preußischen Adel, zu den Privilegierten, der nun entthronten Elite, und damit praktisch in doppelter Hinsicht zu den Verlierern. Doch ich war ein verdammt schlechter Verlierer.

Kinderlachen drang herüber. In einiger Entfernung bewarfen sich ein paar Jungen und Mädchen mit Schneebällen und johlten. Ich musste an meine eigenen Kinderjahre in Creisau denken, die so schnell verflogen waren, an meine Mutter und an meinen Bruder, die in ihren kalten Gräbern ruhten. Es kam mir vor, als sei ich jahrzehntelang weg gewesen: im Dreck, im Krieg, an der Front. Ich war ein anderer Mensch geworden, alterslos. Nie wieder, so war ich überzeugt, würde ich ein normales Leben führen können, ein Leben außerhalb der Armee schien mir unvorstellbar, dafür waren die Wut, die Rachegelüste zu groß. Mir fehlte indes jegliches Bewusstsein, wie traumatisiert ich war – dass ich auf dünnem Seil über einen Abgrund balancierte, dass der Absturz drohte und ich versuchte, dem inneren Zusammenbruch durch übertriebene soldatische Härte gegen mich selbst zu begegnen.

Ich fröstelte, musste husten und schnipste meine Zigarette weg. Es war viel zu kalt für Mitte April! Dennoch kam Sebottendorf soeben mit offenem Wintermantel auf mich zu, das aufgedunsene Gesicht von einem Pelzkragen umrahmt. Er erinnerte mich an einen Vertreter der Kosher Nostra, der jüdisch-amerikanischen Mafia in New York, über die ich kürzlich einen Bericht gelesen hatte.

»Herr Baron von Sebottendorf?«, fragte ich locker salutierend.

Er nickte mit der Entschlossenheit eines Mannes, der keine Zeit zu verlieren hatte, und schüttelte mir kurz die Hand. Dann öffnete ich die Türe der Kommandantur, ließ ihn vor mir eintreten und wies ihm den Weg zum Büro. Wir gingen durch lange, anonyme Gänge, an den Wänden hingen Bilder des bayerischen Königs sowie des Kaisers. Niemand mochte sich hier von ihnen verabschieden.

Rudolf Baron von Sebottendorf war eine faszinierende, wenngleich merkwürdige Gestalt, ein Kosmopolit, ein Abenteurer, zudem Anhänger der Ariosophie. Und ein Aristokrat von eigenen Gnaden, denn sein Name lautete ursprünglich Adam Alfred Rudolf Glauer. Angeblich hatte er die osmanische Staatsbürgerschaft, jedenfalls war er nach dortigem Recht von einem Baron Heinrich von Sebottendorf adoptiert worden. Sicherlich gereichte ihm der Titel nicht zum Nachteil, als er 1915 eine wohlhabende Berlinerin heiratete, mit der er sich im bayerischen Kurort Bad Aibling niederließ. Dort soll er auf eine Zeitungsannonce des Germanenordens gestoßen sein, worin »alle blonden und blauäugigen deutschen Männer und Frauen rein arischer Herkunft« aufgefordert wurden beizutreten. Sebottendorf avancierte schnell zu einem der geistigen Führer des Ordens. Zu dessen Glaubenssätzen zählte die Auffassung, dass die nordische Rasse von der Verunreinigung durch die Juden »gesäubert« werden müsse. Inzwischen in Thule-Gesellschaft umbenannt, ergänzte der Baron die rituellen Aktivitäten durch öffentliche politische Treffen und rekrutierte neue Mitglieder, dies vor allem aus nationalkonservativen Kreisen und sogenannten »deutschvölkischen« Zirkeln.

Vor dem Büro angekommen, blieb ich stehen, nickte ihm zu und klopfte an der Türe.

»Herein!«

Ich öffnete, salutierte und trat mit Sebottendorf ein.

Hingabe

München, 17. April 1919. »Das Geld ist das Blut der Volkswirtschaft!«, hörte Anna am Nachbartisch jemanden sagen. »Mit der Geldhamsterei wird die Schlagader unterbunden. So kann man die Welt zugrunde richten!« Es handelte sich um Silvio Gesell, den Begründer der Freiwirtschaftslehre und nunmehr ehemaligen Volksbeauftragten für die Finanzen der Räterepublik.

»Wie auch immer«, entgegnete sein Gesprächspartner. »Jetzt haben sowieso die Kommunisten hier das Sagen.«

Da betraten zwei Männer das Café Stefanie und nahmen ihre schneegepuderten Hüte ab. Anna strahlte übers ganze Gesicht, sie stand auf und ging auf die beiden zu.

»Gustav!«, rief sie. »Wie ist es Ihnen in den letzten Tagen ergangen?«

»Hallo Anna«, sagte Gustav Landauer geistesabwesend. Er war Ende fünfzig, großgewachsen und hager, mit lockigem, wildem Haar sowie Vollbart und Brille. Der Pazifist war einer der wichtigsten Vertreter des Anarchismus in Deutschland und für die erste Räterepublik »Volksbeauftragter für Volksaufklärung«. Nachdem die SPD-geführte Minderheitsregierung unter Johannes Hoffmann vor der Münchner Revolution nach Bamberg geflüchtet war, hatte sie nun mit einen »konterrevolutionären Putschversuch«, so hieß es, versucht, die Macht zurückzuerlangen, was von den Rotgardisten niedergeschlagen worden war.

»Darf ich vorstellen«, sagte Landauer, »Martin Buber. Und das ist Anna von Stieglitz.«

»Stieglitz?«, fragte Buber und schaute erstaunt. Mit seinem eleganten grauen Anzug sah er aus, als käme er gerade aus der Oper. Sein schwarzer Bart stellte den seines Begleiters in den Schatten. Auch war er zehn Jahre jünger und sehr viel kleiner als Landauer. »Sind Sie die Tochter von Herrn von Stieglitz aus dem preußischen Kriegsministerium?«

Anna errötete und winkte ab. Dass ihr Vater ausgerechnet dort arbeitete, war ihr unendlich peinlich. Was Buber und Landauer nicht wissen konnten: Er war zudem vor einigen Wochen als Sachverständiger für Nitrate und Düngemittel zu einem der Vertreter Deutschlands bei den Friedensverhandlungen von Versailles erwählt worden.

»Kommen Sie, an meinem Tisch ist noch Platz.« Sie ging voraus.

»Die nimmt ihren eigenen Weg!«, hörte sie Landauer leise sagen.

Die drei setzten sich. »Stimmt es, dass Sie nicht mehr im Zentralrat sind?«, fragte sie besorgt.

»So ist es«, antwortete Landauer ernst und kratzte sich am Bart. »Es gibt auch keinen Zentralrat mehr. Die Kommunisten haben ihn in ›Vollzugsrat‹ umgetauft.«

»Aber wie konnte es nur dazu kommen?«, rief sie.

»Tja, sie haben die meisten Intellektuellen aus ihren Ämtern vertrieben wie armselige Versager. Zwar habe ich mich zur Verfügung gestellt, doch die neuen Machthaber wollen meine Dienste nicht in Anspruch nehmen. – Zwei Bier, bitte!«, rief er der Kellnerin winkend zu.

Dann seufzte er. »Für die Revolution schwant mir Schlimmes. Sie ist nun in den Händen dieser Machtmenschen von der KPD. Leider sind sie durch ihre ideologische Verblendung ganz und gar nicht geeignet, den Sozialismus, so wie ich ihn verstehe, zu realisieren.«

»Warum *tun* Sie dann nichts?«, fragte sie, in Rage geratend.

»Weil eine neue Ära der Menschheitsgeschichte begonnen hat!«, entgegnete er. »Sollen wir da wirklich zu den Waffen greifen? Die Bürger streben nach Verinnerlichung, nicht nach brutaler Gewalt. Gewalt wollten wir nie, sondern Frieden!«

Martin Buber nickte ernst: »Die Mystik, sie erwacht in den Seelen. Endlich, nach so langer Zeit.«

Anna konnte es nicht fassen, die beiden Männer kamen ihr plötzlich unsagbar naiv vor. »Und am Ende lassen Sie sich alles gefallen?«, fragte sie. »Das verstehe ich nicht!«

»Wir sind Menschen des Herzens«, erklärte Landauer, »des Wortes, beizeiten auch der Tat. Aber wir werden weder gegen die Kommunisten kämpfen noch gegen die Monarchisten. Das ist nicht unser Weg.«

Als eine Frau mit einem Chihuahua das Café betrat, blickte Anna zur Tür. Dort stand auch wieder der Mann mit den schwarzen Locken, er drehte gerade den Kopf weg. Wer mochte das nur sein?

»Wir sind einfach zu früh gekommen«, sagte Landauer traurig. »Die Revolution ist immer politischer Natur, sie kann den Sozialismus nicht hervorbringen. Der Sozialismus aber muss organisch aus den Seelen der Menschen heraus aufgebaut werden. Eine Umwandlung, die nur in Stille kommen kann – keineswegs durch Zwang, Gewalt oder gar durch Terror.« Er prostete Buber zu, trank einen Schluck und wischte sich den Schaum aus dem Bart.

In dem Moment flog die Tür auf, ein Zeitungsjunge mit roter Armbinde kam hereingestürzt und schrie: »Die Berliner Gardekavallerie-Schützendivision steht vor München! Fünf Schwadronen der Luxemburg- und Liebknechtmörder! Soll jetzt unter dem Proletariat ein Blutbad angerichtet werden?«

Die Gardekavallerie-Schützendivision, im Frühjahr 1918 aus Teilen der ehemals kaiserlichen Armee aufgestellt, war also gekommen, um dem »roten Spuk«, wie man es in der Hauptstadt nannte, ein Ende zu bereiten. Die Cafébesucher fuhren auf, Fäuste wurden in die Luft gereckt, Waffen zur Hand genommen.

Landauer rief entsetzt: »Die Armee vor den Toren Münchens! Dazu noch die Freikorps, welche sich rund um die Stadt formieren! Wir sind alle in größter Gefahr!« Ja, es stand zu befürchten, dass die Soldaten keinerlei Unterschiede machen würden zwischen Anarchisten, Kommunisten und bewaffneten Arbeitern.

»Sollen sie doch kommen, diese Schweine!«, rief einer von der Bar hinüber, als erwarte er eine Schlägerei unter Halbstarken.

Anna hörte gebannt zu. Da stupste sie plötzlich der Kellner an und reichte ihr einen Briefumschlag mit ihrem Namen darauf. Überrascht öffnete sie ihn und las: »Ihr Vater hat nicht nur im Kriegsministerium gearbeitet, er war auch Berater bei der Etablierung des Federal Reserve Systems.«

»Was soll denn das jetzt?«, fragte sie.

»Ich habe keine Ahnung«, antwortete achselzuckend der Kellner, der noch immer da stand, als warte er auf Anweisungen. Dann zeigte er zur Kasse. »Ich habe ihn dort gefunden. Und das sind Sie doch, oder: Fräulein von Stieglitz?«

»Natürlich ...« Sie blickte sich verwirrt um. »Schon gut, danke.« Der Mann mit den dunklen Locken war verschwunden.

Arnold Ritter von Möhl

Möhl saß hinter einem ausladenden Schreibtisch und beugte sich über verschiedene Karten. An der Unterseite seines hohen Kragens trug er den Militär-Max-Joseph-Orden für besondere Verdienste. Ein Kranz grauer Haare lief um seinen Kopf, der Schnurrbart über den schmalen, etwas schmollend wirkenden Lippen war indes noch von dunkler Farbe.

»Herr Generalmajor!« Ich salutierte und wandte mich zu meinem Begleiter um, um ihn vorzustellen. »Herr Baron von Sebottendorf.«

Möhl blickte uns ernst durch die Gläser seiner filigranen Brille an. Er stand auf, reichte Sebottendorf die Hand und forderte ihn auf, sich zu setzen. Ich selbst blieb neben der Tür stehen. Von draußen drangen hektische Befehle hinein.

»Sie haben die Vollmacht von Militärminister Schneppenhorst?«, fragte Möhl.

Der Baron griff in die Innentasche seines Jacketts und reichte ein Dokument über den Tisch. Möhl faltete es auf und las murmelnd vor: »Durch Beschluss des Ministerrats und des Landessoldatenrats erhält Rudolf von Sebottendorf die Ermächtigung, das Freikorps Bund Oberland aufzustellen. Gezeichnet: Minister für militärische Angelegenheiten, Schneppenhorst.« Möhl gab das Papier zurück. »Ausgezeichnet. Sie stellen das Freikorps in Treuchtlingen auf?«

»Nein, nun doch in Eichstätt. Dort haben sich bereits unter der Führung von Oberleutnant Römer eine Anzahl von Offizieren und etwa hundertzwanzig Mann versammelt. In den nächsten Tagen wird Major Ritter von Beckh das Kommando übernehmen. Wir bereiten uns auch schon darauf vor, mit der Rekrutierung zu beginnen. Wann dürfen wir mit den Waffen rechnen?«

»Ausrüstung und Uniformen werden in den kommenden Tagen bei Ihnen eintreffen«, versicherte Möhl. »Ich hoffe, dass alles reibungslos verläuft, denn auch in den eigenen Reihen haben wir Saboteure. Oberleutnant Heinrich von Trott wird Sie als Verbindungsoffizier begleiten und sich um alles kümmern. Wenn Sie etwas benötigen, wenden Sie sich an ihn.«

Sebottendorf drehte sich kurz um und nickte mir zu. Möhl holte derweil ein Dokument aus einem vor ihm liegenden Ordner. »Zudem teilen wir Ihnen für Ihren Stab zwei Zahlmeister zu. Morgen früh findet eine wichtige Besprechung statt, um unsere Vorgehensweise abzustimmen. Es wäre gut, wenn Sie daran teilnehmen könnten.«

»Ich muss morgen Vormittag eigentlich nach Eichstätt«, antwortete Sebottendorf wichtigtuerisch. »Sollte meine Anwesenheit hier aber erforderlich sein, bleibe ich natürlich. Ich übernachte im Hotel Fürstenhof.«

»Gut, dann wäre das erst mal alles.« Möhl nickte und wünschte Sebottendorf viel Erfolg.

»Ich habe keinen Zweifel daran«, entgegnete der Baron. »Möge die Heimat von dieser Pest befreit werden.«

Gefährliche Zeiten

Als Anna die Haustür öffnete, hatte sie plötzlich das Gefühl, beobachtet zu werden. Ruckartig drehte sie sich um, sah aber niemanden außer einem Kriegsversehrten, der sich über den Gehsteig schleppte. Plötzlich war das laute Knallen einer Schießerei zu hören. Schnell verschwand sie im Haus.

Vorsichtig öffnete sie die schwere Eingangstüre der Wohnung im dritten Stock und wollte katzengleich in ihr Zimmer verschwinden, doch ihre Mutter hatte sie erneut gehört und trat im Morgenmantel aus dem Wohnzimmer. »Warrrst du etwa wieder in Schwabing?«, fragte Elina scharf.

»Nur spazieren!«, antwortete Anna leichthin.

Ihre Mutter packte sie am Arm und sagte: »In diesen Zeiten gibt es keine Spaziergänge mehr! Und bei dir schon gar nicht!« Sie griff Anna in die Manteltasche, zog eine rote Armbinde hervor und hielt sie vor sich in die Luft, als ginge ein übler Geruch davon aus, als sei der Stoff in eine ekelerregende, giftige Substanz getaucht worden. »Um Himmels willen, Anna! Ich habe mir schon fast gedacht, dass du dich wieder mit diesem Gesindel herumtreibst! Das ist gefährlich!«

Anna riss sich los. »Die setzen sich wenigstens für etwas ein!«, rief sie mit feurigem Blick. »Die haben Visionen und fühlen mit anderen mit! Die leben wenigstens, die leben!«

»Dass ich nicht lache!« Elina schleuderte die Armbinde in eine Ecke. Barbara und Alice tauchten im Foyer auf und beobachteten schweigend das Spektakel. »Ich weiß nicht, wie du uns das antun kannst! Erst vor zwei Jahren mussten wir unser Haus in St. Petersburg aufgeben. Hast du das vergessen? Sollen sich die Bolschewisten nun auch noch hier in Deutschland alles unter den Nagel reißen?« Elina holte ein Fläschchen hervor, schüttete einige Tropfen auf ein Taschentuch und hielt es sich zur Beruhigung unter die Nase.

»Bis auf das Haus konntet ihr doch alles mitnehmen, Vater hat uns ja rechtzeitig gewarnt!«

»Ja, wahrscheinlich hat er sogar mitgeholfen, dass die Kommunisten in Russland an die Macht kamen!«

»Wie kannst du nur so etwas sagen?«, schrie Anna empört, rannte wieder aus der Wohnung und stürmte die Treppe hinab. Auf der Straße aber blieb sie entsetzt stehen. Ein junger Mann mit zarten Gesichtszügen rannte den Gehweg entlang, Kommunisten jagten ihm hinterher. Es knallte, und er fiel schreiend zu Boden, sein Bein blutete. Die Rotarmisten packten ihn an den Armen und schleiften ihn lachend mit sich fort, während er jammernd um sein Leben flehte.

Der Plan

Am 18. April um 7 Uhr in der Früh traf sich das Bayerische Oberkommando, um die Lage zu erörtern. Möhls Zeigefinger kreiste wie ein Geier über der Karte von München, einzelne Punkte waren markiert. »Wir müssen unbedingt die Schlüsselgelände einnehmen: Verkehrsknotenpunkte, Flussbrücken und Hügel.«

Die anderen Anwesenden beugten sich ebenfalls über den Tisch: Militärminister Ernst Wilhelm Schneppenhorst, Dr. Ewinger als Vertreter der Regierung Hoffmann, Rudolf von Sebottendorf – der darauf bestanden hatte, dass auch ich dabei war – sowie einige Stabsoffiziere und Anführer der verschiedenen Freikorps wie Franz Ritter von Epp und Rudolf Kanzler. Zigarettenrauch durchwaberte den Lichtkegel der tief hängenden Lampe. Es mutete seltsam an, dass wir hier, in unserem eigenen Land, Pläne ausheckten wie Verschwörer.

Epp, ehemals Kommandeur des Königlich Bayerischen Leibregiments, ein drahtiger Mann mit entschlossenen Augen, aus denen scharfer Verstand blitzte, sagte mit seiner metallisch klingenden Stimme: »Nachdem uns die sogenannte Rote Armee unter Ernst Toller in Dachau und Freising zurückschlagen konnte, müssen wir auf jeden Fall Augsburg sichern!«

»In der Tat. Das ist eine Grundvoraussetzung, um München rückerobern zu können«, bestätigte Schneppenhorst und fuhr sich mit dem Daumen über seine karpfenartigen Lippen. Er war keine vierzig Jahre alt, hatte volles dunkles Haar und neigte zu wohliger Fülle. »Augsburg«, fuhr er fort, »ist ein entscheidender Eisenbahnknotenpunkt und verfügt über wichtige Brücken über den Lech. Sämtliche Transportwege Südwestbayerns verlaufen dort.«

»Unsere Kundschafter berichten«, sagte von Epp, »dass sich bereits eine Rote Garde in der Stadt formiert, 1000 bis 1200 Mann, und sie haben zwei Batterien Artillerie-Geschütze! Württembergische Truppenzüge wurden daran gehindert durchzufahren. Die Kommunisten haben sie einfach angehalten und beschossen!«

»Damit ist die linke Flanke Münchens in Gefahr«, schnarrte Möhl. »Deshalb haben das Halten der Lechlinie und die Sicherung Augsburgs oberste Priorität! Parallel dazu müssen wir unsere Aufklärung in München verstärken, die Städte im südlichen Schwaben sanieren, Freiwilligenverbände bilden und das Kohlenbergwerk Peißenberg sichern.«

»Genau.« Schneppenhorst nickte. »Wenn wir das Bergwerk einnehmen, schneiden wir den Aufständischen den Nachschub an Brennmaterial ab. Damit bringen wir auch die Bevölkerung weiter gegen sie auf. Zudem sollten wir die Lebensmittelzufuhr verhindern – bis hin zur völligen wirtschaftlichen Isolation Münchens.«

»Was die Sanierung der Städte im Umland angeht«, erklärte Möhl, »müssen wir zwischen Säuberungs- und Überwachungsaufträgen unterscheiden. Bei Ersteren stellen wir durch den Einsatz stationärer Truppen die Ruhe und Ordnung vor Ort wieder her. Freikorps werden hier zur Entwaffnung aller unzuverlässigen Kräfte eingesetzt. Gleichzeitig werden Zuverlässige bewaffnet, die dann dafür sorgen sollen, die Räte abzusetzen.«

Ich saß dazwischen und fühlte mich unwohl, mein Uniformkragen beengte mich plötzlich, es fiel mir unsäglich schwer, der Besprechung zu folgen. Und je mehr ich mich anstrengte, desto wärmer wurde mir. Die Dämonen in meinem Kopf starteten einen neuen Angriff.

»Bei den Überwachungstruppen handelt es sich um mobile Kommandos auf Lastern oder Bahnzügen, die in wichtigen Gebieten patrouillieren, um schädliche Elemente festzunehmen«, fuhr der Generalmajor fort. »Anschließend sammeln wir die preußischen, württembergischen und bayerischen Truppen der Gruppen A, B und C rund um München, um koordiniert zuzuschlagen.«

Seine Worte erreichten mich nur noch aus weiter Ferne. In mir riss etwas auf, ich erlebte ein inwendiges Seebeben: Jäh aufsteigende Bilder überfluteten mich, es gab kein Entrinnen, ich war wieder in Verdun. Die Sonne ging gerade auf, Nebel wallte über die Landschaft – bald war er so dicht, dass man nichts mehr sah. Frierend standen wir in den Schützengräben. Nichts deutete auf einen Angriff der Franzosen hin,

doch bald hörten wir jenes Grollen aus der Ferne: feindliche Artillerie ...
Ein Hund heulte. Geschützfeuer, die ersten Explosionen in der Ferne.
Dann eine Weile Stille. Urplötzlich ein sausendes Pfeifen, gefolgt von
ohrenbetäubendem Lärm.

»Granaten!«, rief der Kamerad neben mir. »Die schlagen immer näher
ein!«

Tatsächlich lagen die Schüsse auf zwei Kilometer Breite verteilt. Das
Krachen war so laut, dass mir die Ohren schmerzten. Und dieses bes-
tialische Pfeifen! Als bräche ein urzeitliches Ungeheuer aus dem Nebel
hervor. Das Blut gefror mir in den Adern, als ich schließlich auch das
grauenhafte Zirpen der durch die Luft jagenden Sprengstücke vernahm
– gleich darauf schlugen sie in die Grabenwand ein und rissen große
Erdbrocken heraus.

Da spürte ich etwas an meinem Fuß, jemand war mir wohl dagegen getreten. Verwirrt blickte ich mich um, zurück in den Räumen des
Bayerischen Oberkommandos. Wie konnten sie alle nur so ruhig bleiben! Hörte denn keiner das Donnern, die Einschläge, das Höllenfeuer
der Artillerie ...? – Mein Gott, was hatte mir der verfluchte Krieg bloß
angetan! Das alles geschah doch nur in mir, in meinem kranken Hirn.
Der Wahnsinn nistete in mir wie Fledermäuse in einer großen dunklen
Höhle.

Generalmajor von Möhl zündete sich eine Zigarette an. »Die Sammlung der Truppen könnte bereits in den ersten Maitagen vonstattenge-
hen. Um die Lücken bei den bayerischen Kräften aufzufüllen, errichten
wir zügig Werbestellen zur Gewinnung von Freiwilligen. Dabei muss
klar kommuniziert werden, dass die Freikorps dem alleinigen Zweck
dienen, die Gewaltherrschaft der Bolschewisten zu brechen und wieder
für Ruhe und Ordnung im Land zu sorgen. Wer sich engagieren will,
muss ohne Wenn und Aber zur Regierung Hoffmann stehen! Die Al-
tersgrenze liegt bei zweiundzwanzig bis fünfundvierzig Jahre.«

In mir flüsterte wieder eine geisterhafte Stimme: »Diese verfluchten
Franzosen!«

»Diese verfluchten Franzosen!« – Kaum hatte der Kamerad neben
mir im Schützengraben dies gesagt, sank er röchelnd in eine Pfütze. Tot.
Gleichzeitig stürmten die feindlichen Soldaten schreiend heran ...

»Wenn ich etwas sagen darf«, meldete sich Baron von Sebottendorf
zu Wort.

»Nur frei heraus«, antwortete Möhl.

»Die Tatsache, dass mehrere Tausend fremder Truppen in München einziehen könnten, beunruhigt die Bevölkerung.«

»Sie meinen die preußischen Armeeverbände?« Möhl blickte nachdenklich auf die Karte.

»Ja, sie drohen die bayerische Volksseele zu erregen. Die Bevölkerung wendet sich immer mehr gegen die Verwendung von preußischen Reichstruppen.«

Schneppenhorst war fassungslos. »Eine derartige Unterstützung ist aber in der Reichsverfassung vorgesehen und bedeutet keinerlei Eingriff in die Selbstständigkeit unseres Landes! Jederzeit kann ebenso der umgekehrte Fall eintreten«, schnaubte er, »dass unsere Truppen außerhalb Bayerns eingesetzt werden müssen. Wie im Krieg, so müssen sich auch jetzt, im Augenblick der Gefahr, alle Kräfte vereinigen, um der deutschen Sache gemeinsam zu dienen!«

»So ist es.« Möhl schob seine Brille hoch. »In den nächsten Tagen wird der preußische Generalleutnant Ernst von Oven Oberbefehlshaber aller an der Operation zur Einnahme Münchens beteiligter Truppen. Ich selbst werde als Durchgangsbefehlsstelle fungieren.«

»Wir werden deutlich machen«, fügte Schneppenhorst hinzu, »dass diese sogenannten fremden Truppen nur so lange in München bleiben, bis die bolschewistische Unterdrückung beseitigt ist. Sie werden sogar ihre eigenen Lebensmittel mitbringen!«

»Meine Herren«, sagte Möhl abschließend. »Wir sind dazu berufen, diejenige Regierung zu stützen und ihr zu folgen, die das Volk durch seine gesetzmäßige Vertretung an die Spitze des Staates stellt. Nur auf diesem Wege ist es möglich, dem Land die Ruhe und Ordnung zurückzugeben, die es nach den furchtbaren Erschütterungen der letzten fünf Jahre so dringend nötig hat!«

Ruhe und Ordnung, dachte ich verächtlich, während wir den Raum verließen. Auch die Regierung Hoffmann gehört hinweggefegt, genau wie die ganze verdammte Demokratie! Wofür sind wir denn schließlich sonst in die Kämpfe gezogen? Kaiser und Vaterland – wo waren sie nur hin?

Dunkelheit sickerte immer tiefer in mich ein wie zähflüssiges Rohöl, das mein Seelenmeer zusehends verpestete...

Die Enttäuschung

München, 18. April 1919. Das Wittelsbacher Palais, vor Kurzem noch die Wohnstätte König Ludwigs III., diente nach der Entmachtung des Zentralrats dem revolutionären Vollzugsrat unter Eugen Leviné und Max Levien als Quartier. Hierher war Anna gekommen, um mit Ernst Toller zu sprechen, Protagonist der ersten Räterepublik, ehemals expressionistischer Schriftsteller, der nach München gerufen worden war, um sich für die Revolution einzusetzen.

Inzwischen hatten also die Kommunisten das Ruder übernommen. Arbeiter, Bauern und Soldaten stapften mit schmutzigen Stiefeln in dem neugotischen Bau umher. Wachen, Kuriere, Sekretärinnen lehnten respektlos an den seidenen Vorhängen im ehemaligen Schlafzimmer der Königin und diskutierten, rauchten oder flirteten miteinander. Anna bahnte sich ihren Weg zum Arbeitszimmer von Ernst Toller. Zwar hatte man ihn kurzerhand abgesetzt, doch da die Truppen nach wie vor zu ihm hielten, konnten die Kommunisten nichts dagegen unternehmen, dass er zum Kommandanten der Roten Armee in Dachau berufen wurde. Toller war es gelungen, Artilleriegefechte unter den Revolutionären zu verhindern; zudem verweigerte er sich dem Befehl, gefangene Offiziere erschießen zu lassen. Ein solcher Mann in einer solchen Funktion würde doch vielleicht noch etwas tun können, sagte sich Anna. Ob er sich wohl Zeit zu einem Gespräch mit ihr nahm? Vielleicht konnte sie ihm ja sogar neuen Mut geben? Ihr Puls raste.

Tatsächlich wurde sie zu ihm eingelassen, er stand am Fenster und schaute nachdenklich hinaus. Schließlich drehte er sich zu ihr um, zeigte mit versteinerter Miene auf einen Stuhl vor seinem Schreibtisch, setzte sich und sah sie mit stechendem Blick an. Auf Anna wirkte er wie ein Schauspieler aus einem Film von Fritz Lang. Verglichen mit den anderen Revolutionären, war er sehr jung. Er hatte keinen Rauschebart, der sein Gesicht verbarg, nur einen einfachen Schnurrbart und volles, ordentlich nach hinten gekämmtes schwarzes Haar.

»Haben Sie einen Wunsch, Fräulein von Stieglitz? Oder eine Idee, wie wir aus dem ganzen Schlamassel hier wieder rauskommen?«

Anna lächelte und suchte nach Worten. Wie er sie anschaute!

»Wenn Sie mir etwas mitteilen möchten…«, sagte er schließlich.

»Kommen denn viele Bittsteller zu Ihnen?«, fragte sie, um sich aus der Starre zu lösen.

Er lachte unfroh auf. »Sehen Sie, fast jeder scheint zu glauben, dass die Räterepublik nur einem einzigen Ziel dient: die eigenen, ganz privaten Wünsche zu erfüllen.«

Anna nickte unsicher, er schüchterte sie ein. Dabei war sie es doch inzwischen eigentlich gewohnt, mit Leuten seines Schlages zu sprechen.

Toller lehnte sich zurück und streckte sich. »Vor ein paar Tagen platzte eine Frau hier rein. Sie verlangte, sofort getraut werden. Bisher hätten ihr die notwendigen Papiere dazu gefehlt. Ich musste die Garde rufen, um sie wieder loszuwerden! Außerdem bieten mir diverse Lebensreformer ihre Programme an, mit denen sie uns alle beglücken wollen.«

Anna lächelte. »So wie jener schwäbische Schuster, von dem ich mal eine Broschüre in die Hand gedrückt bekam?«

»Wen meinen Sie?«, fragte Toller und fuhr sich müde mit der Hand übers Gesicht.

»An den Namen kann ich mich nicht erinnern. Aber in dem Blättchen brachte er seiner Überzeugung zum Ausdruck, dass die Menschheit moralisch krank sei, weil sie ihre elementaren Bedürfnisse in geschlossenen Räumen verrichtet. Und weil dabei Toilettenpapier, also ein künstlich hergestelltes Hilfsmittel, benutzt wird.«

Toller zwinkerte. »Ich nehme an, er hat einen Gegenvorschlag gemacht.«

Anna richtete sich in ihrem Stuhl auf und sagte ganz ernst: »Wenn wir stattdessen in die Wälder gehen und uns dort mit natürlichem Moos behelfen würden ...«

»... dann wäre die Menschheit endlich gerettet!«

»Ja, denn ihre Giftstoffe würden im Kosmos verdunsten. Sie wären körperlich wie seelisch gereinigt und würden als gute Menschen zur Arbeit zurückkehren. Der Egoismus würde verschwinden und die wahre Menschenliebe erwachen.«

»Mit anderen Worten: das Reich Gottes auf Erden? Ab sofort werde ich mich auch selbst mit natürlichem Moos begnügen.«

Anna lächelte. Er war ihr unglaublich sympathisch.

Toller fügte hinzu: »Wenn das so einfach wäre!« und fing endlich an zu lachen. Anna fiel mit ein, und beide schüttelten sich vor Gelächter. Schließlich aber sagte er: »Gehe ich recht in der Annahme, dass Sie mir noch etwas anderes vorschlagen möchten?«

»Ja, also ...« Anna wurde wieder ernst. »Ich bin eine Bekannte von Gustav Landauer. Er meint, dass die Revolution auf eine schiefe Bahn

geraten sei. Haben Sie denn keinen Einfluss mehr auf den Vollzugsrat?«

Tollers Miene verdüsterte sich. »Nun, ich werde sicher bald nicht
mehr hier sein. Und die Revolution, so fürchte ich, wird so schnell wieder erloschen sein wie ein brennendes Streichholz im Wind. Sie müssen
wissen, dass ich die jetzige Regierung als Unheil betrachte.« Er blickte
ihr geradewegs in die Augen.

»Aber wieso?«, fragte sie. Dabei bestätigte er nur, was sie im tiefsten
Herzen fürchtete. Plötzlich wurde ihr schwindelig, sie meinte, in einen
Strudel hineingerissen zu werden, und schloss die Augen. Was ist das
nur? Was geht in mir vor? Gleichzeitig hatte sie das Gefühl, als habe sie
eben diese Situation schon einmal erlebt. Bilder blitzten in ihr auf.

»Ist alles in Ordnung mit Ihnen?«, hörte sie Toller fürsorglich fragen,
der wohl bemerkt hatte, dass sie fast ohnmächtig geworden war.

Da war es auch schon wieder vorbei. »Ja, schon gut«, sagte sie und
fasste sich kurz an den Nasenrücken, als habe sie Kopfschmerzen.

Er blickte sie skeptisch an, sprach aber weiter. »Die Unzulänglichkeit
der jetzigen Führer, der Eigensinn der Kommunistischen Partei, all die
jetzigen Umstände werden sehr bald den Sturz herbeiführen. Die Räterepublik war ein Fehler. Fehler muss man eingestehen und beheben. Sie,
meine Liebe, sollten sich so schnell wie möglich aus dem Staub machen.«

»Aber warum bleiben Sie dann noch hier? Warum retten Sie sich
nicht selbst?«

»Ich bleibe, um noch mehr Unglück zu verhindern. Die Räterepublik
muss beendet werden, bevor das Militär in München anrückt und es zu
einem Blutbad kommt!«

»Aber Sie können doch nicht einfach die Flinte ins Korn werfen!«,
flehte sie ihn an, während draußen Schüsse zu hören waren. »Das ist
doch ...«

»Verrat?«, fragte er, stand auf und sah wieder aus dem Fenster. »Bald
werden die Truppen hier sein. Und ich versichere Ihnen: Zu Verhandlungen wird es nicht kommen.« Er drehte sich um. »Die Räterepublik«,
fuhr er ruhig fort, »ist erledigt.«

Das war wie ein Schlag ins Gesicht, Anna hielt es nicht mehr auf ihrem Stuhl, sie sprang auf und lief zu ihm hinüber. »Wie können Sie nur
so pessimistisch sein! Die Menschen glauben an Sie, an die Revolution!«

»Wir sind gescheitert. Wir alle begingen Fehler, alle trifft die Schuld.
Unser Einsatz war vergebens, das Opfer nutzlos. Die Arbeiter vertrauten

uns – wie können wir uns jetzt noch vor ihnen verantworten? Retten Sie sich, solange Sie noch können. Es ist aus.«

Verzweifelt stürzte Anna aus dem Palais auf die Straßen hinaus. War es tatsächlich vorbei? Gab es keinerlei Hoffnung mehr? Verbissen stürmte sie die Straße entlang, stieß aus Versehen einen alten Mann um. Anna rannte weiter, immer weiter. Dann blieb sie abrupt stehen, schaute sich um und setzte sich auf die Bordsteinkante. Ihr Körper fühlte sich taub an, gefühllos, wie abgestorben. Es war einfach zu viel, alles viel zu viel! Da schrie es aus ihr heraus: schrill, laut und verzweifelt, als hätte man ihr ein Brandeisen auf die Haut gedrückt. Schließlich vergrub sie den Kopf in die Arme, und eine Tränenflut überrollte sie.

Arierbewusstsein

Die Besprechung in der Kommandantur war schnell zu einem Ergebnis gekommen. Die Vorgehensweise, wie München zurückzuerobern war, stand nun fest, sodass ich mich mit Sebottendorf auf den Weg nach Eichstätt machen konnte. Eine Stunde später fuhren wir in seinem schwarzen Maybach über die Landstraße. Den Geruch der frisch polierten Ledersitze in der Nase, blickte ich aus dem Wagen. Wieder schneite es, die Landschaft lag in dem verhexten Weiß wie in einem ewigen Dornröschenschlaf. Ich aber verspürte eine diffuse innere Anspannung.

Verstohlen sah ich zu Sebottendorf hinüber, der schweigend den Wagen lenkte. Woher nahm er nur all die Energie? Woher seine Entschlossenheit? Konnte es reine Willenskraft sein? Irgendwie bewundernswert, wie er beständig hellwach und hochkonzentriert seine Ziele verfolgte. Obwohl ich mir sicher war, es mit einem Hochstapler zu tun zu haben, spürte ich, dass eine fast hypnotische Wirkung von ihm ausging. Mit Ausruf der Räterepublik mussten sich doch er und diese Leute, mit denen er sich umgab, vor eine Katastrophe gestellt sehen, vor den Zusammenbruch all dessen, was ihnen wert und teuer war: Vaterland, Deutschtum und die Unumstößlichkeit der staatlichen Autorität. Und mir ging es ja ganz ähnlich. Wenn sich die Revolution durchsetzen würde, wäre auch ich ohne jeden Halt, so schien es mir zumindest. Ich blickte auf die vorbeiziehende Landschaft und stellte mir vor, wie es wohl gewesen war, als vor zwei Wochen ein Bote ins Hauptquartier der Thule-Gesellschaft im Münchner Hotel Vier Jahreszeiten platzte und die Neuigkeit verkündete. Sebottendorf, so hieß es, sei aufgesprungen und habe das Wort wie ein flammendes Schwert ergriffen: »An Stelle unseres Königs herrscht nun der Todfeind: Juda!«

Aber so wie der Baron und diese »Arier«, wie sie sich bezeichneten, die Juden für alles Unglück verantwortlich machen? Immer mehr Leute taten das in letzter Zeit. Wie konnten sie da nur so sicher sein? Und wen genau nahmen sie ins Visier? Wenn man sie so hörte, konnte man meinen, dass die Juden alle an einem Strang zogen, wie ein einziges Nervensystem von einem übergeordneten Zentrum gesteuert. Das erschien mir doch allzu abwegig. Nachdenklich holte ich meine Zigaretten hervor. Doch Sebottendorf sah mich missbilligend an und sagte streng: »Nicht hier im Auto!«

»Kein Problem!« Enttäuscht steckte ich die Schachtel wieder weg.

»Warum rauchen Sie?«, fragte er. »Das kann Ihnen doch nicht gut tun!«

Ich seufzte. Ja, warum eigentlich? Einen Grund gab es nicht, aber darauf verzichten? Gleich in den ersten Tagen an der Front hatte ich nach der ersten Feuertaufe mit dem Rauchen begonnen. Geschosshagel und Schrapnellfeuer zerrten an den Nerven. Wenn ich in der Schützenlinie lag und die Granaten dicht hinter uns einschlugen, rauchte ich und dachte an Anna. Was, wenn ich verwundet oder gar getötet würde? Kümmerte es sie überhaupt?

»Sie sind eben süchtig.« Sebottendorf hob kurz die Augenbrauen. »Gibt es sonst nichts, was Sie erfüllt?«

»Sie meinen, außer dem Rauch in meiner Lunge?«

Er antwortete nicht und blickte starr geradeaus auf die Straße. Vielleicht war er in Gedanken auch schon in Eichstätt, beim Freikorps Bund Oberland. Ob sich noch mehr Freiwillige gemeldet hatten, ob genügend Proviant, vor allem ausreichend Waffen zur Verfügung stünden. Inzwischen konnten bereits zwei Kompanien mit jeweils neunzig Offizieren, Unteroffizieren, Studenten und etwa sechzig Mannschaften formiert werden.

Sebottendorf hatte erst kürzlich einen »Kampfbund« gegründet, um gegen die Räterevolution vorzugehen, vor allem Mitglieder der Thule-Gesellschaft, Studenten und ehemalige Offiziere, aber auch manche Fanatiker von den Völkischen und sogar Schläger machten dort mit. Als die Regierung die Aufstellung der Freikorps genehmigte, wurde vereinbart, dass Sebottendorf dabei auf diese Leute zurückgreifen sollte. Von

Eichstätt aus organisierte der Kampfbund einen Nachrichtendienst, der die Tätigkeiten der Revolutionäre überwachte. Zudem hielt er Kontakt zu den Widerstandskräften vor München und zog Werbeabteilungen für das neue Freikorps auf. Finanziert wurden die Aktionen durch Spenden wohlhabender Bürger: Familien, die Angst davor hatten, enteignet zu werden, hofften, durch das geleistete Handgeld an die Rechten die bestehenden Strukturen zu festigen und ihren Besitz zu sichern.

»Sie waren an der Front?«, sprach Sebottendorf mich wieder an.

»Sturmtrupp«, antwortete ich trocken.

»Sicher nichts für Ästheten!«

»Zumindest hat es mich stark gemacht.«

»Hört sich nach Nietzsche an!« Er verzog die Mundwinkel.

Dass er das so leicht erraten hatte! Andererseits war es auch zu offensichtlich, und ich nahm mir vor, nie wieder so etwas Törichtes zu sagen.

Sebottendorf blickte kurz zu mir herüber. »Ich denke, mit Ihnen ist etwas anzufangen.«

Das überraschte mich. Und es tat mir gut, Bestätigung zu erfahren. Vielleicht fehlte mir eine väterliche Figur – so etwas wie ein Vorbild.

»Ich habe mich immer gefragt, woher Nietzsches *Übermensch* eigentlich kommen soll«, fuhr Sebottendorf fort. »Aus sich selbst heraus? Oder woher?«

»Vielleicht aus dem Willen zur Macht?«

»Der Wille zur Macht«, wiederholte der Baron nachdenklich. Dann hob er das Kinn und sagte langsam: »Nietzsche scheint sich darüber nicht ganz im Klaren gewesen zu sein. Ich sage Ihnen, es ist der Wille der nordischen Rasse! Der Wille zur Macht ist nichts anderes als der unserer Rasse innewohnende Wille, zu überleben und zu wachsen.«

Da spürte ich es wieder, jenes inwendige Beben – als würden sich in den Tiefen meiner selbst tektonische Platten verschieben. Unvermittelt spülte es die Erinnerungen an die Oberfläche: Ich hockte im Schützengraben und erwartete den nächsten Einsatz. Gerade war die Brotration gekürzt worden, und ich befürchtete schon, bald die eigenen Exkremente fressen zu müssen. Ich hockte also da und las in Nietzsches »Antichristen«, während in der Ferne dumpf das Trommelfeuer donnerte: »Man muss der Menschheit überlegen sein durch Kraft, durch Höhe der Seele – durch Verachtung…« Plötzlich wurde ich durch den Luftdruck einer einschlagenden Granate niedergeworfen, Erde schlug über mir zusammen. Verschüttet! Ich rang nach Luft…

Da war dieser Geruch nach noblen Autositzen – und die Stimme Sebottendorfs: »Wissen Sie's?«, fragte er.

»Was soll ich wissen?«, fragte ich verwirrt. Hatte ich etwas verpasst?

»Na, hören Sie! Warum die Kulturen zugrunde gingen?«

Ich schüttelte geistesabwesend den Kopf. Der Dämon hielt mich fest im Griff.

»Weil die ursprünglich schöpferische Rasse an Blutvergiftung starb! Verstehen Sie? Aufgrund der zunehmenden Bastardisierung des arischen Blutes, und zwar in erster Linie durch die jüdische Rasse! Und genau das ist es, was uns auch jetzt wieder droht.«

Wie mächtige Flutwellen breiteten sich die inwendigen Bilder erneut in mir aus: Ich war am Ersticken, da schlug eine zweite Granate ein, und unser Unterstand war wieder geöffnet – gerettet! Doch neben mir blickte mich ein Kamerad aus toten Augen an. Es war lediglich sein Kopf, der Rest lag überall verstreut. Leichenteile, wohin ich schaute ...

»Von Moses bis Lenin führt ein roter Faden des Abstiegs«, dozierte Sebottendorf weiter. »Der rote Faden der jüdischen Weltverschwörung!«

Ich rieb mir die Schläfen. Die vorbeirauschende Landschaft wirkte auf mich wie eine Unterwasserwelt, die blätterlosen Bäume wie Tiefseekorallen – als sei alles dort draußen vor langer Zeit in den Fluten versunken. »Aber warum?«, fragte ich.

»Eben weil die Juden so sind. Zersetzung, Unterminierung und Zinsknechtschaft ist der ureigene Impuls dieser Rasse. Sie saugen den Wirtskörper aus, bis die Kultur völlig in sich zusammenbricht. Sind nicht die Führer der Bolschewisten allesamt Juden?«

»So? Sind sie es denn?«

»Sie müssen sich informieren, mein Freund! In München dieser verpickelte Levien, in Berlin Karl Liebknecht und Rosa Luxemburg, in Moskau Lenin und Trotzki. Glauben Sie etwa, das sei Zufall?«

Konnte etwas dran sein an dem, was der Baron von sich gab? Der Kommunismus das Werk der Juden? Das ganze Elend in Deutschland deren Schuld? Es war ein subtiles Gift, das sich da in meine Gedanken ergoss, sich ausbreitete und meine Wahrnehmung in eine bestimmte Richtung zu lenken begann. Aber noch wehrte ich mich dagegen.

Ein Hoch auf die Menschheit

Am späten Abend saß Anna im Café Stefanie. Sie war den ganzen Tag ziellos umhergeirrt. Wie schäbig doch alles war, wie enttäuschend! Frustriert starrte sie nun auf eine Tasse Tee, als handle es sich um einen Schierlingsbecher.

Gustav Landauer schien es ähnlich zu gehen, er hockte wie zu Eis erstarrt in einer Ecke. Mit ihrer Teetasse in der Hand ging sie hinüber. »Gustav! Was wird nun aus uns?«

Er schaute auf. »Haben Sie gehört, was die Entente neuerdings behauptet?«

»Ja – dass Deutschland einzig und allein schuld am Krieg sei.«

Er nickte und fuhr sich mit der Hand durch den Bart.

»Meinen Sie nicht, dass das gerechtfertigt ist?«, fragte sie.

»Wenn die Siegermächte Deutschland tatsächlich die alleinige Schuld in die Schuhe schieben wollen, dann wird es wieder Krieg geben!«

»Wirklich?«, fragte sie schockiert.

»Ja, denn so entfachen sie nur Revanchegelüste! Wieso kommen sie uns stattdessen nicht zu Hilfe? Wieso unterstützen sie nicht die Revolution? Geht es ihnen vielleicht nur darum, Deutschland in die Knie zu zwingen, völlig unabhängig davon, welches Regime an der Macht ist? Wir sollten uns daran erinnern, dass der Krieg stets drei Ursachen hat: die ungleiche Verteilung des Besitzes, die Existenz des Soldatenstandes und schließlich den Klerus, welcher sich noch erdreistet, die Kanonen zu taufen, als gäbe es einen gerechten, einen christlichen Krieg. Hinzu kommt noch der Patriotismus.«

»Der Patriotismus ist aber doch eine gute Sache«, mischte sich ein Schachspieler vom Nebentisch ein, ein Mann mit roter Knollennase. »Finden Sie nicht auch?«

»Nein, ganz im Gegenteil. Er hat letztlich in allen Nationen zu unbändigem Hass geführt!«

»Nun, ich halte ihn jedenfalls für ein völlig natürliches Gefühl«, meinte der Mann und zog mit seinem schwarzen Turm vor, als wolle er damit seinem Argument Nachdruck verleihen.

»Das aber aus einer falschen Identifikation geboren wird!«, konterte Landauer. »Stets soll allein das eigene Volk oder der eigene Staat bevorzugt werden. Man muss aber doch an das Wohl aller Menschen denken!

Es wird der Tag kommen ...« Eine Gruppe junger Leute rannte schreiend am Café vorbei, sodass der Rest unterging.

»Na, was dann?« Der Mann sah Landauer provozierend an.

»Irgendwann werden die Menschen realisieren, dass alle Grenzen und Staaten, dass alle Trennungen nur oberflächlich sind. Nichts ist einsam in der Welt, alles kommt sich entgegen.«

»Schachmatt!«, rief da der andere Schachspieler und klatschte in die Hände.

Anna merkte plötzlich, dass sie die ganze Zeit die Luft anhielt, sie atmete aus und gleich wieder tief ein. Dabei versuchte sie ihre Gefühle in den Griff zu bekommen.

»Das Wahre ist wie ein Lichtstrom«, sagte Landauer, »ein Strom, den jeder trinken muss, der die Augen öffnet. Dieses Fließen, Strömen, Fluten, die Natur, die vom Unendlichen zum Unendlichen strömt, ist unermesslich reich.« Er nickte Anna zu, legte ein paar Geldscheine auf den Tisch, stand auf und ging hinaus.

Anna tat er unsäglich leid.

Thule

Eichstätt, 22. April 1919. Sebottendorf und ich bestiegen den Zug nach München. Er wollte sich vor Ort ein Bild der Lage machen. Führen wir mit dem Auto, bestand Gefahr, dass man seinen Wagen beschlagnahmte. Kaum dass wir nebeneinander im Abteil saßen, wurden wir auch schon von bewaffneten Männern in Uniform und roter Armbinde kontrolliert. Wir zeigten gefälschte Eisenbahnerausweise vor, die Sebottendorf besorgt hatte. Die Thule-Gesellschaft gab solche Dokumente sowie rote Armbinden und Spartakus-Parteiausweise aus, damit ihre Mitglieder und Sympathisanten unbehelligt reisen konnten.

»Auf dem Weg nach München?«, fragte der Mann und sah sich unsere Pässe genau an.

»Da soll's Probleme im Stellwerk geben«, sagte Sebottendorf.

»Und er?« Der Mann zeigte auf mich, während er uns die Pässe zurückgab.

»Mein Assistent«, antwortete der Baron lapidar.

Als die Männer gegangen waren, fragte ich schmunzelnd: »Probleme im Stellwerk?«

»Na, wie würden Sie sonst das ganze Chaos bezeichnen?« Er hob die Augenbrauen. »Die Weichen führen zurzeit doch in die völlig falsche Richtung. Und das müssen wir wieder in Ordnung bringen. Oder sehen Sie das anders?«

Ich lachte. Dann fragte ich: »Können Sie mir etwas über die Thule-Gesellschaft erzählen? Es gehen so viele Gerüchte um.«

Sebottendorf nickte ernst, blickte aus dem Fenster und sagte verschwörerisch: »Wir sind eine germanische Loge.«

»Wie die Freimaurer?«

Er verzog die Mundwinkel. »Wenn Sie den Tag mit der Nacht vergleichen wollen ... Die Freimaurer glauben an die Gleichheit – was für eine Illusion! Wir dagegen sind Aristokraten: aristokratisch im Denken und Handeln. Deshalb gibt es bei uns auch keine Juden. Reine Blutsbrüderschaft verbindet uns. Das wäre doch auch was für Sie, junger Mann. Wir stehen vor einem epochalen Kampf!«

»Ja, die Kommunisten sind eine Plage«, sagte ich leise, während das Rattern des Zuges in meinem Kopf zu kreisen begann.

»Kommunisten! Sind Sie wirklich so naiv? Was glauben Sie, woher die Revolutionäre das ganze Geld haben? Vom internationalen Judentum, und zwar nicht nur in München, auch in Russland!«

Ich blieb skeptisch. Der Antisemitismus war mir nicht fremd, er breitete sich ja neuerdings auch unter den Soldaten aus. Dass aber die Kommunisten Geld von den Juden erhalten? Wie passte denn das zusammen?

»Wir pflegen keine Humanitätsduselei«, fuhr Sebottendorf fort. »Und wir halten auch nicht die Wange hin, wenn man uns auf die andere schlägt. Wir setzen unsere ganze Energie darauf, kräftig zurückzuschlagen, mein Lieber. So, dass der Gegner am Boden liegen bleibt!« Die Zuggeräusche hämmerten seine Worte in meinen Kopf.

»Was verstehen Sie eigentlich unter einem Arier?«, fragte ich mehr aus Höflichkeit, da mir das ganze Thema auf den Magen schlug.

»Nun, da muss ich etwas ausholen: Ende des 19. Jahrhunderts, während sich die meisten für Nachfahren von Affen hielten, öffnete sich für andere ein Spalt in eine andere Welt. Endlich erlangten Eingeweihte wieder Zugang zum geistigen Wissen der rassisch reinen Menschheit, wie sie im Goldenen Zeitalter lebte.«

»Worin könnte das wohl bestehen?«

»Zunächst einmal in dem Wissen um die göttliche Quelle«, gab er feierlich zur Antwort.

Die göttliche Quelle, hallte es in mir nach. Was meinte er? Ich konnte kaum noch folgen.

»Auch wir Menschen entstammen dieser einen Quelle, einer Quelle, ewig sprudelnd, ewig schaffend, aus einem Zentrum heraus in immer neuen Zyklen: Sonnensysteme, Planeten und schließlich die Erde. Und mit ihr immer neue Kontinente, immer neue Rassen, Unterrassen und Bewusstseinszustände. Neue Rassen wurden geboren, sie entfalteten sich, um wieder unterzugehen. Zuvor aber gaben sie die Fackel der Menschheitsentwicklung an die nächste Rasse weiter. Heute ist die arische Rasse berufen, die Kultur zu neuen Höhen zu führen. Um die Menschheit gegen den Willen der degenerierten Rassen wieder zurückzuleiten zum Bewusstsein der eigenen Göttlichkeit...« Sebottendorf hatte sein Thema gefunden. Ich schaltete ab, während er auf Guido von List zu sprechen kam, Urvater der Ariosophie, eine Kultfigur aus Österreich, Patriarch und nationaler Guru, mit einem Bart, als hätte er sich seit Äonen nicht mehr rasiert. Als hätte sich Odin selbst, der nordische Göttervater, von dessen Kinn herabgewunden, um aus diesem Dickicht heraus dunkle Mysterien zu offenbaren. »Ein Leuchtturm der arischen Rasse!«, deklamierte Sebottendorf. »Wir alle sehnen uns nach einem neuen Reich, rein, ohne Makel. Ein theokratischer Staat, geführt von weisen Priesterkönigen, Erben des Sonnenkönigs. Nun warten wir nur noch auf den Starken von oben.«

»Wie bitte? Den Starken von oben?« Meinte er den Messias?

»Ja, wir warten auf ein übermenschliches Individuum, das aller Zwietracht ein Ende bereitet. Einen Mann, der die göttliche Ordnung wiederherstellt, indem er den größten Feind der arischen Rasse besiegt: die jüdische Internationale!«

Eine erstaunliche Verbindung aus Mystik, Religion und antisemitischer Weltverschwörung! Das war ja doch interessant, ich wollte mehr darüber erfahren. Allerdings überfiel mich nun bleierne Müdigkeit. Das rhythmische Rattern, Sebottendorfs sonore Stimme, die schneebedeckte Landschaft... Da betrat ein älterer Mann mit langem Bart unser Abteil. Er setzte sich mir gegenüber, nickte uns zu, schloss die Augen und schien sofort einzuschlafen. Auch ich musste wohl eingenickt sein. Als ich meine Augen wieder öffnete und zu dem Alten hinübersah, starrte er mit unnatürlich weit aufgerissenen Augen aus dem Fenster, in der Ferne war eine Art Fabrik mit rauchenden Schornsteinen zu erkennen. Mit steigendem Unbehagen bemerkte ich einen Davidstern, den der Mann trug. Plötzlich kippte er vornüber, ich packte reflexartig zu und drückte ihn wieder zurück in den Sitz. Entsetzt sah ich, dass er nun gar keine Augen mehr hatte, ich blickte in leere Höhlen!

Ich fuhr auf, vom Pfeifsignal der Lokomotive geweckt. Erleichtert stellte ich fest, dass der Mann gar nicht mehr da saß. Vielleicht war er auch nie dort gewesen…

Ankunft in München

In München fand soeben ein Demonstrationszug statt, Tausende Männer und Frauen, ein schier endloser Schlangenkörper wälzte sich durch die Leopoldstraße in Richtung Theresienwiese. Die braven Bürger saßen derweil vermutlich mucksmäuschenstill im Dunkel ihrer verbarrikadierten Wohnungen. Ich selbst war nicht ohne Angst, von Zeit zu Zeit tastete ich nervös nach meiner roten Armbinde. Plötzlich rempelte mich von hinten ein Mann an. Blitzartig drehte ich mich um und schlug ihm die Faust gegen die Brust, sodass er zu Boden fiel. Sebottendorf aber zog mich am linken Arm zurück. »Reißen Sie sich zusammen, das war doch nur ein Betrunkener!«

Kaum hatte ich mich beruhigt, stockte mir erneut der Atem: Anna! Mittendrin in der Menge, in einem einfachen Kleid, aufreizend mit offenem Mantel, marschierte sie zwischen zwei Männern mit Vollbärten, eine Art adliges Adoptivkind der Kommunistischen Partei. Was tat sie hier? Egal. Ich musste lachen, und mir schlug das Herz bis zum Hals. Anna, endlich! Ich lief spontan hinüber und lächelte sie an.

»Heinrich, mein Gott!«, rief sie, warf ihre Arme um meinen Hals und drückte mich an sich, dass es mir fast die Beine wegriss. »Du bist wieder in München!«, strahlte sie. »Dieser verfluchte Krieg, zum Glück ist dir nichts passiert, wir hatten solche Angst um dich. Komm, schließ dich uns an! Es gibt so viel zu erzählen!«

»Nein!« Ich griff sie am Arm, mein Herz brannte lichterloh. »Komm mit, Anna, hier ist es gefährlich, es wird bald einen Angriff geben!«

»Ein Grund mehr, unsere Macht zu demonstrieren! Wenn du nicht willst, dann lass mich gehen!« Sie riss sich los, reihte sich wieder ein, drehte sich aber noch einmal um: Ein letztes Winken, dann war sie verschwunden.

Wie vom Donner gerührt stand ich da und blickte ihr nach. War ihr der ganze Firlefanz hier denn so wichtig, dass sie mich bei unserem ersten Wiedersehen behandelte wie einen x-beliebigen Bekannten? War ich ihr gleichgültig geworden? Schließlich hatte sie mir auch kaum einen Brief an die Front geschrieben. Und jetzt...

»Mann, was machen Sie denn da?« Sebottendorf hatte mich wiedergefunden.

»Das war Anna«, sagte ich mit heiserer Stimme. »Ich kenne sie seit meiner Kindheit.«

»Eine Kommunistin? Schlechter Umgang, mein Lieber!«, kanzelte er mich ab. »Das geht schnell nach hinten los. Kommen Sie, wir müssen ins Hauptquartier.«

Wie in Trance folgte ich ihm zum Hotel Vier Jahreszeiten, das wir über einen Dienstboteneingang betraten. »So bleiben wir weitgehend unbehelligt«, erklärte der Baron. Ich aber hörte ihn kaum. *Anna...*

Von der Eingangshalle aus gingen wir über einen roten Teppich die Treppe hinauf bis zu einer großen Holztüre. Sebottendorf griff in seine Manteltasche und überreichte mir eine Anstecknadel, ein Sonnenrad auf rotem Hintergrund. Dann klopfte er viermal an. Zwei Männer mit gezückten Revolvern öffneten und ließen uns ein. Auch die Wände waren mit dem Sonnenrad dekoriert, offenbar das Emblem der Thule-Gesellschaft. An die zwanzig Männer standen hintereinander in einer Reihe vor einem Tisch. Dort saß ein Mann, er war um die fünfundzwanzig, hatte dünne Lippen und buschige Augenbrauen, was aufs Heftigste kontrastierte, so mein erster Eindruck. Nun blickte er hoch, stand auf und kam auf uns zu.

Sebottendorf sagte: »Darf ich vorstellen: Rudolf Heß. Und Heinrich von Trott. – Haben Sie von dem Aufmarsch in der Leopoldstraße gehört? Unglaubliche Massen!«

»Das wird sich bald ändern«, antwortete Heß. »Wenn wir erst einmal marschieren und die Stadt von ihnen säubern. Außerdem hat man mir gerade berichtet, dass die Moral bei den Roten im Keller ist.«

Während meine Gedanken erneut zu Anna wanderten, fragte Sebottendorf: »Und wie läuft's hier bei Ihnen?«

»Erstaunlich gut. Viele neue Kampfbund-Mitglieder. Wir haben allein heute Morgen hundertachtzig Mann nach Eichstätt schicken können.«

»Ausgezeichnet!« Sebottendorf klopfte ihm anerkennend auf die Schulter.

Heß nickte ernst. »Außerdem habe ich einen Anruf aus Nürnberg bekommen, dass die Waffen morgen beim Freikorps ankommen.«

Sebottendorf wandte sich an mich. »Können Sie sich darum kümmern, dass alles reibungslos abläuft?«

»Selbstverständlich«, antwortete ich, obwohl ich tausendmal lieber in München geblieben wäre, um Anna zu treffen. »Ich kann direkt mit dem Zug zurück nach Eichstätt fahren.«

»Ja, tun Sie das gleich morgen früh.«

»Bitte entschuldigen Sie mich«, sagte Heß. »Ich muss mich weiter um die Freiwilligen kümmern.« Er verbeugte sich leicht und ging zurück an seinen Schreibtisch. Obwohl er höflich war, schien er außerordentlich zielstrebig und durchsetzungsfähig zu sein. Aber irgendetwas beunruhigte mich an ihm.

»Sie vertrauen ihm?«, fragte ich spontan und ärgerte mich gleich wieder darüber. Was sollte der Baron denken? Sicherlich fand er meine Frage aufdringlich, ja geradezu unverschämt.

Tatsächlich sah er mich missbilligend an. »Rudolf Heß studiert Volkswirtschaft, Geschichte und Jura an der Universität München«, erklärte er, »unter anderem bei Karl Haushofer, er hat uns auf ihn aufmerksam gemacht. Kaum einer engagiert sich so inbrünstig gegen die Räterepublik wie Heß.«

Ich nickte. »Und was genau tut er hier?«

»Er überprüft jeden, der sich um Aufnahme in den Kampfbund bewirbt, auf Eignung und Zuverlässigkeit, eine sehr wichtige Aufgabe.«

»Und was geschieht dann?«

»Die Männer werden natürlich nach Eichstätt geschickt. Außerdem hat Heß Spitzel bei den Bolschewisten, er informiert uns über deren Pläne und Kontingente. Sie sehen also, wir haben hier alles im Griff. Fahren Sie nur getrost morgen zurück.«

»Sie können sich auf mich verlassen«, antwortete ich.

Das Wiedersehen

Am nächsten Morgen verließ ich zeitig die Kaserne, wo ich die Nacht bei den Kameraden verbracht hatte, so lautete meine Order. Dadurch aber hatte ich keine Möglichkeit mehr, mich bei der Familie von Stieglitz zu melden. Nun lief ich gedankenschwer zum Bahnhof: Wie konnte ich Anna nur warnen? Sie beschützen? Sie war in höchster Gefahr, wenn wir in München einrückten!

Auf dem Weg kam ich an einem dicklichen Mann vorbei, der mit einem Flugblatt in der Hand einige Passanten um sich geschart hatte und verkündete: »Die Regierung Hoffmann lässt Sie wissen: Kopf hoch, Mut nicht sinken lassen! Hilfe naht baldigst. Gezeichnet Hoffmann und Schneppenhorst.« Kaum aber klatschen zwei Männer, wurden sie gegriffen und abgeführt. Ein Lockspitzel! Der Kerl machte sich schnellstens aus dem Staub. Mit welch perfiden Tricks hier gearbeitet wurde – man musste höllisch aufpassen, was man sagte und mit wem man sich abgab. Ich wollte gar nicht dran denken, was sie mit mir täten, wenn ich auffflöge.

Autos mit Männern und Frauen, die rote Fahnen in den Wind hielten, fuhren winkend an mir vorüber. Und doch lastete ein Belagerungszustand auf der Stadt: Raub, Mord und Plünderungen waren an der Tagesordnung. Terror wurde unter dem Vorwand ausgeübt, dass die anderen keine echten Menschen seien, sondern Bösewichte, Schurken, Verbrecher – unehrenhaft, gefährlich, mit einem Wort: Hochverräter! Man sah kaum gut gekleidete Leute, und die Lebensmittelgeschäfte waren nur noch spärlich bestückt. Fisch gab es überhaupt nicht mehr, lediglich Gefrierfleisch und an frischem Gemüse Spinat, sonst nur Konserven. Vor den Tabakläden erblickte ich lange Schlangen mit zerlumpten Zivilisten und Soldaten. An allen Ecken patrouillierten Bewaffnete; Stacheldraht und Schützenketten schnitten viele Straßen entzwei.

Als ich am Bahnhof ankam, traute ich meinen Augen nicht – oh wundervolles Schicksal: Anna! Sie verteilte hektisch Flugblätter, als gebe es noch irgendetwas zu retten. Ich schlich mich von hinten heran und legte behutsam meine Hände auf ihre Augen. Sie zuckte erschrocken zusammen und versuchte tastend herauszufinden, wer sie da wohl neckte. Kurz darauf ein befreites Lachen. »Heinrich! Verfolgst du mich etwa?« Wieder umarmte sie mich, eine Berührung, die wie ein elektrischer Schlag durch meinen Körper jagte. Ich schmolz dahin.

»Hast du mich denn kommen sehen?«, fragte ich erstaunt.

»Ich erkenne doch deine Hände!«, antwortete sie sanft. Meine Gedanken flogen nach Creisau, ins Land der gemeinsamen Jugend. Die junge Liebe, die zwischen uns entbrannt war, das leidenschaftliche Feuer, es schien so weit weg, ein verlorenes Paradies, deutlich spürte ich eine Distanz zwischen uns.

Anna musterte mich. »Heinrich, bist du es? Bist du es noch?«

Ich schluckte. Konnte sie ahnen, dass ich der Konterrevolution angehörte? Oder war es der Krieg, der zwischen uns stand, weil er mich stark verändert hatte? Wir waren so unglaublich jung gewesen, noch halbe Kinder, gerade 16 Jahre alt. Doch hatten wir uns in unsere Liebe fallen lassen, intensiv war sie gewesen und doch naiv. Nichts war uns natürlicher erschienen als unser ineinander verschlungenes Glück, mir schien, ich erlebte an ihr mein eigenes Wesen, wir waren an goldenen Zielen angelangt. Ich sah in ihre Augen, in dieses Blau, tauchte tief hinein. Wie gerne hätte ich ihr jetzt die Flugblätter aus der Hand genommen, sie näher an mich herangezogen, die Knöpfe ihres Kleides geöffnet und ihre weichen Brüste liebkost...!

»Verfolgst du mich?«, wiederholte sie.

Eines Tages waren wir spazieren gegangen, der Wind wehte warm durch die hohen Weizenfelder, und die Landschaft glänzte in der Sonnenhelle des goldenen Lichtes. Da hatte Anna meine Hand genommen, die Augen gesenkt und gesagt: »Heinrich, ich verbrenne, ich verglühe. Ich habe Angst, mich zu verlieren!« Wie ein rot glühender Dolch waren ihre Worte in mein Herz eingedrungen.

Und jetzt? Was empfand sie heute noch für mich? War sie glücklich? Gab es einen anderen? Ich traute mich nicht, zu fragen. »Nein, ich verfolge dich nicht«, sagte ich lächelnd.

»Wie ist es dir all die Zeit ergangen? – Bist du noch bei der Armee?«, fragte sie, als ginge ihr auf, dass ich zu den Feinden der Revolution gehören und mit meiner roten Armbinde nur ein Spitzel sein könnte. Was sollte ich nur darauf antworten? Wie absurd kam ich mir vor mit meiner roten Binde. »Mein Gott, Heinrich, ich hatte solche eine Angst um dich!« Sie umarmte mich erneut. »Wohin willst du jetzt?« Prüfend schaute sie mich an.

»Ich muss nach Dachau fahren«, log ich. »Dort wird ein Freikorps aufgestellt, und ich habe den Auftrag, es auszuspionieren. Ich weiß, dass sie sich rüsten, um gegen die Räterepublik vorzugehen. Bitte verlass München so schnell wie möglich, es wird sicher brenzlig!«

»Ausspionieren?«, fragte sie, als hätte sie mir nicht zugehört. »Für wen? Das ist doch viel zu gefährlich!«

Ich aber hob nur meine Schultern.

»Wo wohnst du? Und...« Ihre Stimme klang plötzlich unsicher. »Kommst du uns bald besuchen? Mutter würde dich sicher gerne wiedersehen. Sie hat sich auch Sorgen gemacht.«

Ich spürte meine Kehle trocken werden. Was sollte ich nur antworten? Auch wenn es mir das Herz brach, ich musste weg, so schnell ich konnte. Ich gab ihr einen Kuss auf die Wange und sagte: »Anna, mein Zug, ich muss los. Bitte bring dich in Sicherheit!«

Wir sahen uns noch einmal in die Augen, dann eilte ich davon.

Diktatur des Proletariats

Einige Tage später, am 27. April, begab sich Anna erneut zum Wittelsbacher Palais. Sie lief in der marmornen Eingangshalle an den Wachposten vorbei und fragte nach Eugen Leviné. Wie aussichtslos ihr Plan war, wusste sie. Wer würde schon auf sie hören? Wie sollte sie auch nur das Geringste ändern können? Und doch – es lag nun mal nicht in ihrer Natur, die Arme sinken zu lassen und sich ihrem Schicksal zu ergeben. Also wollte sie wenigstens versuchen, den Revolutionsführer davon zu überzeugen, Verhandlungen mit der Regierung Hoffmann aufzunehmen, bevor das Militär angriff.

Als Anna in den prächtigen Saal eingelassen wurde, blieb sie wie angewurzelt stehen: Die gesamte Räteregierung stand um einen großen, ovalen Tisch und schälte Pellkartoffeln aus einem Riesentopf, um sie in eine undefinierbare braune Tunke zu tauchen und sich in den Mund zu schieben.

Leviné blickte ihr mit einem warmen, etwas traurigen Lächeln entgegen. Er hatte weiche Lippen, einen langen, von silbrigen Strähnen durchzogenen Bart und eine hohe Stirn. »Genossin, was können wir für Sie tun?«, rief er heiter. »Oder führt Sie der süße Duft der Kartoffeln zu uns?« Die Anwesenden lachten wie eine Bande Wegelagerer.

1883 als Sohn reicher russischer Juden in St. Petersburg geboren, begann Leviné sich in der sozialistischen Bewegung zu engagieren. Als in München die Räterepublik ausgerufen worden war, hatte die KPD-Zentrale in Berlin entsetzt reagiert, denn man war davon überzeugt, dass die notwendigen Voraussetzungen in Bayern nicht gegeben seien. So schickte man Leviné, um die Genossen davon abzuhalten, sich an der Revolution zu beteiligen. Doch als man am 13. April das erste Mal versuchte, die Räterepublik zu beseitigen, waren es vor allem Kommunisten, die sich den Konterrevolutionären entgegenstellten. Es handle sich nicht länger um eine »Missgeburt«, wie Leviné die erste Räterepublik bezeichnete. Durch die Kämpfe war das Vertrauen der Arbeiterschaft in die KPD gewachsen, sodass die Versammlung der Betriebsräte beschloss, das Programm der Kommunisten anzunehmen und einen fünfzehnköpfigen Aktionsausschuss zu wählen, an dessen Spitze der Vollzugsrat mit Eugen Leviné als Vorsitzendem stand.

Anna ging um den Tisch direkt auf ihn zu und sagte energisch: »Ich ersuche Sie höflichst, Verhandlungen mit der Regierung Hoffmann aufzunehmen!« Wieder lachten die Männer.

»Ernst Toller hat das bereits versucht.« Leviné schälte in aller Seelenruhe weiter. »Und er hat seine Antwort bekommen, nicht wahr? Ablieferung der Waffen, Auslieferung der Revolutionsführer und erst dann Verhandlungen.«

»Aber wenn wir nicht verhandeln«, ereiferte sich Anna, »wird es zu einem Blutbad kommen! Das können Sie doch nicht wollen!«

»Das wird sowieso geschehen, meine Liebe. Sie müssen verstehen: Die Bourgeoisie hasst uns! Die Regierung in Bamberg gibt lediglich vor, dass sie zu Verhandlungen bereit sei. Dabei will sie nur Verwirrung und Zwiespalt in unseren Reihen säen. Wenn wir uns tatsächlich entwaffneten, würden sie blutige Rache nehmen. Sollen sich die Arbeiter denn einfach abschlachten lassen? Außerdem…« Von draußen klangen Schüsse herein, Leviné zuckte zusammen. »Was ist da los?«

Einer der Männer lief ans Fenster. »Nur irgendwelche Idioten, die in die Luft schießen.«

»Dann geh runter und stopp das!«, befahl Leviné.

Während der Mann den Raum verließ, fuhr Anna ihn an: »Was haben Sie nur vor?«

»Von Anfang an haben wir gesagt, dass es ein Fehler war, diese Scheinräterepublik auszurufen«, erklärte er. »Nun sind wir in die Bresche gesprungen und haben Verantwortung übernommen. Die Situation ist längst aussichtslos. Wir können der Arbeiterklasse nur noch ein letztes Geschenk hinterlassen.«

»Was soll das sein?«, fragte Anna. Die Schüsse zerrten an ihren Nerven.

»Unseren Tod!«, antwortete er. »Wir werden zeigen, was ein echter Revolutionär ist. Der letzte Kampf steht uns bevor. Sie aber, mein Fräulein, sollten sich nun schleunigst in Sicherheit bringen. Denn wir alle hier sind nur noch Tote auf Urlaub.« Die Männer lachten.

Swastika

In Eichstätt empfing mich ohrenbetäubender Lärm, der die Anwohner sicher in Angst und Schrecken versetzte: Auf einem großen, schneebedeckten Platz übten sich etwa hundertzwanzig Mann im Schießen. Da nicht genügend Waffen für jeden Einzelnen vorhanden waren, wechselten sie sich ab und schossen teils auf Schneemänner mit roten Armbinden, teils auf Strohpuppen, die man an die Stämme der in zwei Reihen stehenden Bäume gebunden hatte.

Ich salutierte vor Oberleutnant Josef Römer, der das Ganze mit ernster Miene überwachte. »Wie laufen die Vorbereitungen?«

»Die Männer scheinen wild entschlossen zu sein. Zwar sind auch einige ›Blindgänger‹ darunter, aber was will man machen!«

Ein etwa 25-jähriger Adjutant näherte sich im Laufschritt und verkündete mit strahlendem Gesicht: »Melde gehorsamst, die Waffen aus Nürnberg, sie sind gerade angekommen!«

Im selben Moment brachen erneut die Bilder in mir hervor und sprudelten wie frisch angebohrte Ölquellen, eine schwarze Flut, die mich mit sich in die Vergangenheit riss. Es war vor ungefähr 18 Monaten: Seit Tagen prasselte unaufhörlich Regen auf uns herab, der ringsumher alles in Sumpf verwandelte. Eine einzige Wildnis! Man konnte keine zehn Schritte gehen, ohne bis zu den Knien zu versinken. Um die Geschützstände lagen Granattrichter von drei Meter Tiefe und zehn bis zwölf Meter Durchmesser, es war, als kämpften wir auf einem fremden Planeten. Mein Stahlhelm, das Gewehr samt Bajonett, die lederbesetzte Hose, die Bergschuhe, mein Brotbeutel, meine Gasmaske und die Handgranatenausrüstung – alles war mit einer dicken Lehmkruste bedeckt. In einer Kompanie von zweihundertfünfzig Mann warteten wir auf das Zeichen für einen erneuten Sturmangriff auf die gut ausgebauten feindlichen Stellungen. Absurderweise war ein reiner Bajonettangriff befohlen worden. Nacktes Entsetzen blickte mir aus übermüdeten Gesichtern entgegen. Von einer Bereitschaft, fürs Vaterland zu sterben, konnte seit Langem keine Rede mehr sein.

»Oberleutnant von Trott...« Ich blickte auf, ein Soldat stand vor mir, es war der Fahrer des Waffentransports, ein Mann Mitte dreißig mit einer großen Narbe über der rechten Wange. »Verzeihen Sie die Verzögerung. Diese verdammten Saboteure, allesamt Vaterlandsverräter, die sollte man an die Wand stellen!«

Ich nickte kurz und sagte: »Ja. Schon bald.«

Aus dem Schützengraben krabbelnd, riefen die Kameraden und ich laut »Hurra!« – als gäbe es irgendeinen Grund zum Feiern. Ohne Artillerieunterstützung rannten wir los, über matschiges Gelände, hinein in die Granattrichter und wieder hinaus, über Leichen und Sterbende hinweg, rundum unerträglicher Verwesungsgestank, Schreie, Wimmern, schmerzverzerrte Gesichter, verzweifelte, ängstliche – oder auch leere Augen.

»Waffen, Bekleidung, Ausrüstung«, sagte der Fahrer, welcher inzwischen die Plane seines LKWs hochgeschlagen hatte. Stolz zeigte er auf die Kisten, als enthielten sie einen Schatz voller Gold und Edelsteine. Er sah mich an. »Geht es Ihnen nicht gut?«

»Ich sehe, Oberleutnant Eckerlein hat sich voll ins Zeug gelegt«, sagte ich geistesabwesend und kritzelte meinen Namen unter die Empfangsbestätigung, während die Männer mit dem Entladen der Kisten begannen, um die Waffen anschließend an die Freikorps-Soldaten zu verteilen. Die Erinnerungen aber ließen nicht von mir ab: Ohne jede Deckung waren wir durch das Gelände getobt, ständig schwerstem Trommelfeuer ausgesetzt, voller Angst und Schrecken bei jeder einzelnen Explosion. Um mich herum Schmerzensschreie und Gestöhn der Kameraden, die elendig zugrunde gingen, während die Sense durch unsere Reihen pflügte wie durch ein Weizenfeld.

Den ganzen weiteren Tag quälten mich die Bilder, sie krallten sich in mir fest. In der Nacht träumte ich davon, und auch am nächsten Morgen drohten sie mich davonzutragen. Als ich aber aus einer der provisorisch eingerichteten Baracken trat, besprenkelte die aufgehende Sonne große dahinziehende Wolken mit feuerroten Flecken. Ein wunderschöner Frühlingsmorgen. Ich atmete tief durch, erleichtert, befreit, erlöst.

Vor der Baracke saß ein junger Mann, etwa in meinem Alter, und nähte sich ein Emblem auf den Ärmel.

Ich grüßte und fragte: »Was bedeutet das da eigentlich?«

Er blickte mich durch runde Brillengläser an. »Das ist eine Swastika, ein Hakenkreuz, heiliges Symbol der arischen Rasse, Symbol ihrer Wiedergeburt. Es handelt sich um eine germanische Rune. Man kann auch sagen, dass es ein Sonnenrad ist, dass es also die Sonne darstellt. – Sieh nur, auch heute scheint die Sonne, sicher will sie unseren Sturm auf München mit anschauen und genießen!« Er lachte, riss den Faden ab, stand auf und zog seine Jacke an. Nun steckte er sich ein Edelweiß an den Kragen, welches neben ihm auf der Stufe gelegen hatte, und zog sich ein schwarzes Band um den linken Unterärmel, auf dem ein Totenkopf und die Aufschrift »Sturm-Bataillon« zu sehen war. Dann reichte er mir die Hand: »Ich bin Heinrich. Heinrich Himmler. Freut mich sehr.«

Hermann von Stieglitz

Kaum war Anna in ihr Zimmer geschlüpft, wo sie sich in Ruhe frischmachen wollte, tauchte schon wieder ihre Mutter auf. »Wo ...«

»Stell dir vor, ich habe Heinrich wiedergetroffen!«, fiel sie ihr ins Wort, um von ihrem nächtlichen Fortbleiben abzulenken.

»Hast du etwa die Nacht mit ihm verbracht?«

»Nein!«, empörte sie sich. »Ich war bei einer Freundin! Ich dachte, du würdest dich freuen, dass Heinrich wohlauf ist.«

»Natürlich bin ich froh. Der Himmel hat ihn uns unbeschadet zurückgebracht, das ist wunderbar, aber ich habe mir die ganze Nacht entsetzlichste Sorrrgen um dich gemacht! Kannst du das nicht verstehen? Du bist 19, noch minderjährig – glaubst du, dass du alles machen kannst, was du willst?«

Anna wollte etwas erwidern, als sie erstarrte: Hinter Elina trat Hermann von Stieglitz ins Zimmer, offenbar über Nacht aus Frankreich angereist. »Mit dem ganzen Gerede ist jetzt Schluss«, herrschte er sie an. »Glaubst du, ich habe nichts Besseres zu tun, als hier in München auf dich aufzupassen?« Anna schluckte. So streng kannte sie ihren Vater gar nicht. Doch vor allem seit ihm kürzlich vonseiten der Interessengemeinschaft der deutschen Teerfarbenfabriken ein höherer Posten mit viel Verantwortung angetragen worden war, weil er sich in der Kriegsrohstoffabteilung so vorbildlich für die chemische Industrie eingesetzt habe, war sein Autoritätsgehabe gewachsen. – Wieso war er überhaupt hier und nicht in Frankreich, im Schloss von Versailles?

Er baute sich vor ihr auf. »Kannst du dir nicht vorstellen, dass deine Freunde unsere Position bei den Verhandlungen massiv schwächen?«

»Wieso sollten Revolutionäre die deutsche Position schwächen?«, antwortete sie patzig. »Die Siegermächte können sich doch freuen, Deutschland hat endlich die Monarchie abgeschafft! War es denn nicht genau das, was Präsident Wilson als Voraussetzung für die Friedensverhandlungen genannt hatte?«

»Ja, schon, aber sie wünschen hier sicher kein kommunistisches Regime wie in Russland. Und ich sage dir, wenn wir bei den Verhandlungen nicht machtvoll auftreten können, wenn wir nicht mehr wie eine Nation erscheinen, dann sind deine Anarchisten, Sozialisten und Bolschewisten daran schuld. Deshalb wirst du, Fräulein, dich von nun an raushalten!«

Anna war den Tränen nah. »Ich möchte aber …«

»Nein! In nur wenigen Tagen wird die Armee, werden Freikorps der lächerlichen Revolution ein Ende bereiten. Du aber bleibst gefälligst hier in der Wohnung!«

Damit verließen ihre Eltern das Zimmer. Fassungslos hörte Anna, wie sich der Schlüssel im Schloss drehte. Sie lief zur Tür und schlug wild mit den Fäusten dagegen, weinte und schrie. Doch sie saß in der Falle, eine Gefangene.

Frustriert ließ sie sich aufs Bett fallen. Sollten ihre Hoffnungen auf eine bessere Welt, auf eine Gesellschaft, die sich von höheren Werten leiten ließ, nun mithilfe roher Gewalt zerstört werden?

Attacke

Eichstätt, 30. April 1919. Der Himmel hatte sich seines grauen Schleiers entledigt, die Sonne gewährte einen klaren Blick auf die kommende Schlacht. Endlich war der Marschbefehl gekommen. Etwa tausend Mann standen in Reih und Glied auf dem großen Platz, um der Ansprache ihres Kommandanten zu lauschen. Kurz zuvor waren wieder Waffen und Ausrüstung eingetroffen. Ein Großteil der Bekleidung blieb allerdings spurlos verschwunden, sodass die Männer vom Bund Oberland uneinheitlich gekleidet aufmarschieren mussten.

Major Ritter von Beckh war Ende 40, trug einen geschwungenen Oberlippenbart nach preußischer Manier und eine mit Auszeichnungen dekorierte Uniform. »Männer! Soldaten!«, begann er. »Die Regierung

Hoffmann ruft euch zum Kampf gegen den roten Terror, und ihr seid diesem Ruf gefolgt. Tausende unserer Brüder und Schwestern, die in den Fesseln, unter dem Druck wahnwitziger Verblendeter seufzen, richten ihre Blicke auf euch, von denen sie Hilfe erwarten.«

»Dies ist kein Bruderkrieg«, fuhr er emotionaler werdend fort. »Die Machthaber in München und ihre Gefolgschaft haben das Recht verwirkt, sich unsere Brüder nennen zu dürfen. Es ist ein Kampf gegen Plünderer und Banden, gegen entlaufene Kriegsgefangene. Eine Pestbeule, die es zu beseitigen gilt. Jeder Tag Verzögerung zerstört Leben und Gesundheit unserer Volksgenossen, vernichtet ungeheure Werte des Volksvermögens. Soldaten des stolzen Edelweiß: Seid bereit, eure Heimat zu retten!«

Jubel lief durch die Reihen.

Seid bereit, eure Heimat zu retten! – Der Spruch vibrierte in mir nach. Die Heimat! Erneut sollten wir für sie mit der Waffe in der Hand antreten! Wieder war sie bedroht, diesmal jedoch von innen. Und wenn wir nicht mit allen uns zur Verfügung stehenden Mitteln einschritten, würde man sie den Wölfen zum Fraß vorwerfen.

Zunächst ging es zum Bahnhof, wo wir in die bereitgestellten Viehwagons Richtung Freising stiegen, um von dort aus per Fußmarsch an den nordöstlichen Rand Münchens zu gelangen. Noch am selben Tag war die Stadt von verschiedenen Freikorpseinheiten nahezu eingeschlossen: Im Süden stand die Bayerische Schützenbrigade Epp. Im Westen war das Württembergische Freiwilligen-Regiment Graeter aufmarschiert, oberhalb davon das Freiwilligen-Detachement Bogendörfer. Im Nordosten wiederum standen preußische und hessische Truppenteile der Gruppe Friedeburg, im Norden preußische Truppenteile der Gruppe Detjen und schließlich im Westen die Bayerische Abteilung Voihtenleitner, die Bayerische Abteilung Schaaf und das Preußische Freikorps von Lützow. Bund Oberland war hinter der Abteilung Voihtenleitner aufmarschiert. Allein nordwestlich klaffte noch eine Lücke durch das verspätete Eintreffen der hier vorgesehenen Bayerischen Freiwilligen-Abteilung.

Am folgenden Tag, dem 1. Mai, befahl die Gruppe Siebert, zu der auch unser Freikorps gehörte, den sofortigen Weitermarsch Richtung Innenstadt und die Besetzung der Maximiliansbrücke. Gegnerische Truppen, die vor den Kämpfen dort ausweichen wollten, sollten am Überqueren der Isar gehindert werden. Wir marschierten über Dornach und Riem nach Haidhausen, rückten immer weiter vor in die östlichen Stadtteile, durch die Wieder Straße bis zum Maximilianeum, das kampflos besetzt werden konnte. Auf den Straßen lagen überall rote Armbinden umher, auch Gewehre, Handgranaten und Munition waren von den Rotgardisten auf der Flucht zurückgelassen worden.

An weit geöffneten Fenstern standen Männer und Frauen, applaudierten, winkten mit Tüchern und jubelten uns zu: »Hoch! Bravo!«

Noch am selben Abend bewegte sich ein Zug der 1. Kompanie über die Isar bis zum Max-II.-Denkmal vor und marschierte in der Nacht bis zum Hoftheater, begleitet vom Sturmläuten aus den Kirchtürmen – Signal für Rotgardisten und bewaffnete Arbeiter, sich an vereinbarten Orten zu sammeln, um zum Kampf zu eilen. Die Lage wurde immer brenzliger.

Landauers Martyrium

München, 2. Mai 1919. Am Morgen fiel Gustav Landauer in die Hände der Konterrevolutionäre. Gemeinsam mit drei Starnberger Arbeiterräten sollte er ins Strafvollstreckungsgefängnis Stadelheim gebracht werden, das als Gefangenensammelstelle diente. Zudem befanden sich hier die Befehlsstelle des 1. Bayerischen Schützenregiments und die Mannschaften des Freikorps Epp.

Vor dem Eingang stand eine größere Anzahl Soldaten. Als sie Landauer erkannten, riefen sie: »Erschießt ihn! Erschlagt ihn!« Die Männer trieben Landauer durchs Gefängnistor, schoben ihn mit Gewehrkolben und Bajonetten in den Hof hinein. Dort standen Soldaten des Freikorps, sie beschimpften und bedrohten ihn, als sei er der Wahrhaftige, und spuckten ihm ins Gesicht. Schließlich gab Leutnant Heuser den Befehl, man solle ihn in den Neubau bringen. Wieder wurden Verwünschungen laut. Als Landauer sich verbal zur Wehr setzte, schlug ihm der Leutnant eine Faust ins Gesicht. Ein Soldat rief: »Guat g'mocht, Herr Leutnant, dem haben Sie's ordentlich gegeben. Der erlebt keine Räterepublik mehr. Wie den Eisner sollen's ihn abschießen. Ist für die Kugel viel zu schad!«

Sie rissen Landauer am Bart und an den Haaren, die Begleitmannschaft sah tatenlos zu. »Der Hetzer, der muss weg. Zerschlagt ihn!«

Landauer bekam einen Hustenanfall und atmete schwer. »Ich bin kein Hetzer!«, rief er. »Ihr wisst nicht, wie verhetzt ihr seid!« Da schlugen sie ihn erneut mit den Gewehrkolben, ständig drängten weitere Soldaten nach. Ein heraneilender Offizier rief: »Halt! Der Landauer wird sofort erschossen!«

Major a. D. Freiherr von Stein – ein Gutsbesitzer, der im Sportanzug freiwillig am Unternehmen gegen München teilnahm – traf ihm mit der Reitpeitsche ins Gesicht. Die Umherstehenden schlugen nun ebenfalls wild auf Landauer ein. Schließlich hämmerte ihm noch ein Mann mit einer Keule mehrmals auf den Kopf. Landauer brach zusammen, war aber noch bei Bewusstsein und atmete schwer. Sein Mantel war zerrissen und verschmutzt, er versuchte wieder aufzustehen, die Soldaten schauten ihm zu. Als er es endlich geschafft hatte und etwas sagen wollte, rief ein Vizewachtmeister, das Gewehr im Anschlag: »Geht mal weg. Jetzt erschieße ich ihn!« und schoss ihm aus nächster Nähe in die linke Schläfe. Landauer fiel zu Boden und lag schwer röchelnd da. Der Wachtmeister verpasste ihm einen Tritt und sagte: »Das Aas hat zwei Leben, der will nicht kaputtgehen!«

Landauer wurde der Mantel ausgezogen. Ein Sergeant wollte ihm Ring und Uhr abnehmen, wurde aber daran gehindert. Dann drehten sie ihn auf den Bauch, ein Wachtmeister rief: »Geht zurück!« Er riss seine Pistole aus dem Gurt und schoss Landauer in die rechte Schläfe und anschließend auch noch in den Rücken. Dann riss man ihm die Kleider herunter, und Gustav Landauer, der pazifistische Revolutionär, der an den göttlichen Funken in jedem Menschen glaubte, wurde nackt ins Waschhaus geworfen.

Albtraum

»Neeeeeein!« Anna fuhr mit weit aufgerissenen Augen im Bett hoch.

Endlich war sie eingeschlafen gewesen, nachdem sie sich die ganze Nacht Sorgen um ihre Freunde gemacht hatte, denn von draußen hörte sie immer wieder Schüsse, Soldaten marschierten durch die Straßen, Männer und Frauen rannten davon, um sich in Sicherheit zu bringen. Es war also tatsächlich wahr, die Revolution wurde niedergeschlagen.

Anna weinte bitterlich, sie fühlte eine schreckliche Leere in ihrem Herzen. Intuitiv wusste sie, dass es nicht nur ein Traum war: Gustav Landauer, in den sie so viel Hoffnung gesetzt hatte, war gefangen genommen, gefoltert und schließlich ermordet worden.

Adrenalin

Die Jagd war eröffnet, der Straßenkampf tobte, München musste von der aus Moskau geleiteten Insurrektion befreit werden! Schüsse und Explosionen ließen das Adrenalin durch meinen Körper rauschen, meine Tagträume waren wie weggefegt. Endlich fühlte ich mich wieder lebendig, unsagbar lebendig!

Wir befanden uns gerade am westlichen Isarufer, als ein Kamerad direkt neben mir, ein großgewachsener junger Mann mit vielen Sommersprossen im Gesicht, in die rechte Schulter getroffen wurde und schreiend zu Boden stürzte. »Da oben – Heckenschützen!«, rief er. »Ich glaube, ich habe einen gesehen!«

Ich packte ihn und zerrte ihn hinter einen Baum. Dahinter hervorspähend, suchte ich die Dachfenster auf der gegenüberliegenden Straßenseite ab und erblickte tatsächlich mehrere Kommunisten. Schon jagte die nächste Kugel haarscharf neben mir in den Baum, augenblicklich schossen die Kameraden zurück. Kurz darauf rannten wir mit etwa fünfzehn Mann hinüber, um die Häuser zu stürmen. Als ich zurückblickte, sah ich zwei unserer Leute bewegungslos am Boden liegen, ein dritter krümmte sich vor Schmerz und schrie sich die Seele aus dem Leib. Kurz darauf wurde er von einer weiteren Kugel getroffen und verstummte.

Plötzlich erkannte ich mit Entsetzen, dass wir zu schnell waren: Einer unserer Leute zielte soeben mit einer Panzerfaust auf die Eingangstüre vor mir. Ich stürzte mich zu Boden und hielte die Arme schützend über den Kopf. Kurz darauf zerfetzte das Geschoss die Tür. Zu fünft stürzten wir herein und durchsuchten systematisch die Wohnungen, wobei uns die Bewohner zumeist selbst die Türen öffneten, als seien wir von der örtlichen Polizei. Erst im letzten Stockwerk wurden wir fündig. Nachdem ein Kamerad die massive Holztüre zerschossen hatte, wurde er von einer Schrotflintensalve getroffen und flog die Stufen hinab. Ohne zu gucken, schoss ich mehrere Male mit meinem Revolver durch das entstandene Loch hindurch und erwischte den Schützen, der jammernd zu Boden ging. Ein anderer Soldat schoss ihm kurzerhand in den Kopf.

Als zwei von uns das große Wohnzimmer mit Blick auf die Straße stürmten, wurden sie von einer Maschinenpistole erfasst. Ich nahm dem Toten im Flur eine Handgranate vom Gürtel, zog den metallischen Ring ab und warf sie nach vorn. Schnell steckte ich den Revolver weg und griff mir die neben ihm liegende Schrotflinte, als auch schon der

Kerl mit der Maschinenpistole aus dem Wohnzimmer schreiend auf mich zugerannt kam. Doch war sein Magazin bereits leer! So schlug ich ihm mit dem Gewehrkolben quer durchs Gesicht. Er prallte gegen die Wand und fiel auf die Leiche seines Kameraden, wo ich ihn aus nächster Nähe mit einer Ladung Schrot vollpumpte. Als ich aufblickte, bemerkte ich, dass in der Ecke vor der Eingangstür ein Kamerad kauerte, außer mir der letzte Überlebende unseres kleinen Kommandos. Er zitterte und blickte mich mit weit aufgerissenen Augen an. Hatte er Angst vor mir, Angst, ich könnte auch ihn erschießen? Ich nickte ihm auffordernd zu und suchte in den Taschen der Toten nach Schrotpatronen, fand sie und lud nach. Der Kamerad aber war völlig paralysiert, kampfunfähig. Also wollte ich alleine das Wohnzimmer betreten, doch augenblicklich zischte eine Kugel an mir vorbei in den Türrahmen, und ich zog den Kopf ein. Einer der Heckenschützen hatte sich in der Zimmerecke hinter einer Couch ver-barrikadiert, war aber offenbar schwer verletzt. Ich legte die Schrotflinte an, wartete, bis er hervorlugte, und feuerte zwei Schüsse auf ihn ab. Stille.

Triumph und Erleichterung überrollten mich. Ich lebte, während meine Gegner nur noch Schatten waren! Dies hier war das aufregendste Spektakel, das ich mir vorstellen konnte. Vergessen war all das Herzflat-tern, die Albträume. Ich war wie wahnsinnig, in tiefe seelische Finsternis abgetaucht...

Angriff auf das Maximilianeum

Am Nachmittag erfolgte ein schwerer Gegenangriff auf das von uns be-setzte Maximilianeum, den wir mit lebhaftem Sperrfeuer in Richtung Widenmayerstraße beantworteten. Aus nördlicher Richtung schoss ein auf ein Lastauto montiertes Maschinengewehr auf uns. Immer wieder flackerte das Feuer auf, bis einer unserer Scharfschützen vom Dach aus die Stellung ausschalten konnte. Ich rannte über die Straße, zerschlug die Fensterscheibe eines Milchladens und stieg ein. Kurz darauf folgten vier Kameraden, von denen einer gleich zusammenbrach und schwer verwundet auf dem Boden liegen blieb. Aus der Innenstadt waren stän-dig dumpfe Explosionen zu hören. Inzwischen jagten auch Flieger über die Stadt hinweg wie dunkle Racheengel. Aus dem Augenwinkel re-gistrierte ich, wie einer steil herabstürzte, während sich die Kameraden entlang der Straße am Isarufer weiter vorarbeiteten.

Ich verließ den Laden wieder und hetzte schießend von Baum zu Baum. Geschosse prallten mit hartem Aufschlag auf die Straße, rundum gingen Fensterscheiben zu Bruch. Als einer unserer Leutnants getroffen auf die Straße stürzte, rannte ich im Metallregen zu ihm und zog ihn hinter ein parkendes Auto. Schnell kam ein Unterarzt herbeigeeilt und versuchte die Schlagaderblutung am Bein zu stillen. Bund Oberland fuhr nun ein schweres Artilleriegeschütz auf, ich rückte mit der Kompanie immer weiter vor. Schließlich konnten wir die Spartakisten gänzlich zurückwerfen, am Abend fielen nur noch vereinzelt Schüsse.

Anderntags sorgten gründliche Hausdurchsuchungen dafür, dass auch noch die letzten Heckenschützen hochgenommen wurden. Aufblühendes Denunziantentum tat ein Übriges. In langen Reihen wurden Männer und Frauen die Leopoldstraße entlang in Richtung Oberwiesenfeld geführt, wo man sie in den weiten Höfen vor den Garagenwänden des Kraftverkehr Bayern erschoss.

Nun erst traf die Zentrale von Bund Oberland in München ein und bezog Quartier in den Räumen der Thule-Gesellschaft im Vier Jahreszeiten, wo auch General von Epp residierte. Wir von den Freikorps wurden zur Sicherung von Straßen und Plätzen sowie zu weiteren Hausdurchsuchungen eingesetzt, bei denen es in den nächsten Tagen immer wieder zu Schusswechseln kam. Dann war der Spuk vorbei: die Räterepublik niedergeworfen, die Demokratie – mit der die viele von uns gar nichts am Hut hatten – vorerst gerettet. Die preußischen und württembergischen Verbände zogen sich am 11. Mai in die Vororte zurück. Mitte Mai übergab Major von Beckh das Kommando an Major Petri, der es wiederum Ende Juni an Hauptmann Horadam weitergab. Das Freikorps Bund Oberland trat nach der Entlassung von Freiwilligen am 25. Juli 1919 als III. Bataillon in das Schützenregiment 42 über. Die Reichswehr übernahm somit den verbliebenen Verband mit einer Stärke von etwa sechshundert Mann.

Der Kommunist Eugen Leviné wurde am 13. Mai verhaftet, am 4. Juni wegen Hochverrats zum Tode verurteilt und nur einen Tag später im Gefängnis Stadelheim erschossen. Ernst Toller aber kam mit fünf Jahren Festungshaft davon, die er im Gefängnis Niederschönenfeld verbüßte – nicht zuletzt dank des Soziologen Max Weber, der sich für seinen ehemaligen Schüler einsetzte. Erich Mühsam, der anarchistische und antimilitaristische Schriftsteller und maßgeblich an der Ausrufung der Münchner Räterepublik beteiligt, wurde zu fünfzehn Jahren Festungshaft verurteilt, nach fünf Jahren jedoch freigelassen, woraufhin er sich für die Freilassung politischer Gefangener zu engagieren begann.

Rudolf von Sebottendorf zog sich aus der Thule-Gesellschaft zurück und schrieb zwischen 1921 und 1923 sieben astrologische Bücher. Ein Zusammenhang zwischen der Thule und der aus ihr hervorgegangenen NSDAP sollte später geleugnet werden. Rudolf Heß und Heinrich Himmler machten bekanntlich eine steile Karriere in der nationalsozialistischen Bewegung.

Trauer

München, 10. Mai 1919. Anna lief am Ufer der Isar entlang. Sie war untröstlich über die Niederschlagung der Räterepublik und die Ermordung ihres Mentors Gustav Landauer. So viele verlorene Hoffnungen! Am liebsten wäre sie in den Fluss gesprungen, so elend war ihr zumute. Sie verstand die Welt nicht mehr, nicht ihre Eltern, nichts und niemanden.

Da entdeckte sie plötzlich Martin Buber. Der Religionsphilosoph saß unter einem Baum auf einem Stein und spielte mit einem Hundewelpen. Als er Anna erblickte, stand er auf und nahm sie in die Arme, wo sie ihren Tränen freien Lauf ließ.

»Warum haben sie ihn getötet?«, schluchzte sie. »Ausgerechnet Landauer! Er wollte doch nur Frieden.«

Nach einer Weile setzten sie sich nebeneinander auf den Stein. Während der Terrier an Annas Schuhen zu knabbern begann, nahm Buber ihre Hand und sagte behutsam: »Ich wünschte so sehr, er hätte sich geweigert, an der Revolution teilzunehmen – einer Revolution, an die er doch gar nicht glaubte!«

»Aber warum hat er es dann getan?«, fragte sie und wischte sich die Augen.

»Er wollte keinen gewaltsamen Umsturz. Denn eine sozialistische Umgestaltung ist etwas völlig anderes: ein friedlicher Aufbau, ein Organisieren zu neuem Geiste hin. Die Revolution sollte nur den Boden auflockern, aus dem dann das Neue wächst. Sie kann höchstens als Provisorium dienen, aber nicht um gesellschaftliche Probleme zu lösen.«

Buber streichelte den Hund, der ihm mit seinen Milchzähnchen spielerisch in die Hand biss, und sprach weiter: »Solange eben Politik und nicht Gemeingeist, Machtspiel und nicht Liebeswerk, der Staat und nicht die Gemeinde, das Getümmel und nicht die Stille waltet, so lange muss sich jede wirkliche Veränderung in den Ungeist verstricken. Eine Revolution mag Herrschaftsformen auflösen, doch die menschlichen Beziehungen verwandelt sie nicht.«

Anna hörte gebannt zu.

»Landauer war bewusst«, fuhr Buber fort, »dass ein Umsturzversuch letztendlich doch wieder nur der nationalen und kapitalistischen Machterweiterung diente. Und es war nicht seine Schuld, wenn der Fluch, wie er vorausgesagt hatte, auch dieses Mal, und nun erst recht, den Segen erdrückt hat, vor allem seitdem hier die Kommunisten die Macht ergriffen hatten. Diese Revolution war nicht seine Sache. Er sah den Tag eines ethischen Anarchismus, eines Zusammenlebens von Menschen, die mystisch erwacht in kleinen autarken Kommunen zusammenleben, noch fern. So hat er sich umsonst geopfert.«

»Aber warum?«

»Weil er Schlimmeres verhüten wollte.« Buber fuhr sich nachdenklich durch den Bart. »Wie kein anderer hat er die Gefahren des Umsturzes erkannt. Und er hat sich dafür eingesetzt, dass dem Materialismus der Parteikommunisten, dem Ungeist der Spartakisten, etwas entgegengesetzt wird, dass die Kräfte des Geistes zu ihrem Recht kommen. Dabei sah er vor allem zwei Grundgefahren: die Versumpfung im Parteigetriebe und die Selbstvernichtung in der Gewalttat. Landauer meinte, dass all die lärmenden Parteigenossen sich eingerichtet hatten in der Revolution. Dass sie diese als Sprungbrett benutzten für ihre Karriere, ihre Eitelkeit. Um dem entgegenzuwirken, verbündete er sich mit den Kommunisten, den Materialisten, von denen er in früheren Tagen sagte, dass mit ihnen nichts anzufangen sei. Ehrlich gesagt, erschien mir sein Einsatz als Verfehlung gegen seine eigene Aufgabe. Denn was den Revolutionären fehlte, das war ein Bild, welches er ihnen hätte geben können – ein ganzes, echtes, zulängliches Bild, das verwirklicht werden konnte: das lebendige Bild einer neuen Gesellschaft. Wo immer sich eine lebendige Gemeinschaftszelle bildet, ist sie ein Anfang neuen Lebens – frei vom Staat, frei von der Herrschaft einiger über andere, frei von Gewalt. Landauer war der Prophet einer kommenden Menschengemeinschaft und ist als ihr Blutzeuge gefallen.«

»Ich hätte so gern eine Erinnerung an ihn«, sagte Anna traurig.

»Da habe ich vielleicht etwas.« Martin Buber griff in seine Innentasche, zog ein Foto hervor und reichte es ihr.

»Oh, mein Gott!«, rief sie aus. »Da ist ja auch mein Vater drauf! Wie kann das sein?«

»Dein Vater? Das wusste ich nicht«, sagte Buber erstaunt. »In der Tat eine seltsame Verbindung.«

»Und wer ist die Frau zwischen ihnen?«

»Das ist Fanny Gräfin zu Reventlow. Man nannte sie auch die Gräfin von Schwabing. Sie hatte mal eine Affäre mit Landauer, das ist aber schon ein paar Jahre her. Das Bild ist damals in Ascona aufgenommen worden, wahrscheinlich auf dem Monte Verità, dort wo sich das vegetarische Erholungsheim befindet.«

»Ich habe davon gehört«, sagte Anna nachdenklich. Ob die Gräfin auch eine Affäre mit ihrem Vater hatte? Seltsam. Zum ersten Male dämmerte ihr, dass sie wenig über ihn wusste. Dabei war es ihr doch so wichtig, sich von ihm zu befreien! Wovon denn bitte? Es war so verwirrend. Und dann noch dieser merkwürdige Hinweis von dem Mann im Café. Die US-amerikanische Zentralbank und ihr Vater? Sollte sie ihn vielleicht einfach nach all dem fragen? Aber würde er ihr die Wahrheit sagen? Da kam ihr ein Gedanke.

»Ich werde nach Ascona fahren!«

Martin Buber schaute überrascht. »Es soll sehr malerisch dort sein.«

»Meine Mutter drängt mich sowieso ständig, München zu verlassen, um mich für eine Weile in Sicherheit zu bringen, bis Gras über alles gewachsen ist. Und sie selbst schwärmt von der Gegend.«

»Eine gute Idee«, meinte Buber. »Ich werde wohl auch meine sieben Sachen packen und mich auf den Weg machen.«

»Und der Hund?«, fragte sie.

»Ich kenne ihn gar nicht. Er ist mir eben zugelaufen. Willst du ihn nicht mitnehmen?«

Anna lächelte. Sie nahm ihn hoch, blickte ihm in die Augen und sagte: »Ich nenne dich Bernie.«

Der Schatz

Wie schnell sich doch alles änderte! So stark das Hochgefühl während der Kämpfe gewesen war, so niedergeschlagen fühlte ich mich jetzt, eine Woche danach, ja ich war regelrecht verkatert. Schon seit Tagen lag ich krank im Bett, hatte schweres Fieber und blickte in dunkle Abgründe:

Von der Rotation einer dämonischen Kraft angezogen, drohte sie mein Ich, meine Identität, zu zerstören. Moral, Christentum, Mitleid, Nächstenliebe, das alles war mir zuwider, alles schien mir verlogen. Sogar Anna gegenüber entwickelte ich übermächtigen Hass. Sie liebte mich nicht mehr, ich wollte sie vergessen, wollte alles vergessen ...

Und dann hatte ich nachts diesen Traum: Ich gehörte zur Besatzung eines alten Dreimasters. Das Segelboot hatte mitten auf dem Ozean seinen großen Anker geworfen, weit und breit war kein Land zu sehen. Da fand einer von uns auf dem Meeresgrund etwa zwanzig Statuen, einen Schatz, dessentwegen wir gekommen waren. Die etwa vier Meter großen Statuen, jeweils aus einem einzigen Stück Holz geschnitzt, schwebten kerzengerade nebeneinander über dem Meeresboden, wo sie eine quadratische Formation bildeten. Als ich selbst kopfüber ins Wasser sprang, erblickte ich eine tauchende Frau. Sie schwamm anmutig zu mir herüber und warnte mich davor, den Boden aufzuwühlen: Die Statuen könnten sonst leicht wieder verschüttet werden.

Sie schwebten knapp unter der Wasseroberfläche, ganz in der Nähe des Schiffes, hölzern, unpersönlich und äußerlich unversehrt. Ich aber wusste, dass es sich um Leichen handelte. Ich schwamm durch sie hindurch, ganz ohne Angst, mit einem dämonischen Grinsen im Gesicht. Vom Schiff aus sah mir eine dunkle Gestalt zu: Sie beobachtete mich und schien zu wissen, welche Bedeutung all dies für mich hatte. Sie kannte mich besser als ich mich selbst und verstand, dass ich mich hier gerade mit den dunkelsten Teilen meiner Seele verband.

Als ich am nächsten Morgen aufwachte, hatte ich unmittelbar das Gefühl, einen seelischen Durchbruch errungen zu haben. Hinzu kam, dass ich erstaunlicherweise wieder kerngesund war. Gesund und bereit, mit den Kameraden Deutschland zu neuen Höhen zu führen.

III. Schulung

Propaganda

Am 11. Mai 1919 wurde das Oberkommando Ulm in das Bayerische Reichswehrgruppenkommando 4, das höchste im Freistaat, umgewandelt. Oberbefehlshaber Generalmajor Ritter Arnold von Möhl nahm seinen Sitz im ehemaligen Kriegsministerium in München, Ecke Ludwig-/Schönfeldstraße, ein. Da sich der Bayerische Landtag noch immer in Bamberg befand, übernahm das Militär nicht nur die Sicherung, sondern zunächst auch die politische Betreuung Münchens. Um ein Wiedererstarken der Räte sogleich im Keim ersticken zu können, befahl Möhl den Truppen, in der Stadt zu bleiben.

Die langen Gänge des ehemaligen Kriegsministeriums entlanglaufend, fragte ich mich, was Hauptmann Karl Mayr, Leiter der Nachrichten- und Propagandaabteilung, wohl von mir wollte. Sein Handlungsspielraum reichte weit über seinen militärischen Rang hinaus, es gab also viele Möglichkeiten.

Ich klopfte an, öffnete die Tür. »Melde gehorsamst, Oberleutnant Heinrich von Trott.«

»Kommen Sie herein.« Mayr hob den Blick von den Dokumenten und nickte mir kurz zu. »Setzen Sie sich.« Er nahm ein Dossier von einem Stapel vor ihm und öffnete es.

»Sie sind mir von General von Möhl empfohlen worden«, sagte er. »Hier steht, Sie haben als Verbindungsoffizier zu Sebottendorf und im Freikorps Oberland gute Leistungen erbracht. Verfügen Sie auch bereits über Kontakte zur Thule-Gesellschaft?«

Ich nickte. »Ich habe führende Mitglieder kennengelernt, vor allem natürlich Baron von Sebottendorf selbst. Kürzlich erhielt ich zudem eine persönliche Einladung ins Hotel Vier Jahreszeiten.«

»Ausgezeichnet!«, sagte Mayr. »Gehen Sie auf jeden Fall hin. Wir wünschen unsere Zusammenarbeit mit den Thule-Leuten auszubauen.«

»Wenn ich fragen darf: Inwiefern?«

»Die Nachrichten- und Propagandaabteilung I b/P wurde eingerichtet, weil die Truppe politischer Aufklärung bedarf, nachdem einige unserer Soldaten von den Linken indoktriniert worden sind. Indem wir diese

Propaganda aus ihren Köpfen wieder ausräumen, wird sich der nationale Geist so entfalten können, wie es unserem Land geziemt. Genau dafür brauche ich Sie, Herr von Trott: als meine rechte Hand sozusagen – zuverlässig, zielbewusst, national denkend.«

Ich war geschmeichelt. Auf der anderen Seite: Beim Nachrichtendienst arbeiten? Als eine Art Sekretär? »Vielen Dank. Aber eigentlich bin ich eher Soldat, fühle ich mich als Frontkämpfer und...«

»Der Krieg ist erst mal beendet!«, fiel mir Mayr harsch ins Wort. »Zeit für was Neues.«

»Was wären denn meine Aufgaben?«

»Erstens sind wir auf der Suche nach Vertrauensmännern, die in der Lage sind, politisch zu wirken – sowohl unter den Soldaten als auch in der Öffentlichkeit, etwa in Gasthäusern oder wo immer auch sich die Menschen versammeln und über Politik diskutieren. Zweitens sollen Sie mir helfen, Dozenten für Aufklärungskurse auszuwählen. Und drittens wollen wir Parteien, Verlage und Organisationen unterstützen, die auf unserer Linie sind.«

»Eine... durchaus reizvolle Aufgabe«, sagte ich zögerlich.

Hauptmann Mayr nahm mich beim Wort: »Gut. Sie können schon morgen beginnen?«

»Ich werde mein Bestes geben!«

Mayr schloss zufrieden die Akte, legte sie zur Seite und nahm ein anderes Schriftstück zur Hand. »Dies ist eine Ausgabe des Versailler Vertrages. Haben Sie ihn gelesen?«

Ich hob die Schultern. »Nur ausschnittsweise in der Zeitung. Ungeheure Gebietsverluste sollen wir erleiden.«

»Ja, ungeheuerlich. Sie wollen uns für alles zur Verantwortung ziehen, was sich Preußen in den letzten 150 Jahren hat zuschulden kommen lassen. Unsere Armee und die Flotte werden reduziert, nicht mehr als die Macht eines Kleinstaates will man uns zubilligen! Von den Kolonien gar nicht erst zu reden. Stellen Sie sich das mal vor, was für eine Schande für unser Land!«

»Dabei bin ich mir nicht ganz sicher, ob Deutschland wirklich die moralische Verpflichtung hat, den Vertrag anzuerkennen, geschweige denn einzuhalten. Doch die Ententemächte fühlen sich ganz offensichtlich moralisch im Recht.«

»Ich sehe, wir verstehen uns. Unsere Abteilung wird sich energisch für die nationale Wiedergeburt Deutschlands einsetzen.« Der Hauptmann stand auf und reichte mir die Hand. »Herr von Trott, willkommen an Bord. Natürlich werden wir uns Ihnen gegenüber erkenntlich zeigen. Sie werden demnächst nicht mehr in der Kaserne hausen müssen.«

»Ich werde ausquartiert?« Das gefiel mir gar nicht. Ich fühlte mich sicher unter den Kameraden.

»Sie bekommen eine kleine Wohnung in München. Das wird Ihre Arbeit erleichtern, Sie haben künftig ja mit Zivilisten zu tun. – Ach und übrigens, ich habe hier noch einen Brief für Sie. Er kommt von einem gewissen Hubertus von Trott – ein Verwandter von Ihnen?«

Monte Verità

Der Zug fuhr in den Gotthardtunnel ein, das Rattern der Räder hallte in ihr nach. Neben ihr im Abteil schlief in eine Decke eingewickelt Bernie, der Terrierwelpe. Anna befand sich auf dem Weg nach Ascona im Schweizer Kanton Tessin. Der Monte Verità war ein Ort, der ihre Fantasie beflügelte.

Noch immer tief betroffen von den Ereignissen, verletzt, fast gebrochen, sehnte sich Anna nach Ruhe und Frieden, einer Zeit der Sammlung, des Wachsens. Außerdem wollte sie versuchen herauszufinden, was es mit dem Foto auf sich hatte, das Martin Buber ihr geschenkt hatte. Ihrer Mutter hatte sie es nicht gezeigt, das wäre einfach zu peinlich gewesen. Von ihren Reiseziel war Elina ohnehin nicht begeistert gewesen. Zwar habe sie selbst einst eine ganz wunderbare Zeit mit ihren Eltern am Lago Maggiore verbracht, auf San Pancrazio, einer der zwei Brissago-Inseln. Die Landschaft sei bezaubernd, das Klima im Tessin unvergleichlich, der Monte Verità jedoch »wegen dieser ganz und gar unmöglichen Menschen durch und durch verseucht: all diese Nackten, Unrasierten und Gemüseesser«, wie sie sich ausdrückte. Obwohl Annas Entschluss längst feststand, fragte sie brav, ob sie dorthinfahren dürfe. Sie hoffte, dass ihre Mutter ihr Reise und Aufenthalt finanzieren würde, denn wenn sie bei ihr auf etwas zählen konnte, dann auf ihre Großzügigkeit. Elina hatte geseufzt und ihrer Tochter schließlich den Segen für die Reise gegeben.

Als der Zug wieder aus dem Tunnel fuhr, las Anna weiter in einer Broschüre von Ida Hoffmann, einer der Mitbegründerinnen des Monte Verità: »Vegetarische Lebensführung«, schrieb sie, »wirkt besser als

Gesellschaften der Friedensfreunde und als Friedenskongresse. Denn sie bringt das Einzelwesen auf eine sittlich hohe Stufe, dass ihm der blutige Kampf zwischen Mensch und Mensch unmöglich wird. Woher aber sollen sich Heeresmassen bilden, wenn der Einzelne aus innerster Überzeugung heraus den Kriegsdienst verweigert?«

Anna blickte in den strahlend blauen Himmel und fragte sich, ob es denn wirklich so einfach sei, Kriege zu verhindern. Konnte die Nahrung solch ungeheuren Einfluss auf das Seelenleben haben und den Menschen von Grund auf verändern? Auf jeden Fall war sie schon sehr gespannt auf den Betrieb dort. Würde sie tatsächlich etwas über die Vergangenheit ihres Vaters erfahren? Je näher sie kam, umso mehr stiegen in ihr Nervosität und fiebrige Vorfreude.

Der Abschiedsbrief

Mit zittrigen Händen entfaltete ich den Brief. Wie war es möglich, dass er mich erst jetzt erreichte? Der Selbstmord meines Bruders lag zwei Jahre zurück! Konnte es sein, dass die Post das Schreiben verlegt hatte? Es war verwirrend, fast unheimlich. Mit flauem Gefühl im Magen begann ich zu lesen: »Heinrich, wenn du diesen Brief in Händen hältst, werde ich nicht mehr unter euch weilen. Vater hatte Großes mit mir vor, aber ich habe ihn schrecklich enttäuscht. Jetzt ist er wütend auf mich. Stolz hat er mir erzählt, an der Finanzierung der Russischen Revolution beteiligt gewesen zu sein. Wenn du meinst, ihn zu kennen, so täuschst du dich. Nimm dich vor ihm in Acht! Leb wohl, Dein Hubertus.«

Meine Ergriffenheit ließ deutlich nach. Was hatte das zu bedeuten? Warum machte er nichts als Andeutungen? Verdammt – *was war nur geschehen?* Inwiefern hat er Vater enttäuscht? Warum war der wütend auf ihn? Mein Gott – vielleicht stimmte es ja gar nicht, dass sich Hubertus selbst das Leben genommen hatte?! Am Ende… Nein, das konnte nicht sein, ein absurder Gedanke. Vater hatte seit 1905 bei der Banque nationale de Belgique gearbeitet. Sollte das Institut wirklich Geldgeber der Oktoberrevolution gewesen sein? Wieso in aller Welt sollte man im Westen ein Interesse daran gehabt haben?

Ich musste unbedingt herausfinden, was es damit auf sich hatte. Vielleicht konnte ich meine neue Aufgabe dafür nutzen, der Sache auf den Grund zu gehen.

Der Auftrag

Zwei Männer saßen in einer verrauchten Münchner Vorstadtkneipe.

»Das also ist der Mann?«, fragte der eine, ein Hüne im karierten Baumfällerhemd, und blickte auf ein Foto, das wie ein Vögelchen in seinen Pranken lag.

Sein Gegenüber nickte. »Yes. Heinrich von Trott heißt er. Meine Auftraggeber haben großes Interesse daran, dass Sie die Sache möglichst zügig erledigen. Schaffen Sie das?«

Der Hüne grunzte. »Kein Problem.« Er packte seinen Bierkrug und schüttete das Bier in sich hinein, während ihn der Amerikaner anstarrte.

Erholungskur

Anna ließ sich mit einem leichten Einspänner von Ascona zum Monte Verità kutschieren, welcher eine Viertelstunde Fußmarsch entfernt lag. Der Frühsommer hatte der Natur ein golden glitzerndes Kleid übergestreift, eine eigentümliche Stimmung lag über Bergen und Felsen, über Wäldern, Wiesen und Dörfern und über dem Lago Maggiore. Anna hielt Bernie im Arm und genoss die Sonne, während die Landschaft ihre Seele zum Vibrieren brachte, als durchliefen sie magnetische Kraftlinien.

Plötzlich stoppte der Wagen. »Macht, dass ihr wegkommt!«, rief der alte Kutscher wütend einer kleinen Kinderschar auf Italienisch zu. »Immer das Gleiche mit euch!«

»Sie kommen hier nicht weiter, wenn Sie uns nichts geben!« Ein kleiner Anführer blitzte Anna verwegen aus pechschwarzen Augen an.

»Kleine Wegelagerer!«, sagte sie lächelnd, beugte sich vor und legte beschwichtigend ihre Hand auf den Rücken des Kutschers. »Was könnte ich euch geben? Vielleicht…« Anna öffnete den kleinen Koffer neben sich und griff eine von zwei Sonnenbrillen heraus. Der Junge nahm sie mit offenem Mund entgegen und stolperte einen Schritt zur Seite. Er verbeugte sich wie ein Musketier und hieß den Kutscher höflichst, weiterzufahren.

Kurz darauf erreichten sie das 94000 Quadratmeter große Gelände mit seiner großzügigen Parkanlage und mehreren Gebäuden. Wiesen, Weinrebenfelder, südliche Sträucher, Bäume und farbenprächtige Blumen zeugten von Fleiß und Schönheitsempfinden derjenigen, die das verwilderte Stück Land auf felsigem Boden in ein kleines Paradies umgewandelt hatten. Vor dem großen Hauptgebäude bezahlte Anna den Kutscher, der ihre Koffer ablud und gleich wieder hinabfuhr. Allerlei Gäste liefen umher und nickten ihr zu. Anna betrat das Gebäude, wo sie von Henri Oedenkoeven empfangen wurde. Er war um die vierzig, schlank und großgewachsen. Dass sein Vater ein belgischer Fabrikant war, sah man ihm nicht an, er trug lange Haare und einem wallenden Bart. Oedenkoven lächelte sie aus hellen, schwärmerischen Augen freundlich an, zeigte auf Bernie und sagte: »Hunde sind hier allerdings normalerweise verboten.«

»Es ist doch noch ganz klein«, meinte Anna und gab Bernie einen Kuss auf den Kopf. »Ist er nicht süß?«

»Gut. Dann werden wir in Ihrem Fall eben sagen, dass es kein Hund ist, sondern ein Welpe.« Oedenkoven zwinkerte. »Somit dürfte es auch keine Probleme geben.«

Nachdem sie die Formalitäten erledigt hatten, nahm er die Koffer und geleitete Anna zu einer der Licht-Luft-Hütten, die über das ganze Gelände verstreut waren und den Gästen ein naturnahes Wohnen ermöglichten.

»Sie werden sehen«, sagte er beschwingt, »dass es Ihnen hier an nichts fehlen wird. Wir haben Elektrizität und fließendes Wasser«, fügte er nicht ohne Stolz hinzu. Er öffnete die Tür, und sie betraten das Holzhaus.

Anna sah sich entzückt um. »Oh, es gibt sogar einen Kachelofen!« Sie ließ den Hund zu Boden und klatschte in die Hände.

Oedenkoven lachte: »Bekanntlich friert man ja nirgendwo mehr als im sonnigen Süden. Bei uns ist das, wie Sie sehen, anders.«

Der Fußboden war aus hartem Holz, ohne Teppich. An den Fenstern gab es einfache Gardinen. Einige Rohrstühle standen um einen kleinen Tisch, in den Wänden waren Schränke eingelassen. Oedenkoven schaltete das Licht kurz an und wieder aus. »Das Wohnsystem«, erklärte er, »soll die Freiheit des Individuums zum Ausdruck bringen. Doch Sie werden auf dem Monte Verità alles vorfinden, was Sie auch von anderen Sanatorien her kennen – nur in verkleinerter, vereinfachter Weise.«

Er überreichte Anna einen Plan des Geländes. »Sehen Sie, wir sind gerade hier. Dort ist das Hotel, wo Sie ganz individuell Ihr Essen bestellen können. Sie essen vegetarisch, nehme ich an?«

Anna nickte, sie hatte fest vor, es auszuprobieren. »Ich habe in Ihrem Prospekt gelesen«, sagte sie dann etwas verschämt, »dass man sich hier sozusagen nackt in die Sonne legen kann.«

»Selbstverständlich!« Oedenkoven breitete die Arme aus. »Unsere Licht-Luft-Parks zählen insgesamt 15 000 Quadratmeter, und sie sind jeweils dicht umschlossen. Dort können Sie frei von Kleidung sonnenbaden, umherlaufen, turnen, spielen oder auch Gartenarbeit verrichten. Falls es mal kühler ist, kann man auch die Glassonnenhallen besuchen. Davon abgesehen, gibt es hier neben dem Hotel noch ein Kinderheim.«

»Ach, wohl für die kleinen Straßenräuber von eben!«, lächelte Anna.

»Ich habe denen schon tausendmal gesagt, dass sie die Gäste nicht belästigen sollen«, seufzte er.

»Die Kinder waren wirklich ganz charmant«, beschwichtigte sie ihn.

»Oben links«, fuhr er fort, »finden Sie die Parsifalwiese, wo Sie sich ganz entspannt aufhalten können. Die Sonne betrachten wir als außerordentlich wichtig. Nicht nur für das körperliche, sondern gerade auch für unser seelisches Wohlergehen. Auf der anderen Seite gibt es eine weitere Sonnenwiese. Und wenn Sie möchten, können Sie Tennis spielen. Schläger bekommen Sie an der Rezeption. Nicht weit entfernt von den Tennisplätzen befindet sich der Walkürenfelsen mit einem ganz wunderbaren Ausblick auf den See. Sehen Sie sich nur alles in Ruhe an. Ich hoffe, dass Sie Ihren Aufenthalt genießen werden.«

Kaum dass Oedenkoven die Hütte verlassen hatte, begab sich Anna wieder nach draußen. Sie atmete die Gerüche ein und ließ die Farben, die ganze magische Atmosphäre auf sich wirken. Schmunzelnd betrachtete sie die anderen Gäste in der typischen luftig-bequemen weißen Reformkleidung, die auf »unnötige bürgerliche Kompliziertheit« verzichtete, so hatte sie gelesen. Aus leichter Baumwolle gefertigt, »gelangt die Luft mühelos an die Haut, damit die Poren nicht durch Schmutz und zersetzenden Schweiß verstopfen«.

Am Walkürenfelsen angekommen, verschlug es ihr den Atem. Unter ihr lag der Lago Maggiore wie ein großer Smaragd, umrahmt von malerischen Fischerdörfchen, zerklüftetem Felsgestein, südländischer Vegetation. Mittendrin ruhten zwei Inseln. Dahinter ragten silbrig glänzende Gletscher in den Himmel.

»Ist es nicht ganz bezaubernd?«, fragte eine Frau, die neben Anna getreten war. Sie war um die fünfzig, trug einen Bubikopf, hatte stechend schwarze Augen und verzog beim Sprechen ihre Lippen zur rechten

Seite. Anna erkannte sie sofort, geistesgegenwärtig rezitierte sie eines ihrer Gedichte: »Zwischen Erde und Himmel? Nie ging einer über meinen Pfad.«

»Aber dein Antlitz wärmt meine Welt. Von dir geht alles Blühen aus.«

»Wenn du mich ansiehst, wird mein Herz süß«, ergänzte Anna. »Ich liege unter deinem Lächeln und lerne Tag und Nacht bereiten. Dich hinzaubern und vergehen lassen, immer spiele ich das eine Spiel. – Welch wundervolles Gedicht! Ich bin so glücklich, Sie hier anzutreffen, Frau Lasker-Schüler. Ich liebe Ihre Poesie. Mein Name ist Anna.«

»Nenn mich doch einfach Else«, sagte die Dichterin.

Der Lehrmeister

München, 19. Mai 1919. Um meiner neuen Aufgabe nachzukommen, saß ich auf einer unbequemen Hörsaalbank der Ludwig-Maximilians-Universität, wo gleich Karl Haushofer sprechen würde, den Mayr gern als Dozenten für die politischen Aufklärungskurse gewinnen würde. Rechts neben mir hockte ein Gefreiter, welcher demnächst als Vertrauensmann eingesetzt werden sollte, er hatte die Haare streng nach hinten gekämmt und trug einen winzigen Oberlippenbart. Links saß Mayr, ich wandte mich an ihn: »In seiner Akte habe ich gelesen, dass Haushofer viel in Asien umhergereist ist. Indien, Japan, Korea...«

»Auch in der Mandschurei und in Nordchina«, ergänzte Mayr. »Von der Reichswehr wurde er nach Japan abkommandiert, wo er die Strukturen der dortigen Armee studierte. Ich nehme an, dass ihn das weltanschaulich zutiefst geprägt hat. Er ist eine Koryphäe auf dem Gebiet der politischen Geografie, welche er als eigenes Fachgebiet mitbegründet hat. Inzwischen redet man von Geopolitik – Haushofer ist hier ein Monument. Einfach fantastisch, wie er den Kampf ums Dasein mit dem japanischen Shintoismus verbindet.«

»Gehört er nicht denselben Kreisen an wie Sebottendorf?«, tuschelte ich.

Mayr nickte und ließ seine Finger knacken. »Ja, er befürwortet ein Ausschalten der Konfessionen in einem noch zu schaffenden Großreich. Dementsprechend lehnt er auch das Christentum vehement ab: Menschlichkeit, Mitleid, Barmherzigkeit – den ganzen Schnickschnack, der einen echten Soldaten nur schwächen kann.«

»Mutige Gedanken!«

»Nur allzu konsequent.« Mayr legte seinen Zeigefinger auf den Mund, denn der Professor begann nun seine Vorlesung, der wir konzentriert lauschten. »Ein Volk«, sagte Haushofer, während er energisch im Auditorium auf und ab schritt, »das nicht bereit oder nicht mehr fähig ist, zu wachsen und sich kriegerisch auszudehnen, ist wie ein alter Organismus: zum Absterben verurteilt.« Aus seiner Haltung sprach Stolz und Energie: kantiges Gesicht, Seitenscheitel über einer breiten Denkerstirn, eine hervorspringende Nase und ein breiter Schnurrbart, der an die wilhelminische Zeit erinnerte. Haushofer trug einen grauen Anzug mit Weste und Krawatte sowie ein Hemd mit hohem Stehkragen. »Grundlage«, fuhr er fort, »ist die massenpsychologische Kriegsvorbereitung, die Wehrkrafterziehung des ganzen Volkes. Der Kampf, welcher im Tierreich seit vielen Millionen Jahren die Entwicklung zu jeweils höherem Leben bestimmt, ist ein Naturrecht des Menschen, welches die Zukunft unseres Volkes sichert. Und für unsere Rasse ist der Kampf um Lebensraum eine unbedingte Notwendigkeit, ja moralische Verpflichtung. Meine Herren, hier liegt die Lösung, um Deutschlands Macht und Herrlichkeit zu erneuern und Großdeutschland zur Weltmacht zu führen!«

Kaum hatte er geendet, applaudierten die Anwesenden laut, vor allem der Gefreite neben mir. »Grrroßartikk!«, rief er mit überraschend wohltönender Stimme. Ob er vielleicht deshalb als Saalredner ins Auge gefasst worden war? Ich kannte ihn zwar nicht, hatte aber meine Bedenken, ob er sich als V-Mann würde bewähren können. Ehrlich gesagt, hielt ich diesen Adolf Hitler für einen Idioten.

Zu Mayr sagte ich: »Eine interessante Rede.«

»Gute Ansätze«, nickte er. »Für die breite Masse allerdings zu kompliziert. Das beste Beispiel liefern immer wieder die Kommunisten, an ihnen sollten wir uns orientieren. Einfache Worte. Immer wiederholen. Einhämmern. Das müssen wir unseren Rednern beibringen.«

»Apropos«, sagte ich, die Gelegenheit ergreifend. »Können Sie mir jemanden empfehlen, der mir mehr über die Hintergründe der Sowjetrevolution berichten könnte?«

»Was genau wollen Sie wissen?«

Ich zögerte. »Nun ja, mich interessiert, wie das alles finanziert wurde.«

»Hm, am besten sprechen Sie mit Gottfried Feder. Sie werden ihn die Tage hier im Auditorium antreffen. Er ist Spezialist für Wirtschaftsfragen und wird einen Kurs geben.«

Moderne Kunst und Naturseele

Anna lag nackt in einem der Licht-Luft-Parks und blinzelte in die Sonne, sie fühlte sich pudelwohl. Neben ihr spielte Else Lasker-Schüler mit Bernie, und rechts räkelte sich Marianne von Werefkin, sie trug die Haare nach oben gesteckt, hatte ein längliches Gesicht und geschwungene Augenbrauen.

»Sie gehören zum Blauen Reiter, ja?«, fragte Anna die Malerin.

»Aber wir wollen uns doch duzen!«, rief Marianne, ohne die es den Zusammenschluss expressionistischer Künstler vielleicht nie gegeben hätte, allesamt Wegbereiter der Kunst des 20. Jahrhunderts.

»Leider verstehe ich bei der modernen Malerei häufig nicht, was dahintersteckt«, gab Anna zu, »auch wenn ich mich davon sehr angezogen fühle. Diese Farben und Motive lösen etwas in mir aus. Doch all die verschiedenen Gruppen sind verwirrend. Es heißt, sie alle interessieren sich für mittelalterliche und für primitive Kunst.«

»Ich denke«, meinte Marianne, »man muss sich stets vergegenwärtigen, dass sich die ganze momentane Erneuerung im Menschen selbst vollzieht. Du findest ja ganz ähnliche Entwicklungen in der Musik, im Tanz oder auch in der wundervollen Poesie unserer lieben Freundin hier, nicht wahr?«

Else lächelte und sagte: »Wir erleben eine rundherum veränderte Welt, weil wir heute alles ganz anders wahrnehmen. Bis weit ins letzte Jahrhundert standen die meisten Künstler der Natur wie Fremde gegenüber – ohne unmittelbares Erleben war ihnen alles entzaubert, entgöttlicht, wie tot. Uns Heutigen aber erscheinen die Dinge, die Zusammenhänge, ja das gesamte Leben im neuen Licht!«

»Wie kann das sein?«

»Rein visuell«, ergriff Marianne das Wort, »offenbart die Natur von ihrem seelischen oder geistig-göttlichen Gehalt nach wie vor kaum etwas. Der Unterschied zu früher liegt darin, dass wir in uns selbst eine höhere Dimension entdecken, ein Strömen und Werden. Unsere Aufgabe als Künstler und Künstlerinnen besteht nun darin, der scheinbar seelenlosen Natur Leben zurückzugeben. Vielleicht ist es das, was unser Schaffen am besten beschreibt. Wir geben der Natur zurück, was wir ihr einst genommen haben – ihr geistig-seelisches Wesen.«

»Ich bin nicht sicher, ob ich das verstehe«, meinte Anna.

»Wenn du von da oben, vom Walkürenfelsen, hinabsiehst und die Naturschönheit des Lago Maggiore in dich einströmen lässt, dich ganz dafür öffnest, ihn sozusagen in dir lebendig werden lässt, so kommt der Moment, in dem du spürst, dass gleichzeitig etwas aus dir heraus, aus den Tiefen deiner Seele, in die Landschaft fließen will. Und das ist der Moment, da so etwas wie eine Vision dich überkommt. Aus den Tiefen dringt etwas ins Bewusstsein, und du spürst, dass sich etwas von dem innersten Leben des vermeintlichen Außen offenbart.«

»Ja«, sagte Else, »das ist die große Sehnsucht unserer Zeit: Wir wollen das Sinnlich-Übersinnliche in unseren Werken gestalten. Weil wir es in uns tragen und somit auch im Außen erkennen können!«

Marianne drehte sich auf den Rücken und schloss die Augen. »Als würden wir das äußerlich Tote mittels eines höheren Sinnes zu neuem Leben erwecken. Hast du schon von Franz Marc gehört? Er vermochte dies wie kaum ein anderer.«

»Ja«, antwortete Anna. »Diese wunderbar mystisch wirkenden blauen Pferde! Wie schrecklich, dass Marc im Krieg gefallen ist.«

Else seufzte und zupfte etwas Gras aus dem Boden. »Der Reiter ist gefallen, während seine blauen Schatten noch immer über der Landschaft liegen...«

»Oh, sieh mal, wer da kommt!«, flüsterte Marianne. Eine schon sehr betagte Dame mit aufgespanntem Sonnenschirm betrat im Morgenmantel das Gelände.

»Frau Dr. Paulus ist die intime Freundin der Theosophin Annie Besant«, erklärte Else. »Und sie hält sich für die Reinkarnation von Giordano Brunoooo!«

Anna lachte los.

»Still!«, zischte Marianne und gab ihr einen Klaps. »Am Ende ist sie es tatsächlich!«

»Meinst du das im Ernst?«

Marianne hob die Schultern und sagte. »Wahrscheinlich ist sie hier auf dem Monte, um Rudolf von Laban zu sehen.«

»Den Tänzer?«

»Ja. Ein Revolutionär, ein Magier der neuen Bewegungskunst«, erklärte Marianne. »Er kommt die Tage mit seinen Tänzern aus Schwabing her. Sagen wir, vor allem mit Tänzerinnen.«

»Das hört sich ja interessant an!« Anna war Feuer und Flamme. »Meinst du, ich könnte an einem Tanzkurs teilnehmen?«

»Frag ihn doch einfach selbst. Du wirst ihn sicher sehr charmant finden.« Marianne grinste. »Und er dich.«

Anna wollte etwas antworten, da bemerkte sie einen kleinen Weg oberhalb des Hügels und fragte: »Wohin führt eigentlich der Pfad da?«

»Da würde ich an deiner Stelle nicht hingehen«, sagte Else. »Da spukt es. Da hat sich mal eine umgebracht.«

Hubertus

Ich saß in einer Münchner Kneipe und blickte hinaus. Regen prasselte aus tief schwarzem Himmel herab. Hinter mir an der Wand hing ein großes Hirschgeweih. Nicht gerade mein Geschmack, aber ich war vor dem Regen hier hereingeflüchtet.

Am Tresen stand eine stark geschminkte Frau, womöglich eine Prostituierte. An den Tischen mit karierten Tischdecken saßen einige Greise sowie ein asiatisch anmutender Mann um die dreißig, der kurz nach mir hereingestolpert war, wahrscheinlich auch wegen des Wetters. Da kam auch schon der Nächste zur Tür herein, ein Kerl, an die zwei Meter groß und völlig durchnässt. Er sah sich um, blickte kurz zu mir herüber und setzte sich dann auf die andere Seite des Raumes, wo er eine Maß Bier bestellte.

Der Brief meines Bruders lag mir noch immer auf der Seele. Ich dachte an unsere Kindheit und fragte mich, was eigentlich aus unserem Haus und den Ländereien in Creisau geworden sein mochte. Ich wusste nur, dass Hermann von Stieglitz sich darum gekümmert und dafür gesorgt hatte, dass das Haus vermietet wurde, um das Geld für mich anzulegen. Heute zog mich nichts mehr dorthin – zu schmerzhaft waren die Erinnerungen, an den frühen Tod meiner Mutter und dass mein Vater Hubertus und mich bei den Großeltern zurückgelassen hatte. Was war er nur für ein herzloser Mensch, dass er es kaum einmal für nötig hielt, sich bei uns zu melden!

Um die Traurigkeit wegzuschieben, konzentrierte ich mich wieder auf die Gegenwart. Die Aufklärungskurse für unsere Redner, ein wohldosierter Mix aus Politik und Ökonomie, Soziologie und Geopolitik, begannen auch mich zu interessieren. Vor allem wurde der unselige Versailler Vertrag kritisiert – das »Schanddiktat«, wie es hieß – mit seinen Demütigungen und Kränkungen, die Deutschland nicht nur klein halten, sondern auch die Herzen der Menschen vergiften sollten. Gut möglich, dass die Gerüchte stimmten und die Siegermächte nur vordergründig für die Vertragsbestimmungen verantwortlich waren, während im Hintergrund das internationale Finanzjudentum seine Fäden zog. Die Dozenten wie auch meine Arbeitgeber waren sich da jedenfalls ziemlich sicher.

Der Regen nahm kein Ende, als habe man dort oben die Schleusen geöffnet, als wolle irgendeine Macht alles fluten, alles versinken lassen.

Ida Hoffmann

Monte Verità, 20. Mai 1919. Anna, inzwischen ebenfalls in Reformkleidung, streckte neben anderen Sanatoriumsgästen am Walkürenfelsen den ersten Sonnenstrahlen ihre Arme entgegen. Erinnerungen an längst vergangene Zeiten tauchten in ihr auf, Bilder von Häusern aus weißem Kalkstein einer der Sonne gewidmeten Stadt am Nil. Auch als die anderen bereits wieder in Richtung Haupthaus gingen, wo bald das Frühstück serviert wurde, schaute sie weiterhin ins Tal hinab, auf das helle Glitzern des Sees. Als sie die Arme herabsinken ließ und sich umdrehte, sah sie, dass auch die Sanatoriumsleiterin noch auf einem kleinen Felsen saß. Spontan sagte sie zu ihr: »Ich kann gar nicht genug von alledem bekommen.«

»Ich weiß genau, was du meinst«, antwortete Ida Hoffmann ruhig. Sie war Mitte fünfzig, trug ein Kleid mit weiten Ärmeln und ein Stirnband, um ihre Haare zu bändigen. Wangen und Kinn waren recht ausgeprägt.

»Ist sie nicht ein wundervolles Geschenk?«, fragte Anna, auf die Sonne weisend. »Immer zuverlässig, immer für uns da.« Sie kletterte zu Ida und setzte sich neben sie. »Erich Mühsam hat mir vom Monte Verità berichtet.«

»Ach, Erich«, sagte Ida mit ihrer weichen Stimme. »Ein hoffnungsloser Fall. – Das darfst du nicht falsch verstehen. Er ist sehr liebenswürdig, ein Träumer, genau wie Henri und ich.« Ida lächelte in sich hinein. »Doch wenn alle stets nur gegen den Strom schwimmen würden und niemand bereit zu Kompromissen wäre, hätte man all dies nicht aufbauen können!«

»Erzählst du mir, wie es dazu gekommen ist?«, bat Anna.

»Gern. Ursprünglich waren wir zu fünft – fünf Freunde, die sich nach Selbstbestimmung und einer natürlichen, gesunden Art zu leben sehnten: neben mir Henri, Lotte Hattemer sowie die Brüder Karl und Gusto Gräser. Ich erinnere mich noch, wie wir am Lago Maggiore ankamen: barfuß und in gemütlichen Kleidern, die Männer mit langen Bärten, Lotte mit gelöstem, ins Gesicht hängendem Haar, wir alle stets umgeben von einem Schwarm Kinder.« Ida lachte.

»Und dann?«

»Wir kauften das Grundstück hier. Alles schien uns wie verzaubert: das Licht, die Landschaft.«

»Ein Traum.« Anna blickte versonnen über den See.

»Und sehr viel Arbeit, harte Arbeit. Gemeinsam haben wir es jedoch geschafft und gründeten zur Jahrhundertwende das Sanatorium auf dem Monte Verità.«

»Wo sind die anderen drei?«, fragte Anna.

»Leider kam es zum Zerwürfnis mit Karl. Er hatte sich etwas ganz anderes vorgestellt: eine Art Kommune. Er wollte, dass wir ohne Geld leben – völlig utopisch! Henri und ich haben stattdessen stets darauf hingearbeitet, eine Naturheilanstalt aufzubauen, die sich finanziell trägt.«

»Karl Gräser hat sich von Ihnen getrennt?«

»Er hat sich zunächst mit meiner Schwester Jenny weiter unten auf dem Berg angesiedelt, wo sie ein mehr als einfaches Leben führten. Später sind sie dann weitergezogen.«

»Und Gusto?«

»Ein ewiger Wandervogel! Und für viele Menschen eine sprudelnde Quelle der Inspiration, sehr belesen und ein Kenner der Weisheitslehren des Orients. Er reist mit seiner Frau und sechs Kindern durch die Lande.«

»Sechs Kinder!«, wiederholte Anna. »In einer solch unsicheren Lage! Und Lotte, jene mit den langen Haaren?«

»Ja, die Haare. Wie ein Vorhang, hinter dem sich das Grauen verbarg. Lotte ist wahnsinnig geworden. Irgendwann zog sie in einen verfallenen Stall. Von uns hat sie nichts mehr angenommen.«

»Aber wie konnte sie überleben?«

»Von rohen Wurzeln.« Ida hob die Schultern. »1906 hat sie sich schließlich umgebracht.«

»Das tut mir leid. Wie schrecklich!« Anna erschauerte.

Ida stand auf. »Begleitest du mich zurück?«

Gewissensehe

Sie liefen in Richtung Haupthaus, der Duft der Blüten begleitete sie in farbenvollem Wohlklang. Eine Horde Kinder kam ihnen lachend entgegen und umkurvte die beiden Frauen wie ein Fischschwarm. Anna genoss es.

»Du magst Kinder«, bemerkte Ida.

»Sie sind wie der Frühling«, antwortete Anna lächelnd. »Ob ich jemals welche haben werde?«

»Was spricht dagegen?«

»Manchmal habe ich Angst vor den damit verbundenen Verpflichtungen. Heiraten, Ehe – ich fühle mich dafür noch zu jung.«

»Natürlich. Wir Frauen sollten das selbst entscheiden können.«

»Ja, ich habe gehört, dass Sie die Liebe als freie Vereinigung zweier Wesen betrachten.«

»So ist es. Ich wehre mich ganz entschieden gegen jede Bevormundung, sei es vonseiten des Staates oder der Kirche. Ich sehe darin nur die entwürdigende, offizielle Besitzergreifung der Frau durch den Mann. Für das Treuegelöbnis existiert keinerlei Gewähr. In den meisten Fällen besiegelt es nichts als ein Geschäft, das von zwei oder mehr Interessenten geschlossen wird. Und als klar denkender Mensch kann ich darin nur Unmoral, Lüge und Lächerlichkeit erkennen.«

»Ich möchte auch frei leben«, sagte Anna.

»Dann, meine Liebe, wirst du womöglich in Kauf nehmen müssen, dass man deine Freiheit als Frivolität und Unzucht brandmarkt. Als unsere Verwandten und Bekannten erfuhren, dass Henri und ich eine Gewissensehe miteinander geschlossen hatten, hagelte es Vorwürfe, Entrüstung, ja Entsetzen, gefolgt von einer Flut an Bitten, Beschwörungen, Warnungen und sogar Drohungen. Dabei leben wir seither treu als Mann und Frau. Ich kann dir nur raten«, Ida blieb stehen und legte ihren rechten Arm auf Annas Schulter, »sei keine Puppe, sei ein Mensch! Sei selbstbewusst, und lass dich von keinem Mann unterdrücken!«

Anna umarmte sie in einem Anflug von Dankbarkeit. »Es ist alles so wunderschön hier«, sagte sie. »Die Landschaft, die Menschen – alles ist so besonders. Meine Mutter hatte ganz recht, als sie mir davon vorschwärmte.«

»War sie denn auch auf dem Monte?«, fragte Ida.

»Nein, sie war mit den Großeltern auf San Pancrazio.«

»Dann hat sie sicherlich bei der Baronin de Saint Léger logiert, der Besitzerin der Insel, die illustre Gäste auf ihrem Anwesen empfängt.«

»Kann sein«, sagte Anna lächelnd. »Meine Eltern haben sich damals dort irgendwo kennengelernt.«

»Die Romantik liegt hier doch einfach in der Luft.« Ida zwinkerte ihr zu.

»Hm. Auch meinem Vater muss es sehr gefallen haben.« Anna griff die Gelegenheit beim Schopfe: »Er war später noch mal hier, auch auf dem Monte Verità.«

»Wirklich?«, fragte Ida überrascht. »An einen Herrn von Stieglitz kann ich mich gar nicht erinnern. Wann war das denn?«

»Keine Ahnung. Vor zehn Jahren vielleicht? In der Hütte habe ich ein Foto, auf dem er mit Gustav Landauer und der Gräfin zu Reventlow zu sehen ist.«

»Mit Gustav und der Gräfin? Kannst du mir das Foto zeigen?«

Anna ließ sich nicht lange bitten. Sie rannte zu ihrer Hütte, hob Bernie aus seinem Körbchen, wo er die ganze Zeit geschlafen hatte, und gab ihm einen Kuss. Dann nahm sie das Foto aus einem Buch und rannte wieder zurück. »Hier, das ist er!«

»Ich erinnere mich«, sagte Ida zögerlich. »Er hat sich allerdings unter einem anderen Namen vorgestellt.« Sie grinste. »Wenn ich mich nicht irre, als ein Herr Bacchus, ja Hermann Bacchus.«

Anna staunte. Bacchus? Wie lächerlich war das denn! Was sollte das Versteckspiel? Hatte er vielleicht eine Geliebte? War ihre Mutter deshalb so deprimiert?

Ida zuckte mit den Schultern. »Wahrscheinlich wollte er einfach seine Ruhe haben. – Komm doch nachher mal rüber, ich kann dir noch ein paar Fotos aus der Zeit zeigen.«

»Ja, sehr gern.«

»Dann sehen wir uns später. Ade!« Ida ging ins Haupthaus hinein.

Über die Brechung der Zinsknechtschaft

München, 21. Mai 1919. Gespannte Stille im Hörsaal. Nur ab und an – wie in einer Kirche – tuschelten ein paar der Anwesenden, die meisten Armeeangehörige, welche als V-Leute ausgebildet wurden. Auch Adolf Hitler war da, kerzengerade saß er einige Bänke vor mir. Wir alle warteten auf Gottfried Feder, den heutigen Dozenten, Mitglied der Thule-Gesellschaft und Verfasser des soeben veröffentlichten »Manifests zur Brechung der Zinsknechtschaft«. Im Zentrum seiner Überlegungen stand die Reichsbank und ihr Notenprivileg, also ihr Recht auf Geldschöpfung. Feder forderte eine Verstaatlichung, auch für alle anderen Banken, da sie ihre eigentliche soziale Aufgabe, Geldverkehr zu vermitteln, nicht mehr erfüllten, stattdessen das Wirtschaftsleben beherrschten und von jeglicher Arbeit in Form hoher Zinsen rücksichtslos Tribut erpressten.

Ich war sehr gespannt auf ihn, nicht zuletzt weil ich ihn fragen wollte, ob er mir bei der Suche nach meinem Vater behilflich sein konnte. Denn inzwischen war ich zu dem Entschluss gekommen, ihn selbst zu fragen, ob er und seine Bank an der Finanzierung der bolschewistischen Revolution beteiligt waren. Gottfried Feder verfügte sicher über zahlreiche Kontakte in die Finanzwelt. Vielleicht gelang es ihm ja, meinen Erzeuger aufzuspüren, der seit 1914 keinen meiner Briefe mehr beantwortet hatte.

Gerade betrat der Ingenieur und Wirtschaftstheoretiker den Raum und stellte sich ans Rednerpult. Er hatte eine große Adlernase, einen kleinen Schnurrbart und ein Grübchen am Kinn.

»Der Mammonismus«, begann er, »ist die alles überwuchernde schwere Krankheit, an der unsere Kulturwelt, ja die ganze Menschheit leidet. Als ausschlaggebend muss vor allem die über allem Selbstbestimmungsrecht der Völker thronende überstaatliche Finanzgewalt betrachtet werden, das Großkapital, die jüdische Plutokratie, die treibende Kraft hinter dem weltumspannenden britisch-amerikanischen Imperialismus.« Die Anwesenden applaudierten. Angesichts der horrenden Reparationsforderungen gegenüber Deutschland stieß seine Kritik auf offene Ohren.

»Diese kleine Gruppe«, fuhr Feder fort, »hat das furchtbare Menschenmorden des Weltkrieges finanziert, und als Besitzer aller großen Zeitungen haben sie die Welt eingesponnen in ein Netz von Lügen. Der Mammonismus als eine rein aufs Diesseitige gerichtete Geistesverfassung hat bereits weite Teile des Volkes erfasst: eine unersättliche Erwerbsgier, die zu einem erschreckenden Herabsinken aller sittlichen Begriffe führt. Als Hauptkraftquelle ist der mühe- und endlose Güterzufluss anzusehen, der durch den Zins geschaffen wird. Aus Letzterem wurde die ›goldene Internationale‹ geboren, sie hat zur Versumpfung der Bourgeoisie beigetragen.« Feder ließ seinen Blick über das gebannt lauschende Auditorium schweifen. »Meine Herren, der Leihzins – und mit ihm der Zinseszins – ist die teuflischste Erfindung des Großkapitals! Sie ermöglicht das träge Drohnenleben einer Minderzahl von Geldmächtigen auf Kosten der schaffenden Völker. Und das einzige Mittel zur Heilung, zur Gesundung ist die vollständige Brechung der Zinsknechtschaft!«

Erneut kam Applaus auf. Feder blickte bescheiden zu Boden. Nach einer Weile fuhr er in seinem Vortrag fort, wobei er nun einen fast priesterlichen Ton anschlug: »Die Brechung der Zinsknechtschaft bedeutet die Wiederherstellung der freien Persönlichkeit, die Erlösung des Menschen aus der Versklavung, aus dem Zauberbanne, in die seine Seele vom Mammonismus versklavt wurde. Wer den Kapitalismus bekämpfen will, muss die Zinsknechtschaft bekämpfen! Über zwölf Milliarden Zinsen für das Leihkapital muss das deutsche Volk alljährlich in Gestalt von direkten und indirekten Steuern, von Mietzins und Lebensverteuerung aufbringen. Die Brechung der Zinsknechtschaft aber gäbe uns die Möglichkeit, sämtliche direkten und indirekten Steuern aufzuheben! In Wirklichkeit reichen nämlich die Erträge unserer Staatsbetriebe vollkommen aus, um alle notwendigen Staatsausgaben für Erziehung, Bildung, Rechtspflege, Verwaltung und soziale Fürsorge daraus bestreiten zu können.«

Während Feder sprach, beobachtete ich die Zuhörer, im Großen und Ganzen zwei Gruppen: Die einen verstanden sicherlich wenig von seinem Vortrag, waren sie doch ohne Vorbildung, was die Welt der Finanzen anging. Wenn sie applaudierten, so taten sie es, um sich keine Blöße zu geben. Die anderen aber waren hellwach, die Augen weit geöffnet, fassungslos, überwältigt.

»Warum haben wir all dies, was man als das Ei des Kolumbus für die soziale Frage bezeichnen muss, bisher noch nicht erreicht?«, fragte Feder eindringlich. »Weil wir in unserer mammonistischen Verblendung zu erkennen verlernt haben, dass das Evangelium vom allein seligmachenden Leihzins unser ganzes Denken in die goldenen Netze der internationalen Plutokratie verstrickt hat! Unsere ganze Steuergesetzgebung ist und bleibt nur Tributpflicht gegenüber dem Großkapital, nicht aber, was wir uns manchmal einbilden, freiwilliges Opfer zur Verwirklichung von Gemeinschaftsarbeit. Deshalb, meine Herren, ist die Befreiung von der Zinsknechtschaft die klare Losung für die Weltrevolution, für die Befreiung von den Fesseln der überstaatlichen Geldmächte. Sie ist der einzige Ausweg aus der drohenden wirtschaftlichen Versklavung der ganzen Welt, das einzige Gegenmittel gegen das Gift des Mammonismus und seine Verseuchung unseres Zeitalters!«

Hitler schnellte von seinem Sitz hoch und rief mit prächtigem Volumen über alle hinweg: »Bravo! Nieder mit der Zinsknechtschaft! Nieder mit dem Versailler Vertrag! Nieder mit dem internationalen Judentum!«

Auf der Suche nach einer Lichtgestalt

Im Anschluss an die Vorlesung ging ich zu Haushofer, welcher sich mit Feder und Heß unterhielt.

»Ah, Herr von Trott!« Haushofer war bester Laune und reichte mir die Hand. »Sind Sie zufrieden mit den Aufklärungskursen?«

»Absolut. Ganz auf der Höhe der Zeit. Ich selbst habe bereits sehr davon profitieren können.«

»Die Vereinigung des Nationalen mit dem Sozialen, danach verlangt unsere Zeit. Wo alle Autorität geschwunden ist, schafft Volkstümlichkeit allein Bindung. Was unserer Bewegung eigentlich noch im Wesentlichen fehlt, das ist ein Führer.«

»Glauben Sie, dass in absehbarer Zeit einer zu finden sein wird?«, fragte ich.

»Nein, das glaube ich nicht. Deshalb müssen wir zumindest jemanden suchen, dessen Berufung wir wecken können, um ihn anschließend systematisch aufzubauen. Der Führer«, fuhr Haushofer fort, während Heß und Feder zustimmend nickten, »muss einen eisernen Willen haben, dazu ein umfassend geopolitisch stimmiges Weltbild. Vereint er in sich diese beiden Eigenschaften, wird er Deutschland zu neuer Größe bringen können.«

»Möge uns die Vorsehung einen solchen Menschen schenken!«, sagte Heß.

Während Haushofer mit ihm weiterdiskutierte, wandte ich mich an Feder. »Ihre Ausführungen zum Wesen des Zinses haben mich tief beeindruckt. Meinen Sie, dass tatsächlich eine Chance besteht, dieses Joch abzuschütteln?«

»Es steht außer Zweifel, dass die Entente-Mächte mit der ›goldenen Internationale‹ durch und durch verflochten sind. Solange wir als Verlierer gegen sie da stehen, solange der Versailler Vertrag uns ausbluten lässt, werden wir wohl nicht viel daran ändern können. Helfen könnte vielleicht eine neue Partei, welche für ein neues nationales Bewusstsein sorgt. Wehrkrafterziehung nach japanischem Vorbild. Oder eine Art Lichtgestalt, wie Haushofer sagt.« Feder hob die Schultern, als glaube er selbst kaum daran.

Ich nickte und zögerte. »Ich hätte da noch eine Bitte«, sagte ich endlich.

»Worum geht's?«

»Ich bin auf der Suche nach jemandem.«

»Etwa nach der Lichtgestalt?«, fragte er.

»Nach meinem Vater. Ich wollte Sie fragen, ob Sie eventuell Erkundigungen für mich einziehen könnten.«

»Also ein Herr von Trott?«, fragte Feder, während er Notizblätter in eine Tasche steckte.

»Das ist der Name meiner Mutter«, erkläre ich etwas verlegen. »Mein Vater heißt Paul de Lanoy.«

»Ein Franzose?« Feder schaute überrascht.

»Belgier. Deshalb möchte ich Sie auch bitten, äußerst diskret vorzugehen. Früher arbeitete er für die Belgische Zentralbank. Ich habe dort bereits angefragt, aber man konnte mir nicht weiterhelfen. Vielleicht haben Sie ja Verbindungen...«

Feder schloss seine Tasche und nickte: »Ich werde mich umhören.«

Das zweite Foto

Die Sonne war bereits untergegangen, Insekten schwirrten umher, und das Zirpen der Grillen erfüllte den warmen Frühlingsabend. Anna saß neben Ida Hoffmann auf einer Bank vor dem Haupthaus und blätterte in einem Fotoalbum, während Bernie umherlief und alles beschnupperte.

Ida hatte ihr erzählt, ihr Vater sei mit seinem Bruder dagewesen, dessen Name ihr nicht einfiel. Anna konnte das überhaupt nicht nachvollziehen, ihr Vater hatte doch gar keine Geschwister! Sie schlug eine Seite um und starrte auf ein Foto, das ihren Vater mit Paul de Lanoy zeigte.

Ida sagte: »Ja, das sind die Brüder, jedenfalls haben sie das behauptet. Sie sprachen immer vom ›Monte Lux et Veritas‹, was ja auch gut passt. Wie sie darauf gekommen sind, weiß ich nicht, das hatte für sie aber sicher irgendetwas zu bedeuten, jedenfalls haben sie immer darüber gelacht.«

Anna schüttelte den Kopf. »Das ist nicht der Bruder, sondern der Freund meines Vaters, Paul de Lanoy«, erklärte sie. Warum nur haben sie sich als Brüder bezeichnet? Im übertragenen Sinne vielleicht? Das Ganze wurde immer seltsamer. »Sind die beiden gemeinsam angereist?«

Ida nickte. »Ja, ich glaube schon.«

»Und was haben sie hier gemacht?«

»Ganz einfach Urlaub. Vielleicht kann dir Else mehr dazu sagen. Sie war damals ebenfalls hier. Du kannst das Foto behalten, wenn du willst.«

Anna wollte sich bei Ida bedanken und hob den Kopf. Da erspähte sie zu ihrer Überraschung den Mann mit den dunklen Locken, den sie aus dem Café Stefanie kannte. Was trieb der denn hier?

Potenziale

München, 4. Juni 1919. Gespannt saß ich neben Karl Mayr im oberen Teil des Hörsaals, der gut gefüllt war: Heute sollte Adolf Hitler seine erste Rede halten. Ich ließ meinen Blick schweifen und entdeckte neben Professor Haushofer auch Gottfried Feder. Ob er inzwischen wohl etwas über den Verbleib meines Vaters herausfinden konnte? Ich würde später sicher ein paar Worte mit ihm wechseln können...

Hitler ging mit seinem Text in der Hand ans Rednerpult. Er wirkte etwas nervös. Ich wusste, dass Heß ihm das Manuskript vorbereitet hatte, zum Teil wörtlich übernommen aus Haushofers Rede »Dai Nihon. Betrachtungen über Groß-Japans Wehrkraft, Weltstellung und Zukunft«. Hitler hatte alles auswendig gelernt, eigentlich konnte er auf die Vorlage ganz verzichten. Er räusperte sich und sagte mit seiner knarzigen Stimme: »Heute werde ich über Sinn und Zweck der Wehrkrafterziehung sprechen.« Dabei stand er etwas unsicher da und ließ die linke Schulter hängen. Ein gewisses Unbehagen breitete sich im Saal aus, weil man den Eindruck bekam, dass er gleich ohnmächtig zur Seite kippen könnte. Doch dann riss er sich sichtlich zusammen, umklammerte mit beiden Händen fest das Rednerpult und hob an: »Sieben Monate sind nun vergangen seit dem Waffenstillstand. Sieben Monate, seit die Oberste Heeresleitung vor den Entente-Mächten in die Knie gegangen ist. Das macht für jeden Denkenden und Fühlenden den Zusammenbruch des

Reiches so schwer und entsetzlich, den Sturz aus einer Höhe, die heute, angesichts des Jammers der jetzigen Erniedrigung, kaum mehr vorstellbar ist. So tief ist der Sturz, dass alle wie von Schwindel erfasst sind und sich kaum mehr die frühere Höhe vergegenwärtigen, so traumhaft unwirklich gegenüber dem heutigen Elend erscheint die einstige Größe und Herrlichkeit.«

Erste Zuhörer applaudierten, worauf Hitler selbstsicherer fortfuhr: »Die Frage nach den Ursachen des deutschen Zusammenbruchs ist mithin von ausschlaggebender Bedeutung! Ich frage Sie: Muss denn eine militärische Niederlage zu einem so restlosen Zusammenbruch einer Nation, eines Staates führen? Doch nur dann, wenn Völker darin die Quittung für ihre innere Fäulnis und Feigheit erhalten! Kurzum: Wir haben diese Niederlage mehr als verdient, sie ist die sichtbare äußere Verfallserscheinung neben einer ganzen Reihe von inneren.«

Betroffenes Schweigen. »In der Art und Weise«, fuhr Hitler fort, »in der das deutsche Volk seine Niederlage entgegennahm, vermag man am deutlichsten zu erkennen, dass die wahre Ursache unseres Zusammenbruchs ganz woanders zu suchen ist als in dem rein militärischen Verlust einiger Stellungen. Wäre die innere Fäulnis nicht bereits so weit vorangeschritten, dann hätte man nicht gelacht und getanzt, dann hätte man sich nicht der Feigheit gerühmt und die Niederlage verherrlicht, dann hätte man die kämpfende Truppe nicht feige verhöhnt und ihre Fahne und Kokarde in den Schmutz gezerrt! Ich sage Ihnen, der militärische Zusammenbruch war selbst nur die Folge einer sittlichen und moralischen Vergiftung – und zwar durch die Juden: jene, die sich schon in der Zeit des Friedens überall in die deutsche Nation eingeschlichen haben!« Hitler ballte die rechte Faust. »Das Wichtigste ist und bleibt die Unterscheidung zwischen den Erregern und den durch sie hervorgerufenen Zuständen. Dies wird umso schwerer, je länger sich die Krankheitsstoffe im Volkskörper befinden und je mehr sie diesem schon zur selbstverständlichen Zugehörigkeit geworden sind.«

Eine erstaunliche Energie, gespeist aus Wut und Verzweiflung, brach sich bahn: »Es war die Sünde wider Blut und Rasse«, polterte Hitler, »die Erbsünde dieser Welt und das Ende einer sich ihr ergebenden Menschheit! Ein Volk, das nicht bereit ist, sich kriegerisch auszudehnen, hat kein Recht auf Selbstbestimmung! Und wenn die Kraft zum Kampfe um die eigene Gesundheit nicht mehr vorhanden ist, endet das Recht zum Leben in der Welt des Kampfes!«

Kurz hielt er inne, niemand wagte auch nur zu husten. Dann fragte er ruhig, ja schon fast staatsmännisch: »Was können wir also tun? In dieser Zeit der sich immer mehr verbreitenden Zersetzung unseres Volkskörpers haben wir das Heer als wichtigsten Faktor anzuerkennen. Das Heer war die gewaltige Schule der deutschen Nation, und nicht umsonst richtete sich der Hass aller Feinde unseres Vaterlandes gerade gegen diesen Schirm der nationalen Selbstverwaltung und Freiheit. Von allen Minderwertigen wurde das Heer verleumdet, gehasst, bekämpft, aber auch gefürchtet. Es war ein Hort der Freiheit unseres Volkes vor der Macht der Börse. Was das deutsche Volk dem Heere verdankt, lässt sich in einem einzigen Wort zusammenfassen: alles! In einem Zeitalter, da die Feigheit zur grassierenden Krankheit zu werden drohte und die Opferwilligkeit, sich für das allgemeine Wohl einzusetzen, schon fast als Dummheit angesehen wurde, und klug nur mehr derjenige zu sein schien, der das eigene Ich am besten zu schonen und zu fördern verstand, erzog das Heer zur unbedingten Verantwortlichkeit, zum persönlichen Mut, zur Entschlusskraft! Das Heer erzog zum Idealismus, zur Hingabe an das Vaterland, ja es erzog zu persönlicher Größe – während im sonstigen Leben Habsucht und Materialismus um sich griffen. So erzog es denn auch das, was die neuere Zeit am nötigsten brauchte: Männer! Im Sumpfe einer allgemein um sich greifenden Verweibung schossen aus den Reihen des Heeres alljährlich 350 000 kraftstrotzende junge Männer empor, die in zweijähriger Ausbildung die Weichheit der Jugend ablegten und sich dafür eisenharte Körper zulegten.« Er schlug mit der Faust aufs Rednerpult. »Das war die hohe Schule der deutschen Nation! Und nicht umsonst konzentrierte sich auf sie der grimmige Hass derjenigen, die aus Neid und Habsucht die Ohnmacht des Reiches und Wehrlosigkeit seiner Bürger brauchten und wünschten. Was viele Deutsche in Verblendung oder bösem Willen nicht sehen wollten, erkannte die fremde Welt: Das deutsche Heer war die gewaltige Waffe im Dienste der Freiheit der deutschen Nation.«

Pause. »Heute stehen wir unter dem Diktat des Versailler Vertrages. Und wenn wir uns nun also unser Recht auf Selbstbestimmung zurückerobern wollen, wenn wir es wieder wagen wollen, stolz in den Spiegel zu schauen, so müssen wir uns um Fragen der Erziehung kümmern, genauer gesagt: um die Wehrkrafterziehung des gesamten deutschen Volkes!«

Hitler sah zu Professor Haushofer und Rudolf Heß hinüber, dann fuhr er fort: »Werfen wir nur einen Blick auf die Japaner, die uns in dieser Hinsicht ein leuchtendes Vorbild sind. In Japan war die Wehrkrafterziehung als massenpsychologische Kriegsvorbereitung die Grundlage für ihre erfolgreichen Expansionskriege seit Ende letzten Jahrhunderts. In Japan beginnt diese Erziehung zur nationalen Größe bereits in der Schule. Staatlicher Moralunterricht ist dort ganz dem Wehrzweck eines waffenfreudigen Staates angepasst, was in unseren Lehrplänen leider überhaupt kein Gegenstück hat, die bewusste Entwicklung edler Charaktereigenschaften ist in der deutschen Schule gleich null! Treue, Opferwilligkeit und Verschwiegenheit aber sind Tugenden, die ein großes Volk unbedingt braucht.«

Applaus im Saal. Hitler genoss es. »Es wäre ein schwarzer Tag, an dem man im Heere glaubte, allein mit dem Verstande sei die Frage zu lösen. Doch ist es nicht Intelligenz, welche einem Stück Seidentuch solche Kraft verleiht. Zur Gewöhnung des Herzens aber, die allein einem Symbol mystische Kraft verleihen kann, hat die Schule und das öffentliche Leben die japanische Jugend erzogen, indem sie die Fahne eine hervorragende Rolle in ihrem Dasein spielen lässt. Zielstrebig ging man in Japan dem deutscher Durchschnittsstaatskunst unerreichbaren Ziel entgegen, das doch Voraussetzung jeder erfolgreichen Ausdehnung gewesen wäre: dem ganzen Volk die Notwendigkeit einer weiteren Reichsentwicklung zu Bewusstsein zu bringen und aus dieser Einsicht heraus eine Entwicklung im Sinne der zum Überleben notwendigen Lebensraumerweiterung zu erreichen!«

Hitler trat einen Schritt zurück, dann wieder vor und beendete seinen Vortrag: »Es sei uns eine Lehre, dass wir nun wieder mühselig aus kleinen Anfängen Energie sammeln müssen nach einem großen, tragisch vertanen Aufwand. Aber es ist zugleich eine Verheißung, Hoffnung auf ferne Gerechtigkeit, die Deutschland, auch gegen den Willen scheinbar unüberwindlicher Mächte, zu stärkeren Lebensformen der Zukunft emporführen!«

Im Saal begann einzelner Applaus, andere fielen ein, bis schließlich alle begeistert klatschten. Auch Bravorufe waren zu hören.

»Dieser Hitler hat Talent«, meinte neben mir Karl Mayr.

»Ja, unbestreitbar. Wie sind Sie eigentlich auf ihn aufmerksam geworden?«

»Durch General von Möhl. Er sagte, Hitler sei während der Räte-revolution als Spitzel sehr erfolgreich gewesen und habe so einige Auf-ständische ans Messer geliefert. Ich muss sagen, dass ich ihn zunächst recht infantil fand. Sie haben ja vielleicht den ein oder anderen Bericht von ihm gelesen. Aber als Redner – alle Achtung! Aus dem können wir was machen. Lassen Sie uns mal Haushofer fragen, wie er es sieht.«

Wir gingen vor zu dem Professor, der beim Rednerpult mit Hitler plauderte.

»Verzeihen Sie«, wandte sich Mayr an ihn. »Dürften wir Sie kurz sprechen?«

Haushofer entschuldigte sich bei dem sichtlich erleichterten Hitler und wandte sich uns zu. Hitler ging derweil auf zwei seiner Kollegen zu, die ihn gleich in Beschlag nahmen und auf die Schulter klopften.

»Der Mann ist gut«, stellte Mayr fest. »Was meinen Sie?«

»Durchaus – wenngleich im politischen und weltanschaulichen Dis-kurs nicht gerade genial. Außerdem ist er unbeherrscht. Sie haben ja ge-sehen, wie er teilweise in Rage geriet. Doch wäre er andererseits gerade deswegen ein ausgezeichneter Trommler für unsere Sache. Hitler hat also Potenzial und verfügt zudem über ein gutes Gedächtnis, jedenfalls hat er die Rede nahezu frei gehalten.«

»Und nicht zuletzt ist seine Stimme geeignet«, fügte Mayr hinzu.

Haushofer nickte ernst. »Unbedingt.«

»Wir sollten ihn fördern. Haben Sie eine Idee, wer ihn unter seine Fittiche nehmen könnte?«

»Nun«, überlegte der Professor, »da würde ich Rudolf Heß vorschla-gen. Die beiden kennen sich ja auch schon von der Räteherrschaft her.«

Neuigkeiten und Gerüchte

»Paul de Lanoy scheint seine Spuren verwischen zu wollen«, meinte Gottfried Feder, als ich mich zu ihm gesellte. »Doch konnte ich heraus-finden, dass er keineswegs bei der Belgischen Zentralbank tätig war.«

»Nein? Wo denn?«

»Bei der schwedischen Nya Bank, die Olof Aschberg bis 1918 als Direktor geführt hat.«

»Wer ist das?«

»Der Gründer und Mehrheitseigner der Bank. Inzwischen heißt sie Svenska Ekonomibolaget. Anscheinend verfügte er über beste Kontakte zum russischen Finanzminister und konnte als Repräsentant des Zaren bei der National City Bank in den USA erfolgreich eine Anleihe in Höhe von fünfzig Millionen Dollar platzieren.«

»Also hat Aschberg den Zaren unterstützt?«

»Das kann ich nicht mit Bestimmtheit sagen. Es heißt aber, dass über die Nya Bank auch Gelder von der deutschen Regierung nach Russland geschleust worden seien.«

»Etwa um die Sowjetrevolution zu finanzieren?«, fragte ich.

»Durchaus möglich. Ich würde an Ihrer Stelle General Ludendorff fragen.«

Ich lachte. »Wie stellen Sie sich das vor?«

»Sie haben doch ausgezeichnete Kontakte! Gehen Sie zum nächsten Treffen der Thule-Gesellschaft! Alfred Rosenberg wird dort sprechen. Und Ludendorff wird sich wohl auch einfinden.«

»Und wo ist mein Vater jetzt?«

»Das kann ich Ihnen leider auch nicht sagen.«

Der erste Gefolgsmann

Einige Tage später ließ ich Adolf Hitler in mein Büro kommen, um ihm mitzuteilen, dass ein gewisser Hauptmann Eduard Dietl ihn bitte, einen Vortrag in der sogenannten Türkenkaserne zu halten. »Das ist Ihre Chance, Hitler«, sagte ich, »Hauptmann Dietl wünscht, dass Sie politisch auf die Soldaten seines Verbandes einwirken. Machen Sie uns alle Ehre!«

Es sollte ein voller Erfolg werden. Am Ende kam Dietl auf Hitler zu, gab ihm die Hand und erklärte, dass er von jetzt ab sein »Gefolgsmann« sei. Hitler überzeugte vor allem durch seine Mimik und die Vehemenz, mit der er die Dinge ansprach. Dadurch vermittelte er offenbar den Eindruck, dass hier endlich ein Mann stünde, der die Gegenwart in ihrem Kern versteht und bereit ist, sich den Missständen entgegenzustellen. Bald wurden wir um weitere Vorträge durch Hitler gebeten. Dass Heß sich intensiv um ihn kümmerte, blieb den meisten verborgen, vielmehr glaubte man, Hitler habe die Einsichten aus sich selbst gewonnen. Doch fußten seine Reden vor allem auf der aggressiven sozialdarwinistischen Rassenideologie Haushofers.

Im Sommer wurde Hitler gemeinsam mit anderen Rednern ins Soldatendurchgangslager Lechfeld geschickt. Mühelos wiederholte er in seinen Vorträgen, was er während der Aufklärungskurse gelernt hatte. Erneut vermochte er die Zuhörer zu begeistern und erwarb sich Achtung bei den Vorgesetzten.

Freie Liebe

Anna und Else saßen bei Sonnenuntergang auf der kleinen, mit Blumen dekorierten Terrasse der Licht-Luft-Hütte und aßen gemeinsam zu Abend: rohes Gemüse und Hülsenfrüchte. Bernie hatte soeben seine Portion Fleisch bekommen, die Anna extra aus Ascona bringen ließ. Nun hockte er neben ihr, blickte hinauf und hoffte wohl, noch etwas abzubekommen.

»Ich habe heute länger mit Ida Hoffmann gesprochen«, sagte Anna.

»Sicherlich hat sie dir wieder den Vegetarismus gepredigt«, entgegnete Else zwinkernd.

»Nein, wir haben uns über Liebe und Paarbeziehung unterhalten.«

»Ah, natürlich. Die Gewissensehe, wie sie es nennt.«

»Was denkst du darüber?«

»Nun, ich war ja bereits zwei Mal verheiratet. Beide Male habe ich mich scheiden lassen. Ich finde, dass Ida sehr mutig ist. Aber es gibt Frauen, die noch mutiger, noch freier sind.«

»An wen denkst du?«

»Nun, Ida glaubt ja immer noch an die feste Partnerschaft. Fanny zu Reventlow aber ging noch einen Schritt weiter. Leider ist sie im Sommer letzten Jahres verstorben.«

»Hatte die ›Gräfin von Schwabing‹ nicht eine Affäre mit Gustav Landauer?«, fragte Anna.

»Du bist ja bestens informiert!« Else trank einen Schluck Wasser. »Ich denke, dass man von ihr sagen kann, sie habe auch das letzte Korsett von sich geworfen.« Die Poetin lachte.

»Was meinst du?«

»Lies doch mal ihren Roman ›Von Paul zu Pedro‹. Dort diskutiert sie das Für und Wider von Paarbeziehungen und kommt zu dem Schluss, dass wegen der Ausschließlichkeit, die unsere Kultur fordere, Zerwürfnisse nach gebrochener Treue nicht zu umgehen sind.«

»Und was schlägt sie vor?«

»Ihre Lösung bestand darin, die Paarbeziehung einfach ganz aufzuheben. Freie Liebe eben.«

Anna starrte Else an. »Aber das würde ja bedeuten... vollkommene Freiheit in erotischen Dingen! Jeder mit jedem?« Anna spürte, wie sich ihre Wangen röteten. Sie dachte an das Foto: die Gräfin zwischen Gustav Landauer und ihrem Vater.

Else nickte und biss nachdenklich in eine Karotte. »Ida beharrt ja vielleicht zu Recht auf den Wert einer partnerschaftlichen Beziehung. Weil sowohl die Frau als auch der Mann dabei ihre jeweiligen Stärken zur Geltung bringen könnten. Aber die Freiheit ist doch eine sehr reizvolle Vorstellung, nicht wahr?«

»Allerdings nicht sehr romantisch!«

»Auf jeden Fall verweisen diese Ideen auf ein neues Morgen«, meinte Else. »Eigentlich leben wir doch in einer faszinierenden Zeit, auch wenn sich vermutlich nicht unbedingt alles bewähren und bewahrheiten wird. Übrigens gibt es da noch jemanden, der dich interessieren könnte. Ich meine, seine Theorien: Otto Gross, er war früher oft hier auf dem Monte.«

»Ist er auch Schriftsteller?«

»Psychoanalytiker. Ein Schüler Sigmund Freuds. Allerdings ist er inzwischen bei Freud in Ungnade gefallen und aus der Psychoanalytischen Gesellschaft ausgeschlossen, ja sogar aus deren Annalen getilgt worden. Wahrscheinlich waren seine Ansichten den Herren, Freud voran, doch zu revolutionär: Gross meint, dass man seine Impulse, auch die sexuellen, einfach ausleben solle. Noch heute spuken bei den Bewohnern von Ascona haarsträubende Geschichten umher.«

»Von Sexorgien??«

Else nickte. »Er hatte eine Schar von Anhängern. ›Ausleben!‹, hieß die Formel, es galt das Gebot blinder Erfüllung. Eine Zeit lang zogen sie sich in einen Stall zurück und warfen dort alle Hemmungen über Bord – freilich auf Kosten der Ästhetik. Es sollen unbeschreibliche Zustände geherrscht haben.«

Anna schluckte. Ob Paul de Lanoy und ihr Vater auch dabei gewesen waren...?

»Aber es hielt nicht lange an. Weil es ihnen wohl selbst bald zum Ekel wurde. Die Leute hatten sich ausgetobt, nun hätten sie sich laut Otto Gross ihrer inneren Veredelung widmen sollen. Stattdessen begannen sie mit Rauschgiften zu experimentieren.«

»Das wäre nichts für mich.« Anna stand auf. »Ich möchte dir noch etwas zeigen.« Sie lief in die Hütte und kehrte mit den zwei Fotos zurück.

»Kennst du diesen Mann hier?« Anna zeigte auf ihren Vater, während sie sich wieder setzte.

Else nahm das Foto. »Ja. Hermann heißt er, glaube ich. Woher kennst du ihn?«

»Das ist mein Vater.«

»Oh.«

»Kann es sein, dass auch er eine Affäre mit Fanny zu Reventlow hatte?«, fragte Anna mit klopfenden Herzen.

»Nun ...« Else zögerte. »Soweit ich mich erinnere, kannte er sie schon länger.«

Anna ließ sich gegen die Stuhllehne fallen. »Erzähl mir bitte, was du weißt!«

»Nicht viel. Es hieß, er sei hier, um sich zu erholen. Aber Fanny meinte, er sei in Wirklichkeit ein Adliger, der sich ein wenig Abstand von seiner Frau gönnte.«

»Ach was.« Anna biss sich auf die Unterlippe.

»Ja, und weil Fanny ein Vogel war, den niemand einzufangen vermochte, hat er sich wohl anderweitig vergnügt.«

»Ich verstehe«, sagte Anna langsam.

»Damals ist auch etwas Schreckliches passiert, eine sehr traurige Geschichte«, sagte Else und griff nach einem Stück Gurke. »Mara, eine Tänzerin von Laban wurde tot aus dem See geborgen, anscheinend ein tragischer Unfall. Die Polizei fand es nie heraus.«

»Was ist passiert?«

Else überlegte. »Sie hatte sich wohl unglücklich verliebt. Ja, genau – in Paul, den Bruder deines Vaters.«

Anna verschluckte sich fast an einem Radieschen. »Was?! Und dann?«

»Ich weiß auch nicht. Mara soll jedenfalls schrecklich ausgesehen haben, als man sie aus dem See zog. Alles deutete darauf hin, dass sie vorher geschlagen wurde.«

»Oh mein Gott. Und was hat Paul dazu gesagt?«

»Das weiß keiner. Hermann und er waren bereits abgereist.«

Das sind ja tolle Neuigkeiten, dachte Anna. Wenn sie Heinrich das nächste Mal sah, musste sie ihm darüber berichten. Wie es ihm wohl ging? Irgendwie war er ja eine feste Konstante in ihrem Leben, ein echter Freund. Mehr wohl nicht, auch wenn sie ihn wirklich sehr mochte und sie ja tatsächlich mal mehr verbunden hat – lange her. Für die »freie Liebe« jedenfalls war er sicher nicht zu haben.

Atlantis

München, 3. Juli 1919. Nachdem ich Elina von Stieglitz einen kurzen Besuch abgestattet hatte – das wollte ich schon seit Wochen tun –, begab ich mich nun ins Hotel Vier Jahreszeiten. Zu den Gästen des Abends zählte neben den Mitgliedern der Thule-Gesellschaft sowie des Alldeutschen Verbandes eine bunte Mischung aus Adel, gehobenem Bürgertum, Armee und Studentenschaft. Die Ziele und Vorstellungen des Alldeutschen Verbandes erfreuten sich wachsender Beliebtheit, insbesondere die Idee einer »Bluts- und Schicksalsgemeinschaft« aller Deutschen, Mitglieder eines »Stammes«, für die man sich ein »Großdeutsches Reich« ersehnte. Auch Hitler hatte sich eingefunden, er steckte in einem etwas zu kleinen, zerknitterten Frack.

Obwohl ich vor allem darauf hoffte, General Ludendorff kennenzulernen, war ich doch auch gespannt auf den Vortrag Alfred Rosenbergs. 1893 im russischen Reval geboren – das nun Tallinn hieß, Hauptstadt der soeben ausgerufenen Republik Estland –, floh er vor der Revolution nach Paris, später ging er nach München, wo er sich antibolschewistischen Zirkeln anschloss und bald auch der Thule-Gesellschaft beitrat. Von zwei Millionen sogenannten »weißen Russen«, also Anhängern des Zaren, waren an die 600 000 Emigranten nach Deutschland gekommen. Rosenberg fungierte als wichtiges Bindeglied zur den konservativen Kräften im Lande. Die Oktoberrevolution war ihm – ebenso wie die Münchner Räterepublik – das Ergebnis einer »jüdisch-freimaurerischen Weltverschwörung« mit dem Ziel, andere Völker zu verdrängen. Kapitalismus und Kommunismus betrachtete er als nur scheinbare Gegensätze, mit denen das »internationale Finanzjudentum« in Wirklichkeit die Weltherrschaft anstrebe.

Alfred Rosenbergs Blick glitt nicht ohne Stolz über den vollen Saal. Dann begann er seinen Vortrag, dem Inhalt nach ähnlich wie später in seinem Buch »Der Mythos des 20. Jahrhunderts«. »Die Lehre, wonach der Einzelne völlig unabhängig ist, ein gleichsam in der Luft hängendes Individuum, das sich aus freien Stücken mit anderen verbunden habe, um einzelne Völker zu bilden, ist heute endgültig überholt. Solcherart

Anschauungen sind intellektualistisch, das heißt naturentfremdet, denn sie trennen Vernunft und Verstand von Rasse und Art. Losgelöst aus den natürlichen Banden des Blutes, der Geschlechterreihen, fällt das Einzelwesen abstrakten Fantasiegebilden zum Opfer. Es entfremdet sich zusehends von der artgerechten Umwelt und mischt sich schließlich mit feindlichem Blut.«

Rosenberg rief unheilschwanger ins Publikum: »Wer aber die Religion des Blutes missachtet, wird ihrer Rache zum Opfer fallen! So geschah es den Indern, den Persern, den Griechen und den Römern! So wird es auch uns ergehen, wenn wir nicht Umkehr halten und uns von leeren Nebelgebilden, blutlosen Ideen abwenden. Europa muss dem verschütteten Sprudel seines ureigensten Lebenssaftes und seiner Werte wieder Raum geben!«

Erster Applaus. Die Anwesenden waren mehr als bereit, Rosenbergs Lehre zu empfangen, die okkulte Vorstellungen mit einer rassistischen Weltanschauung verband und weltvernichtendes Potenzial in sich trug. »Jüngst stießen Unterseeforscher in großer Tiefe des Atlantischen Ozeans auf versunkene riesenhafte Gebirge«, fuhr er fort, »in deren Tälern einst Kulturen entstanden waren, ehe furchtbare Katastrophen über sie hereinbrachen. Die Geografen zeigen uns Festlandblöcke zwischen Nordamerika und Europa, deren Überreste wir noch heute in Grönland und Island erblicken: Hier lag Atlantis, einst blühendes Festland, von wo aus eine schöpferische Rasse ihre Kinder als Seefahrer und Krieger hinaussandte in die Welt. Kein Zweifel: Hier stand die Wiege unserer Hochkultur – geboren von einer blauäugig-blonden Rasse, den Ariern.«

Rosenberg beschrieb, wie die Arier die Menschheit auf ein neues Kulturniveau hoben: in Indien, in Sumer, Persien, Ägypten, Griechenland, Rom usw. Dann sei jedoch immer wieder der gleiche Fehler begangen worden: Die ursprüngliche Herrenrasse habe sich mit fremdem Blut vermischt und sei in der Folge von ihrer kulturschöpferischen Höhe herabgestürzt, um letztlich unterzugehen. Denn durch das Christentum als Weiterentwicklung des jüdischen Glaubens habe sich die ganze Verbastardierung, Verorientalisierung und Verjudung der nordischen Kultur fortgesetzt. »Wir verkünden es als die Religion der Zukunft«, führte Rosenberg energisch aus, »dass wir, politisch auf dem Boden liegend, gedemütigt und verfolgt, die Wurzeln unserer Kraft, erst eigentlich entdeckt und mit einer Tiefe neu erlebt haben wie kein anderes Geschlecht zuvor. Der Nationalismus ist heute gerichtet auf die Ursubstanz, auf die artgebundene Volkheit selbst, um alle Schlacken zu schmelzen, um das Edle herauszuholen und das Unedle auszumerzen.«

Wieder brandete Applaus auf. Rosenberg hob beschwichtigend seine Hände. »Meine Damen und Herren! Jede Rasse hat ihre Seele, jede Seele ihre Rasse, ihre eigene innere und äußere Architektonik, ihre charakteristische Erscheinungsform und Gebärde, ein eigenes Verhältnis zwischen den Kräften des Willens und der Vernunft. Jede Rasse züchtet letzten Endes nur ein Ideal. Unser Kampf richtet sich auf den Neuaufbau der seelischen Zellen der nordisch bestimmten Völker, um die Wiedereinsetzung jener Ideen und Werte in ihre Herrenrechte, denen alles entstammt, was für uns Kultur bedeutet, und um die Erhaltung der rassischen Substanz selbst!«

Während Rosenberg weiterreferierte, machten sich meine Gedanken selbstständig. Sämtliche Neuerungen der jüngsten Geschichte wurden hier als reine Dekadenzerscheinung gebrandmarkt – welch ein Kontrast zu all den Lehren über den Fortschritt! Sollten sich etwa all die Aufklärer geirrt haben? Ging es gar nicht immer nur bergauf mit uns? Tatsächlich fühlte ich eine schreckliche Leere in mir, Sinnlosigkeit, die alles durchdrang. Hier aber, bei diesen Menschen, mochte womöglich eine neue Sonne aufgehen. Konnte man nicht bereits ein Schimmern am Horizont erkennen? Eine Art nationale Wiedergeburt, wenn wir unsere Kräfte sammelten und uns darauf zurückbesannen, was wir sein könnten?

Die Welt als Tanz

Monte Verià, 28. August 1919. Als der Mond seinen silberblauen Mantel über die Landschaft warf, liefen Anna und Else mit Bernie an der Leine hinüber ins Gemeinschaftshaus, wo ein kleines Klavierkonzert mit Ida Hoffmann angekündigt war.

Als sie den großen Raum betraten, erwartete sie eine kleine Überraschung: Rudolf von Laban war mit seiner Tanzklasse aus München eingetroffen. Sein spontaner Vortrag wurde nun von etwa vierzig Anwesenden, Gästen des Sanatoriums und Besuchern von auswärts, mit Spannung erwartet. Laban stand in schwarzer Kleidung – Jackett und Hemd sowie die Hose aus wallendem Stoff – neben dem Klavier, an dem Ida Hoffmann saß. Der Ungar war um die vierzig, seine Haare ließen bereits die breite Denkerstirn durchscheinen, sinnliche Lippen unterstrichen seine charismatische Ausstrahlung. Das klassische Ballett galt dem Choreografen, Tänzer und Tanztheoretiker als historisch erstarrte Form, als versteinert, während der neue Tanz Ausdruck inneren Erlebens sei. 1910 hatte Laban eine erste Tanzgruppe in München ins Leben gerufen, während des Weltkrieges gründete er auf dem Monte Verità eine Schule, die bald viele Anhänger, insbesondere junge Frauen, anziehen sollte.

»Friedrich Nietzsche«, so hob er nun an, »sagte einst, er würde lediglich an einen Gott glauben können, der zu tanzen verstünde. Ein tanzender Gott? Ein göttlicher Tanz? Liebe Freunde, wie kam er auf so etwas? Zweifelsohne weil er in sich selbst den Tänzer erweckt hatte – seine ganze Philosophie ist doch letztlich ein einziger Reigen! Schwingt nicht in jedem Menschen der Tanz? Trägt nicht jeder Mensch einen Tänzer in sich? Auch wenn er nichts von ihm weiß, ihn nicht einmal ahnt, so hat er doch den Trieb, diesen Tänzer in sich zu erwecken. Genau in dem Sinne ist die wachsende Bewegungsfreude unserer Zeit zu verstehen.«

Laban atmete tief durch und fuhr fort: »Dabei sollten wir durchaus auch den Gedanken der Spannung beleuchten: Stellen Sie sich nur vor«, sagte er mit dramatischen Unterton und sah hinüber zu Marianne von Werefkin, »Sie gehen nachts in einen Wald. Baumkronen türmen sich vor einem Fleck fahlen Himmels, den ein Wolkenstreifen schräg durchzieht, unter dem ein Stern leuchtet. Sie sind ergriffen: Ihr Weg hat Sie an diesen Ort geführt, an einen Ballungsakkord, an einen Gedanken Gottes, dessen sinnlich wahrnehmbare Spannung nur deshalb von Ihnen wahrgenommen werden kann, weil die allem innewohnende Geistesseelenform in Ihnen erwacht ist. Wenn Sie diese Spannung voll bewusst erleben, dann sind Sie wahrlich ein Tänzer. Und so geht es für jeden wahren Tänzer auch darum, den tänzerischen Sinn zu erwecken: dieses Zentrum der Erkenntnis in sich zu beleben, zu animieren und am Leben zu erhalten. Der Tanz kann also zu einer Quelle tieferer Erkenntnis werden! Der Sinn besteht darin, Eindrücke der Umwelt in ein Spannungsgefühl zu übersetzen. Nimmt der Tänzer eine Form durch das Auge wahr, hört er einen Klang, so entsteht in ihm eine Spannung, aus der er bestimmte Schlüsse auf das Wesen einer sinnlichen Erscheinung zieht.«

Laban schien von ewiger Jugendfrische erfüllt. Anna hatte den Eindruck, dass er ihr kurz zulächelte. Kannte er sie womöglich? Aus München, dem Café Stefanie vielleicht?

»Es handelt sich tatsächlich um eine tänzerische Wahrnehmung«, fuhr er unterdessen fort, »welche die sinnlichen, gefühlsmäßigen und intellektuellen Komponenten in eine höhere Einheit zusammenführen. Genau dies nenne ich den tänzerischen, den plastischen Sinn. Er vermittelt einen tiefen Eindruck in Form einer Spannung, die vom Tänzer spontan zum Ausdruck gebracht werden kann.« Laban lief vor dem Klavier auf und ab. Er streckte seine rechte Hand vor sich, als hielte er eine Kugel darin fest. Schließlich blieb er stehen, breitete die Arme aus und sagte: »Jede so wahrgenommene Spannung wiederum birgt in sich unsichtbare Gesetze. Erweckt man nun den tänzerischen Sinn, dann wird man in den Formen der Welt so etwas wie einen unsichtbaren Kristall erblicken, von dem jene Strukturgesetze ausgehen. Darüber hinaus können wir überall Strömungsrichtungen beobachten. Und schließlich erkennen wir, dass es eine universelle, eine tatsächlich rhythmische Bewegungsharmonie in der gesamten Natur gibt!«

Die Anwesenden lauschten gebannt. Es war, als würde sich solch ein unsichtbarer Kristall gerade in ihnen selbst manifestieren, als seien sie durchdrungen von einer raumgreifenden Idee.

»Was wir sehen, hören, betasten«, führte Laban weiter aus, »erscheint uns als das äußere Erscheinungsbild einer inneren Formspannung, die in dem wahrgenommenen Gegenstand lebt. Die abstrakt scheinenden Spannungen sind in Wirklichkeit wesensbildende Kräfte. Diese innere Form ist für uns nicht unmittelbar wahrnehmbar, sondern nur durch Vermittlung der äußeren Körperspannung. In uns entsteht die gleiche innere Formspannung wie im wahrgenommenen Gegenstand. Ein inneres Symbol, Erlebnis, ist entstanden. Die Summe aller Spannungen, aller Gebärden ist die Einheit allen Seins, ist der Reigen des Weltgeschehens bis in die räumliche Unermesslichkeit der endlosen Sonnensysteme – bis in das ebenso unermessliche schwingende Spiel der winzigen Raumteilchen. Immer ist es dieselbe Harmonie, immer ist es derselbe Reigen: Das Göttliche ist eine bildende, eine alles durchflutende Gebärdenkraft, ein die ganze Welt erfüllender Tanz der leiblich-seelisch-geistigen Erscheinungen, und alle Erscheinungen sprechen zum tänzerischen Sinn durch Gebärden.« Laban, der anscheinend spürte, dass er die Zuhörer an den Rand des Versteh- und Nachvollziehbaren führte, beendete seinen Vortrag mit folgenden Worten: »Wenn Gott gestorben ist, wie Nietzsche behauptet, so hat er einem anderen, einem tanzenden Gott Platz gemacht, der im kosmischen Reigen alles aus sich selbst hervorbringt.«

Die Leute standen applaudierend auf und riefen: »Bravo!«, bis Mary Wigman nach vorne kam, der Rudolf von Laban nun die Bühne überließ. Ida Hoffmann berührte zart und behutsam die Tasten, das Vorspiel aus Wagners Parzival erklang. Wie die ersten Sonnenstrahlen eines neuen Tages zogen die Töne durch den Raum und ließen in Anna Seelenakkorde erklingen. Blaue Schwaden zogen vor ihrem inneren Auge über eine noch schlafende Landschaft dahin.

Mary Wigman trug ein malvenfarbenes Kleid mit langen Ärmeln. Die Ausdruckstänzerin stand mit schlaff herunterhängenden Armen und gesenktem Kopf einfach nur da, geisterhaft in sich versunken. Plötzlich wurde ihr Körper von einer Spannung durchzittert. Sie schaute nun hoch, ihre Lider entschleierten ausdrucksvolle Augen. Fast unmerklich spannte sie ihre Muskeln an, wie um der Erdenschwere entgegenzuwirken. Langsam, ganz langsam hob sie den rechten Arm, in Anna bildete sich ein Gefühl von Tatkraft, des Hinaufstrebens. Mary Wigman legte ihren linken Arm auf die Brust, übertrug ihr Gewicht nach hinten und senkte ihren Kopf wieder, dabei blickte sie mit leuchtenden Augen ins Publikum. Anschließend begann sie sich zu krümmen, als würde sie sich trauernd in eine Höhle zurückziehen. Nun aber hob die Musik an und züngelte wie Flammen empor, Mary streckte sich wie eine Blume, voller Freude, sich ganz öffnen, erblühen und entfalten zu können.

Inspiriert durch Labans Vortrag, sah Anna, wie unsichtbare Spannungen den Raum und das Publikum durchpulsten, sie selbst erlebte die Welt als Tanz, erkannte die lebendige, alldurchdringende Gebärdenkraft: Sie erblickte das Wesen des Göttlichen in der tanzenden Gebärde.

Theorie und Praxis

Im Anschluss an Rosenbergs Vortrag fanden sich an die fünfzig Männer und Frauen im großen Speisesaal des Vier Jahreszeiten ein, erfreuten sich an einer langen Tafel der dargebotenen Speisen und unterhielten sich angeregt.

Alfred Rosenberg saß zwischen General Ludendorff und Julius Friedrich Lehmann, Verleger medizinischer, völkischer und rassenkundlicher Literatur. Gegenüber hatten neben Karl Haushofer der Publizist Dietrich Eckart sowie Anton Drexler Platz genommen, der Anfang des Jahres mit Karl Harrer die Deutsche Arbeiterpartei (DAP) gegründet hatte. Daneben saßen Rudolf Heß und ich selbst, während Hitler am äußeren Ende des Tisches einen grünen Salat aß – scheinbar unbeteiligt und in sich versunken.

Professor Haushofer schnitt sich soeben genüsslich ein Stück Schweinesteak ab und sagte zu Rosenberg: »Ihre Ausführungen über den Ursprung der Arier im sagenumwobenen Atlantis ist außerordentlich interessant. Und ich weiß, dass Sie in Anlehnung an die Theosophin Helena Blavatsky deren Schicksal in einem viel größeren, ja kosmischen Zusammenhang dargestellt haben ...«

»Aber?«, fragte Rosenberg, der den Angriff offenbar schon erwartete.

»Das Problem besteht darin, dass Ihre Theorie nicht belegbar ist. Entschuldigen Sie, mein Lieber, aber das ist einfach nicht wissenschaftlich! Wir sollten aufpassen, nicht zu sehr in die Richtung der Ariosophen zu tendieren.«

»Das haben wir doch auch gar nicht nötig«, polterte Lehmann. Er trug eine Brille mit runden Gläsern auf seiner roten Knollennase.

Haushofer fuhr fort: »Wenn wir weite Teile der Bevölkerung erreichen wollen, sollten wir einfach bei den Fakten bleiben: Darwin, Haeckel, Galton. Sie wissen schon.« Er steckte die Gabel in den Mund und kaute.

Rosenberg entgegnete pikiert: »Selbst wenn meine Hypothesen nicht belegbar sind – ein vorgeschichtliches Kulturzentrum im Norden muss doch wohl angenommen werden!«

Haushofer lehnte sich zu Rosenberg vor und sagte beschwichtigend: »Aber darüber sind wir uns doch völlig einig. Ich persönlich finde ja, dass sich der Atlantis-Mythos gut als eigentlicher Kern einer Geheimlehre einsetzen ließe. Als quasi ideologisches Zentrum, das nur einem inneren Kreis zugänglich gemacht werden sollte. Für die breite dumpfe Masse ist das aber doch unbegreiflich.«

Lehmann schaltete sich wieder ein: »Ich bin da übrigens auf ein ganz fantastisches Buch eines amerikanischen Anthropologen gestoßen, sehr beeindruckend ›The Passing of the Great Race‹ von Madison Grant, seit seiner Veröffentlichung 1916 ein Standardwerk eugenischer Forschung. Ich habe großes Interesse daran, das Werk übersetzen zu lassen und hier in Deutschland zu verlegen.«

»Wovon handelt es denn?«, fragte ich.

Lehmann schürzte die Lippen. Sein weißes, noch volles Haar, das er wie ein Hollywoodheld geschwungen zur Seite trug, kontrastierte mit seinem struppigen Bart. »Auf Deutsch könnte der Titel vielleicht ›Der Untergang der großen Rasse‹ heißen.«

»Gemeint ist wohl die nordische Rasse.« Ludendorff nahm einen großen Schluck Rotwein. Er war Mitte fünfzig, leicht untersetzt und verzog unter seinem altmodischen Schnurrbart den Mund wie ein schmollendes Kind. Im Großen Weltkrieg noch Stellvertreter der Obersten Heeresleitung unter General von Hindenburg, lag die deutsche Kriegführung in seinen Händen, während Hindenburg nur als Fassade diente. Inzwischen war sein Einfluss jedoch gleich null. Für die militärische Niederlage machte er insbesondere sozialdemokratische Politiker verantwortlich, womit er den Keim für die Dolchstoßlegende legte.

»Ja, exakt«, sagte Lehmann. »Madison Grant beschreibt auf grandiose und sehr wissenschaftliche Art und Weise die Menschheitsgeschichte als Kampf der Rassen. Absolut plausibel, sage ich Ihnen.«

»Natürlich«, erwiderte Haushofer. »Was ist die Geschichte auch anderes als ein unerbittlicher Kampf der Rassen gegeneinander?«

»Madison Grant unterscheidet übrigens drei große Gruppen«, führte Lehmann aus. »Die negride, die mongolische und die weiße Rasse. Letztere unterteilt er wiederum in drei Untergruppen: die mediterrane, die alpine und die nordische Rasse.«

Ich beugte mich grinsend zu Rudolf Heß. »Demnach zählt Hitler wohl zur alpinen Rasse!« Er aber sah mich nur streng an, woraufhin ich mich wieder zusammenriss.

»Nun hat uns die Wissenschaft ein exaktes Instrument zur Verfügung gestellt, mit dem man die jeweilige Zugehörigkeit einwandfrei ermitteln kann: den zephalischen Index. Dabei handelt es sich um eine Zahl, die sich ergibt, wenn Kopfhöhe durch Kopfbreite geteilt wird. So lassen sich Langschädel, Mittelschädel und Rundschädel unterscheiden. Während die Mediterranen nur tendenziell Langschädel, sonst aber viele von ihnen Mittelschädel haben und die Alpinen Rundschädel, so ist die nordische Rasse durch edle Langschädel ausgezeichnet. Hinzu kommen bei letzterer blaue, grüne oder graue Augen, blonde Haarfarbe und eine helle Haut.«

»Und wo«, wollte Alfred Rosenberg wissen, »kommt diesem Amerikaner zufolge die nordische Rasse her?«

»Grant meint, sie sei während der Eiszeit in Nordeuropa entstanden.«

»Absolut mit meiner Theorie vereinbar!« Rosenberg lächelte. »Atlantis ist ja auch nicht auf einen Schlag untergegangen, sondern sukzessive, sodass der Zipfel im Nordmeer der letzte Teil wäre. Eben das sagenumwobene Thule.«

Haushofer nickte und fragte Lehmann: »Und was ist mit den beiden anderen Rassen?«

»Die Mediterranen und die Alpinen waren schon lange zuvor über die eurasische Kontinentalplatte verteilt. Die nordische Rasse ist das jüngste Ergebnis der Evolution und folglich noch hochgradig instabil. Wenn sie sich mit mittelmäßigen oder gar primitiven Charakterzügen vermischt, droht sie schnell wieder zu verschwinden. Noch zeichnet sie sich im Vergleich zu den anderen gottlob durch ein relativ hohes Maß an Rasereinheit aus. Die harten Lebensbedingungen während der Eiszeit sorgten zudem dafür, dass sich nur die Stärksten und Gesündesten fortpflanzen konnten.«

»Und als sich das Klima wieder erwärmte?«, wollte Alfred Rosenberg wissen. »Was geschah dann?«

»Zum Ende der Eiszeit zogen sie in Richtung Süden. Dort zerstörten sie zunächst die Kulturen, brachten aber dank großer Vitalität und Kreativität bald schon neue Zivilisationen hervor und entwickelten diese zu ungekannter Höhe. Überhaupt könne man heute sagen, dass alle erwähnenswerten Kulturleistungen auf die Initiative und Tatkraft der Nordics zurückzuführen ist. Gestählt durch die Gnadenlosigkeit der Natur, ist die nordische Rasse natürlich auch zum Herrschen bestimmt.«

»Und zum Krieg!«, ergänzte General Ludendorff und legte sein Besteck auf dem Teller ab.

Der Verleger nickte. »Ja. Durch ihr Erbgut sind sie den Mediterranen überlegen. Dass dies mit einem aristokratischen Regime verbunden ist, einer Regierung der Besten und der Weisesten, liegt doch wohl auf der Hand.«

»Ohne jeden Zweifel!« Ludendorff griff nach seinem Glas. »Es ist ja bekannt, dass eine Demokratie immer auf Standardisierung, auf eine Verminderung des Einflusses von Genies hinausläuft. Eine Mehrheit jedoch, vor allem wenn sie rassisch durchmischt ist, ist einer auserlesenen Minderheit immer unterlegen. Das Genie aber ist immer Sache des Erbgutes.«

Lehmann nickte. »Madison Grant nennt als Beispiel, dass sich die US-amerikanische Ostküstenaristokratie stets dagegen gewehrt habe, dass sich die nordamerikanischen Kolonien als Republik unabhängig machen. Der Autor verwirft offen die Ideen der amerikanischen Revolution.«

»Er lehnt die Demokratie also ab?«, fragte Ludendorff.

»Er begreift sie sogar als große Gefahr für den kulturellen Fortschritt, denn Chancengleichheit, Bildung für die breite Masse, soziale Mittelumverteilung und ähnlicher philanthropischer Schnickschnack führten nur zu Dekadenz. Wer zum Dienen geboren sei, komme doch tausend Mal besser zurecht, wenn er dient! Insofern sei auch gegen eine artgerechte Sklavenhaltung nichts einzuwenden. Die Agitation dagegen sei ein feindlicher Akt gegen die nordische Rasse, denn die Abschaffung der Sklaverei und die daraus resultierende Bastardisierung Neu-Englands führten unweigerlich zum rassischen Selbstmord, es sei denn, man tue etwas dagegen. Madison Grant weiß auch hierüber was zu sagen.« Lehmann stand die Begeisterung ins Gesicht geschrieben. »Ein wirklich wertvolles Buch, gerade für uns. Denn es beinhaltet als Herzstück ein großes Angebot an Maßnahmen, mit denen man die nordische Rasse vor dem Untergang bewahren kann.«

»Zum Beispiel?«, fragte Rosenberg.

»Die erste Forderung lautet strikte Rassentrennung. Vergessen wir nicht: Missgeburten, Idiotie, Krankheiten, Kriminalität und Perversität, Liberalismus, Altruismus, Philanthropie und Sentimentalität entstammen immer den minderwertigen Rassen. Die Gesetze der Natur aber, wie sie ja der hervorragende Charles Darwin aufgedeckt hat, verlangen die Auslöschung der Ungeeigneten.«

»Und die Einwanderungsgesetze?«, fragte Ludendorff.

»Sie spielen natürlich eine große Rolle. Der Königsweg ist für Madison Grant jedoch die Sterilisierung. Er meint, dass mit einem rigiden Auslesesystem das ganze Problem in hundert Jahren zu lösen sei. Auch die Unproduktiven würden ein für allemal beseitigt: all die unerwünschten Esser, die unsere Gefängnisse, Krankenhäuser und Behindertenasyle bevölkern und der Gesellschaft auf der Tasche liegen.«

»Das alles ist ja hochinteressant«, meinte Alfred Rosenberg, »aber schwerlich umzusetzen. Hier in Europa, gerade in Deutschland, würde das auf größten Widerstand in der Bevölkerung stoßen.«

»Da haben Sie wohl recht«, entgegnete Lehmann. »In den USA jedoch wurde mit einer ungeheuerlichen Weitsicht bereits eine entsprechende Organisation aus der Taufe gehoben: das Eugenics Record Office unter Federführung Harry Laughlins. Deren Rassenaufartungsprogramm gilt selbstverständlich die nordische Rasse als Referenzmodell. Das weltweit angelegte Programm wird unter anderem von den Rockefeller- und Carnegiestiftungen unterstützt.«

»Das Buch scheint mir tatsächlich von großer Bedeutung zu sein«, meinte der General. »Aber natürlich haben wir hier in Deutschland weder Probleme mit Negern noch mit Chinesen. Es wäre doch eine ausgezeichnete Idee, es nicht nur übersetzen, sondern von jemandem auf die Situation in Deutschland übertragen zu lassen, also auf die Bedrohung durch die Juden!«

Lehmann nickte.

»Das stimmt«, mischte sich nun auch noch Anton Drexler ins Gespräch ein. »Und über Bücher und Theorien hinausgehend, müssen wir sehen, wie wir unsere Ideale praktisch umsetzen können. Zu diesem Zweck habe ich die DAP gegründet, um unsere Ideologie an die Arbeiterklasse heranzutragen.«

»Gewiss«, meinte Ludendorff. »Doch bei aller Liebe, Herr Drexler: Wie viele Mitglieder hat Ihre Partei denn bislang?«

»Nun...«

»Eine Partei ist doch schon sehr gut«, meinte Rudolf Heß. »Was wir aber dringend benötigen, ist jemand, der diese nach außen energisch vertritt.«

»Ja, einen Führer!«, pflichtete ihm Ludendorff bei und lächelte selbstgefällig.

»Nun, wenn nicht gleich einen Führer, so doch wenigstens einen Trommler, der die Massen begeistern kann«, sagte Heß. »Vielleicht haben wir dafür schon den richtigen Mann gefunden. Aber wir müssen ihn noch eine Weile beobachten...«

Ludendorffs Beichte

Der Abend plätscherte vor sich hin. Bald wurde der Stuhl neben Ludendorff frei. Ich fasste mir ein Herz, setzte mich und wandte mich geradeheraus an ihn: »Herr General, darf ich Sie etwas fragen? Wie soll ich sagen... Im Rahmen meiner Tätigkeit ist mir zu Ohren gekommen, dass westliche Banken Kredite an die russischen Bolschewisten vergeben und damit die Revolution 1917 befördert haben.«

»Was fällt Ihnen ein?«, zischte er und bekam einen hochroten Kopf. Er stand auf und befahl leise: »Folgen Sie mir!«

Selbstverständlich hätte er mich ganz einfach zurechtweisen, maßregeln, anbrüllen können. Stattdessen führte er mich in ein kleines Hinterzimmer, wo wir es uns, sozusagen in Privataudienz, in zwei großen Sesseln bequem machten. Zu meiner Überraschung wusste Ludendorff, dass ich für Karl Mayr arbeitete und – wenn auch auf bescheidenem Niveau – Geheimnisträger war. Würde er mir über den Graben unserer militärischen Ränge hinweg tatsächlich Frage und Antwort stehen?

»Hören Sie«, begann er und lehnte sich vor. »Wir reden hier von Staatsgeheimnissen!«

»Also stimmt es. Und die Regierung war eingeweiht?«

Er vergrub das Gesicht in die Hände, als bereite er ein Stoßgebet vor. »Der verdammte Zweifrontenkrieg – wir waren ja gezwungen, die Entente auseinanderzusprengen! Dabei erschien Russland als das schwächste Kettenglied.«

»So versuchte man das Zarenreich hinter der Front zu destabilisieren?«

Ludendorff nickte ernst. »Die finanziellen Mittel, die wir den Bolschewisten auf verschiedenen Kanälen zukommen ließen, ermöglichten es ihnen, ihre schmale Parteibasis zu verbreitern und auch ihr wichtigstes Presseorgan, die *Prawda*, auszugestalten. Für den von uns angestrebten Separatfrieden sollte das Land von innen her zersetzt werden – koste es, was es wolle.«

»Wieso haben wir keinen Separatfrieden mit dem Zaren geschlossen?«, fragte ich ehrlich verwundert.

»Uns schien das nur mit den Bolschewisten erreichbar. Vielleicht hat man uns aber auch hinters Licht geführt, damit wir unser eigenes Grab schaufeln.«

»Aber das ist doch Wahnsinn!«, entfuhr es mir. »Das hätte ja fast dazu geführt, dass in Deutschland mithilfe der Sowjetunion eine Räterepublik durchgesetzt würde!«

»Glauben Sie, wir hätten das vorhersehen können? Dass unser eigenes Geld dazu verwendet würde, die Kommunisten hier zu unterstützen? Tatsächlich war diese Ostpolitik aus der Not der Isolation, der europäischen Mittellage geboren!«

»Wie ist man denn bei der Finanzierung vorgegangen?«, fragte ich ruhiger, denn ich besann mich darauf, mit wem ich da sprach – einem Kriegshelden, einer lebenden Legende.

Ludendorff hatte offenbar das Bedürfnis, darüber zu sprechen. »Die Politik der Dekomposition Russlands hatte einerseits das Ziel einer Zerlegung des Vielvölkerreiches durch nationale Unabhängigkeitsbewegungen von Finnland über die Ukraine bis zum Kaukasus. Andererseits strebten wir eine Erschütterung der zentralen Machtapparate an – und zwar mittels radikaler sozialistischer Kriegsgegner in der Armee, den Industrierevieren und Hauptstädten.«

»Auch durch Attentate?«

»Durch Attentate und Sabotageakte, durch Streiks und Demonstrationen, durch Propagandaschriften und Flugblätter, Dynamitstangen und Revolver, Gelder und Kondome, so hieß es. Die nackte Existenz stand auf dem Spiel! Der Sieg aber sollte unser sein, wenn es uns gelingen würde, Russland rechtzeitig zu revolutionieren und somit die Entente zu sprengen.«

Ungläubig starrte ich ihn an. »Wollen Sie sagen, dass die Sowjetunion ein Vasallenstaat Deutschlands ist?«

»Hört sich verrückt an, nicht wahr?«, antwortete er und lächelte schief. »Leider sieht nun alles danach aus, als hätten sich auch äußerst einflussreiche Kreise aus den USA in Russland eingekauft.«

»Wie ist das möglich?«

»Da fragen Sie besser Herrn Rosenberg. Er hat da offenbar seine Quellen.«

»Aber wie konnte die deutsche Regierung so etwas fertigbringen, ohne dass die Öffentlichkeit davon erfahren hat?«

»Leider ist ja das ein oder andere durchgesickert.« Der General lehnte sich zurück. »Ansonsten können Sie sich vorstellen, dass die Bolschewisten ebenso wenig wie wir darauf erpicht sind, diese Dinge bekannt zu machen. Wie stünden sie da, wenn man erführe, dass sie vom Klassenfeind an die Macht gebracht worden sind?«

Sturmlied

»Frau Wigman, Sie haben doch 1914 Ihren Hexentanz choreographiert. Könnten Sie uns vielleicht erzählen, wie Sie dabei vorgegangen sind?«, fragte eine der Tanzschülerinnen von Rudolf von Laban vor der allmorgendlichen Gymnastikstunde, welche diesmal von der Ausdruckstänzerin geleitet wurde. Auch Anna nahm daran teil.

Mary Wigman war Mitte dreißig, ihre schulterlangen, leicht gelockten Haare umschmiegten feine Gesichtszüge. Nun richtete sie ihren Blick, der bei aller Konzentration immer wieder in unbestimmte Ferne zu schweben schien, überrascht auf die unschuldig lächelnde Schülerin. Dann begann sie zu erzählen, so als berichte sie von einem Schauermärchen: »Eines Nachts, als ich völlig aufgelöst in mein Zimmer zurückkam, traf mein Blick den Spiegel. Was er mir zeigte, war das Bild einer Besessenen: wüst und abstoßend – aber doch irgendwie faszinierend! Die Haare zerwühlt, die Augen tief in den Höhlen versunken, die Kleidung verschoben, sodass der Körper unförmig erschien. Da stand sie vor mir: die inwendige Hexe, das wilde, erdverwurzelte Wesen in hemmungsloser Triebhaftigkeit, in unersättlicher Lebensgier. Tier und Weib zugleich.«

Während sie sprach, machte sie unwillkürliche Bewegungen mit den Händen. »Es graute mir vor ihr, vor dieser Seite meines Ichs, einer Seite, der ich mich noch nie ausgeliefert hatte. Doch nachdem ich nun einmal Kontakt zu ihr bekommen hatte, ließ ich sie in mir aufsteigen, ließ mich von ihr führen, sodass sie sich durch meinen Körper hindurch frei auszudrücken vermochte.« Mary machte einen Schritt vor und sagte fast flüsternd: »In euch selbst müsst ihr hinabsteigen, um jene Kräfte aufzuwühlen, die gestaltend in die Welt hineinwirken!« Dann drehte sie abrupt ab und wandte sich der Gruppe zu: »Nun lasst uns mit den Turnübungen beginnen!«

Alle stellten sich im Kreis auf und begannen sich zu krümmen, zu strecken und zu dehnen, um die feinstofflichen Körperzentren zum Vibrieren zu bringen. Etwa eine Stunde später hockten sie schwitzend am Boden und warteten auf Rudolf von Laban. Da sagte Mary Wigman zu Anna, die zufällig neben ihr saß: »Sei so lieb und hol ihn, ja? Du weißt doch, wo er wohnt.«

Anna nickte und begab sich, begleitet von Bernie, sogleich den holprigen Weg entlang, der zu Labans Licht-Luft-Hütte führte. Sie befand sich auf der untersten Stufe, einsam hinter Kastaniendickicht, davor eine kleine Terrasse, deren Felssockel, mit Bäumen und Gesträuch die darunter vorbeiziehende Landstraße und die letzten Dorfhäuser verbergend, jäh in den See hinabzustürzen schien. Dort saß er – angezogen, aber offensichtlich schlafend – auf einem Schaukelstuhl.

Anna näherte sich ihm vorsichtig und berührte seine rechte Schulter. Mit unbeschreiblich mattem Augenaufschlag öffnete er die Lider. »Ist es schon wieder so weit?«

»Ja, Herr von Laban.« Anna errötete. »Die Klasse wartet.«

Da sprang er wie der Blitz auf, worauf Bernie erschrocken bellte. Laban bellte lächelnd zurück, ging zur Eingangstür, neben der ein Tisch mit einer Schüssel voller Wasser stand, tauchte seine Hände hinein und fuhr sich damit übers Gesicht. Anschließend kehrten sie zurück zu den anderen, die sich sofort vor dem Meister aufstellten.

»Ich möchte, dass ihr mit eurem Körper experimentiert!«, sagte er feurig. »Befreit euch von den vorgeprägten Formen einer Zeit, die wir bereits hinter uns gelassen haben. Seht den Tanz als etwas Absolutes, und gebt euch ihm hin! Entdeckt eure Körper und seine Wandlungen vom Leib zum Instrument.«

Alle zogen sich nackt aus und schritten zunächst gemeinsam im Rhythmus eng beieinander umher. Nach und nach ließen sie sich fallen, stürzten und erhoben sich wieder. So entstanden flüssig gestaltete Gruppen einer dämonischen und exakten, asymmetrisch raumdurchdringenden Art. Auch Anna ließ sich mitreißen und bewegte in wilder Gestik ihre Glieder. Sie fühlte sich wie neugeboren, eine nie geahnte Freiheit, Freude, Vitalität, ja Seligkeit in der Überwindung der Schwere, im himmelstürmenden Jauchzen des tänzerischen Sprungs. Es war ein ganz eigenes Körpergefühl, ein Eintauchen in die in allen Wesen wirkende Gebärdenkraft des Göttlichen.

Parvati-Shiva

Am Abend zog eine bunte Karawane in einem etwa zwanzigminütigen Fußmarsch in Richtung Ascona, um in einem der dortigen Gasthäuser endlich mal wieder »Fleischernes« zu essen, wie einige Gäste sagten, und ein wenig über die Strenge zu schlagen. Viele sehnten sich nach der kargen Kost auf dem Monte Verità nach Rausch und Ausbruch, mit dabei waren Rudolf von Laban, Marianne von Werefkin, Else Lasker-Schüler, Mary Wigman sowie der inzwischen eingetroffene Hermann Hesse. Die Landschaft hatte sich violett eingefärbt, einzelne Segelboote dümpelten verträumt auf dem Wasser.

Anna ging zwischen Laban und Hesse, der sich über das dogmatische Sektierertum auf dem Monte zwar gerne lustig machte, dem Experiment der Sinnsucher und Erneuerer aber im Grunde wohlgesonnen war. 1906 hatte er das erste Mal das Sanatorium besucht und sich der naturgemäßen Lebensweise sowie einer Alkoholentziehungskur unterworfen, womit er seine zerrüttete Gesundheit wiederherstellen konnte. 1919 siedelte er ins Tessin über, kam aber von Zeit zu Zeit zurück.

»Meinen Sie nicht, dass die vegetarische Kost positiven Einfluss auf das Gemüt nehmen kann?«, fragte ihn Laban.

»Aus eigener Erfahrung kann ich sagen, dass sie mir sehr gut getan hat«, antwortete der Schriftsteller. »Doch ein Prinzip der Weltverbesserung daraus abzuleiten halte ich, mit Verlaub, für eine große Anmaßung.«

Bald betraten sie »La Casa Bianca« und belegten mehrere Tische im separierten Hinterhof. Unter zwei großen Palmen brannten Fackeln und Kerzen, Weinreben schlängelten sich über ihre Köpfe. Hier waren sie vor neugierigen Blicken geschützt, falls es zu gewissen Ausschweifungen käme. Laban bestellte Rotwein für alle, der den ganzen Abend über wie aus einer unerschöpflichen Quelle floss. Als sie sich über das Essen hermachten, wandte sich Marianne an Anna: »Ich habe gehört, dass du einen recht wohlhabenden Vater hast, nicht wahr? Das könnte dir und deiner Zukunft vielleicht nutzen. Hast du künstlerische Ambitionen? Er könnte dir ein Atelier finanzieren, zumindest für den Anfang.«

Anna schüttelte den Kopf. »So sehr ich die Kunst liebe, so glaube ich doch nicht, dass ich genügend Talent habe. Ich suche eine andere Möglichkeit, um mich an der neuen Zeit zu beteiligen.«

»Wieso eröffnest du dann nicht eine Galerie? Ich könnte dir einige Kontakte vermitteln: Kandinsky, Jawlensky und viele andere.«

Anna nickte langsam. »Eine Galerie für zeitgenössische Kunst ...« Sie spürte einen Luftzug ihren Nacken streicheln und blickte sich um, alle Fenster waren jedoch geschlossen. »Nun, Wassily Kandinsky habe ich bereits flüchtig kennengelernt.« Marianne lächelte ihr aufmunternd zu, ihr Vorschlag kam wohl auch nicht ganz ohne Eigennutz.

Eine Galerie. Der Gedanke ließ Anna den ganzen Abend über nicht mehr los.

»Mir gefällt die Idee eines tanzenden Gottes außerordentlich gut«, sagte Hermann Hesse, dem Mary Wigman soeben von Labans Vortrag erzählt hatte. »Das erinnert mich an den indischen Gott Shiva. Wollte er doch den Menschen zeigen, wie sie sich durch den Zauber der Musik, des Tanzes, des sexuellen Genusses dem Göttlichen nähern können. Ähnlich beim ekstatisch tanzenden Gottespaar Parvati-Shiva – ein erotischer Gebärdentanz göttlicher Kreation, deren Wirkung überall in der Natur zu finden ist.«

»Auch den Tanz der Derwische sollten wir nicht vergessen«, fügte Else Lasker-Schüler an und hob ihr Weinglas.

»Den Tanz der Derwische?«, fragte Anna.

»Ja, ein Trancetanz«, erklärte Mary Wigman und prostete ihr zu. »Eine Methode, in Ekstase zu verfallen und mit dem Göttlichen in Kontakt zu kommen. Im Zentrum der Lehre tanzt die liebende Seele hingebungsvoll mit Gott. Die Sufis glauben, dass sich die Liebe in der Projektion der göttlichen Essenz auf das Universum ausdrückt.«

»Was sich auch in den rauschhaften Gedichten vieler islamischer Mystiker erkennen lässt«, fügte Else hinzu. »Beispielsweise bei Mevlana Rumi. Seine Gedichte besingen die Einheit mit Gott. Die Gottesliebe wird sogar als das eigentliche Ziel angesehen.«

»Haben Sie da nicht ein Gedicht geschrieben?«, fragte Hesse.

»Ah, Sie kennen mein Sturmlied?« Else küsste ihn auf die Wange. »Ich muss gestehen, dass ich dabei nicht nur ans Göttliche gedacht habe...«

Laban musste laut lachen und bestellte neuen Wein.

»Wie ging es doch gleich?«, fragte Hesse.

Else blinzelte ihm zu und hob an:

>»Brause Dein Sturmlied Du!*
>»Durch meine Liebe,*
>*durch mein brennendes All.*
>*Verheerend, begehrend,*
>*dröhnend wiedertönend*
>*wie Donnerhall.*
>
>*Brause Dein Sturmlied Du!*
>*Und lösche meine Feuersbrunst,*
>*denn ich ersticke in Flammendunst.*
>*Mann mit den ehernen Zeusaugen,*
>*grolle Gewitter,*
>*entlade Wolken auf mich.*
>*Und wie eine Hochsommererde*
>*werde ich*
>*aufsehnend*
>*die Ströme einsaugen.*
>*Brause Dein Sturmlied Du!«*

Alle klatschten begeistert Applaus, und schon wurden die Gläser nachgefüllt. Sie feierten, lachten und scherzten weiter, als plötzlich zwei Zigeuner begannen, Akkordeon zu spielen. So wurden sie in einen blau-rot-goldenen Strudel hineingezogen, wie im Tanz kreisten ihre Gedanken und Gespräche umeinander, im ansteigenden Rhythmus, als würde sie der Gott des Weines mit sich reißen.

Wir alle sind Deutsche

Am 2. September 1919 saß ich im Leiberzimmer des Sterneckerbräus, einer Gaststätte nahe dem Isartor, um einem von der DAP organisierten Vortrag von Gottfried Feder zu lauschen, Thema: »Wie und mit welchen Mitteln beseitigt man den Kapitalismus?« Vor allem aber wartete ich auf Hitler, den wir aufgefordert hatten, sich während des Vortrags einzubringen. Mal sehen, wie das Publikum auf ihn reagierte ...

Es waren etwas mehr als vierzig Personen anwesend. Hitler erschien in Zivil, trug sich als Gefreiter in die Liste ein, setzte sich etwas abseits und bestellte ein Wasser. Zunächst verhielt er sich ruhig, doch als jemand die Abtrennung Bayerns vom Reich und einen Zusammenschluss mit Österreich forderte, warf er wütend ein: »Das ist doch Irrsinn!«

»Nein, wir unterscheiden uns schließlich sehr in der Lebensweise von den anderen Reichsbürgern. Wir sind zum Beispiel überwiegend katholisch, die da oben im Norden nicht!«

»Aber wir alle sind Deutsche!«, rief Hitler.

»Kulturell betrachtet, vielleicht«, entgegnete der Mann in Lederhosen. »Da gibt es Überschneidungen.«

»Ja, aber denken Sie doch an Parzival. An Lohengrin!« Hitler setzte darauf, dass alle die bekannten Opern Richard Wagners kannten.

»Ich spreche von der Realität, nicht über Märchen.«

Hitler stand auf, das Gesicht verzerrt: »Sie wollen den Zusammenhalt des deutschen Volkes aufs Spiel setzen, und das ist kein Märchen!«

Bevor er erbost den Raum verließ, hielt ihn Anton Drexler zurück und überreichte ihm sein Pamphlet »Mein politisches Erwachen – Aus dem Tagebuch eines deutschen sozialistischen Arbeiters«.

Zwei Tage später kam Erich Ludendorff bei Karl Mayr und mir vorbei: Wie ein Talentsucher aus Hollywood war er auf der Pirsch nach loyalen Mitarbeitern. Außerdem hatte er großes Interesse daran, dass die Deutsche Arbeiterpartei weiter wuchs. Also wollte er uns mitsamt unseren Rednern und V-Männern mit ins Boot holen.

Hitler wiederum teilte uns noch am selben Tag mit, dass Drexler ihn zur nächsten Veranstaltung der Partei eingeladen habe, und Mayr befahl ihm, der DAP beizutreten, was ich selbst ebenfalls tat.

Schlangenmagie

Anna war nun schon seit über vier Monaten auf dem Monte Verità. Mit Laban verband sie inzwischen eine tiefe Freundschaft – nicht dass sie ein Liebespaar waren, davor scheute Anna wegen des Altersunterschiedes zurück. Doch waren sie sich von Anfang an vertraut, ja hatten das Gefühl, sich ewig zu kennen. Anna verstand durch diese Beziehung zum ersten Male die Idee von der Seelenwanderung durch verschiedene Körper.

An einem späten Septembernachmittag lagen sie gemeinsam am See, wo sie die letzten wärmenden Sonnenstrahlen genossen, während Bernie schwanzwedelnd darauf wartete, dass Laban ihm einen Stock ins Wasser warf. Anna war ungewöhnlich still.

»Was hast du nur?«, fragte er. »Schon den ganzen Tag scheinst du etwas mit dir umherzutragen.«

Anna blickte über das golden schimmernde Wasser. »Ich möchte dich etwas fragen: Von Marianne habe ich gehört, dass ihr vor zwei Jahren den Anationalen Kongress organisiert habt.«

»Ja, gemeinsam mit Theodor Reuß«, bestätigte Rudolf und warf endlich einen der Stöcke, die er zuvor gesammelt hatte, in hohem Bogen ins kühle Wasser. Bernie sprang los.

»Ich habe von ihm gehört«, sagte Anna. »Opernsänger, Theosoph und Gründer okkulter Orden. Auch dass er eine Art von Sexualmagie praktiziert.«

»Reuß hat hier auf dem Monte den O. T. O. gegründet, den Ordo Templi Orientis, eine Loge, der Oedenkoven, Ida Hoffmann, Mary Wigman und ich beigetreten sind.«

»Worum geht es dabei?«, wollte Anna wissen.

»Um eine korporative Lebensform. Eine neue Erziehung. Die Stellung der Frau in der zukünftigen Gesellschaft. Um mystische Freimaurerei, um Kunst-, Ritual- und Kulttanz und nicht zuletzt um Ausdruckskultur in Erziehung, Leben und Kunst.«

Anna beobachtete, wie Bernie mit dem Stock im Maul wie ein Otter durch das Wasser auf sie zu glitt.

»Der Kongress dauerte vierzehn Tage«, fuhr Rudolf fort. »Das Publikum bestand vor allem aus Freimaurern, Rosenkreuzern, Okkultisten und Theosophen. Es war Sommer, im Zentrum stand stets die Sonne, die abends mit verschiedenen Tänzen und Ritualen verabschiedet wurde.« Erneut schleuderte er einen Stock in den See. »Der Höhepunkt war ein großes Fest, es begann morgens um sechs Uhr. Wir fanden uns an einem Wiesenabhang des Festhügels ein. Am Horizont erschien die aufsteigende Sonnenscheibe und durchglühte die Gewänder.«

»Das hört sich faszinierend an«, meinte Anna. »Schade, dass ich nicht dabei sein konnte.«

»Dafür wirst du bald am großen Sommerabschlussfest erleben, wie Mary Wigman ihren Hexentanz aufführt.«

Anna senkte ihren Blick. »Ich weiß. Ich könnte mich noch mehr darauf freuen, wenn ich nicht wüsste, dass du gleich am nächsten Morgen abreisen willst.«

Laban berührte kurz ihre braungebrannte Schulter und lächelte sanft. »Meine Schülerinnen und Schüler in Budapest warten auf mich.«

Pause.

»Was hat es eigentlich mit dieser Sexualmagie auf sich, von der Reuß spricht?«

Er zwinkerte ihr zu. »Sicher nicht, was du erwartest.«

»Woher weißt du, was ich erwarte?«, fragte sie und schob die Unterlippe vor.

»Du musst mir eins versprechen, bevor ich dir darauf antworte.«

»Ja?«

»Du darfst niemandem verraten, dass du es von mir hast.«

»Wieso?«

»Weil alles, was ich dir zeigen möchte, eigentlich die sieben ersten Einweihungen des O. T. O. betrifft.«

Sie lächelte. »Ich verspreche es.«

»Dann setz dich mir gegenüber. Im Schneidersitz.«

Anna folgte seinen Anweisungen und schaute ihn erwartungsvoll an.

»Ganz gerade«, sagte er. »Nun schließe deine Augen. Konzentrier dich auf das untere Ende deiner Wirbelsäule. Dort liegt die Sexualenergie eingerollt und schläft. Bedenke, sie folgt der Aufmerksamkeit. Stell dir nun einen tiefroten Blütenkelch vor, der sich zur Erde hin öffnet. Er enthält alle Naturrottöne, reine Erdenergie. Es ist das sogenannte erste Chakra, eines der schon von den alten Indern beschriebenen Energiezentren im Körper, das deine Verbundenheit mit der Erde symbolisiert.«

Anna fühlte in ihren Körper hinein, es gelang ihr, als hätte sie es schon viele Male zuvor getan.

»Die Chakren sind Energiewirbel«, erklärte Laban, »eine Ballung von Energie. Sie sitzen in deinem Ätherkörper, der mit dem physischen Körper ganz und gar verschmilzt. Über die Chakren bist du mit der Erde und dem Kosmos verbunden. Und es ist außerordentlich wichtig für dein Wohlbefinden, dass sie alle im Rhythmus tanzen und schwingen und die durch sie eindringende Energie untereinander weiterleiten. Nun stell dir vor, wie die Energie unten an deiner Wirbelsäule erwacht, ganz langsam hinaufsteigt und dein zweites Chakra aktiviert. Es ist orange und öffnet sich ungefähr auf Höhe deines Bauchnabels wie ein Blütenkelch nach vorn. Es reguliert deine Sexualität, deine Vitalität, Fortpflanzung und Verjüngung.«

Er führte sie von Chakra zu Chakra, immer weiter, von Orange über ein leuchtendes Goldgelb, ein tiefes Grün, ein helles Blau bis zum Indigo des Stirnchakras, dem sogenannten Dritten Auge, wobei er sie jedes Mal aufforderte, der sich hinaufschlängelnden Schlangenenergie zu folgen.

»Es bedeutet bereits eine sehr hohe Bewusstseinsebene«, erläuterte er, »wenn das sechste Chakra aktiviert ist. Denn es ist – zusammen mit dem Herzzentrum – verbunden mit dem höheren Selbst, dem Göttlichen in dir. Hier verbindest du dich auch mit deiner Intuition, mit deiner Berufung: Du siehst und verstehst, dass du etwas zu erfüllen, zu lernen und weiterzugeben hast. Du siehst und erkennst den nächsten Schritt zur Erfüllung deines ureigenen Plans.«

Anna saß hochkonzentriert im Schneidersitz da, die Energien durchflossen sie. Und vor ihrem inneren Auge tauchte ein Raum auf, ein Ort kulturellen Austauschs ...

»Und nun führe die Energie in dein siebtes Chakra, das sich in der Mitte deiner Schädeldecke befindet und sich nach oben hin öffnet. Seine Farbe ist Weiß, ein strahlendes, blütenreines Weiß. Über das siebte Chakra kannst du die Weite und Größe des Seins erkennen, und du siehst dich als einen Teil des göttlichen Tanzes.«

Anna war ganz Teil des unendlichen göttlichen Wesens. Die Kundalini wurde in ihr erweckt und erfüllte sie mit ihrer durchdringenden tanzenden Schlangenenergie.

Hitler und der Heilige Gral

München, 10. September 1919. Ich saß erneut vor einem großen Bier im Sterneckerbräu, während Anton Drexler den Redner vorstellte: »Es ist mir ein Vergnügen, Ihnen unseren heutigen Gast zu präsentieren. Viele von Ihnen erinnern sich vielleicht an seinen kurzen Disput bei unserer letzten Versammlung. Das Wort hat – Adolf Hitler!«

Hitler erhob sich etwas zögerlich. »Ich war noch ein kleiner Junge, da hörte ich …«

»Lauter!«, rief jemand dazwischen.

»… da hörte ich die Geschichte vom heiligen Gral. Dass ihn nur jemand finden kann, der reinen Herzens ist. Und in der Tat waren wir immer auf der Suche nach dieser Reinheit. Aber wir durchleben im Augenblick schwere Zeiten. Unsere Streitkräfte sind am Boden. Unsere Wirtschaft bricht zusammen. Aber nicht Armut, nicht Schwäche ist unser Problem …«

Ich blickte mich um, viele Gäste tuschelten miteinander. Im hinteren Teil standen drei Männer auf, um zu gehen.

Hitler wurde nun lauter. »… sondern Gleichgültigkeit!« Dann brüllte er: »Hört mir hier überhaupt einer zu? Das genau ist das Problem unserer Tage: Es ist allen egal! Kein Wunder, dass uns die Ausrottung droht …« Die drei Männer setzten sich wieder und hörten – wie alle anderen – von nun an gebannt zu.

Als ich am nächsten Tag Mayr davon berichtete, meinte er voller Zufriedenheit: »Sehr gut. Mit Hitler werden wir einen anderen Weg gehen als die restlichen patriotischen Parteien, die ja nun wie Pilze aus dem Boden schießen. Wir müssen die Arbeiterschaft erreichen! Das geht nicht mit vornehmen Rednern in seriösen Räumen mit Schildern an der Wand wie ›Ruhe bitte‹ oder ›Rauchen verboten‹. Sorgen Sie dafür, dass die Zusammenkünfte in Werkstätten angekündigt werden! Es gibt Freibier, wenn möglich auch Zigarren, kostenlose Würstchen und Brezeln, Volkslieder – und noch mehr Freibier!«

So geschah es. Und wenn der Alkohol in Strömen geflossen war, sprang Hitler auf einen Tisch oder Stuhl und begann zu sprechen: »Arbeiter, Genossen! Deutschland, erwache!« In der bierseligen Atmosphäre war es den Arbeitern ein reines Vergnügen, Beifall zu klatschen.

Wir betrachteten das Experiment als vollen Erfolg, ebenso Hitlers Förderer aus Armee, Thule-Gesellschaft und Universität. Auch General Ludendorff, der sich zunächst noch im Hintergrund gehalten hatte, sympathisierte nun offen mit der Deutschen Arbeiterpartei.

Wachen

Anna lag auf ihrem Bett und ging im Geiste nochmals die meditativen Schritte durch, die Laban ihr am Lago Maggiore gezeigt hatte. Da hörte sie in der nächtlichen Stille plötzlich draußen ein Knacken und schlich zum Fenster. Da – der Kerl aus dem Café Stefanie, er trieb sich vor ihrer Hütte herum! Ohne nachzudenken, zog sie den kleinen Revolver aus ihrer Tasche, den ihr einer der Revolutionäre in München gegeben hatte, lief zur Tür und öffnete sie mit einem Ruck. »Halt!«, rief sie. Auch Bernie bellte wütend. »Bleiben Sie stehen! Ich habe eine Waffe in meiner Hand!«

Der Mann, der sich schon wieder davonschleichen wollte, hob die Hände und drehte sich langsam um.

»Wer zum Teufel sind Sie? Und warum verfolgen Sie mich?«

»Ich verfolge Sie nicht, ich beschütze Sie!«

»Dass ich nicht lache! Vor wem wollen Sie mich denn beschützen?«

»Ich arbeite für Ihren Vater. Er macht sich Sorgen um Sie. Mein Name ist Roni Vogelbaum.«

»Mein Vater!«, sagte sie wütend. Es war nicht das erste Mal, dass er sie bewachen ließ. »Was soll das Ganze?«

»Das kann ich Ihnen auch nicht sagen. Fragen Sie ihn am besten selbst.«

»Verschwinden Sie!«, fauchte Anna. »Ich möchte hier nicht mehr von Ihnen belästigt werden, sonst werde ich behaupten, dass Sie mir nachstellen würden!«

»Tun Sie das nicht!«, flehte er.

»Sie sehen doch, dass ich mich selbst sehr gut beschützen kann. Sagen Sie das auch meinem Vater!«

Anna ging in ihre Hütte, schmiss sich aufs Bett und fing an zu weinen: aus Wut und aus Trauer, dass sie scheinbar kein normales Leben zu führen vermochte.

Ereshkigal und Inanna

Monte Verità, 14. September 1919. Heute sollte das große Fest zum Abschluss der Sommersaison stattfinden, dem Anna mit gemischten Gefühlen entgegensah.

Mary Wigman zog dunkle Linien durch ihr weiß geschminktes Gesicht, um sich das Aussehen einer uralten Frau zu verleihen. »Erst kürzlich bin ich auf den Mythos von Ereshkigal gestoßen. Ich denke, dass das dunkle Wesen einer Hexe, wie ich sie im Tanz darstelle, sehr viel mit dieser Herrin der Unterwelt zu tun hat.«

»War das nicht eine Göttin in Mesopotamien?«, fragte Anna, die gegenüber im Korbstuhl am Tisch saß und ihr zuschaute. »Ich habe ein Buch darüber zu Hause.«

»Sie war die Schwester von Inanna, der Himmelsgöttin. Ereshkigal empfängt die Verstorbenen. Ein jeder, der sich zu ihr begibt, muss sieben Tore durchschreiten. Dabei legt er sieben Kleidungsstücke ab, bis er der Göttin nackt gegenübersteht.« Sie zog einen langen, geschwungenen Strich über die Augenbrauen. »Ereshkigal lebt schon seit Urzeiten verbannt in der Dunkelheit. Inanna überfiel eines Tages der Wunsch, sie aufzusuchen. Als sie, geschmückt mit den sieben Zeichen ihrer Macht, an das erste Tor gelangte, fragte der Hüter der Schwelle, wer sie sei und was sie wolle. Nachdem sie es ihm gesagt hatte, hielt er Rücksprache mit Ereshkigal. Als diese hörte, dass Inanna am Tor stand, groß, stark und strahlend, wurde sie wütend und befahl, dass man sie einlasse, jedoch müsse auch sie an jedem der sieben Tore eines ihrer Gewänder und eines der Zeichen ihrer Macht ablegen. So trat Inanna schließlich nackt und gedemütigt vor den Thron ihrer Schwester. Dort sprachen die sieben Richter der Unterwelt ihr Urteil, und Ereshkigal warf ihren Todesblick auf Inanna, die nun starb, von Ereshkigal an einen Pfahl genagelt.«

»Und so endet die Geschichte?«, fragte Anna etwas irritiert.

Mary lächelte sie aus einem inzwischen schon sehr gruseligen Gesicht an. »Als Inanna nach drei Tagen und Nächten nicht zurückkehrte, begab sich einer ihrer göttlichen Diener, der listige Enki, in die Unterwelt und erschuf aus dem Dreck unter seinen Fingernägeln zwei Wesen, weder weiblich noch männlich, die in die immerwährende Klage Ereshkigals einstimmten.«

»Jammerte sie wegen ihrer Schwester?«

»Nein, sie jammerte auch schon vorher. Sie klagt, weil sie in die Unterwelt verdammt wurde. Dadurch aber, dass nun die kleinen Wesen mit ihr jammerten, mitfühlten, wurde sie auf die beiden aufmerksam, und gerührt sagte sie: ›Ich werde euch das Geschenk des Wassers geben, den Fluss in seiner Fülle.‹ Die beiden aber baten auch um die Leiche Inannas, welche ihnen tatsächlich ausgehändigt wurde. Und durch das Wasser des Lebens, welche aus Ereshkigal wie aus einer sprudelnden Quelle strömte, wurde sie wiedererweckt.«

Mary Wigman stand auf und holte aus ihrem Schrank ein schwarzes Kleid mit gezacktem Muster hervor. »Als Inanna die Unterwelt verlassen wollte, wurde sie jedoch von den Richtern aufgehalten. Sie verlangten, dass sie, wollte sie ans Licht der Sonne zurückkehren, jemanden an ihrer statt in der Unterwelt lassen müsse. Als sie also hinaufstieg, folgten ihr Dämonen, um ein entsprechendes Pfand einzuholen. Inanna kehrte zurück in ihren Palast, wo ihr Mann Dumuzi unbekümmert auf ihrem Thron saß. Empört warf sie den Blick des Todes auf ihn, der auch ihr inzwischen eigen war, und befahl den Dämonen, ihn mitzunehmen.«

»Dann blieb sie allein?«, fragte Anna.

Mary zog sich das Kleid über und antwortete: »Schon bald bemerkte sie, dass sie allein die Welt nicht mehr befruchten konnte: Ernten blieben aus, die Frauen wurden unfruchtbar, selbst die Flüsse vertrockneten. Enki bewegte sie daraufhin zu einem Kompromiss: Dumuzi sollte für ein halbes Jahr zu Inanna kommen dürfen, damit die Welt neu erblühen konnte. So kamen der Frühling und die Jahreszeiten in die Welt.«

Sie schwiegen einen Moment nachdenklich. Dann sagte Anna: »Die Geschichte erinnert mich sehr an den griechischen Mythos von Persephone, dem unschuldigen Kornmädchen, die von Pluto entführt wurde und einige Monate in der Unterwelt leben musste, bis sie wieder zurückkam, sodass ihre Mutter Demeter wieder fruchtbar werden konnte.«

»Ja, du hast recht«, erwiderte Mary. »Ich nehme an, dass die Geschichte eine spätere Version, eine patriarchalische Usurpation des Mythos von Ereshkigal und Inanna ist.«

»Das würde ja bedeuten«, überlegte Anna, »dass Pluto in Wirklichkeit weiblich ist!«

»So siehst es aus. Hinter Pluto oder Hades steckt eigentlich der weibliche Schwarzmond, die indische Göttin Kali.«

Sommerabschluss

Es war bereits dunkel, als Anna die Hütte verließ. Der Mythos von Ereshkigal rumorte in ihrem Inneren wie eine lang vergessene Seite ihrer selbst: fremd, beängstigend und gleichzeitig irgendwie auch vertraut – eine Quelle weiblicher Macht und Stärke, die darauf wartete, von ihrem Ich entdeckt zu werden.

Anna begab sich zum Walkürenfelsen, um unter dem Sternenzelt über die Landschaft zu blicken. Der nahende Herbst machte sich langsam bemerkbar, es war frisch. Sie kramte in ihrer Umhängetasche, holte eine Streichholzschachtel hervor und öffnete sie etwas unsicher: Darin lagen einige halluzinogene Pilze, die sie von einer der Tänzerinnen bekommen hatte. Noch vor wenigen Wochen wäre es ihr nicht in den Sinn gekommen, Drogen zu nehmen. Nun aber verspürte sie den unwiderstehlichen Drang, es auszuprobieren. Würde es sich als schädlich erweisen, könnte sie sicher sofort wieder die Finger davon lassen. So nahm sie die getrockneten Pilze in den Mund und spülte sie mit etwas Wasser, das sie in der Tasche mit sich trug, hinunter. Kaum geschehen, hörte sie jemanden rufen, Bernie antwortete pflichtbewusst mit lautem Bellen. Anna drehte sich um und sah Marianne von Werefkin mit einem Mann, einer Frau und einem Kind auf sich zukommen.

»Darf ich vorstellen?«, sagte sie. »Anna und ihr süßer Hund Bernie. Das ist mein Lebenspartner Alexej von Jawlensky, unser Sohn Andreas und Helene Nesnakomoff, unser Dienstmädchen.« Der deutsch-russische Maler Jawlensky gehörte zum Umfeld der von Wassily Kandinsky und Franz Marc initiierten Künstlergemeinschaft »Der Blaue Reiter«. Er wohnte mit dem Sohn in Ascona, während Marianne die Sommermonate auf dem Monte Verità verbrachte. Er reichte Anna nun sanft lächelnd die Hand. Er war leicht untersetzt, schon ziemlich kahl und trug eine gewisse Strenge im Blick.

»Damit hast du nun einen weiteren Kontakt für deine Galeriepläne.« Marianne zwinkerte ihr zu. Anna wurde von Dankbarkeit überrollt und umarmte sie.

Inzwischen trafen immer mehr Gäste ein, um am Fest teilzunehmen. Der »Kohlrabi-Apostel« Gusto Gräser spazierte mit seiner Frau und sechs Kindern umher. Barfuß und mit nacktem Oberkörper unterhielt er sich mit seinem Bruder Karl und dessen Frau Jenny Hofmann, Idas Schwester.

Anna ließ die Atmosphäre auf sich wirken: die Menschen, den Sternenhimmel, den Vollmond, die Berge in der Ferne. Doch dann wurde ihr der Trubel auf einmal zu viel. So zog sie sich zurück, denn sie hatte plötzlich das Bedürfnis, zu meditieren, setzte sich abseits in die Nähe einiger Bäume und Gebüsche und versenkte sich in sich selbst. Bernie war bereits daran gewöhnt und legte sich neben sie. Plötzlich überkam Anna eine eigenartige Wahrnehmung – sie war so intensiv, dass sie schneller und tiefer zu atmen begann, während ihr Tränen in die Augen schossen. Ein mannshoher Busch vor ihr hatte sich geöffnet und kommunizierte mit ihr sowie den anderen Gewächsen rundum. Anna erfasste eine Art pflanzliches Bewusstsein, und es war, als würde alles um sie herum von innen leuchten, auch sie selbst durchströmten ätherische Wellen. Euphorisch gab sie sich diesem Erleben hin und tauschte sich wortlos-telepathisch mit dem Busch aus. Es war eine geistige Umarmung mit einem anderen Wesen, ein wortlos liebendes Verschmelzen, ein Sich-Wiedererkennen, ein Transzendieren aller vermeintlichen Trennungen – ein Moment erhabener Weisheit.

Irgendwann begab sie sich zur großen Feuerstelle, wo etwa vierzig Leute auf Baumstümpfen saßen, neben ihnen lagen Steine, Felle und Federn auf der Wiese. Einige Kinder tollten umher, manche ritten auf einem Esel. Um das Feuer waren sieben Pfähle in einem Kreis in den Boden gerammt worden, Kunstwerke aus bleichem Holz sowie das Bildnis der indischen Göttin Kali rundeten die Kulisse ab. Anna setzte sich zwischen einen Spanier, der sich mit getrocknetem Schlamm eingerieben hatte und nun wie ein Aborigine aussah, und einen Mann, der die Haut einer großen Schlange in der Hand hielt. Er beugte sich zu Anna und fragte unvermittelt: »Kennst du den Asphodeliengrund? Dort hausen die Toten wie Schatten.«

Anna musste hysterisch lachen, innere Bilder, Gedanken und Gefühle flossen ineinander und überfluteten ihre Psyche. Flammen züngelten, daraus stiegen dunkle Gesänge wie Schwaden empor. Nach einer Weile stellte sich Else Lasker-Schüler, ebenfalls wie eine Hexe gekleidet, vor das Feuer. Mit gekrümmtem Rücken und zu Krallen verformten Händen schaute sie ins Publikum und rezitierte ihr Gedicht »Frau Dämon«:

»Es brennt der Keim im zitternden Grün,
und die Erde glüht unter dem Nachtfrost,
und die Funken, die aus dem Jenseits sprühn,
umschmeicheln den Sturmwind von Nordost.
Es rötet die Lippe der Natur die paradiesische Sünde,
und die Sehnsucht schickt ihre Kräfte aus wie brennende Wüstenwinde.
Als eine Natter kam ich zur Welt.
Und das Böse lodert und steigt und quellt
wie die Sündflut aus Riesenquellen,
und die Unschuld ertrinkt in den Wellen.«

Sie machte eine kurze Pause, man hörte nur das Knistern des brennenden Holzes und ein leise glucksendes Baby. Dann fuhr sie fort:

»Ich hasse das Leben und dich und euch,
das Morgenrot und die Lenznacht.
Durch mein Irrlichtauge verirrt euch ins Reich,
in den Sumpf der teuflischen Allmacht.
Die holdesten Nächte umfängt meine Gier mit blutig gefärbten Banden,
denn die Schlange, der Teufel vom Paradies, ist in mir auferstanden.
Ein Giftbeet ist mein schillernder Leib
und der Frevel dient ihm zum Zeitvertreib
mit seinen lockenden Düften,
den Lenzhauch der Welt zu vergiften.«

Unter Applaus trat Else zur Seite und überließ Mary Wigman die Bühne,
die eine große wilde Perücke trug und sich mit angewinkelten Beinen vor
dem Feuer niederließ. Anna riss die Augen auf, als die Flammen hinter ihr
gefährlich hochloderten, als würden sie mit ihr tanzen wollen.

Rudolf von Laban schlug dreimal kurz auf eine afrikanische Trommel. Die Hexe griff mit ihren Krallen nach oben und drehte mit seltsam,
ja unnatürlich anmutenden Kreisbewegungen den Kopf, um plötzlich
bewegungslos die Gäste anzustieren. Einige Kinder fingen an zu wimmern. Nun bewegte die Tänzerin ihre Arme und Hände schnell und
rhythmisch, als modelliere sie geisterhafte Wesen. Wieder ruckartig kam
sie zur Ruhe, legte die Hände auf die Knie, ließ den Körper seitlich gleiten und den Kopf nach hinten fallen, wobei sie die Augen wie eine Besessene verdrehte. Dann nochmals der starre Blick nach vorn, während

Laban dramatisch auf die Trommel einschlug. Mary drückte nun mit den Händen ihre Knie auseinander, bis sich ihre Fußsohlen berührten. Erneute Kreisbewegungen mit Kopf und Oberkörper, die wieder abrupt endeten. Kinder weinten vor Angst, sodass sich ihre Mütter mit ihnen entfernen mussten. Mit einer plötzlichen Rhythmusänderung bildete Mary eine Schwerthand und bewegte sie wie ein Skorpion bedrohlich hin und her. Anschließend riss sie ihre Hände abwechselnd in die Luft, griff hinunterschnellend über Kreuz an ihre Knie und zog sich mit den Füßen Schritt für Schritt vorwärts, als sei sie eine große Spinne, die sich gleich aufs Publikum stürzen wolle. Dann wieder packte Mary die Füße und drehte sich sitzend immer schneller werdend im Kreise. Der Hexentanz endete, wie er begann: Mary starrte mit angewinkelten Beinen das Publikum an, drehte nochmals Kopf und Oberkörper und gefror erneut. Die Trommel verstummte.

Geradezu befreiender Applaus setzte ein – so manchem war wohl schon unbehaglich geworden. Alles setzte sich nun in Bewegung, die Konturen der Menschen verschwammen vor Annas Augen, als sei die Umgebung in feinstoffliches Licht getaucht. Sie spürte plötzlich den unbändigen Drang wegzulaufen, weg von hier, weg von den anderen. Ruckartig stand sie auf und rannte mit Bernie davon.

Welche Verschwörung?

Nach seinem Vortrag über den Ursprung der Arier hatte ich Alfred Rosenberg um ein persönliches Gespräch gebeten. Nun wartete ich in seiner kleinen Privatbibliothek und ließ meine Blicke über die teilweise dicken Bände gleiten. Offenbar hatte er die beachtliche Büchersammlung vor der Russischen Revolution retten können.

Wenig später betrat er den Raum, und wir nahmen an einem kleinen Tisch Platz, worauf Tee und Kekse bereitstanden.

»Ihre Ausführungen waren außerordentlich interessant«, begann ich das Gespräch. Tatsächlich ging von Rosenberg eine gewisse Faszination aus, sein Fanatismus und tiefgründender Antisemitismus zogen mich an, wie sie mich abstießen – ich kann es kaum beschreiben.

Rosenberg neigte den Kopf und schenkte Tee ein. »Wie wir gehört haben, waren sie manchem leider nicht wissenschaftlich genug. – Aber Sie sind nicht deswegen gekommen.« Er nahm seine Tasse und nippte daran.

»Nicht direkt«, antwortete ich. »Kürzlich sprach ich mit General Ludendorff über die Revolution in Russland. Zu meiner großen Überraschung hat er mir berichtet, dass die deutsche Regierung an deren Finanzierung beteiligt gewesen sei. Was halten Sie davon?«

»Das sind durchaus Fakten.« Er stellte die Tasse ab. »Die Deutschen waren jedoch keineswegs die einzigen Unterstützer, amerikanische Banken haben ebenfalls kräftig mitgemischt.«

»Das kann ich ja gar nicht glauben ...«

»Weil Sie sich nicht vorstellen können, was hinter den Kulissen so vor sich geht! Die Geschehnisse in der Sowjetunion sind jedoch nur ein Glied in der Kette einer ganzen Reihe von Ereignissen, die letztlich von der Gegenseite angestoßen und gesteuert wurden.«

»Aber Ludendorff meinte, dass vorderhand die Deutschen die Revolution finanziert hätten!«

»Es mag durchaus sein, dass gewisse deutsche Generäle davon überzeugt sind, sie seien die eigentlichen Geldgeber gewesen. In Wirklichkeit spielten englische und US-amerikanische Bankiers die weitaus größere Rolle. Sie brachten Trotzki nach Russland, so wie die deutsche Admiralität Lenin dorthin geschleust hat.«

»Trotzki war in den USA?«

»Soweit ich unterrichtet bin, hielt er sich seit 1916 dort auf. Er hat Waffen besorgt und Kontakte zu emigrierten russischen Juden aufgenommen, welche dann auf einem Gelände der Standard Oil in New Jersey darauf vorbereitet wurden, den Zaren zu stürzen. Als die Zeit gekommen war, reiste er mit dreihundert Kämpfern nach Russland. Von einer der Warburg-Banken wurden zwanzig Millionen US-Dollar über Stockholm nach Russland transferiert, damit Trotzki darüber verfügen konnte.«

»Aber warum sollten sie so etwas tun: die bolschewistische Revolution unterstützen?«

»Weil der Zar ihnen keinen Zugang zu seinem Markt gewährte und immense Erdölreserven in der russischen Erde schlummern. Und weil er die Gründung einer Zentralbank verwehrte.«

Rosenberg war also überzeugt, dass Kapitalisten aus den USA und England die Bolschewisten ans Ruder gebracht hatten, um sich die dortigen Märkte zu sichern, wobei er diese Einflussnahme als Teil einer weltweiten jüdischen Weltverschwörung ansah, was meines Erachtens so natürlich nicht stimmte. Es würde ja auch niemand behaupten, die amerikanische Revolution 1774–76 sei das Produkt einer englischen Verschwörung gewesen, nur weil viele Engländer auf der Seite der Amerikaner gekämpft hatten – so wie überproportional viele Juden unter den russischen und deutschen Revolutionären waren. Dass es aber ein Komplott gab, in das auch mein Vater verstrickt sein könnte, erschien mir immer wahrscheinlicher.

Rosenberg begann nun, über die jüdische Kultur und insbesondere den mosaischen Monotheismus zu schimpfen. Zwar war auch ich der Ansicht, dass sich Europa in einem Zustand der Dekadenz befand, er aber war überzeugt davon, dass die Juden für den modernen Individualismus verantwortlich seien. Nicht einen Moment zog er in Betracht, dass die bewusstseinsgeschichtlichen Entwicklungen des Abendlandes hin zum Ichbewusstsein ihr Zentrum im Abendlande selbst hatten.

Als ich am frühen Abend nach Hause kam, drehte sich mir der Kopf, und ich hatte merkwürdige Schmerzen in der Brust, als würden sich meine Lungen verkrampfen. Zudem musste ich feststellen, dass jemand einen Brief unter meiner Tür hindurchgeschoben hatte. In wenigen Zeilen forderte man mich auf, um 22 Uhr in ein Lagerhaus im Münchner Stadtteil Lehel zu kommen. Dort würde ich erfahren, was aus meinem Vater geworden sei.

Lotte

Anna rannte ziellos durch die Dunkelheit, immer weiter den Monte Verità hinauf, über ihr leuchtete der gestirnte Himmel. Da tauchte vor ihr eine Ruine auf, ein alter Stall mit halb verfallenem Dach, wie magisch angezogen trat sie ein. Innen türmte sich wildes Durcheinander: Koffer, Bücher, Matratzen, verdorbene Nahrungsmittel, ein alter Hut. Ein kleines Tier huschte umher.

Plötzlich spürte sie etwas, auch Bernie war wie erstarrt und fixierte eine Stelle vor ihnen. Dort saß Lotte Hattemer auf einem Stein, jene Mitbegründerin des Monte Verità, die sich 1906 das Leben genommen hatte. Sie trug ein weißes Kleid und offene Haare. In ihren Händen hielt sie ein Glas mit Wasser, auf dessen Oberfläche Lichtreflexe tanzten – zwei Lichter, mehr oder weniger rund, die Peripherie beweglich –, welche Lotte durch Bewegungen ihrer Hände steuerte. Lottes innerstes Bestreben war, dass sie sich vereinten und zu einem Ganzen wurden. Solange es zwei waren, hatte sie das Ziel noch nicht erreicht. Es schien, als *wollten* sie ineinander übergehen, doch aus irgendeinem Grunde konnten sie es nicht, es blieb ein steter Versuch.

Anna fühlte eine wundersame Bedeutsamkeit, die sich ins Kosmische erweiterte, die beiden Lichter waren Ausdruck des Lebens und Liebens auf der Erde. Auch Anna war von dem tiefen Wunsch durchdrungen, dass sie sich verbinden mögen – gleichzeitig aber würde die Vereinigung das Ende bedeuten. Denn solange sie sich bewegten, waren sie am Leben. Das Ziel wäre ein Aufgehen im allgemeinen Licht. Lotte und Anna wollten es zwar – aber nicht sofort. Denn es waren ja nicht nur zwei Lichtpunkte in all ihrer Herrlichkeit, sondern zugleich zwei Zellen, zwei Menschen, ein Mann und eine Frau, die sich liebten und aufeinander zu bewegten.

Hinzu kam das »ai«, Anna wusste nicht, woher, doch alle mussten es sagen, jedes einzelne Teilchen, jede Zelle, jedes Ich, jeder Mensch, alle mussten »ai« sagen, jedes Lebewesen hatte es zu lernen. Es bedeutete sowohl »Ich« als auch »Liebe«, »ai« war die Verschmelzung, die Vereinigung von Licht und Ich und Liebe, es war die Lösung für alles, jeder hatte es zu leben. Und nun begann Lotte: »Ai ai ai ai.« Immer schneller: »Ai ai ai ai ai ai« – und noch schneller, so schnell und so oft wie nur möglich: »Ai ai ai ai ai ai ai ai ai!« Denn bevor die beiden Lichtzellen im Glas zusammenfinden konnten, bevor sich diese beiden Ais vereinigen konnten, von diesem Ziel und Ende, vor ihrer Auflösung im großem Ai, musste jedes einzelne Ai auf der Erde es gesagt, gelernt und gelebt haben. Jedes ausgesprochene »Ai« bedeutete eine Erlösung, ein richtig gelebtes Leben. Und es war Lottes Auftrag, das höchste und auch einzige Gebot, »Ai« zu sagen stellvertretend für alle. Und so sagte sie es immer schneller und dringender: »Ai ai ai ai ai ai ai ai ai ai ai ai ai ai ai ai ai ai ai ai ai ai ai ai ai ai ai ai ai ai ai ai ai ai ai!«

Plötzlich bellte Bernie los, gleich darauf betrat jemand die Hütte und schrie auf, als er Anna in die Arme lief. »Mein Gott!«, rief Rudolf von Laban. »Du hast mich zu Tode erschreckt! Was zum Teufel treibst du hier? Ich habe dich überall gesucht.«

Anna zeigte wortlos zu der Stelle, wo gerade noch Lotte Hattemer gesessen hatte, doch war dort nun nichts als Staub. Dann umarmte sie Rudolf und hielt ihn fest, als wollte sie mit ihm verschmelzen. Er hielt sie sanft in seinen Armen, beschützte sie, während sich die Sterne im Himmel über ihnen immer rascher drehten.

Der Hinterhalt

Das Taxi hielt vor einem offenbar leer stehenden Lagerhaus mit zerbrochenen Fensterscheiben. Ich stieg aus und sah mich um. Zwei, drei Fußgänger kamen die Straße entlang, und ein Wagen bog um die Ecke.

Nachdem ich durch ein Loch im Zaun geklettert war und auf das zweistöckige Gebäude zuging, sah ich, dass eine der verrosteten Metalltüren aufgebrochen war. Als ich das Haus betrat, stieg mir modriger Geruch in die Nase. Ich schaltete meine Taschenlampe an, die ich vorsorglich mitgenommen hatte. Ratten rannten über den staubigen Boden davon, sonst schien niemand da zu sein... Da – jetzt hörte ich etwas, Es kam vom oberen Stockwerk: Schlurfgeräusche und ein dunkles Jammern. Mein Puls schnellte in die Höhe. Ich griff nach meiner Pistole und hielt sie fest in meiner Jackentasche umklammert. Vorsichtig stieg ich über allerlei Gerümpel, Metallteile, zwei LKW-Räder, zerfressene Schuhe und Klamotten, und schlich die Treppe hinauf. Wer mochte dort oben sein?

Am Treppenabsatz erstarrte ich: Mitten im Raum stand ein Mann, ein Riese – er musste an die zwei Meter groß sein! –, und blickte mir entgegen. Seine blonden Haare lagen ungekämmt über der Stirn.

»Wer sind Sie?«, fragte ich unsicher. Mein Herz schlug wie ein Presslufthammer. Da dämmerte mir, dass ich ihn bereits gesehen hatte: in jener Regennacht, in dieser bayerischen Kneipe.

»Kommen Sie, ich zeige Ihnen etwas!«, sagte er.

Es ist eine Falle!, schrie eine Stimme in mir. Verschwinde, so schnell du kannst! Stattdessen kam ich näher, jeder Schritt eine Ewigkeit...

»Hier!« Er hielt etwas in der Hand. Was könnte das sein? Kaum gedacht, griff er blitzschnell nach mir. Instinktiv hob ich den Arm und wollte auf ihn schießen, doch er packte mich, schlug mir, während ich feuerte, die Waffe aus der Hand und versuchte mich zu Boden zu schmeißen. Wütend trat ich ihm seitlich vors Knie, doch war es, als hätte ich gegen eine Wand getreten. Erneut packte er mich und schleuderte mich durch die Luft, sodass ich schmerzhaft aufschlug. Da hockte er auch schon über mir, stieß mir das Knie auf die Brust, umfasste mit seinen Pranken meinen Hals und begann zuzudrücken. Mir wurde schwarz vor Augen, ich war verloren... Plötzlich ein Schuss, Blut spritzte mir ins Gesicht, im nächsten Moment begrub mich der Kerl unter sich. Ich verlor das Bewusstsein.

Als ich wieder erwachte, kniete ein anderer Mann vor mir, ein Asiate. Der war doch damals auch in dieser Kneipe gewesen! Was hatte das alles zu bedeuten?

»Wer sind Sie? Was geht hier vor?«

»Ihr Vater schickt mich. Er fürchtet um Ihr Leben, passen Sie auf sich auf!«

»Wo ist er?«

»Das kann ich Ihnen auch nicht sagen.«

»Aber wo haben Sie ihn denn getroffen?«

Doch der Mann stand auf und lief davon. Ich aber war zu erschöpft, um ihm zu folgen.

Abschied vom Lago Maggiore

Monte Verità, 15. September 1919. Rudolf von Laban verabschiedete sich am Morgen von Henri Oedenkoven und Ida Hoffmann und stieg in die offene Kutsche, die sich kurz darauf in Bewegung setzte. Seine Schüler und Schülerinnen waren bereits zum Bahnhof gefahren.

Anna hatte verschlafen. Als Else sie weckte und sagte, dass Laban gerade abfuhr, zog sie sich überstürzt die Reformkleidung über und rannte Hals über Kopf los. Als Laban sie rufen hörte, ließ er den Kutscher anhalten und drehte sich um.

»Anna! Geht es dir besser? Ich wollte dich nicht wecken ...«

Sie war noch ganz außer Atem und nahm seine Hände, die er ihr liebevoll entgegenstreckte. »Es war eine so wunderschöne Zeit mit dir.«

»Eine besondere Zeit«, nickte er. »Hast du denn gut schlafen können?«

»Ja, und ich habe von einem tanzenden Gott geträumt.«

»Das ist fantastisch«, sagte Laban und blickte ihr in die funkelnd-blauen Augen.

»Ich habe sie erlebt«, erzählte sie begeistert, »jene rhythmische Bewegungsharmonie. Alles lebt, alles ist lebendig.«

»Ein wundervolles Geschenk«, nickte Laban.

»Dein Geschenk an mich.« Ihre Augen füllten sich mit Tränen.

»Anna«, flüsterte er. »Dieses Geschenk hast du dir selbst gemacht.« Er küsste ihre Hände und gab dem Kutscher ein Zeichen. Sie blickte ihm nach, bis die Kutsche um die Ecke bog.

Niemals wieder würde sie mit Drogen experimentieren! Nach dem Frühstück ergriff Anna schmerzliche Melancholie. Laban war abgereist, die Tage wurden merklich kürzer, die Nächte kühler. So reifte in ihr der Entschluss, den Monte ebenfalls zu verlassen und sich zurück nach Deutschland zu begeben. Ein paar Tage wollte sie noch bleiben, doch zog sie sich von den anderen zurück, las viel und meditierte.

Dann hieß es, Ade zu sagen. Anna lief hinüber zum Walkürenfelsen und vollführte ein letztes Mal den Sonnengruß. Zwei Stunden später kam Henri Oedenkoven, um ihre Koffer aus der Hütte zu holen, und geleitete sie zum Haupthaus. Mit einem Kloß im Hals beglich sie die Rechnung.

Vor dem Haus stand die Kutsche, welche sie zum Bahnhof bringen sollte. Davor warteten Marianne und Else auf ihre junge Freundin. »Hier«, sagte Marianne zum Abschied. »Ein persönliches Empfehlungsschreiben an Wassily Kandinsky. Falls du dich dazu entschließen solltest, eine Galerie zu eröffnen!«

Die Weichen sind gestellt

Wieder einmal hatte ich dem Tod ins Auge geblickt... Warum wollte mich jemand töten? Wer hatte ein Interesse an meinem Ableben? Die Linken etwa? So wichtig war ich nun auch wieder nicht, ein Ersatz wäre schnell gefunden. Vielleicht jemand, der verhindern wollte, dass mein Vater und ich uns trafen? Ich verstand es nicht, es machte einfach keinen Sinn. Dennoch trieb mich ständige Unruhe und Angst um.

Im auslaufenden Jahr 1919 engagierte ich mich in der DAP, die bald zur NSDAP werden sollte. An der Erstellung des 25-Punkte-Programms war ich sogar redaktionell am Rande beteiligt. Wir von der Abteilung I b/P des Reichswehrgruppenkommandos 4 bauten weiterhin gezielt V-Männer auf und ließen talentierte Redner aus der Reichswehr rhetorisch und weltanschaulich schulen, der Antisemitismus diente als propagandistische Waffe. Für ein Privatleben blieb mir kaum Zeit. Und Anna war ja ohnehin zur Kur in der Schweiz.

Hitlers Position innerhalb der Partei festigte sich, er war zum Führer auserkoren. Es ging das Gerücht um, dass Heß ihn unter Hypnose versetzte, um sein Selbstbewusstsein zu stärken. Das Experiment, über Hitler an die Arbeiter heranzukommen, schien zu gelingen, er hatte hier große Erfolge zu verzeichnen. Die mystisch-ariosophischen Aspekte der Bewegung aber traten in den Hintergrund, wenngleich gerade sie mich in ihren Bann zogen. Inzwischen war auch ich davon überzeugt, eine »arische Rassenseele« zu besitzen und dass das Bewusstsein einer göttlichen Alleinheit unmittelbar Ausdruck der in den Tiefen des Blutes lebenden Kollektivseele sei. Schuld an der Misere unserer Zeit, am Materialismus und der Entwurzelung, der Demokratisierung und Internationalisierung der Wirtschaft, vor allem dem Bolschewismus, trugen die Juden. Den emanzipatorischen Prozess der letzten Jahrtausende betrachtete ich als Niedergang – eine paranoide und ganz und gar dämonische Wahnvorstellung! Was aber war es, das da aus meinen inwendigen Tiefen hervorkroch wie eine schwarze Schlange? War es gar ein dunkler Wille zur Macht? Was zum Teufel ging in mir vor?

IV. Aufbruch

Eine illustre Abendgesellschaft

Berlin, 2. Juni 1921. Die prachtvolle Villa von Hermann von Stieglitz thronte über dem Großen Wannsee, eingebettet in einen großen Park direkt am nordwestlichen Ufer. Das lang gestreckte Grundstück umfasste 7260 Quadratmeter. Zu den weiteren Anwohnern am See zählten der AEG-Direktor Johann Hamspohn, der Verleger Carl Langenscheidt und der Arzt Ferdinand Sauerbruch.

Die Vorderfront mit der zweigeschossigen Loggia wurde von zwei monumentalen Säulen mit ionischen Kapitellen dominiert, zwischen denen eine kleine Freitreppe ins Haus führte. Von sämtlichen Räumen des Erdgeschosses aus konnte man auf die breite Blumenterrasse mit Blick auf den See gelangen. Hier tummelte sich gerade eine illustre Abendgesellschaft: hochrangige Vertreter aus Industrie, Politik und Medien.

Anna trat mit einem Champagnerglas auf die Terrasse, wo Carl Duisberg, Vorstandsvorsitzender der Bayer-Werke sowie geistiger Vater der Interessengemeinschaft Farben, und Heinrich Oster, Vorstandsmitglied der Badischen Anilin- und Sodafabrik, kurz BASF, miteinander sprachen. Anna trug ein schwarzes, eng anliegendes Abendkleid und eine Diamantkette, mit der ihr Vater sie zusätzlich geschmückt hatte. Ein Quartett spielte Kammermusik, und auf einer blütenweißen Tischdecke breitete sich ein großes Buffet mit allerlei exotischen Speisen aus.

»Ich sage es schon seit Jahren wieder und wieder«, meinte Duisberg. Er war von imposanter Statur, hatte einen mächtigen Schädel und trug einen geschwungenen Schnurrbart, der gut zu einem preußischen Helm mit Pickelhaube hätte passen können. »Die deutschen Chemiebetriebe behindern sich gegenseitig. Das war schon vor dem Krieg bedenklich, in unserer heutigen Situation ist es geradezu ein Verbrechen. Besser wäre, wir würden uns zusammenschließen. In den USA funktioniert das Modell; Standard Oil etwa ist höchst profitabel!« Er zog an seiner dicken Havanna-Zigarre und blies den Rauch aus.

Duisberg war 1916 die treibende Kraft bei der Gründung der I. G. Farben gewesen. Diese teilte den Gewinn zwar untereinander auf, beließ den einzelnen Unternehmen aber ihre Selbstständigkeit – eine Zentralisierung, mit der enorme Profite eingeheimst und gleichzeitig eine äußerst schlagkräftige Kriegsführung gewährleistet werden konnten. Die sogenannte »Kleine I. G.« war ein Kartell, noch kein einheitlicher Konzern.

Gemeinsam mit Walther Rathenau und Hugo Stinnes hatte Duisberg auch zu den deutschen Industriellen gehört, welche während des Weltkrieges die Deportation belgischer Zivilisten zur Zwangsarbeit nach Deutschland durchsetzten.

»Fakt ist, dass wir deutlich schlechter da stehen als vor dem Krieg«, antwortete Heinrich Oster. »Eine Beherrschung der Weltmärkte ist vorerst in weite Ferne gerückt.«

»Ja, genau. Und das, obwohl wir bis 1918 richtig gute Gewinne gemacht hatten!«, donnerte Duisberg. »Damit der deutschen Farbenindustrie wieder eine bedeutsame Rolle in der Welt zukommen kann, müssen wir uns endlich stärker verbinden! Aber die Einbrüche bei den Auslandswerten sind natürlich nicht so einfach wettzumachen. Jetzt müssen wir das alles wieder aufholen.«

»Ja, das wird schwer«, nickte Oster. »Wenn ich nur daran denke, welche Mühe es damals gemacht hat, diese Dummköpfe bei der Reichswehr von der Notwendigkeit eines Giftgaskrieges zu überzeugen!« Er nippte an seinem Kristallglas. »Obwohl wir doch dadurch Härten und Grausamkeiten vermeiden konnten!«

Noch 1918, kurz vor Kriegsende, waren sechzig Millionen Tonnen hochkonzentrierter Gaskampfstoffe in Granaten aller Kaliber abgefüllt worden. Und während sich die Direktoren die Taschen füllten, mussten Tausende von Frauen 80 bis 90 Stunden wöchentlich zur Zwangsarbeit antreten. Als schließlich die Arbeiter in allen großen Städten Deutschlands für Friede und Brot demonstrierten, wurden die Aufstände mit Gewalt niedergeschlagen.

»Eine Vereinigung steht auch für mich außer Frage.« Oster umklammerte sein Glas, als könnte es ihm gleich jemand aus der Hand reißen. Neben Duisberg sah er mit seinem glatten Gesicht, Seitenscheitel und der etwas groben Nase geradezu kleinbürgerlich aus.

»Zum Segen der deutschen Industrie und des deutschen Vaterlandes«, resümierte Duisberg theatralisch und stieß mit ihm an.

»Die Frage ist eigentlich nur noch«, sagte Oster, nachdem sie ihr Champagnerglas geleert hatten, »ob es eine Fusion, eine Holdinggesellschaft oder eine noch engere Bindung sein soll.«

»Sie kennen meine Präferenz für eine Holdinggesellschaft«, antwortete Duisberg.

»Die meisten Vorstandsvorsitzenden der anderen Unternehmen aber würden, wie Sie wissen, lieber so schnell wie möglich fusionieren. Nicht zuletzt Carl Bosch.«

Da schaute Duisberg plötzlich über ihn hinweg und rief, die Arme ausbreitend: »Anna! Sie haben sich ja regelrecht angeschlichen, ganz wie eine Katze!«

»Oh bitte, Herr Duisberg«, sagte sie lächelnd und ging auf die beiden zu. »Ihr Gespräch ist einfach zu interessant. Ich konnte nicht widerstehen...«

»Sie würden eine berauschend schöne Geheimagentin abgeben!« Duisberg küsste ihre Hand. »Wissen Sie, an wen Sie mich erinnern?«

Anna hob die Schultern und schaute ihn fragend an.

»An Elisabeth von Österreich-Ungarn!«

»An Sissi? Wie das?« Anna grüßte nebenbei den Bankier Paul Warburg, der gerade aus dem Salon kam.

»Eine echte Rebellin«, lächelte der Industrielle. »Natürlich gehören Sie einer ganz anderen Generation an. Einer Generation, die ohnehin äußerst rebellisch ist. Ich hörte, Sie haben die ein oder andere Bekanntschaft mit Führern der Münchner Räterepublik gemacht?«

»Weil ich mich für Literatur interessiere?«, spielte sie die Unschuldige.

Duisberg zog die Augenbrauen hoch und wechselte das Thema: »Darf ich vorstellen? Heinrich Oster.«

Anna machte artig einen Knicks und sagte kokett: »Ich war leider schauderhaft schlecht in Chemie. Ich glaube, dass man dafür einen sehr männlichen Geist benötigt.«

»Wenn das weibliche Geschlecht so bezaubernd ist wie Sie, können Sie uns getrost diese Arbeit überlassen«, sagte Oster.

»Anna!«, rief da Hermann von Stieglitz und näherte sich. »Sie mögen mir verzeihen, wenn ich Ihnen meine Tochter entführe.«

»Wenigstens hatten wir die kurze Freude, mit ihr sprechen zu dürfen.« Duisburg zwirbelte seinen Schnurrbart. Dann lehnte er sich zu ihr und sagte leise: »Den Mutigen gehört die Welt!«

Anna begleitete ihren Vater ans Seeufer, wo Fackeln darauf warteten, entzündet zu werden. Fast zwei Jahre waren vergangen, seit sie auf dem Monte Verità war und dort von seinen Affären erfahren hatte. Und obwohl sie ihn anfänglich zur Rede stellen wollte, hatte sie inzwischen beschlossen, das Ganze vorerst auf sich ruhen zu lassen. Sicher hätte er, ohne mit der Wimper zu zucken, alles abgestritten. Vielleicht würde ja auch die Zeit alle Rätsel lösen.

»Anna, ich möchte mit dir reden.« Er vergrub seine Hände in den Hosentaschen. »Weißt du, wir sind uns vielleicht ähnlicher, als du denkst.«

Sie sah ihn überrascht an. »Wir mögen beide Whiskey?«

Er ignorierte ihre Bemerkung. »Ich meine unsere Anschauungen. Beispielsweise die Einsicht, dass die Zivilisation des 19. Jahrhunderts zusammengebrochen ist, welche sich maßgeblich auf vier Voraussetzungen stützte: das System des europäischen Kräftegleichgewichts, den internationalen Goldstandard, den liberalen Staat sowie einen vermeintlich sich selbst regulierenden Markt.«

Anna blickte auf den See hinaus, im Hintergrund war das Rauschen der Abendgesellschaft zu vernehmen, durchsetzt mit einzelnem Gelächter. »Nun, mit der Niederlage des Deutschen Reiches ist zumindest das Kräftegleichgewicht jetzt wohl dahin.«

»Ja. Und an die Utopie eines sich selbst regulierenden Marktes glaubt heute niemand mehr. Dementsprechend haben sich die Politiker von einem liberalen, nicht intervenierenden Staat verabschiedet. Und es bleibt abzuwarten, ob die Rückkehr zum Goldstandard von Erfolg gekrönt sein wird oder wir mit verheerenden Auswirkungen werden rechnen müssen, wenn er früher oder später dann doch noch aufgegeben wird. Das Credo des Wirtschaftsliberalismus, die Selbstregulierung des Marktes und das freie Spiel der Konkurrenz als Allheilmittel, ist in Wirklichkeit tot.«

»Ich bin überrascht, so etwas von dir zu hören«, sagte sie vorsichtig und grub den rechten Absatz in den Rasen.

»Ich bin durchaus kein Anhänger liberaler Theorien«, erklärte er, »ganz im Gegenteil: Ich bin überzeugt, dass es nie einen natürlichen, von allen Ketten befreiten Markt gegeben hat, genauso wenig wie ein von allen sozialen und kulturellen Bindungen freies Individuum.«

Lautes Lachen einer Gruppe von Gästen drang herüber.

»Das Ganze ist nichts als eine Idee«, fuhr er fort, »die sich im Zuge der Industrialisierung durchgesetzt hat.«

»Wodurch sich auch die Wirtschaft von der Gesellschaft entkoppelt hat, und zwar um sich alles andere zu unterwerfen!«, meinte Anna angriffslustig.

Stieglitz nickte. »Heute geht es unter anderem auch darum, die ökonomische Sphäre wieder zu dem zu machen, was sie in Wirklichkeit immer gewesen ist: ein Teil der Gesellschaft. Was wir benötigen, ist eine Resozialisierung der Wirtschaft!«

Anna staunte und erwiderte: »Aber das ist es doch, was ich immer gesagt habe! Es kann doch nicht sein, dass alles zur Ware wird: die Arbeit, das Geld, ja selbst der Boden – die Natur! Aber du willst mir jetzt nicht erzählen, dass du zu den Kommunisten übergelaufen bist, oder?«

Er lachte und meinte in ehrlicher Anerkennung: »Du hast dich in den letzten zwei Jahren unglaublich weiterentwickelt. Dein Geist funkelt wie die Diamanten, die du um deinen Hals trägst.«

»Jetzt hör doch auf!«

Er wurde ernst. »Der Kommunismus ist rein zerstörerischer Natur. Sieh dir nur an, was die Bolschewisten in Russland angerichtet haben: all die Toten, das ganze Leid, die Vernichtung der jahrhundertealten Kultur. Viel interessanter finde ich die Entwicklungen zum Monopolkapitalismus in den USA.«

Anna gefiel die Entwicklung des Gesprächs nicht, die Vereinnahmung durch ihren Vater – als hätte sie all ihre Überzeugungen über Bord geschmissen. Am liebsten würde sie ihn nach seinem Aufenthalt auf dem Monte Verità mit Paul de Lanoy fragen und wie es mit seinem Liebesleben bestellt gewesen war. Doch sie zögerte.

Da legte er den Arm um ihre Schultern. »Lass uns lieber über die Zukunft sprechen. In zwei, drei Monaten werde ich nach New York reisen ...«

Anna machte große Augen. Würde er sie bitten mitzukommen?

Tatsächlich: »Möchtest du mich vielleicht dorthin begleiten?«

»Ich? Wieso?«

»Ich dachte, es würde dich freuen. Außerdem hoffe ich, dass du mir während der Gespräche helfen kannst. Du hast dich ja jetzt lange genug dem Müßiggang gewidmet.«

»In Wirklichkeit willst du doch nur bei deinen Geschäftspartnern mit mir angeben!«, erwiderte sie. »Mama will sich ja nicht mehr mit dir blicken lassen. Es geht dir ums Prestige! Da bin ich nicht die Richtige.«

»Wie kannst du nur so etwas sagen!« Irritiert nahm er seinen Arm von ihrer Schulter.

»Wie soll ich dir denn helfen können? Als Dolmetscherin etwa?«

Er nickte, schmiss seine Zigarette zu Boden und trat sie auf dem Gras aus. Dann griff er sie an den Schultern und blickte ihr in die Augen. »Ich wäre überglücklich, dich in New York an meiner Seite zu haben.«

»Na gut. Aber nur unter der Voraussetzung, dass wir im Algonquin wohnen!«

»Ein Hotel?«, fragte er. »Wenn es einigermaßen respektabel ist...«

»Du wirst begeistert sein, es liegt mitten in der Stadt.« Sie küsste ihn auf die Wange. Natürlich sagte sie ihm nicht, dass sie ins Algonquin wollte, weil sie wusste, dass sich dort Autoren, Kolumnisten und Kritiker, Herausgeber, Regisseure und Produzenten, Drehbuchautoren und Künstler trafen. An denen aber war sie am meisten interessiert.

»Aber was ist mit Bernie?«, fragte sie plötzlich. Der kam soeben schwanzwedelnd angelaufen, als ahnte er etwas.

»Den kannst du bei deiner Mutter lassen. Ich habe bereits mit ihr gesprochen. Sie ist einverstanden. Überleg es dir!« Er nickte ihr aufmunternd zu und ließ sie allein zurück, um zu seinen Gästen zurückzukehren.

Anna blickte mit zwiespältigen Gefühlen auf das Flackern der Fackeln, das sich im See spiegelte, hinter ihr brandete die Geräuschkulisse auf – all die Gespräche, die ausgelassene Stimmung, das Lachen. Plötzlich musste sie an Gustav Landauer, Erich Mühsam und die anderen Kampfgefährten denken, und sie schämte sich, dass sie nun diamantenbehangen mit der Machtelite verkehrte, während der ein oder andere noch immer im Kerker schmorte. Nein, ihre politischen Anschauungen hatten sich nicht geändert, seitdem sie mit ihnen durch die Straßen Münchens marschiert war. Nach wie vor schwebte ihr das Ideal geistig erwachter Individuen vor, die sich in kleinen Gemeinschaften zusammentaten, um in Frieden miteinander zu leben. Doch sah Anna diese Gesellschaft inzwischen in weite Ferne gerückt. Und wenn sie noch glaubte, dass ein neues Zeitalter anbrach, so ging sie nun davon aus, dass es nur durch progressive Hebung, durch Vergeistigung, etwa über die Kunst, möglich werden könnte. Sollte sie vielleicht doch den Plan weiterverfolgen, hier in Berlin eine Galerie für moderne Malerei zu eröffnen? Der Gedanke war nach wie vor präsent, auch wenn sie ihn immer wieder wegschob, da ihr das Unternehmen zu gewagt erschien und sie vor der Selbstständigkeit zurückscheute. Außerdem, so musste sie sich eingestehen, gefiel ihr das mondäne Leben, welches sie dank der Unterstützung ihres Vaters derzeit führte, bevor sie sich ihrer Zukunftspläne sicher war. Auch bot es ihr vielfältige Möglichkeiten, Kontakte zu knüpfen und sich einen Namen in der Gesellschaft zu machen, sich einen Platz zu erobern, bei dem nicht allein ihr Elternhaus zählte. Schließlich war sie dafür bekannt, nicht immer nur die brave Tochter zu sein, sondern durchaus über einen eigenen Kopf zu verfügen, den sie einzusetzen wusste. Aber wenn ihr Vater sie nun in die USA mitnahm, so könnte sie das Spiel mitspielen und die Gelegenheit ergreifen, ihr Netzwerk auszubauen.

Sie wandte sich dem Haus zu und sah, dass ihre 17-jährige Schwester Alice zu ihr gelaufen kam, neben ihr Alfried, einer der Sprösslinge der Industriellenfamilie Krupp von Bohlen und Halbach. »Was hat Vater von dir gewollt?«, fragte sie.

»Wie bitte? Ach, dass ich mit ihm nach New York reise«, antwortete Anna.

»Hat er das wirklich gesagt? Dann möchte ich auch mitkommen!«

»Das wird kaum gehen.«

»Du willst doch nur nicht, dass ich mitkomme! Weil du ihn für dich alleine haben willst!«

»Unsinn!« Anna runzelte die Stirne. »Du bist einfach zu jung. Du gehst doch noch zur Schule!«

»Nein!«, fauchte Alice. »Du willst ihn immer nur für dich haben!« Damit rannte sie davon.

»Die Häuser in Amerika sind höher als Kirchtürme«, sagte Alfried altklug.

»Man kann von da oben sogar auf die Kirchtürme spucken«, meinte Anna. »Es ist die Zukunft!«

Stammtischgespräche

München, 8. September 1921. »Noch eins!«, brüllte Dietrich Eckart und hielt seinen Bierkrug in die Höhe. Der Mann mit Glatze, Schnurrbart und Fleischergesicht, Verfasser okkulter, deutschvölkischer und antisemitischer Traktate war bereits schwer angetrunken.

Zum Stammtisch im Café Heck am Odeonsplatz hatten sich einige Gesinnungsgenossen eingefunden: Neben Adolf Hitler, inzwischen als erfolgreicher »Trommler« der NSDAP zum ungekrönten »König von München« avanciert, Rudolf Heß, ich selbst, der feiste Ernst Röhm,

Alfred Rosenberg und der Wirtschaftstheoretiker Gottfried Feder.

Bei Gelegenheit nahm ich Heß zur Seite und fragte, wie es mit Hitlers Ausbildung stehe.

»Er macht immense Fortschritte, Haushofer ist überglücklich. Endlich finden seine Anschauungen über Geopolitik gebührende Anerkennung.«

»Sehen Sie Haushofer oft?«

»Ja, und nicht nur an der Universität«, antwortete Heß, »auch privat. Wir sind inzwischen regelrecht befreundet und reden häufig miteinander.«

Am Tisch ging es weiter hoch her. »Diesem Clemenceau«, grölte Eckart, »sollte man ohne Zögern eine Kugel in den Kopf jagen!« Er meinte den französischen Präsidenten, schärfster Verfechter der rigiden Vertragsbestimmungen von Versailles.

»Dabei haben wir im Großen Krieg ein Zehntel unserer Bevölkerung verloren«, schimpfte Feder, »ein Achtel unserer Gebiete, den größten Teil unserer Eisenerze und einen beträchtlichen Teil an Kohlevorräten.«

»Und jetzt auch noch die Reparationszahlungen, sie werden uns auf unabsehbare Zeit wie ein Mühlstein um den Hals hängen!«, sagte Hitler düster.

»Wir alle wissen, wem wir das zu verdanken haben«, meinte Heß.

Feder nickte. »Die Franzosen sind knallhart...«

»Franzosen!«, unterbrach ihn Eckart, »Vor allem doch den verfluchten Juden! Daran kann man wieder mal erkennen, zu was für einer Judenrepublik Frankreich entartet ist mit seinen unzähligen Negern, die nun auch noch im Rheinland unser Blut verpesten.« Er schlug mit der Faust auf den Tisch. »Ohne erneuten Krieg wird Deutschland untergehen!«, fuhr er wutentbrannt fort. »Dieses Mal müssen wir das Übel bei der Wurzel packen, wir dürfen nicht einfach nur gegen die Handlanger vorgehen, sondern müssen auch dem Finanzjudentum mit eiserner Faust entgegentreten. Gestützt auf die internationale Organisation des Bank- und Börsenwesens, gestützt auf die eng verketteten Freimaurerlogen in der ganzen Welt, zieht es sein Netz immer enger. Am liebsten würde ich noch heute sämtliche Juden in einen Eisenbahnzug verladen, und ab damit ins Rote Meer. Prost!«

Alle am Tisch hoben ihre Bierseidel und stießen an, auch Hitler mit seinem Wasserglas.

»Das wäre das Beste, was uns passieren kann!«, rief Alfred Rosenberg. »Vor allem in Russland.«

»Ja«, meinte Hitler. »Wir müssen die Brut entschieden bekämpfen!«

»Die jüdisch-bolschewistische Revolution droht uns nach wie vor!« Eckart war nicht zu bremsen. »Jetzt, wo unser Heer auf 100 000 Mann reduziert ist, sind wir doch praktisch wehrlos – das haben die sich fein ausgedacht: Erst wird unser Heer quasi entmachtet, damit die Kommunisten und die Juden ihr Werk dann zu Ende bringen können. Noch ein Bier!«

»Deshalb müssen wir es den Leuten einbläuen, damit es klar wird!«, polterte Ernst Röhm, ein brutal aussehender Typ mit diversen Schmissen im Gesicht. Er leitete das Waffenreferat der Reichswehr in Bayern, bald auch die Feldzeugmeisterei, deren Aufgabe darin bestand, die durch den Versailler Vertrag verbotenen Bestände an Waffen und Munition zu verstecken, was ihm den Titel »Maschinengewehrkönig von Bayern« eintrug. Ich kannte Röhm noch aus der Zeit, als er sich dem Freikorps Epp anschloss. Er hatte damals mit anderen völkisch-nationalistischen Offizieren, darunter auch Karl Mayr, die Vereinigung »Eiserne Faust« gegründet.

»Aber großartig«, meinte Heß, »was wir innerhalb kürzester Zeit bereits geschafft haben. Inzwischen können wir jede Woche eine öffentliche Versammlung abhalten!«

»Die NSDAP beginnt über die öffentliche Meinung zu gebieten!«, nickte Rosenberg.

»Nieder mit den Juden!«, grölte Eckart und schüttete noch mehr Bier in sich rein.

Broadway 120

New York, 14. September 1921. Anna saß mit ihrem Vater auf dem heißen, etwas staubigen Rücksitz eines Taxis. Die beiden waren zunächst drei Tage lang in der amerikanischen Metropole unterwegs gewesen, um die überwältigenden Eindrücke in sich aufzusaugen, nachdem sie mit einem Kreuzfahrtschiff übergesetzt hatten. Heute aber sollte das erste Treffen mit einem hochrangigen Vertreter der Upper Class stattfinden, mit Walter Teagle, dem Präsidenten der überwiegend von Rockefeller-Interessen kontrollierten Standard Oil aus New Jersey. Anna trug ein Kostüm in dezentem Grau und hatte die Haare hochgesteckt.

Sie fuhren durch den Financial District von Manhattan. Anna lehnte sich aus dem offenen Fenster, gebannt folgte ihr Blick den Fassaden hinauf bis zur Spitze der Skyscraper, ganz oben zierten weiße Wölkchen den saphirblauen Himmel. Einen Moment lang schloss sie die Augen und genoss den kühlenden Fahrtwind, der ihr Gesicht mit sanften Fingern streichelte. Eine Flut an Geräuschen begleitete sie: hupende Autos, quietschende Bremsen, schlagende Autotüren, Glockenläuten, Sirenen, Stimmengewirr – alles durcheinanderwirbelnd, ineinanderfließend. Wie ein Orchester, das die Instrumente stimmte.

Anna drehte sich zu ihrem Vater um. »Wo hast du Walter Teagle eigentlich kennengelernt?«

»Auf Jeckyll Island«, antwortete er kurz angebunden.

»Wo ist das, Jeckyll Island?«

»Eine Insel vor der Küste von Georgia«, antwortete er.

»Und was ist dort?«, fragte sie, plötzlich von Misstrauen ergriffen. Warum tat er so geheimnisvoll?

»Here it is«, sagte der Taxifahrer, »120 Broadway.«

Sie zahlten, stiegen aus und standen vor dem imposanten Equitable Building. Menschen aus aller Welt strömten den Bürgersteig auf und ab. »I want a Cheesecake cone!«, rief ein Kind neben Anna, ihre Mum nahm es genervt an der Hand und zog es weiter. An einer Mauer saß ein Bettler mit langem Bart und einem kleinen Hund, »homeless« stand auf einem Schild, das er in Händen hielt. Anna zog ihre Kostümjacke schützend enger. Auf der gegenüberliegenden Straßenseite blickte das Trinity Building mit neogotischer Fassade auf sie herab. Perfekte Fluchtlinien, dachte Anna. Wie Paris mit seinen Boulevards, nur viel größer.

Broadway 120, ursprünglich Konzernzentrale der Equitable Life Assurance Society, hatte von oben gesehen die Form eines überdimensionierten Hs, sein Schatten war so raumgreifend, dass man in New York seinetwegen neue Baugesetze erlassen hatte. Von da an mussten die Hochhäuser von der Straße zurückversetzt gebaut werden, damit man weiterhin noch in den Genuss von Tageslicht kam. Das Gebäude stellte eine Machtkonzentration dar, einen Hotspot der Wall Street, der Fraternität. Die Federal Reserve Bank of New York residierte darin wie eine Made im Speck. Während des Großen Krieges arbeitete hier unter anderem auch der Vorsitzende des Rates für Kriegsindustrie, Bernard Baruch. Anna bestaunte die protzig-vergoldeten Lettern »120 BROADWAY«, die sich über den überdimensional großen Rundbogen am Eingang spannten. Darüber flatterte die US-Flagge wie eine Flamme.

Da kam ein breit lachender großgewachsener Mann durch die Drehtür, gefolgt von zwei Bodyguards, obwohl auch er selbst sicher weit über hundert Kilo wog. Er ging geradewegs auf ihren Vater zu und begrüßte ihn mit festem Händedruck.

»Mr. Teagle, dies ist Anna, meine Tochter. Ich hoffe, Sie haben nichts dagegen, dass sie uns begleitet. Sie unterstützt mich hier als meine Sekretärin. Ihr Englisch ist ausgezeichnet, ganz unverzichtbar für mich.« Tatsächlich sprach er ein makelloses Englisch, sodass er sich problemlos verständigen konnte.

Teagle reichte nun auch ihr seine Pranke und lächelte sie an. »Ich bin sicher«, sagte er und wandte sich an ihren Vater, »dass Sie zu einhundert Prozent für ihre Verschwiegenheit garantieren können.«

»Wem könnte man mehr vertrauen als seinem eigen Fleisch und Blut?« Stieglitz berührte Anna kurz am Kinn, und sie spürte, dass ein Blutschauer ihre Wangen rot einfärbte, sie kam sich vor wie ein kleines Kind. Doch schluckte sie ihren Zorn ob der Demütigung herunter und lächelte.

»Charming«, flötete Teagle, griff aber gleich darauf ihren Vater am Oberarm. »Kommen Sie, lassen Sie uns dort hinüber gehen. Wenn Sie nichts dagegen haben, bleiben wir noch ein wenig an der frischen Luft.« Er führte seine beiden Gäste über die Straße zu dem kleinen Friedhof der Trinity Church. Davor hielten zwei Polizisten Wache.

»I do Ladies shoes, I do Ladies boots!«, trällerte ein schwarzer Schuhputzer, der am Gitter saß.

»Die Kirche ist im ›National Register of Historic Places‹ eingetragen«, erläuterte Teagle. »Manche behaupten, dass sich darunter ein alter Schatz der Tempelritter befände. Aber das ist dummes Geschwätz.«

Dann wird es auch nur ein Schwätzer erwähnen, dachte Anna, bedachte ihn nichtsdestotrotz mit strahlendem Lächeln.

»Standard Oil hätte sonst den Schatz sicherlich längst gehoben«, meinte ihr Vater mit Augenzwinkern.

Als Antwort erhielt er ein donnerndes Lachen. Der Amerikaner legte die Hand auf seinen Rücken und sagte: »Dafür liegen hier einige bekannte Persönlichkeiten unserer Gründungsgeschichte: Alexander Hamilton, Robert Fulton, Johann Jakob Astor«, führte er aus, während sie über einen kleinen Weg schlenderten.

»War Hamilton nicht Finanzminister unter Georg Washington?«, fragte Anna.

Teagle nickte. »Ich bewundere immer wieder das Bildungsniveau von euch Europäern. Ja, er plädierte einst für die Übernahme des britischen Modells. Und zweifelsohne kamen ihm damals seine enge Verbundenheit zu den New Yorker Finanziers zugute.«

Anna schaute sich um und sagte: »Im Frühjahr muss es hier ganz bezaubernd sein.«

»Ganz wie Sie«, entgegnete Teagle charmant und führte die beiden selbstzufrieden lächelnd an kleinen Grabsteinen vorbei zu einer Bank, von der sich sogleich ein Bodyguard erhob, damit sie sich dort setzen konnten.

Teagle wandte sich wieder allein ihrem Vater zu. »Sie waren schon in New York?«

»Ich denke, es ist immer wie das erste Mal. Einfach grandios.«

»In der Tat«, erwiderte Teagle stolz. »Inzwischen ist New York die Hauptstadt der Welt.«

»Da mögen Sie recht haben. Die Karten sind durch den Krieg definitiv neu gemischt worden.«

»Machen Sie sich nichts draus!« Teagle klopfte ihm freundschaftlich auf die Schulter. »Wir alle werden von der Situation profitieren. – Ich hörte, dass Sie an der Gründung der Interessengemeinschaft der deutschen Teerfarbenindustrie beteiligt waren?«

»Ich wandle nur auf den Spuren meines Arbeitgebers Carl Duisberg!«

»Bayer kann sich glücklich schätzen, einen Mann wie ihn an seiner Spitze zu haben!«

»Ja, genau. Vielleicht wissen Sie, dass er bereits 1903 hierhergereist ist. Seither ist er begeistert von der wirtschaftlichen Entwicklung in den USA.«

Teagle nickte und holte sich eine Havanna aus der Innentasche seines Jacketts.

»Von den Trusts und Konglomeraten, ganz besonders von Standard Oil«, fuhr Stieglitz fort. »Seither kommt er aus dem Schwärmen gar nicht mehr heraus. Es ist sicherlich eine zukunftsweisende Methode, der Konkurrenzsituation innerhalb der Industrie ein Ende zu bereiten. So war es auch Duisberg, der die Bildung eines deutschen Farben-Trusts vorschlug.«

Teagle schnitt das eine Ende der Zigarre ab. »Konkurrenz führt zu äußerst unangenehmem Preisdruck. Und welche Firmen gehören nun dazu?«, fragte er und zündete die Zigarre an.

»Unter anderem BASF, Bayer und Hoechst sowie Cassella, Kalle, Agfa, Ter Meer und Griesheim. Die Unternehmen bleiben dabei rechtlich gesehen weitgehend unabhängig. Unser wichtigstes Ziel aber ist jetzt, dass wir durch die Versailler Verträge nicht wieder aufgelöst werden. Eine echte Bedrohung!«

Teagle nickte und blies den Rauch wie eine Dampflok in die Luft. »Ich habe gehört, dass die Franzosen darauf pochen, die Anlagen der Interessengemeinschaft zu demontieren.«

»Insbesondere das Militär«, bestätigte Stieglitz. »Wir konnten uns aber schließlich einigen. Wir helfen den Franzosen beim Aufbau eigener Standorte zur Nitratherstellung, als Gegenleistung verzichten sie auf die Demontage.« Eine Polizeistreife raste mit heulender Sirene an ihnen vorbei. Stieglitz wartete, bis der Lärm verklungen war. »Ein weiteres Problem besteht natürlich darin, dass die Alliierten allen beschlagnahmten Besitz einbehalten dürfen – ein schwerer Schlag für uns.«

»Sie denken da sicher an die Patente!«

Stieglitz nickte. »Insbesondere DuPont hat großes Interesse daran.« Der US-amerikanische Konzern, 1802 als Firma für Sprengstoffe gegründet, war inzwischen ein global agierendes Unternehmen für Chemie, Werkstoffe und Energie.

»Da brauchen Sie sich keine Sorgen zu machen!« Teagle lachte. »DuPont kann mit deutschen Patenten und Fabriken praktisch nichts anfangen.«

Stieglitz lächelte süffisant. »Weil ihnen die technischen Informationen fehlen?«

»In der Tat. Ich habe gehört, dass sie gewaltige Summen investiert haben – vergeblich. Die Angaben bleiben ihnen ein Buch mit sieben Siegeln!« Teagle zog an seiner Zigarre. »Passen Sie nur auf, mein Freund, dass Ihnen nicht ein paar Chemiker abspenstig gemacht werden!«

»Meines Wissens hat DuPont das bereits getan. Vier unserer Chemiker wurden mithilfe des US-Geheimdienstes aus Deutschland hinausgeschmuggelt. Das ist noch keine Katastrophe, macht unsere Situation aber gewiss nicht einfacher.«

»Aber deswegen haben Sie mich wohl kaum kontaktiert, also damit ich dort ein Wort für Sie einlege, nicht wahr?«

Stieglitz lachte. »Nein, mich interessiert vor allem, was Sie mir zum Monopolkapitalismus sagen können.«

Verdammt viel Geld

»Wie läuft es mit den Männern?«, wandte ich mich an Ernst Röhm, während eine neue Runde Bier an den Tisch im Münchner Café Heck gebracht wurde.

Dank seiner guten Kontakte zum bayerischen Militär stellte Röhm auf Wunsch Hitlers die ersten Wachen der Partei bereit. »Alles bestens. Bald können wir den Saalschutz bereits in Hundertschaften gliedern«, erwiderte er leicht schnaufend. »Was uns aber noch fehlt, sind erfahrene Kommandanten.«

»Wenden Sie sich doch an die Marine-Brigade Ehrhardt«, schlug ich vor. »Die wird bald offiziell aufgelöst.« Das Freikorps, von Korvettenkapitän Hermann Ehrhardt aus Angehörigen der ehemaligen Kaiserlichen Marine aufgestellt, war sowohl bei der Niederschlagung der Münchner Räterepublik als auch beim Grenzschutz in Oberschlesien eingesetzt worden. Röhm nickte dankbar.

»Vor allem«, mischte sich Hitler ein, »brauchen wir gute Leute für das Parteiorgan, damit wir das Volk besser erreichen und unsere Ziele in alle Winkel transportieren können! Wie weit bist du mit dem Aufbau, Dietrich?« Dietrich Eckart war Ende August von Hitler zum Chefredakteur des *Völkischen Beobachters* ernannt worden, dessen Herausgeberlizenz Rudolf von Sebottendorf einst erworben und im Dezember 1920 an die Partei weiterverkauft hatte.

»Es kostet alles so verdammt viel Geld!«, stöhnte Eckart. »Zum Glück habe ich letztes Jahr diesen Ford-Mitarbeiter kennengelernt, der lässt uns ja immer mal was zukommen.«

Hitler nickte. »Ja, solche Parteispenden brauchen wir, denn mit den lächerlichen Mitgliederbeiträgen können wir den Laden hier bald dicht machen!«

»Vielleicht müssen wir auch fusionieren, um an Gelder zu kommen«, sagte ich. »Anton Drexler hat vorgeschlagen, die NSDAP mit der DSP unter einer föderalistischen Leitung mit Sitz in Berlin zu vereinigen.« Die von Alfred Brunner gegründete norddeutsche Deutschsozialistische Partei stand wie die NSDAP in enger Beziehung zum Germanenorden und zur Thule-Gesellschaft, beide Parteien waren aber unabhängig voneinander entstanden. Die DSP hatte sich bereits über ganz Deutschland ausgebreitet und unterhielt darüber hinaus Verbindungen zu sudetendeutschen und österreichischen Nationalisten.

Hitler schüttelte heftig den Kopf. »Auf gar keinen Fall! Das mag ja dem ein oder anderen Parteigenossen im Kopf umherschwirren, ich aber sage, dass diese DSP ein disziplinloser Haufen ist, dem es vorherbestimmt ist unterzugehen!« Aufgebracht trank er einen Schluck Wasser. »Wenn sich diese Leute uns anschließen wollen, dann können sie das gerne machen. Das Zentrum aber muss in München bleiben. Wir haben nicht all die Arbeit hier geleistet, um uns von bürgerlichen Sozialromantikern mit ihren demokratisch-föderalistischen Gesülze das Heft aus der Hand nehmen zu lassen!« Er geriet immer mehr in Rage. Vermutlich befürchtete er, bei einem Zusammenschluss selbst an Einfluss zu verlieren. »Wenn wir in diesen Zeiten irgendetwas erreichen wollen, dann darf es nur eine Partei geben – eine einzige, die mit starker Hand auf ein Ziel hingeführt wird: die Zertrümmerung der jüdisch-internationalen Herrschaft über unser Volk! Wenn ihr meint, dass ein Zusammenschluss mit anderen Parteien der Weg sei, dann werde ich unverzüglich meinen Rücktritt erklären!« Hitler stand auf und verließ das Lokal.

»Was müssen Sie auch solche Sachen sagen!« Eckart blickte mich kopfschüttelnd an. Sein Kopf war beängstigend rot: zu viel Bier. »Wollen Sie etwa auf Hitler verzichten?«

»Davon kann überhaupt nicht die Rede sein«, verteidigte ich mich. »Ich habe nur sachlich gefragt, was von Drexlers Idee zu halten ist.«

»Nun, jetzt wissen Sie's!« Auch Eckart stand auf. »Ich jedenfalls werde den Addi immer unterstützen. Er und sonst keiner wird unser zukünftiger Führer sein! Er wird ...« Er schwankte, verlor das Gleichgewicht, torkelte zurück und knallte mit Wucht auf einen Tisch, an dem zwei Männer in bayerischer Tracht saßen. Alles mit sich reißend, ging er zu Boden, wo er bewusstlos liegen blieb – bedeckt von einer blau-weißen Tischdecke und zwei Schnitzeln, die wie Lungenflügel auf seiner Brust lagen.

Big Business

Während Anna dem Gespräch der beiden Männer über Industriewachstum und die sozioökonomischen Veränderungen der letzten Jahrzehnte lauschte, schweiften ihre Gedanken in die amerikanische Vergangenheit. Ein brennendes Indianerdorf tauchte vor ihrem inneren Auge auf, sie hörte die Schreie der Kinder, der vergewaltigten Frauen. Was hatte Präsident Thomas Jefferson, der »Indianerfreund«, damals gesagt, vor gar nicht allzu langer Zeit? »Wir werden gezwungen sein, sie wie die Tiere aus den Wäldern in die Felsengebirge zu treiben! Aber der Krieg wird dort nicht haltmachen, er wird nie aufhören, sie zu verfolgen, solange noch einer von ihnen übrig ist diesseits des Mississippi.« Dann aber hörte man von gewaltigen Büffelherden *jenseits* des Mississippi, von fruchtbarem Boden und Gold... Und während Mitte des 19. Jahrhunderts noch an die 100 000 Indianer die Ausdehnung der »Zivilisation« überlebt hatten, gab es Ende des Jahrhunderts, nach dem Völkermord, nur noch knapp 15 000 von ihnen. Annas Herz zog sich zusammen, sie fragte sich, was denn wohl überwiege: ihre Faszination für dieses Land der sich ausdehnenden Grenzen in geistiger und geografischer Hinsicht, das sich hoher Ideale verpflichtet fühlte: der Freiheit, der Selbstverwirklichung und Demokratie, oder die Erkenntnis in dessen Heuchelei. Zudem meinten die Amerikaner ja der ganzen Welt ihre Ideale überbringen zu müssen.

»Durch die Konzentration der Sparvermögen«, führte Teagle soeben aus, »erlangten unsere Banken die Kontrolle über die Industrie.«

»Wenn ich recht informiert bin«, fügte ihr Vater hinzu, »war ab 1870 das gesamte Eisenbahnnetz der USA in Händen der Vanderbilts, Huntingtons, Hills und Harrimans.«

»Ja, genau.« Teagle blies Rauch in die Luft. »Anschließend kam es zu Zusammenschlüssen in der Stahl- und in der Ölindustrie, in der Tabak-, Kupfer- und in der Landmaschinenindustrie. Und zu Beginn des Jahrhunderts erfuhr dieser ganze Konzentrationsprozess eine gewisse Vollendung«, fuhr er mit Genugtuung fort, »als J. P. Morgan die United States Steel Corporation gründete – die erste Aktiengesellschaft mit einem Kapital von über einer Milliarde Dollar. 1912 kontrollierte die Finanzoligarchie – Morgan selbst, dann seine First National Bank und die mit ihr verbündete National City Bank – bereits 341 Gesellschaften mit einem Kapital von insgesamt 22 Milliarden Dollar. Einfach grandios, nicht wahr?«

Anna schaltete sich ein. »J. P. Morgan ist aber 1913 gestorben. Wer hat seither das Sagen?« Sie bemerkte, dass einer der Bodyguards ihr verstohlene Blicke zuwarf.

Teagle erwiderte: »Nun, die wichtigsten Entscheidungen trifft inzwischen Thomas W. Lamont.«

»Und welche Rolle spielt nun der Rockefeller-Clan?«

»Tja, in gewisser Weise ist es zu einer Spaltung innerhalb des Big Business gekommen.«

»Inwiefern?« Nebenher schenkte Anna dem Bodyguard ein kaum merkliches Lächeln.

»Die Kräfte des Finanzkapitalismus«, erklärte Teagle nüchtern, »jene, die von den Morgan-Interessen angeführt werden, stehen den Jüngeren, den Vertretern des Monopolkapitalismus um den Rockefeller-Block, gegenüber.«

»Dann befreit sich am Ende die Industrie von der Dominanz durch die Finanzwelt?« Dieser Teagle war ihr einfach unsympathisch.

»Letztlich, ja«, antwortete er.

»Aber wie ist es dazu gekommen?«

Ihr Vater schaute sie skeptisch an, als wisse er nicht, ob er sich über seine Tochter freuen oder ärgern sollte. Vermutlich fürchtete er, dass Teagle sie allzu vorlaut, ja sogar unverschämt fände.

»Momentan, würde ich sagen, ist es noch gar nicht wirklich dazu gekommen«, erklärte Teagle unbeeindruckt. Was er tatsächlich über sie dachte, konnte man nicht erkennen. »Das System ist in einer Art Schwebe. Noch haben die Banker die Oberhand, sie beherrschen sowohl die Regierung als auch die Geschäftswelt, vor allem da, wo die Industrie ihre Kapitalbedürfnisse nicht selbst decken kann, denn dort haben sie natürlich die Möglichkeit, die Versorgung bzw. Nichtversorgung zu steuern. Als Gegenleistung für eine Kreditvergabe erhalten sie Sitze in den Aufsichtsräten.«

Ein farbiger Bettler wollte den Friedhof betreten, wurde aber von den Bodyguards verscheucht. »Und wenn ein Unternehmen dazu nicht bereit ist, bekommt es ganz einfach keinen Kredit?«, fragte Anna.

»So ist es. Die Firmen werden durch Direktorensitze, Holdinggesellschaften und untergeordnete Banken kontrolliert. Gleichzeitig wirken die Banker darauf hin, dass es zu immer neuen Fusionen kommt. Das schränkt den Wettbewerb ein, und immer neue Wirtschaftsfelder werden monopolisiert. Dadurch aber, dass die Preise hoch gehalten werden...«

»Sie meinen Preisabsprachen?«, unterbrach sie ihn.

Teagle nickte. »Es gibt natürlich Mittel und Wege, wie man sich an den Anti-Trust-Gesetzen vorbei einigen kann. Auf jeden Fall hat niemand ein Interesse daran, dass die Preise gesenkt werden. Gleichzeitig können wir in der Regel durch technische Innovationen immer kostengünstiger produzieren.«

»Sodass die Profite immer weiter steigen?«

»Die Profite steigen. Und die Finanzoligarchie schaufelt sich ihr eigenes Grab.«

Anna fügte hinzu: »Weil die Industrie so mehr und mehr die Fähigkeit erlangt, ihre Kapitalbedürfnisse selbst zu decken.«

Teagle zog nochmals genüsslich an seinem Zigarrenstummel. »Hermann, Sie haben eine sehr scharfsinnige Tochter! Ein Unternehmen, das in der Lage ist, durch den technischen Fortschritt seine Produktionskosten zu senken, macht bei gleichbleibenden oder gar steigenden Preisen natürlich größere Profite und wird dabei zusehends unabhängiger von den Banken. Heute strebt die Industrie weitgehend nach finanzieller Unabhängigkeit.«

»Und die kleinen Unternehmen?«, fragte Stieglitz, der seiner Tochter offenbar nicht ganz das Feld überlassen wollte »Was ist mit denen?«

»Es gibt sie.« Walter Teagle lehnte sich vor und drückte seine Zigarre auf dem Boden aus. »Sie sind die Kulisse. Auf der Bühne aber agieren die großen Kapitalgesellschaften. Man sagt, dass Baseball Amerikas Nationalsport sei. Heute mehr denn je ist es aber eigentlich das Geschäftemachen. Und wir sind richtig gut im Spiel.« Er wandte sich wieder zu Anna und fragte: »Ist es ein Spiel, für das Sie sich begeistern können?«

»Wenn man uns Frauen die Möglichkeit einräumen würde, an die Spitze eines Unternehmens zu kommen – warum nicht?«

»Sie interessieren sich für die Emanzipation der Frau? Dann sollten Sie unbedingt Margaret Sanger kennenlernen!«

»Ich habe von ihr gehört, sie ist Frauenrechtlerin. Eine Aktivistin der Bewegung für Geburtenkontrolle, nicht wahr?«

»Das ist doch mal interessant, oder?«

»Wo könnte ich ihr denn begegnen?«

»Höchstwahrscheinlich auf dem Eugenik-Kongress, er findet sehr bald hier in New York statt. Den kann ich Ihnen wärmstens empfehlen. Der Kongress wird unter anderen auch von der Rockefeller Foundation gefördert. Ich werde Ihnen eine Einladung zukommen lassen.«

»Das wäre außerordentlich nett von Ihnen!« Anna musste innerlich lachen, weil ihr das Spiel mit den Mächtigen doch leichter fiel, als sie gedacht hatte.

Dorothy

Wenig später fuhren Anna und ihr Vater die Fifth Avenue entlang und hielten schließlich am Algonquin-Hotel in der 44. Straße, einem schönen Backsteingebäude im Herzen Manhattans. Anna sprang aus dem Taxi, trat durch die von einem Portier aufgehaltene Türe in die holzgetäfelte Lobby mit gedämpftem Licht. Vor in die Wände eingelassenen korinthischen Säulen aus Mahagoniholz standen Ledersessel vor großen Palmen. Sie hastete einen kleinen Zwischengang entlang und eine enge Treppe hinab in Richtung Toilette. Unten angekommen, öffnete sich die Tür, und ein schwarz-weißer Bostonterrier lief ihr auf dem weißen Marmorboden entgegen.

»Oh, wie süß!« Anna kniete sich hinab und streichelte den Hund.

»Das ist Woodrow Wilson!«

Anna erhob sich und staunte, wer da vor ihr stand: Die Frau trug eine weiße Perlenkette um den Hals und auf dem Kopf einen großen Hut mit aufgestellter Hutkrempe und festgepinnten Erdbeeren. Ihr entströmte penetranter Parfümduft. »Oh – und Sie sind Dorothy Parker, nicht wahr?«

Die Frau nickte lächelnd, rollte aber theatralisch die Augen. »Kann man sich denn hier nicht einmal in Ruhe die Nase pudern?«

Anna grinste, sie hatte verstanden. Dorothy Parker war berühmt für ihre Gedichte, Kurzgeschichten und Schauspielstücke, außerdem schrieb sie Theater- und Literaturkritiken. Ansonsten lief ihr der Ruf voraus, einen mehr als exzessiven Lebenswandel zu führen.

Geistesgegenwärtig fragte Anna zurück: »Kann man sich denn hier nicht mal in aller Ruhe im Schnee wälzen?«

»Einmal ein Schneevögelchen, immer ein Schneevögelchen.« Sie hob entschuldigend die Arme, dann sagte sie: »Sie haben Glück.«

»Glück...?«

»Weil ich beschlossen habe, mich umzubringen.«

»Bitte? Ich hoffe, nicht gleich heute Abend!«

»Machen Sie sich nichts draus, das ist chronisch bei mir. Hat nur noch nicht klappen wollen. Wenn meine Kolumnen so miserabel wären wie meine Selbstmordversuche, müsste ich Hungers sterben. Ich schätze, was mich letztendlich daran hindert, ist meine Unentschlossenheit – und die Angst, dass meine Freunde mir nachsagen würden, ich hätte mich wieder mal produzieren wollen. Und die Vorstellung meines eigenen Begräbnisses: gesenkte Köpfe, feuchte Augen, starre Blicke, das Schluchzen... Einfach lächerlich! Anders wäre es vielleicht, wenn ich sicher sein könnte, dass ein rauschendes Fest gefeiert würde, dass der Himmel mit einem Feuerwerk erstrahlt und sich alle lachend in den Armen lägen. Nun, jetzt brauche ich erst mal ein Glas Champagner! Kommen Sie. Lästigerweise bin ich noch ziemlich nüchtern.«

»Gern. Aber zuerst...« Anna verschwand in der Toilette.

Kosher Nostra

»Die Kleine wohnt mit ihrem Vater im Algonquin.« David Bernstein lehnte sich zurück, überblickte den noch leeren Speisesaal und blies den Rauch seiner Zigarette in die Höhe.

Er saß mit seinen Freunden Lou Rosenkrantz und Martin Friedman in Moe's Restaurant in der Myrtle Avenue, alle drei Mitglieder der New Yorker Kosher Nostra, der maßgeblich jüdischen Mafia in den USA. Während sich ihre aus Osteuropa eingewanderten Eltern noch in den Ghettos der Lower East Side bis zur Erschöpfung abschufteten, entschieden sich die drei für einen anderen Weg. Als jugendliche Halbstarke hatten sie fünfzehn Dollar für Schläge genommen, für Messerstiche fünfundzwanzig und einhundert Dollar für einen Mord. Jetzt, mit Ende dreißig, trugen sie elegante Anzüge und besuchten Billardkneipen und Tanzhallen, Spielhöllen, Nachtklubs und Bordelle.

Die Goldenen Zwanziger waren dank der Prohibition das Zeitalter der Kosher Nostra, die sich mit der italienischen Mafia in der Murder Inc. verbündet hatte: allesamt Gangster, derer man sich heute nicht gern erinnert, Verbrecher, die sich nach ihren Feinden wie nach ihren Freunden beurteilen ließen. Sie wussten, dass Amerika zwar vieles versprach, aber nichts zu geben hatte – es sei denn, sie würden es sich selbst nehmen.

Bernstein, Friedman und Rosenkrantz waren eine Mischung aus Eleganz, Bluff und Brutalität. Gewalt und Grausamkeit waren Teil ihres Alltags, gleichzeitig kümmerten sie sich rührend um ihre Familien. Zwar rebellierten sie gegen die Gesetze Moses, doch bestand ihr höchstes Ziel darin, ihren Kindern eine gute Schulbildung zu ermöglichen, sodass sie ihren Unterhalt fernab vom Mobstermilieu würden führen können. Moe's Restaurant gehörte ihnen gemeinsam, es strahlte behagliche Eleganz aus und war stilvoll eingerichtet. Alle Tische waren bereits gedeckt: mit weißen Tischdecken, die herabwallend die dunklen Holzdielen streichelten, mit großen Tellern, eleganten Weinkelchen und Kerzen. Links, wenn man hereinkam, verlief eine lange Theke aus massivem Holz, an deren Ende sich die Küche befand. Dann gab es noch eine Tür hinten, neben den Toiletten. Sie führte in einen Privatraum, wo die drei ihre illegalen Geschäfte abwickelten. Einige Kellner bedienten die Inhaber, die gerade ihr Mittagessen beendeten, und warteten auf die Öffnung des Lokals.

»Und dieser Hermann von Stieglitz ist Deutscher?«, fragte Lou Rosenkrantz, ein untersetzter Schlägertyp mit rötlichen Haaren, der sich auf seinem Stuhl rumlümmelte. Dass die geringste Provokation ihn zur Weißglut bringen konnte, versuchte er durch Lässigkeit zu überspielen. Doch war er stets hellhörig, ob ihm nicht irgendeine Beleidigung zu Ohren kam.

»Ein Industrieller«, antwortete David Bernstein. Er war gut gebaut, trug eine fein gebügelte Hose mit Streifen und ein weißes Hemd, über das sich Hosenträger und ein ledernes Schulterhalfter spannten, in dem eine 45er steckte. Er schaute durch runde Brillengläser hinauf zum Ventilator über ihnen. Eine braune Haarsträhne hing ihm über die Stirn. Sein Geld trug er stets in zusammengerollten Scheinen in der Hosentasche.

»Und von wem hast du den Tipp?«, wollte Rosenkrantz wissen.

»Von einem Mitarbeiter bei Kuhn, Loeb & Co. Er will dafür am Lösegeld beteiligt werden.« Die New Yorker Investmentbank Kuhn, Loeb & Co. war bei Industrieanleihen einer der einflussreichsten Wettbewerber von J. P. Morgan & Co. Zudem legten sie für die USA und viele andere Staaten Staatsanleihen auf – auch für Japan zur Finanzierung des Russisch-Japanischen Krieges 1904 bis 1905. Nachdem der aus Frankfurt am Main stammende Leiter Jacob Schiff im letzten Jahr verstorben war, wurde das Bankhaus von Otto Hermann Kahn und Felix M. Warburg weitergeführt. Die Kontakte der Kosher Nostra bestanden allerdings zu den unteren Hierarchieebenen.

»Wer ist denn nun unser Auftraggeber?«, fragte Friedman. »Und was verlangt der dafür?«, fügte er misstrauisch hinzu.

»Keine Ahnung«, antwortete Bernstein. »Einer der Bankiers. Vielleicht will er diesem Stieglitz nur eins auswischen.«

»Bankiers«, sagte Rosenkrantz abschätzig. »Ich habe kein gutes Gefühl bei der Sache.«

»Ich weiß überhaupt nicht, was du hast!«, entgegnete Bernstein. »Die sind doch genau wie wir – es sind Gangs! Nur dass sie, um sich durchzusetzen, statt Waffen Geld benutzen. Ganz davon abgesehen, sind sie verdammt gute Kunden.«

»Aber Kidnapping ist nicht gerade unser Spezialgebiet, und dann auch noch eine Ausländerin«, bemerkte Martin Friedman, der langsam, fast schleppend redete. Er hatte stechend schwarze Augen, eine lange Nase, schmale Lippen, trug die Haare streng nach hinten gegelt und selbst bei brütender Hitze einen Nadelstreifenanzug.

»Dieser Stieglitz soll sehr reich sein. Was spielt es da für eine Rolle?«

»Von welcher Summe reden wir denn hier eigentlich?«, wollte Rosenkrantz wissen.

Bernstein lehnte sich vor: »Es geht um über drei Millionen Dollar!«

Die Entsendung

München, 15. September 1921. Hauptmann Mayr winkte mich zu sich. Ich stand auf und ging zu seinem Schreibtisch, wo sich die Akten stapelten. Der ganze Raum der Nachrichten- und Propagandaabteilung roch nach Heimlichtuerei.

»Was gibt's Neues von unseren Freunden bei der NSDAP?«

»Alles läuft wie gewünscht«, antwortete ich. »Hitler hat sich durchgesetzt und hält die Macht fest in Händen. Den Versuch eines Zusammenschlusses mit der DSP hat er vehement unterbunden.«

»Wer hätte das gedacht – Hitler ein kleiner Diktator!«

»Ohne Eckart und Heß wäre er sicher nicht so weit gekommen. Gerade Eckarts Einfluss ist immens, und seine Loyalität steht außer Frage«, berichtete ich. »Außerdem hat er üppige Parteispenden akquiriert, die verhalfen ja auch Ende letzten Jahres zum Kauf des *Völkischen Beobachters*. Offenbar verfügt er über gute Verbindungen. Er prahlt damit, mit einem Vertrauensmann von Henry Ford in Kontakt zu stehen.«

»Ah, dem Autobauer aus Detroit!«

Ich nickte. »Ein strammer Antisemit. Von ihm stammt das Geld.«

»Dieser Eckart scheint ein fähiger Mann zu sein. Ich werde mal Flugblätter bei ihm bestellen. Und Heß?«

»Zweifelsohne ein ganz wichtiges Bindeglied zwischen Hitler und Haushofer. Doch es läuft alles hinter den Kulissen«, antwortete ich. »Rudolf Heß spielt nach wie vor den devoten Bewunderer.«

»Wo liegt momentan der Schwerpunkt der Schulung?«

»Noch immer auf der Bedeutung des Lebensraumes für die Völker. Dass die Lebenskraft eines Volkes durch den Krieg erneuert wird. Dass nur Expansionskriege natürliches Wachstum ermöglichen und dass man entsprechend für Wehrkrafterziehung Sorge zu tragen hat.«

»Hauptsache, wir haben Einfluss auf Hitler.« Mayr dachte laut nach. »Wer weiß, wie weit er es noch bringt!«

»Rudolf Heß hat da kürzlich einen interessanten kleinen Artikel geschrieben.« Ich stand kurz auf, ging zu meinem Schreibtisch und holte ihn. »Der Titel lautet: ›Zum Flugblatt gegen Hitler‹.« Ich begann daraus vorzulesen: »Seid ihr wirklich blind dagegen, dass dieser Mann die Führerpersönlichkeit ist, die allein den Kampf durchzuführen vermag? Ich traue mir allerdings zu, mich in einem Menschen nicht zu täuschen, nachdem ich eineinhalb Jahre beinahe täglich mit ihm zusammen war. Für diejenigen aber, die nur den scheinbaren Demagogen, nicht die dahinter stehende scharf umrissene Persönlichkeit kennen und die so noch einen leisen Zweifel hegen, möchte ich Folgendes feststellen: Hitlers Wesen ist reinstes Wollen; seine Kraft beruht nicht nur auf Rednergabe, sondern in gleichem Maß auf bewundernswertem Wissen und klarem Verstand. Tief zu bedauern ist, dass die Bewegung sich nicht in der Lage befindet, wenigstens für den Unterhalt des Führers zu sorgen. Nach Verdienst kann sie ihn nie entlohnen.«

»Ja, das mit dem reinsten Wollen ist gut«, sagte Mayr. »Aber da muss noch sehr viel mehr kommen.«

»Das wird auch sicherlich geschehen.«

Mayr öffnete ein Dossier vor sich auf dem Schreibtisch. »Lassen Sie uns zu einem anderen Thema kommen. Haben Sie schon mal etwas von Eugenik gehört?

»Rassenhygiene?«

Mayr nickte. »Die Amerikaner scheinen uns da weit voraus zu sein. Ich wusste auch nicht, dass sie bereits 1907 Kastrations- und Sterilisationsgesetze erlassen haben, ein regelrechtes Rassenaufartungsprogramm – einfach fantastisch! Wirklich vorbildlich! Andererseits waren sie auch der einzige moderne Staat, der noch im 19. Jahrhundert Sklaven hielt.

Ein Jammer, dass sie das abgeschafft haben, dann hätten sie heute nicht solche Probleme mit den Negern.«

Mayr massierte sich kurz den Nacken. »Wie dem auch sei. Vom 25. bis 27. September findet in New York der zweite internationale Eugenik-Kongress statt. Es soll dabei vor allem um die eugenischen Konsequenzen des Weltkrieges gehen. Und obwohl man auch Rassenhygieniker aus Deutschland, Österreich und Ungarn einladen wollte, lehnen besonders die französischen und belgischen Eugeniker unsere Teilnahme ab. Sie drohen sogar, den Kongress bei deutscher Beteiligung zu boykottieren. Und zu allem Überfluss verweigern sich die deutschen Rassenhygieniker selbst einer internationalen Zusammenarbeit.«

»Sicher weil man uns die alleinige Schuld am Krieg gibt. Es sieht ja ganz so aus, als würde der Nationalismus dem Rassegedanken schaden«, bemerkte ich.

»Am Ende wird wohl erst die Neuordnung der internationalen Situation durch einen weiteren Krieg die Kooperation wieder möglich machen. Auf jeden Fall hat man sich vonseiten der bayerischen Armeeführung an uns gewandt. Sie wünschen einen Vertrauensmann nach New York zu entsenden, der gut Englisch spricht und über den Kongress berichten kann. Was halten Sie davon?«

»Haben Sie dabei etwa an mich gedacht?«, fragte ich erstaunt.

»Sie leisten hier seit über zwei Jahren ausgezeichnete Arbeit. Sie haben exzellente Kontakte zur Münchner Szene aufgebaut und sind einer der wichtigsten Verbindungsleute zwischen Armee und Nationalsozialismus. Sie haben es sich einfach verdient. Mit anderen Worten: Es ist entschieden, Sie fahren.«

Ich lächelte. »Wenn das ein Befehl ist …«

»Für Ihre Unterkunft ist gesorgt. Am Wochenende geht's los. Hier ist Ihr Zugticket nach Hamburg, von wo Sie dann die Überfahrt antreten. Und da Sie gerade von Henry Ford gesprochen haben: Auf dem Kongress werden Sie einen Ernest Liebold kennenlernen, er verfügt über sehr gute Verbindungen zur deutschen Botschaft in Washington. Er hat uns bereits während des Weltkrieges gute Dienste geleistet und wird sich etwas um Sie kümmern.«

»Warum ist er so wichtig?«

»Er ist Fords rechte Hand. Hier sind einige Informationen über ihn.«

Ich nahm die Akte Liebold entgegen, öffnete sie und betrachtete ein Foto: ein Mann mit rundlichem Kopf, dicken Lippen und Brille.

»Ich habe Ihnen auch ein Buch besorgt. So können sie sich ein wenig auf alles vorbereiten.«

Ich nahm den dünnen Band entgegen: »The Passing of the Great Race« von Madison Grant. Ach ja, davon hatte ich ja schon gehört.

Verbote

Anna saß neben Dorothy Parker auf dem ledernen Rücksitz eines Taxis, das in Greenwich Village am Straßenrand stand, hinter ihnen parkte ein schwarzer Cadillac. Der Himmel mit einzelnen Wolken glühte rot-golden, als hätte ihn jemand angezündet.

Anna trug einen schwarzen Turban mit roten Federn, sie blickte hinauf und sagte verträumt: »Ich würde jetzt so gerne die Sterne sehen.«

Trotz ihrer Alkoholexzesse wirkte Dorothy auf den ersten Blick noch immer wie eine zierliche Elfe. Auch heute trug sie den Hut mit den festgepinnten Erdbeeren. Nun flatterte sie mit den Augenlidern und antwortete trocken wie ein Martini: »Wer braucht schon Sterne, wenn man Straßenlaternen hat!« Ihr Charakter war ein Spiegelbild New Yorks: rastlos, modern und geistreich. Mal war sie stark, mal verletzlich, mal grausam, mal sanft und mitfühlend, meist aber zynisch, fast immer angeheitert bis völlig betrunken – was in ihrem ursprünglich hübschen Gesicht bereits Spuren hinterlassen hatte. »Wo zum Teufel bleibt Robert mit dem Whiskey?«, krächzte sie.

»Aber – er ist doch da in diese Wäscherei gegangen...?« Anna biss sich auf die Lippen, in Bezug auf das ihr völlig unverständliche Phänomen der Prohibition würde sie ihre Naivität wohl nie verlieren.

Dorothy lachte nur. »Dieser Puritanismus ist mir ein Gräuel! Wenn ich an all die Einwanderer denke, die Deutschen, Polen und vor allem die an Whiskey gewöhnten Iren! Die Griechen und Italiener, all diese Weinkenner und armen Teufel. Da leben sie nun im Schatten der Freiheitsstatue und sollen auf einen Genuss verzichten, der ihnen und ihren Vorfahren seit Jahrhunderten ins Blut übergegangen ist! Die Republikaner aber meinen auf diese Weise die Gesellschaft verbessern zu können, sie assoziieren Alkohol mit Gewalt, Faulheit und Korruption. Sie glauben tatsächlich, dass eine nüchterne Gesellschaft automatisch patriotischer sei, stabiler, frommer, wohlhabender. Aber wir wissen uns schon zu helfen, nicht wahr, Wilson?« Sie streichelte den Hund auf ihrem Schoß, als müsse auch er auf Alkoholkonsum verzichten.

»Vielleicht ist ja sogar etwas dran«, meinte Anna lächelnd.

»Ganz gewiss.« Dorothy blickte sehnsüchtig zur Wäscherei hinüber. »Aber die Prohibition ist ein bisschen wie Medizin: In der Regel erkennen die Leute ihre Vorteile zwar an. Wenn sie jedoch nicht krank sind, dann weigern sie sich eben auch, die Medizin einzunehmen. Seitdem das Gesetz in Kraft ist, finden übrigens in Manhattan an einem Tag mehr Cocktailpartys statt als woanders in einem ganzen Monat!«

Ein Schwall Gestank aus Abgasen und Gummi strömte durchs Fenster, doch Anna fragte sich, ob diese Mixtur nicht immer noch besser war als die Coty's-Chypre-Wolke, die Dorothy umhüllte. Doch wenn Woodrow Wilson mit seiner feinen Nase die Parfümdröhnung überlebte, so würde sie es wohl auch noch schaffen.

»Na endlich!«, rief Dorothy einem herbeieilenden großen, schlaksigen Mann entgegen. »Wieso dauert das denn so lang?«

Der Redakteur und Humorist Robert Benchley, ihr bester Freund und Kollege, öffnete die hintere Tür, woraufhin sie ausstieg und ihn in der Mitte der Sitzbank Platz nehmen ließ. Dorothy stieg wieder ein und bat den Taxifahrer loszufahren. Sie verließen die Christopher Street und fuhren durch ruhigere Straßen des Künstler- und Szeneviertels mit seinen typischen kleinen Häusern aus braunem Backstein. Der schwarze Cadillac folgte ihnen...

»Tut mir leid«, sagte Robert. »Ich musste einfach auf einen günstigen Moment warten. Da kamen ständig irgendwelche Frauen, die ihre Wäsche vorbeibrachten.«

»Und was hast du bekommen?«, fragte Dorothy.

Benchley klopfte breit lächelnd auf die beiden Jackentaschen, in denen jeweils eine Flasche in Papier eingepackt steckte: »Whiskey! Ich kann dir sagen, Anna: Wenn man dafür sechs Monate Haft riskiert, schmeckt er ungleich besser.«

»Sechs Monate!« Anna war geschockt. »Das kann doch nicht wahr sein!«

»Doch, doch. Letztens bin ich auf der Straße ausgerutscht und spürte gleich einen heftigen Schmerz. Als ich mich wieder aufrappelte und meinen Hintern betastete, fühlte er sich feucht an, und ich bekam einen echten Schreck. Ich hatte ja meinen Flachmann dabei. Kaum hatte ich mir aber meine Hand angesehen, konnte ich wieder aufatmen: Es war nur Blut.«

Anna und Dorothy kicherten.

»Lass dir keinen Unsinn von Robert auftischen, er ist ein Meister darin, solche Geschichten zu verbreiten.«

Robert lachte nun ebenfalls.

»Auf jeden Fall freue ich mich schon auf den Abend«, sagte Anna. »Wohin fahren wir eigentlich?«

Nachdem Dorothy sowie einige andere Mitglieder des Vicious Circle, eines legendären Literaten-, Journalisten- und Schauspieler- zirkels, im Algonquin schon die ein oder andere Flasche geleert hatten, lud sie Anna ein mitzukommen. Da sich Annas Vater für eine Woche mit Walter Teagle auf Moorhuhnjagd befand, nahm sie entzückt an. Endlich würde sie Leute kennenzulernen, die sie ohne zu zögern als *Menschen* bezeichnen konnte! Nun fuhren sie also durch Greenwich Village, neben Harlem Zentrum der New Yorker Avantgarde, von wo aus ein neuer Geist der Freiheit ausging, um die viktorianische, ebenso repressive wie verlogene Moral der Väter niederzureißen. Ganz ähnliche Themen wie in Deutschland brachten die Gemüter auf, man befand sich also auf ähnlicher Wellenlänge, als sei man durch unsichtbare kulturelle Fäden in einer transatlantischen Gemeinschaft verbunden. Die Themen lauteten freie Liebe, Nacktkultur, moderne Kunst, Geburtenkontrolle, Selbstverwirklichung, Frauenemanzipation, Homosexualität und ra- dikale Politik. Anna war einmal mehr in einem pulsierenden Hotspot gelandet – Brutstätte einer neuen Zivilisation.

»Wir fahren zu den Arensbergs«, sagte Dorothy. »Ich liebe sie ein- fach.«

»Arensbergs?«

»Eine Institution!«, erklärte Robert. »Walter und Louise Arensberg, Kunstsammler, die einen Salon führen, wo die Szene ein und aus geht.«

Annas Gesicht färbte sich vor Freude.

»Natürlich haben ihre Abende gegenüber früher viel an Charme verloren. Vor dem Krieg war es der Mittelpunkt alles Neuen, ein kos- mopolitischer Cocktail aus Europäern und Amerikanern, die sich fast jeden Abend dort trafen. Es gab unvorstellbare Orgien. Sex, Jazz und Alkohol!« Robert blies die Backen auf.

»Genau. Aber alle bestens angezogen, das muss man sagen«, fügte Dorothy hinzu.

»Aber heute ist es nicht mehr so spannend?«, fragte Anna.

»New York hat sich so sehr verändert«, meinte Dorothy. »Seit der Prohibition sind unzählige Bars eingegangen.«

»Wie in einer Geisterstadt kommt man sich oft vor«, fügte Robert hinzu. »Wir müssen uns jetzt in Teesalons treffen oder in illegalen Flüsterkneipen geschmuggelten Alkohol aus biederen Kaffeetassen trinken. Auch bei den Arensbergs merkt man das.«

»Aber wenn du die Sau rauslassen willst«, grinste Dorothy, »dann wirst du noch heute auf deine Kosten kommen!«

Woodrow Wilson bellte, worauf sie alle laut lachen mussten.

Exilanten

Das Taxi hielt in einer kleinen Straße, die auf beiden Seiten von Bäumen gesäumt war. In den Ästen hing blutrot die Sonne, als könne man sie dort abpflücken. Dorothy, Anna und Robert gingen eine kleine Vortreppe hinauf und klingelten. Kurz darauf betraten sie die elegante Maisonettewohnung der Arensbergs, wo die Party schon in vollem Gange war.

Dorothy nahm Anna bei der Hand und führte sie direkt zu einer der Wände. Fünf Meter hoch, hingen hier dicht an dicht Werke von Duchamp, Cézanne, Matisse, Braque und Picasso. Anna blieb der Mund offen stehen. Noch nie hatte sie eine solch große Sammlung moderner Kunst gesehen – und das in einer privaten Wohnung! Ihre Augen glitten geradezu zärtlich über all die Farben und Formen, Linien und Schattierungen hinweg. Bis in die letzte vibrierende Faser ihrer Seele spürte sie die Kraft dahinter. Hier war er sichtbar, der Geist der neuen Zeit: ein lebendiges, intelligentes Wesen, das inspirierend auf die Künstler einwirkte und ihnen Energien übermittelte. Ja, sogar ein Werk von diesem Gottfried Graf hing dort, der von einigen Gästen im Café Stefanie wegen seiner revolutionären Holzschnitttechnik bewundert und gefeiert wurde; vor allem sein Bild »Erschaffung des Lichts« hatte Furore gemacht. Ach, wenn sie doch nur den Mut aufbringen könnte, eine Galerie zu führen! Die Arensbergs wären sicher potenzielle Kunden.

Da schwebte eine großgewachsene Frau mit kurzen purpurroten Haaren auf sie zu, neben ihr ein Rudel kleiner Hunde. Sie trug einen schottischen Kilt und einen mottenzerfressenen Pelzmantel, auf den ausgestopfte Vögel, Briefmarken und Flaschenverschlüsse montiert waren.

»Baroneß!« Dorothy lächelte schräg. »Sie sehen entzückend aus wie eh und je!«

Die Lady ergriff Dorothys rechte Hand, kniete wie ein Ritter vor ihr nieder und fuhr mit der Zunge über ihre Finger.

»Einfach bezaubernd!«, sagte Dorothy, obwohl ihr ein Anflug von Ekel anzusehen war, während die Baroneß nicht ganz ohne Mühe wieder aufstand. Die Hunde samt Woodrow Wilson tollten zwischen ihren Beinen umher. »Darf ich Ihnen eine Landsfrau vorstellen? Anna von Stieglitz. Und dies ist Elsa von Freytag-Loringhoven.«

Vorsorglich versteckte Anna ihre Hände hinterm Rücken und verbeugte sich ironisch lächelnd. Ihr Gegenüber aber nickte ihr nur kühl zu. Offenbar musste man sich ihre Gunst erst verdienen.

»Elsa ist die Mama von Dada«, nuschelte Dorothy, während sie eine Zigarette anzündete.

»Ah, Dada! Ich habe schon einiges darüber gehört und gelesen. Und doch scheint es mir zu entgleiten, sobald ich versuche, danach zu greifen.«

»Es ist das neue Dada-Kadabra«, antwortete Elsa schielend. »Und Marcel Duchamp ist sein Dadalama.«

Anna lachte und war im Übrigen sprachlos.

»Dada kann man nicht verstehen. Verstehen wird ohnehin völlig überschätzt.« Damit drehte sich die Dame um und verschwand in der Menge.

Dorothy blies Rauch in die Luft. »Eine glühende Abfallsammlerin. Im Sommer trägt sie gerne einen Vogelkäfig als Halsschmuck.«

»Mit einem lebenden Kanarienvogel darin, nehme ich an?«, meinte Anna zum Spaß.

»Sie haben es erfasst. Manchmal schmückt sie sich auch mit einem selbst gebastelten Gipspenis und schockiert damit alte Jungfern.«

»Ein nettes kleines Miststück«, versuchte sich Anna im New Yorker Jargon.

Dorothy nickte. »Ich bin sicher, dass sie mit Rauschgift vollgepumpt ist!« Da erspähte sie ihren Freund Benchley und rief: »Robert! Bringen Sie uns doch endlich ein paar Cocktails!« Dann zu Anna: »Ich kenne mich im nüchternen Zustand so wenig, dass es mir schon vor mir selber graut.«

Ein junger Mann mit glänzendem, flach an den Kopf geklatschtem Pomadenhaar driftete sternhagelvoll an ihnen vorbei und verschwand im Nachbarzimmer.

»Was für eine besoffene Qualle«, stellte Dorothy abfällig fest. »Aber gut, wer ist heutzutage schon nicht betrunken?«

»Oh, sehen Sie nur«, sagte Anna errötend und zeigte in eine Ecke, wo eine junge Frau auf einem Diwan lag, während mehrere junge Männer damit beschäftigt waren, ihre Arme und Füße zu küssen und zu streicheln.

»Beneidenswert.« Dorothy nahm von Robert einen Highball entgegen und nippte daran. »Sehen Sie die Frau mit dem Bibercape?«

»Edna St. Vincent Millay«, erklärte Benchley.

»Eine Art Genie im Körper eines rothaarigen Zwerges«, fügte Dorothy hinzu.

»Die bekommt noch den Pulitzer-Preis!«, sagte er.

»Und die Frau da hinten, in dem grauen Samtkleid mit dem Silberfuchs am Saum?«, wollte Anna wissen.

»Das ist Margaret Anderson.« Dorothy leerte genießerisch ihr Glas. »Sie ist die Gründerin und Herausgeberin der Zeitschrift *The Little Review,* eine Hysterikerin. Daneben steht Jane Heap – eine wahre Konversationskünstlerin, aber schrecklich depressiv. Gemeinsam veröffentlichen sie literarische und künstlerische Arbeiten transatlantischer Modernisten.«

»Sie kommt mir bekannt vor. Ja, genau, die sieht ja aus wie …«

»Wie Oscar Wilde?« Dorothy musste lachen und bat Robert, neue Drinks zu besorgen. »Margaret und Jane sind ein Liebespaar.«

»Und die mit dem hellvioletten Negligé, ist das nicht Isadora Duncan?« Anna konnte es nicht fassen. So viele prominente Gäste auf einen Schlag!

Benchley kehrte mit den Cocktails zurück und reichte sie den beiden Frauen. »Es heißt, die Geheimpolizei observiere Isadora«, sagte Dorothy. »Weil sie in eine rote Fahne eingewickelt die Marseillaise getanzt habe.«

So verlief der Abend weiter. Anna bekam immer neue Gäste vorgestellt: die Anarchistin, Friedensaktivistin, Antimilitaristin, Atheistin und feministische Theoretikerin Emma Goldman, Margaret Anderson, die Arensbergs, das Schriftstellerehepaar Scott und Zelda Fitzgerald, den schrumpfköpfigen Literaturkritiker Alexander Woolcott, Harold Ross, ebenfalls Journalist, den Sportreporter Heywood Broun, die Feministin und Mitbegründerin des Magazins *The New Yorker* Jane Grant, den lockenköpfigen Harpo Marx von den Marx-Brothers und viele andere. Es schien ein mysteriöses Talent, ja fast angeboren zu sein, dass Anna ganz mühelos mit der anwesenden Prominenz aus Kultur, Politik und Wirtschaft umgehen konnte.

Einige Stunden später ruhte Anna mehr liegend als sitzend auf eben jenem Diwan, auf dem sich vorher die junge Frau hatte verwöhnen lassen. Neben ihr saßen, ebenso angetrunken, Zelda Fitzgerald und Mina Loy, die Malerin, Lyrikerin und Schauspielerin: knapp 40, mit Gesichtszügen wie Elfenbein und rabenschwarzem Haar, das sie zu einem Zopf geflochten hatte, dazu ein schwarzes Tweedkostüm und eine dunkelblaue Satinbluse.

»Nachdem ich schließlich erkannt hatte«, sagte Mina soeben, »dass mir die Liebe alles verschlang, durchdringend, verheerend, habe ich versucht, jedes Liebesbedürfnis in mir abzutöten.«

»Weil es die Freiheit raubt?«, fragte Anna. »Die mussten wir Frauen doch lange entbehren.«

Mina nickte. »Mit ihr zu leben ist allerdings schwieriger, als sie zu erringen. Verstrickungen sind in Liebesdingen unvermeidlich. Um ihnen zu entgehen, muss man ständig in Bewegung bleiben und sein Leben immer und immer wieder umpflügen. Will man seine Vorstellungen verwirklichen, hat man einen teuren Preis dafür zu zahlen: Einsamkeit!«

Anna nickte. Hatte sie sich nicht auch gegen die Liebe zu Heinrich gewehrt, weil sie um ihre Freiheit und Selbstbestimmung fürchtete? Wie es ihm wohl ging?

»Einsamkeit?«, lallte Zelda Fitzgerald. Wie Anna im Jahr 1900 geboren, trug sie ein Kleid mit floralem Jugendstilmuster und Strümpfe aus Kunstseide, welche rot geschminkte Knie frei ließen. Ihr spitzbübisches Gesicht war durch Puder aufgehellt, die Lippen angemalt und die Augen schwarz umrandet. Um den Hals trug auch sie eine lange Perlenkette.

Mina Loy hob ihren Highball und stieß traurig lächelnd mit den beiden Frauen an. »Auf jeden Fall habe ich mir geschworen, nie wieder ein Opfer der Verhältnisse zu sein!«

»Doch wenn…« Anna versuchte sich zu sammeln. »Wenn man keine Bindungen mehr eingeht, dann – wie soll ich sagen?«

»Dann ist man eine ewige Exilantin«, führte Mina ihren Gedanken aus.

»Hauptsache, man versteht, dass das einzig Bedeutsame darin liegt, sich zu nehmen, was man will, wenn man es kann. Cheers!« Zelda hob das Glas, trank aus, rief: »Die Liebe zum Leben, unbändig!« und schmiss es in die Ecke des Zimmers.

Die drei lachten laut los. Zelda fügte noch hinzu: »Die ganze Keuschheit, Monogamie und Treue sind bedeutungslos geworden – das ist der wahre Weg zum Glück!«

»Carlo!«, rief Mina, als ein Mann im eleganten Nadelstreifenanzug auf sie zu kam, der offenbar dem letzten Ausbruch interessiert zugehört hatte. »Setzen Sie sich doch zu uns! Aber holen Sie uns um Himmels Willen erst noch ein paar neue Drinks!«

Kurz darauf ließ sich Carl Van Vechten zwischen ihnen auf dem Divan nieder. Er hatte eine hohe Stirn, blonde Haare, lächelnde Augen, ein weiches Gesicht und sinnliche Lippen. »Wenn ihr euch wirklich von den Fesseln dieser repressiven Gesellschaft befreien wollt, so gibt es meiner Ansicht nach kein besseres Vorbild als die Kultur unserer schwarzen Brüder und Schwestern«, meinte er, »sie ist weit weniger verklemmt, sehr viel freier und spontaner.«

Van Vechten war einflussreicher Unterstützer der sogenannten »Harlem Renaissance«, einer Blüte afroamerikanischer Kultur, die ebenso wie das Jazzzeitalter durch die massenhafte Abwanderung schwarzer US-Amerikaner aus den Südstaaten in Richtung Norden ausgelöst worden war.

Er zeigte auf eine Fotografie an der Wand. »Seht nur hier: ›Les Demoiselles D'Avignon‹.«

»Picasso.« Anna blickte auf fünf teils leicht bekleidete, teils nackte weibliche Figuren: drei Frauengestalten auf der linken Bildseite und den zwei Figuren auf der rechten, deren Gesichter afrikanischen Masken ähnelten.

»Das erste wirklich moderne Bild«, kommentierte Van Vechten begeistert. »Es zeigt den Bruch zwischen den Kulturen, die Begegnung mit der afrikanischen Kunst, mit afrikanischen Masken, die Picasso von seiner Besessenheit befreite.«

»Wie dramatisch ...« Zelda gähnte.

Anna aber wollte mehr wissen. »Wieso besessen?«

»Picasso war zuvor besessen von seinen Vorgängern«, erklärte er, »besessen vom Viktorianischen Zeitalter. Die Masken, diese Fetische, waren wie Waffen, eine Art Exorzismus, durch den er seiner Kreativität einen enormen Schub verleihen konnte. Die Begegnung mit Afrika führte zu einem radikalen Umbruch in der westlichen Malerei. Der Primitivismus, diese Wildheit, erreichte auch Picasso wie ein Ruf aus dem Dschungel, sie verzaubert ihn, lässt ihn über sich hinaus wachsen, und sie stand Pate bei seiner Entwicklung hin zum Kubismus.«

»Picasso eignete sich Formen der ›Art nègre‹ an«, fügte Mina Loy hinzu. »Ein Katalysator für die Überwindung der dekadenten Kultur.«

»Unserer Kultur!«, rief Van Vechten. »Der westlichen, blutarmen. Ich beschwöre Sie, Anna. Folgen Sie mir die Tage nach Harlem!«

»Tun Sie das nur, Anna!«, sagte Zelda. »Er wird Ihnen ein wahrer Virgil durch die Unterwelt sein.«

Anna hob ihr Glas in die Höhe und rief: »Weg mit dem künstlichen Lack der Jahrtausende! Wir brauchen frisches Blut!«

Der nordische Herrenmensch

17. September 1921. In einem eleganten grauen Anzug saß ich allein im Abteil des Zuges, der mich nach Hamburg brachte. Während Wälder und Felder an mir vorbeizogen, war ich in das Buch von Madison Grant vertieft, meine vorbereitende Lektüre für die Reise über den Atlantik.

Ebenso wie sein Freund Theodore Roosevelt war der Autor überzeugt, zum Besten auf Erden zu gehören, zur nordischen Herrenrasse. Ich musste feststellen, dass es wohl um die humanistische Einstellung der US-amerikanischen Eliten schlecht bestellt war, denn Grants »Rassenlehre« schien mir vornehmlich aus Vorurteilen und Klassendünkel zu bestehen. Grant proklamierte das Anrecht auf eine britisch-amerikanische Weltherrschaft und sprach sich zudem vehement für die Eugenik aus: Minderwertige hätten nach und nach vom Erdball zu verschwinden. Grant engagierte sich interessanterweise zudem tatkräftig in Naturschutzorganisationen und war Mitbegründer der American Bison Society sowie der Save the Redwoods League, denn er befürchtete das Aussterben der Bisons ebenso wie das der kalifornischen Mammutbäume infolge der Bauholzindustrie. Mit dem Conservation Movement teilte er die Einschätzung, dass gefährdete Arten nur durch eingezäunte Schutzzonen, durch Abschließung ganzer Regionen, vor kommerzieller Ausbeutung bewahrt werden können.

In seinem Buch trat er einer Vermischung der menschlichen Rassen entschieden entgegen. Strikte Reinhaltung sei quasi das heilige Gebot der Stunde, denn Krankheiten, Kriminalität, Alkoholismus, unsoziales Verhalten, ja sogar Faulheit, Armut und die Neigung zu Aufsässigkeit und Revolution seien allein den minderwertigen Rassen zuzuschreiben.

Davon hatte ja bereits der Verleger Julius Friedrich Lehmann nach dem Rosenberg-Vortrag im Vier Jahreszeiten erzählt.

»Wir Amerikaner müssen uns darüber klar sein«, las ich, »dass die Leitgedanken der Nächstenliebe, die unsere gesellschaftliche Entwicklung im verflossenen Jahrhundert beherrscht haben, und der weichliche Gefühlsüberschwang, der Amerika zur Zufluchtsstätte für die Bedrückten gemacht hat, die Nation dem Rassenverfall zutreibt. Wenn man den Schmelztiegel ohne Aufsicht weiterkochen lässt und wenn wir fortfahren, unserem nationalen Wahlspruch zu folgen und uns blind zu machen gegen alle Unterschiede der Rasse, des Glaubensbekenntnisses oder der Farbe, dann wird die Art des einheimischen Amerikaners vom Ansiedlerstammbaum ebenso erlöschen wie die des Atheners aus dem Zeitalter des Perikles und die des Wikingers aus den Tagen Rollos.«

Beim Weiterlesen staunte ich dann darüber, dass Madison Grant völlig unabhängig von Theosophie oder Ariosophie zu ganz ähnlichen Ergebnissen kam wie Alfred Rosenberg. Mit unserer kleinen Münchner Partei standen wir folglich alles andere als alleine da.

Als Naturwissenschaftler sah der Autor die Ursprünge der nordischen Rasse natürlich nicht im mythologischen Atlantis, vielmehr sei sie während der eiszeitlichen Gletscherisolation in Nordeuropa entstanden, sodass sie noch ein vergleichbar hohes Maß an Rassereinheit auszeichne. Die Kriege in Europa betrachtete er fast ausnahmslos als Auseinandersetzungen zwischen Völkern der nordischen Rasse – oder doch zumindest zwischen Herrschern nordischen Blutes. Solcherart sei auch der Weltkrieg im Wesentlichen ein bedauerlicher Bürgerkrieg gewesen, denn fast alle Offiziere und ein großer Teil der Soldaten auf beiden Seiten seien der nordischen Rasse zuzurechnen. Interessant, dachte ich, und nicht unlogisch.

Demnach war auch die nach »Neu-England« ausgewanderte Bevölkerung ursprünglich rein nordisch, und sie blieb es bis zur Mitte des 19. Jahrhunderts, da es damals in Nordamerika ein starkes Rassenbewusstsein gegeben habe: Mischlinge von Weißen und Indianern hätten nicht als Weiße gegolten. Die Neger hätten keine ernsthafte Gefahr für die Zivilisation dargestellt, bis sie unglücklicherweise die Bürgerrechte erhalten hätten. Die Abschaffung der Sklaverei habe alle Widerstände gegen das Eindringen von rassisch minderwertigen Scharen von Einwanderern beseitigt und die Festlegung eines bestimmten amerikanischen Typus verhindert. Nach dem Bürgerkrieg hätten dann die Schifffahrtsgesellschaften Amerika als das Land gepriesen, in dem Milch und Honig fließe. Die Folge war, dass neben noch immer hohen Bestandteilen aus dem Norden Europas zunehmend Schwächlinge und Geisteskrüppel zuwanderten, die den niedersten Schichten des Mittelmeerbeckens und des Balkans entstammten – samt den Horden aus polnisch-jüdischen Ghettos. Das sorglose, wohlhabende und gastfreundliche Amerika habe alle aufgenommen, obgleich dadurch die Zivilisation dort herabgedrückt und verpöbelt worden sei.

Später hätten die oberen Gesellschaftsschichten selbst die Entwicklung durch Einführung der Einwandererarbeit in Fabriken und Bergwerken begünstigt. Das Widerstreben des gebürtigen Amerikaners gegen Handarbeit, wenn er dafür Knechte dingen könne, bilde das Vorspiel zu seiner eigenen Austilgung, der eingewanderte Abschaum würde nun die Herren durch Vermehrung verdrängen und töten, ebenso sicher wie durch das Schwert.

Und die Demokratie begünstige natürlich die niederen Rassen. Anstatt sich den politischen Einfluss vorzubehalten und das Bürgerrecht zu einem ehrenvollen und hochgeschätzten Vorrecht zu gestalten, vertraue man die Regierung seines Landes und die Pflege seiner Ideale Rassen an, die noch nicht einmal imstande seien, sich selbst zu regieren – geschweige denn jemand anderen. Dieser Entwicklung, dem Übergang der Macht von den intellektuellen zu plebejischen Gesellschaftsschichten, folge die Ausbreitung des Sozialismus – obwohl doch vom materiellen Standpunkt gesehen die niederen Rassen in der Sklaverei oft sehr viel glücklicher seien denn als Freie. Was der Schmelztiegel in Wirklichkeit hervorbringe, könne man in Mexiko beobachten, wo das »Aufsaugen des Blutes« der ursprünglichen spanischen Eroberer durch die einheimische Indianerbevölkerung eine Rassenmischung erzeugt habe, die nunmehr zum Selbstregieren unfähig sei. Es zeige, dass die Vermischung schließlich und endlich eine Rasse hervorbringe, die zum älteren, gewöhnlicheren und niederen Typus zurückstrebe.

Grant begnügte sich indes nicht mit Lamentieren, er fand sich keineswegs mit dem »Untergang der großen Rasse ab«, sondern schlug mit großem Pragmatismus Maßnahmen vor, mit denen man das Problem in den Griff bekommen könne. Denn wo Gefühlsduselei, Nächstenliebe und ein falscher Glaube an die Heiligkeit des Menschenlebens es verböten, die unglücklichen Opfer einer rücksichtslosen Fortpflanzung zu beseitigen, würden die notwendige Ausmerzung minderwertiger Kinder sowie die Sterilisation verhindert. Die Natur aber verlange die Tilgung des Untüchtigen – und ein Menschenleben sei nur dann wertvoll, wenn es für die Allgemeinheit oder die Rasse von Nutzen sei. Doch habe die Gesellschaft das Recht und die Pflicht, sich selbst zu verteidigen. Die Kunst künftiger Staatsmänner liege deshalb darin, den Wert und die Leistungsfähigkeit ihres Volkes durch eugenische Maßnahmen zu erhöhen, durch eine strenge Auslese mittels Ausschaltung der Schwachsinnigen und Untüchtigen, um unerwünschte Bestandteile loszuwerden, welche die amerikanischen Gefängnisse, Krankenhäuser und Irrenanstalten bevölkerten. Der Staat müsse durch Unfruchtbarmachung dafür sorgen, dass künftige Geschlechter nicht mit einer stets wachsenden Last von Opfern einer »irregeleiteten Gefühlsschwärmerei« beladen sei. Und wenn Verbrecher, Kranke, Arme, Trunksüchtige, Schwachsinnige und Geisteskranke – die man eher Kümmerlinge als Entartete nennen könne – erst einmal ausgeschaltet seien, wäre es ein Leichtes, die Zweckmäßigkeit einer weiteren Fortpflanzungseinschränkung der dann noch verbleibenden weniger Tüchtigen in Erwägung zu ziehen. Am Ende stünde die allgemeine Erkenntnis, dass die lebenskräftigste und begabteste nordische Rasse allein weitergeführt werden müsse.

Beeindruckt ließ ich das Buch sinken. Hier hatte sich jemand wirklich Gedanken gemacht – unerschrocken und mit Weitblick –, wie die Probleme unserer Zeit anzugehen wären! Denn es konnte so doch nicht weitergehen, da hatten die diversen »Propheten« dieser Tage schon recht, egal ob von rechts, links oder ganz links. Und während ich aus dem Zugfenster über in der Sonne leuchtende Weizenfelder blickte, wanderten meine Gedanken zu Anna. Hatten wir nicht beide den Wunsch, dass sich die Menschheit erneuern möge? Allerdings, das musste ich zugeben, hatte sie diesbezüglich wohl ganz andere Vorstellungen.

Korporativer Sozialismus

New York, 17. September 1921. Anna konnte es kaum erwarten, mit Carl Van Vechten Harlem zu besichtigen: vibrierendes Zentrum afroamerikanischer Kultur. Zuvor jedoch stand ein lästiger Pflichtbesuch in Begleitung ihres Vaters an.

Am frühen Nachmittag betraten sie das Gebäude des Council on Foreign Relations in der 68. Straße. Edward Mandell House, Präsidentschaftsberater von Woodrow Wilson, hatte die Gesellschaft in diesem

Jahr zusammen mit den Bankiers Paul Warburg und Otto Kahn, mit dem bedeutenden Journalisten Walter Lippmann und weiteren Geschäftsleuten und hochrangigen Politikern gegründet. Ziel war die Förderung einer imperialistischen Außenpolitik der USA bei enger Zusammenarbeit mit dem British Empire.

Annas Vater hatte ihr verraten, dass ihm dieses Treffen besonders wichtig sei. Er wolle versuchen, die Amerikaner dazu zu bewegen, in der deutschen Chemieindustrie einzusteigen, besonders in die Produktion synthetischen Öls. Anna solle sich also benehmen und ihrer offiziellen Stellung als Sekretärin gemäß einfach den Mund halten. Sie schmollte, fügte sich aber.

Bald saßen sie mit Walter Teagle sowie dem Finanzier und Präsidentenberater Bernard Baruch in trauter Runde zusammen. Baruch, auch als »König der Wall Street« bekannt und von Woodrow Wilson mit umfassenden Machtbefugnissen ausgestattet, war sicher neugierig zu erfahren, was einen hochrangigen Vertreter der deutschen Chemieindustrie in diesen Tagen in die USA zog. Walter Teagle legte ihm die Hand auf die Schulter und erklärte den Gästen aus Deutschland: »Wir nennen ihn liebevoll unseren Wirtschaftsdiktator!«

Baruch, der ganz wie ein englischer Gentleman wirkte, elegant gekleidet und mit einwandfreien Manieren, entgegnete mit fein ziselierter Stimme: »Korrekter wäre wohl Reformator. Denn die Erfahrung lehrt uns, dass blindwütiger Wettbewerb keinen konstruktiven Beitrag leistet zu unseren nationalen Wirtschaftsinteressen. Unserer Ansicht nach muss der Kapitalismus den Individualismus abstreifen, sodass eine kooperative Epoche eingeleitet wird. Es ist doch nur allzu klar, dass es keine unsichtbare Hand gibt, die dazu in der Lage wäre, ordnend zum Wohle aller in den Markt einzugreifen. Vielmehr liegt die allgemeine Wohlfahrt in der sozialen Planung und Kontrolle. Genau das durften wir während des Großen Krieges selbst erleben.« Baruch war damals Vorsitzender des Rates für Kriegsindustrie gewesen.

Während er sprach, ließ Anna unauffällig den Blick schweifen: biedere Eleganz, protzige Schwerfälligkeit, auf dem Marmortisch weiße Rosen in einer länglichen Porzellanvase, über dem Kamin ein großer Spiegel mit vergoldetem Rahmen.

»Auch wir bei der I. G. Farben haben natürlich längst erkannt«, antwortete ihr Vater, »dass der Wettbewerbsgedanke nur schädlich ist – und zwar für uns alle!«

Baruch nickte und lehnte sich vor. »Wie der Präsident der Columbia-Universität schon sagte: Kooperation ist das grundlegende Lebensprinzip und nicht der Wettbewerb. Blinder Wettbewerb ist grausam und unwirtschaftlich, destruktiv und altmodisch – Kooperation hingegen ist human, leistungsfähig und modern! Durch die heutige Massenproduktion sind wir doch alle eng miteinander verflochten.«

»Deshalb«, ergriff Walter Teagle das Wort, »liegt die Lösung des Problems im freiwilligen Zusammenschluss innerhalb der Industrie.«

»Aber auch in der Zusammenarbeit mit der Polizeigewalt«, fügte Baruch hinzu. »Clinton Roosevelt propagiert in ›The Science of Government‹ eine Regierungsform, in der die Elite die kollektive Führung übernimmt, um die Härte des freien Wettbewerbs unter Kontrolle zu bringen. Der Rat für Kriegsindustrie war etwa für den Bau aller Fabriken verantwortlich, für die Beschaffung aller Rohstoffe, für alle Produkte und das gesamte Transportwesen, wovon auch kleinere Unternehmen profitieren würden. Sie können sich die ungeheure Effektivitätssteigerung vorstellen, wenn diese Dinge nicht mehr dem Zufall des freien Marktes überlassen werden!«

»Großartig«, antwortete ihr Vater, während es Anna den Magen umdrehte. Eine solche Machtkonzentration würde sicher nur Unglück bringen. Und wie diese Männer voreinander prahlten, wie weit ihre Macht- und Kontrollbefugnisse reichten! Es fehlte nur noch, dass sie ihr bestes Stück in den Konkurrenzkampf einbezogen.

»Auf diese Weise haben wir schließlich einen Plan für den größeren Teil der Industrieproduktion entwickelt«, fuhr Baruch fort. »Ein Handelszweig nach dem anderen geriet unter unsere Kontrolle, sodass wir auch weitgehend über die Preise bestimmten. Und ich mache keinen Hehl daraus: Diese Maßnahmen empfehle ich unbedingt für die Planung auch in den jetzigen instabilen Friedenszeiten.«

»Wie stellen Sie sich das genau vor?«, fragte Stieglitz.

»Wir sollten ein etwa fünfzig Branchen umfassendes Organisationsgerippe errichten – hauptsächlich unter Leitung der Schwerindustrie. Die Regierung sollte ein System installieren, das für die interne Produktion aller kriegsrelevanten Rohmaterialien sorgt. Und die mit dem Krieg in Beziehung stehenden Industrien sollten angehalten werden, dieses Organisationsgerippe für den Kriegsfall aufrechtzuerhalten. So werden wir allmählich gezwungen, uns von den alten Lehren zu lösen, wonach sich die Aufsicht der Regierung nur auf Vertragsbruch, Betrug, physische Gewalt und Gewalt gegen Sachen bezieht. Ganz im Gegenteil: Sie sollte nun die Lehren aus dem Krieg ziehen und auch weiterhin echte Profis einsetzen, um unsere Wirtschaft ins neue Zeitalter zu führen. Wie viele Geschäftsleute haben inzwischen die ungeheuren Vorteile eines gemeinsamen Handelns mit den natürlichen Wettbewerbern erfahren! Wir bräuchten eine ganz neue Haltung zur Wirtschaft, einen neuen Kodex, ja einen *new Deal!*«

»Ich bewundere, mit welch markanten Worten Sie hier in Amerika die Dinge auf den Punkt bringen!«

Baruch neigte bescheiden den Kopf. »Walter sagte mir, Sie hätten während des Krieges direkt unter Hermann Schmitz, dem Generalbevollmächtigten für die chemische Produktion, gearbeitet?«

»Ja. Der deutsche Generalstab hatte die Notwendigkeit einer industriellen Mobilisierung einfach nicht begriffen. Die Beschaffung von Rohstoffen gehöre in den Bereich langfristiger industrieller Planung, so sagte man, doch das war nur eine Ablenkung von den Anstrengungen eines schnellen Sieges. Bereits eine Woche nach Kriegsbeginn wurde im Schlieffen-Plan die Möglichkeit eines langen Erschöpfungskrieges völlig ignoriert! Von der Zivilbevölkerung wurden Ruhe und Ordnung verlangt, und wir Industriellen sollten uns einfach nur raushalten.«

»Trotz seiner Modernität«, bemerkte Baruch, »scheint Deutschland durch seine Militärs doch noch etwas zu traditionalistisch zu sein.«

»Eine große Anzahl wichtiger Rohstoffe wie Nitrate, Öl, Kautschuk und verschiedene Metalle konnten wir lediglich im Ausland beziehen«, fuhr Stieglitz fort. »Hätte uns also die britische Flotte erfolgreich aushungern lassen, wären wichtige Produktionszweige sehr schnell zum Stillstand gekommen.«

»Das ist mir bekannt«, meinte Baruch.

»Walther Rathenau, damals Aufsichtsratsvorsitzender der AEG, empfahl also Kriegsminister Erich von Falkenhayn die schnelle Einrichtung einer Kriegsrohstoffbehörde innerhalb des Kriegsministeriums. Falkenhayn ließ sich glücklicherweise überzeugen. Rathenau entwickelte als Leiter der Behörde schnell ein Kontrollsystem zur Rationalisierung und Verteilung strategisch wichtiger Rohstoffe. Dies ging einher mit staatlicher Beaufsichtigung der Industrie durch Kriegswirtschaftsgesellschaften.«

Baruch und Teagle nickten anerkennend.

»Gleichzeitig entwickelte Rathenau ein Programm zur Erforschung und Herstellung synthetischer Alternativen zu den Rohstoffen. Um einer Munitionskrise zu begegnen, wurde der Chemiker Fritz Haber vom Kaiser-Wilhelm-Institut zum Leiter der Chemie-Abteilung der neuen Behörde ernannt. Nach der Schlacht an der Marne erhielt die Nitratbeschaffung oberste Priorität im Kriegsministerium.«

»Und dann?«, fragte Walter Teagle neugierig.

»Dann kam es zu einem Treffen zwischen Militärs und Carl Bosch von der BASF. Er erklärte ihnen, dass die Herstellung synthetischen Ammoniaks durch Hydrierung nach dem Haber-Bosch-Verfahren nur einen Teil des Problems löst. Denn bevor man Ammoniak in der Schießpulverherstellung einsetzen kann, muss man es in Salpetersäure umwandeln. Während nun das Verfahren im Labor keine Probleme aufwirft, würde seine Realisierung in industriellen Dimensionen einen ungeheuren Aufwand bedeuten. Bosch verlangte kurzerhand eine staatliche Subventionierung, ja mehr noch: eine uneingeschränkte Kooperation von Staat und Industrie. Der Ausgang des Krieges hinge ja davon ab. In gewisser Weise gab es also ansatzweise eine vergleichbare Entwicklung wie in den USA.«

»Auf jeden Fall ist es Ihnen gelungen«, stellte Baruch fest, »synthetische Nitrate in großen Mengen herzustellen.«

»Nach der Niederlage der deutschen Flotte bei den Falkland-Inseln 1915 war Carl Bosch unsere letzte Hoffnung. Schon im Mai hatten wir mit der Massenproduktion synthetischer Nitrate in Oppau begonnen. Als es nun darum ging, die Kapazitäten zu erweitern, konnten Hermann Schmitz, Carl Bosch und ich die Regierung schließlich davon überzeugen, eine riesige Haber-Bosch-Anlage in Leuna zu errichten. Zusammen mit der in Oppau konnten wir bald mehr Nitrate produzieren, als wir vorher aus Chile bezogen hatten!«

»Ich sehe, dass Sie über außerordentliche Qualitäten verfügen«, meinte Baruch. »Wir sollten unbedingt unseren Kontakt erweitern und vertiefen. – Aber wie schätzen Sie nun eigentlich die Situation in Deutschland ein, jetzt, wo Sie eine Republik sind, eine Demokratie…?«

»Schon das Kaiserreich wurde von vier Säulen getragen: von der Armee, dem Landadel, der Bürokratie und der Industrie. Rechtlich gesehen, leben wir natürlich heute in einem demokratischen System, das Regime wird also vom Volk kontrolliert. Aber eben nur rechtlich. In Wirklichkeit lenkt immer noch das genannte Quartett die Geschicke des Landes – so gut es eben geht in diesen chaotischen Zeiten. Der

Form nach hat Deutschland eine demokratische Regierung. Doch ist vielen nur zu bewusst, dass, wenn sie das Quartett wirklich beseitigen würden, eine Invasion durch die Franzosen droht – oder gar durch die Sowjetunion.«

»Und die Gewerkschaften?«

»Mit ihnen hat die Schwerindustrie im November 1918 ein anti-revolutionäres Abkommen geschlossen. So halten wir die Fabriken weit-gehend in Gang. Es sieht ganz so aus, als ob die Gewerkschaften nicht wirklich an Reformen interessiert sind, sie konzentrieren sich meistens auf Löhne, Arbeitszeiten, auf Arbeitsbedingungen. Von dieser Seite her könnte sich also das Wirtschaftssystem stabilisieren. Aber wir haben ja die Bolschewisten praktisch vor der Haustüre! Die Sowjetunion ist und bleibt eine ständige Bedrohung, die KPD hat im März 1919 in Mün-chen sogar einen Arbeiteraufstand organisiert!«

Anna saß wie versteinert in ihrem Sessel.

»Auch in den Leuna-Werken der BASF kam es zu gewalttätigen Ausbrüchen«, fuhr ihr Vater fort. »Dabei besetzten an die zweitausend mit Maschinengewehren bewaffnete Arbeiter die Fabrik und verbarri-kadierten sich. Das Ganze musste von der Polizei mit Artillerieunter-stützung beendet werden. Der Vorstand entließ die gesamte Belegschaft und stellte die Arbeiter erst wieder ein, als alle radikalen Kräfte identifi-ziert und aussortiert waren.«

Bilder der Räterepublik standen Anna vor Augen, rote Fahnen zogen an ihr vorbei. All die zerplatzten Illusionen, die Enttäuschungen ... Und nun saß sie hier mit ihrem Vater und Vertretern der US-amerikanischen Elite. Was würden ihre alten Gefährten davon halten, Gustav Landau-er oder Ernst Toller? Ihr Vater hatte doch keine Ahnung, wenn er alle Revolutionäre in einen Topf warf! Die erste Welle war von Literaten ausgegangen, von einem Geist der Freiheit, der Allverbundenheit mit dem Weltganzen. Und sie selbst trug noch immer Visionen einer von Liebe erfüllten Welt in sich. Gut, sie kämpfte vielleicht nicht mehr so stark, aber korrumpieren ließ sie sich nicht. Sie würde sich weiterhin nur scheinbar anpassen – um zu lernen, um zu wachsen, um zu verstehen, was vor sich ging in dieser Welt der Schatten.

»Meinen Sie denn«, fragte Teagle, »dass es zu einem erneuten Krieg zwischen der Sowjetunion und Deutschland kommen könnte?«

»Nun, wir haben gerade erst einen verloren. Unter den momenta-nen Bedingungen des Versailler Vertrages ist an militärische Aktionen

überhaupt nicht zu denken! Wir können nur hoffen, dass die Siegermächte so bald wie möglich ein Einsehen haben und begreifen, dass sie
Deutschland als Bollwerk gegen die rote Flut aus dem Osten brauchen
werden.«

»Da bin ich ganz auf ihrer Seite!«, sagte Teagle. »Ich finde es unverantwortlich, was wir den Deutschen antun. Es wäre doch weitaus klüger,
Deutschland nach und nach zu einem Verbündeten zu machen und für
den Fall eines Krieges gegen die Russen wieder aufzurüsten.«

Natürliche Auslese

Hamburg, 17. September 1921. Am Hauptbahnhof angekommen, fuhr
ich mit der U-Bahn über den Hochbahnring zu den Landungsbrücken.
Glücklicherweise konnte ich gleich meinen Koffer in die Kabine bringen. Der im Dienste der United American Lines fahrende Zweischorn-
steiner »Mount Clay« war eine verlängerte Ausführung der Feldherren-
klasse, ursprünglich ein Dampfschiff des Norddeutschen Lloyd.

Am darauffolgenden Tag machte ich es mir auf dem Promenaden-
deck in einem der Korbstühle gemütlich, ringsumher Passagiere, die wie
ich die Wärme und den Ausblick genossen. Viele Frauen trugen knielan-
ge Hemdkleider mit Schärpe, die Haare zum Bubikopf geschnitten, die
Männer waren teilweise klassisch in Schwarz, teilweise betont modisch
in Knickerbockern in Kombination mit Kniestrümpfen und Norweger-
pullover oder langen Jacketts. Während wir mit etwa fünfzehn Knoten
in Richtung Westen fuhren, blickte ich mit halb geöffneten Augen über
den goldenen Teppich, den die Sonne wie den Weg in eine bessere Zukunft über das Meer warf. Neben mir auf einen kleinen runden Tisch lag
das Buch von Madison Grant.

Das Schiff war über 154 Meter lang und fast siebzehn Meter breit,
verfügte über zwei Schrauben sowie zwei Vierfach-Expansions-Dampf-
maschinen und hatte eine Geschichte hinter sich, welche die Ereignisse
der letzten Jahre, die kriegerischen Auseinandersetzungen und internationalen Machtverschiebungen widerspiegelte. Ursprünglich nach dem
zweiten Sohn des deutschen Kaisers benannt, Prinz Eitel Friedrich,
handelte es sich um einen Hilfskreuzer, der für den Handelskrieg in Anspruch genommen worden war. Als die USA 1917 in den Krieg eintraten, wurde er beschlagnahmt und dem US Shipping Board übereignet,

worauf man es unter dem Namen »USS DeKalb« als Gruppentransporter einsetzte. Am 14. Juni 1917 war es sogar Teil des Geleitzuges, der die ersten amerikanischen Truppen nach Frankreich brachte.

»Eine sehr interessante Lektüre haben Sie da!« Vor mir stand plötzlich ein älterer, recht großgewachsener Mann mit Schnurrbart und Adlernase. »Darf ich mich vorstellen?«, fragte er mit nordischem Akzent: »Mein Name ist Jon Alfred Mjøen.«

»Heinrich von Trott«, entgegnete ich, die rechte Hand vor meine Augen haltend. »Kommen Sie aus Schweden?«

»Norwegen«, antwortete er und setzte sich neben mich. »Aus Oslo, und darauf bin ich verdammt stolz. Was führt Sie nach New York?«

»Der ... internationale eugenische Kongress«, sagte ich zögerlich.

»Aber das ist ja ein wundervoller Zufall!« Mjøen strahlte. »Dorthin bin auch ich unterwegs. Und ich hatte schon befürchtet, dass sich aus Deutschland niemand dort würde blicken lassen. Eine private Reise?«

»Nein, die bayerische Armeeführung schickt mich«, antwortete ich ehrlich. Vielleicht könnte er mich auf dem Kongress einführen? »Sozusagen in inoffizieller Mission, weil man uns Deutsche ja leider gar nicht eingeladen hat. Ich hoffe, Sie werden mich nicht verraten«, fügte ich lächelnd hinzu.

»Aus München kommen Sie also.« Der Norweger wischte sich mit einem Taschentuch den Schweiß von der Stirn. »Ich habe von diesem Adolf Hitler gehört.«

Ich lächelte nur.

»Sie müssen wissen, dass ich in der Szene bestens bewandert bin.«

»Was machen Sie denn beruflich?«

»Ich bin Direktor des Vindem Biological Laboratory.«

»Sie forschen auf dem Gebiet der Eugenik, nehme ich an?«

Mjøen nickte ernst, offenbar in der festen Annahme, der Menschheit außerordentliche Dienste zu erweisen.

»Könnten Sie mir vielleicht etwas mehr darüber erzählen?«, bat ich ihn.

»Nun«, hob er wichtigtuerisch an, »sicherlich kann man sagen, dass die Eugenik als notwendige Reaktion auf die weltweite Bevölkerungsentwicklung anzusehen ist. Einst sorgte der grausame Kampf ums Dasein für eine Höherentwicklung der Rassen und somit der Menschheit als Ganzes.«

»… indem die Schwachen durch den natürlichen Ausleseprozess dahingerafft wurden«, ergänzte ich.

»Ja, aber inzwischen hat der Pseudohumanismus dazu geführt, dass das Selektionsprinzip außer Kraft gesetzt ist. Überpenible Hygiene, Medizin, Kranken- und Armenhäuser, Psychiatrien, Waisenhäuser – diese ganze Sozialpolitik führt dazu, dass die Anpassungsunfähigen nicht wie früher ausgejätet werden, sondern sich sogar verstärkt fortpflanzen können. Eine echte Plage!«

»Ein Glas Zitronenwasser gefällig, die Herren?«, unterbrach uns ein Bordkellner.

»Sehr gerne«, antwortete Mjøen, um gleich weiterzudozieren, rastlos und gehetzt, als sei keine Zeit zu verlieren. »In den heutigen Industriestaaten leidet das Lumpenproletariat zwar unter katastrophalen Lebensbedingungen, dennoch vermehren sie sich wie die Karnickel. Ohne Selektion wird das noch zur Degeneration der menschlichen Biologie führen! Schon Malthus erkannte«, er erhob einen Finger, als habe er einen Studenten vor sich, »dass sich die Bevölkerung überproportional zur Nahrungsmittelproduktion vermehrt. Hinzu kommt noch, dass bei der nordischen Rasse in allen Industriestaaten ein Geburtenrückgang zu verzeichnen ist.«

Eine Frau lachte laut auf. Sie stand mit zwei Freundinnen an der Reling, trug ein rotes Kleid und einen blauen, im Wind flatternden Schal. Mjøen schüttelte missbilligend den Kopf und sagte resigniert: »Die jungen Leute heute haben kein Schamgefühl mehr, vor allem die Frauen! Wenn nicht sehr bald eine breite eugenische Reform in Angriff genommen wird, ist die westliche Zivilisation dem Untergang geweiht.«

Der letzte Tropfen Öl?

»Wie sieht es denn mit der chemischen Industrie in Deutschland aus?«, fragte Bernard Baruch.

»Wir sind in einer prekären Lage«, antwortete Hermann von Stieglitz. »Genossen die großen Unternehmen wie Bayer, Bosch und Hoechst vor dem Krieg noch uneingeschränkte Marktführerschaft, sehen wir uns nun einem ungeheuren Druck durch ausländische Konkurrenz ausgesetzt. Die Niederlage war für uns eine Katastrophe! Alles wurde beschlagnahmt: Büros, Bargeld, Produktions- und Vertriebseinrichtungen, Patente, Warenzeichen, einfach alles!«

Bernard Baruch nickte mitfühlend, als berichte Stieglitz von einer Naturkatastrophe, von verheerenden Zerstörungen und unzähligen Opfern.

»Und der Versailler Vertrag bedroht den gesamten Industriezweig in seinen Grundfesten«, fuhr Stieglitz fort. »Hätte sich Carl Bosch nicht mit den Franzosen geeinigt, wären die deutschen Chemiefabriken komplett zerstört worden – das Beste, was deutsche Wissenschaft und Technik zu bieten hat! Ganz zu schweigen von der Inflation: Anders als in Ihren Ländern, die eine gesteuerte Deflationspolitik betreiben, läuft die Notenpresse bei uns auf Hochdruck. Sie pumpt immer mehr Geld ins System, um die Löcher im Staatshaushalt zu stopfen, die der Versailler Vertrag hineingerissen hat. In dieser politisch instabilen Lage können wir uns einfach nicht erlauben, dass die Industrieproduktion weiter zurückgeht und die Arbeitslosigkeit steigt.«

»Das wäre ein gefundenes Fressen für die Kommunisten«, nickte Baruch.

»Stimmt es eigentlich«, fragte Teagle, »dass sich manche Frauen aus der Mittelschicht für einen Teller Suppe prostituieren?«

»Wir stehen in der Tat vor einem Abgrund.« Stieglitz verzog das Gesicht. »Deshalb ja auch meine Reise hierher. Bisher ist unsere Interessengemeinschaft nichts als ein loser Zusammenschluss – ein kostspieliger Luxus! Mit Carl Bosch streben wir nun aber nach einer echten Fusion der großen Chemieunternehmen.«

»Was enorme Kosteneinsparungen mit sich brächte«, bemerkte Teagle.

»Was wir brauchen, ist ein vereintes Unternehmen!« Stieglitz lehnte sich in seinem Sessel zurück.

»Und was spricht dagegen?«, fragte Teagle.

»Für Männer, die ihr gesamtes Berufsleben in relativ kleinen, teilweise familiengeführten Unternehmen verbracht haben, ist der Gedanke nahezu unannehmbar«, erklärte Stieglitz.

Teagle nickte, nahm ein Etui aus seiner Jackettinnentasche, zog eine Zigarre hervor und steckte sie an. »Mir ist übrigens zu Ohren gekommen, dass Bosch nun auch das Ziel der Herstellung synthetischen Öls verfolgt...«

Stieglitz lächelte. »Sie sind gut unterrichtet. Ich muss Ihnen gestehen, dass meine... Studienreise hierher auch damit zu tun hat. Schließlich macht sich die Weltgemeinschaft über die noch verbleibenden Erdölreserven große Sorgen!«

Teagle nickte. »Es gibt Experten, die der Meinung sind, dass wir 1932 den letzten Tropfen Öl aus der Erde holen werden.«

»Eine Katastrophe für die Infrastruktur, für unsere moderne Gesellschaft überhaupt!«, warf Baruch ein.

»Aber das deutsche Fachwissen im Bereich Hydrierung könnte die Lösung des Problems bedeuten«, meinte Stieglitz. »Wie Sie sicherlich wissen, suchten unsere Chemiker bereits Anfang des Jahrhunderts nach einer Möglichkeit, wie man aus Kohle Treibstoff gewinnen kann. Friedrich Bergius hat schließlich eine solche Methode gefunden, mit der sich Kohle verflüssigen und ihr Wasserstoffgehalt unter Hochdruck erhöhen lässt, sodass sich ihre chemischen Eigenschaften denjenigen des Erdöls annähern.«

»Das eben macht uns ja zu Konkurrenten!«, rief Teagle. »Ich frage mich, warum Sie uns das alles erzählen.«

Als Anna bemerkte, dass ihrem Vater die Worte ausgingen, wagte sie es, sich doch einzumischen: »Es ist doch klar, dass ein solches Vorhaben mit astronomischen Summen verbunden wäre. Die ganze Technologie ist ja noch weit davon entfernt, industriell genutzt werden zu können. Das Projekt erfordert also Ressourcen, über welche die deutschen Chemieunternehmen nicht verfügen.«

»So ist es!«, bestätigte ihr Vater, Anna hatte ihm eine perfekte Steilvorlage gegeben. »Da wir die Aufgabe finanziell nicht bewältigen können, liegt es auf der Hand, strategische Partnerschaften einzugehen. Und wir sind uns mit Carl Bosch darüber einig, dass Standard Oil Interesse daran haben könnte, in das Geschäft mit einzusteigen.«

»Hermann!«, donnerte Walter Teagle und klatschte in die Hände. »Das ist der faszinierendste Gedanke, der mir seit Langem unterbreitet wurde. Ich schlage vor, dass wir uns konkreter darüber unterhalten, wenn Sie in Deutschland so weit sind. Und Ihre Tochter – ich kann es nur wiederholen – wird Ihnen sicher noch viel Freude bereiten!«

Schallendes Gelächter erfüllte die Räume des Council on Foreign Relations.

Züchtungen

Die Sonne knallte auf das Deck der »Mount Clay«. Mjøen sprach wie ein religiöser Eiferer auf mich ein, um mich in das geheime Räderwerk der Wirklichkeit einzuweihen und von seinen ultimativen Einsichten zu überzeugen: »Letztendlich ist doch klar, dass die Degeneration unserer Kulturvölker hauptsächlich biologischer Natur ist!«

Ich nickte, während ich zu der Frau in Rot an der Reling hinüberlinste. Sah sie nicht auch zu mir herüber? Die Überfahrt könnte interessanter werden, als ich zu hoffen gewagt hatte ...

»Niemand, der mit offenen Augen die Menschenmassen in den modernen Großstädten Paris, Berlin, New York oder Chicago betrachtet, kann übersehen, wie sich die rassische Erscheinung der Bevölkerung verändert. Sie, junger Mann, sind in München ja noch vergleichsweise verschont davon, vor allem seit das rote Gesindel wieder vertrieben wurde. Sie befinden sich vom rassischen Standpunkt aus gesehen geradezu in einer keimplasmatischen Idylle! Aber warten Sie mal ab: Sobald wir in New York an Land gehen, werden Sie sich ein Bild davon machen können, wohin unsere moderne Welt steuert!« Mjøen nahm bedächtig sein Glas mit Zitronenwasser, nippte daran und fuhr fort: »Wir Wissenschaftler sind heute der Überzeugung, dass die Mischung der Rassen in der Regel minderwertige Nachkommen hervorbringt. Besonders in den Metropolen Amerikas und Europas entsteht damit ein großes Potenzial an geistig und körperlich Gebrechlichen – Menschen, degeneriert, arm und dumm, die dann mit durchgefüttert werden müssen. Ich aber sage Ihnen: Wenn die Hybridisierung von fremdartigen und disharmonischen Völkern nicht durch eine internationale Instanz verhindert wird, dann droht uns der biologische Kollaps.«

Ich riss mich vom Anblick der Schönen los, legte meine Hand auf das vor uns liegende Buch und fragte: »Hat nicht Madison Grant klar festgestellt, dass die nordische Rasse als zuletzt entstandene auch die wertvollste ist?«

»Das ist sie ganz zweifelsohne.«

»Bräuchten wir dann nicht eigentlich eine Art ›blonde Internationale‹? Einen weltweiten Zusammenschluss zur Erhaltung unserer Rasse?«

»Ihnen, mein junger Freund, steht eine große Zukunft bevor, da bin ich mir sicher! Tatsächlich muss man eine klare Linie ziehen, eine Trennlinie zwischen Rassen und Nationen. Letztendlich sind doch alle Völker und damit auch die Nationalstaaten nichts weiter als das Ergebnis von Rassenmischungen.« Er zwinkerte mir zu. »Vielleicht sind Sie ja berufen, innerhalb einer solchen ›blonden Internationale‹ zu wirken, eines übergeordneten Staatenbundes unter Führung der Vereinigten Staaten.«

»Ausgerechnet! Sind doch gerade die USA der moderne Melting Pot aller Rassen.«

Mjøen machte eine Handbewegung, als wollte er eine lästige Fliege vertreiben. »Ach was, das intellektuelle Klima dort hat sich inzwischen maßgeblich geändert. Man ist sich weitgehend einig, dass die schleichende Entartung der Bevölkerung so schnell wie möglich wieder umgekehrt werden muss.«

»Deshalb haben die Amerikaner schon 1907 eugenische Gesetze erlassen?«, fragte ich und sah wieder hinüber zur Reling. Die Frau aber wandte mir nun den Rücken zu.

»In der Tat. Wir sprechen hier über eine nach rationalen Kriterien gesteuerte staatliche Fortpflanzungspolitik. Die Rationalisierung verspricht für die nordische Rasse nicht weniger als eine ähnliche Effizienzsteigerung wie die Rationalisierung des Produktionsprozesses für die Wirtschaft. Es ist sicher auch kein Zufall, dass in den USA der Laissez-faire-Kapitalismus, der wirtschaftliche Liberalismus nach und nach durch staatliche Interventionen ersetzt wird und monopolkapitalistische Strukturen den jüdisch dominierten Finanzkapitalismus endlich überwinden. Was wir brauchen, ist ein Kreuzzug zur Bekämpfung und Niederschlagung der genetisch Minderwertigen!«

»Und welche Maßnahmen schlagen Sie vor?«

»Francis Galton«, erklärte Mjøen, »der Begründer der Eugenik – übrigens ein Halbcousin Charles Darwins –, hat klar erkannt, dass Lamarcks Theorie der Vererbbarkeit von im Leben erworbenen Eigenschaften nicht länger haltbar ist. Die Mendel'schen Gesetze zeigen eine quasi mathematische Vorhersehbarkeit: Nicht nur körperliche Merkmale werden vererbt, sondern auch Charaktereigenschaften, Kreativität, Emotionen, Talente, Intelligenz – ja selbst das Genie ist nicht davon auszuschließen. Auch der deutsche Biologe August Weismann konnte belegen, dass lediglich das im Keimplasma befindliche Erbgut an die nächste Generation weitergegeben wird. Die Körperzellen gehen zwar aus diesen Keimzellen hervor, eine Veränderung dieser Körperzellen wirkt jedoch nicht auf das Erbgut zurück. Jede Person ist somit die quasi vorausberechenbare Summe des von seinen Vorfahren geerbten Keimplasmas.«

»Demnach kann die biologische Ausstattung eines Menschen zwar in Maßen durch Erziehung oder Umwelteinflüsse weiterentwickelt, das Ganze aber nicht an die folgenden Generationen vererbt werden?«

»Ja, leider!«, antwortete Mjøen und wischte sich den Schweiß von der Stirn. »Das Einzige, was damit erreicht werden kann, ist eine bessere Entfaltung der Erbanlagen. Aber denken Sie nur an die sozial Schwachen. Glauben Sie denn, es ist Zufall, dass diese Menschen arm sind? Auch Armut ist zweifellos in den Genen vorgegeben! Was hilft es also, diese Menschen mühsam zu fördern, wenn ihre Nachkommenschaft wieder auf demselben jämmerlichen Zustand landet wie ihre Eltern? Soziale Maßnahmen machen dann doch überhaupt keinen Sinn – im Gegenteil! Sie belasten lediglich die Gesellschaft, immer wieder muss man bei null anfangen! Wozu also noch Geld ausgeben für Sozialhilfe, wenn man die sozialen Probleme viel schneller lösen könnte?«

Ich trank einen Schluck. »Indem man die Betroffenen an der Fortpflanzung hindert?«

Mein norwegischer Reisebegleiter nickte. Ich stellte mein Glas ab, warf der Frau im roten Kleid ein Lächeln zu und fragte: »Wie wollen Sie das denn erreichen?«

Mjøen war mein Flirt diesmal nicht entgangen. »Eine Freundin von Ihnen?«, fragte er irritiert, fuhr dann aber fort: »Zunächst durch Segregation. Durch Isolierung, Deportation, Kastrierungen, Sterilisation, Heiratsverbote und schließlich, wenn die Bevölkerung ausreichend aufgeklärt und einsichtig geworden ist, durch Exterminierung. In den USA hat man ja nun gottlob erkannt, dass man auf diesem Wege innerhalb weniger Generationen zunächst die minderwertige schwarze Rasse entfernen könnte – erst im eigenen Land und dann weltweit, bis schließlich nur noch die nordische Rasse übrig bleibt. Herr von Trott, wir planen eine goldene Zukunft für unsere Kinder! Wir wollen den neuen Menschen erschaffen, uns nach und nach zu unbekannten Höhen, zu Übermenschen emporzüchten.«

Frieden

David Bernstein und Lou Rosenkrantz hockten in der Nische einer Opiumhöhle in Chinatown. Hinter ihnen spannte sich das Bildnis eines Feuerdrachens, der im warmen Licht einer chinesischen Laterne badete. Rundherum ruhten Gestalten, teils schlafend, teils mit starrem Blick. Nebelschwaden stiegen gemächlich von mehreren Räucherstäbchen auf.

»Man könnte meinen, dass alle tot sind«, sagte Rosenkrantz, während er sich auf einem Diwan ausstreckte.

»So sehen wir auch gleich aus«, entgegnete Bernstein, zog seine vergoldete Armbanduhr aus und legte sie auf einem kniehohen Tischchen ab.

»Wann holen wir uns eigentlich die Kleine? Wie heißt sie noch?«

»Anna von Stieglitz.« Bernstein zog die Brille ab und legte sie neben die Armbanduhr. »Nur die Ruhe. Wir warten noch auf das Go. Vorerst beobachten wir sie nur. Friedman ist an ihr dran.«

»Schon gehört? Feinstein haben sie umgelegt.« Rosenkrantz nahm sich eine Zigarre, zündete sie an und fügte hinzu: »Hatte sich unglücklich verliebt, die Ratte. Soviel ich weiß, haben sie dem Kollegen ein Paar Zementschuhe verpasst und ihn im East River versenkt.« Rosenkrantz blies eine große Rauchwolke aus. »Wusstest du, dass er sich weigerte, jemanden am *Sabbat* umzulegen?«

Bernstein nickte. »Er hat die Jobs doch hauptsächlich angenommen, um sich ein Talmudstudium leisten zu können.«

Rosenkrantz strich sich durch die Haare. »Glaubst du eigentlich an Gott?«

»Klar. Du etwa nicht?« Bernstein massierte sich den Nacken. »Warum hätte ich sonst meinen Sohn beschneiden lassen? Da hinten kommt endlich Joey. Er hat das beste Zeug in ganz Chinatown.«

Bernstein wusste, dass er in letzter Zeit zu viel Opium rauchte, dass er inzwischen süchtig war. Das Gefühl wollte er jedoch nicht mehr missen, diesen Frieden, diese Ausgeglichenheit! Er war viel zu intelligent, um nicht in ständiger Angst zu leben, Angst vor den vielen Feinden und fast noch mehr vor den Freunden, von denen man nie sicher sein konnte, ob sie einen nicht verrieten oder gar ermordeten.

Ein Chinese in roter Jacke mit Bambusmuster kniete sich vor den Tisch und reichte den beiden die Pfeifen. »Reines Patna«, sagte er sanft lächelnd.

»So kennen wir dich, Joey.« Rosenkrantz legte die Zigarre im Aschenbecher ab, nahm die Pfeife, zündete sie an und legte sich zurück. »Bis gleich!«

Während Joey noch eine Kerze auf dem Tischchen entzündete, sank Bernstein in die Kissen und sog den Rauch tief ein. Das Opium begann durch sein Blut zu rauschen wie ein Drache, der all die Sorgen und Ängste, all die bösen Geister vertrieb. Sein letzter Blick fiel auf einen Paravent: Der darauf abgebildete Pfau breitete die Flügel aus und erhob sich in den Himmel, um frei der Sonne entgegen zu fliegen...

Wilde

Anna saß eingezwängt in der Subway, einer Riesenschlange aus Stahl und Glas, die sich kreischend durch die Eingeweide der Stadt arbeitete. Die meisten Passagiere sprachen oder lachten miteinander, als wollten sie dem nervenaufreibenden Quietschen und Rattern des Zuges etwas entgegensetzen.

Annas knielanges Musselinkleid war so violett wie ihre Augenlider, darüber trug sie eine lange Chrysopraskette. Den beigen Zobelmantel mit breitem Kragen hatte sie ausgezogen und über den Arm gehängt. Anna fühlte sich frei – so frei wie auf dem Monte Verità.

In der U-Bahn herrschte geradezu tropische Hitze. Anna überfiel leichte Klaustrophobie, gleichzeitig war sie aufgeregt: Endlich würde sie Harlem sehen! Bis auf einen Typ im Nadelstreifenanzug und einer Zeitung vor dem Gesicht, der ein paar Sitze hinter ihr kauerte, war sie ausschließlich von Afroamerikanern umgeben, sie kam sie sich vor wie auf einem anderen Kontinent. Wenn sie ausstieg, würde sie oben sicher mitten im Dschungel landen, vielleicht vor einer pflanzenüberwucherten Pyramide, davor umherspringende Affen, Schlangen, die träge von Ästen herunterhingen, schwarze Panther, die aus dem Dunkel des Dickichts hervorlugten... Ein dunkelhäutiger Mann mit schräg sitzendem Strohhut, der an einer der Stangen in der Mitte zwischen den Sitzbänken stand, zwinkerte Anna breit lächelnd zu.

Als die Bahn schließlich an der Haltestelle der 135. Straße anhielt, war es, als öffneten sich die Schleusen eines Unterseebootes: Ein Strom von Menschen ergoss sich in die Station und wurde durch unterirdischen Kanäle an die Oberfläche gespült. Anna ließ sich mitziehen und lief eine Treppe hinunter. Ach, falsche Richtung! Sie drehte sich um und kämpfte sich zurück, worauf die Menge wie ein Fischschwarm links und rechts an ihr vorbeischwamm. Einen Moment lang blickte sie ein Mann mit stechenden Augen an, bevor er von der Menge mitgerissen wurde.

Kurz darauf stand Anna auf der Lenox Avenue, einem Boulevard mitten in Harlem, der sich nach Norden wie nach Süden hin unendlich weit zu erstrecken schien – eine Art Kurfürstendamm der Afroamerikaner. Die Göttin des Himmels hatte sich bereits ihr mit funkelnden Diamanten besetztes Negligee übergezogen. Es war Samstag, 22 Uhr.

Anna vernahm rhythmisches Fingerschnippen, es schien überall zu sein. Sie verspürte spontane Lust, sich zu bewegen, zu tanzen. Ihr Herz aber hämmerte gegen die Brust, und ihr Seelenmeer schlug hohe Wellen. Sie fühlte sich wie neugeboren – ein vitaler Strom durchflutete sie, das ganze Viertel schien zu singen! Dunkle Gesichter in allen Schattierungen, die Menschen strömten im Wiegeschritt an ihr vorbei. Jazz lag in der Luft, die Musik breitete sich wie ein vibrierendes Netz über ihr aus. In den Gassen, auf Eingangstreppen, in offenen Türen – wippende Hüften, lachende Münder und Augen. Eine Gruppe junger, elegant gekleideter Männer in Gamaschen bildete an einer Häuserwand einen Kreis, in dem sie abwechselnd steppten.

Da – eine Hand weich wie Watte legte sich auf ihre Schulter. Anna drehte sich um und sah in das Gesicht Carl Van Vechtens, der hier wirkte wie ein großes, blondes Baby. »Sie können doch nicht einfach so hier herumstehen«, sagte er sanft lächelnd. »Das ist Harlem! Kommen Sie.« Er nahm sie bei der Hand und führte sie mit sich, während ihr alles wie im Lichte einer magischen Lampe erschien. Sie legte den Kopf in den Nacken, oben auf den Dachterrassen der Backsteinhäuser standen Musiker mit offenen, im Winde flatternden Hemden, die auf Trompeten, Klarinetten und Posaunen spielten. Schilder tanzten vor ihr auf und ab: Privatzimmer. Halt. Nur Farbige. Frische Hähnchen. Zu vermieten. Trommeln zogen sie in ihren Bann, hypnotisierten sie. Die Musik nahm sie in die Arme, hieß sie willkommen und flüsterte ihr heimlich ins Ohr: Lass dich gehen, sei du selbst. Saxophonspiel schwebte über der Straße wie der Violinspieler auf einem der Traumbilder von Marc Chagall.

Dann standen sie vor dem Winterpalace, ein schwarzer Hüne in violetter Livree mit Goldborten begrüßte sie freundlich und bat sie mit einer leichten Verbeugung herein. Sie gaben ihre Mäntel an der Garderobe ab und betraten den Tanzsaal: Einige Paare bewegten sich langsam und eng umschlungen zur sinnlich-weichen Musik der Band. An den Tischen saßen Gruppen von weißen und farbigen Gästen, von einem winkte ihnen ein Mann zu. Van Vechten nahm Anna beim Arm. »Komm! Da hinten sitzen die Fitzgeralds.«

Scott Fitzgerald stand auf und begrüßte Carl Van Vechten mit blasiertem Gesicht und klatschendem Handschlag. Er trug das Haar in der Mitte gescheitelt und mit Brillantine glatt zurückgekämmt. Anna erhielt von ihm Küsschen auf beide Wangen. Auch seine Frau Zelda stand auf und begrüßte die Neuankömmlinge. »Wir haben schon eine zweite Champagnerflasche bestellt!«, sagte sie, worauf sich alle vier an den Tisch setzten.

»Carl, wie konntest du uns nur wieder so lange warten lassen?«, fragte Zelda gespielt vorwurfsvoll und blitzte ihn mit ihren Augen an, die blau waren wie eine Unterwasserhöhle. Ihr kurzgeschnittenes blondes Haar umrahmte ein spitzbübisch lächelndes Gesicht, es steckte unter einem Topfhut, der so türkisblau war wie ihr Satinkleid mit engen, langen Ärmeln und einer Schleppe.

»Ich denke, es ist ein bisschen meine Schuld«, sagte Anna. »Ich habe mich … verirrt. Und die vielen Neger hier!« Aus den Augenwinkeln beobachtete sie die Leute auf der Tanzfläche, die Paare hoben gemeinsam jeweils ein Bein, sanken langsam zur anderen Seite, kreisten mit den Hüften, vereint im sanften Rhythmus, als seien sie miteinander verschmolzen.

»Wieso gibt es hier so unglaublich viele Farbige? Wie viele leben hier?«

»Mehr als 450 000«, antwortete Carl Van Vechten. »Die Welle begann in den 1870er-Jahren über New York hereinzubrechen. Sie kamen fast alle aus dem Süden. Erst wurden Häuser, dann ganze Straßen an sie vermietet. Heute ist Harlem das Mekka für alle afroamerikanischen Glücksritter. Was allerdings auch eine Explosion in den Künsten mit sich brachte.«

»Eine Stimulanz«, warf Scott Fitzgerald ein, »die wir auch dringend nötig hatten. Ein Symbol kultureller Unschuld und Regeneration! Tausende von Weißen kommen hierher, um den Geschmack des echten Lebens zu schmecken. Der Puritanismus hat die amerikanische Gesellschaft ruiniert, doch Harlem ist frei davon – eine Stadt in der Stadt!«

»Die größte schwarze Stadt auf der ganzen Welt«, fügte Zelda hinzu.

Anna lachte. »Ich vermute aber, dass Miss America nicht von hier stammt?« Sie hatte von dem Schönheitswettbewerb in einem Magazin gelesen.

»Nein«, antwortete Zelda. »Die Gewinnerin ist so ein dummes Ding: Margaret Gorman, glaube ich – eine Blondine mit einer Oberweite von siebenundsiebzig Zentimetern!«

»Die Maße kennst du aber«, sagte Scott ironisch lächelnd. Er wandte sich Anna zu: »Wo übernachten Sie denn?«

»Im Algonquin.«

»Wir sind dieses Mal im Biltmore. Ganz passabel.«

»Ach, Scott!«, rief Zelda. »Sei doch nicht so langweilig. Ganz passabel! Du hörst dich schon an wie ein Snob. – Waren Sie übrigens schon mal auf einer Pettingparty, Anna?«

»Ich habe davon gehört«, antwortete Anna und errötete leicht.

»Manchmal sind es wahre Paradiese der freien Liebe.«

»Zelda!«, entfuhr es Scott.

»Du gönnst mir auch gar nichts!«, sagte sie. »Er hat eine Obsession wegen meiner lästigen Schwangerschaft, die bald ein grässliches Ungeheuer aus mir machen wird!«

»Aber du kannst dich doch mal zurückhalten. Auch mit dem Alkohol«, entgegnete er fast weinerlich.

»Wenn du nicht gewollt hättest, dass ich etwas trinke, dann hättest du mich nicht hierherschleifen sollen. Auch wenn du dich meistens anders verhältst: Im Grunde bist du doch ein Puritaner.« Dann lehnte sie sich zu Anna. »Mein Liebster ist ewig unentschlossen – wohl eine agnostische Nebenwirkung, wenn alle Götter tot, alle Überzeugungen erschüttert und alle Kriege ausgefochten sind! Wie heißt es noch in deinem Buch, Scott? ›Jugend ist wie ein Teller voller Süßigkeiten.‹ Cheers, Anna, genießen Sie, solange Sie noch können!«

»Ich habe bereits angefangen«, sagte Anna und trank ihren Gin auf Ex aus. »Ich wünsche mir zurzeit das Leben wie eine endlose Kette aus Flirts.«

Carl Van Vechten lächelte milde und schenkte allen Gin aus einem Flachmann ein, dem Scott Ginger Ale hinzufügte. Dann hielt er einen Kellner am linken Ellbogen an und sagte leise: »Mike, haben Sie etwas für die Nase da?«

Der Kellner pfiff, um die Zigarettenverkäuferin auf sich aufmerksam zu machen. Sie antwortete ihm mit einem Kopfnicken, woraufhin Van Vechten und Fitzgerald mit ihr hinausgingen.

»Nicht wahr, Sie haben ›Diesseits vom Paradies‹ gelesen?«, fragte Zelda. »Dann wissen Sie ja auch, dass es eine neue Art des Küssens gibt.«

Anna schüttelte den Kopf.

»Früher wurden Frauen geküsst und anschließend verlassen, oder sie waren verlobt. Heute gibt es noch eine weitere Art des Küssens: Der Mann wird erst geküsst und dann verlassen.«

Anna lachte. »Und die Liebe?«

»99 Prozent Leidenschaft plus einer kleinen Prise Gefühl«, antwortete Zelda. »Auch das hat Scott von mir. Ich werde es noch eines Tages bereuen, dass ich das alles nicht selbst aufgeschrieben habe. Ich bin durchaus sehr starker Gefühle fähig, aber sie verflüchtigen sich wie ein Rausch und hinterlassen meist einen bitteren Nachgeschmack. Das viktorianische Zeitalter ist vorbei; nun beginnt ein Leben unter der Gürtellinie. Es liegt alles noch vor uns – Cheers!«

Als Carl Van Vechten und Scott Fitzgerald wiederkamen, sahen sie erfrischt und außerordentlich zufrieden aus. »Wisst ihr, was wir uns gerade vorgestellt haben?«, fragte Van Vechten. »Wie Harlem eine afrikanische Stadt geworden ist – sobald eine farbige Familie einzieht, flüchten die Weißen. Wird ein ganzer Häuserblock bezogen, verlassen ihn alle weißen Bewohner. Auf diese Weise wächst Harlem rasant nach Ost und West, Nord und Süd. Immer mehr Schwarze werden auf weißes Territorium vordringen, so könnte doch Manhattan auch bald eine Schwarzeninsel sein.«

»Das wäre ein beeindruckendes Schauspiel«, meinte Zelda, »wenn eines Tages der letzte weiße Bewohner an der Südspitze in ein Ruderboot stiege, einem Farbigen die amerikanische Flagge in die Hand drückte und die Insel verließe.«

»Dann wird sicher auch bald ein Farbiger Präsident der Vereinigten Staaten werden?«, fragte Anna lachend.

»Das, meine Liebe«, antwortete Van Vechten, »werden wir wohl in den nächsten tausend Jahren nicht erleben!«

»Sehen Sie mal, der Kellner tanzt!«, rief Anna, begeistert in die Hände klatschend. »Wie kann er nur dabei das Tablett balancieren? Es ist hier in Harlem so absolut wundervoll – dieses Tanzen und Singen, diese Freude und Ausgelassenheit! Alle scheinen so glücklich zu sein, so spontan, so ursprünglich und primitiv! Wie Wilde!« Anna merkte gar nicht, dass sie selbst – so positiv es auch gemeint war – rassistische Vorstellungen von sich gab.

Ahnungen

Ich saß auf dem Deck der »Mount Clay« und blinzelte in den Himmel. Nach der Hektik der letzten Monate kam ich mir vor wie in einer sonnendurchfluteten Zwischenwelt, in der sich die Zeit zähflüssig in die Länge zog.

So spielte ich Tennis oder beteiligte mich an Tauziehen und anderen Wettspielen, ich übte mich im Boxen und schlug einige Golfbälle über die Reling. Gestern hatte ich auch die attraktive Frau kennengelernt und feststellen müssen, dass ihr Vater sie erfolgreich von allen echten und eingebildeten Gefahren abschirmte. Zumindest bislang …

Nach einer Weile stand ich auf und schlenderte umher. Da entdeckte ich Jon Alfred Mjøen neben einem Mann, den ich bisher noch nicht bemerkt hatte. Er sah mich mit klugen Augen an und nickte mir freundschaftlich zu, als ich zu den beiden hinüberging.

»Wells.« Der Mann reichte mir die Hand. »Herbert George Wells. Setzen Sie sich doch zu uns!«

H. G. Wells! Augenblicklich erinnerte ich mich an zwei Bücher von ihm, die ich gelesen, nein verschlungen hatte: »Krieg der Welten« und »Die Zeitmaschine«. Er war Mitte fünfzig, hatte eine Adlernase, einen vollen Schnurrbart und buschige Augenbauen. Während ich mir einen Stuhl heranzog, beschlich mich aber das Gefühl, dass mit diesem Wells etwas nicht ganz stimmte, als sei er von fast übermenschlicher Kraft und Wissen durchdrungen. War auch er ein Anhänger der Eugenik?

»Was denkt man eigentlich in der deutschen Armee über die Ursachen der Niederlage im Krieg?«, fragte er mich unumwunden. »Ich lese und höre immer wieder, dass man bei Ihnen davon ausgeht, man habe ihn nur verloren, weil es zur Revolution in der Heimat gekommen sei. Keine gute Voraussetzung für einen stabilen Frieden!«

»Das ist tatsächlich die vorherrschende Meinung. Vielleicht weil Deutschland sich betrogen fühlt. Die Revolution hat uns ins Chaos gestürzt. Die Armee musste sich plötzlich um Feinde im Inneren kümmern!«

Wells nickte verständnisvoll. »Ich denke, dass England damals tatsächlich kurz vor der Niederlage stand. Durch das Versenken jener Handelsschiffe im April 1917, auf denen Großbritanniens Existenz beruhte, brachte uns der deutsche U-Boot-Angriff dem Verhungern nah. Dies war auch die eigentliche Ursache für den Kriegseintritt der USA.«

»Meinen Sie? Man geht jetzt eher davon aus, dass die Zionisten und das dahinter stehende internationale Finanzjudentum versprochen hätten, die USA zum Kriegseintritt zu bewegen, wenn Großbritannien den Juden dafür Palästina überlassen würde. Insofern, meint so mancher, wären es dieselben Kräfte, die im Deutschen Reich die Revolution auslösten.«

»Wie bitte? Jüdische Finanziers sollen hinter der missglückten Revolution in Deutschland stecken?«, entgegnete Wells. »Ist das nicht etwas paranoid? Außerdem hat England den Juden Palästina keineswegs einfach überlassen. Sie überschätzen meines Erachtens den Einfluss der Bankiers – zu denen übrigens keineswegs nur jüdische gehören – auf die amerikanische Politik, zumal diese Leute vor allem ihre Kredite schützen wollten. Dass die USA sozusagen als Gegenleistung für ein zionistisches Palästina bewegt wurden, in den Krieg zu ziehen, halte ich für absurd. Eine Niederlage des British Empires konnte in erster Linie deshalb nicht geduldet werden, weil die Vereinigten Staaten selbst noch nicht in der Lage waren, die Herrschaft über die Meere anzutreten. Eine deutsche Herrschaft hätte also ein unkalkulierbares Risiko bedeutet.«

»Ein interessanter Gedanke«, sagte ich.

»Hinzu kommt, dass die Amerikaner dem Einfluss einer subtilen britischen Manipulation erlagen, denn in den Salons, Universitäten und der Presse herrschte eine große Anglophilie vor. So trat beispielsweise die Tatsache in den Hintergrund, dass die deutschen U-Boote die britischen Handelsschiffe als Vergeltung für die letztendlich ja widerrechtliche britische Blockade des europäischen Kontinents attackierten. Sie sehen also, mein Freund, dass die Realität hochkomplex ist. Die Ursachen immer nur bei den Juden zu suchen ist eine Vereinfachung der Geschehnisse – wenngleich der Einfluss der jüdischen Finanzelite natürlich keineswegs zu unterschätzen ist.«

»Wahrscheinlich haben Sie recht«, gab ich zu. »Sicherlich muss man einen differenzierteren Blick entwickeln.«

»Reisen bildet ungemein«, sagte Wells und klopfte mir freundschaftlich auf die Schulter.

»Auf jeden Fall ist es nun höchste Zeit«, schaltete sich Mjøen ein, »dass wir von der sozialdarwinistischen Kriegstreiberei abkommen und zu eugenischer Friedenspolitik übergehen.«

»Unbedingt!«, pflichtete ihm Wells bei. »Wenn die Minderwertigkeit einer Rasse demonstriert werden kann, dann gibt es doch eigentlich nur eines zu tun...«

»Ja, genau. Wir müssen eine schrittweise Integration der Nationen in eine Weltgesellschaft erreichen: Eine eindeutige Festlegung des Bevölkerungsoptimums für jede Nation und die Erweiterung der Kompetenzen für internationale Organisationen sind überlebenswichtig für die nordische Rasse. Am sinnvollsten wäre wohl ein Weltparlament, in dem die Stimme eines Europäers natürlich ungefähr zehnmal so viel zählt wie beispielsweise eines Afrikaners. Eine Weltregierung müsste eugenische Normen für eine internationale Migrationspolitik aufstellen, sodass nur Menschen mit hochwertigem Erbgut in ein anderes Land einreisen dürfen. Wir brauchen die Etablierung von Rasseidealen, eine möglichst optimale Bevölkerungszahl und ganz generell eine Verbesserung der Qualität des körperlichen, intellektuellen und geistigen Erbgutes durch Eliminierung von allem Minderwertigen.«

»Also einen internationalen Zusammenschluss zur Erhaltung der nordischen Rasse?«, fragte ich. Die Idee begeisterte mich, doch Wells verzog die Mundwinkel.

»So ist es«, antwortete Mjøen. »Wir brauchen den Völkerbund – eine ›blonde Internationale‹, wie Sie es nannten. Grundlage für einen Weltstaat, für eine neue Ordnung der Welt.«

»Ja, das sehe ich auch so. Als Mitglied der Fabian Society setze ich mich für eine neue sozialistische Ordnung durch eine starke Wirtschaft und Technologie ein und war im letzten Jahr auch an der Gründung des Völkerbundes beteiligt. Leider konnte ich Lenin nicht davon überzeugen, sich uns anzuschließen, als ich ihn in Russland aufsuchte. Dabei glaube ich fest daran, dass man Menschen, die einen falschen Weg eingeschlagen haben, zur Umkehr bewegen kann, einfach durch die richtige *Erziehung*. So könnte man doch den Weltkrieg als »Krieg zur Beendigung aller Kriege« bezeichnen, der die Menschen lehren sollte, solch blutige Auseinandersetzungen nie wieder anzuzetteln. Als Fabianer begrüße ich natürlich auch die Eugenik, was ja nicht allein die Ausrottung nutzloser Esser bedeutet, vielmehr meine ich, dass der Staat die Menschen erziehen und ihre Gedanken kontrollieren muss, damit sie ihm gehorsam dienen. Ich bin überzeugt, dass die Gesellschaft durch mentale Beeinflussung umgeformt werden kann, indem man bestimmte Verhaltensweisen gezielt hervorruft, auf dass der Frieden auf ewig unter uns waltet.«

Wells stand auf, griff in seine Jackentasche, holte eine Karte hervorholte, reichte sie mir und sagte freundlich lächelnd: »Mein junger

Freund, sicherlich werden wir uns die Tage wiederbegegnen. Aber ich gebe Ihnen für alle Fälle meine Visitenkarte. Wenn Sie so liebenswürdig wären, mir zu sagen, wie ich Sie in New York erreichen kann? Ich würde Sie gerne ein paar Freunden vorstellen.«

»Sehr gerne!« Angenehm überrascht reichte ich ihm auch meine Karte. »Ich übernachte im Liberty, in der Nähe des Hafens.«

Wells drehte sich auf dem Absatz um und verließ uns.

»War er am Ende irgendwie verärgert?«, fragte ich.

Mjøen zuckte mit den Schultern.

Da hörten wir plötzlich lautes Gelächter. Wir standen auf, um nachzusehen. Umgeben von einer Schar lachender Männer hatten sich junge Frauen auf den Boden gestürzt und wühlten in einem Berg Schuhen.

»Was ist da los?«, fragte ich.

»Das ist ein Wettspiel«, erklärte Mjøen. »Die Damen werfen zunächst ihre Schuhe in einen Sack, der dann am Ende des Decks ausgeschüttet wird. Anschließend müssen sie auf Strümpfen dorthin laufen, ihre Schuhe finden, sie anziehen und eiligst zum Ausgangspunkt zurücklaufen. Der Ersten winkt der Siegerpreis – ein wenig lächerlich, muss ich schon sagen.«

Da kam uns meine Favoritin entgegengelaufen, die nun ein blaues Kleid trug. Als sie mich sah, geriet sie ins Straucheln und ließ sich in meine Arme fallen. So kam es, dass es mir gelang, sie an ihrem Vater vorbeizuschleusen – in meine Kabine, in meine Laken. An ihren Namen kann ich mich nicht erinnern, Jungfrau jedenfalls war sie nur vom Sternzeichen her.

Donation Party

»Meinst du wirklich, dass es hier ist?« Drei Brote in Händen haltend, stand Anna mit Carl Van Vechten vor einem typisch Harlemer Backsteingebäude.

Er ging die Stufen zum Eingang hinauf. »Du siehst doch, die Tür steht sperrangelweit offen.«

Kurz darauf betraten die beiden eine Wohnung, in der sich bereits eine Vielzahl von Gästen aller Couleur eingefunden hatte. Geruch nach Essen erfüllte die Luft. Die Leute unterhielten sich angeregt, lachten und sangen, während Musik aus dem Nachbarzimmer herüberdrang.

»Bringt die Sachen einfach in die Küche«, sagte ein junger Mann und wies Richtung Flur. Sie befanden sich auf einer Donation Party, bei der die Gäste selbst für Essen und Getränke zu sorgen hatten.

»Ja. Und nehmt euch von der Bowle auf dem Tisch da«, fügte eine Frau mit enormer Oberweite hinzu.

»Lieber nicht«, flüsterte Anna, während sie in die Küche gingen.

»Dann mixe ich uns einen Gin Tonic!« Carl machte sich sogleich ans Werk.

Weitere Gäste trudelten ein, kamen in die Küche und riefen: »Ein Pfund Zucker!« oder »Ein halbes Hähnchen!«

Mit ihren Drinks in den Händen steuerten Carl und Anna ein Zimmer an, von wo ihnen Stimmengewirr entgegenschlug, und quetschten sich hinein wie in eine überfüllte U-Bahn am Morgen.

»Carlo!«, rief jemand. Ein attraktiver Mann kam auf sie zu, er war um die dreißig, hatte eine hellbraune Gesichtsfarbe und ein sehr einnehmendes Lächeln.

Carl umarmte ihn breit grinsend und sagte zu Anna gewandt: »Darf ich vorstellen? Eustace, definitiv einer der schönsten Männer New Yorks. Ganz nebenbei ist er heute Abend auch der Gastgeber.«

»Freut mich sehr«, sagte sie lächelnd und bemerkte verstohlene Blicke zwischen den beiden. Ob die was am Laufen hatten?

»Fühlt euch wie zu Hause! Getanzt wird drüben. Und wenn ihr ein bisschen knutschen wollt, findet ihr sicher in den oberen Etagen noch ein schattiges Plätzchen.«

»Apropos«, sagte Carl. »Da muss ich dir unbedingt eine pikante Geschichte erzählen.« Und zu Anna: »Schau dich nur ein wenig um. Ich bin gleich wieder bei dir.« Dann gingen die beiden Männer Arm in Arm hinaus.

Anna schob sich durch die Menge: eine bunte Mischung aus Bohemiens, Künstlern und Snobs. Da spürte sie die weiche Brust einer Frau am Rücken, drehte sich um und stand vor einer bildhübschen Afroamerikanerin mit olivbrauner Haut und vollem, onduliertem Haar. Ein Lächeln, ein Augenzwinkern, und schon war sie wieder in der Menge verschwunden.

»Wo war das denn?«, hörte Anna einen der Gäste fragen.

»Die bringt die Pinte noch zum Kochen!«, meinte ein anderer.

»Halt doch um Himmels willen mal die Fresse!«

»Wie pervers!« Eine Frau lachte hysterisch auf.

»Was hat er denn gesagt?«

»Liebst du sie?«

»Nur wenn ich sternhagelvoll bin.«

»Darf ich mal durch, bitte?«

»Mode kann man kaufen, Stil hat man einfach.«

»Das ist doch Geschwätz!«

Immer neue Gesprächsfetzen flogen hin und her, schienen sich zu verselbstständigen.

»Nee, letzte Nacht habe ich niemanden vernascht. Zumindest kann ich mich nicht erinnern.«

»Wer trägt denn heut' noch Unterwäsche!«

»Es lebe die Prohibition!« Ein Sektkorken flog durch den Raum und traf einen großgewachsenen Mann an der Stirn. »Wer zum Teufel war das?«

Anna hatte langsam das Gefühl, keine Luft mehr zu bekommen. So verließ sie den Raum, begab sich zur Treppe und lief einige Stufen hinauf. Als sie im Flur aus dem Fenster sah, erblickte sie einen schwarzen Cadillac, der betont langsam am Haus vorbeifuhr.

Da fiel ihr Blick auf ein Gedicht, das an der Wand des Treppenhauses hing:

Die ganze Nacht
ein einziger schmerzlicher Schrei.
Ich liege wach und lausche
und kann es nicht verstehen.
Rastloses Wasser,
nie wirst du Ruhe finden,
bis der letzte Mond erblasst
und die letzte Flut fällt
und das Feuer des Endes
im Westen zu lodern beginnt
und das Herz, sterbensmüde,
sich martert und weint wie die See.
(Arthur Symons)

In der Seele berührt, betrat Anna ein leeres, nur von Kerzenlicht beleuchtetes Zimmer, und versank in einem Sessel und nippte an ihrem Gin Tonic. Nach einer Weile betraten drei Gäste das Zimmer und stellten sich ans Fenster. Der Mann zündete einen großen Joint an und reichte ihn weiter an eine seiner Begleiterinnen. Offenbar bemerkten sie Anna nicht.

»Ein Schwarzer mit Collegediplom!«, sagte der junge Mann. »Wozu habe ich das überhaupt gemacht, zum Teufel!«

»Hab' doch ein bisschen Geduld!« Eine der Frauen trug ein malvenfarbenes Kleid und eine Perlenkette um den Hals. Anna hielt sie erst gar nicht für eine Farbige, doch sagte sie nun: »Gegenüber unseren ungebildeten Brüdern hast du aber doch mit Sicherheit einen großen Vorsprung!«

»Weil ich den Job als Liftboy vielleicht eher bekomme? Ein toller Vorsprung!« Er nahm den Joint und zog daran. »Wozu studieren, wenn wir immer nur kochen und dienen müssen? Und die ganze Nation verhöhnt uns noch. Wozu höhere Bildung für ›Halbmenschen‹? Letztens habe ich geträumt, dass eine große Welle über Manhattan kommt und alles verschlingt!«

»Wie in Atlantis.« Die andere Frau nahm jetzt den Joint entgegen. Sie hatte kurze, geglättete Haare und trug ein rotes Kleid.

Anna spürte Wellen der Verzweiflung, die von den drei Freunden ausgingen. Sie dachte an all die hochtrabenden Versprechungen des »American Dream«. Wie entmutigend es doch für die Menschen hier sein musste, wie ungerecht, wie demütigend! Ein Spalt begann sich in ihrem Bewusstsein zu öffnen, ein Riss, der ihr den Blick eröffnete auf die Trennlinien zwischen Menschen unterschiedlicher »Rassen«, wie man ganz selbstverständlich sagte.

»Mir geht's auch nicht besser«, sagte die Frau mit der hellen Haut. »Ich hatte ja letztens ein Vorstellungsgespräch in Downtown.«

»Und?«, fragte ihre Freundin.

»Ich hatte den Job quasi bereits.«

»Aber?«

»Als schon alles klar war und ich gerade überglücklich mit dem Lift runterfahren wollte, hat dieser Hurensohn von Personalchef wohl in meiner Akte gelesen, dass ich in Harlem wohne. Da hat er mich von der Sekretärin zurückrufen lassen und mir geradewegs ins Gesicht gesagt, dass ich ihn getäuscht hätte, weil ich doch in Wirklichkeit eine Negerin sei!«

Die Freundin berührte sie sanft am Arm. »Diese Verachtung – immer wieder schlägt sie uns entgegen, mehr noch als den Juden! Wo auch immer wir hingehen, ob unsere Haut braun, schwarz, dunkel oder hell ist, die Probleme holen uns ein. Was für eine Schande!«

»Ja. Nur wenn die Weißen denken, dass ich eine von ihnen bin, behandeln sie mich wie einen Menschen. Sobald sie herausfinden, dass ich es nicht bin, wenden sie sich gegen mich.«

»Wenigstens haben wir Harlem!«

Der junge Mann lachte bitter. »Der Hafen der Zuflucht in einer fremden Welt!« Er zog noch mal am Joint und schmiss ihn aus dem Fenster. »Du könntest doch locker als Weiße durchgehen, warum also ziehst du nicht einfach rüber zu ihnen? Die haben es schließlich nicht anders verdient, als dass man sie belügt!«

»Das kann ich einfach nicht. Ich empfinde mich ja auch meist gar nicht als Weiße, nur unter Schwarzen ist das manchmal der Fall. So zerrissen ich auch bin, ich würde mich schämen, wenn ich anfinge, Theater zu spielen. Ich habe von einer Frau gehört, die sich einen reichen Italiener geangelt hat. Sie waren sehr glücklich – bis zu dem Tag, als sie ein Baby bekam, ein dunkles! Erst dachte ihr Mann, dass sie ihn betrogen hätte, was er ihr vielleicht sogar noch vergeben hätte. Zumindest hätte er sich als Katholik nicht scheiden lassen. Als sie ihm aber gestand, dass sie eine Farbige sei, schmiss er sie kurzerhand mit dem Kind raus. Vorher hatte er sie abgöttisch geliebt, nun war sie für ihn nur noch ein Nigger.«

»Was ist aus ihr geworden?«

»Sie hat angefangen, sich zu prostituieren.«

»Lasst uns lieber tanzen gehen!«, sagte der Mann schließlich, legte die Arme um die beiden Frauen und führte sie hinaus.

Die große Schlangenmutter

»Gehst du nicht tanzen?«

Erschrocken sprang Anna auf. In einer Zimmerecke stand eine alte Frau im Schatten. »Kein Grund zur Aufregung«, sagte sie mit kreolischem Akzent und kam lächelnd hervor, die linke obere Zahnreihe fehlte.

Anna wich zurück. »Wie lange stehen Sie schon dort?«

»Ach, Kind, im Schatten verliert man leicht das Gefühl für die Zeit. Sei mir nicht böse. Komm, setz dich doch wieder!«

Die beiden nahmen gegenüber Platz, und die Greisin griff behutsam nach Annas Händen. Sie sah aus wie eine alte Schildkröte: Gesicht und

Hände tief schwarz und von Falten zerfurcht. Ihre Augen aber leuchteten klar wie Quellwasser. Sie studierte Annas Hände und sagte schließlich: »Du wirst einmal sehr viele Kinder haben.«

Anna lachte nervös. »Das hoffe ich nicht.«

»Sehr viel Verantwortung wird auf dir lasten.«

»O je.«

»Du wirst auch sehr gute Freunde haben. Ihr werdet alle zusammen in einen großen Sturm geraten: du, deine Freunde und die Kinder.«

»In einen Sturm?«

»Einen Feuersturm. – Sag mir, liebes Kind. Was führt dich denn nach Harlem?«

»Die Kultur«, antwortete Anna, »die Kunst, die Musik, das ganze Leben hier. Die Spontaneität, Freude, der Tanz!«

»Jaaaa«, sagte die Alte langsam, als würde sie jede Silbe aus einem tiefen Brunnen hervorholen. »Die Leute glauben, dass es sich hier um nichts weiter handelt als um ein paar Schwarze, die sich die Birne zuknallen, um dann ordentlich zu feiern. Sie wissen nichts, höchstens ahnen sie es, dass es wie eine Epidemie ist. Das ist die große Schlangenmutter, sie kommt aus Louisiana, breitet sich immer weiter aus und ist drauf und dran, die Fundamente der weißen Zivilisation zu unterwandern. Jazz, Blues und Ragtime gehören zu ihren tausend Armen, mit denen sie ihre Anhänger zum Vibrieren bringt. Du aber, liebes Kind, wirst mehr und mehr die Kontrolle verlieren. Dann kommt der Moment, in dem nur noch eines zählt: Wer du bist, wer du wirklich bist!«

Anna war wie hypnotisiert. »Ich bin ein Strahl der einen Sonne...«

»Eine Welle des einen großen Meeres...«

»Ich bin Liebe.« Anna fühlte emotionale Flut in sich aufsteigen.

»Du bist Liebe«, flüsterte die Alte. Dann, lauter: »Und nun geh wieder zu deinen Freunden und amüsiere dich!«

Anna erwachte aus einer Trance, küsste die Hände der Frau und wankte hinaus, die Stufen hinab in die Küche zurück, um sich einen Gin Tonic einzuschenken. Dort saßen zwei Frauen am Küchentisch und unterhielten sich.

»Hey, Süße!« Ein Mann schwankte auf sie zu, er trug einen glänzenden blauen Anzug, roch nach Alkohol und Schweiß und hatte eine Narbe im dunklen Gesicht. »Wie wär's mit einem Tänzchen?«

»Wohl kaum«, antwortete Anna.

»Komm schon, Kleine!« Er grapschte nach ihr.

Eine der beiden Frauen am Tisch – sie mochte gut zwei Zentner wiegen – aber rief mit dröhnender Stimme: »Hey! Wir wollen hier nicht belästigt werden, lass uns gefälligst in Ruhe!«

»Wer redet denn mit dir?« Der Mann grinste abfällig und offenbarte einige Goldkronen.

»Hat dieser Scheißkerl irgendwas zu mir gesagt?«, fragte die Dicke gefährlich ruhig. Doch als er wieder einen Schritt auf Anna zu machte, sprang sie blitzartig auf und schlug ihm die Faust mitten ins Gesicht, sodass er zur Seite torkelte und zu Boden stürzte. Die Frau setzte sich wieder an den Tisch. Der Kerl rappelte sich unterdessen leise jammernd auf und verließ leise schimpfend die Küche.

»Das war fantastisch!« Anna musste lachen. »Wie heißen Sie?«

»Bessie«, antwortete sie.

»Schätzchen«, fügte die Freundin hinzu. »Das ist Bessie Smith!« Anna bemerkte, dass es jene Schöne war, die sich vorhin an sie geschmiegt hatte.

»Oh, freut mich wirklich sehr!« Anna reichte der Frau beeindruckt die Hand. »Vielen Dank!« Erst sehr viel später erfuhr sie, dass sie die Kaiserin des Blues kennengelernt hatte.

»Und ich bin Louise!«

Anna setzte sich zu den beiden, und sie stießen miteinander an.

Carl hatte die Party inzwischen verlassen, ohne sich zu verabschieden. Angeblich war er völlig besoffen mit dem jungen Mann auf und davon. So ging sie mit ihren beiden neuen Freundinnen hinüber, wo getanzt wurde und eine korpulente Sängerin mit einer kleinen Jazzband den Leuten einheizte. Euphorie griff um sich. Emotionen durchflutete die Körper – Rhythmus, Bewegung, schneller und schneller, immer höher, weiter hinauf! Express yourself! Es war so wunderbar: diese Musik, die Körper, diese Hingabe! Und Anna mittendrin.

Die Party näherte sich dem Höhepunkt: Das Licht wurde heruntergedimmt, die Schatten der Tanzenden flogen an den Wänden auf und ab. Weiße wie Schwarze tanzten eng umschlungen, überwanden alle Schranken, alle künstlichen Unterschiede. Anna und Louise blickten sich in die Augen, rückten näher. Louise berührte Anna wie zufällig am Innenschenkel – ein elektrischer Schlag durchfuhr sie. Wieder ertönte rhythmisches Fingerschnippen. Komm näher, Baby. Noch etwas näher ...

Manhattan Transfer

Da war es: New York in der Morgendämmerung, weit hinten tauchte langsam die Silhouette der Stadt im Zwielicht auf, es wirkte wie eine Erscheinung. Blaugraue Wolken bedeckten den Himmel, über uns kreisten Möwen, kreischend und lachend angesichts der neuen Ladung an Enterbten. Lautes, durchdringendes Hupen ertönte, eine Fanfare, unter der sich immer mehr Passagiere an Deck versammelten. Bald würden wir an Land gehen!

Fasziniert starrte ich auf die Skyline. »Einfach unglaublich, zu was der Mensch heute fähig ist!«

»Das ist noch gar nichts«, antwortete Wells trocken. Neben ihm strahlte Jon Alfred Mjøen übers ganze Gesicht. Die Passagiere sprachen aufgeregt durcheinander, während die Kinder wild umhertollten.

Da – die Freiheitsstatue, kleiner als erwartet, die Fackel erloschen. Die blaugraue Front der Häuser dahinter schien direkt aus dem Wasser zu ragen. Wieder ertönte lang andauerndes Hupen. Manhattan kam immer näher, die Umrisse der an der Landzunge erbauten Häuser wurden deutlicher, Häuserschluchten begannen sich abzuzeichnen. »So nah am Meer. Wie auf einem Präsentierteller«, sinnierte ich. »Wie ein Kartenhaus. Eine große Welle könnte die Stadt eines Tages mit sich reißen.«

Wir näherten uns der Anlegestelle, das Schiff trieb braunes Hafenwasser vor uns her, angefüllt mit leeren Flaschen und Konservendosen.

»Da rechts ist die Brooklyn Bridge«, sagte Mjøen.

Ich nickte. »Die Sehnsuchtsbrücke! Symbol für den Traum von einem besseren Leben.«

In dem Moment entdeckte ich ein schimmerndes Luftschiff – ein Zeppelin! Er glitt gemächlich über uns hinweg, ich kam mir vor wie in Wells' Zeitmaschine.

Als wir endlich anlegten, erfüllten die ersten Strahlen der Sonne die Stadt mit glühenden Farben. Bald ging es mit vielen anderen die schräge Laufplanke hinab und durch einen hölzernen Tunnel des Fährhauses. Mir stieg Hopfengeruch einer nahen Brauerei in die Nase. Geduldig ließen wir die Einreiseformalitäten über uns ergehen. Noch immer hatte ich das Gefühl, an Bord zu sein, das Schaukeln der »Mount Clay« setzte sich in mir fort. Als wir das Haus verließen, fiel neben mir ein Mann auf die Knie und küsste den Boden.

Ich verabschiedete mich von meinen beiden Reisebegleitern Mjøen und Wells, wir würden uns beim Eugenik-Kongress wiedersehen. Dann nahm ich den Koffer in der Hand und betrat – New York! Unterschiedlichste Sinneseindrücke überfluteten mich: Gerüche von Asphalt, Kohle und Benzin, Baseball spielende Kinder in verschmutzen Klamotten, Sirenengeheul, Vogelgezwitscher, das Klappern erschöpfter Karrengäule, Hochbahnzüge und die omnipräsenten Gebäude, die sich ringsumher auftürmten. Schließlich betrat ich eine Frühstücksstube, setzte mich an die Theke und bestellte einen Kaffee.

»Sind Sie Franzose?«, fragte mich die Bedienung, ein etwa fünfzig Jahre alter Mann mit völlig zerknittertem Gesicht und einem Zigarettenstummel zwischen den braunen Zähnen.

»Deutscher«, sagte ich und war gespannt auf seine Reaktion.

»Hauptsache, kein Ire! Jeden Tag werden wir von einer Flut dieser Katholiken überschwemmt. Und von Juden! Sind Sie etwa Jude?«

»Nein, nein«, antwortete ich.

»Juden und Katholiken, Iren, Italiener. Die kommen hierher und nutzen unsere Toleranz aus. Früher oder später werden die uns noch aus unserem eigenen Land vertreiben. Wer hat denn dieses Land aufgebaut?«, fragte er und stellte mir einen Kaffee hin.

Zwei Männer, Hafenarbeiter, kamen lachend hereinspaziert und setzten sich ans Fenster. Eine dicke alte Frau saß nicht weit von mir an der Theke. Zigarettenrauch glitt wie Nebelschwaden durch den inzwischen von Sonnenlicht durchfluteten Raum. Ein Mann mit Glatze kam aus der Toilette und verließ den Raum.

»Wollen Sie in den USA bleiben?« Der Mann hinter der Theke begann Gläser abzutrocknen. »Nicht wahr, Europa ist am Ende – verfault, keine Energie mehr. Hier aber können Sie etwas erreichen, vor allem als Deutscher. Es gab zwar Krieg mit euch, aber man weiß auch, wie tüchtig ihr seid. Also Ärmel hochkrempeln und vorwärts, mein Freund!«

Schatten

Nach der durchzechten Nacht versank Anna in tiefen Schlaf und begann zu träumen. Sie sitzt in einem Zug, draußen steht eine Gruppe farbiger Kinder, die ihr lachend zuwinken. Schwarze und Weiße im Zug unterhalten sich angeregt miteinander, umhertollende Kindern erfüllen den Waggon mit ihrem ausgelassenen Spielen. Ein Huhn läuft gackernd auf und ab.

Dann rattert der Zug durch eine grüne, hügelige Landschaft im amerikanischen Süden, viele Farbige arbeiten auf den Feldern, einige lachen ihr zu. Manchmal fahren sie auch durch kleine Ortschaften, links und rechts der Gleise liegen Baumwollspinnereien. Ein andermal taucht eine Kirche auf, eigentlich nichts weiter als eine Scheune mit Kreuz drauf. Hier und da reiten sonderbar durchsichtige Indianer auf Pferden durch einen Fluss.

Plötzlich verstummt das Kinderlachen, das Klirren von Ketten ist nun zu hören. Die Häuser draußen, auf schwarzer, fruchtbarer Erde erbaut, sind verlassen, Werkzeuge und Maschinen verrostet. Vor einem verfallenden Schuppen steht eine Frau an einer Wasserpumpe, doch ist es Blut, das sie zutage fördert. Im Zug flattert das Huhn wild umher, rundum ist alles völlig verstaubt und heruntergekommen. Alle Fahrgäste außer Anna sind von sehr dunkler Hautfarbe, still und teilnahmslos starren sie mit leeren Augen Löcher in die Luft. Ihr gegenüber sitzt ein junger Mann in zerlumpten Kleidern und schnitzt eine schwarze Schlange. Anna hört das Wimmern von Kindern, auch eine alte Frau wehklagt. Draußen rauscht ein Haus ohne Fensterscheiben vorbei, Anna sieht eine verrottete Eingangstüre und ein von Moos überwuchertes Dach. An einem kahlen Baum baumeln zwei schwarze Männer, auf Schildern um ihre Hälse steht in roten Lettern: Willkommen! Auf der Fensterscheibe erscheint Arthur Symons Gedicht: »Die ganze Nacht ein einziger schmerzlicher Schrei ...«

Das Weinen der Kinder nimmt zu, wird verzweifelter, angstbesetzter. Es riecht unangenehm nach Gas. Da sieht sie Louise, welche die Tür zum nächsten Abteil offen hält. Das Huhn trippelt hinein. Anna steht auf und folgt ihm. Offenbar gehört das Abteil zur ersten Klasse, hier befinden sich nur Weiße. An einem der Fenster sitzt Heinrich, Anna ruft ihn, berührt ihn, schnippt vor seinem Gesicht – vergebens, er reagiert nicht, gefangen in einer Zwischenwelt. Anna läuft weiter. Das nächste Abteil ist voller Kinder, schwarze und weiße, die sie schweigend ansehen. Eines weist nach unten, und vor Annas Füßen öffnet sich ein Abgrund. Dort sitzt die alte Frau von der Donation Party und hält ein langes, blutverschmiertes Messer in der Hand. Vor ihr liegt das Huhn, dem sie gerade den Kopf abgeschnitten hat. Als sie Anna sieht, beginnen sich ihre Mundwinkel zu verziehen. Sie öffnet den Mund, grinst und verfällt in lautes, hysterisches Lachen.

Schreiend wachte Anna auf. Sie schwitzte am ganzen Körper. Louise nahm sie in den Arm und drückte sie sanft. »Hab keine Angst, es war nur ein Traum.«

Anna erinnerte sich nun dunkel daran, dass sie mit zu Louise gegangen war, wie sie sich berührt und geküsst hatten. Sie fühlte sich entsetzlich verkatert. Was war das nur für ein Traum! Hatte er etwas zu bedeuten, oder verarbeitete sie lediglich ihre Eindrücke im Schlaf? Nein, das war mehr, das spürte sie intuitiv. Dann schlief sie einfach wieder ein.

Als sie erneut aufwachte, bekam sie einen Schrecken: Im Zimmer stand ein farbiger Mann mit Strohhut, er war barfuß und trug einen enormen Sack auf der rechten Schulter. Kurz darauf verschwand er. – Hatte sie wieder geträumt? War sie nun endlich wach? Hatte sie gestern wirklich mit Louise …? Verwirrt stand sie auf, zog sich das Laken über und ging auf Zehenspitzen durch das etwa dreißig Quadratmeter große Zimmer. Um die Ecke kam sie in eine kleine Küche. Zu ihrer Beruhigung stand dort nur Louise am Herd und lächelte ihr zu. Sie trug eine weiße Leinenhose und ein weißes Hemd. Anna ging zum offenen Fenster, lehnte sich gegen den Sims und blickte direkt auf ein Backsteinhaus, nur etwa drei Meter entfernt. Die Melodie eines Saxophons füllte den engen Zwischenraum, ließ Noten auf und ab tanzen.

Anna trank ein großes Wasserglas leer, ging zurück ins Zimmer und zog sich rasch an. Neugierig sah sie sich um, betrachtete Statuen und Bilder: furchterregende afrikanische Masken an der Wand, das Bild einer grünen Schlange, katholische Heilige und Fotos von religiösen Zusammenkünften. In einem Regal standen Bücher über Astrologie, Tarot, Magie und Druidentum, daneben hatte Louise einen kleinen runden Tisch fürs Frühstück gedeckt. Schließlich fiel Anna eine Ablage ins Auge: Dort standen Kerzen verschiedener Farben, kleine Fotos, vielleicht von Verwandten oder Verstorbenen, auf einem Teller ein Stück Kuchen, daneben ein Champagnerglas, ein Flakon mit Parfüm, eine Flasche Rum, kleine Figuren aus Holz, Keramik oder Ton, Dosen, Fläschchen mit unbestimmtem Inhalt, Pulver, Öle, ein Dolch, eine Räucherschale, ein Kelch, ein Krug und Streichhölzer. War das ein Altar?

Louise kam mit einer Pfanne in der Hand ins Zimmer. »In Öl gekochter Mais, ölgetränktes Brot und eine Avocado werden Wunder bewirken!« Sie gab ihr einen Kuss auf die Wange.

Während Anna sich setzte, legte Louise eine Bluesplatte aufs Grammophon. Es rauschte, bevor die Nadel in die Rille glitt. Louise neigte den

Kopf zur Seite und begann mit dem Fuß im Takt zu wippen. »Manchmal stelle ich mir vor«, sagte sie, »dass die Menschen in New York wie diese Nadel hier sind: Gefangene der immer gleichen Melodie, immer dieselbe Rille entlang. Dann aber gibt es auch diese Kratzer, als würde sich darin ein innerer Schaden ausdrücken, als gebe es dunkle Risse im Tageslicht – wie Hintertüren, die sich plötzlich öffnen …«

»Und wenn man durch eine dieser Türen hindurchgehen würde?«

Louise rückte eine der Statuen zurecht und antwortete: »Dann begegnest du deinem inwendigen Schatten. Dann betrittst du die Geisterwelt.«

Anna fühlte sich unbehaglich. Sie wollte das Gespräch lieber auf etwas Normales, etwas Profanes lenken und fragte: »Und im Leben? Was machst du?«

Louise setzte sich. »Da bediene ich in einem Nachtklub«, sagte sie und schenkte Kaffee ein.

»Ich könnte schwören, dass das nicht alles ist. Wenn ich dein Zimmer hier sehe, diesen Altar dort …«

Louise lächelte. »Ich bin die Tochter einer Mambo, also einer Voodoo-Priesterin. Wir sind 1916 aus Haiti hierhergezogen, nicht lange nachdem die amerikanischen Truppen in unser Land einmarschierten.«

»Davon habe ich noch nie etwas gehört. Wie kam es dazu?«

»Offiziell, um uns ›Kannibalen‹ aus der Karibik zu ›zivilisieren‹. Weil wir angeblich nicht dazu fähig sind, uns selbst zu regieren. Aber das ist nichts als rassistischer Hochmut. Außerdem wollten sie unsere Religion ausrotten. Da wandte sich ein mächtiger Loa an meine …«

»Ein Loa?«

»Ein Geist, eine geistige Wesenheit. Sie beauftragte meine Mutter, in die USA auszuwandern, um dabei zu helfen, den Voodoo hier zu verbreiten.« Louise sah ihr in die Augen.

»Über Voodoo hört man gruselige Dinge«, sagte Anna etwas verunsichert und aß von ihrem Mais.

»Das kommt von der Unkenntnis. Voodoo wird immer wieder als primitiv bezeichnet. Dabei handelt es sich um ein komplexes System, dessen zentraler Kern die Verehrung der Loa und der Ahnen ist.«

»Also Polytheismus?«, fragte Anna. Bilder der vergangenen Nacht stiegen mit betörender Deutlichkeit in ihr hoch.

Louise lächelte. »Auch wir glauben an einen höchsten Gott, an den Bon Dieu, die universelle Quelle, den Urgott. Die Loa sind hochentwickelte Geistwesen, die über göttliche Macht verfügen. Wenn sich ein Mensch rechtschaffen und gläubig verhält, hat er die Chance, zum Loa aufzusteigen. Andernfalls wird er einfach als Mensch wiedergeboren.« Louise biss ein Stück Brot ab. »War er aber ganz besonders schlecht, wird er als Diab wiedergeboren, als dämonisches Wesen.«

»Und ... und Voodoo kommt aus Haiti?« Wie sie sich gestern Nacht geküsst hatten! Wie Louise ihr die Bluse ausgezogen und den Bauchnabel geküsst hatte, wie ihr heißer Atem über ihre Haut geglitten war! Die Bilder flossen wie ein Wasserfall in Annas Schoß.

Louise schien nichts zu merken. »Seine Wurzeln reichen viel weiter zurück«, sagte sie, »Es ist Hunderte von Jahren alt. Es wird von einem Volk berichtet, den Yoruba, die Afrika von Ägypten aus durchquerten, bis sie in Westafrika auf die Nok-Kultur stießen, mit denen sie verschmolzen. 1400 nach Christus entstand dort das Yoruba-Reich, hier liegen die Wurzeln von Voodoo.«

Anna hörte kaum zu, ihr ganzer Körper war entflammt. So etwas hatte sie noch nie erlebt – nie war sie mit einer Frau zusammen gewesen. Louise hatte ihre Beine sanft auseinandergedrückt, ihre Knie geküsst und war langsam ihre Schenkel hinaufgewandert.

»Nachdem Columbus Haiti entdeckt hatte«, erzählte Louise, »und die indianischen Ureinwohner sich als schlechte Sklaven erwiesen, um den landwirtschaftlichen Reichtum für die Europäer auszubeuten, ordnete König Karl V. von Spanien die Verschleppung afrikanischer Sklaven an. Die Spanier wurden sich mit den Yoruba-Herrschern einig. Die Yoruba führten Expansionskriege und tauschten gefangengenommene Sklaven gegen Glasperlen und anderen Tand. Aufgrund des politischen Drucks trat Spanien 1697 das westliche Drittel der Insel Hispaniola an Frankreich ab. Von da an wurde es Saint-Domingue genannt. 1804 erklärten wir unter dem Namen Haiti unsere Unabhängigkeit. Beim Freiheitskampf spielte Voodoo eine ganz bedeutende Rolle!«

Anna kämpfte die Bilder nieder. »Und welche Rolle spielt er für dich?«, fragte sie, während sie nun auch zu essen begann.

»Ich selbst befinde mich in der Ausbildung zur Mambo, obwohl ich mich lange dagegen gesträubt habe.«

»Zwingt dich denn jemand dazu? Deine Mutter etwa?«

Louise atmete tief ein. »Aber nein. Wer von den Loa auserwählt ist und dem Ruf nicht Folge leistet, setzt sich großer Gefahr aus.«

»Du meinst, ein Loa hat dich auserkoren?«

»Ja. Ein vorväterlicher Loa wandte sich während einer Zeremonie an mich und gab mir seine Absicht bekannt.«

»Wie das? Erschien er dir als Geist?«

»Er sprach durch den Mund eines Besessenen, den er zu diesem Zweck geritten hat.«

»*Geritten?*« Anna musste schmunzeln und hielt sich schnell die Hand vor den Mund.

»Ich wollte es erst nicht wahrhaben«, fuhr Louise fort. »Meine Mutter jedoch hat mich beschworen, denn sie hatte große Angst. Tatsächlich passierten auch schlimme Dinge, als ich mich gegen den Ruf sperrte.«

»Zum Beispiel?«

»Eine unserer Hütten brannte ab, viele Hühner starben eines unerklärlichen Todes. Dann wurde meine Mutter todkrank, und die Amerikaner kamen. Es war schrecklich. Schließlich habe ich mich in mein Schicksal gefügt. Wir übersiedelten hierher, und ich begann meine Ausbildung. Jetzt geht es uns wieder gut.« Louise lächelte schief, als trüge sie in Wirklichkeit immer noch ein gewisses Bedauern im Herzen.

»Ich weiß nicht, was ich tun würde, wenn sich ein Loa auf diese Weise an mich wenden würde«, meinte Anna nachdenklich.

»Das wird wohl kaum passieren. Du musst schon daran glauben, sonst kannst du gar nicht in Kontakt mit ihnen kommen.«

»Meinst du?«

Louise lehnte sich etwas vor, berührte Annas Hand und sagte leise: »Begleite mich doch zu einer Zeremonie und finde es heraus.«

»Das wird zumindest heute nicht möglich sein«, entgegnete Anna.

»Hast du schon etwas vor?«

»Ja, ich will ins Museum of Natural History.«

»Es soll eine interessante Ausstellung sein!«

»Deswegen gehe ich nicht dorthin.« Anna griff nach ihrer Tasse, um einen Schluck zu trinken. »Ich möchte dort auf dem Eugenik-Kongress eine Frauenrechtlerin kennenlernen.«

»Wie heißt sie?«

Anna stellte die Tasse wieder ab und sagte: »Margaret Sanger.«

V. VEREINIGUNG

Die Zweite Internationale der Rassisten

New York, 25. September 1921. Ich stand am Fenster meines Hotel-zimmers. Ein paar Wolken zogen von Westen her über den Himmel, Sonnenstrahlen flossen schräg durch die Straßen. Ein Raddampfer fuhr den grün schimmernden Hudson River hinauf.

»Welcome to the United States!«, rief mir ein Junge von der Straße zu. Woher wusste er, dass ich kein Amerikaner war? Ich lächelte und winkte. Dann aber war es Zeit, dass ich mich auf den Weg zum Euge-nik-Kongress machte. Ich zupfte vor dem Spiegel die Krawatte zurecht und verließ mein Zimmer.

Vor dem Hotel tauchte ich direkt in das quirlige Leben der Großstadt ein, die offenbar keinen Sonntag kennt. Die Straße schien von einer ge-wissen Atemlosigkeit ergriffen, in beide Richtungen floss ohne Unterlass der bipolare Strom der Fußgänger. Ich reihte mich ein, lief vorbei an Zeitungsläden, Frühstücksstuben, Friseurläden, chinesischen Wäscherei-en, Blumengeschäften. Autos hupten, ein Lachen drang aus der Menge zu mir herüber. Die Bäume am Straßenrand waren bereits entblättert, als hätte man sie ausgeraubt. In der Ferne kreischte ein Hochbahnzug, wie ein Kettenraucher stieß er eine Kohlenwolke empor. Vor mir sprang eine kleine schwarze Katze mit einem Fisch im Maul aus einer Mülltonne. Vor einem grün angestrichenen Drugstore stritten sich zwei Jugendliche.

Als die Ampel vor mir auf Rot schaltete, hielt ein Taxi neben mir. Ich ergriff die Gelegenheit, stieg hinten ein und sagte zum farbigen Fahrer: »American Museum of Natural History, 77. Straße.«

Während der Fahrt stürmten weitere Eindrücke auf mich ein. Ich hatte ja bereits so einiges hinter mir: die Schützengräben des Weltkrie-ges, die Niederschlagung der Revolution in München, überhaupt das Leben in der bayerischen Metropole – und doch kam ich mir hier vor, als hätte ich bisher nur Dörfer kennengelernt. Das Gedränge war atem-beraubend, am meisten beeindruckte mich die verwirrende Vielfalt an Menschen aus aller Welt – ein Kaleidoskop, in steter Bewegung, immer neue Bilder hervorbringend. Und die Architektur! Himmelsstürmer, Symbole männlichen Machtstrebens aus Stahl, Glas und Zement, jeden

Zentimeter nutzend, Millionen von Fenstern, dahinter unzählige Einzelschicksale und ihre Geschichten.

Ich hätte ewig so weiterfahren können, aber schließlich waren wir am Ziel. Ich zahlte, stieg aus und blieb an einen runden, plätschernden Brunnen zwischen Bäumen stehen, die erfüllt waren vom Gezwitscher der Spatzen. Das Museum of Natural History befand sich direkt am Central Park, in einem im viktorianischen Stile erbauten Gebäude aus rötlich-braunem Sandstein und Granit, es war weltweit berühmt für seine exzellenten Forschungsinstitute, für seine Kollektionen und Ausstellungen, die ein Licht warfen auf Millionen von Jahren der Erd- und Menschheitsgeschichte.

Während ich mit vielen anderen Ankömmlingen die breit angelegten Stufen hinaufstieg, hörte ich die unterschiedlichsten Sprachen. Die etwa vierhundert Eugeniker, welche an dem Kongress teilnahmen, kamen nicht nur aus Europa und Nordamerika, sondern auch aus Lateinamerika, aus Mexiko, Kuba, Venezuela, San Salvador und Uruguay sowie aus Japan, Indien und Siam. Ich zeigte meine Einladung vor und betrat die Eingangshalle, ein langgezogenes Oval mit einem Boden aus weißem Marmor, in der Mitte eine goldene Sonne mit zwölf Zacken, umgeben von zehn konzentrischen Kreisen, die wiederum von zwölf kleineren Kreisen umrahmt waren. Dies symbolisierte unseren Kosmos mit der Sonne im Zentrum, den Planeten und Sternen, die sich in der Weite verloren.

»Ah, Herr von Trott!« hörte ich plötzlich Jon Alfred Mjøen hinter mir. »Welch eine Freude, Sie wiederzusehen!«, sagte er mit seinem skandinavischen Akzent, während ich ihm lächelnd die Hand reichte. »Kommen Sie, ich habe neben mir einen Platz für Sie freihalten lassen.«

»Wie komme ich zu der Ehre?«, fragte ich freudig überrascht.

»Die Zukunft gehört doch der Jugend! Beeilen wir uns, es fängt gleich an.«

Wir betraten einen großen, mit Holzstühlen ausgestatteten Konferenzraum – erfüllt vom Gesumme jener Wissenschaftler, die sich für die Speerspitze der Zivilisation hielten. Wir saßen relativ weit vorne. Kurz darauf eröffnete der Präsident des Museums, Henry Fairfield Osborn, einer der weltweit einflussreichsten Anthropologen und Paläoanthropologen, den Kongress. Nach höflichen Eingangsworten fuhr er fort: »Seit seiner Gründung 1869 verfolgt das American Museum of Natural History zielstrebig seine Mission, Informationen über menschliche Kulturen, die Natur und das Universum zu sammeln, zu interpretieren und seine Erkenntnisse zu verbreiten. Nie hat es einen Zeitpunkt gegeben, in dem eine internationale Konferenz über Rassencharakter und Rassenhygiene notwendiger gewesen wäre. Europa hat durch seine patriotische Selbstaufopferung während des Großen Krieges einen erheblichen Teil des Erbes von Jahrhunderten verspielt. In einigen Gegenden haben bereits die schlimmsten Elemente der Gesellschaft die Vorherrschaft gewonnen. Der internationale Kongress für Eugenik wird sich nun also der Rettung der durch den Krieg angeschlagenen Staaten widmen, indem er gangbare Wege für die Aufbesserung der Rasse weist. Die Tendenz zur Ein- oder Nullkindfamilie von Menschen wertvoller Herkunft muss gestoppt und umgekehrt werden. Unglücklicherweise wird in den USA die Annahme, dass wir alle mit gleichen Rechten und Pflichten geboren werden, mit der politischen Sophisterei vermischt, dass alle Menschen auch mit den gleichen Talenten und Fähigkeiten zur Welt kommen. Das Recht des Staates, den Charakter und die Einheit der Rasse oder der Rassen zu schützen, ist mindestens so unangreifbar wie das Recht des Staates, die Gesundheit und die Moral seiner Einwohner zu sichern. Genauso wie die Wissenschaft die Regierungen über die Verbreitung und Vermeidung von Krankheiten informiert, muss sie diese jetzt über die Verhinderung wertloser Mitglieder der Gesellschaft aufklären.«

Der Applaus rauschte heran und baute sich zu einer langanhaltenden Welle auf.

Alte Bekannte

David Bernstein, Lou Rosenkrantz und Martin Friedman saßen in einem Restaurant im New Yorker Viertel Little Italy und aßen Spaghetti mit Tomatensoße.

»Und?«, fragte Bernstein. »Wo treibt sich die Kleine herum?«

»Vor allem in Harlem«, antwortete Friedman und wischte sich den Mund mit einer Serviette ab.

»In Harlem?«

Friedman winkte nur ab und aß weiter.

»Die scheint sich ganz gut auszuleben.« Rosenkrantz grinste und blickte auf die Straße hinaus, wo gerade eine Blondine mit knallrotem Lippen vorbeistolzierte. »Wann holen wir sie uns endlich?«

»Unser Kontaktmann meint, dass wir noch ein bis zwei Tage warten sollen«, antwortete Bernstein.

»Worauf denn?«, fragte Friedman.

»Keine Ahnung. Nur noch ein bisschen Geduld. Dann schlagen wir zu.«

Friedman zeigte mit der Gabel auf einen Mann an der Bar mit breiter Stirn. »Ist das nicht der Kerl, der damals mit der Irengang im Jackson Street Park die alten Juden vertreiben wollte?«

»Ja, genau.« Rosenkrantz fiel ein wenig Pasta auf den Tisch. »Dem habe ich damals einen Baseballschläger übergezogen. Mann, war das ein Spaß!«

Friedman stand auf, ging zu dem Mann – der ihn um einen halben Kopf überragte – und sagte trocken: »Du bist hier unerwünscht.«

»Wer zum …« Da hatte ihm Friedman auch schon das Knie zwischen die Beine gerammt. Der Typ sackte in sich zusammen. Friedman packte ihn am Kragen, zog ihn raus auf die Straße und hielt ihm ein Messer an die Rippen.

»Was habe ich denn getan?«, fragte der Ire mit schmerzverzerrtem Gesicht.

»Jackson Street Park«, antwortete Friedman und versetzte ihm einen Schlag mit der Stirn. Der Kerl torkelte mit blutender Nase zurück und rannte davon. Friedman aber ging ins Restaurant zurück, setzte sich zu seinen Freunden und aß in aller Ruhe weiter.

Geburtenkontrolle und Erleuchtung

Im Anschluss an die Eröffnungsrede schob sich Anna durch die Menge. Dabei hatte sie das Gefühl, als besuche sie gerade eine neu entdeckte Zivilisation irgendwo im Universum – den »Planet der Herzlosen«, so taufte sie es insgeheim. Deren Bewohner sahen zwar aus wie gewöhnliche Erdbewohner, hatten mental jedoch wenig Humanes zu bieten, obwohl sie doch hier den »neuen Menschen« beschworen. Allerdings sprachen sie nur von einer »Höherentwicklung« rein biologischer Natur, indem der Mensch zu einer Art »Edelrasse« regelrecht »herangezüchtet« wurde, so wie Pferde oder Hunde. Was für eine einseitig materialistische Auffassung – und so arrogant! Glaubten die hier wirklich, was *Besseres* zu sein? Vielmehr ging es in erster Linie schließlich darum, sich innerlich zu erneuern, und dafür war jeder nun mal selbst verantwortlich. Ein »neuer Mensch«, sinnierte Anna, müsste den Materialismus doch gerade überwinden, indem er sich seines geistigen Wesens bewusst wird.

Was mochte Margaret Sanger, die sich sogar Probleme mit den Behörden eingehandelt hatte, weil sie sich für Geburtenkontrolle einsetzte, mit diesen Leuten zu schaffen haben? Sie konnte deren Forderungen doch unmöglich unterstützen!

Eben entdeckte sie die Gesuchte, welche sich gerade von ihrem Gesprächspartner verabschiedete. Margaret Sanger war Anfang 40, von schlanker, ja fast magerer Figur und trug die dunklen Haare streng gescheitelt. Anna ging geradewegs auf sie zu und stellte sich vor. Nachdem sie ein wenig miteinander geplaudert hatten, trat Anna einen Schritt näher und sagte leise: »Ich habe kürzlich einen Artikel von Ihnen gelesen. Meinen Sie wirklich, dass wir unsere Sexualität kontrollieren können?«

Sanger lächelte verschmitzt. »Kommt darauf an, was Sie darunter verstehen. Auf keinen Fall kann man diese Energie unterdrücken, das führt zu Krankheit und pervertiertem Verhalten.«

Anna nickte. Ja, die Kirche hatte die Menschen jahrhundertelang mit Schuldgefühlen beladen und die Sexualität geradezu diabolisiert. »Sicher ist es kein Zufall«, entgegnete sie, »dass die Frauen ebenso unterdrückt wurden wie die Sexualität.«

»Umso wichtiger, dass wir beide befreien! Wie kann irgendein Fortschritt in der Menschheit erzielt werden, wenn Männer und Frauen mit erhobenem Zeigefinger dazu angehalten werden, ihren natürlichen Impulsen zu widerstehen? Das Ergebnis sind nur Hysterie, Neurosen und morbide Ängste, die sie so unglücklich wie nutzlos für die Gesellschaft machen.«

Anna dachte an Louise, und eine emotionale Sturmwelle rollte erneut auf sie zu. Etwas geistesabwesend sagte sie: »Manchmal frage ich mich, was für eine Energie die Sexualität überhaupt ist.«

Sanger ballte die Faust. »Eine nicht zu zügelnde Kraft, eine Art Atomenergie! Sie durchflutet, animiert unseren Körper, ist aber zumeist eingeschlossen in uns. Wie viele Probleme könnten gelöst werden, wenn wir dieses Reservoir öffnen und die Sexualität aus den Ketten des Tabus befreien würden!«

Anna hörte gebannt zu, derweil flossen Bilder und Gefühle in warmer Sinnlichkeit durch ihren Körper und ergossen sich machtvoll in ihr Seelenmeer. Offenbar wusste auch Margaret Sanger, wovon sie sprach, sie erschien Anna selbst wie eine unbändige Naturkraft. Hatte sie gelernt, die sexuelle Energie für sich nutzbar zu machen? Sie wirkte völlig klar, so selbstbewusst und zielstrebig! Hatte sich Sanger nicht auch von ihrem Mann getrennt, um ihre Sexualität auszuleben?

»Wenn wir Frauen es endlich schaffen, die Sexualität mithilfe der Geburtenkontrolle in neue Sphären zu heben, werden wir wie Flammen: stärker als das Feuer!«

Anna erinnerte sich an ihren »Einzelunterricht« bei Rudolf von Laban auf dem Monte Verità, der ihr das indische Kundalini-Yoga nahegebracht und die Schlangenenergie in ihr zum Leben erweckt hatte, die Schlange, eingerollt am Ende ihrer Wirbelsäule ... Rudolf, die Chakren, der göttliche Tanz ... Sie riss sich zusammen und fragte: »Meinen Sie, dass wir durch Sexualität zu einer Art Erleuchtung kommen können?«

»Davon bin ich überzeugt! Enttabuisierung wird dazu führen, dass wir Frauen allein schon deshalb befreit werden, weil wir dank Empfängnisverhütung selbst darüber entscheiden können, ob und wie viele Kinder wir bekommen wollen – ein Segen für die gesamte Zivilisation! Wenn wir die Sexualität anders in unser Leben integrieren, dann kann sie uns in gewisser Weise erleuchten. Ein Bewusstsein, das die Welt verändern wird! Denn es geht ja nicht nur um die Befreiung der Frau, es geht um nicht weniger als um die Zukunft der Menschheit. Einer Menschheit, über der nun leider das Damoklesschwert der Entartung schwebt«, fügte die Frauenrechtlerin hinzu.

Anna erstarrte.

Eugenik und Kellogg's Cornflakes

Im Anschluss an die Eröffnungsrede war Zeit, über das Gehörte zu diskutieren. Ich fand mich gleich nachdem Mjøen mich vorgestellt hatte, im eifrigen Gespräch mit einigen einflussreichen Persönlichkeiten, währenddessen mehr als deutlich wurde, dass die Amerikaner die Vorreiterrolle in der internationalen Bewegung innehatten. Im Gegensatz zu ihren europäischen Kollegen genossen sie die Anerkennung vonseiten des Staates sowie führender Politiker: So unterstützte etwa Herbert Hoover die Eugenik als quasi anerkannte Wissenschaft.

Zudem gab es offenbar eine wachsende Zahl an Institutionen, die eng miteinander kooperierten, um die Eugenik samt ihren Zielen in der Gesellschaft zu verankern: die American Genetic Association, deren Vorsitzender der einflussreiche Soziologe und Eugeniker David Fairchild war, die Eugenic Research Association, geleitet von Medizinprofessor Lewellys F. Barker, sowie die Galton Society, welche sich auf europäischstämmige Eugeniker beschränkte. Hinzu kamen die von Dr. John Harvey Kellogg – dem Entwickler von Kellogg's Cornflakes – betriebene Race Betterment Foundation, das von dem Erfinder Alexander Graham Bell initiierte Genealogical Record Office, das bereits 1904 errichtete Cold Spring Harbor Laboratorium für experimentelle Evolutionsforschung von Charles B. Davenport sowie die 1903 gegründete American Breeders Association, die sich auf die Züchtung von Pflanzen, Tieren und schließlich auch von Menschen spezialisiert hatte. Letztere stellte Methoden zur Verfügung, mittels derer man die vermeintliche Wertigkeit und Qualität des Blutes von Einzelpersonen, Familien und ganzen Rassen registrieren konnte. Auch hier war die treibende Kraft Davenport, der zunächst vor allem von der 1902 gegründeten Carnegie Institution for Science durch Geldspenden unterstützt wurde. Von der Witwe des Eisenbahntycoons Edward Henry Harriman – sie wurde »Eugenia« genannt – finanziert, gründete er zudem 1910 das sogenannte Eugenics Record Office, es erstellte Stammbäume und suchte zu beweisen, dass Geisteskrankheiten rezessiv vererbt werden. Außerdem engagierte sich das Institut für staatlich erzwungene Sterilisierungen.

Bald standen wir noch zu dritt beisammen, und ich lauschte interessiert dem Gespräch zwischen Jon Alfred Mjøen und Charles B. Davenport.

Davenport war groß und schlank, hatte einen weißen Spitzbart und etwas abstehende Ohren. »Die Frage ist doch, ob wir tatsächlich eine Art Mauer um die USA hochziehen können«, sinnierte er. »Oder wird es nur ein leicht überwindbarer Damm, der unsere Nachkommen letztlich zwingt, dieses wundervolle Land den Farbigen zu überlassen?«

»Zweifelsohne muss sich die Gesellschaft heute massiv schützen.« Mjøen rückte seine Brille zurecht.

»Reine Selbstverteidigung!« Davenport nickte. »Wir haben ein schwerwiegendes Problem, vor allem mit dem Neger!«

»Dessen mentale Entwicklung bekanntlich weit unterhalb des Durchschnitts der kaukasischen Rasse steht«, fügte Mjøen hinzu.

»Ja, genau. Doch so wie unsere Gesellschaft beansprucht, einen Mörder seines Lebens zu berauben, genauso darf sie meines Erachtens auch bösartiges Keimplasma, den Träger der Erbinformation, auslöschen.«

Davenport rieb seine Hände, als wolle er gleich in den Ring steigen. »Eigentlich gibt es nur zwei Optionen: den Neger erziehen oder – weil dies doch eigentlich ganz und gar zwecklos ist – den Neger entfernen, und zwar so schnell wie möglich, bevor es durch Rassenmischungen zur weiteren Degeneration unseres wertvollen Keimplasmas kommt.«

Damokles

Anna hob die Augenbrauen. »Damoklesschwert? Ist das Ihr Ernst?«

Sanger nickte. »Die Degeneration ist doch bereits in vollem Gange, wir werden von einer Flut von Geistesschwachen und Krüppeln überrollt! Eugeniker haben bewiesen, dass zwei Drittel der Männer im wehrpflichtigen Alter untauglich sind. Können Sie sich das vorstellen? 1917 mussten 38 Prozent ausgemustert werden – unfassbar! Und fünfundzwanzig Prozent der jungen Männer waren Analphabeten.«

Anna war schockiert. Allein diese Wortwahl! Wie nahe können Licht und Schatten doch beieinander liegen! Diese beeindruckende Frau, die furchtlos zu Felde zog wie einst Jeanne d'Arc, die in den Slums von Manhattan als Krankenschwester gearbeitet und bei Hausbesuchen Schwangerschafts- und Geburtshilfe geleistet hatte, die den Ärmsten der Armen geholfen und die erste US-amerikanische Klinik für Familienplanung und Geburtenkontrolle eröffnet hatte, sprach von eben diesen Menschen als von Degenerierten! Auch Sanger entpuppte sich damit als Bewohner des Planeten der Herzlosen. War sie denn überhaupt noch zu einer menschlichen Gefühlsregung fähig?

»Von Krüppeln überrollt?«, wiederholte Anna. »So plötzlich? Wo sollen die denn alle herkommen?«

»So plötzlich ist das ja gar nicht, das hat schon länger vor sich hin geköchelt, nun ist es ausgebrochen wie eine Pestbeule. Es gibt nicht nur einen Zusammenhang zwischen Armut, Krankheit und Kindersterblichkeit. Hinzu kommt noch eine besondere Fruchtbarkeit und entsprechende Geburtenhäufigkeit bei Geistesschwachen.«

»Wollen Sie damit sagen, dass Fruchtbarkeit etwas mit Geistesschwäche zu tun hat?«

»Ja, das ist statistisch erwiesen.«

Anna hatte Mühe, ihre Empörung nicht allzu deutlich zu zeigen. Dabei hatte sie doch gelesen, dass Sangers Mutter selbst achtzehn Schwangerschaften hinter sich gebracht hatte, davon elf Lebendgeburten.

»Aber es ist doch auch kein Wunder«, fuhr Sanger fort. »In jeder Gemeinde sind ausgerechnet die Degenerierten am produktivsten, wenn es um die Vermehrung geht! Geistesschwache Frauen stellen also eine ständige Bedrohung für die Gesellschaft dar, da sich allein durch ihre Gebärfähigkeit bzw. Fortpflanzung Armut und Idiotismus durch die Generationen fortsetzen – wohingegen die Geburtenrate in den höheren Klassen immer weiter sinkt, deren Erbgut dem somit nichts entgegenzusetzen vermag. Für ganz besonders gefährlich halte ich Grenzfälle, also Menschen, denen man ihre Minderwertigkeit gar nicht ansieht. Ein erster Schritt besteht indes darin, die offensichtlich Degenerierten im Blick zu behalten, die sich durch eine hohe Geburtenrate auszeichnen, obwohl sie häufig an der Existenzgrenze leben.«

Anna kniff die Lippen zusammen. »Ein Grund mehr, die gesellschaftlichen Verhältnisse grundlegend zu überdenken!«, sagte sie, endlich ihre Courage wiederfindend.

»Und woran haben Sie da gedacht?«

»Ich meine, wenn es heute so viele Menschen gibt, die in Armut leben, so liegt das doch an der ungleichen Verteilung des materiellen Reichtums! Und sind es nicht die großen Unternehmen, welche die arbeitende Bevölkerung dazu aufrufen, mehr Kinder zu bekommen, weil man sie in den Fabriken benötigt? Und der Staat desgleichen, damit er die Nachkommen in die ›Schlacht fürs Vaterland‹ schicken kann?«

Anna musste an ihren Vater denken, er wäre wohl nicht sehr begeistert, wenn er hören könnte, was sie hier so äußerte. Sie wusste ja, was er von »den Roten« hielt, von der »Münchner Misere«, dem »ganzen Pack«. Aber sollte sie erblinden, um nicht zu sehen, dass die Situation ungerecht war?

»Könnte es sein, dass Sie eine Anhängerin von Karl Marx sind?«, fragte Sanger spitz. »Eine durchaus bequeme Doktrin, da sie den Arbeitern einredet, dass die Schuld für ihr Elend bei anderen liegt, dass sie stets nur die Opfer der äußeren Umstände sind, dass sie nicht einmal im Ansatz eine Teilschuld am Unglück ihrer Kinder tragen. Die moderne Psychologie hat uns die Augen für solche Prozesse geöffnet: dass die Menschen dazu tendieren, ihre eigene Verantwortung auf andere zu projizieren.«

»Ich bin trotzdem eher für philanthropische Maßnahmen«, antwortete Anna.

»Ach was. Wir können heute ja sehen, wohin solche Maßnahmen führen! Früher wurden die unheilbar Kranken, die Geistesschwachen und Degenerierten auf natürliche Weise ausgesiebt, heute können sie sich ungehemmt vermehren, weil wir sie alle durchfüttern!«

Selektion

Ich schaute Davenport ungläubig an. »Aber wie wollen Sie das anfangen?«

»Nun, bekanntlich habe ich mit Alexander Graham Bell den ›Family Record‹, einen Standardfragebogen, entwickelt, womit wir nach und nach sämtliche Familien im ganzen Land erfassen möchten. Er kursiert inzwischen bereits an den Universitäten. Auf diese Weise werden wir minderwertige Erbstämme ausfindig machen. Im Eugenics Record Office sammeln sich schon jetzt Unmengen an Daten über unsere Bürger. Die Zeit drängt. Wir müssen die gesamte Bevölkerung biologisch erfassen, möglichst in einem staatlichen Erb- und Gesundheitsregister, und die Zuwanderung endlich strikt nach biologischen Standards organisieren. Wir können von Glück sagen, dass unsere Einwanderungsbehörden inzwischen dem ganzen Menschenmüll aus Asien, Süd- und Osteuropa sowie auch den russischen Juden die Einreise zumindest erschweren.«

»Die USA«, sagte Mjøen mir zugewandt, »entwickeln sich zu einem eugenischen Musterstaat – einem Vorbild, ja einer Hoffnung für uns alle! Bedenken Sie doch nur all diese wundervollen Kastrations- und Sterilisationsgesetze! Dem Bundesstaat Indiana gebührt dabei die Ehre, bereits 1907 den Anfang gemacht zu haben mit seinem Unfruchtbarmachungsgesetz! 1913 wurden in nicht weniger als zwölf Bundesstaaten solche Gesetze verabschiedet. Beneidenswert!«

»Dazu gibt es letztendlich keine Alternative«, nickte Davenport. »Wir müssen das defekte Keimplasma kappen! Der Sterilisierte wird zudem sehr viel ruhiger, gefügiger, er verliert an Aggressivität, was der Gesellschaft und letztlich doch ihm selbst zugutekommt. Wir können von Glück sagen, dass wir die Eliteuniversitäten und Stiftungen im Rücken haben, insbesondere die Carnegie-, Rockefeller- und Kellogg-Stiftungen. Die Rockefeller-Stiftung finanziert ja auch Ihr Kaiser-Wilhelm-Institut für Anthropologie, menschliche Erblehre und Eugenik in Berlin.«

»Das ist mir neu«, bemerkte ich.

»Soviel ich weiß, auch die damit verbundenen Institute für Psychiatrie und Hirnforschung«, fügte Mjøen hinzu.

»So ist es«, bestätigte Davenport und zwirbelte seinen Schnurrbart.

»Insofern dürfen wir ja hoffen«, sagte Mjøen, »dass wir durch unsere gemeinsamen Anstrengungen bald auf internationaler Ebene Erfolg haben werden!«

»Das Ziel der Aufnordung gilt natürlich nicht nur für einzelne Staaten«, pflichtete ihm Davenport bei. »Unsere Aufmerksamkeit gilt auch internationalen Migrationsbewegungen, den entartenden Wirkungen von Rassenmischungen – weltweit. Ich plane übrigens eine Feldstudie zu den Auswirkungen der Rassenmischungen in Jamaika. Möglicherweise wird uns dabei die Firma IBM mit ihren sogenannten Hollerith-Lochkarten zur Erfassung und Auswertung von Daten behilflich sein. Mit den zugehörigen Stanz- und Tabelliermaschinen wurden sie bereits während der amerikanischen Volkszählung 1890 verwendet. Eine geniale Erfindung, sage ich Ihnen! Wenn es funktioniert, könnte diese Vorgehensweise ein Meilenstein bei der notwendigen Erfassung der Weltbevölkerung sein!«

»Nicht umsonst«, bemerkte Mjøen, »wurde 1907 die Internationale Gesellschaft für Rassenhygiene als geistiges Zentrum, Bewusstsein, Gewissen und Willensorgan für die weiße Rasse geschaffen.«

»Und infolge unseres ersten internationalen Kongresses das Permanent International Eugenics Commitee als weltumspannende Dachorganisation«, fügte Davenport stolz hinzu. »Für die Vereinigten Staaten steht der Fahrplan schon fest: Wir verfügen über einen exakt durchkalkulierten Rassenaufartungsplan. Grundlage der Kalkulationen ist eine Prognose für unsere Bevölkerungsentwicklung bis 1980 – vorgelegt von William John McGee. Er geht davon aus, dass sich die Bevölkerungszahl der USA im 20. Jahrhundert glatt verdreifachen wird. 1910 wurden 92 000 407 US-Bürger gezählt. Ziel ist es, bis 1980 eine Kappung des unteren Zehntels zu erreichen. So würden zirka dreißig bis fünfundvierzig Millionen Personen mit defekten Keimplasma aus der Reproduktionslinie herausgenommen.«

»Das ist ja wunderbar!«, schwärmte Mjøen. »Absolut vorbildlich.«

»Und noch nicht alles, mein Freund. Unser Plan hat weltweiten Gültigkeitsanspruch: Jeder Erdenbürger soll eine elfstellige Kennnummer zugeteilt bekommen. Auf diesem Code soll sich dann die Abstammung ablesen lassen, dazu die Daten für ein genetisches Rating.«

»Exzellent!« Mjøen schnippte mit den Fingern. »Und dabei geht es doch wohl nicht nur um negative Eugenikmaßnahmen, nicht wahr? Wie Dr. Kellogg schon mit Weitblick bemerkte: Wir haben wundervolle neue Rassen von Pferden, Kühen und Schweinen gezüchtet. Warum sollen wir nicht auch eine neue, verbesserte Menschenrasse hervorbringen, eine weiße Rasse von menschlichen Vollblütern!«

»Meine Herren«, schloss Davenport das Gespräch ab, »machen Sie sich keine Sorgen. Wir befinden uns im Hinblick auf die internationale Situation bereits in der operativen Phase.«

Philanthropie

Margaret Sanger lächelte Anna an und sagte beschwichtigend: »Nun, für Sie ist das Ganze natürlich neu, Sie denken sehr emotional, sehr altruistisch – leider aber auch kontraproduktiv. Und das Problem mit der Philanthropie besteht ja leider in dem, was danach kommt, nämlich dass wir dadurch zunehmend von Idioten, Verbrechern, von Epileptikern und anderen körperlich Degenerierten umgeben sind. Sie machen sich keine Vorstellung, was das die Gemeinschaft Jahr für Jahr kostet! Allein für die Geistesschwachen zahlt der Staat New York jährlich fast zwölf Millionen Dollar, und private Institutionen weitere zwanzig Millionen! Denken Sie nur, was wir mit diesem Geld Gutes bewirken könnten!«

Gutes! Ist es denn zu fassen, Anna war schwer enttäuscht. Was die Frauenrechtlerin zuvor in Bezug auf die Sexualität gesagt hatte, sie würde es sofort unterschreiben. Aber was wäre das für eine Gesellschaft, die hier geplant wurde: »freie« weiße Frauen?

Sanger schwadronierte weiter: Defektes Keimplasma müsse »gekappt« werden, so drückte sie sich aus, damit es sich nicht länger ausbreitete oder gar gefährlich dominant werde. »Eines dürfen wir nie aus den Augen verlieren: Wie sollen wir bei der gegenwärtigen Bevölkerungsexplosion die Menschheit überhaupt noch durchfüttern?«

»Was also wollen Sie tun?«, fragte Anna. »Allen eine Giftspritze verpassen?«

»Aber nein, machen Sie sich doch nicht lächerlich! Das Ganze lässt sich natürlich durch Empfängnisverhütung lösen. Wenn sich die Arbeiter wie zivilisierte Menschen verhalten und gescheit verhüten würden, dann hätten sie natürlich auch entsprechend weniger Kinder. Was aber machen Ihre Marxisten, Fräulein von Stieglitz?«

»Ich habe mit Marxisten überhaupt nichts zu tun!«, entrüstete sich Anna. »Mir stehen die Anarchisten viel näher. Und außerdem...«

»Ach, Blödsinn!«, fuhr Sanger dazwischen. »Die Roten rufen den Arbeitern zu, immer mehr Kinder in die Welt zu setzen, obwohl sie genau wissen, dass deren Misere dadurch ins Unerträgliche gesteigert wird, wodurch – in ihrer Vorstellung – der Tag der Weltrevolution immer näher rückt. Wir brauchen Geburtenkontrolle, möglichst weltweit! Nur so kann der Frieden gesichert werden. Wir müssen der Bevölkerungsexplosion Herr werden, sie bedroht die Zukunft der gesamten Zivilisation! In Afrika, in Asien, in Südamerika steigt die Geburtenrate stetig weiter an: Millionen an Armen, Geistesschwachen, Degenerierten, Verbrechern und Analphabeten! Quantität statt Qualität! Das ist nur in einer aufeinander abgestimmten internationalen Aktion zu stoppen – womöglich auch im Rahmen des Völkerbundes.«

Anna konnte sich nicht länger zusammennehmen und fauchte: »Das ist doch Unsinn! Wie wollen Sie die Leute denn dazu bringen, weniger Kinder zu bekommen? Das ginge ja nur mittels diktatorischer Methoden, und ich...« Sie brach ab, ihr Mund blieb offen. Heinrich! Dort stand tatsächlich Heinrich und plauderte mit Davenport und einem fremden Mann.

Margaret Sanger schaute sie fragend an. »Vor allem durch Aufklärung«, antwortete sie schließlich, als von Anna nichts mehr kam. »Durch Erziehung der Frauen, damit sie, wie gesagt, Sex in eine neue Sphäre heben. Die Zeit ist reif: Wir müssen Sex enttabuisieren! Frauen sollen selbst bestimmen können, ob sie Kinder bekommen wollen oder nicht. Und sie sollen die Sexualität als etwas begreifen, was ihnen jederzeit zur Freude gereicht – als ein Mittel persönlichen Ausdrucks!«

Das kann doch nicht wahr sein: Heinrich ist hier!

»Dank Geburtenkontrolle, dank Sex mit Verhütungsmittel«, sprudelte Sanger weiter, »dank einer neuen Art von Frau, selbstbewusst und frei von falschen Tabus, werden wir so etwas wie ein weltliches Paradies auf Erden schaffen. Das Ganze soll auf freiwilliger Basis geschehen, indem wir die Frauen von der Notwendigkeit befreien, Kinder zu bekommen.

Diese Freiwilligkeit ist ein Instrument zur gesellschaftlichen Kontrolle der Fortpflanzung. Insofern ist auch eugenische Politik nur über die Durchsetzung des Rechtes der Frau auf Empfängnisverhütung durchzusetzen.«

Annas Herz schlug Kapriolen. War er es tatsächlich?

»Bei den geistesschwachen Frauen verhält es sich leider anders. Sie sind einfach zu dumm, um zu begreifen, was sie sich selbst, ihren Kindern und der Gesellschaft als Ganzes antun. Diesem Problem muss die Gesellschaft zur Selbstverteidigung mit Segregation und Sterilisierung begegnen.«

Ja, eindeutig, er war es. Sie musste hinüber zu ihm! »Mrs. Sanger, verzeihen Sie bitte, das Gespräch mit Ihnen war sehr aufschlussreich, aber ich habe eben jemanden gesehen, der eigentlich gar nicht hier sein dürfte, einen alten Freund.«

Sanger nickte lächelnd. »Natürlich. Übrigens plane ich gerade mit Lothrop Stoddard und Mr. Little die Gründung der American Birth Control League. Falls Sie Ihre Ansichten noch ändern – wir können selbstbewusste junge Frauen gut brauchen!«

»Ja, gern«, sagte Anna geistesabwesend. »Ich melde mich ...« Weg war sie.

Black Venus

Was für ein Kontrastprogramm! Anna und ich hatten das Museum schnell verlassen, um im Central Park spazieren zu gehen. Bald kamen wir zu einem kleinen See mit Ruderbooten, die Sonne schien, das Wasser glitzerte. Ich konnte es kaum fassen, dass uns das Schicksal in der neuen Welt zusammengeführt hatte.

Ich erzählte ihr, dass mich das Militär zu dem Eugenik-Kongress geschickt hatte und dass mir die Ansätze durchaus logisch erschienen, auch wenn manches wohl noch nicht ausgereift sei. Sie schien meine Ansichten nicht zu teilen und schaute mich halb unsicher, halb traurig an, äußerte sich jedoch nicht weiter dazu. Vielleicht hatte sie sich noch keine rechte Meinung gebildet oder hing noch überholten philanthropischen Ansichten an. Anna berichtete, dass sie mit ihrem Vater nach Amerika gereist und eher durch Zufall auf dem Kongress gelandet sei, weil sie dort jemanden habe treffen wollen, was aber ein Missverständnis, ja eine Enttäuschung gewesen sei. Viel interessanter als die Eugenik fände sie die hiesige Künstlerszene. Sie habe ganz außergewöhnliche Leute kennengelernt. Schließlich fragte sie, ob ich Lust hätte, abends mit ihr auszugehen. Nichts lieber als das!

So saßen wir nun mit Zelda und Scott Fitzgerald, Dorothy Parker und Robert Benchley in einem Harlemer Nachtklub namens »Black Venus«. Der Raum war zum Bersten voll – überall, auch rassisch gemischt, vergnügte Männer und Frauen. Klagende Jazzlaute ertönten von einem Saxophon, die Kellner liefen im Charleston-Schritt umher und balancierten ihre Tabletts über den Köpfen. Es schien, als würde die Prohibition hier keine Rolle spielen. Der Alkohol zirkulierte, und alle waren vergnügt und benahmen sich, als gäbe es keinerlei Grund, sich in Acht zu nehmen.

Anna lachte hell auf – ein Lachen, das meine Seele zum Erklingen brachte, das mich für einen Moment nach Creisau entführte: Wir hatten uns auf einer kleinen Brücke verabredet. Sie kam mit offenen Haaren und lächelte mich an. Ich hatte zärtlich ihre Hand berührt, sie umarmt. Eine solch durchdringende Wärme und Sinnlichkeit war von Anna ausgegangen! Und dann hatte sie gesagt: »Nicht wahr, Heinrich, wir werden uns nie verlieren.«

Und nun? Die Wege hatten sich getrennt, denn wir hatten uns seit jenen Tagen verändert. Wie kalt ich geworden war! Allein Anna vermochte den Panzer zu durchdringen, welcher mich umgab.

Die Gläser klirrten. »Heute Morgen hat mich das Entsetzen gepackt«, sagte Scott Fitzgerald in die Runde, während alle miteinander anstießen.

»Wieso das denn?«, fragte Anna.

»Ich habe in den Spiegel geschaut ...«

»Das kenne ich nur allzu gut«, lachte Dorothy Parker und trank einen Schluck von ihrem Highball.

»Vielleicht sollten wir mal langsam daran denken, uns mit dem Feiern etwas zurückzuhalten«, meinte Fitzgerald nachdenklich, während er sich eine Zigarette ansteckte.

»Bist du wahnsinnig?!« Dorothy schlug ihm mit ihrem Fächer leicht auf die Schulter. »Wie soll ich das alles hier bitte ertragen ohne Alkohol?«

»Sie könnten die Stadt verlassen«, bemerkte ich. »Als erfolgreicher Journalistin stehen Ihnen doch alle Türen offen!«

Sie verzog das Gesicht. »Dafür nehme ich New York zu persönlich, verstehen Sie? Ich bin auf eine schon fast lästige Art und Weise zärtlich damit. Es bindet mich eine silberne Kordel daran.«

»Wie sagte doch Van Vechten letztens?«, meinte Scott. »Wir lieben und essen und leben auf Partys. Wahrscheinlich werden wir auch auf einer Party sterben.«

»Ja. Ich liebe diese Stadt. Eine Liebe, die sie mir tausendfach zurückgibt«, sagte Dorothy.

»Dann trinke ich auf New York!« Ich erhob mein Glas.

»Ich finde«, sinnierte Anna, »man hat hier das Gefühl, dass jederzeit etwas passieren könnte.«

»Darling, den Spruch hast du von mir!« Dorothy schlug die Beine übereinander.

»Sagen Sie«, wandte sich Robert Benchley an mich, »waren Sie eigentlich im Krieg? Anna meinte, dass Sie bei der Armee sind.«

»In der Tat«, antwortete ich. »Ich war an der Front. Und Sie?«

»Nein – ich bin Pazifist«, antwortete Benchley mit einer lässigen Handbewegung.

»Scott hatte wenigstens noch ein gewisses sportliches Interesse am Krieg«, bemerkte Zelda.

»Das ist aber auch alles«, meinte er.

»Ja«, sagte seine Frau. »Und ein schnelles Ende hätte dich ähnlich erzürnt wie beim Besuch eines Boxkampfes, nicht wahr?«

»Tja, Chéri«, sagte Dorothy zu Benchley. »Als Pazifist hast du ja keinerlei Chance, ein Märtyrer zu werden!«

Alle samt Anna brachen erneut in Gelächter aus, ich aber fand das wenig lustig. Was für aufgeblasene, dekadente Zivilisten, die in einem echten Gefecht keinen halben Tag überlebt hätten.

»Ich bin weder Pazifist noch Märtyrer«, sagte ich kühl. »Aber ich habe unzählige junge Männer sterben sehen – mit zerfetzten Köpfen, Armen, Beinen.«

»Na«, sagte Benchley trocken. »Das ist doch etwas.«

»Ich habe auch selbst getötet«, provozierte ich weiter.

»Jeder, wie er kann!«

»Was ist eigentlich aus deinem Flirt letztes Wochenende geworden?«, wandte sich Fitzgerald an Dorothy, offenbar bemüht, das Thema zu wechseln.

»Ein bezaubernder Junge«, antwortete sie. »Wenn da nicht dieses bedauerliche Hindernis gewesen wäre – seine Frau.«

»Bringen Sie uns noch eine Runde Cocktails!«, rief Benchley dem Kellner zu.

»Na, werden wir nun wieder in eine dieser gefährlichen Sauftouren abdriften?«, fragte Zelda.

»Bestimmt«, antwortete Fitzgerald.

»Ja, dann wirst du ja wohl mal wieder deine Persönlichkeit verlieren und zu einer Qualle werden, weit entfernt von dem Idealbild, das ich einst von dir hatte.«

»Ich glaube nicht, dass du dich beschweren kannst!«

Da schrie Dorothy Parker hinüber zur Bar: »Um Himmels willen, gebt uns Drinks, bevor die beiden sich die Köpfe einschlagen!«

Zelda erblickte einen Mann, Mitte 30, der sich kreidebleich auf einer Stufe niederließ. »Seht euch mal den an!«

»Sternhagelvoll«, nickte Anna.

»Eher vollgepumpt mit Drogen«, stellte Benchley fest.

»Oh Gott, ich brauche einen Drink«, stöhnte Dorothy.

Kurz darauf kamen die Cocktails. Nachdem wir angestoßen hatten, wandte ich mich an die Runde: »Was halten Sie eigentlich von der neuen Wissenschaft?«

»Psychoanalyse?«, fragte Zelda.

»Nein, Eugenik«, antwortete ich.

»Ach, das.« Zelda winkte ab.

»Meinen Sie nicht auch, dass die Zivilisation vor die Hunde geht?«, hakte ich nach. »Hat jemand von Ihnen zufällig ›Der Untergang der großen Rasse‹ von Madison Grant gelesen?«

»Sollten wir?«, fragte Dorothy Parker.

»Ja, ich denke, dass jeder es lesen sollte.«

»Und warum?«, fragte Fitzgerald.

»Weil die weiße Rasse untergehen wird, wenn wir nicht aufpassen«, antwortete ich. »Überrannt von einer Horde farbiger Völker. Das ist wissenschaftlich erwiesen.«

Die Runde schwieg. Ich sah, dass Annas Gesicht von einer leichten Röte überzogen wurde. Schämte sie sich meiner?

»Na, dann können wir doch sowieso nichts dagegen ausrichten«, bemerkte Benchley schließlich.

»Noch ist es nicht zu spät«, sagte ich. »Allerdings – wenn ich mir das alles hier ansehe, diese Zustände hier in Harlem und wie die Weißen sich gehen lassen, haben wir es vielleicht auch nicht anders verdient.«

In dem Moment begann wieder die Jazzband zu spielen. Die Fitzgeralds, Dorothy Parker und Robert Benchley flüchteten auf die Tanzfläche.

Main Office

Vor dem Black Venus strömte ein bunter Reigen an Vergnügungssüchtigen, Betrunkenen und Prostituierten die Straße auf und ab. Martin Friedman saß am Steuer seines schwarzen Chevrolet 490 Sedan, nahm die Zigarette an die schmalen Lippen und zog vehement daran. Wann endlich würde die Gang zur Tat schreiten und das Mädel entführen? Worauf warteten sie noch? Immerhin ging es um über drei Millionen Dollar! Stattdessen saß er hier mal wieder im Wagen und langweilte sich, dachte an die gemeinsame Jugend mit Bernstein und Rosenkrantz im stinkenden Ghetto der East Side. Zerlumpt und mit chronischem Hunger hatten die drei ihr Unwesen getrieben. Um nichts in der Welt hatte er damals wie sein Vater – mit langem Bart und Schal frenetisch betend, immer wieder vor und zurück wippend – auf Gottes Hilfe hoffen wollen, während die Familie nicht wusste, ob sie in der nächsten Woche überhaupt etwas zu essen haben würde. Vielleicht schmiss man sie sogar aus der Wohnung raus, weil der Vater einfach keine Arbeit fand.

Immer dieser Hunger, immer diese Müdigkeit, diese Armut und Hoffnungslosigkeit! Schon mit zwölf Jahren hatte er nach Arbeit gesucht, war mit den Händen tief in den Hosentaschen vergraben durch die Straßen gezogen. Wenn er doch nur ein bisschen mehr zu essen hätte! Verzweifelt hatte er nach einem Ausweg gesucht. Dabei war sein Lebensmut gesunken, gleichzeitig nistete sich zerstörerischer Hass in seinem Herzen ein: Er hätte die ganze Stadt in Schutt und Asche legen können! Als er, Bernstein und Rosenkrantz den ersten Auftrag für einen Mord gegen Bares angeboten bekamen, hatten sie gleich zugestimmt. Man gab den Jungs einen Revolver, worauf sie sich Einlass in die Wohnung eines Polizeispitzels verschafften. Als der nach Hause kam, war Friedman auf ihn zugegangen und hatte die Waffe kaltblütig drei Mal auf ihn abgefeuert. Und als das arme Schwein da in seinem Blut lag, schworen sich die drei, dass nie wieder jemand auf sie herabblicken soll-te. Dann hatte es kein Zurück mehr gegeben.

Bernstein wurde ihr Anführer, Rosenkrantz ließ sich immer wieder in Schlägereien verwickeln, er selbst aber war der eiskalte Killer des Triumvirats. Noch vor seinem achtzehnten Lebensjahr wurde er zwar zwanzig Mal verhaftet, allerdings immer nur wegen kleinerer Delikte. Dabei hatte er bereits zehn Menschen umgelegt. Ein Gewissen kannte er nicht mehr.

Plötzlich klopfte jemand ans Seitenfenster, Friedman zuckte heftig zusammen. Draußen stand sein Kumpel und grinste. »Was ist los mit dir?«, fragte Rosenkrantz, nachdem Friedman das Fenster runtergekur-belt hatte.

»Was zum Teufel tust du hier!«

»Ich habe dich überall gesucht! Lass den Wagen stehen, wir fahren mit meinem zur Grand Central Station. Wir haben einen Anruf vom Main Office bekommen.«

»Ein Auftrag?«

Rosenkrantz nickte. »Es geht nach Philadelphia.«

Lux et Veritas

»Was sind das denn für lausige Gestalten?«, fragte ich Anna. »Deine neuen Freunde?«

»Sie gehören zur intellektuellen Elite des Landes!«

»Na, wenn das die Elite ist, dann frage ich mich, wie wir den Krieg gegen sie haben verlieren können!«

»Heinrich, hör zu«, sagte Anna. »Ich weiß nicht, was während dieses verfluchten Krieges mit dir passiert ist – aber jetzt wollte ich einfach nur einen schönen Abend mit dir verbringen. Warum beleidigst du meine Freunde? Was haben sie dir getan?«

Ich stierte sie an. »Sie wollen nicht verstehen, dass die anderen bald die Macht übernehmen werden, wenn wir nicht aufpassen!«

»Wovon sprichst du eigentlich?«

»Na, von den minderwertigen Rassen!«

»Du hast wohl einen Sprung in der Schüssel! Ich muss dir ganz ehr-lich sagen, dass ich dieses ganze Geschwätz der Eugeniker nicht nur für dumm, sondern auch für äußerst gefährlich halte. Ich denke viel mehr, dass wir in einer Zeit leben, wo das Individuum die zentrale Rolle spielen sollte – frei von irgendwelchen Blutsbanden!«

»Ist das Individuum denn so frei? Was ist eigentlich aus deiner Begeisterung für politische Umstürze geworden? Was aus deinen anarchistischen Ansichten?«

Anna verzog den Mund. »Ich habe immer schon gedacht, dass du damals in München gar nicht auf unserer Seite warst. Dass du dich nur als einen von uns ausgegeben hast!«

»Wir waren gerade von der Front heimgekehrt. Sollte ich meine Kameraden verraten?«

»So siehst du das also. Nun, gut, zu deiner Frage: Ich denke inzwischen, dass die Revolution nicht von außen, sondern von innen kommen muss, indem die Menschen zu ihrem wahren Selbst erwachen – ein Weg, auf dem die moderne Kunst, die Malerei, die Literatur heute zum Teil voranschreitet.«

»Du bist noch immer für die Revolution? Dann finde ich es erstaunlich, dass du deinen Vater auf dieser Reise begleitest.«

»Wieso? Es ist doch äußerst interessant«, entgegnete sie. »Was ich hier erfahre, kann mich keine Universität lehren. Außerdem habe ich nebenher die Gelegenheit, die Künstlerszene in New York kennenzulernen.«

Anna nippte an ihrem Glas. »Ich wollte dir noch etwas Wichtiges zeigen.« Sie holte ein Foto aus ihrer Handtasche hervor und legte es vor uns auf den Tisch.

Ich staunte. »Wo hast du das denn her?«

»Vom Monte Verità. Unsere Väter waren vor Längerem offenbar ebenfalls dort.«

»Und was haben sie da gemacht?«

»Na, Urlaub. Und ich habe gehört, sie hatten dort beide Affären.«

Ich schwieg, während sich mir alles drehte. Ein weiteres Rätsel um meinen Vater! Ich kam mir vor wie in einem Theaterstück. Alles war merkwürdig, unwahrscheinlich, beängstigend.

»Angeblich waren sie sehr vertraut miteinander, so als würden sie sich schon ewig kennen. Und sie haben den Leuten dort erzählt, dass sie Brüder seien. Außerdem haben sie immer vom ›Monte Lux et Veritas‹ gesprochen und sich darüber kaputt gelacht. Kannst du dir das erklären?«

»Vielleicht kennen sie sich von einer Universität? Hört sich jedenfalls an wie ein Motto«, überlegte ich.

»Hm. Das ist in Deutschland doch gar nicht so üblich, eher hier, in den USA.«

»Kann ich das Bild mal mitnehmen? Ich könnte jemanden danach fragen.«

»Mach das. Aber jetzt lass uns ein bisschen tanzen!«

Ich steckte das Foto in meine Jackentasche. »Zu dieser Negermusik?«

»Das ist Blues!«, lachte sie. »Darauf tanzt es sich ganz wunderbar!«

Anna stand leicht schwankend auf, griff meine Hand, und ich ließ mich auf die Tanzfläche ziehen. Die Paare bewegten sich eng umschlungen, so nah, man konnte meinen, dass sie gleich ineinander übergehen würden. Es war eine große Herausforderung für mich, da ich plötzlich von Farbigen aller Schattierungen umgeben war, mit denen tatsächlich auch Weiße tanzten. Sie alle beugten sich von einer Seite zur anderen, als seien sie auf einem Schiff, und so tat ich es ihnen gleich. Schließlich war ich doch selig, Anna in meinen Armen halten zu dürfen. Und je länger wir tanzten, desto mehr verschwanden all die bösen Gedanken, die Ängste, all die innere Verzagtheit, die mir gar nicht bewusst war, weil ich sie mit Millionen von anderen Deutschen teilte. Die Leute lächelten mir hier zu! Überhaupt hatte ich eine so ausgelassene Stimmung noch nie erlebt. Ich glaubte mich im Zauberbann der Musik. Es war berauschend! Wie lange hatte ich mich nicht mehr so gut gefühlt? Einfach nur tanzen – und was für Tänze! Ich spürte, dass mir die Tränen kamen, und vergrub meinen Kopf an Annas Hals, kurz darauf brach ich in einen Lachanfall aus, als hätte ich seit tausend Jahren nicht mehr gelacht. Ich sah, wie der Schlagzeuger seine Stöcke in die Luft warf, sie wieder fing und perfekt im Rhythmus wie ein Uhrwerk weitertrommelte.

Dann änderte sich die Musik, wurde schneller, wir begannen Charleston zu tanzen. Jetzt konnte mich nichts mehr halten, ich improvisierte eine Reihe wilder Tanzschritte, während Anna begeistert in die Hände klatschte. Ich sah, wie glücklich sie war, und auch mein Herz öffnete sich. Die Musik war wie ein Boot, das uns in eine ferne Welt schaukelte. Wir bestellten neue Highballs und tranken, als gäbe es keinen Morgen. Der Tanz übte eine hypnotische Wirkung auf mich aus, das innere Wesen des Lebens schien mir rhythmische Bewegung zu sein. Anna und ich wurden eins mit der umherwirbelnden Menge, es war, als würden hier die jahrhundertealten Gräben zwischen den Rassen für immer überwunden.

Kurz vor Sonnenaufgang saßen Anna und ich im Taxi und fuhren zu mir ins Hotel. Schon auf dem Weg begannen wir uns zu küssen. Als wir mein kleines Hotelzimmer betraten, sickerte das Licht von außen herein, während sich unsere überlebensgroßen Schatten an der Wand abzeichneten …

Steigende Flut

Verkatert schlich ich gegen 11 Uhr morgens ins Museum, um erst einmal zur Toilette abzubiegen. Gierig trank ich aus dem Wasserhahn, als hätte man mich gerade aus der Wüste gerettet.

»Alles in Ordnung?«, fragte mich ein Mann, der sich neben mir die Hände wusch. Er schaute mich skeptisch an. Wenn ich so aussah, wie ich mich fühlte, kein Wunder.

»Ja, danke«, antwortete ich. »Ich muss gestern etwas Schlechtes gegessen haben.«

»Kommen Sie aus Deutschland?«, fragte er.

»Mein Name ist von Trott«, antwortete ich mühsam lächelnd und reichte ihm die Hand. »Heinrich von Trott.«

»Ah! Alfred Mjøen hat mir von Ihnen erzählt. Sie sind bei der deutschen Armee!«

»Ja, in München.« Ich rieb mir kaltes Wasser ins Gesicht.

»Mein Name ist Lothrop Stoddard.«

»Der Pressesprecher des Kongresses!«

Er nickte und klopfte mir auf die Schulter. Stoddard war höchstens Mitte vierzig, doch seine schwarzen Haare zeigten bereits erste graue Strähnen. Er erinnerte mich an einen pflichtbewussten Buchhalter. Der Historiker und Journalist engagierte sich nicht nur für eine restriktive Immigrationspolitik, sondern generell für Rassentrennung und Eugenik.

Einem Impuls folgend, sagte ich: »Dürfte ich Sie etwas fragen? Lux et Veritas. Sagt Ihnen das etwas?«

Er nickte: »Ja, sicher. Licht und Wahrheit.Das ist das Motto von Yale.«

»Der Eliteuniversität?«, fragte ich überrascht.

»Sie ist unsere drittälteste Universität.«

»Äh, ja«, stammelte ich. Ich wusste nicht einmal, dass mein Vater jemals in den USA gewesen war! Kannten sich Hermann von Stieglitz und er vom gemeinsamen Universitätsbesuch? Rätselhaft. Bei der nächstbesten Gelegenheit musste ich Anna davon erzählen.

»Kommen Sie, gehen wir hinaus«, sagte Stoddard unterdessen. »Wir haben noch etwas Zeit, bevor es weitergeht. Wir könnten uns so lange die Ausstellung ansehen.«

Kurz darauf stiegen wir die Treppen aus schwarzem Terrazzo hinauf und betraten einen länglichen Raum von etwa zweihundert Quadratmetern mit hohen Wänden. Hinter Glasvitrinen waren Landschaften und Tiere aus verschiedenen Gegenden zu bewundern: die Wüste Gobi, Japan, Australien, Georgien, die Alpen, die afrikanische Steppe usw.

»Die weltweite Zurückdrängung der weißen Rasse ist das grundsätzliche Problem des 20. Jahrhunderts.« Stoddard zwirbelte seinen Schnurrbart. »Vierhundert Jahre lang, von 1500 bis 1900, expandierte sie stetig. Bis vor Kurzem waren wir noch die unbestrittenen Herren des Planeten. Im Grunde herrschte Hegemonie des weißen Mannes, er bestimmte die Zivilisation. Bis zum Russisch-Japanischen Krieg 1904 wäre es wohl kaum jemandem in den Sinn gekommen, dass die Expansion gestoppt werden könnte.« Er blieb vor einer Installation Japans stehen.

»Tja, unbesiegbar kann uns leider keiner mehr nennen«, sagte ich.

»Im Jahr 1900 stand der weiße Mann auf dem Gipfel des Ruhmes, seiner Macht, seiner Größe. Man könnte auch sagen, der höchste Punkt der Flut war vorerst erreicht. Mit den Kanonen der Japaner begann der Rückschritt, und heutzutage drohen uns die farbigen Rassen zu überrollen. Entweder retten wir uns ans Ufer, oder wir gehen in der Vergessenheit unter.« Stoddard wechselte zum nächsten Schaukasten, ich folgte ihm. »Es kommen zweifelsohne neue Zeiten auf uns zu! Das hat man ja bereits seit Ende des letzten Jahrhunderts merken können, wo die Malaise in allen zivilisierten Ländern um sich griff, die Décadence. Hinzu kam der plötzliche Geburtenrückgang bei den Weißen auf beiden Seiten des Atlantiks – Zeichen einer sinkenden Vitalität.«

»Und Sie meinen, dass der Russisch-Japanische Krieg eine solch große Rolle gespielt hat?«

Er nickte. »Bei den farbigen Völkern wurden dadurch große Hoffnungen geweckt. Heute scheint die gesamte orientalische Welt von China bis zum Mittelmeer auf dem Sprung zu sein: Überall brennt das Feuer eines antieuropäischen Hasses in den Herzen. Auch Indien befindet sich in einem Zustand tiefer Unruhe. Die Engländer können die Ordnung fast nur noch mit roher Gewalt aufrecht erhalten. Einflussreiche Kreise suchen nach einem Weg, das British Empire zu reformieren – zu retten, was zu retten ist. Doch anstatt dass die weiße Rasse zusammenrückt im Bewusstsein ihrer Einzigartigkeit, ihrer Überlegenheit, breitet sich Internationalismus aus, ebenso der Nationalimperialismus. Und beide haben keinerlei Bewusstsein für das Rassenphänomen.«

»So kam es zum Weltkrieg«, sagte ich und massierte mir die Schläfen. Kopfschmerzen und Durst machten mir erneut zu schaffen.

»Ja. Und der ist vergleichbar mit dem Peloponnesischen Krieg im 5. Jahrhundert vor Christus, der mit dem Sieg der Spartaner endete.« Wichtigtuerisch schürzte er die Lippen. »Gleichzeitig endete das klassische Zeitalter Athens – und das auf dem Höhepunkt der kulturellen Entwicklung! Die gesamte griechischsprachige Welt beging in diesen Jahren kollektiven Selbstmord. Das Gefühl, zu einer gemeinsamen Rasse zu gehören, verlor sich einfach. Wer den Krieg überlebt hatte, verbeugte sich bald vor den neuen Herren. Die Bevölkerung Griechenlands aber vermischte sich derart, dass sie genetisch degenerierte. Trotz aller Unterschiede erinnert unser 19. Jahrhundert an das goldene Zeitalter Perikles', des führenden Staatsmannes Athens vor dem Peloponnesischen Krieg.« Stoddard schwieg einen Moment und fuhr dann fort: »Schon vor 1914 gab es überall Anzeichen steigender Unruhe, die Katastrophe kündigte sich an. Die Verluste durch den Krieg bei den Nordischen sind unvorstellbar: Ausgerechnet die Jüngsten und die Tapfersten, also die Fittesten, starben! Zu jedem toten Soldaten kamen fünf Zivilisten hinzu, die an Hunger und Krankheiten, durch Massaker oder wegen der stark erhöhten Kindersterblichkeit ihr Leben verloren. Der dysgenische Effekt war entsetzlich, schließlich handelte es sich letztlich doch um rasseverwandte Völker.« Stoddard sah mich plötzlich an, runzelte die Stirn und fragte besorgt: »Geht es Ihnen nicht gut?«

»Doch, doch«, beruhigte ich ihn, obgleich mir gerade heftig schwindelte, was mir wohl anzusehen war. »Nur der Magen.«

Wir traten vor mehrere Vitrinen, die mit einem Schild »African People« versehen waren. Die erste zeigte Masken, Waffen und kultische Gegenstände.

»Widerlich, diese Grimassen und Verrenkungen! Sehen Sie mal hier...« Er führte mich weiter, nun standen wir vor lebensgroßen Figuren. »Einweihungsrituale«, erklärte er. »Diese Leute setzten auf die Geisterwelt. Heute aber ist es die Wissenschaft, die uns Hoffnung schenkt, gerade die Entwicklungen, wie sie hier beim Eugenik-Kongress präsentiert werden. Nun ja, die Schwarzen sind wohl dem Untergang geweiht – trotz allem Voodoospektakel!«

Ich betrachtete die Puppen: Wie eingefroren standen sie da in beeindruckenden Kostümen aus Muscheln oder Bananenblättern, andere trugen hautenge Kleider oder Leopardenfelle.

»Wir können nur hoffen, dass das Bewusstsein für die Zusammengehörigkeit der nordischen Rasse weiter steigt«, meinte Stoddard. »Denn das spielt eine große Rolle bei der Stimulation der britisch-amerikanischen Verbrüderung. Ihr haben wir etwa die Oxford-Stipendien durch Cecil Rhodes zu verdanken. Auch an den Round-Table-Gruppen zeigt sich das Zusammenrücken des Establishments. Der Trend bewegt sich deutlich auf eine nordische Entente zu, den pannordischen Zusammenschluss der gesamten weißen Welt für die Bewahrung unseres rassischen Erbes, für eine harmonische Evolution. Deutschland wird sich hoffentlich so bald wie möglich anschließen – es sei denn, dort setzen sich wieder nationalimperialistische Aspirationen durch.«

»Solange wir die Versailler Ketten tragen müssen, wird das nicht einfach«, sagte ich finster.

Stoddard seufzte. »Der Versailler Vertrag ist in der Tat eine schlechte Lösung. Ich hoffe sehr, dass die Staatsmänner das bald einsehen werden. Um einen Staatenbund zu verwirklichen, müssen wir den Vertrag unbedingt reformieren, nur damit kann die Vereinigung der weißen Völker angesichts der gemeinsamen Gefahr durch den Bolschewismus gelingen. Zwar werden wir wohl nie wieder jene Übermacht erreichen wie im 19. Jahrhundert, doch mithilfe der eugenischen Wissenschaft können wir unsere Bevölkerungen aufnorden und somit den natürlichen Ausleseprozesses der Natur übernehmen.«

Stoddard und ich blieben nun vor der Installation eines Europäers während der Eiszeit stehen: großgewachsen, mit weißer Hautfarbe, komplett in Fell gekleidet, das Gesicht zugewachsen mit einem ungepflegten blonden Bart. Er betrat soeben mit eingesammeltem Holz auf den Schultern seine Höhle, wo er von einer auf dem Boden knienden Frau begrüßt wurde. Rundum lagen große Knochen. Mir wurde schlecht.

»Zweifelsohne waren die ersten Menschen Afrikaner«, dozierte der Amerikaner ungerührt weiter und runzelte die Stirn, als wälzte er tiefschürfende Menschheitsprobleme. »Die nordische Rasse aber, die sich dann wohl während der Eiszeit entwickelt hat, bedeutete eben eine

Höherentwicklung, so wie ja auch der Mensch gegenüber dem Affen. Unter den damaligen harten Lebensbedingungen haben verständlicherweise nur die Stärksten und Gesündesten überlebt; nur sie konnten sich fortpflanzen. Insofern dürfen wir unseren schwarzen Zeitgenossen auch etwas Mitgefühl zuteilwerden lassen, schließlich sind wir ja auch den Affen eine gewisse Dankbarkeit schuldig. Nach der Eiszeit zogen ein Teil der Nordischen nach Süden, wo sie mit ihrer Vitalität und Tatkraft die Menschheitskultur nach einigen Generationen auf ungeahnte Höhen führten. Daran kann man erkennen, dass sich die Rassen hinsichtlich der Verstandeskräfte und Moral ebenso unterscheiden wie hinsichtlich ihrer Körpermerkmale. Wir sind eine Rasse von Soldaten, Seeleuten, Abenteurern und Forschern, vor allem aber von Herrschern, Aufbauenden und Edelleuten. Und die Wissenschaft lehrt uns, dass die Vererbung der wichtigste Faktor in der Evolution ist. Die Verbesserung unserer Rasse ist praktikabel, sage ich Ihnen: Wenn immer mehr Menschen realisieren, dass die Qualität der Bevölkerung Quelle ihres Wohlstandes ist, dann werden sich eugenische Maßnahmen durchsetzen und zum Leitstern politischer und sozialer Programme werden. Ziel ist eine strikte Kontrolle der Migration von niedrigeren Menschentypen. Ihr defektes Keimplasma muss unschädlich gemacht werden, das ist unsere Pflicht!«

Mir drehten sich Kopf und Magen, ich schwitzte wie verrückt.

»Diese Maßnahmen werden unseren Wunden die Zeit geben, zu verheilen. Die Menschen werden vom Materialismus abkommen und sich für subtilere Ebenen eines neuen Idealismus öffnen, für die Ihr Deutschland doch so bekannt ist, Herr von Trott. Lehrt er uns nicht, dass wir lebendige Glieder einer Kette sind – verpflichtet gegenüber den Toten und den Ungeborenen?«

Ich konnte nicht mehr an mich halten, schaute ihn kurz entschuldigend an, rannte zur Toilette und übergab mich.

Machtelite

Anna saß mit ihrem Vater im Tearoom des Plaza Hotels an der Kreuzung zwischen Fifth Avenue und East 59th. Das Ambiente im französischen Renaissancestil zeichnete sich durch eine offene, großzügige Atmosphäre aus. Palmen standen vor überdimensionierten Glastüren und Marmorsäulen. Im Nebenraum waberte Stimmengewirr wie in einem Opernhaus vor Beginn des Konzerts. Vor ihnen standen Gläser mit Wasser.

Hermann von Stieglitz war am Vormittag von seinem Ausflug mit Walter Teagle zurückgekommen und hatte Anna aus dem Bett holen lassen, um mit ihr zu Mittag zu essen. Nachdem sie gerade mal zwei Stunden lang geschlafen hatte, musste er eine Dreiviertelstunde im Foyer auf sie warten, damit sie sich einigermaßen herrichten konnte.

Als sie endlich erschien, sagte er ungehalten: »Wo hast du dich nur herumgetrieben? Muss ich mir etwa Sorgen machen?«

Sie funkelte ihn an. »Ich bin sicher, dass du bereits alles weißt!«

»Wie kommst du darauf?«

»Gibt es nicht jemanden, der mich hier bewacht, während du unterwegs bist?«

Er zog die Stirn kraus und trank einen Schluck Wasser.

»Dann wird dir auch nicht verborgen sein, wen ich getroffen habe!«

»Diese versoffene Theaterkritikerin?«

»Na also, ich wusste es!« Triumphierend sah sie ihn an. »Hat man dir auch berichtet, dass Heinrich in New York ist?«

»So?«

»Ja! Sag nicht, dass du das nicht weißt!«

»Und was macht er hier?«

»Er wurde vom bayerischen Militär zum Eugenik-Kongress geschickt.«

»Was für ein Zufall!«

Anna glaubte ihm kein Wort. Sicher wusste er bereits, dass sie die vergangene Nacht mit Heinrich verbracht hatte. Gleichzeitig war sie erleichtert, dass er sie tun und lassen ließ, was sie wollte – zumindest die meiste Zeit über.

»Wie war die Rebhuhnjagd?«, fragte sie versöhnlich.

»Außerordentlich aufschlussreich. Mir wird immer klarer, wie wir die I. G. Farben weiter stärken können. Und wie war es auf dem Kongress?«

»Viele Verrückte – und Margaret Sanger.«

»Ein Vorbild für dich?« Er lehnte sich zurück.

»Ich halte sie eher für gefährlich.« Annas Blick schweifte über auf das elegante Glasdach mit seinen floralen Mustern hinweg. »Einerseits hat sie ja durchaus lobenswerte Vorstellungen, was die Rolle der Frau angeht. Andererseits glaubt sie, dass das Proletariat durch seine Armut und die vielen Kinder ein minderwertiges Erbgut hervorbringt. Sie nennt es

Keimplasma. Und sie will diese Leute an der Fortpflanzung hindern, sie sterilisieren lassen!«

»Hat sie denn da so unrecht?«

»Wie kannst du nur so etwas fragen! Der Kapitalismus war es doch, der die Arbeiter in eine solche Lage gebracht hat!«

»So kenne ich dich.« Er griff erneut zum Wasserglas.

»Am Ende wird sich das Proletariat noch durchsetzen, das prophezeie ich dir!« Ihre Wangen färbten sich rötlich. »Die Gewerkschaften ...«

»Die Gewerkschaften können überhaupt nichts bewirken!« Er lächelte süffisant. »Das wird auch gar nicht nötig sein, glaub mir. Die Eliten werden sich selbst um die sozialen Probleme kümmern.«

»Mit Garrotten und Schlagstöcken vermutlich!«

»Ja, auch«, bestätigte ihr Vater, als sei es das Natürlichste auf der Welt. »Aber außerdem wird es sicherlich zu einer flächendeckenden Sozialgesetzgebung kommen, die sich in gewisser Weise sogar am deutschen Vorbild orientiert: Arbeitslosenversicherung, öffentliche Rentenversicherungen etc. Zuvor aber erwartet uns wohl eine große Krise.«

Ein neuer Freund

26. September 1921. Während der Pause saßen oder standen kleinen Grüppchen im großen Versammlungssaal beisammen. Ich holte mir zuallererst ein großes Glas Wasser, danach ging es mir deutlich besser, die Kopfschmerzen ließen nach.

»Das Klima scheint Sie durstig zu machen, Herr von Trott«, sprach mich ein Mann auf Deutsch mit fast unmerklichem amerikanischem Akzent an.

»Sie sind Ernest Liebold, nicht wahr?« Ich erinnerte mich sogleich, denn Hauptmann Mayr hatte mir sein Foto gezeigt, und reichte ihm die Hand.

Er lächelte mich etwas linkisch durch eine rahmenlose Brille an, wobei er seinen rundlichen Kopf leicht zur Seite fallen ließ. »Ja. Ich arbeite für Henry Ford.«

»Freut mich sehr. Mein Vorgesetzter hat mir gesagt, dass wir uns hier treffen würden.«

»Herr Mjøen sagte mir, dass Adolf Hitler Ihnen persönlich bekannt ist. Kennen Sie auch Herrn Eckhart, den Kopf der neuen Bewegung?«

»Natürlich. Er ist der Mentor von Hitler«, sagte ich lächelnd, denn ich dachte daran, wie Eckhart besoffen vom Stuhl gefallen war.

»Dann sind Sie wahrscheinlich auch darüber unterrichtet, dass einer unserer Ford-Mitarbeiter ihn in Deutschland getroffen hat.«

Ich nickte schmunzelnd. »Der Traktorenverkäufer ...«

»Das war Nebensache, eher Tarnung«, erklärte Liebold. »Übrigens war es alles andere als einfach, die Traktoren in Deutschland an den Mann zu bringen. Eigentlich suchten wir Kontakte zur kaiserlichen Familie.«

Ich schaute ihn fragend an. »Hat sich ihr Kontaktmann mit Prinz Eitel Friedrich getroffen?«

»Ja, genau. Mit dem zweiten Sohn Wilhelms II. Des Kaisers!«

»Exkaisers«, stellte ich richtig.

»Nicht wenn wir ihm wieder zur Macht verhelfen«, sagte Liebold leise. »Der Prinz ist ein großer Bewunderer Henry Fords, auch gerade weil Mr. Ford den Mut besitzt, die Machenschaften des internationalen Judentums ans Licht zu bringen. Deshalb wollten wir in Erfahrung bringen, ob die kaiserliche Familie in ihrem eigenen Interesse bereit sei, uns zu unterstützen.«

»Was könnte der Prinz denn für Ford tun?«, fragte ich neugierig.

Liebold schaute mich an, nahm mich am Arm und fragte: »Hätten Sie nicht Interesse, mich für ein paar Tage nach Detroit zu begleiten? Mr. Ford lädt Sie ein. Wir könnten übermorgen gemeinsam dorthinfliegen. Mit Hauptmann Mayr in München ist übrigens alles abgeklärt.«

Die Einladung freute mich sehr. Ernest Liebold und ich unterhielten uns noch eine Weile angeregt über Deutschland, den unsäglichen Krieg und das Schanddiktat des Versailler Vertrags. »Es war klar, dass wir im *Dearborn Independent* früher oder später über die wahren Verursacher des Krieges sprechen würden«, sagte Liebold. Den *Dearborn*, ursprünglich eine kleine Lokalzeitung aus Detroit, hatte Henry Ford erworben, um darin seine antisemitischen Ansichten kundzutun. »Wem hilft es denn, dass alle Schuld Deutschland zugesprochen wird? Eben denselben Finanzhaien, die sich weiter bereichern wollen, die sich die Taschen immer mehr vollstopfen, nachdem sie selbst es waren, durch deren Machenschaften die Völker in den Krieg hineingerissen wurden. Ford unterstützt das revolutionäre Programm Hitlers, er lässt sich regelmäßig über die Entwicklungen der NSDAP unterrichten, auch wenn es sich bisher nur um eine kleine Partei handelt. Deshalb würde Mr. Ford Sie gern treffen.«

Ich nickte, und nach Austausch einiger Höflichkeiten verabschiedete ich mich, um vor die Tür zu gehen und eine Zigarette zu rauchen. Als ich draußen stand, wurde ich ein drittes Mal angesprochen. Ihn kannte ich jedoch bereits: Es war H. G. Wells, den ich auf der »Mount Clay« kennengelernt hatte.

»Herr von Trott! Schön, Sie hier anzutreffen.« Er lächelte und schaute mich mit seinen durchdringenden Augen an.

»Ganz meinerseits!«, entgegnete ich und reichte ihm die Hand.

»Sie haben hier bei einigen Leuten Eindruck hinterlassen. Wir alle schätzen uns glücklich, Sie bei uns zu haben. Und ich hatte Ihnen ja angeboten, Ihnen die eine oder andere Persönlichkeit vorzustellen.«

»Das würde mich sehr freuen!« Ich schwebte wie auf einer Wolke, eine Aura gesellschaftlicher Bedeutsamkeit umgab mich, auch wenn mir bewusst war, dass das allgemeine Interesse vor allem darin begründet lag, dass ich aus Deutschland kam.

»Müssen Sie nach dem Kongress sofort zurück?«, wollte Wells wissen.

»Nein, aber ich werde wohl für ein paar Tage nach Detroit fliegen.«

»Hätten Sie denn nächste Woche am Samstagabend Zeit?«

»Das dürfte kein Problem sein. Bis dahin bin ich sicher wieder zurück in New York.« Und Hauptmann Mayr hatte sicherlich auch nichts dagegen, wenn ich jede Gelegenheit nutze, um mit einflussreichen Persönlichkeiten zu sprechen.

Wells reichte mir einen Zettel. »Dann kommen Sie bitte um 20 Uhr zu dieser Adresse. Ich werde dort einen kleinen Vortrag halten. Passen Sie auf sich auf!«

Die Fassade

»Von oben verordnete soziale Gerechtigkeit ist die beste Versicherung gegen Gewerkschaftsunruhen – ein wichtiger Aspekt beim Aufbau einer neuen Gesellschaft!«

»Sagt wer? Walter Teagle?«, fragte Anna.

»Vor allem Gerald Swope« antwortete ihr Vater. »Übrigens ein ganz brillanter Kopf, wahrscheinlich der nächste Präsident von General Electric. Die Amerikaner können sich glücklich schätzen, solche Leute an ihrer Spitze zu haben.«

»Du sprichst von einer neuen Gesellschaft?«, fragte sie, die Mundwinkel verziehend. »Was soll das denn sein?«

»Eine äußerst stabile, moderne. Kein Laissez-faire, aber auch kein Konkurrenzdruck. Frieden. Wohlstand. All das, wovon du träumst!«

Anna runzelte die Stirn, nahm ein Messer und schmierte sich Butter auf ein Weißbrot. Was ihr Vater da postulierte, passte eigentlich gar nicht zu ihm.

»Im Rahmen des zukünftigen Monopolkapitalismus«, erklärte er weiter, »streben auch die einstig liberalen Kräfte des Establishments nach einer Regulierung des Arbeitsmarktes. Es geht um den Aufbau einer ebenso effizienten wie produktiven korporativen Gesellschaft. Konkurrenz und Arbeiterunruhen aber destabilisieren das System als Ganzes.« Er schaute sie gespannt an, was sie wohl dazu sagen würde. Sie aber biss erst einmal in ihr Brot.

»Das müsste dir doch eigentlich gefallen! Wir bewegen uns auf eine sehr viel geregeltere Gesellschaftsform zu.«

»Eine gemaßregelte«, korrigierte sie.

»Nein, eine auf wissenschaftlichem Denken basierende Gesellschaft!«

»Du meinst die Eugenik? In der dann die ach so erleuchteten Wissenschaftler entscheiden, wer sterilisiert wird und wer nicht?«

Er seufzte. »Lass uns nicht streiten.« Er rief den Kellner herbei, um Tee zu bestellen. Anschließend fragte er: »Wann will Heinrich denn nach Deutschland zurück? Es wäre doch schön, wenn wir zusammen mit dem Schiff reisen könnten.«

»Fahren wir denn nicht mit dem Zeppelin?«

»Nein, ich habe mich für die Überfahrt mit Montagu Norman verabredet.«

»Wer ist das schon wieder?«

»Der Governor der Bank of England. Wenn du willst, kümmere ich mich darum, dass Heinrich uns begleitet.«

»Das wäre … wunderbar«, sagte sie leicht errötend. Um von ihrer Verlegenheit abzulenken, fragte sie etwas unbeholfen: »Wen hast du denn noch bei Teagle kennengelernt?«

»Niemand Geringeren als John D. Rockefeller Jr.! Dann war da noch Ivy Lee, ein Spezialist für Öffentlichkeitsarbeit und Propaganda. Ich habe auch Paul Warburg wiedergesehen, den Architekten des Federal Reserve Systems.«

Das versetzte Anna einen Stich. Sie erinnerte sich sofort an die Notiz, die ihr damals in München zugesteckt worden war, worin es hieß, ihr Vater habe am Aufbau der US-Notenbank mitgewirkt. »Was bitte hat denn eine deutsche Bankiersfamilie mit der amerikanischen Zentralbank zu tun?«, fragte sie.

»Das hat eine lange Vorgeschichte.«

»Und die reicht bis nach Europa?«

»Ja. Paul Warburg kämpfte in den Staaten schon eine ganze Weile für die Etablierung einer Zentralbank nach deutschem Vorbild«, erklärte er. »Als das Federal Reserve System 1913 eingeführt wurde, war er maßgeblich daran beteiligt.«

Sie starrte ihn an. »Ich verstehe einfach nicht, was er als Deutscher davon hat.«

»Du solltest aber langsam mal wissen, dass Zentralbanken staatenunabhängig sind.«

Sie sammelte Mut. »Und du? Hast du auch etwas damit zu tun?«

Ein Schmunzeln umspielte seine Lippen. »Nun, ich bin damals mit Warburg in die USA gereist.«

Also stimmte es. »Ich hörte davon. Habe es nur nicht für möglich gehalten.«

»Du solltest dich lieber darüber freuen, dass man meine Dienste in diesen Kreisen zu schätzen weiß.« Er blickte sie gelassen an. »Und selbstverständlich haben auch europäische Investoren Interesse am Federal Reserve System. Die Bank befindet sich weitgehend in privaten Händen.«

»In privaten Händen?«, wiederholte sie. »Ich dachte, die Zentralbanken seien ein Instrument des Staates? Ein Mittel zur Lenkung der Geldpolitik, ein Werkzeug der Demokratie?«

»Bist du wirklich so naiv? Das habe ich nicht von dir erwartet. Trotz des Geredes von der Demokratie befindet sich das Land doch fest in den Händen der Upper Class.«

»Und was ist mit dem Präsidenten? Oder mit dem Kongress?«

»Der Präsident muss seinen Wahlkampf finanzieren, und der Kongress ist am Ende des Tages ein wohl eher machtloses Gremium. Eine Fassade.«

»Das hört sich ja an, als habe die Oberschicht quasi monolithische Macht. Das kann ich mir nicht vorstellen.«

»Das habe ich auch nicht behauptet. Aber man muss eben wissen, dass man schon sehr reich sein muss, um überhaupt in den Kongress gewählt zu werden. Oder man muss sehr reiche Freunde haben. Die meisten Abgeordneten werden mit der aktiven Unterstützung von zwei oder drei lokalen Wirtschaftsgiganten in den Kongress katapultiert. Und wenn er sich mal besonders widerspenstig zeigt, so ist das wohl in den meisten Fällen auf Meinungsverschiedenheit innerhalb der Machtelite zurückzuführen. Nicht alle sind sich immer einig.«

»Also ist die Upper Class nicht allmächtig?«

»Keineswegs! Und doch ist sie in den USA sehr viel einheitlicher und machtbewusster, als man es sich vorstellen kann. Übrigens auch ein psychologisches Phänomen. Genauso wie bei uns in Deutschland – auch wenn es sich hier nicht um eine Adelsschicht im herkömmlichen Sinn handelt.«

»Eher Wirtschaftsadel.«

»So ist es. Und ziemlich in sich geschlossen. Abgesehen davon, dass sie an der Spitze eng auf internationaler Ebene verflochten ist, vor allem mit den Briten.«

»Und der amerikanische Traum?«, fragte Anna.

»Im Großen und Ganzen ein Mythos. Und wenn es mal einem gelingt, da oben anzukommen, dann wird er von der Oberschicht einfach aufgesogen.«

»Insofern er ihre Werte übernimmt«, meinte Anna.

»Die Leute heiraten untereinander. Sie teilen denselben Lebensstil, gehen in dieselben Schulen, Universitäten, Klubs und verbringen ihre Sommer- und Winterferien an denselben Orten. Du weißt schon. Jeder kennt jeden um ein, zwei Ecken. Wobei es sowohl konservative als auch liberale Tendenzen gibt. Die ersten sind eher Isolationisten, was die Außenpolitik angeht, die anderen sind extrem internationalistisch ausgerichtet und befürworten einen moderaten Wohlfahrtsstaat.«

»Also ist die sogenannte Demokratie hier davon abhängig«, bemerkte sie, »wer sich innerhalb der Upper Class bei Meinungsverschiedenheiten durchsetzt?«

»Das magst du gut erkannt haben«, sagte ihr Vater lächelnd, nahm seine Serviette und putzte sich den Mund ab.

»Und willst du mir im Zusammenhang mit dem Federal Reserve System sagen, dass deren Internationalisten mit der Machtelite auf dem europäischen Kontinent verflochten sind?«

»Bingo, mein Herz! Vor allem natürlich mit den Briten.«

Minijob

Martin Friedman und Lou Rosenkrantz saßen im Zug Richtung Philadelphia, während die Skyline Manhattans in der Dunkelheit verschwand. Die beiden Männer erhielten wöchentlich 250 Dollar dafür, dass sie einem losen Verbund von Verbrechersyndikaten als Killer zur Verfügung standen. Die Auftraggeber hatten natürlich stets wasserdichte Alibis, während die örtliche Polizei im Dunkeln tappte.

Diesmal waren die beiden Freunde besonders herausgeputzt, um den Eindruck wohlhabender Geschäftsleute zu machen. Doch auch insgesamt hatten sie ihren Kleiderstil schon längst grundlegend geändert dank des Einflusses durch Arnold Rothstein, eine der stilprägenden Figuren des organisierten Verbrechens, zu erkennen an Mobstern wie Meyer Lansky, Lucky Luciano oder Frank Costello. Rothstein selbst sah stets aus wie aus dem Ei gepellt. Und er brachte als Lehrer für Etikette und gutes Benehmen jungen Ganoven bei, wie man sich als Gentleman zu benehmen hatte. So führte der »Moses der Unterwelt«, auch »The Brain« genannt, die kommende Generation ins gelobte Land. 1920 hatte sich der Kampf gegen Alkohol durchgesetzt: Der 18. Zusatzartikel zur Verfassung der Vereinigten Staaten trat in Kraft. Dank des Verbots aber flossen Millionen von Dollar dem organisierten Verbrechen zu, welches sich im Zuge dessen zu einer großen, Geld produzierenden Industrie entwickelte. Bernstein, Rosenkrantz und Friedman gehörten zu den Ersten, welche die Ehre hatten, als schwerbewaffnete Bewacher auf einem der Laster mitzufahren, welche illegal Alkohol transportierten. Wenn eine Ladung Whiskey aus England über den Atlantik kam, ankerte das Schiff drei Meilen vor der windumtosten Küste von Montauk auf Long Island, wo Schnellboote die Ware abholten. Jenseits der letzten Straßenlaternen wurden die Kisten auf Laster verfrachtet und in ein Lagerhaus nach Manhattan gebracht. Damit hatten sich Bernstein, Rosenkrantz und Friedman ein zweites Standbein errichtet.

»Also, erzähl«, sagte Friedman und strich sich eine schwarze Haarsträhne aus dem Gesicht.

»Wieder ein Auftrag von Kuhn, Loeb & Co.«, erklärte Rosenkrantz. »Es geht um einen ihrer Angestellten.«

VI. Schattenspiele

Der internationale Jude

28. September 1921. Ernest Liebold und ich saßen hoch oben über den Wolken in einer kleinen Privatmaschine. 1884 als Sohn deutscher Einwanderer in Detroit geboren, als diese noch einen wichtigen Teil der Einwohner ausmachten, sprach er vor der Schule nur Deutsch, und im Grunde, so erzählte er mir, fühlte er sich noch immer als Deutscher. Als Kind reiste er zwei Mal nach Deutschland, um Verwandte zu besuchen. Als Henry Ford 1911 einen Scheck über 70 000 Dollar verlegt hatte, der schließlich aber in einer seiner Jacken wieder auftauchte, schlug sein Businesspartner James Couzon vor, dass er sich einen persönlichen Sekretär zulegen solle – eine Vertrauensperson, die sich um Fords finanzielle Angelegenheiten zu kümmern hatte. Die Wahl fiel auf Ernest Liebold, damals noch ein junger Angestellter in einer lokalen Bank. Doch Liebold beeindruckte Ford mit der Zeit so sehr, dass er ihn für den besten Kopf in finanziellen Dingen hielt, der überhaupt in den USA zu finden sei. Schnell wurde Liebold sein engster Vertrauter, sein Wachhund und Schwellenhüter. Er sorgte dafür, dass sein Meister nur jene Briefe zu Gesicht bekam, die er, Liebold, für wichtig hielt. Er verfügte über eine Generalvollmacht, sämtliche persönlichen Finanztransaktionen und Verträge für Ford zu erledigen. Macht und Einfluss auch innerhalb des Unternehmens fielen Liebold somit in den Schoß wie reife Früchte. Obwohl zweitmächtigste Person im Ford-Imperium, hielt er sich allerdings stets möglichst unauffällig im Hintergrund. Dies änderte sich, als Ford ihn zum Geschäftsführer des *Dearborn Independent* ernannte, mit dem er die Angriffe gegen das Finanzjudentum orchestrierte. Liebold war ein Magier, der Henry Ford suggerierte, dass es so etwas wie eine jüdische Weltverschwörung gebe.

Kurz vor meiner Abreise hatte mir Karl Mayr mehr oder weniger indirekt mitgeteilt, was von der U. S. War Department Military Intelligence Division – dem MID – in einem Dokument mit der Aufschrift »Most Secret« vermutet wurde, nämlich dass Ernest Liebold ein deutscher Spion sei. Welcher Kanäle man sich genau bediente, blieb mir verborgen. Doch gab es wohl ein für Außenstehende kaum zu durchschauendes Netzwerk, zu dem neben Liebold auch deutsche Monarchisten, russische Emigranten und ehemalige Geheimdienstagenten des Zaren gehörten, weiterhin der Germanenorden, die Thule-Gesellschaft und die NSDAP mit Adolf Hitler, ja in gewisser Weise auch die Propagandaabteilung des Bayerischen Gruppenkommandos 4, für die ich arbeitete.

»Sie wissen ja, dass Mr. Ford ganz ähnliche Sorgen hat wie Adolf Hitler«, bemerkte Liebold nun.

Ich riss mich von dem Blick aus dem Fenster los. Es war das erste Mal, dass ich in einem Flugzeug reiste. »Wenn Sie Geldsorgen meinen, so kann ich mir das kaum vorstellen«, sagte ich lächelnd.

Liebold blieb ernst. »Ich meine natürlich die Judenfrage. Henry Ford wird oft missverstanden, denn er hat gar nichts gegen die Juden als solche. Seine Kritik ist mitnichten rassistisch begründet. Allerdings wagt er Dinge zu sagen, was sich sonst noch keiner traut.«

»Und das wäre?«

»Es geht ihm keineswegs um die Millionen ganz und gar ahnungsloser Juden. Würde Henry Ford sonst Tausende von ihnen einstellen? Vielmehr geht es um ein untergründiges Phänomen, die jüdische Finanzelite, die quasi unbemerkt aus dem Hintergrund die Strippen zieht und unsägliches Leid über uns bringt. In Berlin, Paris, London, Frankfurt und New York kontrolliert eine relativ kleine Gruppe jüdischer Bankiers die Börsen und einen Großteil der Zentralbanken. Dies ist alles andere als ein Zufall, sage ich Ihnen. Es steckt ein fein ausgeklügelter Plan dahinter, um die Welt an sich zu reißen – eine ungeheure Bedrohung für alles, was uns lieb und teuer ist! Der ›internationale Jude‹ dominiert die Finanzströme nicht etwa, weil er so reich ist, sondern weil er über das kommerzielle Genie seiner Rasse verfügt – verbunden mit einer Loyalität und Solidarität gegenüber den Seinen, wie sie in keiner anderen Gruppe vorkommen! Leidtragende des unersättlichen Machtstrebens sind dabei immer auch unzählige arme Juden, die meist gar nicht wissen, was ihre Eliten anrichten, welche Ziele sie verfolgen.«

Liebolds Augen warfen Blitze. »Letztendlich ist diese ›goldene Internationale‹ also selbst verantwortlich für den Antisemitismus! Und es ist ein großes Verdienst von Henry Ford, dies ans Licht zu bringen und der Welt die Augen zu öffnen. Wer weiß, vielleicht wird ihm eines Tages sogar der Friedensnobelpreis dafür verliehen! Noch vor fünfzig Jahren standen die von Juden dominierten internationalen Banken allein an der

Spitze der Businesshierarchie. Das internationale Finanzjudentum kontrollierte nach Belieben Regierungen und die Geldströme rund um den Erdball. Dann entstand mit der industriellen Revolution etwas Neues, die Industrie wurde mit wachsender Macht ein kraftvoller Geldmagnet. Die neue Methode zur Geldvermehrung bestand in der Produktion und ihren Profiten statt in Krediten und entsprechenden Zinsen. Heute kündigt sich immer mehr eine Auseinandersetzung zwischen Industrie und Hochfinanz an. Und gewiss muss man auch Henry Fords Bemühungen um Aufklärung in dieser Richtung verstehen.«

»Ich kann mir einfach keinen klaren Begriff über das Judentum als Rasse machen. Ist es nicht eher eine Glaubensgemeinschaft? Immerhin gibt es doch Juden in aller Welt, sogar in Afrika.«

»Gewiss.« Liebold strich sich durchs Haar. »Aber das sind natürlich Schwarze, die zum Judentum konvertiert sind, bzw. deren Nachfahren, ein Randphänomen, nichts weiter. Wissen Sie übrigens, wie Theodor Herzl, der Vater des Zionismus, eine Nation definiert? Für ihn handelt es sich um eine historische Gruppe von Menschen, zusammengehalten durch einen gemeinsamen Feind. Einen gemeinsamen Feind! Und es liegt ja auf der Hand, dass dieser für die Juden letztlich die gesamte nicht jüdische Welt ist.«

»Aber es gibt doch viele Juden, gerade die erfolgreich assimilierten, die von sich behaupten, gar nicht zu einer eigenen Rasse oder Nation zu gehören!«, insistierte ich.

»Und sie mögen es selbst auch tatsächlich glauben. Aber das wäre, als wenn einer der Rheinlandbastarde eines Tages auf die Idee käme, ein Deutscher zu sein. Wer würde ihm glauben? Das sind letztlich verzweifelte Wunschträume von Entwurzelten, die weder über ihre Hautfarbe noch ihre Charaktereigenschaften als Halbneger hinwegtäuschen können.«

Plötzlich fing das Flugzeug an zu schlingern. Wir hielten die Luft an. Als es vorbei war, sagte ich: »Aber wenn es wirklich den Plan zu einer jüdischen Weltherrschaft gäbe, dann müsste doch ein politisches Zentrum existieren ...?«

»Zweifellos gibt es ein solches! Die Natur der Juden ist durchaus autokratisch, auch wenn viele sich für den Liberalismus einsetzten, weil er ihnen die Türen aus dem jüdischen Ghetto öffnete. Allzu verständlich, ich hätte es nicht anders gemacht. Kaum aber dass er seine Bürgerrechte erlangte, bemächtigte sich der Jude der Nervenzentren unserer Zivilisation. In einer Welt territorialer Souveränität hat er doch nur zwei Möglichkeiten: Entweder reißt er die Säulen des gesamten nationalen Staatensystems nieder, oder er erschafft sich einen eigenen Staat. Vielleicht liegt hier auch die Erklärung für zwei Phänomene, die sich letztendlich ergänzen: für den Zionismus und den Bolschewismus. Natürlich drängt sich die Frage auf, ob die Juden über so etwas wie einen versteckt organisierten Staat verfügen. Gibt es gegenüber der Welt der Nichtjuden so etwas wie eine Außenpolitik? Gibt es ein im Geheimen wirkendes Amt, das diese ausführt? Hat dieser im Untergrund agierende Staat einen Kopf? Und wenn ja, wer weiß davon? Dass es aber ein gemeinsames Ziel gibt, beweist schon ein höchst brisantes Dokument, dass uns, Gott sei Dank, seit einigen Jahren zur Verfügung steht.«

»Die ›Protokolle der Weisen von Zion‹«, nickte ich.

»Sie kennen es?«

»Ich hörte davon. Soll es nicht eine Fälschung sein?«

»Selbst wenn dies so wäre.« Liebold verzog kurz den Mund. »Es vermittelt desungeachtet ein reales Bild der Geschehnisse und lässt uns heute klar erkennen, was tatsächlich auf der Welt vor sich geht!«

Die »Protokolle der Weisen von Zion« stellten einen Welteroberungsplan dar. Angeblich vorgetragen von einem Oberrabbiner, beinhalteten sie einen Maßnahmenkatalog zur schrittweisen Unterwerfung der gesamten nicht jüdischen Welt – der sogenannten Goyim. Alles sollte damit begonnen haben, dass sich Hofjuden den absolutistischen Fürsten als Berater und Geldverleiher andienten, um hinter den Kulissen Einfluss ausüben zu können. Sie hätten sich den »Protokollen« zufolge der Freimaurer als nützlicher Idioten bedient, um die öffentliche Meinung der Opferländer in Richtung einer freiheitlich-demokratischen Grundordnung zu beeinflussen, was der Emanzipation der Juden aus dem Ghetto zugutekam. Durch die Verbreitung materialistischer Wertvorstellungen wollten die Juden das seelische Rückgrat der Goyim brechen, Gott durch Gold ersetzen und Glaube durch Materialismus, wodurch ein geistig-seelisches Vakuum entstünde. Die Entwicklung des Abendlandes hin zum Materialismus sei also nicht aus der inwendigen Mentalitätsgeschichte des Westens zu erklären, sie sei vielmehr von den Juden initiiert und vorangetrieben worden. In diesem Sinne seien sie nicht nur für den Marxismus verantwortlich, sondern auch für den Darwinismus und sogar für die Philosophie Friedrich Nietzsches. So absurd es sich auch anhören mochte – zahlreiche Menschen glaubten, was in den »Protokollen« geschrieben stand.

Die durch den Kapitalismus hervorgerufenen Spannungen würden immer weiter auf die Spitze getrieben, sodass der Mittelstand schließlich aufgerieben und der Boden für die weltweite Machtübernahme geschaffen werde. Die Goyim-Staaten werden dazu veranlasst aufzurüsten und bis zum Staatsbankrott gegeneinander gehetzt. Schließlich würden die Regierungen gestützt – weltweit und simultan: zunächst durch Freimaurer, schließlich jedoch ersetzt durch eine jüdische Weltregierung, an der Spitze ein Herrscher, der mit harter Hand regiert und keinen Pluralismus, keine Freiheit und kein Privateigentum mehr zulässt. Die geistigen Traditionen, das kollektive Gedächtnis der Nichtjuden würde ausgelöscht werden, um sie besser beherrschen zu können.

Die »Protokolle« waren ähnlich wie die Bibel eine Sammlung unterschiedlichster Texte aus verschiedenen Zeiten und von unterschiedlichen Autoren. Sogar Versatzstücke aus zwei Romanen sollten darin zu finden sein: aus dem 1864 veröffentlichten Buch von Maurice Joly, »Zwiegespräch in der Hölle zwischen Montesquieu und Machiavelli«, und »Biarritz« aus der Feder eines preußischen Beamten, Hermann Goedsche. Darin beschreibt er, dass sich Delegierte der zwölf jüdischen Stämme seit Jahrhunderten einmal im Jahr um Mitternacht auf dem Friedhof in Prag treffen, um zu beraten, wie sie ihre Welteroberungspläne weiter vorantreiben könnten. Dennoch: Trotz manch berechtigter Skepsis schien es, als ob die »Protokolle« mehr oder weniger reale Zusammenhänge darstellten, dass sie im Prinzip nichts Falsches sagten. Wenn jemand widersprach, so meinte man, dass die Person entweder ahnungslos und naiv war – oder ein Agent der jüdischen Eliten. Man war sich also einig, und die Angst grassierte, denn einflussreiche Eliten im Westen waren davon überzeugt, dass die Botschaft der »Protokolle« echt war, und stimmten ihre Politik darauf ab. Die antikommunistische Hysterie in den USA beispielsweise ging einher mit flammendem Antisemitismus, eben weil man annahm, dass Bolschewismus und der Masterplan der jüdischen Rasse zur Eroberung der Weltherrschaft nur zwei Seiten einer Medaille waren.

»Die ›Protokolle‹«, sprach Liebold weiter, »sind ein Beweis für den Plan zur subversiven Unterwerfung unter die jüdische Weltherrschaft. Und die Zeit ist knapp. Wenn wir nichts dagegen tun, sind wir genau jene Lämmer, als welche die Juden uns gern bezeichnen.«

Wieder gab es Turbulenzen, bei denen sich mir der Magen umdrehte. Dann fuhr Liebold fort: »In den ›Protokollen‹ drückt sich der jüdische Imperialismus in Reinkultur aus. Überdeutlich bringen sie zum

Ausdruck, was alle Juden insgeheim fest glauben: dass sie einem auserwählten Volk angehören, auserwählt, über den Rest der Menschheit zu herrschen. Und ich kann es nur wiederholen: Der Jude von nebenan weiß von alledem nichts, auch wenn er es vielleicht ahnen mag. Das Programm findet jedoch die Unterstützung der jüdischen Macht- und Finanzelite, die über einen offiziellen Kopf verfügen muss, der alle Bestrebungen organisiert. Natürlich gab es seit der vorchristlichen Ära keinen König der Juden mehr. Aber seit dem 11. Jahrhundert, so heißt es, gab es Exilprinzen, welche die in der Diaspora lebenden Juden repräsentierten. Sie wurden von den in aller Welt lebenden Eliten aufgesucht. Sie hielten Gericht und gaben ihrem Volk die Gesetze.« Liebold hustete kurz. »Und gibt es nicht auch heute wieder einen vom Exilprinzen, dem Exilarchen, einberufenen Hohen Rat? Eine oberste jüdische religiöse und politische Instanz, die gleichzeitig oberstes Gericht ist? Hinzu kommt der sogenannte Sanhedrin, ein Rat der Weisen, wie zur Zeit des Jerusalemer Tempels – zusammengesetzt aus Mitgliedern der einflussreichsten Familien und der Priesterkaste. Es muss so sein, sonst wäre einfach nicht zu erklären, warum all die Aktivitäten wie aus einem Guss sind, wie aus einem einzigen Zentrum nach außen gerichtet.«

»Sie meinen also, dass es einen solchen Rat gibt?«, fragte ich.

Liebold nickte ernst. »Am 23. August 1806 wurde unter Napoleon I. ein ›Großer Sanhedrin‹ von einundsiebzig jüdischen Notabeln einberufen. Es gibt kaum einen Zweifel, dass sie sich auch weiterhin mindestens einmal im Jahr versammeln. Eine Geheimgesellschaft, ein geschlossener Zirkel innerhalb der jüdischen Aristokratie des Geldes, des Geistes und der Macht! Insofern ist die unsichtbare Regierung keineswegs ein Hirngespinst, wie uns die von Juden dominierte Weltpresse glauben machen will. Dass es auch heutzutage einen jüdischen Sanhedrin gibt, eine Organisation jüdischer Führer aus aller Welt, dass es sogar einen Exilarchen gibt, ein Oberhaupt des Sanhedrins, welches auf mystische Weise einen Schatten vorauswirft auf den kommenden Autokraten, und dass es einen Weltplan gibt, all dies ist keineswegs seltsam, es zeigt sich doch auf natürlichste Weise aus der Situation selbst. Und wenn brave Rabbis in die Welt hinausrufen, dass sie von diesen Dingen nichts wissen, so sagen sie vermutlich sogar die Wahrheit. Aber genug davon! Lassen Sie uns ein wenig ausruhen. Sie werden bald mit einem der großartigsten Menschen unserer Zeit zusammentreffen. Wenn Sie irgendetwas brauchen, stehe ich Ihnen jederzeit zur Verfügung.«

»Tatsächlich hätte ich eine kleine Bitte«, sagte ich und holte das inzwischen etwas zerknitterte Foto hervor. »Ich habe kürzlich dieses Bild erhalten, auf dem mein Vater Paul de Lanoy mit seinem Freund Hermann von Stieglitz zu sehen ist. Ich vermute, dass beide in Yale studiert haben, und wüsste gern, ob das stimmt. Hätten Sie eventuell die Möglichkeit, das für mich herauszufinden?«

Elan vital

In einen schwarzen Mantel gehüllt, lief Anna nachmittags die Lenox Avenue entlang, die gesäumt war von fünfstöckigen Mietshäusern, Friseursalons und Barbieren, Bumslokalen und Billardhallen, Klubs und Lebensmittelmärkten. Eiswagen und Zeitungsverkäufer boten ihre Waren feil. Der Wind spielte mit den ersten gefallenen Blättern, es wurde langsam kühler.

Ihr Vater war wieder auf Geschäftsreise unterwegs und hatte sie nicht aufgefordert mitzukommen. Anna war darüber durchaus verwundert, hatte er ihr doch ursprünglich gesagt, dass er sie an seiner Seite haben wollte. Vielleicht war er auch enttäuscht, dass sie offenbar noch immer gegen alles rebellierte, wofür er stand. Er freue sich, so sagte er beim Abschied, wenn sie sich hier in New York amüsiere und ihre neuen Freunde treffe. Das musste er ihr nicht zweimal sagen!

Van Vechten hatte ihr von einer Ausstellung afrikanischer Skulpturen in der städtischen Bibliothek von Harlem erzählt, die eine Freundin von ihm organisiert hatte und die sie nun besichtigen wollte. Am Empfang fragte sie eine junge Dame mit goldbrauner Haut nach Regina Andrews.

»Sie haben sie gefunden!« Die zierliche Frau lächelte. Sie trug ein graues Kostüm, hatte geglättete Haare, die in einem kleinen Knoten über der Mulde ihres Nackens endeten.

»Ein Freund von mir hat mir Ihre Ausstellung empfohlen: Carl Van Vechten. Ich heiße Anna von Stieglitz.«

»Ah, Carlo«, sagte Regina zurückhaltend. »Kommen Sie mit, Anna, ich führe Sie gern umher.«

Die beiden Frauen durchquerten den Lesesaal, um einen etwa fünfzig Quadratmeter großen Raum zu betreten. »Die Masken und Skulpturen stammen aus Privatsammlungen«, erklärte die Bibliothekarin. »Ich denke, dass sie die schöpferische Kraft verschiedener Stämme aus unterschiedlichen Gegenden Afrikas ganz gut zum Ausdruck bringen.«

Anna blieb vor der hölzernen Statue einer Mutter mit einem Baby im Arm stehen. »Wie wunderbar!«

»Ich gehe davon aus«, sagte Regina, »dass es von dem afrikanischen Volk der Dogon stammt. Das Thema der Mutterschaft findet sich bei diesem Stamm oft in Beziehung zur Idee der Fruchtbarkeit wieder.« Sie wurde lebhafter: »Sehen Sie nur die Komposition: Obwohl die Darstellung recht einfach ist und etwas statisch wirkt, spielt der Künstler mit der Asymmetrie zwischen der gerade sitzenden Mutter und dem schräg auf ihrem Schoß sitzenden Kind. Die Beine der Frau neigen sich leicht nach innen, was ihr einen gewissen Realismus verleiht. Gleichzeitig ist das Ganze im perfekten Gleichgewicht.«

»Es gibt nichts Überflüssiges, nichts Gekünsteltes«, fügte Anna hinzu. »Die Darstellung einer in sich ruhenden Mutter.«

Sie wechselten zum nächsten Ausstellungsstück, einem etwa 1,50 Meter langen Objekt mit ovalem Kopf, grazilen Brüsten, einer angedeuteten Scham sowie ausladenden Pobacken.

»Diese Skulptur nennen wir Löffel.«

Anna war begeistert. »Wie einfach – doch so ausdrucksstark!«

»Regelrecht abstrakt«, fügte Regina hinzu.

»Unbedingt. Es erinnert mich an die Kunst Brancusis.« Wie Picasso war Constantin Brancusi von afrikanischer Kunst stark beeinflusst und strebte in seinen Skulpturen nach Abstraktion und Primitivismus, wodurch er seinen Figuren eine neue Art der Vergeistigung einhauchen wollte: Reduzierung, elementare Grundformen, Geometrie.

Die beiden Frauen schlenderten weiter und betrachteten die Objekte.

»Dies ist eine Ahnenfigur der Dogon«, erklärte Regina. »Sie spiegelt den machtvollen Geist wider, der in ihr wohnen soll. Die stilisierte Puppe dort mit dem langen Hals trug eine Aschantifrau am Gürtel als Zaubermittel für hübsche Babys. Jedes dieser Stücke diente dem Zweck, bestimmte religiöse Geister herbeizurufen. Wie bei altägyptischen Skulpturen bildeten sie Wohnungen für geistige Wesen und Kräfte. Ähnliches gilt für die Masken, die man während Initiationsriten und Zeremonien der Geheimbünde in West- und Zentralafrika trug. Damit waren durch sie verkörperte Wesenheiten präsent, die Kräfte durchfluteten die Anwesenden in Trance und Ekstase.«

»Vielleicht besteht der Unterschied zwischen der afrikanischen Bildhauerei und den Skulpturen Brancusis darin«, überlegte Anna laut, »dass er ihnen einen geistigen Gehalt einprägen möchte, während die Afrikaner den Geistern und Kräften eine Wohnstätte zu bereiten suchen.«

»Ja, so könnte man das sagen. Als wenn eine Frau ihre Wohnung für einen Mann so schön herrichtet, dass er gar nicht mehr weggehen will.«

»Oder ein Mann für eine Frau«, ergänzte Anna. Die beiden lachten, um sich kurz darauf wie zwei kleine Mädchen die Hände vor den Mund zu halten, als habe man sie beim Naschen ertappt.

Als Nächstes blieben sie vor einem Objekt stehen, das einer kleinen Schaufel glich, mit zwei Augen aus Kupfer.

»Diese Skulptur wurde in einem Dorf beim Fluss Ogoué gefunden. Sie repräsentiert einen Schutzgeist. Die Künstler Afrikas widmeten sich in erster Linie dem geistigen Gehalt ihrer Werke. So wie auch ihre Tänze, Trommelrhythmen und Gesänge sollten sie die alles Leben spendenden Naturkräfte beschwören. Alles ist dynamisch und entspricht der Vorstellung einer ursprünglichen Gottheit, eines ›Elan vitals‹, einer göttlichen Lebenskraft, aus der alles hervorgeht und die – nicht zuletzt durch ihre vielfältigen Manifestationen – neben einem Heer untergeordneter Götter und Geister in der Natur wirken. Sie gebieten den Naturkräften, und man betete nicht einfach nur zu ihnen, um sie milde zu stimmen, sondern versuchte durch Tänze und Rituale mit ihnen zu verschmelzen, in einen Zustand der Besessenheit zu geraten, um mit ihnen kommunizieren zu können. Diese Skulpturen hier sind keineswegs das Produkt spontaner Emotionen oder individueller Empfindungen wie Furcht, Liebe oder Zorn. Und es ist falsch, anzunehmen, dass die afrikanischen Künstler ihre Werke ohne Regeln und Stilvorgänger entwickelt hätten.«

»Irgendwie furchterregend«, meinte Anna. »Auf das Wesentliche reduziert und gerade dadurch von solcher Intensität, Kraft und Präsenz. So einfach – frei von Details, quasi geometrisch, und doch außerordentlich lebendig. Eben wild und primitiv.«

Regina Gesicht verdüsterte sich. »Wild und primitiv – sonst fällt Ihnen wohl nichts ein!«

»Was haben Sie?«, fragte Anna erschrocken. Sie hatte das Gefühl, als zöge ihr jemand den Boden unter den Füßen weg. Hatte sie eben noch deutlich gegenseitige Sympathie gespürt, ja fast schon ein Gefühl der Freundschaft, so war dies plötzlich wie weggeflogen.

Regina atmete tief ein. »Dieses ständige Gerede über primitive Kunst!«, blaffte sie. »Haben Sie denn nicht zugehört? Diese Kunst hier repräsentiert eben *keinen* Primitivismus, wenn man darunter das Produkt einfacher Gemütsbewegungen versteht. Vielmehr stellen die Exponate den Extrakt eines langen kollektiven Prozesses geistiger Bestrebungen dar!«

»Entschuldigung. So habe ich es nicht gemeint…«, stammelte Anna und blickte zu Boden.

Regina nickte, offenbar beruhigte sie sich. »Hören Sie, Anna. In etwa einer Stunde bin ich hier fertig. Wenn Sie möchten, können wir uns um die Ecke im Craig's treffen. Dann reden wir weiter!«

»Sehr gern.« Hier bot sich eine Chance, Missverständnisse zu beheben.

Ford Country

Nachdem ich im Detroit Statler Hotel eingecheckt hatte, ging es nun zu Henry Ford – und zwar in einer »Tin Lizzy«, einem Ford Modell T, dem ersten am Fließband gefertigten Auto. Ernest Liebold fuhr den Wagen höchstpersönlich, während ich mir eine Zigarette ansteckte. Der Himmel war ein bleierner Schleier, aus dem es ungemütlich nieselte.

Vom Flughafen kommend, brausten wir über den nach Henry Fords Sohn benannten Edsel Ford Freeway. Es gab ein Ford Hospital, ein Ford Auditorium, eine Ford Road. Man bekam den Eindruck, dass die ganze Stadt Henry Ford gehörte.

»Detroit wird wegen der vielen Autozulieferer und ihrer Agenten auch als ›Motor City‹ bezeichnet«, erzählte Liebold. »Sicherlich hat das harte Klima hier einen Anteil am Erfolg: mit Sicherheit eines der beschissensten Wetter in den gesamten USA, in dieser Stadt können wirklich nur die Stärksten überleben! Knallharte Winter und keine Hügel, die einen vor dem eisigen Wind der Hudson Bay schützen.«

Bald fuhren wir durch grüne Detroiter Vorstädte: kleine Häuser, Vorgärten, in denen Kinder spielten, Bäume ringsumher. Vor den meisten Häusern standen weitere Tin Lizzys. Das Ganze machte einen friedlichen, geordneten, ja fast idyllischen Eindruck – wenn es nur nicht so eintönig und pedantisch gewesen wäre.

»Wohnen hier die Arbeiter?«, fragte ich.

»Ja. Sehr vorbildlich, nicht wahr? Keine dieser Massenquartiere, die man sonst in der Nähe von Fabriken erwartet. Mr. Ford legt großen Wert darauf, seine Arbeiter zu einem moralisch guten Lebenswandel anzuhalten. Die Einführung des Mindestlohnes von fünf Dollar pro Tag und die Reduzierung der Arbeitszeit wurden mit ganz bestimmten Auflagen verbunden. Dazu gehören ein geregeltes Familienleben und strikte Enthaltsamkeit.«

»Weil Alkohol ein Rassengift ist?«

»Wenn Sie so wollen«, antwortete Liebold, der nicht danach aussah, als würde er sich nicht auch mal einen guten Tropfen gönnen. »Frönt ein Arbeiter heimlich dem Genuss geistiger Getränke, so gilt dies als Entlassungsgrund. Und nicht nur das. Sie müssen wissen: Fast an jeder Straßenecke lauern Versuchungen, zum Beispiel gibt es mehr Freudenhäuser als Kirchen in Detroit!«

»Aber wie wollen Sie das kontrollieren?«, fragte ich, während wir durch immer gleiche Siedlungen fuhren.

»Solange die Arbeiter für uns tätig sind, gehören sie mit Haut und Haaren zu den Ford-Werken. Sie bekommen von uns ihr Geld, wohnen in unseren Häusern und Wohnungen. Sie kaufen unsere Autos und haben ihr Geld auf unserer Bank. Für all dies sorgen die Inspektoren unseres Sociology Departments, die zu ihnen nach Hause kommen, um nach dem Rechten zu sehen, Nachforschungen anzustellen und wenn nötig die Ehefrauen und Nachbarn zu befragen, ob alles seine Ordnung hat.«

Das war ja so etwas wie ein eigener Staat: Ford Country! Der Auftrag des Sociology Departments, »Fords Gestapo«, wie man es später nannte, bestand in der Erfassung aller Mitarbeiter. Fünfzig Inspektoren waren für jeweils ungefähr siebenhundert Angestellte verantwortlich. Erwartet wurde, dass sie mindestens zwölf Anrufe pro Tag erledigten und Informationen beschafften über Familienstand, Religionszugehörigkeit, Nationalität, Ersparnisse, Gesundheit, Hobbys, Lebensversicherung usw. Jedem der Inspektoren stand ein brandneues T-Modell zur Verfügung, ein Fahrer und ein Übersetzer. Im Team trugen sie beeindruckende Dossiers zusammen, die wiederum von der Ford-Administration an die APL weitergeleitet wurden, die halb vom Staat, halb von Unternehmerverbänden aufgebaute American Protective League, welche Informationen aus dem ganzen Land sammelte. Das Justizministerium sah keinen Anlass, einzugreifen, um elementare Bürgerrechte zu schützen. 1917 aber erließ man den »Espionage and Sedition Act«, wodurch Gewerkschaften unter Generalverdacht gestellt wurden, für eine fremde Macht zu arbeiten. Ihre Arbeit wurde also quasi als Hochverrat angesehen. Nach Einschätzung vieler Unternehmer standen hinter den Arbeiterführern die Juden, die nichts weiter anstrebten als – wie sollte es anders sein – die Weltherrschaft.

Bei Ford übernahm 1919 ein Triumvirat die operativen Geschäfte: Charles Sorenson, ein Anhänger Hitlers, war für die Produktion zuständig, William J. Cameron, unter anderem auch Redakteur des *Dearborn Independent*, für die Öffentlichkeitsarbeit, und Harry Bennet, ein früherer Boxer mit besten Kontakten in Detroits Unterwelt, kümmerte sich um die Security, sodass zur Bespitzelung der Arbeiterschaft die Einschüchterung durch Schlägertrupps hinzukam. Die Unternehmerverbände gingen so weit, gemeinsam eine SA-ähnliche Privatarmee aufzubauen: die Silver Shirts.

Wir fuhren nun die Woodward Avenue weiter in nördliche Richtung und erreichten bald die Fabrikhalle im Highland Park, ein überdimensional großes, mehrstöckiges Gebäude mit Flachdach und endlosen Fensterfronten, eingefasst in einer weißen Rahmenstruktur mit Backsteinen. Hoch oben prangte in Großbuchstaben: FORD MOTOR COMPANY.

Kurz darauf öffnete mir Liebold die gläserne Eingangstür, wir stiegen eine Treppe hinauf und betraten tatsächlich das Büro Henry Fords, von wo aus man durchs Fenster die ratternde Produktionsanlage überblicken konnte. Ford, der mit den Füßen auf dem Schreibtisch in seinem Ledersessel gesessen hatte, sprang auf, kam offen lächelnd auf mich zu. »Herr von Trott! Ich freue mich, einen Mitarbeiter Hitlers kennenzulernen!«

»Nun, Mitarbeiter ist vielleicht etwas hochgegriffen«, sagte ich, während mir das Herz bis zum Hals schlug. Da war er nun also: der »Autogott«, die am meisten gefeierte Persönlichkeit in den USA – der amerikanische Held schlechthin! Mitte Vierzig, schlank, etwas schlaksig, mit gerader Nase und dem feinen Mund eines Heiligen, grünen Augen und gepflegten silbergrauen Haaren. Er war kein Erfinder wie Graham Bell, Thomas Edison oder die Gebrüder Wright, und doch hat er wie kaum ein anderer das Leben des einfachen Mannes revolutioniert, indem er die Produktionsprozesse so effektiv gestaltete, dass sich fast jeder ein Auto leisten konnte. Ford verlor seine Mutter, noch bevor er 13 wurde – was zeit seines Lebens eine tiefe Wunde hinterließ. Wenn er nach den Gründen für seinen Erfolg gefragt wurde, antwortete der ehemalige

Bauernjunge, der zum reichsten Mann der damaligen Zeit geworden war, dass er einfach versuchte, ein Leben zu leben, wie es sich seine Mutter wohl für ihn gewünscht hätte.

»Ich habe die größte Sympathie für den Mann«, betonte er nun, »der bereit steht, Deutschland aus dem Griff des internationalen Finanzjudentums zu befreien! Tatsächlich kämpfen wir gemeinsam für dieselbe Sache. Wir müssen uns vernetzen, uns gegenseitig unterstützen.«

Ernest Liebold nickte.

Die Regenbogenrasse

Der Himmel war in tiefes Schwarz getaucht, erste Tropfen fielen schwer herab. Anna saß nachdenklich am Fenster im Craig's, aus der Küche schwebte der Geruch nach Rindfleisch und frisch geschnittenen Zwiebeln herüber. Sie war noch immer irritiert über den Ausbruch von Regina, die sich anscheinend sehr über ihre Bemerkung geärgert hatte. Aber hatte die nicht doch etwas überreagiert? Immerhin begegnete Anna den Menschen hier mit offenem Herzen, ihr Interesse an der afroamerikanischen Kultur war ehrlich, wohlwollend und vorurteilslos. Sie hielt inne. War sie wirklich ohne Vorurteile? Hielt sie die Farbigen nicht doch für spontaner, fröhlicher – eben irgendwie primitiver? War das schon Rassismus, obgleich sie die genannten Eigenschaften doch so sehr schätzte? Aber war es nicht eine Beschreibung für Menschen, die man eigentlich für unterlegen hält?

Als Regina Andrews endlich kam, setzte sie sich sanft lächelnd zu Anna an den Tisch und kam gleich zur Sache. »Ich wollte Sie wirklich nicht erschrecken«, sagte sie etwas verlegen. »Offenbar hat sich in mir eine gewisse Wut angestaut.«

»Schon in Ordnung.« Anna war erleichtert.

»Was darf ich Ihnen bringen?«, fragte die farbige Kellnerin.

»Ich nehme einen Pfefferminztee.« Regina stand noch einmal auf, um ihren Mantel aufzuhängen, und setzte sich wieder. »Ich bin es einfach leid, dass wir Schwarzen ständig für primitiv, spontan und sinnlich erklärt werden. Wissen Sie, ich habe zwei Seiten, mal bin ich überaus schüchtern und gehemmt, dann wieder impulsiv, leidenschaftlich und abenteuerlustig. Dafür aber schäme ich mich fast, denn es unterstreicht ja alle Vorurteile.«

»Aber das ist doch ganz und gar positiv – ich bewundere die afrikanische Spontaneität.«

»Da – schon wieder. Sie machen mich erneut wütend!«, entfuhr es Regina. »Am liebsten möchte ich hier manchmal alles hinschmeißen und Harlem, ja die USA verlassen. Ich bekomme einfach keine Luft mehr. Diese Provinzialität, dieses ständige Gerede über die Rasse, diese Enge!«

Anna nickte stumm, und Regina fuhr fort: »In Frankreich soll es leichter sein für Afroamerikaner. Doch ich spreche kein Französisch, und außerdem habe ich hier einen Job, den ich sehr liebe. Darüber hinaus wird man gerade in Europa sicher ständig angestarrt wie ein exotisches Fabelwesen. Ich bin es leid, mir immer wieder anhören zu müssen, wie toll oder miserabel wir doch alle sind!«, sagte sie mit Verbitterung in der Stimme. »Haben die uns eigentlich mal richtig betrachtet? Wir sind sogenannte Schwarze aller Schattierungen: Kohlrabenschwarze, Schokoladenbraune, Ockerfarbene, Gelbe, Café-au-lait-Häutige, Mulatten und ganz Helle. Ich habe eine Freundin, von der Sie nicht annehmen würden, dass sie schwarze Vorfahren hat. Falls wir wirklich eine Rasse sein sollten, so sollte man uns die Regenbogenrasse nennen!«

Anna schwante, dass ihre naive Freude an Harlem soeben endete, vorbei die Reise in den exotisch-urbanen Dschungel, der sich nun als eine Welt realer Menschen entpuppte.

»Nicht nur weil in uns schwarzes wie weißes Blut fließt, sondern auch weil von Anfang an Menschen aus den verschiedensten afrikanischen Stämmen verschleppt und versklavt wurden, zudem Araber, Ägypter, Mauren und sogar Spanier und Portugiesen! In uns vermischten sich all diese Leute, wobei später noch französisches, spanisches, englisches und indianisches Blut hinzukam. Trotzdem betrachtet uns dieses ach so aufgeklärte Land als Neger, als seien wir vollblütige Afrikaner!«

»Ja, das klingt in der Tat recht lächerlich«, sagte Anna und zündete sich eine Zigarette an.

»Was habe ich eigentlich mit Afrika zu tun!«

»Wie würden Sie sich denn selbst bezeichnen?«, fragte Anna.

»Natürlich als Amerikanerin!« Regina senkte nun ihre Stimme. »Ein Produkt des hiesigen Schmelztiegels. Von einem afrikanischen Erbe zu sprechen ist doch einfach nur Unsinn, verstehen Sie? Unsere sogenannten primitiven Instinkte – falls es so etwas überhaupt gibt – sind ebenso verschüttet wie bei allen anderen. Und ich habe noch keinen halbwegs

gebildeten Farbigen der Mittelklasse spontan singen oder tanzen sehen. Das ist eine Illusion, die zum Vergnügen der weißen Amerikaner
aufrecht erhalten wird. In Wirklichkeit findet man bei den einfachen
Leuten aller Herkunft mehr Vitalität und Spontaneität als bei den oberen zehn Prozent. Ob Afro-, Latein- oder Angloamerikaner, Irisch-,
Deutsch- oder Italienischstämmige – überall gibt es dieselben sozialen,
wirtschaftlichen und intellektuellen Unterschiede. Und was die Spontaneität angeht, so werde ich Ihnen ein Geheimnis verraten, Anna: Einige
meiner Freunde sagen mir nach, dass gerade mir die Spontaneität ab-
geht. Sie werfen mir vor, zu unterkühlt, zu emotionslos zu sein. Offenbar
habe ich meine vitalen Wurzeln, meine Ursprünglichkeit verloren. Bei
mir wird alles durch den Verstand gefiltert.« Regina lächelte.

»Ja«, sagte Anna. »Und umgekehrt geht es auch. Ich habe weiße
Freundinnen, die alles andere als prüde sind.«

»Letztlich sind wir doch alle Individuen«, fuhr Regina fort. »Jeder
denkt und verhält sich auf seine ganz spezielle Art und Weise. Die Farbigen tun genau das, was die Weißen auch tun: arbeiten gehen, Karten
spielen, den Schwarzbrenner in Bewegung halten. Wir alle fahren in
Autos umher, wir lieben und streiten miteinander. Diese barbarischen
Vorurteile aber machen die einen zu Helden und die anderen zu Mons-
tern.« Sie schluckte. »Wonach ich mich einfach sehne, das ist Normalität!«

Vor dem Lokal saß David Bernstein im Auto und beobachtete unbemerkt die beiden Frauen.

Fließbandarbeit

»Sie können sich zu hundert Prozent auf meine Diskretion verlassen«,
sagte ich zu Ernest Liebold und Henry Ford. »Ich bin schließlich kein
Journalist!«

Henry Ford lachte. »Lassen wir doch die Förmlichkeiten. Ich habe
gehört, dass Sie auf dem Eugenik-Kongress waren!«

»Eine bemerkenswerte Entwicklung.«

»Und – auch in Jazzkneipen gewesen?« Ford zwinkerte mir zu.

»Ich habe mir eine angesehen«, antwortete ich und fühlte mich wie
ein kleiner Schuljunge, den man beim Naschen erwischt hatte. Ernest
Liebold legte mal wieder den Kopf zur Seite und lächelte linkisch.

»Nehmen Sie sich nur in Acht«, warnte mich Ford. »Der Jazz ist Teil der jüdischen Verschwörung. Diese ganze Sinnlichkeit, mit der die Neger die jungen Männer und Frauen verführen wollen, wurde von den Juden losgetreten!«

»Wie Sie meinen«, stammelte ich hilflos. Jazz und Juden? Na ja. Und wann würde man mir endlich die Fabrik zeigen? »Wenn ich eine Bitte äußern dürfte: Ich habe so viel von Ihren Produktionsanlagen gehört...«

»Ja, gern. Kommen Sie!« Ford wirkte fröhlich-verspielt wie ein Kind. »Ernest, ich werde Herrn von Trott alles zeigen, Sie können sich ruhig anderem widmen. Vielen Dank.«

Bald standen wir unten in der Halle. Durch die großen Fensterfronten war es sehr hell, sodass kein elektrisches Licht benötigt wurde. »Produzieren Sie hier das T-Modell?«, fragte ich.

»Ja. Seit 1910 modernisieren wir konsequent den Produktionsprozess«, erklärte Ford, während wir durch einen langen Gang schlenderten, links und rechts unzählige, elektrisch betriebene Maschinen mit Arbeitern, die hochkonzentriert und ölverschmiert immer wieder dieselben Handgriffe verübten.

»Am Anfang experimentierten wir viel. Zunächst wurden verschiedene Modelle der Maschinen angefertigt, um den effizientesten Weg herauszufinden. Die Konstrukteure arbeiten eng mit der Produktionsabteilung zusammen, wodurch wir die besten Ideen verwirklichen können. Außerdem haben wir die für den Bau der Autos notwendigen Bestandteile weitmöglichst vereinfacht. Standardisierungen an Maschinen und Werkzeugen spielen dabei eine wesentliche Rolle. Das Wichtigste war jedoch sicherlich die Einführung der Gruppenfabrikation: Die Montage wird in verschiedene Arbeitsschritte zerlegt. Anstatt eines hochqualifizierten Arbeiters, der einen Motor pro Tag zusammensetzt, untergliedern wir das Ganze in Teiltätigkeiten, die von Ungelernten unter Aufsicht eines Vorarbeiters durchgeführt werden. Statt den Arbeiter zur Arbeit gehen zu lassen, bringen wir also sozusagen die Arbeit zum Arbeiter! Wenn irgend möglich, muss er nicht mehr als einen Arbeitsschritt tun. Auch dulden wir nicht, dass er sich bei der Arbeit nach den Seiten oder vornüber bücken muss. Das Ergebnis ist eine ungeahnte Effizienzsteigerung!«

»Hat sich also auch die Produktionszeit verkürzt?«, fragte ich. Alles um uns herum war in Bewegung, jedes Teil auf seine Weise: teilweise mit Haken an Ketten aufgehängt, die über unseren Köpfen schaukelten, teilweise auf dahingleitenden Plattformen, vor allem aber über Fließbänder. Alles in Bewegung – nur nicht die Arbeiter, die Seite an Seite standen, zusammengepfercht in einem gigantischen Hamsterrad, so kam es mir vor.

»Ja. Außerdem gelten feste Regeln und ein immer gleicher Ablauf«, antwortete Ford auf meine Frage. »Wir ordnen Werkzeuge und Arbeiter in der Reihenfolge der Verrichtungen im Prozess an, sodass jedes Teil einen möglichst geringen Weg zurückzulegen hat. Die Gleitbahn oder andere Transportmittel dienen dazu, dass der Arbeiter das fertige Teil stets am gleichen Fleck ablegen kann. Wenn möglich, nutzen wir zudem die Schwerkraft aus, es dem nächsten Arbeiter zuzuführen. Andernfalls werden die Teile auf Montagebahnen in handlichen Zwischenräumen weitertransportiert.«

Ich nickte beeindruckt. »Sicherlich bringt das enorme wirtschaftliche Vorteile.«

»Darauf können Sie Ihren rechten Arm verwetten!«, antwortete Ford voller Stolz und klopfte mir freundlich auf die Schulter. »Die Preise konnten durch die Produktionssteigerung seit 1908, wo wir bei 850 Dollar lagen, auf konkurrenzlose 330 Dollar gesenkt werden. So gelang es mir, mein Ziel zu erreichen, ein bezahlbares Auto für die Masse zu bauen: groß genug für die ganze Familie, zusammengesetzt aus den besten Materialien und nach den einfachsten Zeichnungen, überprüft durch Fachleute.«

»Großartig!«, lobte ich.

»Wir haben zwar einige Jobs, die eine gewisse physische Kraft erfordern, doch nehmen die zusehends ab. Andere erfordern überhaupt keine Kraft und könnten von einem dreijährigen Kind erledigt werden. Früher setzte ein Einziger einen Motor zusammen, heute wird diese Arbeit in vierundachtzig Operationen unterteilt. So schaffen die Männer in derselben Zeit dreimal so viel. Einer schraubt die Mutter an, der nächste zieht sie fest und so weiter. Alles läuft reibungslos!«

Ob das wirklich so positiv zu sehen war? Die armen Arbeiter!

»Sie dürfen jedoch nicht denken«, fuhr er fort, »dass es uns hier allein um Profitmaximierung geht. Was uns von Anfang an ebenso am Herzen liegt, ist der Servicegedanke! Der Produzent hängt in seinem Erfolg immer davon ab, dass er eine echte Dienstleistung erbringt. Business bedeutet für mich nicht, dass man etwas billig einkauft und teuer verkauft. Vielmehr sollte jedes Geschäft den Zweck verfolgen, etwas für die Menschen zu produzieren, das sie in ihrem Leben weiterbringt. Materialien sollten fair eingekauft werden und mit einem möglichst geringen

Zusatz an Kosten in ein konsumierbares Produkt umgewandelt werden. Dieses sollte also von guter Qualität und bezahlbar sein, das ist Dienst am Kunden, dann kommt auch das Geld. Dessen Zweck liegt ja nicht allein darin, ein nutzloses Leben des Vergnügens zu ermöglichen, sondern eröffnet die Chance, weitere Dienstleistungen zu erbringen. Für mich kommt der Servicegedanke stets vor dem Profit.«

»Hatten Sie nie die Befürchtung zu scheitern?«, fragte ich ihn, während wir weiterschlenderten.

»Jemand, der sich vor der Zukunft ängstigt, der sich davor fürchtet, dass etwas nicht sogleich klappt, setzt sich selbst Grenzen. Scheitern ist kein Grund, sich zu schämen, sondern es bietet die Gelegenheit, intelligenter an eine Sache heranzugehen. Die einzige Schande ist die Angst zu versagen. Aus diesem Grund stellen wir auch nie sogenannte ›Experten‹ ein, die denken, nichts mehr lernen zu müssen. Das sind immer die Ersten, die meinen, anderen sagen zu müssen, was nicht funktioniert, sodass sie jeden sogleich entmutigen, nach einer besseren Lösung zu suchen. Bei uns haben die nichts verloren.«

»Hm. Trotzdem: Was für ein Leben, immer dieselbe Tätigkeit, Tag für Tag!«

Henry Ford nahm mich am Arm und sah mich an. »Eine repetitive Arbeit, Herr von Trott, ist eine fürchterliche Vorstellung für Männer wie Sie und mich. Ich selbst könnte es nicht, ich würde wahnsinnig! Für andere jedoch, vielleicht sogar für die Mehrheit der Menschen, ist das keineswegs schrecklich. Für sie besteht der ideale Job darin, weder denken noch kreativ sein zu müssen.«

»Sie meinen nicht, dass es Schäden verursachen könnte?«

»Wir haben sogar medizinische Untersuchungen vornehmen lassen!«, antwortete er. »Dabei wurde festgestellt, dass es keinem schadet. Außerdem hat hier jeder die Möglichkeit, sich an einen anderen Arbeitsplatz versetzen zu lassen. Niemand wird zu irgendetwas gezwungen. Darüber hinaus muss ich Ihnen sagen, dass ich den größten Respekt vor den Männern habe. Ich sehe meine Arbeiter als Partner an. Der Boss ist der Partner seiner Arbeiter, der Arbeiter ist der Partner seines Bosses. Die Theorie des Klassenkampfes ist einfach nur idiotisch. Wir alle hier sind Partner! Und wir zahlen unseren Mitarbeitern angemessene Löhne – auch aus dem Gedanken der sozialen Gerechtigkeit heraus. Es ist eine solche Freude, wenn man das Gefühl hat, dass man andere glücklich machen kann!«

Projektionen

»Woher kommt es nur«, fragte Regina Andrews, »dass den sogenannten Zivilisierten so viel an der Ursprünglichkeit liegt, die sie auf uns Afroamerikaner projizieren? Ist es nicht eben dieser Drang, diese Sehnsucht, der auch die Malerei Picassos, die Skulpturen Brancusis, die Musik Strawinskys erklärt?«

»Nun«, antwortete Anna, »auch mir erscheint mein Ich inzwischen von Reizen viel zu überlastet. Ich spüre eine Sehnsucht in mir nach etwas Archaischem, das vielleicht Jahrtausende lange verschüttet war und nun offenbar machtvoll zur Oberfläche strebt. Und ich muss gestehen, dass ich das noch nie so stark empfunden habe wie hier in Harlem!«

»Weil das ganze Showbusiness von dieser Sehnsucht lebt!« Regina lachte bitter auf. »Weil die Mehrheit der farbigen Künstler das Spiel mitspielt und man den freundlichen Wilden von nebenan, den Spontanen, ewig Gutgelaunten gibt. Finanziell sind sie alle von ihren weißen Arbeitgebern und Gästen abhängig. Und für Sünde, Sex und Sensationen sind alle bereit, eine Menge Geld auszugeben. Sie wollen ihre mehr oder weniger animalische Natur ausleben, die sie so lange unter Verschluss gehalten haben.«

»Und woher, meinen Sie, kommt das?«

»Nun, mit der neuen Welt verband sich für viele Immigranten die Vision grenzenloser Freiheit. Die meisten Ankömmlinge waren in Europa entrechtet gewesen, unterdrückt und chancenlos. Das junge Amerika stand hingegen für eine bessere Zukunft, in der es das freie Individuum zu etwas bringen kann – nach der zurückgelassenen Unfreiheit eröffneten sich hier zahllose Möglichkeiten, und ein ganz neues Gefühl der Macht über das eigene Schicksal stellte sich ein.«

»Der amerikanische Traum«, nickte Anna.

»So ist es.« Regina trank einen Schluck Tee. »Allerdings ging das nicht ganz ohne Ängste einher. Ebenso stark wie die Hoffnungen war die Angst zu versagen, die Angst vor Machtlosigkeit, vor mangelnder Zivilisation, kurz: die Angst vor der Freiheit! Sie allegorisiert sich im Spiel von Licht und Schatten, von Weiß und Schwarz, wie die frühe amerikanische Literatur des 19. Jahrhunderts offenbart.«

»Ja, natürlich!« Anna fiel es wie Schuppen von den Augen. »Die Weißen haben ihre Ängste auf die farbige Bevölkerung projiziert!«

»Generell ihren Schatten: die Angst vor Identitätsverlust, die Angst, mit dem anderen zu verschmelzen. Hinzu kamen Tabuthemen wie unterdrückte Sexualität, hier gründet der Wunsch nach Primitivismus.«

Anna nickte nachdenklich. »Ja, und so lässt sich letztlich wohl auch der ganze Wahn von der Reinheit des Blutes erklären. Projiziert man seinen eigenen Seelenschatten auf eine Gruppe von Menschen, so kann man sich davon distanzieren. Die Gruppe sogar ghettoisieren, segregieren, wenn nicht gar ganz auslöschen!«

»So sehe ich das auch. Schwarzes Blut, weißes Blut, die Reinheit der weißen Rasse, die Reinheit der Sexualität weißer Frauen, die mögliche Verunreinigung durch afrikanisches Blut – hinter dieser ganzen Fetischisierung steckt eine Strategie, um die Kategorien Zivilisation, Wildheit und Barbarei zu verabsolutieren. So wurde die zunächst noch versklavte schwarze Bevölkerung zum Surrogat, um die eigene Zerrissenheit oder auch nur Ambivalenz bewältigen zu können. Auf diese Weise wurden innere Konflikte nach außen übertragen: Themen wie Freiheit und Gefangenschaft, Vernunft und Triebhaftigkeit, Ordnung und Chaos waren damit klar zuordbar, ohne die eigene Person zu belasten.«

»Ebenso bei Reinheit und Unreinheit.«

»Zivilisation und Primitivismus.«

»Schwarz und Weiß eben.« Anna schüttelte fassungslos den Kopf. So einfach war das!

»Ja. Im Zuge der Identitätsbildung entstand eine ›Persona non grata‹: Den schwarzen Sklaven konnte man mit Peitschenhieben bestrafen, was nicht als ein Akt der Grausamkeit, sondern als notwendiges Übel betrachtet wurde, um den ›Barbaren‹ zur Vernunft zu bringen.«

»Die Weißen sind damit immer die Guten.«

»Ja, genau«, nickte Regina. »Die Schwarzen aber verinnerlichten nach und nach, was da kolportiert wurde, so wuchs das Selbstbild vom Wilden, Ursprünglichen. Die amerikanische Identität ist meines Erachtens nicht ohne ›den negativen Neger‹ denkbar, denn er übernimmt den Part dessen, wovor die Weißen sich fürchten und was für sie unkalkulierbar ist. Der Yankee kann sich somit als rein und unschuldig ansehen. Er verlagert einfach seine eigenen Schattenseiten nach außen, und damit auch die Verantwortung dafür. Und ich bin davon überzeugt, dass diese Struktur noch immer intakt ist. Die Sklaverei mag abgeschafft worden sein, doch der Überlegenheitswahn der weißen Amerikaner zeigt sich so stark wie eh und je, der Rassismus blüht.«

»Und bei uns in Europa ist es nicht anders, viele sind so verklemmt wie arrogant. Was für eine Mischung! Wir unterdrücken unsere Gefühle, ja wir kennen sie nicht einmal, sie sind uns fremd. Wenn wir lächeln, bleiben unsere Augen kalt. Wo ist unser Herz geblieben? Ist es denn *primitiv*, ein Herz zu haben?«

Die beiden Frauen schwiegen einen Moment. Draußen dräuten dunkle Wolken, der Himmel verdunkelte sich mehr und mehr, und ein Blitz fuhr wie eine zuckende Schlange darüber hinweg.

»Die Geschichte der Sklaverei ist ein besonders unrühmliches Kapitel unseres Landes«, sprach Regina weiter. »Die ersten Afrikaner wurden 1619 nach Amerika verschleppt. Von sechzig Millionen kamen nur etwa vier Millionen an. Und galten die Indianer praktisch als wilde Tiere, die man getrost abschlachten konnte, so wurde ›der Neger‹ domestiziert, zum Haustier gemacht. George Washington, unser erster Präsident und Sohn eines reichen Sklavenhalters, der den Indianern ihren Landbesitz geraubt hatte, verschacherte Sklaven auch gern mal gegen Rum. Washington – der große Anhänger aufklärerischer Ideale! Auch Thomas Jefferson, unser dritter Präsident, besaß an die zweihundert Sklaven.«

»Also steckten vor allem Geschäftsinteressen dahinter«, meinte Anna.

»Ja. Hierzulande gibt es eine schier unersättliche Gier nach Land, nach neuen Märkten – einen Hunger, der die Amerikaner über die Ozeane auf andere Kontinente treibt: über die Inseln im Pazifischen Ozean zu den Philippinen und Ostasien, heute auch nach Europa. Barbarische Kriege aber führen immer nur die anderen, die USA sehen sich hingegen als Gottes Werkzeug der Gerechtigkeit an, sie meinen immer wieder gute Gründe zu haben, um ›heilsam einzugreifen‹ und ›Frieden zu stiften‹. Das Gefährliche daran ist, dass diese Idioten auch noch an ihre Mission glauben. Sie fühlen sich als auserwähltes Volk, das anderen Nationen das Licht wahrer Demokratie zu bringen habe. Somit behandeln sie alle anderen wie einst ihre Neger.« Regina trank einen Schluck Tee. »Schon Mitte des 19. Jahrhunderts betrachtete Finanzminister Robert Walker die Expansion der USA als von einer höheren Macht geleitet. ›Gods own country‹, so nannte er Amerika – Gott als Sklavenhalter, Gott als Rassist, Kriegstreiber und Waffenhändler!«

Anna war etwas abgelenkt, denn draußen am Bordstein stand wieder der schwarze Cadillac, der ihr in den letzten Tagen öfters aufgefallen war. Sicherlich saß darin einer der Beschützer, welche ihr fürsorglicher Vater für sie organisiert hatte.

»Auch für Präsident Wilson sind wir Amerikaner mit dem Vorrecht ausgestattet, die Welt zu retten. Für dieses hehre Ziel beanspruchte er ganz ähnlich wie die Sklavenhalter das Recht auf Gewaltanwendung – natürlich allein um der Freiheit, des Guten und Schönen willen. Mit solcherart für sich gepachtetem Idealismus wurden dann die Menschenrechte mit Füßen getreten. Wilson sagte, er wolle nicht nach Frieden rufen, solange es in der Welt die Sünde und das Böse gebe – ähnlich dem Sklavenbesitzer, der in einer Hand die Bibel hält und in der anderen die Peitsche schwingt. Wenn aber der Kampf gegen die eigenen Schatten bisher schon zu solchen Auswüchsen geführt hat, so können wir nur beten, dass sich das nicht noch steigert bei dem rezenten Rassenwahn.«

»Nun ja«, sagte Anna, »vielleicht muss man ja nicht alles ausschließlich negativ sehen. Wenn die Kultur der Afroamerikaner eine solche Faszination auf uns ausübt – der Jazz, die neuen Tänze, die afrikanische Kunst –, wenn uns all das so sehr anzieht, sind wir dann nicht drauf und dran, uns mit unserem Schatten zu verbinden?«

»So könnte man das wohl sehen. Zumindest mit gewissen Elementen aus dem Unterbewusstsein. Doch betrifft dies ja nur eine verschwindend kleine Menge von Menschen. Die meisten sehen nach wie vor in uns Schwarzen das Böse verkörpert!«

Anna spürte die große Schwere von Reginas Worten. Wo war sie plötzlich hin, die ganze spontane Freude, der Überschwang, die Ausgelassenheit?

In dem Moment öffnete der Himmel seine Schleusen, und Wassermassen fluteten herab, als wollten sie die Stadt für immer unter sich begraben.

Der Wert des Geldes

»Der einzige Wert des Geldes besteht doch darin, dass Sie damit etwas kaufen – oder eben produzieren können!« Henry Ford wies mit der Hand auf seine Produktionsanlagen. »Wenn ich allein schon höre, dass sogenannte ›Finanziers‹ davon sprechen, ihr Geld sei fünf oder sechs Prozent wert, dann sträuben sich mir die Nackenhaare. Wie kann Geld…«

Der Lärm um uns herum wurde so laut, dass ich kaum noch etwas hörte. Ford hob die Stimme. »Wie kann Geld per se irgendetwas wert sein? Aus sich selbst kann es doch überhaupt nichts vollbringen! Aber diese Wallstreetjuden bringen eben alles durcheinander. Sie verwirren die Menschen, um immer mehr und mehr zu horten – nutzloses Kapital, von schlechten Menschen angehäuft. Wie kann es einen nur glücklich machen, wenn man sein Geld allein dadurch vermehrt, dass man es verleiht und Zinsen darauf nimmt?«

»Nehmen Sie denn keine Kredite auf?«, fragte ich.

Henry Ford lächelte. »Nun, für uns Industrielle sollte es auf der Hand liegen, dass das Geld immer vom Geschäft selbst kommen muss. Ich bin strikt dagegen, dass Kredite anständige Arbeit ersetzen. Sowieso ist das völlig ausgeschlossen. Sie können sich 100 000 Dollar bei der Bank leihen – wenn Ihr Geschäft ein strukturelles Problem hat, so wird der Kredit das nicht beheben können. Denn ein Geschäft oder auch ein Land, das in Misswirtschaft geraten ist, wird mit dem Geld weiterhin nicht haushalten können. Beheben Sie aber das Übel, werden Sie auch wieder Profite machen. Wenn man so will, ist ein Kredit wie ein Drink, den sich jemand gönnt, um den schlechten Effekt des vorherigen Drinks aufzuheben.«

»Soviel ich weiß, versuchen Sie, Ihre Preise kontinuierlich zu senken«, sagte ich. »Haben Sie dann nicht die Befürchtung, dass Ihnen das Geld ausgehen könnte?«

»Nein. Früher meinte man, dass die Preise so hoch wie nur irgend möglich sein müssen. Aber es verhält sich ja genau umgekehrt! Denn es ist wesentlich sinnvoller, eine große Menge an Produkten zu einem geringen Preis zu verkaufen als nur ein paar zu einem hohen. Das ist der wahre Servicegedanke, er allein ermöglicht größere Profite. Darüber hinaus sorgt es für sehr viel mehr Arbeitsplätze und für höhere Löhne. Die meisten können einfach nicht begreifen, wie man freiwillig seine Preise senken kann. Das ist auch der Grund, warum es zum Desaster führt, wenn man Banker oder Anwälte ins Management lässt.«

»Und die Aktienbesitzer?«, fragte ich.

»Die sind ebenso schädlich, wenn sie nicht selbst für die Firma arbeiten. Sie sitzen einfach wie die Made im Speck und scheren sich nicht um die längerfristige Zukunft des Unternehmens, die Arbeiter und ihre Familien. Deshalb kann ich immer wieder nur sagen, dass die Führung einer Firma mit großer Verantwortung einhergeht. Jeder Betrieb sollte in allererster Linie den Menschen einen Dienst erweisen: Service! Die schlimmsten Widersacher dieser Idee aber sind die Banker, zumal sie oft sehr viel Macht haben. Und die wirklich mächtigen, jene, die im Hintergrund die Strippen ziehen, sind meistens Juden, und die denken nur ans Geld, nicht daran, irgendetwas zu produzieren. Wenn diese in ihrer Raffgier mehr vom System profitieren als die Gesellschaft als Ganzes, wenn sie ihren persönlichen Profit als wichtiger erachten als die Ehre, einen Beitrag zum Wohle der Menschheit zu leisten und ein besseres, gerechteres System mit aufzubauen, dann entsteht unweigerlich ein massiver Interessenskonflikt.«

»Sie meinen, dass die Banken die Industrie weitgehend beherrschen, nicht wahr?«

»Selbstverständlich! Die finanzielle Kontrolle unseres Landes und auch des Ihren, Herr von Trott, und sowieso das der meisten Länder liegt in den Händen der Zentralbanken oder eines privaten Bankenkartells. Überall auf der Welt befindet sich das Kreditsystem in privaten oder semiprivaten Händen. Das aber ist ein völlig unnatürlicher Zustand! Natürlich brauchen wir Banken, natürlich brauchen wir Geld und auch Bankiers. Aber sie müssen Diener der Industrie, der Produktion sein, nicht ihre Herren. Allein damit wäre der natürliche Übergang vom Finanz- zum Industriekapitalismus zu schaffen, wo Business das Geld kontrolliert und nicht umgekehrt. Dazu muss das heutige ruinöse System stark modifiziert werden, damit das Bankensystem wieder im Dienst der Menschen stehen kann.«

»Entschuldigen Sie, Mr. Ford. Was aber hat es mit den Zentralbanken auf sich? Man hört, dass sie möglichst unabhängig sein sollten. Aber gehören sie denn nicht zum Staat?«

»Das, mein Freund, ist eine der wichtigsten Fragen unserer Zeit. Eine unabhängige Untersuchung der Kriegsursachen hat ergeben, dass eine Gruppe von Männern mit großer Machtfülle die Nationen dieser Welt mit perfiden, manipulativen Methoden in eine solche Panik versetzt hatte, dass sie voller Misstrauen übereinander hergefallen sind. Dieselben Methoden haben gewisse Leute aus dem Bankiersmilieu angewendet, um wie in einem Staatsstreich, den kaum einer mitbekommen hat, die Kontrolle über die nationale Kreditvergabe zu erhalten. Sie nannten es das Federal Reserve System.«

»Und wer sind diese Leute?«

»Die Anführer sind zweifelsohne Juden. Sie ziehen es vor, im Geheimen zu bleiben – eine internationale Machtkonzentration, die sich einer jeden Regierung bedienen mag, fast jeder großen Businessorganisation, fast jeder großen Werbeagentur. Sie kontrollieren auch weitgehend die großen Zeitungen und verfügen somit über einen subversiven, quasi dämonischen Einfluss auf das Denken und Fühlen der Menschen.«

»Aber das ist ja unfassbar!«

»Genau. Unfassbar, aber leider wahr. Also müssen wir etwas dagegen tun, und das können wir nur, wenn wir uns international organisieren, so wie die Juden selbst!« Ford ballte seine Faust. »Wenden Sie sich nur an Ernest Liebold, Herr von Trott. Er wird Sie weiteren Leuten vorstellen. Gott sei Dank können wir durch die Ford Motor Company weitgehend unabhängig agieren. Und wir haben begonnen, die Menschen über die jüdische Weltverschwörung aufzuklären. Wir haben Freunde in den Geheimdiensten, nicht nur in den USA, wie Sie wissen. Wir sind eng mit der weißrussischen Diaspora verbunden und setzen auch auf Adolf Hitler!« Er lächelte mir aufmunternd zu und verabschiedete sich. Dann ließ er mich von einem Mitarbeiter in eines der kleinen Häuser bringen, damit ich mich etwas ausruhen konnte. Ich nahm eine Dusche, legte mich aufs Bett und döste eine Weile.

Das Gespräch hatte mich schwer beeindruckt. Und was er über die jüdische Weltverschwörung gesagt hatte, schien mir plausibler als je zuvor. Jemand wie er, der reichste Mann der Welt, konnte sich bei einer so ernsten Sache nicht irren, so dachte ich.

Am späten Nachmittag traf ich mich wieder mit Ernest Liebold. Er teilte mir mit, dass Annas und mein Vater tatsächlich gemeinsam die Yale University besucht hätten. Weitere Informationen seien jedoch nicht zu bekommen. Warum nur hatten sie uns das verschwiegen? Auch wenn ich nicht wusste, wo mein Vater steckte, so würde ich Hermann von Stieglitz bei nächster Gelegenheit nach alledem fragen.

Die Juden und die Zentralbanken

Detroit, 29. September 1921. Bevor ich früh am nächsten Morgen zurück nach New York fliegen sollte, saß ich mit Ernest Liebold, Boris Brasol, einem ukrainischen Anhänger des Zaren, und William J. Cameron auf dessen weiß gestrichener Veranda zusammen. Kerzen flackerten auf dem kleinen Holztisch, um den wir es uns gemütlich gemacht hatten, während rhythmisches Grillenzirpen die Nacht erfüllte, denn der Sommer war noch einmal zurückgekehrt. Liebold hatte auf Wunsch von Henry Ford die Zusammenkunft arrangiert, damit ich den Herren Fragen stellen konnte.

Cameron war Anfang vierzig, sein Nadelstreifenanzug saß tadellos, und sein leicht in die Breite gehendes Gesicht zeichnete sich durch Schläfen aus, mit denen man Nüsse hätte zertrümmern können. Er trug kurze, zum Scheitel gekämmte Haare und eine Brille. Beim *Dearborn Independent* kümmerte er sich um die »persönliche Kolumne« – »Mr. Ford's Page« –, er schrieb also als sein Ghostwriter jene Texte, die später in dem kleinen Buch »The International Jew« zusammengefasst wurden und Hitler und viele andere inspirierten und beeinflussten.

Boris Brasol trug einen grauen Anzug und eine Fliege. Mit seinen dunklen Augen, die seine Gesprächspartner fixierten, seinen buschigen Augenbrauen und dem vollen Haar, das etwas zur Seite stand, schien er sich jeden Moment in einen Wolf verwandeln zu können. Besonders unangenehm fand ich, dass er die Lippen stets leicht geöffnet hatte. Brasol war der Kopf der zaristischen Bewegung in den USA, glühender Antisemit und wichtiges Bindeglied jener Kette, welche Exilrussen, Schwarzhemden und andere reaktionäre Gruppen mit Henry Ford und der aufstrebenden NSDAP verband. 1885 geboren, war er es, der 1920 die »Protokolle der Weisen von Zion« in die Redaktion des *Dearborn Independent* nach Detroit gebracht und damit die Bühne für die siebenjährige Kampagne der Zeitung gegen Juden bereitet hatte.

Brasol und Liebold hatten sich also zu einem gemeinsamen Kreuzzug zusammengefunden. Beide waren überzeugt, dass sowohl das Zarenreich als auch das Deutsche Reich durch den »ewigen Juden« hinweggefegt wurden. Brasol wollte den Zaren zurück auf den Thron holen, Liebold den Cousin des Zaren, Kaiser Wilhelm II. Brasol hatte Liebold in sein weitverzweigtes Netzwerk eingeführt, russische Emigranten standen bald auf Henry Fords Gehaltsliste, sie sollten belastende Informationen über prominente, in Amerika lebende Juden sammeln. Auch der für die Übersetzung der »Protokolle« verantwortliche Geheimagent Harris A. Houghton wurde von Ford finanziert. Mit anderen Worten: Es gab eine gegen Juden gerichtete Kollaboration zwischen gewissen US-Geheimdienstkreisen und dem Ford-Imperium.

Nach seinem Jura-Abschluss an der Universität St. Petersburg hatte Boris Brasol Karriere im Justizministerium gemacht. Hier war er an einem Prozess gegen den Kiewer Juden Menachem Mendel Beilis beteiligt, der eines Ritualmordes beschuldigt worden war: Er habe einen 12-jährigen Jungen getötet und dessen Blut getrunken – die Beilis-Affäre machte Furore. Boris Brasols Engagement während des Prozesses sowie sein Mut an der polnischen Front während des Weltkrieges hatten Zar Nikolaus so sehr beeindruckt, dass er ihn 1916 in die USA schickte als Chef eines Komitees für die Beschaffung kriegsrelevanter Waren. Nach der bolschewistischen Machtergreifung war Brasol dann in den USA geblieben. Wegen seines virulenten Antisemitismus wurde hier der Geheimdienst auf ihn aufmerksam, und es sollte nicht lange dauern, bis er Seniorberater von MID-Chef Major General Marlborough Churchill wurde, überzeugter Anhänger der Theorie einer jüdischen Weltverschwörung und ein entfernter Verwandter von Winston Churchill.

Auf meine Frage nach der Rolle der Zentralbanken antwortete mir Cameron, wobei seine rechte Wange leicht zuckte: »Eines der bestgehüteten Geheimnisse unserer Zeit. Sicherlich versteht man die ganze Sache besser, wenn man einen Blick in die Geschichte wirft.«

Ich schaute ihn fragend an. Das Zucken erweckte den Eindruck, als ob er eine tief verwurzelte Nervosität in sich trüge, als sei er geradezu gehetzt von dem, was er mir zu berichten hatte.

»Ende des 17. Jahrhunderts«, erklärte er, »verbündeten sich die englischen Herrschaftsfamilien mit Wilhelm von Oranien, dem Generalstatthalter der Niederlande, um sich ihres Königs Jacobs II. zu entledigen. Damit entschieden die Gegner des Absolutismus den Machtkampf für sich. Rechtlich gesehen, ging es darum, ob der König aus göttlichem Recht herrsche oder ob er selbst dem Gesetz unterworfen sei. Als Wilhelm III. mit seiner Frau Maria II. den englischen Thron bestieg, bestätigte er in der Bill of Rights die Rechte des Parlaments und somit des englischen Adels. Das Parlament wurde zum Träger der Staatssouveränität, der König musste es in regelmäßigen Abständen einberufen und benötigte dessen Zustimmung zur Erhebung von Steuern und Abgaben. Nun aber hatten die Engländer eine bedeutende Seeschlacht gegen die Franzosen verloren und mussten, wenn sie den Krieg fortführen wollten, eine neue Flotte aufbauen, und das bei leeren Kassen! Da trat William Paterson auf den Plan, ein Kaufmann, der Willhelm III. vorschlug, der Regierung durch die Vereinigung von über tausend Gläubigern eine Anleihe zu gewähren. Dafür erhielten die Zeichner das königliche Privileg, eine Notenbank in der Rechtsform einer Aktiengesellschaft zu gründen. Zudem durften sie Banknoten in Höhe des Darlehens ausgeben und Bankgeschäfte betreiben. Allerdings war es der neuen Bank verboten, Darlehen an die Regierung zu vergeben, wenn nicht auch das Parlament zustimmte. Ich brauche Ihnen nicht zu sagen, dass es sich bei den wichtigsten Gläubigern um jüdische Bankiers handelte, die somit gleich zu Beginn der neuen parlamentarischen Ära in England eine unheilige Allianz mit dem Adel eingingen. Dabei verschuldete sich der Staat immer mehr und geriet unter die Kontrolle der Bankiers.«

»Nun, die ›Protokolle‹ geben ja über diese Machenschaften hinreichend Auskunft«, schaltete sich Boris Brasol ein, sein osteuropäischer Akzent war unverkennbar. Er lehnte sich zurück und fuhr fort: »1784 flogen die Illuminaten zwar auf, woraufhin alle Geheimgesellschaften in Bayern verboten wurden, allerdings führten sie ihr Unwesen im Verborgenen fort und verfolgen weiter ihr Ziel einer weltweiten Unterwerfung der Nichtjuden. Nathan Rothschild unterhielt Anfang des 19. Jahrhunderts ein Netzwerk an Kurieren, die ihm außerordentliche Dienste leisteten. Nach Napoleons Niederlage bei Waterloo wurde er rasch unterrichtet und ließ sogleich das Gerücht ausstreuen, die Engländer hätten die Schlacht verloren, worauf die Aktien an der Börse ins Bodenlose fielen und er sie für ein paar Pence aufkaufen konnte. Nach der Siegesnachricht stieg der Wert immens an, dementsprechend auch Rothschilds Vermögen. Seither kontrolliert die Familie die englische Wirtschaft, nicht zuletzt weil sie die Herrschaft über die Bank of England gewonnen hat. Darüber kontrollierte Rothschild die britische Geldversorgung und damit letztendlich auch das British Empire.«

Cameron übernahm das Wort: »Ja, genau! Bereits 1791 hatte US-Finanzminister Alexander Hamilton, ein jüdischer Agent, die First National Bank of the United States gegründet, eine Zentralbank, die der spätere Präsident Thomas Jefferson vehement ablehnte. Deren Konzessionsvertrag lief allerdings 1811 schon wieder ab. Die Rothschilds aber wollten nicht akzeptieren, dass wir Amerikaner uns selbst um unsere Angelegenheiten zu kümmern wünschten, und zettelten einen Krieg zwischen England und den USA an. Da die Briten jedoch noch damit beschäftigt waren, gegen Napoleon zu kämpfen, verloren sie den Krieg 1814.«

Cameron ergriff betont langsam sein Glas, als habe er Angst, etwas zu verschütten, führte es an seine schmalen Lippen und trank einen Schluck. Dann fuhr er fort: »Daraufhin verursachten die Rothschilds eine galoppierende Inflation. Der Kongress fühlte sich gezwungen, einen Kompromiss zur Stabilisierung der Währung auszuarbeiten, was 1816 zur Gründung der Second Bank of the United States führte. 1832 verhinderte Andrew Jackson durch sein Veto die Erneuerung der Charta dieser Bank, denn er war überzeugt, die Bankiers benutzten die Gelder, um mit der Brotkasse des amerikanischen Volkes zu spekulieren: Bei Erfolg würden die Gewinne unter den Anteilseignern aufgeteilt, bei Misserfolg aber die Verluste dem Volk aufgebürdet!«

»Es ist einfach nicht zu fassen«, tönte nun wieder Brasol, »wie sehr die Rothschilds immer wieder die Geschicke der Nationen bestimmten. Sehen Sie nur den Wiener Kongress ...«

»Der Kongress sollte doch 1814/15 die politische Landkarte Europas neu ordnen, nicht wahr?«, fragte ich.

»In Wirklichkeit«, antwortete Brasol zynisch lächelnd, »hatten sich die meisten europäischen Staaten bei der Bankiersdynastie zu sehr verschuldet, um den Krieg gegen Napoleon führen zu können, sodass die Rothschilds den Kongress dazu benutzen wollten, Kontrolle über einen großen Teil der Welt zu erlangen. Schon damals schwebte den Juden ja ein Weltstaat vor. Der Kongress begann zunächst noch in ihrem Sinne, als sie die immerwährende Neutralität der Schweiz durchsetzten, um zukünftig von neutralem Boden aus in aller Ruhe Kriege finanzieren zu können. Der Plan scheiterte jedoch, als sich Zar Alexander I. widersetzte. Russland war bis dahin eines der wenigen großen Länder, die Versuche zur Etablierung einer Zentralbank hatten abwehren können. Rothschild war so in Wut, dass er schwor, er würde die gesamte Familie Alexanders und alle seine Nachkommen auslöschen.«

»Als Abraham Lincoln Jahre später entdeckte, dass die Zarenfamilie ebenso Probleme mit den Rothschilds hatte«, übernahm Cameron wieder das Wort, »weil sie keine Zentralbank wollten, bekam er unerwartete Hilfe aus Russland. Zar Alexander II. ließ nämlich verlauten, wenn England oder Frankreich aktiv im amerikanischen Bürgerkrieg intervenieren und dem Süden helfen würden, dann würde Russland dies als eine Kriegserklärung betrachten. Und Sie können getrost davon ausgehen, dass Lincoln daraufhin von einem Rothschild-Agenten erschossen wurde.«

»Genauso wie die Ermordung Alexanders II. und später der Romanows auf deren Konto ging!«, fügte Brasol hinzu. »Durch die verfluchte Revolution haben sie schließlich doch noch die Kontrolle über Russland erlangt. Aber das wird sich ändern!«

»Aber über die USA haben sie diese Kontrolle doch wohl nicht bekommen?«, fragte ich.

»Doch. Sie haben es ja geschafft, hier 1913 wieder eine Zentralbank zu errichten, das Federal Reserve System«, antwortete Cameron. »Jacob

Schiff, der Leiter von Kuhn, Loeb & Co., ließ die New Yorker Handelskammer 1907 wissen, dass, wenn wir keine Zentralbank mit einer ausreichenden Kontrolle über die Kreditbeschaffung bekämen, dieses Land die schärfste Geldpanik seiner Geschichte erleben werde!«

Liebold, der die ganze Zeit ruhig zugehört hatte, schaltete sich nun ein: »Was prompt passierte. Die Macht des internationalen Juden ist jenseits aller Vorstellungskraft. Diese Finanzkrise wurde manipulativ vorgeschoben, um als Beweis dafür zu dienen, dass Amerika eine Zentralbank braucht!«

»Die Menschen sind einfach nur dumm«, meinte Brasol, die Augen voller Hass. »In gewisser Weise haben die Juden recht, wenn sie uns für Idioten halten.«

»Die meisten Menschen haben nun mal keine Ahnung, wie der Kapitalismus und die Finanzgeschäfte wirklich funktionieren«, sagte Liebold. »Dabei ist es gar nicht so kompliziert, wie man uns weismachen will.«

»Wie dem auch sei«, meinte Cameron, »mithilfe des Verräters Woodrow Wilson haben sie ihre Zentralbank bekommen. Und nur ein Jahr später begann der Krieg, zum großen Teil finanziert von ...?« Er schaute mich an.

»Vom Federal Reserve System«, sagte ich. Die Männer lachten nur.

Wir saßen noch eine Weile beisammen und plauderten über unverfängliche Dinge wie das Ford Modell T und die Produktivitätssteigerungen durch den Einsatz von Fließbandarbeit. Nach einer Weile verabschiedete ich mich, um für den Rückflug nach New York zu packen. Dabei kreisten meine Gedanken um das Gehörte, welches sich wunderbar in die Theorie einer jüdischen Weltverschwörung einpasste. Doch hatte die Rothschild-Familie wirklich einen so immensen Einfluss auf die Geschicke Europas gehabt? Hatten sie dem russischen Zaren während des Wiener Kongresses gedroht und später seine Nachfahren ermorden lassen? Vor allem: Waren sie wirklich die Strippenzieher hinter den Zentralbanken? Nun, wenn sie so reich und mächtig waren, wie man allgemein sagte, so wäre es sicher nicht ganz abwegig.

Doch auch wenn die Rothschilds tatsächlich für alle diese Dinge verantwortlich waren – was sagte das denn über die Juden selbst aus? War es ein Grund, sie alle an den Pranger zu stellen? Verdammte man denn die Italiener, nur weil die Mafia irgendwelche Verbrechen beging? Kopfschüttelnd öffnete ich das Fenster und lauschte dem Zirpen der Grillen, das, wie mir schien, immer lauter wurde.

The Kid

Martin Friedman und Lou Rosenkrantz kamen früh am Samstagmorgen in Philadelphia an, wurden von Dani Finkelstein, dem Kontaktmann der Kosher Nostra, einem untersetzten Typ mit Glatze und schwülstigen Lippen, empfangen und in ein Hotel in der Nähe des Bahnhofs gebracht. Zunächst legten sie sich für ein paar Stunden aufs Ohr, um sich am frühen Nachmittag wieder mit Finkelstein in einem Restaurant zu treffen, der den beiden Auftragskillern bei einem Teller Pasta von John Coogan erzählte: »Der hat einer Gang aus Philadelphia 'nen Tipp gegeben, wie sie eine Bankfiliale von Kuhn, Loeb & Co. in aller Ruhe ausrauben können. Einer aus der Gang hat aber die Hosen voll gehabt und alles ausgekotzt – natürlich auch, von wem der Tipp kam.«

»Und? Was ist aus dem geworden?«, fragte Friedman.

Finkelstein antwortete lapidar: »Fischfutter im Delaware River.«

Anschließend berichtete Finkelstein, wo John Coogan wohnte, wen er regelmäßig traf, wo er sein Büro hatte und wie sein Weg dorthin aussah. Als Friedman und Rosenkrantz erfuhren, dass er jeden Samstagnachmittag ins Kino ging, beschlossen sie, noch am selben Tag zuzuschlagen, denn dann könnten sie möglichst schnell wieder zurück in Manhattan sein. Finkelstein wusste auch, in welchem Kino und auf welchem Sitz Coogan für gewöhnlich saß. Also begaben sich Friedman und Rosenkrantz früh ins Stanley Movie Theatre, um direkt dahinter Platz zu nehmen. Mit dabei war eine Tasche, darin eine Pistole mit Schalldämpfer, die Finkelstein ihnen besorgt hatte.

Der Kinosaal, im neoklassizistischen Stil gestaltet, war recht groß, die Leinwand dagegen vergleichsweise klein. Viertausend Zuschauer fanden hier Platz. Bald betrat Coogan, ein großgewachsener Mann mittleren Alters, den Kinosaal und setzte sich vor sie hin. Der Saal füllte sich, und die Vorstellung war praktisch ausverkauft, als sich der Vorhang öffnete und der Film begann, begleitet von einer Kimball-Orgel. Die beiden Gangster hatten eigentlich vorgehabt, den Job relativ schnell zu erledigen, wurden aber dann von der Handlung in Bann gezogen. Heute wurde »The Kid« von Charlie Chaplin gezeigt – eine Tragikomödie, welche seine Kindheit reflektierte: Nachdem eine von ihrem Mann verlassene Mutter ihr Neugeborenes in einer Limousine ausgesetzt hat, wird der Wagen gestohlen. Die Diebe entdecken es auf dem Rücksitz und entsorgen das Baby kurzerhand neben einer Mülltonne, wo es ein

Vagabund – Charlie Chaplin – findet. Zunächst versucht er den Säugling wieder loszuwerden, nimmt sich dann aber schließlich des Kindes an, worauf die beiden ein Herz und eine Seele werden. In den USA war ein breites Publikum fasziniert von der Darstellungskunst, vor allem der variantenreichen Mimik und Gestik des Schauspielers – der tatsächlich ja nur wenige Tage vor Adolf Hitler geboren wurde.

Friedman hatte sich inzwischen losgerissen, vorsichtig den Revolver hervorgeholt und wollte zur Tat schreiten, als Rosenkrantz plötzlich aufschluchzte, woraufhin sich eine Zuschauerin umwandte und ihn voller Mitgefühl anblickte. Auch John Coogan drehte sich kurz um, und Friedman ließ die Waffe schnell wieder verschwinden. Rosenkrantz beruhigte sich langsam wieder. Friedman wartete noch eine Weile, dann griff er erneut nach der Knarre – just in dem Moment gab Rosenkrantz wieder ein Jammern von sich, denn das Findelkind sollte von seinem Beschützer getrennt werden. Wütend raunte ihm Friedman ins Ohr, dass er das Kino gefälligst verlassen solle, damit er endlich den Job erledigen konnte. Rosenkrantz stand tatsächlich auf, stolperte aber erst einmal über die Füße der Nachbarin, richtete sich wieder auf und ging in Richtung Ausgang. Dort bewies er jedoch Geistesgegenwart und entließ noch einen letzten verzweifelten lauten Schluchzer. Daraufhin brach ein kleiner Tumult aus: Manche quiekten ebenfalls, andere schrien nach Ruhe. Der Moment war gekommen! Friedman lehnte sich vor und feuerte drei Schüsse durch den Sitz ab, Coogans Kopf sank wie der eines Schlafenden zur Seite.

Friedman verließ hurtig den Saal und fand Rosenkrantz vor dem Kino auf dem Bordstein wieder, und gemeinsam begaben sie sich zum Bahnhof, um den nächsten Zug nach New York zu erwischen.

Luftschlösser

Zwei Stunden später. Geisterhaft glitt die nächtliche Landschaft vorbei. Während Friedman vor sich hin döste, konnte sich Rosenkrantz einfach nicht beruhigen. Wie hatte er sich nur so gehen lassen können! Unkontrolliert Tränen vergießen – wie peinlich! Was würde Friedman nur von ihm denken? Sicher wird er auch Bernstein davon erzählen. Würden die beiden ihm noch vertrauen? War er in Gefahr? Vielleicht denken sie, dass er zu weich geworden sei für den Job? Am Ende stimmte das ja sogar ...

Er stand kurz auf, nahm seinen Koffer von der Ablage und holte eine Broschüre hervor, die er sich in Manhattan besorgt hatte, darin das Foto eines Hauses auf Long Island. Die Anzeige der Wohnungsbaugesellschaft gab die Ansicht seines früh verstorbenen Vaters wieder: »Banken können bankrottgehen, Frauen können fortgehen, doch auf gutes Land kann man immer bauen.« Lou Rosenkrantz hatte immer schon von eigenem Haus und Boden geträumt. Davon, abends mit seiner Familie auf der Terrasse zu sitzen, eine Zigarre zu rauchen und in den Wald hineinzulauschen – ein Traum, der ihm nun dank der ungeheuren Summe, die sie an Lösegeld für die anstehende Entführung verlangen konnten, in greifbare Nähe rückte. Seinen Vorfahren in Russland war es einst verboten gewesen, Land oder Häuser zu besitzen, ihm erschien es wie das gelobte Land. Sollte er vielleicht ganz aus dem Business aussteigen und sich zur Ruhe setzen? Warum nicht? Er würde nach dem Coup ausgesorgt haben, ebenso wie Bernstein und Friedman. Er wusste jedoch, dass das Syndikat sie niemals würde gehen lassen. Sie waren alle dazu verdammt, weiterzumachen – immer weiter, kein Ende in Sicht. Wie der Zug, der sich in endloser Dunkelheit verlor.

A'Lelia Walker

Die Himmelsgöttin hatte sich dem Anlass entsprechend gekleidet und trug über ihrem dunkelblauen Kleid eine Sternenkette mit elegantem Halbmond. Anna stand staunend vor einem imposanten Anwesen mit Villa im italienischen Renaissancestil und Blick auf den Hudson River. Es gehörte A'Lelia Walker, der reichsten Frau Amerikas und tragende Säule der Harlemer Gesellschaft. Ihre Mutter, eine ehemalige Wäscherin, hatte ein Vermögen mit der Geheimformel zur Glättung krausen Haares gemacht. Nach deren Tod war der Tochter das Schönheitsimperium in den Schoß gefallen wie ein goldenes Ei.

In A'Lelia Walkers Palast versammelte sich regelmäßig das »Who is Who« der Kunstszene: Maler, Schriftsteller, Musiker, Tänzer, Schauspieler, Journalisten und Kritiker, die englischen Rothschilds, französische Prinzessinnen, russische Großfürsten neben Gangstern und Leuten von der Börse – die interrassischen Partys waren berühmt.

Regina, die Anna mitgebracht hatte, erklärte: »Manche nennen diesen Ort auch das Xanadu der intellektuellen Elite.«

»Xanadu?«

»Ein sagenhafter Ort in China: die Sommerresidenz von Kaiser Kublai Khan, wovon auch Marco Polo berichtete.« Regina klingelte an der massiven Holztür. Kurz darauf öffnete ein schwarzer Portier und bat sie in die mit wertvollen Teppichen und Gemälden ausgestattete Eingangshalle. Stimmengewirr, Gelächter und Musik waberten durcheinander.

»Ah, Regina!«, rief A'Lelia, die gerade mit Carl Van Vechten und einer Schar hellhäutiger Hofdamen im Schlepptau die marmorne Treppe hinabgeschritten kam. Sie war ein Meter achtzig groß und gewandet wie eine afrikanische Königin: Auffallend war vor allem der juwelengeschmückte Turban, den sie zu einen beige-goldenen Mantel und einem Gürtel mit Elfenbeinschnalle trug, daran baumelte eine Reitpeitsche. Warmherzig lächelnd begrüßte sie die Neuankömmlinge mit Küsschen auf beide Wangen. Anna trug eine Robe aus himbeerrotem Samt, Regina ein schwarzes Paillettenkleid. Die Gastgeberin nahm zwei Champagnergläser von einem Tablett, reichte sie den beiden jungen Frauen und führte sie in einen großen, mit Gästen gefüllten Raum mit Blick auf den großen Swimmingpool im Garten. Am Flügel spielte Fletcher Henderson, begleitet von Coleman Hawkins am Tenorsaxophon.

»Du siehst blass aus«, sagte A'Lelia zu Regina. »Hast du wieder so lange gearbeitet? Die muffige Bibliotheksluft ist nicht gut für deinen Teint. Nun ja, andererseits beneide ich dich ja auch um deine Kulturbeflissenheit und Bildung. – Entspannt euch und genießt den Abend!« Sie verschwand mit Van Vechten zu einer Bridgerunde.

Champagner, Gin und Whiskey flossen, als würde man sie einfach aus dem Hudson River schöpfen. Die Stimmung war ausgelassen, viele tanzten – Rockzipfel flatterten auf und ab, Hüften kreisten. Hier und da sah man Paare, die sich küssten und befummelten. »So viel zum Primitivismusverdacht!«, sagte Regina ironisch lächelnd.

Anna lachte. »Mir gefällt's! Außerdem ist das doch heute normal. Es gibt ja sogar Pettingpartys, nicht wahr?«

Die beiden machten es sich in zwei mit taubenblauem Damast überzogenen Empiresesseln gemütlich und beobachteten die Szenerie. Neben ihnen saß eine Gruppe dunkelhäutiger Männer und Frauen.

»Der Schlüssel ist die Selbsterkenntnis!«, sagte ein etwa vierzigjähriger Afroamerikaner mit Bart, der ihnen halb den Rücken zuwandte. In seiner Hand hielt er eine kleine Holzstatue, eine Frau mit ausladenden

Hüften und Brüsten. »Ihr könnt einen Dreck drauf geben, was man euch die ganze Zeit erzählt. Die ältesten Statuen von Menschen stellen die afrikanische Frau dar. Die Weißen haben sie als Venus bezeichnet, aber es sind afrikanische Frauen! Versteht ihr, was ich meine?«

Er ließ die kleine Statue rundgehen und wiederholte rhythmisch im Takt der Musik: »Die ältesten Statuen von Menschen stellen die afrikanische Frau dar. Die schwarze Frau wurde von ca. 100 000 bis 4000 vor Christus als heilig verehrt – überall auf der Welt! Unsere afrikanischen Frauen!«

Anna ließ ihren Blick schweifen. Ein Mann schritt wippend durch den Raum. »Oh«, sagte Regina. »Da ist Alain Locke!«

»Wer ist das?«

»Ein großartiger Philosoph, einer unserer geistigen Führer. Komm, ich möchte ihn dir vorstellen.« Sie folgten Locke durch mehrere Räume, in denen überall ausgelassen gefeiert wurde, und betraten schließlich ein etwas kleineres Zimmer. Dort saß ein anderer Mann in einem Sessel vorm Kaminfeuer, ebenfalls ein Farbiger: William Du Bois, Philosoph, Journalist und Pazifist. Alain Locke wollte sich gerade zu ihm setzen, als er die beiden Frauen bemerkte. Sanft lächelnd begrüßte er sie mit Küsschen. Auch Du Bois stand auf. Er war Mitte fünfzig, elegant-lässig gekleidet und hatte eine recht kräftige Adlernase, die mit seinem nach innen gewandten Blick kontrastierte.

»Sie kommen also aus Deutschland?«, fragte er Anna in fließendem Deutsch. »Ich habe in Berlin studiert, an der Friedrich-Wilhelm-Universität: Soziologie und Ökonomie bei Gustav Schmoller und Adolf Wagner, Geschichte und Politische Theorie bei Heinrich von Treitschke.«

»Ich bin sprachlos«, brachte Anna hervor.

»Das war wirklich eine schöne Zeit. Viele nette Leute, wunderbares Bier und einige sehr gute Freunde. Auch in akademischer Hinsicht einfach nur ein Traum. Ich bin noch immer gut mit Max Weber befreundet. Haben Sie von ihm gehört?«

Anna nickte. »Der Soziologe. War er nicht auch an der Weimarer Verfassung beteiligt?«

Du Bois wechselte wieder zum Englischen. »Die meiner Ansicht nach für Deutschland ein großes Glück ist. Man glaubt an die Reife des deutschen Volkes, ihr Staatsoberhaupt in direkter Abstimmung zu wählen. Mit Wahlrecht für Männer und Frauen, Gleichheit aller vor dem

Gesetz, Freiheit, unbeschränkter Parlamentarismus wie in Frankreich – fast schon eine direkte Demokratie! Welch ein Fortschritt für Ihr Land.«

»Ich kann nur hoffen, dass wir uns einer solchen Verantwortung würdig erweisen.«

»Ich habe großes Vertrauen in die Deutschen. Ich bin bei euch auf sehr viel Offenheit, ja auf geistige Freiheit gestoßen – so sehr, dass es für mich alles andere als einfach war, während des Krieges die amerikanische Seite zu unterstützen.«

»Darf ich fragen, wieso?«

»Sie müssen verstehen: In Deutschland wurde ich sehr gut behandelt, dort sind alle Menschen gleich.«

»Nun ja, vor dem Gesetz«, bemerkte Anna skeptisch.

»Und das ist schon außerordentlich viel wert! Amerika aber, das im Namen von Demokratie und Menschenrechten in den Krieg gezogen ist, diskriminiert seine eigene farbige Bevölkerung.«

»Auch juristisch«, schaltete sich Alain Locke ein. »Vielleicht sind Sie, Anna, nicht darüber informiert, dass uns durch die sogenannten Jim-Crow-Gesetze die Grundrechte wieder entzogen wurden, vor allem in den Südstaaten der USA.«

Du Bois nickte. »Sicherlich bleibt die Rassentrennung das Problem des 20. Jahrhunderts. Generell und weltweit: in Asien und Afrika, in Amerika und Polynesien.«

»Das zeigt sich schon allein an der Wohnsituation«, ergänzte Locke. »In den Südstaaten gibt es in fast jeder Gemeinde eine Art Farbgrenze: Auf der einen Seite wohnen die Weißen, auf der anderen die Schwarzen. An manchen Orten verläuft sie durch die Mitte der Hauptstraße.«

»Absurd«, bemerkte Anna, während sie ihn fasziniert betrachtete, seine harmonischen Gesichtszüge. Alain Locke strahlte Intelligenz aus. Sicherlich ein Mensch, der nach Vervollkommnung strebte.

Lautes Lachen schallte aus dem Nebenraum herüber, Locke hob den Kopf. »Normalerweise befindet sich jede Straße in der Hand der einen oder der anderen. Die besten Weißen- und die besten Schwarzenviertel sind allerdings separiert, sodass Weiße und Schwarze für gewöhnlich nur das Schlimmste voneinander zu sehen bekommen.«

Anna musste plötzlich an die Eugenik denken: War sie nicht letztlich eine Fortentwicklung der Rassentrennung…? In dem Moment rutschte im Kamin ein Holzscheit zur Seite, Funken stoben zischelnd empor.

Beim Council on Foreign Relations

New York, 1. Oktober 1921. Mir blieben noch zwei Tage, bevor ich mit dem Ozeandampfer zurück nach Hamburg übersetzen sollte. So konnte ich meine Verabredung mit H. G. Wells einhalten. Ich stieg aus dem Taxi und bemerkte, dass das Gebäude an der stark befahrenen 68. Straße, welches klassische Rundbögen zierten, von Sicherheitspersonal in Zivil bewacht wurde, und zwar gleich auf beiden Straßenseiten.

»Wo sind wir eigentlich?«, fragte ich Wells nach der herzlichen Begrüßung.

»Hier tagt heute der Council on Foreign Relations – ein erlesener Zirkel, die Crème de la Crème, wenn Sie so wollen. Kommen Sie, rauchen wir erst mal eine.«

Kurz darauf blies er Rauch in die Höhe. »Der Council wurde kürzlich von Colonel Edward Mandell House gegründet, dem außenpolitischen Berater von Präsident Wilson. Seine Aufgabe liegt in der Formulierung außenpolitischer Strategien.«

»Ein staatliches Gremium?«

»Eher ein privates Studienzentrum. Ich werde hier heute meine Ideen präsentieren.«

Als wir den über einhundert Quadratmeter großen Saal betraten und ich einige der Anwesenden erkannte, riss ich die Augen auf, offenbar befand ich mich hier in einem erlauchten Kreis: Da waren die Bankiers Paul und Max Warburg, der einstige Präsident der Bankers Trust und nun Governor der Federal Reserve Bank of New York, Benjamin Strong, dann Averell Harriman, einflussreicher Politiker und Sohn des Eisenbahnunternehmers, sowie der erste Milliardär der Weltgeschichte, John D. Rockefeller. Und neben Bernard Baruch erblickte ich zu meiner Überraschung – Hermann von Stieglitz! Er kam sofort auf mich zu, umarmte mich herzlich und stellte mich den anderen Herren vor, etwa dem Präsident der National City Bank Frank Vanderlip, dem republikanischen Politiker Nelson Aldrich, dem Politiker und Bankier Charles G. Dawes, dem Präsidenten der Standard Oil Company of New Jersey, Walter Teagle, dem Journalisten Walter Lippmann und dem Governor der Bank of England Montagu Norman. Anschließend folgte ich ihm zu einem älteren Herrn, der an einem der Tischenden saß: Lord Hellbroke, ein englischer Baron mit schütterem Haar und blutunterlaufenen Augen, aus denen er mich durchdringend, aber wohlwollend musterte.

Ich spürte, dass der Alte in diesem Kreis besondere Autorität genoss. Er reichte mir seine leicht zittrige Hand. Ich war froh, als ich mich wieder entfernen konnte.

Stieglitz erzählte mir nun einiges über den Council, dem die größten Banken und Industriekonglomerate der USA angehörten. Nahe standen ihm zudem einflussreiche Gewerkschaftsbosse und Organisationen wie die Socialist League for Industrial Democracy oder die United World Federalists. Man postulierte eine neue Weltordnung, wenn man so will, eine Neuauflage des British Empire unter Führungsmacht der USA. Colonel Mandell House hatte bereits daran gearbeitet, als er sich im Auftrag Woodrow Wilsons daran beteiligte, im Rahmen des Vierzehn-Punkte-Programms den Völkerbund aus der Taufe zu heben. Als man jedoch befürchtete, dass die USA damit ihre Souveränität würden aufgeben müssen, lehnte der Senat die Mitgliedschaft kurzerhand ab. Daraufhin gründete House zusammen mit Paul Warburg, Otto Hermann Kahn, Walter Lippmann sowie weiteren New Yorker Geschäftsleuten, Bankiers, hochrangigen Politikern und einflussreichen Akademikern den Council on Foreign Relations.

Stieglitz nahm neben Lord Hellbroke Platz, auch ich saß mit am Tisch. Gespannt erwarteten wir den Vortrag von H. G. Wells, der heute hier als Vertreter der Fabian Society auftrat, die offenbar ähnliche Ziele verfolgte wie die Kommunisten, nur dass sie nicht auf eine Revolution setzte, sondern auf schleichende, mehr oder weniger unbemerkte Reformen durch Unterwanderung der Medien, der Regierung und der Bildungsinstitutionen. Wells hatte ja auf der Überfahrt bereits ein wenig davon erzählt. Zu den prominentesten Vertretern der Fabianer zählten Sydney und Beatrice Webb, die mit finanzieller Unterstützung der Rothschilds und anderer Financiers die London School of Economics gegründet hatten. Mit dabei waren außerdem die Theosophin Annie Besant und Georg Bernard Shaw, Dramatiker, Nobelpreisträger für Literatur und überzeugter Eugeniker.

»Verehrte Gäste«, begann Wells. »Der vergangene Krieg zwingt zu zwei Konsequenzen: erstens dem Kampf gegen einen weiteren Krieg und zweitens der Verhinderung der Fortpflanzung von minderwertigen Bürgern – und zwar am besten durch staatliche beziehungsweise überstaatliche Instanzen. Denn wir können unsere Ziele nie mit ihnen, den geistig Behinderten oder psychisch Kranken, erreichen.«

Einige Anwesende applaudierten.

»Auf dem Eugenik-Kongress hier in New York wurde viel über die Rassen ans Licht gebracht, die sich heutzutage kreuzen, sodass mannigfache Spielarten entstehen. Manche Menschen aber meinen, einer Rasse von ganz besonderer Reinheit zuzugehören, so hörten wir viel von der nordischen oder auch der semitischen Rasse. Aber sind das nicht allesamt Wahnvorstellungen? Ist die Wirklichkeit nicht sehr viel komplizierter?«

»Wieso denn Wahnvorstellungen?«, rief ein Teilnehmer aus den hinteren Reihen dazwischen. Er erinnerte mich mit seinem langen Bart vom Aussehen stark an Charles Darwin. »Es handelt sich schließlich um den letzten Stand der Wissenschaft! Die Eugenik hat eindeutig bewiesen, dass die nordische Rasse den Höhepunkt der Menschheitsgeschichte darstellt!«

Wells ließ sich nicht aus der Ruhe bringen. »Ja, mag sein. Aber ich denke nicht, dass die Vermischung der Rassen das eigentliche Problem darstellt. Vielmehr geht es darum, eine Weltordnung zu denken, aus der Übelstände wie Krankheiten, Hungersnöte und Tyrannei weitgehend verbannt sind. Natürlich ist der Mensch ein Tier – und als solches auch ein Produkt des Existenzkampfes. Aber anders als die Tiere haben wir die Möglichkeit, einem durch Konkurrenz verursachten Druck zu entgehen. Wir können, ja wir müssen die Bevölkerungsexplosion aufhalten! Dann erreichen wir auch einen Überschuss an Energie, um dem Kampf ums Dasein zu entrinnen. Nur durch kluge Kontrolle der Bevölkerungszahl vermag der Mensch sich außerhalb des Konkurrenzkampfes zu stellen.«

Ich staunte. Wells, der zwar an der Eugenik festhielt, vertrat hier signifikant andere Meinungen in Bezug auf die Rolle der Rassen und des neodarwinistischen Existenzkampfes.

»Aber«, sagte ich zögernd, »wenn wir uns vom Kampf ums Dasein befreien, wie sollen wir uns dann weiterentwickeln? Besagt die Theorie nicht, dass die Menschheit in dem Falle stagniert?« Ich bemerkte, dass Lord Hellbroke mich aufmerksam ansah.

»Im Gegenteil«, antwortete Wells. »Er wird sich mithilfe der Wissenschaft stets weiterentwickeln, und zwar aus freien Stücken! Die Forschung kann viel effektiver steuern, was die Natur bislang blind leistete. In einem Weltgemeinwesen mit exakt geplanter Geburtenrate und ohne Druck durch Überbevölkerung, ohne kräftezehrende Kriege und eine Monopolisierung der Quellen des Wohlstandes durch Einzelne wird die befreite Menschheit mit einer ganz anderen Willens- und Tatkraft dem Universum entgegenstehen!«

Unauffällig sah ich zu Rockefeller herüber, der fast unmerklich verächtlich lächelte.

»In einer voll mechanisierten Zivilisation«, fuhr Wells fort, »muss man doch das menschliche Material, welches zur Verfügung steht, nutzen. Von daher können wir doch nicht einfach gegen Mischlinge sein, wenn diese sich für bestimmte Aufgaben vielleicht bestens eignen.«

»Wie meinen Sie das?«, wollte Walter Lippmann wissen.

»Nun, wenn wir manche Menschen durch eugenische Maßnahmen einfach ausschalten, fehlen uns am Ende die Arbeitssklaven! Allerdings sind auch wir von der Fabian Society dafür, den monströsen Unterbau an unterentwickelten Existenzen abzuschaffen und somit das ganze Durcheinander zu bezwingen, beispielsweise in Indien mit seinem erschreckenden Geburtenzuwachs in den ärmsten Bevölkerungsschichten. Ein ernsteres, stärkeres und liebenswürdigeres, ein langlebigeres Geschlecht wird seine Möglichkeiten erkennen und erweitern. Voraussetzung aber ist das Erwachen der Menschheit aus dem Angsttraum des Daseinskampfes, aus der angeblichen Unvermeidlichkeit des Krieges. Die Fixierung auf die nordische Rasse jedoch ist, so fürchte ich, eine erneute Gefahr für den Weltfrieden.«

Entschleierung

»Wir sind die Söhne und Schwestern der Nacht«, sagte Du Bois und blickte mit verdüsterter Miene ins Feuer. »Als Schwarzer in den USA zu leben bedeutet, in der Dunkelheit zu wandern, vergeblich gegen Mauern zu schlagen und bar jeder Hoffnung auf die Fahne des amerikanischen Traumes zu starren, die unablässig im blauen Himmel über uns weht. Eine Schattenmauer umgibt uns, sodass es vielen nicht in den Sinn kommt, diese Grenze zu überschreiten. Sie zweifeln daran, ob sie überhaupt ein Recht auf Freiheit für sich einfordern dürfen. Denn was, wenn die Weißen recht haben und wir tatsächlich weniger wert sind...?«

Anna war überwältigt von diesem Mann: Nie zuvor war ihr jemand so authentisch erschienen.

»Können Sie sich vorstellen, wie es ist, in dieser Welt zu leben?«, fuhr Du Bois fort. »Eine Welt, die uns kein Selbstbewusstsein zugesteht? In der wir uns selbst stets nur durch die Augen anderer, durch den Schleier der Rassentrennung sehen? Eine Welt, die nur Spott und Mitleid für uns übrig hat? Stets fühlt man einen Zwiespalt: als Amerikaner und als Schwarzer.«

»Ja«, ergriff Regina das Wort, »zwei sich bekämpfende Vorstellungen in einem Körper.«

Du Bois nickte. »Wir wünschen uns aber einen klaren, unverfälschten Blick auf uns selbst. Gleichberechtigt im Königreich der Kultur, ohne von den Mitbürgern verflucht oder angespuckt zu werden. Ohne dass uns die Türen vor der Nase zugeschlagen werden. Stattdessen plagen uns subtile Selbstzweifel: Angesichts der Verachtung und Demütigung spüren viele von uns eine krank machende Verzweiflung.«

»Wozu sollen Schwarze sich Bildung aneignen, wenn sie dann doch immer nur niedere Dienste verrichten müssen?«, fragte Regina.

»Wozu eine höhere Kultur für Halbmenschen?«, fügte Alain Locke hinzu.

Anna hatte einen Kloß im Hals, ihr war elend zumute, denn sie schämte sich, weil auch sie noch vor wenigen Tagen zu solcherlei Selbstzweifel beigetragen hatte, als sie von den Wilden und ihrem Primitivismus geschwärmt hatte. Dabei war sie überzeugt gewesen, keinen Menschen je zu diskriminieren! »Es sind Vorurteile«, sagte sie etwas unbeholfen.

»Vorurteile – ja. Die angeblich natürliche Verteidigung der Kultur gegen die Barbarei, die Verteidigung der Bildung gegen das Unwissen«, meinte Du Bois, »der Unschuld gegen das Verbrechen.« Pause. »Der höheren gegen die niederen Rassen.«

»Ich verstehe«, sagte Anna leise. Auch ich habe hinter dem Schleier gelebt, dachte sie. Auch ich habe nach Harlem wie in eine andere Welt geschaut, weil ich spürte, dass in mir selbst etwas geboren werden will, weil ich dort etwas gesehen habe, was mir selbst fehlt. Heiße Emotionen fluteten aus ihren Seelentiefen empor – Emotionen, die schließlich die Eisdecke der Unbewusstheit durchbrachen. Es war, als hätte sich eine innere Tür geöffnet, befreit strömten Gefühle heraus, die bislang unter Verschluss gehalten wurden.

Eine offene Verschwörung

»Der Patriotismus soll eine Gefahr für den Weltfrieden sein?« Empörung schlug H. G. Wells entgegen. »Aber wir sind doch im Grunde alle Pazifisten!«

»Und wie wollen Sie überhaupt einen weiteren Krieg verhindern?«, fragte Stieglitz. »Der Versailler Vertrag droht doch genau das zu befördern!«

»Der Versailler Vertrag ist wahrlich eine Schande«, sagte Wells. »Und wir müssen so schnell wie möglich für eine Revision sorgen. Auf dem Weg zum Weltstaat wird die transatlantische Staatengemeinschaft hier sicherlich vorangehen müssen. Niemand wird bestreiten, dass auch Deutschland eine wichtige Rolle gebührt, es sollte in absehbarer Zeit maßgeblich daran beteiligt werden, den europäischen Kontinent zu vereinen, sagen wir mal – als Juniorpartner. Gemeinsam haben wir es dann in der Hand, den Frieden in der Welt zu sichern. Armeen und die Rüstungsindustrie sind die Krebsgeschwüre eines ganz und gar bösartigen Patriotismus. Also müssen wir uns zusammenschließen, um der militärischen Gewalt zu trotzen – gleichsam in einer ›offenen Verschwörung‹...« Wells brach kurz ab und schmunzelte in sich hinein, dann fuhr er fort: »Ja, genau. Wir müssen die Armeen, die sich uns in den Weg stellen, gemeinsam bekämpfen und vernichten.«

»Offene Verschwörung?« Lord Hellbroke zog den Begriff in die Länge. »Was soll das sein? Eine Verschwörung, die sich nach und nach für andere öffnet? Oder die ihre Pläne offenlegt? Wäre das denn ratsam?«

»Ich glaube jedenfalls an eine friedliche Weltgemeinschaft«, antwortete Wells. »Der Geist der Menschheit beginnt zu erwachen, mit ihm eine neue Religion, die zur Befreiung der schöpferischen Kräfte führt. Wann es so weit sein wird, vermag ich nicht zu sagen, aber die neue Ordnung kommt mit Naturnotwendigkeit!«

Lord Hellbroke nickte ihm versöhnlich zu.

»Alle momentanen Regierungen«, fuhr Wells fort, »sind nur Provisorien, deren wichtigste politische Strategie darin besteht, andere Länder zu schwächen, sie sich einzuverleiben oder zu beseitigen. Gemeinsam werden wir unter Zuhilfenahme von Polizei- und Militärgewalt für freien Verkehr, Aufhebung der Grenzen, für Redefreiheit und Aufrechterhaltung des Friedens in Gebieten kämpfen müssen, wo Unterdrückung herrscht. Schöpferische Ideen haben einfach die Pflicht, aggressiv zu werden!«

»Und was ist mit dem Völkerbund?«, fragte Walter Lippmann.

»Die Gründung des Völkerbundes ist gewiss ein Schritt in die richtige Richtung. Leider gibt es einflussreiche Kreise – ich denke da beispielsweise an Alfred Milner und die britischen Round-Table-Gruppen –, die eine Bewaffnung verhindern wollen. Und auch wenn ausgerechnet die USA dem Völkerbund noch nicht beigetreten sind, so haben doch gerade Sie, meine Herren, vollstes Verständnis, wenn ich sage, dass es heute nicht mehr darum gehen kann, das British Empire mit neuem Namen wieder aufleben zu lassen! Vielleicht aber kann ein britisch-amerikanisches Commonwealth tatsächlich der Vorläufer des angestrebten Weltstaates sein! Anschließend kann man damit beginnen, die Kontinente zu vereinigen.«

»Und wie wollen Sie diesen Weltstaat regieren?«, fragte erneut Lippmann.

»Dass er keine Demokratie sein kann, liegt auf der Hand«, antwortete Wells. »Ein Parlament der ganzen Menschheit ist undenkbar. Vielmehr haben wir den vernünftigen Wunsch, dass die Staatsgeschäfte durch entsprechend gerüstete, kluge und der Sache ergebene Männer geführt werden.«

»Also eine Art Weltdirektorium?«, fragte Lippmann.

Wells lächelte.

»Und die Wirtschaft?«, fragte Rockefeller.

»So wie wir den Kampf ums Dasein abschaffen wollen, so werden wir es auch mit der sogenannten freien Konkurrenz tun. Wir benötigen also eine sachkundige Regelung des wirtschaftlichen Lebens im Interesse der Allgemeinheit: eine wirksame Kontrolle nicht nur der Streitkräfte und des Bevölkerungswachstums, sondern auch der Produktion und Distribution der wichtigsten Güter. Abenteuerlichem Spekulantentum würde ein Ende gesetzt werden. Die momentanen Entwicklungen weg vom Finanz-, hin zum Monopolkapitalismus weisen schon in die richtige Richtung. Natürlich darf es nicht dabei bleiben, dass einzelne Monopolisten die Wirtschaft kontrollieren. Und der Ozean, die Luft oder auch seltene Tiere müssen Kollektivbesitz sein, sie könnten sonst nicht als gesichert gelten – aber mit Eigentumsrechten, die von einer konkreten Körperschaft ausgeübt werden. Die Rohstoffe der Erde sollten allen gehören und dürften nicht von einem raffgierigen Individuum oder einem raffgierigen Staat monopolisiert werden.«

»Und Privateigentum?«, fragte Frank Vanderlip.

»Ist als Übergangsstadium nicht ganz zu verwerfen, auch wenn nichts sonst zu seinen Gunsten spricht. Letztendlich aber sollte es aber durch die höher organisierte Form des Kollektiveigentums ersetzt werden. Zudem wird das Geldsystem durch eine zentrale Instanz gesichert und die Kreditwirtschaft einer sozialisierten Weltbank unterstellt.«

»Diesbezüglich sind wir uns einig«, lächelte Lord Hellbroke.

»Marxismus und Kommunismus«, fuhr Wells fort, »sind Abwege vom Pfad des menschlichen Fortschritts. Der wesentliche Irrtum besteht in der naiven Annahme, dass man die Benachteiligten zu mehr als Manifestationen ihrer Unzufriedenheit bringen könne. Wenn wir nun den Irrtum aufheben, verlieren wir zwar den trügerischen Glauben an einen mit Zauberkräften ausgestatteten Riesen, das Proletariat, aber wir bereiten dafür den Weg hin zu einer realistischeren Gemeinschaft, dem Weltstaat!«

The New Negro

Anna, Du Bois, Alain Locke und Regina Andrews hatten sich hinaus auf die Terrasse begeben und blickten über den Hudson River. Über ihnen ergoss sich die Milchstraße. Anna fühlte sich plötzlich wie in einer Unterwasserwelt: Viele der Gäste trugen Badeanzüge oder leichte Kleidung, lagen auf Sonnenliegen oder tanzten zu den frenetischen Rhythmen der Kapelle.

»Der Hudson entspringt in den Adirondack Mountains«, erklärte Regina und zeigte in Richtung Norden. »Überwiegend fließt er durch den Bundesstaat New York, bei Albany nimmt er den Mohawk River auf. Zwischen Manhattan und Brooklyn einerseits und Staten Island und New Jersey mündet er dann im Atlantik. Die Ureinwohner nannten ihn ›Muh-he-kun-ne-tuk‹, also ›Der in beide Richtungen fließt‹.«

Locke lachte. »Auch die Beziehung zwischen Schwarzen und Weißen fließt in beide Richtungen. Es gibt sogar eine – ja theatralische Tradition, die den Neger benutzt, um der weißen Psyche zu dienen, Minstrel Shows genannt. Es handelt sich dabei um eine Karikatur von Afroamerikanern, bei der weiße Unterhaltungskünstler ihre Gesichter schwarz färben oder Negermasken überziehen – zur Belustigung eines weißen Publikums, versteht sich.«

»Dennoch«, sagte Du Bois. »So absurd es auch erscheinen mag: Schwarze und weiße Amerikaner kann man nicht unabhängig voneinander verstehen – jeder brauchte den anderen, um sich zu definieren.«

Anna fand es fantastisch, dass die beiden schwarzen Philosophen mit ihnen wie mit alten Freunden sprachen.

Regina ergriff nun das Wort: »Ja, genau. Und die Minstrel Shows zeigen, wie essenziell die Schwarzen für die Weißen sind. In gewisser Weise handelt es sich tatsächlich um eine Symbiose.«

Du Bois nickte. »Die Weißen nutzen die Schwarzen als Spiegelbild, um in diesem Maskenspiel ihren eigenen Schatten darzustellen. Und die Schwarzen machen bei diesem Affentheater bis heute mit: Sie verstecken sich hinter der Maske und geben vor, genau so zu sein, wie die Weißen sie sehen – als Antithese zum disziplinierten, hart arbeitenden Protestanten mit seiner Sauberkeit, seinem Fleiß und seiner Pünktlichkeit. Es war teilweise auch einfach eine Frage des Überlebens, ein Schutz gegen Gewalt. Solange man dem Bild entspricht, ist man sicher. Wenn der Schwarze jedoch vergisst, die Maske aufzusetzen und ein realer Mensch wird, droht Gefahr. So aber wurde vielen Afroamerikanern die Maske realer als ihr Selbst.«

»Die schwarze Maske ist nichts anderes als das Alter Ego der Weißen«, meinte Regina. »So können sie sich über ihre eigenen Ängste und Schwächen lustig machen.«

Alain Locke sagte: »Ja. Harlem ist mindestens ebenso eine Kreation der Weißen wie der Schwarzen.«

»Eine Projektion«, sagte Anna. »Der Rassismus hat demnach letztlich tiefenpsychologische Ursachen.«

»Hey, Regina!«, rief ein Mann. »Komm doch mal auf ein Tänzchen rüber.«

Anna lachte. »Und in Harlem geht das Spiel einfach nur mit anderen Vorzeichen weiter!«

Sie hörten ein Platschen und kurz darauf Applaus, drehten sich um und sahen einen jungen Mann, der aus dem Wasser des Swimmingpools auftauchte. Ein zweiter Mann, ein Farbiger mit durchtrainiertem Körper, stieg auf das 1-Meter-Brett und begann springend sich immer höher zu katapultieren, bis er schließlich schräg in die Höhe schoss, einen Salto machte und kopfüber ins Wasser eintauchte. Wieder applaudierten einige der Gäste.

»Und jetzt?« Anna schaute Regina an, die zurückgrinste. Beide hatten die Attraktivität der Springkünstler bemerkt.

»Jetzt geht es darum, dass wir unser authentisches Selbst finden«, antwortete Locke ungerührt. »Wir müssen damit aufhören, uns mit den Augen anderer zu betrachten, wir müssen endlich den Schleier herunterreißen! Früher schien der Schlüssel fürs gelobte Land im Ende der Sklaverei zu liegen. Alle glaubten, mit einem quasi göttlichen Befreiungsschlag hätten Zweifel und Enttäuschung ein Ende. Mit der Freiheit aber kam die große Desillusionierung.«

»Nach und nach bildete sich eine neue Idee, eine neue Hoffnung«, sagte Du Bois. »Vielleicht das einzige Mittel, um das ungleiche Verhältnis zwischen den Rassen aufzuheben. Nicht ohne Grund war sich der Süden während der Sklaverei darin einig, die Sklaven in Unwissenheit zu halten – eine Unwissenheit, mit der die Weißen das Bewusstsein der Schwarzen bestimmten und niederschlugen. Nun müssen wir zeigen, dass wir ebenso moralische wie vernunftbegabte Wesen sind. Denn alle Menschen sind gleich geboren und von ihrem Schöpfer mit gewissen unveräußerlichen Rechten ausgestattet, zu denen Leben, Freiheit und Streben nach Glück gehören.«

»Im Grunde«, bemerkte Du Bois, während sein Blick in die Ferne schweifte, »gibt es keine bessere Personifizierung der Unabhängigkeitserklärung als den amerikanischen Schwarzen. Unser Problem ist nichts weiter als ein Testfall für die immanenten Prinzipien. Wir müssen die kulturelle Wiedergeburt der Schwarzen zum Ziel haben, verbunden mit einem höheren Individualismus, der den größten Respekt für die souveräne menschliche Seele in sich trägt, für jenen Funken der Göttlichkeit, den wir das eigene Ich nennen.«

Anna fühlte sich plötzlich in eine Geisteswelt versetzt, von der sie gedacht hatte, dass sie untergegangen sei. Ein höherer Individualismus? Die souveräne menschliche Seele? Das Ich als göttlicher Funke? Waren dies nicht Formulierungen der Goethezeit, dem deutschen Idealismus? Vorstellungen und Ideen, die durch den kruden Materialismus des 19. Jahrhunderts aufgehoben wurden? Die der »Exstirpation« des deutschen Geistes zum Opfer gefallen waren, wie Nietzsche meinte. Eine Exstirpation zugunsten des Deutschen Reiches?

»In der Ferne läuten die Glocken einer neuen Renaissance!«, sagte Alain Locke. »Es ist die Morgendämmerung des ›New Negro‹. Wir sind Zeitzeugen eines außergewöhnlichen Ausbruchs an kreativen Energien

– hier in Harlem, aber auch in anderen Zentren der Schwarzen. Ein neuer Geist erblüht, unsere jüngere Generation vibriert mit einer neuen Psychologie.«

Anna schaute ihn überrascht an. Der Mann hatte Visionen! Ja, das war natürlich auch eine Möglichkeit, wohin die Rassenlehre führen könnte…

Die Anleihe

Nach dem Vortrag von H. G. Wells zogen sich einige der Herren in einen Nebenraum zurück. Nach einer halben Stunde kam ein Diener auf mich zu und teilte mir mit, ich möge bitte hinzukommen.

Etwas nervös betrat ich den mit Stuck ausstaffierten Raum, grüßte mit einer leichten Verbeugung und setzte mich in einen der Sessel an einen länglichen, kniehohen Marmortisch, auf dem allerlei Getränke bereitstanden. Lord Hellbroke, Charles G. Dawes, Hermann von Stieglitz, Benjamin Strong, Montagu Norman, Walter Teagle und die Bankiers Paul und Max Warburg nickten mir zu.

Hellbroke wandte sich an Hermann von Stieglitz, verschränkte seine knochigen Finger und sagte: »Ich hoffe, Ihre ›Studienreise‹ hat sich gelohnt?«

»Viele Fragen wurden beantwortet«, antwortete er höflich lächelnd. »Andere sind dazugekommen. Mich interessieren ja die Fusionen. Ich finde es beeindruckend, wie sich die amerikanischen Monopole aufeinander zu bewegen.«

Benjamin Strong rieb sich am Kinn. »In Deutschland gibt es doch ganz ähnliche Entwicklungen.« Der Präsident der Federal Reserve Bank of New York wirkte sehr selbstbewusst. Er war schlank, hatte geradezu quallenartige Lippen, dazu schütteres Haar und eine große Nase.

»Ja, aber mir scheint, Sie sind uns um Jahre voraus!«

»Was ist mit der Interessengemeinschaft der deutschen Teerfarbenindustrie?«, wollte Strong wissen.

»Leider ist sie nichts weiter als ein relativ loser Verbund. Die sechs Beteiligten haben, außer bei den Farbstoffen, ihre volle Selbstständigkeit behalten. Nicht zu vergleichen mit Standard Oil!«

»Aber Carl Duisberg hatte sich doch dafür stark gemacht?«, fragte Lord Hellbroke.

»Ja, ohne ihn wäre wohl nicht einmal der lose Zusammenschluss zustande gekommen.«

»Als Anhänger der großdeutschen Idee ist Duisberg schließlich zutiefst von Deutschlands Überlegenheit gegenüber anderen Ländern überzeugt«, warf Montagu Norman ein. Der Governor der Bank of England trug einen weißen Spitzbart. Er hatte eine breite, hohe Stirn und feingliedrige Hände, als sei er geradewegs einem Bild des spanischen Malers Diego Velázquez entstiegen.

Stieglitz nickte und fuhr fort: »Duisberg hat mir berichtet, wie sehr ihn die hiesigen Konzernzusammenschlüsse beeindrucken.« Er wandte sich an Walter Teagle: »Dabei erregte besonders Ihre Firma seine Aufmerksamkeit. Nach seiner Rückkehr begann er sofort damit, für einen Zusammenschluss nach Art der Standard Oil zu werben. Sein Hauptziel, die kostspieligen Konkurrenzkämpfe zu beenden, fand sogleich die volle Unterstützung der Unternehmen.«

»Also sind Sie in Deutschland auf bestem Wege.« Lord Hellbroke lehnte sich zurück und steckte seine Daumen hinter die rot-schwarzen Hosenträger. »Und die I. G. haben doch mit der Produktion synthetischen Öls großartige Aussichten. Wenn die natürlichen Reserven in absehbarer Zeit zur Neige gehen, werden Sie gewiss obenauf sein!«

Stieglitz zuckte mit den Schultern. »Vorausgesetzt, dass die Herstellung synthetischer Kraftstoffe im großen Maßstab gelingt. Das ist außerordentlich kostspielig, ein echtes Risiko!«

»Ein starker Partner wäre also gut.« Hellbroke blickte zu Walter Teagle.

Der blies eine große Rauchwolke aus. »Standard Oil hat gegenüber Herrn von Stieglitz durchaus ein gewisses Interesse bekundet.«

Charles Dawes, der Direktor des amerikanischen Bundeshaushaltsbüros, der vier Jahre später den Friedensnobelpreis für seine Verdienste um die Refinanzierung Deutschlands erhalten sollte, faltete die Hände und sagte, auf den Marmortisch starrend: »Unter den gegebenen Umständen wäre es aber sehr gewagt, in Deutschland zu investieren.« Sein längliches, etwas müdes Gesicht sah aus, als würde die Schwerkraft eine besondere Wirkung auf ihn ausüben.

»Die Inflation bei uns ist natürlich ein Problem.«

»Doch ermöglicht sie Ihnen, Ihre Schulden zu liquidieren«, meinte Montagu Norman.

Stieglitz biss sich auf die Lippen und wechselte das Thema: »Wir alle hier wissen, dass es die Bestimmungen des Versailler Vertrages sind, die uns in Deutschland in die Knie zwingen. Vor allem die Franzosen mit ihren astronomischen Reparationsforderungen richten uns noch zugrunde!«

»Wahrscheinlich wären die Franzosen entspannter, wenn sie die Rheingrenze erreicht hätten«, bemerkte Dawes.

»Ohne Zweifel wären sie überglücklich, wenn sie die Kontrolle über das Rheinland erlangen könnten«, antwortete Stieglitz.

»Um das französische Erz mit der westdeutschen Kohle zu vereinigen«, sagte wieder Dawes.

Lord Hellbroke wandte sich nun an mich: »Mich würde interessieren, was Herr von Trott dazu meint.«

Ich spürte, wie ich zu schwitzen begann, riss mich aber zusammen. »Wenn es den Franzosen gelingen sollte, sowohl das Rheinland als auch das Ruhrgebiet zu annektieren, schaffen sie sich die materielle Basis für eine Vorherrschaft im kontinentalen Europa!«

Erstaunlicherweise nickte Lord Hellbroke zufrieden.

»Deshalb müssen wir auch schleunigst etwas tun!«, warf Stieglitz ein. »Dem Druck Frankreichs auf Deutschland muss etwas entgegengesetzt werden!«

Montagu Norman strich sich über den Bart. »Die deutsche Wirtschaft wird nicht gesunden, solange die Währung nicht stabilisiert ist.«

»Zur Stabilisierung kann es aber nur durch ausländische Hilfe kommen, am besten durch eine große amerikanische Anleihe!«

Die Grandseigneurs lächelten, Stieglitz rannte offene Türen ein. War doch der amerikanische Kapitalmarkt mehr und mehr gesättigt, und Kredite brachten nur noch niedrige Zinsen ein. Hier winkte also ein äußerst profitables Geschäft. Mit den weltweit größten Goldvorräten im Rücken gingen die US-Imperialisten auch nicht wirklich ein Risiko ein. Darüber hinaus würde der politische Einfluss auf die deutsche Regierung wachsen... Wollte man Deutschland zur amerikanischen Dependance in Europa machen?

Renaissance

»Ein neues Bewusstsein erwacht unter den Menschen« sagte Alain Locke. »Wir müssen endlich den ›Old Negro‹ abschütteln, die Tyrannei der gesellschaftlichen Einschüchterung und die Psychologie der Minderwertigkeit überwinden, dann erst erreichen wir volle Emanzipation!«

Für Anna war Alain Locke ein wenig rätselhaft. Einerseits war er der erste Schwarze, der in den Genuss des prestigeträchtigen Rhodes-Stipendiums an der Universität Oxford gekommen war, andererseits staunte sie, wie verwegen, impulsiv und leidenschaftlich er war, daneben durchaus weltgewandt.

»Wir treten in eine neue dynamische Phase ein«, fuhr er fort. »Dies zeigt sich an unserer jungen Generation, die bereits ganz anders auftritt als wir, viel selbstbewusster!«

In dem Moment betrat eine Band mit sieben Jazzmusikern die Terrasse und begann den Leuten einzuheizen, angeführt von Coleman »Hawk« Hawkins mit seinem Tenorsaxophon.

»Ist das nicht Teil der kulturellen Revolution?«, brüllte Anna gegen die Musik an. »Eine Revolution, welche die ganze Welt erfasst zu haben scheint?«

»Selbstverständlich!« Locke schnippte nebenher mit den Fingern zur Musik. »Wir sind eine der unzähligen Bewegungen, die in Indien, China, Ägypten, Irland, Russland, Palästina oder auch Mexiko nach Selbstbestimmung streben!«

Auch Regina und Du Bois bewegten sich zur Musik – ganz locker, natürlich, nebenbei.

»Nun, da eine Flut von Farbigen hierherzieht«, sprach Locke weiter, »finden wir zusammen, so unterschiedlich wir auch sein mögen. Harlem wird unser Zion: eine neue Kultur, um Rhythmus und Gefühl bereichert aus der sprudelnden Quelle des Negro Life!«

Wieder stieg ein Mann aufs Sprungbrett, nahm Anlauf und sprang in hohem Bogen in die Luft, um kerzengerade mit einem Kopfsprung ins Wasser zu tauchen. Anna wurde immer unruhiger, sie wollte sich gern wieder unter die Leute mischen und blickte zu Regina. Die verstand, und sie verabschiedeten sich.

»Passt auf euch auf!«, rief Du Bois ihnen hinterher, als sie Hand in Hand geradewegs zu Zelda Fitzgerald gingen, die neben dem Swimmingpool ausgelassen mit einer Frau tanzte. Doch noch bevor die beiden dort waren, machte sich Regina los und verschwand, »um sich die Nase zu pudern«.

Zelda strahlte Anna an und begrüßte sie mit zwei Küsschen.

»Wo ist Scott?«, fragte Anna.

»Ich habe ihn ein bisschen flirten geschickt. Er geht mir sonst auf die Nerven wegen meiner Schwangerschaft. – Komm, tanz mit uns!« Lachend griff sie ihre Hand, Carl Van Vechten kam hinzu, und sie tanzten gemeinsam.

Anschließend fragte Anna: »Und? Wer hat gewonnen?«

»Den Krieg? Na, wir natürlich!« Auch Carl war schon leicht angeheitert.

»Ich meine, beim Bridge!«

»So eine Zeitverschwendung, vor allem weil A'Lelia immer gewinnt. Das ist doch langweilig!« Dann nahm er Annas rechte Hand, küsste sie sanft und verschwand wieder unter den Tanzenden. Kurz darauf erhaschte sie einen Blick von Dorothy Parker, sie hielt einen Highball in der Hand und unterhielt sich mit einem Mann in Streifenhosen und fein gebügeltem blütenweißen Hemd. Anna schob sich durch die tanzende Menge zu ihr durch. Als ihr Gesprächspartner sie sah, verschwand er ganz plötzlich im Haus.

»Wer war das denn?«

»Der Kerl hat nach dir gefragt«, antwortete Dorothy. »Er wollte wissen, ob du aus Deutschland bist und wie lange du noch bleibst.«

»Und was hast du geantwortet?«

»Na, dass ich keine Ahnung habe. Er meinte, er würde deinen Vater kennen.«

Anna zuckte mit den Schultern. »Ich kenne ihn nicht.«

»Eine zwielichtige Figur«, meinte Dorothy. »Halt dich besser fern von ihm. Hier tummeln sich so einige Leute, denen man nicht über den Weg trauen kann. – Oh, sieh mal, da ist Baron Rothschild, Lionel Walter! Der lässt wahrscheinlich mal wieder die Puppen tanzen.« Anna blickte hinüber zu einem kräftigen, durchaus sympathisch wirkenden Mann, dem zwar die Haare weitgehend ausgefallen waren, der dafür jedoch einen kurzen ergrauten Bart mit geschwungenen Enden trug.

»Er ist ein guter Freund von Chaim Weizmann. Soviel ich weiß, hat er an einer Gründungserklärung für eine nationale Heimstätte der Juden in Palästina mitgearbeitet.« Dorothy lief tänzelnd wie ein kleines Mädchen zu Lord Rothschild. »Lionel!«, sagte sie und hakte sich bei ihm ein.

»Wie kommt es, dass Sie uns mit Ihrer Anwesenheit beehren? Haben Sie nichts Besseres zu tun?«

Rothschild lächelte. »Freunde von mir haben in der Tat ein wichtiges Treffen. Unsere Interessen werden jedoch bestens vertreten, da mache ich mir keine Sorgen. Außerdem wollte ich mir doch einen Abend nicht entgehen lassen, an dem ich so charmante Damen treffen kann.«

»Sie Charmeur!« Dorothy winkte kokett ab und zwinkerte Anna zu. Dann verschwand sie mit Rothschild.

Anna ließ sich einen Highball geben, ging ins Haus und schlenderte umher. Überall standen afrikanische Skulpturen, kleine Palmen, viele Blumen in Vasen. An den Wänden hingen Masken aus Afrika und Polynesien. Die Stimmung unter den Gästen wurde immer ausgelassener. Da legte jemand von hinten die Hände um Annas Augen. Sie blieb stehen und drehte sich um. »Louise!« Sie umarmte die Freundin.

»Ja, ich bin's.« Sie küsste Anna auf die Wange.

»Und?«, fragte Anna. »Wird es heute wieder Hintertüren geben, die sich plötzlich auftun?«

»Pass bloß auf!«, warnte Louise mit erhobenem Zeigefinger.

»Meinst du, dass mich sonst ein Loa holen könnte?«

Louise lächelte. »Das könnte durchaus passieren.«

»Sag mal, sagtest du nicht, ich könnte mal einer Voodoo-Zeremonie beiwohnen?«

»Wenn du möchtest, morgen Abend!«

»Wirklich?« Anna war über die prompte Antwort leicht erschrocken.

Louise lachte und nahm sie bei der Hand. »Komm, wir gehen auf die Terrasse!«

Draußen wogte die Menge. Die Gäste tanzten, improvisierten und gestikulierten rhythmisch.

Anna lehnte sich zu Louise. »Ein Freund meinte mal zu mir, er würde nur an einen Gott glauben, der tanzen kann.«

»Dann lass uns mal die Hüften schwingen!«, rief Louise, woraufhin sich die beiden ins Gewimmel stürzten. Immer mehr Gäste drängten neben dem Pool, lachten und schrien – bis schließlich eine ganze Gruppe, Anna und Louise mit sich reißend, ins Wasser stürzte.

Ein wundervoller Plan

»Könnten die USA denn nicht ihre Position als Geldgeber nutzen, um Frankreich zum Nachgeben zu bewegen?«, fragte Stieglitz. »Wenn sie den Franzosen Erleichterungen in der Rückzahlung ihrer Anleihen gewähren würden, so dürften sie doch als Gegenleistung eine gemäßigtere Politik gegenüber Deutschland verlangen.«

»Nun«, antwortete Lord Hellbroke. »Wir müssen auch die öffentliche Meinung in den USA berücksichtigen. Wenige Jahre nach dem Krieg würde ein direktes Vorgehen gegen die ehemaligen Verbündeten auf keine allzu großen Sympathien stoßen.«

»Und der Francs ist momentan auch recht stabil«, bemerkte Montagu Norman.

»Zu gegebener Stunde aber könnte die Verschuldung der Franzosen durchaus dafür benutzt werden, ihren Einfluss zurückzudrängen«, meinte Benjamin Strong.

»Und da ist ja auch noch das Problem der Arbeiterbewegung«, gab Lord Hellbroke zu bedenken.

Stieglitz zuckte mit den Schultern. »Tja, die sozialen Zugeständnisse der letzten Jahre werden trotzdem wieder abgebaut werden müssen.«

»Beispielsweise der Acht-Stunden-Tag«, meinte Max Warburg.

Stieglitz nickte. »Ja. Wir müssen alles beseitigen, was der Erzielung maximaler Profite im Wege steht.«

»In der Tat.« Dawes rückte seine Brille zurecht. »Wenn wir wirklich in Deutschland investieren sollen, wird man weit mehr als bisher das Ziel des Wirtschaftswachstums voranstellen müssen.«

Lord Hellbroke lächelte. »Offensichtlich herrscht Übereinstimmung, was die Voraussetzungen für eine Anleihe angeht, die der Erneuerung und Erweiterung des deutschen Produktionsapparates dient.«

»In diesem Sinne hoffe ich«, meinte Stieglitz, »dass man sich bald dazu entschließen wird. Der Sieg der Revolution in Russland hat beim deutschen Proletariat große Hoffnungen geweckt und auch international die Arbeiterbewegung mächtig anwachsen lassen.«

»Das ist uns natürlich bewusst«, sagte Charles Dawes.

»Ein Umsturz ist eine reale Gefahr, denn unsere KPD hat sich, von Moskau tatkräftig unterstützt, die Revolution auf die Fahnen geschrieben.«

»Wir sind uns ja völlig darüber einig«, sagte Hellbroke, »dass es nicht nur darum gehen darf, den Zehn-Stunden-Tag wieder einzuführen. Selbstverständlich muss Deutschland generell zu einem Bollwerk gegen die Sowjetunion umstrukturiert werden. Nichts wäre schlimmer als ein Umsturz, der zum Bündnis mit Sowjetrussland führen könne – eine unvorstellbare Gefahr für den Weltfrieden!«

Du liebe Güte, dachte ich, spekulierten die Amerikaner etwa darauf, dass die Deutschen die Sowjetunion angreifen würden? Betrachteten sie das am Ende als Voraussetzung für ihre Anleihe? Das würde ja in absehbarer Zeit wieder Krieg bedeuten!

»Wir wissen«, sagte Stieglitz, »was das amerikanische Finanzkapital von uns erwartet. Nur mithilfe einer Diktatur kann die revolutionäre Bewegung in Deutschland gestoppt werden!«

»Auch im restlichen Europa«, fügte Lord Hellbroke an.

»Sollten wir vielleicht alles noch mehr auf die Spitze treiben?«

»Eine konsequent durchgeführte Katastrophenpolitik könnte in der Tat alle notwendigen Voraussetzungen schaffen«, bestätigte Max Warburg.

»Leider stehen uns dabei Leute wie Walther Rathenau im Wege.« Stieglitz schüttelte leicht den Kopf. »In der naiven Hoffnung auf eine Revision der Versailler Vertragsbedingungen fahren sie unbeirrt damit fort, die Reparationsverpflichtungen zu erfüllen. Damit unterwerfen sie sich immer weiter der französischen Vorherrschaft!«

»Ich denke auch, dass ein provokatives Vorgehen der richtige Weg wäre.« Hellbroke schaute mich an. »Kann man denn nichts gegen diesen Rathenau unternehmen?«

»Nun, ich weiß, dass ihn gewisse Kreise in Deutschland bereits ins Visier genommen haben«, antwortete ich.

»Gewisse Kreise?«

»Die Organisation Consul«, erklärte ich. »Ehemalige Freikorpssoldaten in straffer militärischer Ausrichtung unter der Führung Hermann Ehrhardts.«

»Und die deutschen Behörden wissen davon?«

»Offiziell nicht, unter der Hand aber wird es durchaus akzeptiert, ja sogar gefördert. Die O. C. kann jederzeit zur Unterstützung der Regierung gegen einen Aufstand von links eingesetzt werden. Es ist mir aber auch bekannt, dass sie selbst in einen möglichen Putsch von rechts verwickelt ist. Allerdings wollen sie erst dann eingreifen und eine andere

Verfassung ausrufen, wenn die erwartete Revolution von links kommt. Nur dann ist auch mit einem Beistand der Reichswehr zu hoffen: Politische Morde wie kürzlich an Matthias Erzberger dienen also vor allem der Agitation, sie sollen einen Linksputsch provozieren.«

»Dann wollen wir auf gutes Gelingen hoffen«, sagte Lord Hellbroke in die Runde blickend. »Und was machen wir nun mit den Franzosen?«

»Vielleicht könnte man die ja dazu bringen, das Ruhrgebiet zu besetzen«, sagte Dawes zu Stieglitz. »Auf diese Weise müssten sie viel mehr investieren, als aus dem Ruhrgebiet herauszuholen ist, sodass die Franzosen ausbluten und uns um eine weitere Anleihe bitten müssten. Dann hätten wir sie endgültig in der Hand und könnten ihnen unsere Bedingungen diktieren.«

Stieglitz nickte. »Frankreich würde das linksrheinische Gebiet allzu gerne von Deutschland abtrennen, um es unter seine militärische Obhut zu stellen. Dann wären wir als Konkurrenz endgültig ausgeschaltet, und sie könnten den Wettbewerb gegen England aufnehmen. Wenn sie also die Wahl haben zwischen der Erfüllung der Reparationszahlungen einerseits und der Annexion des Rheinlandes und des Ruhrgebietes andererseits, werden sie sich definitiv für Letzteres entscheiden.«

»Dann käme ihnen ja eine Weigerung Deutschlands, zu zahlen, entgegen«, bemerkte Charles Dawes.

Ich war fassungslos. Hier wurde mit der Einheit Deutschlands gespielt! Hoffentlich würde sich die Idee nicht durchsetzen. Ich nahm mir vor, die O. C. im Rahmen meiner Möglichkeiten tatkräftig zu unterstützen, damit der von Ehrhardt geplante Putsch diesem Verrat am Vaterland zuvorkommen konnte.

»Katastrophenpolitik ist genau unsere Strategie«, erklärte Stieglitz. »Wir warten nur auf den richtigen Augenblick. Dann werden wir den Franzosen einen Vorwand zur Besetzung des Ruhrgebietes liefern.«

»Eine vorsätzliche Nichterfüllung der Kohlelieferungsverpflichtungen gibt nach den Bestimmungen des Versailler Vertrages den Alliierten das Recht, Konsequenzen zu ziehen«, überlegte Dawes. »Wenn die Franzosen erst einmal im Ruhrgebiet einmarschiert sind, werden sie sich früher oder später übernehmen!«

»Vorausgesetzt, dass sich die USA aus Rheinland und Ruhrgebiet zurückziehen!«, sagte Stieglitz.

»Dann werden allerdings massive Unruhen unter der Bevölkerung, ja wahrscheinlich sogar Hungersnöte unvermeidlich sein«, bemerkte ich leise.

»Aber das wäre das Wagnis doch wert!«, posaunte Lord Hellbroke. »Zudem bietet es eine wunderbare Gelegenheit, für Ruhe zu sorgen und die Arbeiterbewegung auseinanderzunehmen. Man könnte also mehrere Fliegen mit einer Klappe schlagen: Der Schwerindustrie in Deutschland zur Vormacht, ja zur Regierung verhelfen, die wiederum konsequent einen antisowjetischen Kurs steuert – ein geradezu wundervoller Plan!«

Voodoo

Wie alle anderen ganz in Weiß gekleidet, stand Anna mit etwa fünfzig Männern und Frauen in einem viereckigen, von Räucherwerk erfüllten Raum, dem sogenannten Perestyl. Ihre anfängliche Nervosität war verflogen, als man sie in der »Bruderschaft« freundlich empfing, ja regelrecht als Ehrengast behandelte. Zudem hatte Louise eine Freundin gebeten, sich um Anna zu kümmern. Nella war um die dreißig Jahre alt, hatte lockige Haare und ging etwas in die Breite.

Hunderte von Kerzen erleuchteten den Ritualplatz, in dessen Mitte eine vielfarbig bemalte, vom Boden bis zur Decke reichende Säule aus Holz platziert war, der Poteau-mitan, Symbol der Verbindung zur anderen Welt. Am Rande stand ein Altar, voll mit Kerzen, brennenden Räucherstäbchen, kleinen Statuetten, Fotografien und Blumen. Gleich daneben befand sich ein schön verzierter Thron aus massivem Holz auf einem Podest. Die Anwesenden unterhielten sich flüsternd, Spannung lag in der Luft. Das Murmeln wurde jäh unterbrochen, als laute Fanfaren erklangen.

»Gleich kommt der Zeremonienmeister«, flüsterte Nella. »Wir nennen ihn LaPlace.«

Kurz darauf betrat er den Raum. Er trug eine bunte Uniform mit goldenen Knöpfen sowie einen prunkvollen Säbel, den er theatralisch auf und ab schwang, als wenn er jemanden vor sich her triebe. Ihm folgten mehrere Fahnenträger, Frauen und Männer mit aufwendig bestickten Standarten. »Sie symbolisieren unsere Bruderschaft«, erklärte Nella.

Die kleine Prozession lief drei Mal um die Säule, bis alle wie auf Kommando stehen blieben. Vier der Fahnenträger begaben sich an den Rand des Ritualplatzes, von wo aus jeder in eine der vier Himmelsrichtungen blickte, sodass sie gemeinsam ein Kreuz bildeten. Die übrigen Fahnenträger stellten sich nun ebenfalls auf. Anna wusste nicht, ob sie beeindruckt oder belustigt sein sollte. Ihr Herz aber klopfte stark, und sie ahnte, dass die Zeremonie ihre Spuren bei ihr hinterlassen würde. Nichtsdestotrotz war sie bereit, sich darauf einzulassen.

Als die Fanfaren verstummten, setzte ein Trommelwirbel ein, die Fahnen wurden hin und her geschwenkt. Der Zeremonienmeister stand in der Mitte des Raumes. Als die Trommeln verstummten, stellten die Fahnenträger die Standarten senkrecht vor sich auf den Boden und verharrten in dieser Haltung. Intensive Stille folgte. Dann erschallten erneut die Fanfaren, sie kündigten den Hounganikon an, den Chorleiter, der nun den Raum betrat und sich vor den Altar zu Boden warf. Als er wieder aufstand, begab er sich ebenfalls ins Zentrum des Raumes, direkt neben die Säule.

Und ein drittes Mal ertönten die Fanfaren, ein Mann mit besonders würdevoller Miene und einer Rassel kam herein. Sein Kostüm war bunt, er trug eine Schärpe und ein Leopardenfell über dem Rücken.

»Das ist der Priester, der Houngan«, flüsterte Nella ehrfürchtig. »In seiner Rassel wohnt eine okkulte Kraft. Sie bildet mit ihm eine Einheit.«

Es folgten Frauen, auch sie ganz in Weiß. In ihren Reihen entdeckte Anna Louise mit verklärtem Gesicht. Der Houngan schritt hinüber zum Thron und setzte sich. Gleich darauf eilten die Frauen herbei, warfen sich vor ihm auf den Boden und küssten seine Füße. Dabei flüsterten sie ihm etwas zu. Anschließend verteilten sie sich im Raum.

»Diese Frauen, die Hunsi, sind die Initiierten der Gemeinde«, erklärte Nella. »Sie verfügen jeweils über einen Met-Tet, was Meister des Kopfes bedeutet. Das sind Loa, also Geister, mit denen sie verbunden sind.«

Da winkte der Houngan Louise zu sich. Noch einmal kniete sie sich vor ihn und flüsterte ihm etwas zu. Der Houngan schien kurz zu überlegen, schließlich nickte er. Als sie aufstand und sich entfernte, warf sie Anna einen ebenso schnellen wie verstohlenen Blick zu. Hatte sie ihn gebeten, noch inniger mit ihrem persönlichen Geist verbunden zu sein? Was, wenn ihr diese Bitte gewährt würde?

Zeremonienmeister und Chorleiter des Raumes entfernten sich aus der Mitte. Daraufhin erhob sich der Houngan langsam von seinem Thron, schritt würdevoll zum Altar, griff nach dem sogenannten »Erfrischungskrug«, wie Nella erläuterte, und begab sich zur heiligen Säule, wo er in jede Himmelsrichtung jeweils vier Tropfen Wasser darbrachte, um die Zeremonie auszurichten. Anschließend zog er einen Wasserkreis um den Ritualplatz sowie von jeder Außenöffnung des Raumes, von der Tür und den verhangenen Fenstern, jeweils eine Wasserlinie zur Säule. Dort hob er schließlich den Krug in die vier Himmelsrichtungen und bat den Loa der jeweiligen Himmelsrichtung um Schutz. Anschließend stellte er ihn zurück auf den Altar und nahm sich einen Beutel mit Maispulver, um zunächst das Vèvè, also das Emblem und Erkennungszeichen von Simbi, so der Name des Geistes der weißen Magie, auf dem Boden darzustellen. Dafür ließ er das Maispulver aus seiner Faust rieseln. Begleitet wurde er dabei von Rada-Trommeln und dem sanften Gesang der Hunsi, die vom Chorleiter dirigiert wurden. Die Menge begann sich rhythmisch hin und her zu bewegen, auch Anna ließ sich auf die Pendelbewegung ein.

»Simbi ist ganz besonders weise«, sagte Nella, »aber auch sehr eitel: Man muss aufpassen, was man sagt, und darf ihn keinesfalls beleidigen, verstehst du? Auch der Priester würde sich eher die Zunge abbeißen, als schlecht von Simbi zu sprechen.«

Der Houngan streute weiter Maispulver aus, um auch die Embleme anderer Loa darzustellen, bis die gesamte Fläche damit bedeckt war. So rief er die Loa herbei. Anna spürte die ansteigende Spannung und begann zu schwitzen. Sobald der Priester fertig war, murmelte er einige Formeln und rasselte energisch über dem Emblem von Simbi. Da setzten die Trommeln ein, die Hunsi hörten auf zu singen und begannen mit ausgebreiteten Armen zu tanzen und sich gegen den Uhrzeigersinn zu drehen – und zwar gleichzeitig um die eigene Achse und um die Säule herum wie Planeten um die Sonne. Die Musiker trommelten mit an Raserei grenzender Leidenschaft. Es wurde lauter und lauter. Die Trommler verdrehten teilweise die Augen, keuchten und verzerrten die Gesichter. Immer wilder, immer fordernder. Da fielen die Ersten in Trance. Anna fühlte in einem Anflug von Panik, wie sie in einen Sog hineingezogen wurde – ihr Körper, ihre Bewegungen schienen sich zu verselbstständigen.

»Die Geister lieben die Musik, sie lieben den Tanz, sie tanzen auch selbst!«, hörte sie Nella sagen.

Einige Männer und Frauen vollführten inzwischen, wie von Geisterhand geführt, brillante Improvisationen. Auch Anna wurde erfasst und begann zu tanzen. Frauen griffen nach ihrem Kleidersaum, hoben und senkten ihn. Die Virtuosität aller zeigte sich in fast unnatürlichen Verrenkungen, die allgemeine Erregung näherte sich dem Höhepunkt, das Erscheinen der Loa schien kurz bevorzustehen. Da begann eine der Hunsi plötzlich unkontrolliert zu zucken, sie warf sich zu Boden und schlängelte mit angelegten Armen über den Boden – »geritten« von Simbi! Sofort intonierte der Chormeister einen Chant, um den Geist der weißen Magie zu begrüßen. Die Hunsi fielen wie mit einer Stimme in den Gesang ein, der mit lyrischer Kraft die besonderen Eigenschaften des Geistes feierte. Schließlich eilte der Houngan zu der Besessenen, beugte sich zu ihr herunter und trug Simbi eine Bitte vor. Anschließend winkte er den Zeremonienmeister herbei, der mit einer Schüssel Milch und einem weißen, gackernden Huhn herbeigelaufen kam.

»Jetzt wird Simbi gespeist«, erklärte Nella. »Wir würden uns nie an einen so mächtigen Loa wenden, ohne ihm wenigstens ein Huhn zu opfern!«

Als der Hungan die Schüssel direkt vor die Besessene auf den Boden stellte, begann sie augenblicklich Milch daraus zu schlecken. Unterdessen machte der Hungan eine Runde durch den Raum und verstreute Maiskörner, Erdnüsse und Stücke von Jamswurzel.

»Warum tut er das?«, fragte Anna.

»Das ist für die kleinen Loa. Und für die Toten, die hier umherstreifen, weil sie von den Trommeln angezogen werden. Auch sie haben Hunger und könnten sich bitter rächen, wenn man sie vergäße.«

Der Houngan hielt inzwischen das Huhn unter seinem linken Arm und holte mit der rechten Hand Maiskörner aus der Tasche seines Gewandes, um sie auf dem Boden zu verstreuen. Dabei wiederholte er eindringlicher seine Bitte. Dann hielt er das Huhn ganz sanft mit beiden Händen knapp über den Boden.

»Sobald es von den Körnern frisst«, erklärte Nella, »wird es Eigentum des Loa und nimmt an seiner göttlichen Natur teil.«

Das Huhn pickte auch schon leise gackernd die Körner auf: Der Loa akzeptierte das Opfer! Mit triumphierendem Lächeln drehte der Priester dem Tier den Kopf um, hielt den toten Körper in die Höhe und präsentierte ihn in alle Himmelsrichtungen. Anna sah, dass der Houngan die Augen verdrehte.

»Oh, sieh nur!« kommentierte Nella. »Er ist selbst von Simbi besessen!«

Da eilte der Zeremonienmeister herbei und überreichte ihm ein kleines Messer, mit dem der Houngan dem Huhn die Kehle durchschnitt. Das Blut wurde in einer Schale aufgefangen. Der Houngan ließ ein paar

Tropfen auf das Emblem von Simbi fallen. Anna erschauerte, als er am Hals des Vogels saugte, ihm mit blutverschmiertem Mund einige Federn aus der Brust riss und sie an die Säule klebte. Dann überreichte er das Huhn dem Zeremonienmeister, der es ehrfürchtig auf den Altar legte. Der Houngan markierte anschließend mit dem Blut aus der Schale die noch immer am Boden liegende Hunsi an der Stirn, woraufhin sie von zwei anderen wieder auf die Beine gestellt und an den Rand des Platzes begleitet wurde.

Als Anna schon dachte, dass der Höhepunkt erreicht sei, fuhren weitere Geister in die Anwesenden: Die Loa bestiegen ihre menschlichen Pferde und begannen zu reiten, teilweise bäumten sich die Körper der Männer und Frauen heftig auf. Dabei wurden die Loa von der Gemeinde freudig begrüßt und mit Gaben bedacht. Gelächter und Scherze waren zu hören – wie bei einem Treffen alter Freunde! Aber wo war Louise? Sie blickte sich um und erstarrte. Wie aus dem Nichts stand die Freundin vor ihr und blickte sie an.

»Mein Gott«, flüsterte Anna. »Du bist besessen!«

Da packte Louise sie an den Schultern und sagte laut und eindringlich: »Auch du wirst ein Opfer bringen müssen, auch du!«

Daraufhin kippte Annas Kopf nach hinten weg, als hätte ihr jemand eine Kugel in die Stirn gejagt. Zwei Männer, die direkt neben ihr standen, fingen sie gerade noch auf, brachten sie an den Rand und legten die Ohnmächtige zu Boden.

Der Traum

Anna liegt irgendwo draußen auf erdigem Untergrund. Es ist Nacht, und der Mond taucht alles in sein Silberlicht. Verwirrt rappelt sie sich auf.

Sie steht auf einem sich in unendlicher Ferne erstreckenden Acker, über ihr dehnt sich der von Millionen Sternen übersäte Himmel. Urplötzlich setzt sich der Mond in Bewegung und verschwindet am Horizont. Im Osten klart es auf, die Sonne erscheint und steigt zügig auf. Doch kaum ist es Tag, sinkt sie schon wieder hinab, um erneut dem Mond die Bühne zu überlassen. Wieder und wieder ereignet sich das Schauspiel, Tage vergehen wie in Sekundenschnelle, Monate, vielleicht sogar Jahre…

Dann stoppt es abrupt – mitten in der Nacht. Aus der Ferne sind Trommelgeräusche zu vernehmen, sie kommen näher. Schließlich erscheinen die Teilnehmer der Voodoo-Zeremonie, angeführt von den Standartenträgern. Sie führen einen Stier aufs Feld. Das Gefolge gestikuliert wild, alle lachen und schreien. Da sieht Anna, dass Heinrich es ist, der den Stier an einer Kette hinter sich herzieht. Er nickt ihr zu und überreicht ihr eine Machete. Anna weiß, was sie zu tun hat. Während die Trommeln immer schneller werden, die Tänze der Leute immer wilder und hemmungsloser, stößt sie dem Stier die Klinge in den Nacken, und wie vom Blitz getroffen, stürzt das Tier zu Boden. Anna kniet sich zu ihm nieder, packt ihn bei den Hörnern und trennt den Kopf ab. Dann hebt sie ihn in die Höhe und präsentiert ihn den Göttern. In dem Moment realisiert sie mit Entsetzen, dass es Heinrichs Kopf ist!

Die Hunsi reißen den Stierkörper in Stücke und beginnen, sein Blut zu trinken und ihn zu verspeisen. Die Reste verstreuen sie ringsumher. Anna fühlt unendliche Traurigkeit. Der Tod, er ist allgegenwärtig. Schaudernd dreht sie Heinrichs Kopf zu sich, um sein Gesicht zu sehen. Er öffnet die Augen und lächelt sanft.

Von Osten her dringt Kinderlachen herüber, die Sonne geht wieder auf. Kurz darauf eilen Hunderte von Kindern herbei und tanzen ausgelassen auf dem Feld umher.

Upper Class

New York, 2. Oktober 1921. Nach dem Besuch beim Council on Foreign Relations war ich noch etwas trinken gegangen und hatte mich nicht allzu spät schlafen gelegt. Am nächsten Morgen erreichte mich eine Nachricht: Hermann von Stieglitz lud Anna und mich zum Tee ins Plaza Hotel ein. So fuhr ich mit einem Taxi an die Upper East Side und betrat gegen halb elf den Tearoom. Ich blieb einen Moment lang am Eingang stehen, bis ich die beiden erblickte und hinüberging.

Annas Vater stand auf und umarmte mich herzlich. »Ich wollte vor unserer Abreise diesen wunderschönen Ort noch mal mit euch genießen«, sagte er. Anschließend küsste ich Anna, die sehr müde aussah, auf beide Wangen, woraufhin wir uns setzten und ein Kellner neuen Tee brachte.

»Übrigens werden wir morgen mit demselben Schiff fahren«, wandte sich Stieglitz an mich. »Ich muss sowieso zurück nach Deutschland, und ich dachte, du würdest dich freuen, etwas mehr Zeit mit Anna verbringen zu können. Wir müssen doch diesen unglaublichen Zufall nutzen, dass wir uns hier in den USA getroffen haben!«

»Ja, es ist wunderbar«, sagte ich etwas verlegen und trank einen Schluck Tee.

»Und wie war der Besuch bei Henry Ford? Anna hat mir erzählt, dass du ihn besucht hast.«

»Ein Naturliebhaber«, antwortete ich lächelnd. »Außerdem ist er von einer jüdischen Weltverschwörung überzeugt.«

Stieglitz räusperte sich. »Ich habe davon gehört – eine Wahnvorstellung.«

»Sind Sie da sicher?«

»Ja, aber gerade Ultrakonservative scheinen ihr erlegen zu sein. Sie machen die Juden verantwortlich dafür, dass sich parallel zu internationalen Strukturen der Kommunismus ausbreitet. Wenn man aber die Wirtschaft unter die Lupe nimmt, und zwar Branche für Branche, dann findet man schnell heraus, dass Juden darin eine verschwindend geringe Rolle spielen.«

»Bei den Banken aber…«

Er winkte ab. »Auch dort: nur eine Minderheit! Manchmal sind Juden an der Spitze vertreten, ja. Aber die Finanzelite besteht sehr viel mehr aus Protestanten. Mischehen sind hier aber an der Tagesordnung. Ganz oben zählt einfach nur die Upper Class, verstehst du? Die Geschichte ist das Ergebnis unpersönlicher Kräfte, die von keiner einzelnen Gruppe völlig kontrolliert werden können.«

Anna schaltete sich ein: »Aber du hast mir doch selbst berichtet, dass die amerikanische Machtelite mehr konspirative Kontrolle besitzt, als man meinen könnte, auch wenn sie nicht immer all ihre Ziele erreicht.«

»Das ist auch so. Und doch sprechen wir hier von Millionen von Menschen, die alleine oder in Gruppen im Rahmen von Variablen agieren, was letztendlich niemand überblicken, geschweige denn kontrollieren kann. Vielleicht können wir uns darauf einigen, dass die Machtstrukturen so komplex sind, dass man nicht wirklich sicher sein kann, wie das Ganze funktioniert.«

»Für mich hört sich das eher an, als wolltest du die Rolle der Machteliten bagatellisieren«, grummelte Anna.

»Also glauben Sie nicht an eine jüdisch-kommunistische Weltver-schwörung?«, fragte ich.

»Nein. Dahinter steckt lediglich ein Interesse an überseeischen Ab-satzmärkten. Das hiesige Big Business hat Bedürfnisse.«

»Du meinst den Monopolkapitalismus?«, fragte Anna.

Stieglitz nickte. »Statt von den Juden würde ich eher von städtischen, säkularisierten und liberal erzogenen Bürgern sprechen. Verschwörung ist ebenfalls der falsche Begriff. Die Eliten, eine Gruppe pragmatisch denkender Milliardäre mit Upper-Class-Mentalität, verfolgen gemein-same Interessen und treffen sich entsprechend regelmäßig untereinan-der, um sie gemeinsam voranzutreiben. Das ist doch ganz natürlich.«

»Aber was ist beispielsweise mit den Rothschilds?«, fragte ich und dachte dabei an das, was ich in Detroit über die Familie gehört hatte.

»Sie gehören dem Finanzkapitalismus an. Ihn könnte man auch als dritte Phase des Kapitalismus bezeichnen. International agierende Ban-kiers kontrollieren von London aus die Börse, die Bank of England und den Londoner Geldmarkt, ebenso ganze Industrien und teilweise auch Regierungen.«

»Wie das?«

»Durch Kreditflüsse, Regierungsanleihen und die Manipulation der Devisenkurse. Nach und nach entstanden Dynastien, so zum Beispiel die der Familien Baring, Lazard, Erlanger, Warburg, Schröder, Selig-man, Speyer, Mirabaud, Fould und Mallet. Die größten sind die Roth-schilds und die Morgans.«

»Und sind Kriege nicht immer wieder in deren Interesse?«, fragte Anna.

»Das kann man so nicht sagen. Die Rothschilds etwa setzten sich im letzten Jahrhundert gegen europäische Kriege ein. Auch wenn sich diese Einstellung mit der Zeit abschwächte, hoben sie sich damit hervor, bis sie von J. P. Morgan an der Spitze abgelöst wurden.«

»Immer wieder die Bankiers!«, sagte ich.

»Es ist zudem durchaus bemerkenswert, dass ihre Unternehmen nicht als Aktiengesellschaften agieren, sondern für gewöhnlich private Part-nerschaften bilden, was ihnen größtmögliche Anonymität verschafft.«

»Wenn sie die Kreditflüsse kontrollieren, dann kontrollieren sie auch die Geldmenge?«, fragte ich.

»So ist es.«

»Das bedeutet aber doch, dass sie die Zentralbanken kontrollieren!«

»Auch das ist richtig. Es ist der Bruderschaft der Bankiers – und die besteht aus jüdischen wie nicht jüdischen Familienclans, aus Protestanten, Katholiken und Atheisten – gelungen, die Regierungen davon zu überzeugen, dass der öffentlichen Meinung unterworfene Politiker zu schwach sind, um ihnen die Kontrolle des Geldsystems anvertrauen zu können. Zudem beruhte das lange Zeit auf dem Goldstandard.«

»Mit dem Ergebnis, dass die Staaten sich bei ihren eigenen Zentralbanken Geld leihen müssen«, bemerkte Anna.

Stieglitz lächelte. »Direkt oder indirekt.«

»Und also dann Zinsen dafür zahlen«, sagte ich.

»Natürlich. Nun legt der Finanzkapitalismus aber keinen besonderen Wert auf den Austausch oder die Produktion von Gütern. Wenn er in die Industrie investiert, geht es ihm nicht um die Steigerung der Produktion, sondern darum, auf der Produktionsgrundlage Wertpapiere aufzulegen. Eisenbahnen wurden beispielsweise deshalb gefördert, um Wertpapiere zu verkaufen, nicht damit sie Güter transportieren. Genauso war es mit Stahlwerken und anderen Industriezweigen. Die so errichteten Unternehmen wuchsen immer weiter, gewaltige Mengen von Wertpapieren wurden aufgelegt, was den Finanzkapitalisten riesige Profite einbrachte.«

»Ist es nicht genau dieser Mechanismus der Machtkonzentration, der den Monopolkapitalismus hervorgebracht hat?«, überlegte ich.

Wieder nickte er. »Natürlich wollen Bankiers die Kontrolle über die Unternehmen, welche sie teilweise durch Kreditvergabe und miteinander verzahnte Aufsichtsratsmandate ausüben. Zusätzlich versuchen sie in Form von Aktienbesitz die Eigentümerschaft zu übernehmen.«

»Damit ist viel Geld in langfristigen Verbindlichkeiten gebunden«, sinnierte Anna.

»Ja und?«

»Gefährlich wird es vermutlich, wenn die Bankkunden ihr Geld zurückhaben wollen, die Bank es jedoch nicht auszahlen kann, weil sie es kurzfristig nicht flüssig machen kann.«

»So ist es! Und wann können sie diese Verbindlichkeiten nicht kurzfristig flüssig machen? Also wann können sie ihre Aktien nicht so einfach wieder verkaufen?«

Anna überlegte. »Wenn es keine Käufer gibt?«

»Und wann gibt es keine Käufer?«

»Wenn kein Geld da ist?«, fragte ich vorsichtig.

»Genau«, sagte Stieglitz breit lächelnd. »Und es fehlt generell an Geld, wenn die deflationären Tendenzen überwiegen. Nun wirkt aber das ganze System deflationär. Einerseits weil die Bankiers traditionell am Goldstandard festhalten, andererseits weil durch die moderne Technologie und neuzeitliche Produktionsmethoden, wie Ford sie einführte, immer effizienter produziert wird und also höhere Gewinne bei nahezu gleichbleibenden Preisen erzielt werden können.«

Let's roll!

Lou Rosenkrantz und Martin Friedman saßen im Moe's in Brooklyn zu Tisch, als David Bernstein sich zu ihnen setzte. Wie so oft nutzten sie das gemeinsame Essen, um in Ruhe miteinander sprechen zu können.

Bernstein zündete sich eine Zigarette an. »Unsere Freunde in Philadelphia sind zufrieden mit euch. Ich habe gehört, es ist in einem Kino passiert?«

Friedman nickte und erzählte, wie sie John Coogan von hinten erledigt hatten. Rosenkrantz bekam derweil kaum einen Bissen runter. Hatte Bernstein inzwischen erfahren, was ihm passiert war?

»Isst du denn nichts?«, fragte ihn Bernstein.

»Mein Magen.« Rosenkrantz bemühte sich, cool zu bleiben. »Wann zum Teufel steigt eigentlich das Ding mit der kleinen Stieglitz?«

»Nun ...« Bernstein zögerte. »Ich muss leider gestehen, das Ganze wurde abgeblasen.«

»Machst du Witze?« Rosenkrantz warf seine Serviette auf den Tisch. »Wieso abgeblasen?«

»Der Auftraggeber hat kein Interesse mehr.«

»Was für ein Blödsinn!«, erboste sich Friedman. »Seit wann weißt du das?«

Bernstein drückte seine Zigarette im Aschenbecher aus. »Unser Kontakt hat es mir mitgeteilt, kurz nachdem ihr nach Philadelphia gefahren seid. Ehrlich, ich verstehe es auch nicht.«

»Und jetzt lassen wir die einfach laufen?« Rosenkrantz war schwer enttäuscht.

»Keine Ahnung«, antwortete Bernstein. »Was meint ihr? Das Mädel war auf einer Party von A'Lelia Walker. Dort habe ich sie gesehen und mit einer Bekannten von ihr gesprochen.«

»Und?«, fragte Friedman.

»Nichts weiter. Ich habe jedoch das Gefühl, dass sie mit ihrem Daddy bald wieder nach Deutschland abreist.« Er sah die beiden fragend an.

»Dann machen wir es eben auf eigene Rechnung!«, zischte Friedman.

»Ich bin dabei!« Rosenkrantz strahlte.

»Jungs, genau das habe ich von euch erwartet! Ehrlich, ich wollte vor allem wissen, ob ihr bereit seid, das Ganze komplett in die Hand zu nehmen. Wir schlagen zu, sobald sich eine Gelegenheit bietet. Ich habe schon alles arrangiert.«

»Und wie genau?«, fragte Friedman.

»Wir bleiben ihr auf den Fersen. Im richtigen Moment wird sie mit Chloroform betäubt und ins Auto gezerrt. Ich habe bereits eins stehlen und mit falschen Nummernschildern versehen lassen. Dann fahren wir hierher ins Moe's und bringen sie in einen Teppich gewickelt ins hintere Zimmer.«

»Hierher?« Rosenkrantz war erstaunt. »Ist das nicht zu riskant?«

»Wir müssen ja unsere Alltagsgeschäfte auch weiterhin abwickeln können. Ich werde nicht zulassen, dass alles durcheinanderkommt. Hier sind wir ständig vor Ort. Wir werden ihr einen Knebel in den Mund stecken und eine Kapuze überziehen. Dann haben wir unsere Ruhe.«

Da kam ein Junge, ca. sechzehn Jahre alt, ins Restaurant gerannt, steuerte auf sie zu und flüsterte Bernstein etwas ins Ohr.

»Sie ist im Plaza Hotel!« Er stand auf. »Es geht los!«

»Respekt!«, sagte Friedman. »Du bist wirklich bestens vorbereitet!«

Familienbande

»Warum halten die Bankiers eigentlich so verbissen am Goldstandard fest?«, fragte ich Annas Vater.

»Wenn du Geld verleihst, gehst du doch davon aus, dass es einen gewissen Wert hat. Was geschieht nun, wenn das Geld wegen der Inflation weniger wert ist?«

»Dann bekommt man entsprechend weniger zurück«, stellte Anna fest.

»So ist es. Durch den Goldstandard aber bleibt die Geldmenge stabil und also auch der Wert von Krediten.«

»Gleichzeitig«, bemerkte ich, »versuchen die Banker die Wirtschaft zu monopolisieren, um größere Gewinne einzufahren. Henry Ford sagt, es sei gut, dass die Menschen unser Banken- und Währungssystem nicht verstehen. Würden sie es nämlich, so hätten wir eine Revolution vor morgen früh.«

Stieglitz lachte. »Immerhin versuchen die Leute, die Preise durch Absprachen stabil zu halten.«

»Wodurch wiederum die Inflation eingegrenzt wird«, fügte Anna hinzu und sah beiläufig auf die Uhr. »Auf jeden Fall führen solche Absprachen dazu, dass immer mehr Reichtum in die Hände von immer kleineren Gruppen fließt. Und da diese mit ihren Unternehmen immer größere Überschüsse erwirtschaften, werden sie nach und nach unabhängig vom Finanzkapital.«

Stieglitz trank einen Schluck Tee. »Genau. Das erklärt wohl auch, warum der Rockefeller-Clan bald J. P. Morgan überflügelt.«

»Was kann die Finanzoligarchie dagegen tun?«, fragte Anna.

»Mag sein, dass sie sich wieder stärker auf ihr Feld der Kreditvergabe an diverse Länder konzentriert.«

»Also auch Kriege finanziert«, sagte Anna.

Stieglitz nickte leicht. »Außerdem darf man nicht vergessen, dass diese Leute noch immer die Kontrolle über die Geldmenge haben. Generell streben sie wohl eine weltweite Kontrolle an: ein Weltfinanzkartell.«

»Aber wo laufen die Fäden zusammen?«, fragte Anna.

»Es ist eine Hydra mit mindestens dreihundert Köpfen. Es sieht aber ganz danach aus, als ob sich die finanzielle Macht momentan beim J.-P.-Morgan-Clan einerseits und dem Rockefeller-Clan andererseits fokussiert, wobei man sagen muss, dass beide klug genug sind, weitgehend zu kooperieren. Da oben weht ein ganz anderer Wind. Die Clans denken und handeln langfristig und verfolgen tendenziell dasselbe Ziel: einen Weltstaat, wofür auch der Völkerbund gegründet wurde. Sie sind sich keineswegs immer einig, alle wollen ein Stück vom Kuchen abbekommen, aber sie haben inzwischen begriffen, dass Konkurrenz nur schadet.«

Anna stand auf. »Es tut mir sehr leid, aber ich habe noch eine Verabredung. Wir sehen uns heute Abend?«

»Das kann doch nicht wahr sein!«, sagte ihr Vater. »Am Ende verpassen wir wegen dir noch das Schiff!«

»Ach, Papa!« Anna lächelte wie ein kleines Mädchen. Sie küsste ihn auf die Wangen, warf auch mir einen Kuss zu und verschwand.

»Sie ist so sprunghaft«, sagte ich und trank einen Schluck Wasser.

»Ja, es ist nicht immer leicht mit ihr.«

»Wenn die Clans so weitreichende Pläne haben«, nahm ich das Gespräch wieder auf, »dann doch sicher auch bezüglich Deutschlands.«

»Da schaue ich positiv in die Zukunft. Du hast es ja gehört: Gewisse Kreise haben großes Interesse an einer Wiederaufrüstung unseres Landes.«

»J. P. Morgan und Rockefeller?«

Er lächelte. »Mal sehen, wie lange wir noch bereit und fähig sind, die Reparationen zurückzuzahlen. Die Reichsbank pumpt ja immer mehr Geld in das System und lässt die Inflation sintflutartig ansteigen. Durch einen großen Kredit zum richtigen Zeitpunkt könnten sich die amerikanischen Bankiers günstig in Deutschland einkaufen.«

»Also geht es um Profit?«

»Ja. Und um die Aufrüstung.«

Ich nickte ernst. Mir wollte der Gedanke an einen neuen Krieg nicht gefallen.

Stieglitz hob die Hände. »Wir können doch nur dankbar sein – die Sowjetunion ist schließlich eine ständige Bedrohung! Wie sollten wir ihr alleine begegnen?«

»Ich nehme an, dass BASF, Bayer und so weiter bei der Aufrüstung gut ins Geschäft kämen.«

»Gewiss. Dann werden die I. G. Farben endlich richtig fusionieren. Wir müssen unbedingt weiterwachsen – und sei es durch einen neuen Krieg, den wir diesmal dank der richtigen Partner sicher gewinnen würden!«

»Aber ist es das wert?«

Er legte eine Hand auf meinen Unterarm. »Du redest ja schon wie Anna. Ich fürchte, sie hängt noch immer kommunistischen Wahnvorstellungen nach. Ich muss mich unbedingt mehr um sie kümmern, das geht ja so nicht weiter!«

Das war es also? Er machte sich Sorgen um Annas Gedankenwelt? Um ihre politische Gesinnung? »Nun, ich habe sie so verstanden, dass es ihr eher um die geistig-seelische Entwicklung des einzelnen Menschen geht. Um Befreiung.«

»Traumschlösser!« Unwillig schüttelte er den Kopf. »Freiheit hängt doch primär von der Position in der Machtpyramide ab. Wie bitte soll sich denn der Mensch sonst entwickeln?«

»Durch Kunst, sagt Anna«, antwortete ich fast entschuldigend. »Sie hat erwähnt, dass sie überlegt, eine Galerie für moderne Kunst zu eröffnen.«

Er zuckte mit den Schultern. »Warum nicht? Vielleicht unterstütze ich sie ja sogar dabei. Hauptsache, sie hält sich vom Lumpenproletariat fern. Wenn ich an diese Räterevolution in München denke, wird mir immer noch ganz schlecht!«

Ich nickte, zögerte und sagte dann etwas gehemmt: »Dürfte ich Sie etwas fragen? Beim Council on Foreign Relations war die Rede davon, dass man die Franzosen dazu bringen sollte, im Rheinland einzumarschieren. Das kommt mir – wie soll ich sagen...«

»Ja?«

»Es kommt mir zynisch vor. Dadurch würden wir einen Teil unseres Landes verlieren!«

»Hast du einen anderen Vorschlag, Heinrich? Wie sonst könnten wir unsere Ziele erreichen?«

»Ich setze eher auf einen Putsch. Einen Umsturz von rechts. Eine Regierung unter Ludendorff und Hitler beispielsweise würde den Franzosen den Versailler Vertrag um die Ohren schlagen.«

»Und damit womöglich einen neuen Krieg auslösen, bevor wir ausreichend gerüstet sind!«

»Das wäre schon zu stemmen, Sie wissen doch, dass wir über zahlreiche geheime Waffenlager verfügen. Und die Nachfolger der Freikorps stehen bereit, gemeinsam mit der Reichswehr.«

»Sie haben es doch schon versucht. Der Kapp-Putsch ist kläglich gescheitert.«

»Aber doch nur weil sich die Reichswehr neutral verhalten hat! Ohne sie war das Ganze natürlich aussichtslos. Leider hat sich General von Seeckt zum Ziel gesetzt, zu jeder Regierungsform, also auch zur Republik, Distanz zu wahren. Ein Staatsstreich hat aber nur dann Aussicht auf Erfolg, wenn wir indirekt vorgehen.«

»Das heißt?« Er hob das Kinn.

»Im Zuge der Verteidigung gegen einen gemeinsamen Feind!«

»Welchen Feind meinst du?«

»Ich spreche von den Linken. Ich hatte es im Council bereits erwähnt: Es kommt entscheidend darauf an, deren Gewaltpotenzial anzuheizen, sodass sie einen bewaffneten Aufstand beginnen. Der würde dann gemeinsam mit der Reichswehr niedergeschlagen werden, die Weimarer

Republik gleich mit. Anschließend könnte man eine Diktatur von rechts errichten. Die Provozierung eines Linksputschs wird ja bereits vorbereitet, Hermann Ehrhardts Brigade verfügt über einen Stoßtrupp, der solch gewagte Unternehmungen auszuführen bereit ist.«

»Ich sehe aber immer noch nicht, wie das Problem mit den Franzosen gelöst werden kann.«

»Ist erst einmal eine starke rechte Regierung an der Macht«, erklärte ich, »werden die Franzosen es nicht wagen, uns anzugreifen.«

»Da bin ich mir nicht so sicher. Sie sind inzwischen außerordentlich militaristisch. Doch, wer weiß? Vielleicht ist es einen Versuch wert. Würdest du dich denn an einem solchen Unternehmen beteiligen?«

»Unbedingt. Ich kann den Tag kaum erwarten!«

»Was hältst du davon, Heinrich, wenn du gegenüber den Wehrverbänden unsere Interessen vertreten und sie unseres Beistands versichern würdest?«

»Inwiefern?«, fragte ich überrascht.

»Nun, du könntest ihnen Gelder zukommen lassen. Mal angenommen, dass eine Diktatur von rechts mit der Linken aufräumt und für Ordnung sorgt, dass sie den Franzosen die Stirn bietet und vor allem die Inflation stoppt – in dem Fall könnten die Anführer und neuen Herren in Deutschland mit der ausgestreckten Hand unserer Freunde aus England und den USA rechnen.«

Ich nickte nachdenklich.

»Und wie steht es mit Anna?«, fragte er mich plötzlich wie aus heiterem Himmel.

»Anna? Wie meinen Sie das?«

»Es ist doch nicht zu übersehen, dass ihr etwas füreinander übrig habt!«

»Sie ist mir in der Tat sehr wichtig. Schon seit langem«, antwortete ich. »Aber sie hat ihren eigenen Kopf. Und sie liebt ihre Freiheit…«

Stieglitz lehnte sich zurück. »Vielleicht bringt euch ja die Überfahrt ein bisschen näher. Mich würde das sehr freuen!«

Entsetzen

Anna fuhr vom Plaza Hotel mit einem Taxi nach Harlem, sie wollte sich unbedingt noch von Louise verabschieden. Nun stand sie vor dem Haus. Gerade als sie es betreten wollte, kam jemand von hinten und hielt ihr freundlich lächelnd die Tür auf. Irgendetwas irritierte Anna an dem rothaarigen Mann, doch sie nickte ihm dankbar zu, lief die Treppe hinauf und öffnete Louises stets unverschlossene Wohnungstür.

»Ich bin hier!«, rief Louise. Anna betrat ihr Zimmer, wo sich die beiden Freundinnen traurig in die Augen schauten.

Da flog plötzlich die Tür auf – darin stand der rothaarige Mann mit einer Waffe in der Hand und grinste böse. Louise reagierte blitzartig, sie griff nach einer etwa dreißig Zentimeter großen afrikanischen Skulptur und warf sie ihm mit Wucht entgegen. Er aber duckte sich weg, und das schwere Geschoss traf einen anderen Kerl, der unvermittelt direkt hinter ihm auftauchte, voll ins Gesicht. Wutentbrannt rannte Louise los, und nur einen Wimpernschlag später trat sie dem Angreifer zwischen die Beine, woraufhin er schreiend zu Boden ging. Louise setzte nach und rammte ihm das Knie kraftvoll ins Gesicht. Gleich darauf schlug sie die Tür zu und drehte den Schlüssel um.

Anna, völlig erstarrt, hielt sich die Hand vor den Mund.

»Los, komm!«, schrie Louise, nahm Anna bei der Hand und zog sie zum Fenster. »Häng dich raus und lass dich fallen!«

Hinter ihnen knallten Schüsse. Offenbar versuchte jemand das Schloss gewaltsam zu öffnen. Panisch drängte Louise sie an den Rahmen, während sich von außen einer gegen die Tür warf, die gleich nachzugeben schien. Anna schwang sich aus dem Fenster und sprang ohne nachzudenken herunter. Da, erneut ein Schuss. Und direkt neben ihr knallte Louise auf den Gehsteig – Anna blickte entsetzt in ihre leblosen Augen. Sie schrie, schrie wie noch nie in ihrem Leben.

In dem Moment griff jemand von hinten nach ihr, sie spürte einen feuchten Lappen im Gesicht. Er roch scharf. Was ...?

Weg war sie.

Showdown

Spät abends packte ich in meinem kleinen Hotel am Hudson River meine Sachen für die Rückreise. Dabei verspürte ich eine gewisse Wehmut, all die Probleme in der Heimat schnürten mir die Kehle zu.

Plötzlich klopfte es an der Tür, ohne abzuwarten stürmte ein Mann mit Anzug und Hut herein und rief: »Ich brauche Ihre Hilfe!«

»Wie bitte? Wer sind Sie?«

»Mein Name ist Brown. Alfred Brown. Ich bin einer der Aufpasser von Anna von Stieglitz. Sie ist entführt worden!«, keuchte er.

»*Was?*«

Verzweifelt raufte er die Haare. »Es ging so schnell! Die Kerle sind ihr anscheinend in die Wohnung ihrer Freundin gefolgt, die beiden Frauen haben versucht, aus dem Fenster zu flüchten. Doch auf der Straße hat einer Anna gleich mit irgendetwas betäubt, und die sind mit ihr weggefahren, die andere ist tot.«

»Und Sie haben nichts unternommen?«, schrie ich ihn an.

»Deswegen bin ich doch jetzt hier – Sie müssen uns helfen! Außerdem sind wir ihnen hinterhergefahren, sie haben Anna nach Brooklyn gebracht.«

»Was ist mit der Polizei?«

»Glauben Sie denn, dass die so schnell reagieren? Bis die sich in Bewegung setzen, könnte es zu spät sein. Hier, nehmen Sie!« Brown reichte mir zwei Smith & Wesson. »Wir müssen los – sofort!«

Ich war zu aufgeregt, um mir seine Worte bewusst zu machen, ich dachte nur an Anna. Außerdem entsprach es ganz meinem Bild einer Demokratie, dass es mit der Polizei nicht weit her sein konnte. Kurzentschlossen nahm ich die Revolver und warf einen prüfenden Blick in die Trommeln: Sie waren geladen. Dann verließen wir das Hotel. Unten auf der Straße wartete der Gehilfe von Brown auf uns, ein junger Bursche namens Toni Miller, der uns kurz darauf in einem schwarzen Cadillac über die Brooklyn Bridge fuhr. Ich starrte schweigend vor mich hin und versuchte mich zu beruhigen, doch das Adrenalin rauschte durch mein Blut.

Miller hielt direkt vor einem Restaurant namens »Moe's«. Das ganze Viertel kam mir schäbig vor. Das Straßenschild »Myrtle Avenue« hing kopfüber am Mast, an den Straßenecken lümmelten düstere Gestalten mit Hut und Zigarette herum. Als wir ausstiegen, hatte ich das Gefühl, dass man uns feindselige Blicke zuwarf. Aus einem der Fenster kam lautes Gelächter. Ein Betrunkener schaukelte an uns vorbei.

»Gehen wir!« Brown verbarg eine abgesägte Flinte unter seinem langen Mantel. »Sie ist wahrscheinlich im Hinterzimmer. Miller wird die Gäste in Schach halten. Falls es zum Schusswechsel kommt, müssen wir höllisch aufpassen!«

»Ich hoffe, dass Anna überhaupt noch lebt!«, sagte ich und zog die beiden Waffen hervor.

Wir betraten den Raum, Brown und ich gingen direkt auf eine Tür zu, während Miller in die Decke schoss und schrie: »Keiner bewegt sich!«

Brown trat gegen die Tür, und wir drangen in ein Zimmer ein, wo zwei Männer an einem Tisch saßen. Brown begann sofort zu schießen, einer schmiss sich zu Boden und zog ebenfalls seine Waffe. Der andere warf den Tisch um und wollte dahinter verschwinden, als Brown ihm mitten in die Brust schoss. Derweil verschwand sein Kompagnon hinter dem Tisch und ballerte von dort auf uns. Plötzlich schrie Brown auf, ließ seine Flinte fallen und ging zu Boden. Anschließend trat Stille ein – alle Magazine waren leergeschossen!

Der Bandit kam nun hervor und blinzelte mich unsicher hinter seiner runden Brille an. Ich stürzte mich auf ihn, und wir begannen um den Tisch zu laufen – immer im Kreis, wie die Zeiger einer Uhr, unendlich… Nein! Ich blieb stehen und stellte mich der Situation. Er kam nun frontal auf mich zu, die Fäuste erhoben. Ich tat es ihm gleich, um ihm einen Schwinger zu verpassen. Doch er war schneller und versetzte mir einen Schlag in die Magengrube, der mir die Luft nahm. Ich sackte auf die Knie und erhielt sogleich noch einen Hieb mitten ins Gesicht, kippte nach hinten weg – und bemerkte in dem Moment Anna mit einer Kapuze über dem Kopf auf einem Stuhl in der Zimmerecke. Sie gab dumpfe Schreie von sich.

Der Gangster hastete derweil zu einer Kommode, griff nach einem Brieföffner und stürzte sich schon wieder auf mich, als ich gerade aufstehen wollte. Doch er warf mich um und rammte mir das Knie in die Brust, drückte meinen Kopf gegen den Boden und hob den Brieföffner… Das war's dann wohl. Schon sah ich die Spitze auf mich zu sausen – da knallte es erneut, und der Mann brach leblos über mir zusammen. Miller hatte endlich das Hinterzimmer erreicht, um ihm gerade noch rechtzeitig eine Kugel in den Hinterkopf zu schießen.

Ich drückte den leblosen Gangster zur Seite, stand auf und ging zu Anna. Mit zitternden Händen zog ich die Kapuze ab, befreite sie von dem Knebel im Mund und den Fesseln an Füßen und Armen. Miller half dem stöhnenden Brown auf die Beine, und wir humpelten ins Restaurant zurück, das wie leergefegt war. Nur ein einziger Gast mit rötlichen Haaren saß noch bewegungslos dort, er hatte die Hände vor sich auf den Tisch gelegt.

Wir ignorierten ihn und gingen auf die Straße hinaus, ich half Anna auf die Rückbank des Cadillacs und setzte mich neben sie. Miller öffnete derweil die Beifahrertür und schob Brown, der offenbar große Schmerzen hatte und kaum noch bei sich war, hinein. Dann rannte er ums Auto herum, warf sich vors Steuer, und wir machten uns aus dem Staub.

Nachdem wir den Schwerverletzten ins Krankenhaus gebracht hatten, wo man uns keine Hoffnungen machte, dass er überleben würde, fuhren wir zum Hotel Algonquin, wo Hermann von Stieglitz auf uns wartete. Wusste er bereits Bescheid? Nein, er sagte, er habe schlecht geträumt, dann nach Anna gesehen und sie nicht in ihrem Zimmer vorgefunden. Da es schon so spät war, habe er sich Sorgen gemacht. Miller berichtete ihm nun, was geschehen war.

Stieglitz ließ Anna aufs Zimmer bringen und von einem Arzt untersuchen. Mich aber schickte er mit einem Taxi zurück ins Hotel, damit ich unverzüglich meine Sachen hole und mich zum Hafen begebe, wo unser Schiff früh am Morgen ablegen sollte. Er sagte, er wolle auf keinen Fall zur Polizei gehen, sondern sich unverzüglich auf die Reise machen.

Über schwarzen Wassern

Auf dem Kreuzfahrtschiff war ich zunächst wie erschlagen. Annas Vater hatte mir eine Kabine in der ersten Klasse besorgt, sodass ich in ihrer Nähe war. Ich konnte das Ganze nicht begreifen – es war doch allzu absurd gewesen. Wer waren die Entführer? Wieso hatten sie sich ausgerechnet Anna ausgesucht, es gab doch wohl viel reichere Eltern in den USA! Ihr Vater ließ sich diesbezüglich auf keine Diskussion ein, sondern blockte meine Fragen ab. Als ich wissen wollte, wie viel Lösegeld die Entführer denn gewollt hätten, sagte er nur, dass dafür doch keine Zeit gewesen sei, weil ich Anna ja so schnell befreit hätte. Dann umarmte er mich plötzlich und drückte mich fest. Was war das denn jetzt? Ob er nicht mehr ganz bei Sinnen war? Während der Reise zog er sich meist in seine Kabine zurück. Nur von Zeit zu Zeit sah ich ihn im Salon mit Montagu Norman sprechen.

Anna blieb die meiste Zeit während der Überfahrt unsichtbar. Wenn ich sie einmal traf, war sie traurig und in sich gekehrt. Auch sie versuchte wohl, die schrecklichen Ereignisse zu verstehen, welche all die schönen Tage in New York im letzten Moment zu einem Albtraum hatten werden lassen. Einmal setzte sie sich zu mir und erzählte von dieser Louise und einer Voodoo-Zeremonie, der sie mit ihr beigewohnt habe. Dass ihre Freundin dabei die Bitte äußerte, sich »mit ihrem Geist zu verbinden«. Sah Anna da etwa einen Zusammenhang mit Louises Tod? Warum nur habe sie sterben müssen, fragte sie mich immer wieder und weinte. Sie habe ständig Angst, von einem »Loa«, wie sie es nannte, geholt zu werden. Dass sie zur Beerdigung von Louise hätte gehen sollen, ja gehen müssen! Wäre sie nicht unter Schock gewesen, so wäre sie niemals mit aufs Schiff gekommen. Und warum seien wir eigentlich nicht zur Polizei gegangen?

Eines Abends fand ich sie nicht in ihrer Kabine vor und suchte sie auf dem ganzen Schiff. Als ich das Heck betrat, wehte mir frostiger Wind durch die Kleider, als hätte ich einen Kühlraum betreten. Der Mond ergoss sich silbrig über die dunklen Fluten, ansonsten war alles in tiefes Schwarz getaucht. Einsam stand Anna an der Reling und blickte gen Westen. Ich legte sanft meinen Arm um ihre Schultern und flüsterte unbeholfen: »Wie geht es dir?«

»Ich bin nicht mehr dieselbe«, sagte sie mit piepsiger Stimme. Dann schwiegen wir.

»Diese Reise werden so schnell nicht vergessen«, bemerkte ich schließlich.

Anna schaute mich an. »Ich glaube, ich bin in New York meinem Schatten begegnet.«

Was meinte sie? Ich blickte auf das schwarze Wasser unter uns. Anna nahm mich in den Arm und weinte an meiner Schulter. Der Wind frischte auf, in der Ferne zerrissen Blitze die Dunkelheit. Ein Gewitter kündigte sich an.

VII. Unterwelt

Trauerfeier

Als Walther Rathenau am Morgen des 24. Juni 1922 ermordet wurde, hielt ich mich gerade in Berlin auf. Drei Tage später stand ich mit Tausenden von Menschen vor dem Reichstag, sah, wie der mit Efeu geschmückte Wagen vorfuhr, wie der Sarg aus dem Auto gehoben und hineingetragen wurde. Der leichte Nieselregen passte gut zu den Gesichtern all derer, die zu dem Staatsakt erschienen waren, um dem Außenminister die letzte Ehre zu erweisen.

Das Attentat schien den erwünschten Erfolg zu erzielen, die Republik war in Aufruhr: Landesweite Proteststreiks ließen hoffen, dass der Aufstand der Kommunisten und damit auch unser Ziel in greifbare Nähe rückte. Wir wollten endlich losschlagen, die Arbeiterbewegung niederwerfen und die Macht an uns reißen!

Was war inzwischen geschehen? Seit der USA-Reise hatte sich mein Aktionsradius erheblich erweitert: Neben meinem eigentlichen Beruf war ich nun ja auch als Agent gewisser Kreise aus der Großindustrie tätig: Zwischen München und Berlin hin und her pendelnd, hielt ich Kontakt zu Bayer, der BASF sowie zu Offizieren der Reichswehr und Personen aus verschwörerischen Kreisen wie der O. C. Alle hatten nur eines im Sinn: den Staatsstreich. Auf dem Eugenik-Kongress war ja mehrfach die Dominanz der arischen Rasse hervorgehoben worden. Und ich glaubte daran, dass wir, die blonde Herrenrasse, wie sie einst in Atlantis entstand, über kurz oder lang erstarken und mit vollem Recht der Auserwählten die Macht erlangen würden.

Hermann von Stieglitz hatte mich davon überzeugt, dass es im Interesse unseres Landes läge, großangelegte Anleihen von der Wall Street anzunehmen. Und die potenziellen Kreditgeber waren zum Großteil dieselben Leute, die auch die internationale Eugenikbewegung finanzierten. Eine Umgestaltung Deutschlands war schließlich im Sinne der USA, wo eugenisches Denken inzwischen den Mainstream bildete.

Zurück zu Walther Rathenau. Sein Vater Emil Rathenau hatte 1883 die Edison-Patente erworben und anschließend die Deutsche Edison-Gesellschaft gegründet, welche zwei Jahre später einen neuen Namen erhielt: die Allgemeine Elektricitäts-Gesellschaft, kurz AEG. 1899 wurde Walther Rathenau in das Direktorium berufen, wo er als Verfechter einer zielgerichteten Fusions- und Kartellpolitik, also des sich anbahnenden Monopolkapitalismus hervortrat. Als er in den Vorstand der Berliner Handels-Gesellschaft, der Hausbank der AEG, wechselte, engagierte er sich für eine Verschmelzung von Industrie- und Bankkapital. 1912 kehrte er als Aufsichtsratspräsident zur AEG zurück und vereinigte in seiner Person bald über achtzig weitere Aufsichtsratsmandate im In- und Ausland.

Mit Ausbruch des Weltkrieges erreichte er, dass man im preußischen Kriegsministerium eine eigene Kriegsrohstoffabteilung errichtete, wo bald auch Hermann von Stieglitz tätig wurde. Im Juni 1920 wurde Rathenau in den Vorläufigen Reichswirtschaftsrat und in die zweite Sozialisierungskommission berufen. Im Juli desselben Jahres begleitete er schließlich gemeinsam mit dem Industriellen Hugo Stinnes die deutsche Delegation zur Konferenz von Spa, auf der die Höhe der deutschen Reparationsschuld festgelegt werden sollte. Während Stinnes die Forderungen nach einer Erhöhung der deutschen Kohlelieferungen ablehnte, engagierte sich Rathenau für deren Annahme und Erfüllung – damals für viele ein ungeheuerlicher Affront, ein In-die-Knie-Sinken gegenüber der Entente. Rathenau aber dachte, man müsse vor allem Zeit gewinnen, um die wirklichkeitsfremde Höhe der alliierten Ansprüche zu beweisen. So wurde die verhängnisvolle Bezeichnung »Erfüllungspolitik« geboren. Stinnes zeigte keine Skrupel, Rathenau öffentlich als jemanden zu bezeichnen, der »aus einer fremdländischen Psyche heraus den deutschen Widerstand gegen unwürdige Zumutungen gebrochen« hatte. Als vermeintliche Inkarnation einer internationalen jüdisch-kapitalistischen Verschwörung gegen Deutschland und Vertreter des Weimarer Systems rückte Walther Rathenau nun ins Visier der von der Industrie unterstützen radikal antisemitischen Verbände.

Am 31. Januar 1922 ernannte der neue Reichskanzler Joseph Wirth, der das Ultimatum der Alliierten angenommen hatte, Walther Rathenau zum Außenminister. Als solcher unterzeichnete er am 16. April den Vertrag von Rapallo, um die Verhandlungsposition des Deutschen Reiches gegenüber den Westmächten zu stärken. Die Verfechter einer amerikanischen Anleihe sahen nun ihre Pläne gefährdet, da sich die Beziehungen zwischen Deutschland und der Sowjetunion infolge des Vertrages normalisieren könnten. Als Rathenau nur zwei Monate nach der Unterzeichnung in Berlin-Grunewald in seinem Wagen erschossen wurde, machte Reichskanzler Wirth die Hetze der nationalistischen Presse für den Mord verantwortlich. Ich aber wusste, dass die Täter aus der O. C. kamen.

Als der Sarg im Reichstag verschwunden war, schob ich mich langsam durch die Menge in Richtung Unter den Linden. Im Lustgarten, wo noch vor zwei Tagen eine spontane Protestkundgebung von 250 000 Berlinern stattgefunden hatte, war ich an der großen Granitschale in der Mitte des Platzes mit einem Kämpfer aus Oberschlesien verabredet. Ich hatte ihn nie zuvor gesehen, er sollte sich ein Edelweiß ans Revers stecken – das Erkennungszeichen für Soldaten des ehemaligen Freikorps Oberland. Als ich ankam, wartete er bereits auf mich. Wir begrüßten uns kurz per Handschlag. Er trug einen Hut, war kaum älter als ich und stellte sich als Max Fährmann vor, vermutlich war das aber nicht sein richtiger Name. Ich wusste, dass er der Organisation Heinz angehörte, deren Anführer und Namensgeber Heinz Oskar Hauenstein war. Fährmann suchte nach Unterstützung für den Kampf in Oberschlesien. Dort war es zu gewaltsamen Auseinandersetzungen gekommen zwischen deutschen Freikorps und polnischen Einwohnern, die den Anschluss der Exklave an Polen forderten. Wir setzten uns in eine der hinteren Ecken eines verrauchten Cafés, hier herrschte geschäftiges Treiben, sodass wir uns ungestört unterhalten konnten. Fährmann war sichtlich übermüdet.

»Berlin ist am Kochen«, meinte er, nachdem wir unsere Bierkrüge erhalten hatten.

Ich nickte und stieß mit ihm an. Er erzählte, dass er bei der Spezialpolizei des Oberschlesischen Selbstschutzes sei, einer paramilitärischen Organisation, die hauptsächlich aus ehemaligen Freikorpsangehörigen der Marine-Brigade von Loewenfeld aufgestellt worden war und gegen polnische Kommandotrupps eingesetzt wurde.

Ich sagte bedauernd: »Oh, dann habe ich leider eine schlechte Nachricht für dich: Hauenstein ist verhaftet worden.«

Fährmann sah mich ungläubig an. »Was?«

»Wegen Beteiligung an der Ermordung Rathenaus. Aber du solltest das nicht allzu tragisch nehmen. In Berlin sitzt heute so ziemlich alles im Knast, was einen Namen hat.«

»Im Polizeigefängnis am Alexanderplatz?«, wollte er wissen. Ich sah ihm eine tiefe Verbitterung an. »Wie wir uns herumschlagen!«, sagte er. »Mitten im Frieden, wie die vornehmen Herren in Berlin behaupten.

Dennoch müssen wir noch immer die Knochen hinhalten, und ein Kamerad nach dem anderen geht zum Teufel. Als Dank wird gegen uns gehetzt, wir werden verfolgt. Wie man gerade wieder mit unserem Chef umgeht! Da zuckt es einem direkt in den Fingern, um alles kurz und klein zu schlagen. Ist das nicht entsetzlich, diese Schikane, nur weil wir uns für die Verteidigung der Grenzen einsetzen? Mir ist das ja vollständig wurscht, ob in Berlin Wilhelm oder Ebert regiert. Aber wenn die uns weiter mitten in der Scheiße sitzen lassen, dann müssen wir uns gegen diese Brüder in der Regierung wenden. Die Abrechnung muss kommen!«

»Sie wird kommen!«, sagte ich und trank aus meinem Krug.

»Hauenstein hat mit Rathenau überhaupt nichts zu tun!«, rief er.

»Ich weiß«, sagte ich und stellte den Krug ab.

Kurz darauf kam Fährmanns Essen: Schnitzel mit Kartoffeln. Ich selbst hatte keinen Hunger. Er schnitt ein großes Stück ab und steckte es sich in den Mund. »Stimmt es, dass die prominente Vertreter der Republik ermorden, um einen Umsturz von links zu provozieren?«

»Ja, um eine Militärdiktatur errichten zu können. Der Staatsstreich von rechts kann nur auf diese Weise gelingen – als vorgebliche Verteidigung der Reichsregierung, denn ohne die Reichswehr wäre es hoffnungslos.«

»Und ist es wahr, was Rathenau vor dem Krieg gesagt hat, dass dreihundert Männer, von denen jeder jeden kennt, die wirtschaftlichen Geschicke des Kontinents leiten?« Wieder steckte er sich einen Bissen in den Mund.

»Was spielt das schon für eine Rolle? Wir hoffen lediglich, dass die Entwicklung weiter vorangetrieben wird. Wir wollen eine grundsätzliche Änderung der Dinge: die nationale Revolution!«

»Wer nicht?«, entgegnete er.

Ich ließ ihn erst mal in Ruhe zu Ende essen, denn er hatte offenbar großen Hunger. Dann fragte ich ihn: »Wie kann ich dir eigentlich helfen?«

Er nahm seinen Krug und trank das Bier mit einem Zug aus. »Ich bin hier in Berlin«, antwortete er und wischte sich mit dem Ärmel den Mund ab, »weil unsere Munition in Oberschlesien fast zu Ende ist, ich muss neue auftreiben. Doch egal wen ich frage, alle sagen, der Kampf in Oberschlesien sei beendet, Dringenderes würde auf der Tagesordnung stehen. Wir müssten uns auf wirtschaftliche Fragen konzentrieren.

Wenn ich diese satten Spießer in ihren Klubsesseln nur sehe! Schließlich hat man mich an dich verwiesen.«

Ich griff kurzentschlossen in meine Jackentasche, nahm einen Stift und einen Zettel hervor, schrieb eine Adresse auf und überreichte sie ihm. »Geh einfach zur Wera-Kompagnie. Beruf dich auf mich und lass dir 20 000 Zigaretten aushändigen.«

Fährmann verzog enttäuscht den Mundwinkel, nahm aber den Zettel entgegen. Dann stand er auf, nahm seinen Hut und verabschiedete sich. Er konnte ja nicht ahnen, dass er statt Zigaretten Stahlmantelmunition erhalten würde …

Depression

Nach Annas Entführung und Befreiung hatte ich gehofft, dass wir uns wieder näherkommen würden, doch sie blieb fast unerreichbar für mich. Tiefe Trauer lastete auf ihr, und die wollte sie offenbar allein bewältigen. So vergrub sie sich in ihrer Berliner Wohnung in der Auguststraße und bekam von ihrer Umwelt kaum etwas mit. Als ich sie einmal besuchte, war sie verschlossen und schaute mich nur voller Verzweiflung an. Selbst Bernie hing nur im Sessel und schien ihre Lethargie zu teilen.

Dass Anna sich so komplett entzog und nichts von mir wissen wollte, war kaum zu ertragen, aber der verwahrloste Zustand, in den sie mir heute die Tür öffnete, war einfach nur entsetzlich: das Haar ein einziges Durcheinander, die Augen gerötet, als habe sie viel geweint, und die Haut aschfahl, als sei sie plötzlich um Jahre gealtert. Was mich jedoch am meisten schockierte, war die Tatsache, dass sie zu ihrem fleckigen Morgenmantel nur einen einzigen Pantoffel trug.

»Komm herein«, sagte sie leise, »ich muss mir nur gerade etwas überziehen.«

In der Wohnung standen überall Palmen umher und erweckten den Eindruck eines Dschungels, unterstrichen durch afrikanische Masken und Skulpturen. Die Designermöbel hingegen entstammten Bauhausateliers. Offenbar hatte New York Annas Geschmack maßgeblich geprägt. Fast schien es mir, als habe sie das Schiff zur Rückfahrt nie mit uns betreten, als sei sie dort geblieben, zumindest ein Teil von ihr, während der andere Teil nun ein Schattendasein führte, geisterhaft vergessen.

»Es ist schrecklich«, sagte sie, als sie aus dem Schlafzimmer kam. Sie hatte sich zurechtgemacht: etwas frisiert, ein einfaches Kleid übergestreift und modische Schuhe angezogen. In der Hand trug sie eine offene Rotweinflasche. »Warum haben sie ihn nur ermordet?«

»Rathenau?«, fragte ich. Irgendwie war ich gereizt. Warum ließ sie sich nur so gehen? Wir könnten es doch so schön haben! »Weil er den Franzosen in den Arsch gekrochen ist. Weil er zugelassen hat, dass die sich hier alles unter den Nagel reißen!«

Sie schaute durch mich hindurch. »Ich habe ihn gekannt!«, sagte sie voller Wehmut und füllte zwei Weingläser.

»Du hast ihn persönlich getroffen?«

Sie nickte und reichte mir ein Glas. »Er war mit meinem Vater befreundet. Wir haben gemeinsame Ausflüge unternommen, als ich ein Kind war. Er war nett, sehr witzig.«

»Ach ja, beide Herren haben sich ja für Syndikate und Fusionen eingesetzt.« Konnte man diese Gefühlsduselei nicht stoppen? »Rathenau war damit so erfolgreich, dass man ihn die deutsche Kriegsrohstoffversorgung organisieren ließ.«

»Das zeigt doch nur, dass er im Interesse Deutschlands handelte!«

»Davon bin ich nicht überzeugt.« Ich lehnte mich lässig an den Tisch. Was wusste sie schon! »Vielleicht gehörte er ja zu den dreihundert Weisen von Zion.«

»Was für ein Blödsinn!«, brauste sie auf. Endlich ein Reaktion, wie ich sie von Anna kannte! »Glaubst du wirklich an diesen Mist einer jüdischen Weltverschwörung?« Sie stellte ihr Glas so heftig ab, dass etwas Rotwein auf die weiße Tischdecke spritzte. »Wer hat das nur in die Welt gesetzt! Ich kann das nicht ertragen. Glaubst du etwa auch, dass sie unser Trinkwasser vergiften und christliche Babys fressen?«

»Nein, das nicht ...«

Ihre Augen füllten sich wieder mit Tränen, und sie sackte regelrecht in sich zusammen. »Heinrich, ich bin so müde. So unendlich müde ...« Es zerriss mir das Herz.

Ich stand auf und nahm sie zärtlich an den Schultern. »Anna ...«

»Warum musste er sterben?«, sagte sie schluchzend. »Weil er Jude war?«

Sie blickte zu mir hoch. »Warum töten die Menschen einander?«

Ich drückte sie an mich. »Es tut mir leid«, flüsterte ich unbeholfen. Fast hätte ich selbst weinen können: Wie weit waren wir beide, noch während wir uns umarmten, voneinander entfernt! Welten trennten uns …

»Er wusste, dass man ihn töten wollte, und doch hat er weitergemacht. Weil er einen Weg sah. Er war für den Frieden, Heinrich, verstehst du?«

»Ja«, stammelte ich. »Er war für einen Ausgleich mit den Russen.«

Anna löste sich aus meinen Armen, kniete sich zu Bernie, nahm ihn hoch und streichelte ihn. Dann sah sie mich mit ihren mit von Schminke verschmierten Augen an und fragte: »Und die USA? Und Großbritannien? Was haben die mit dem Mord zu tun?«

»Soviel ich weiß, favorisieren sie eine Regierung der Schwerindustrie. Eine Regierung, die jede revolutionäre Bewegung unterdrückt und konsequent einen antisowjetischen Kurs in der Außenpolitik steuert. Nur dann sehen sie die Voraussetzungen für eine Anleihe gegeben.«

Anna trug den Hund zurück zu seinem Sessel. Hörte sie überhaupt zu?

»Die amerikanische Anleihe hat ja nicht nur gewinnorientierte Beweggründe«, erklärte ich weiter. »Sie soll den USA eine stabile Machtbasis in Europa sichern. Außerdem soll Deutschland für einen Krieg gegen Russland gerüstet werden.« Kaum hatte ich das gesagt, fuhr sie herum. »Oh, mein Gott, noch ein Krieg?«

»Gegen die Sowjetunion!«, sagte ich. »Danach bekommt ihr vielleicht sogar eure Ländereien zurück.«

»Das ist mir piepegal!«, rief sie. »Woher weißt du das überhaupt? Warum bist du dir da so sicher?«

»Weil es unvermeidlich ist. Außerdem …«

»Nichts ist unvermeidlich.« Anna setzte sich an den Tisch, nahm eine Zigarette aus einem Etui und zündete sie an. Ruhiger sagte sie: »Du glaubst doch nicht wirklich, dass die jetzige Regierung Krieg führen wird.«

»Vielleicht wird sie ja auch … ausgetauscht.«

Sie zog an ihrer Zigarette. »Ich nehme an, du weißt, wie das passieren soll?«

»Es gibt Pläne.« Ich ärgerte mich über mich selbst. Warum hatte ich davon erzählt? Deshalb war ich doch gar nicht gekommen. Ich hatte nach ihr sehen, ihr zeigen wollen, was ich für sie empfand.

»Was für Pläne?« Sie ließ nicht locker.

»Ich habe gehört«, antwortete ich zögernd, »dass man die Kommunisten zu einer Revolte provozieren will.«

»Und dann?«

Ich räusperte mich. »Dann könnte man den Aufstand niederschlagen und die Macht an sich reißen.«

Anna lachte unfroh. »Mein Vater meint, es sei naiv zu glauben, dass die Macht der Franzosen durch einen Putsch gebrochen werden könnte.«

»Das sehe ich anders.«

Anna schwieg, sie schien mit den Gedanken ganz woanders zu sein. Doch als sie sich zu mir umdrehte, blitzte kurz etwas in ihren Augen auf, was mich hoffen ließ, dass es bald wieder bergauf gehen könnte mit ihr.

Clara Zetkin

Anna saß im Sessel und sann über Heinrichs Worte nach. Sie hatten offenbar völlig gegensätzliche Auffassungen. Wo stand er eigentlich? Nun gut, er war Soldat, dachte in anderen Kategorien als sie und lehnte den Krieg als Option nicht ab. Würde es erneut dazu kommen? Aber wie wollten sie mit hunderttausend Mann die Franzosen schlagen? Mehr stand den Deutschen nach dem Versailler Vertrag ja nicht zu.

Oder wurde das Heer im Geheimen verstärkt? Würde es zum Kampf im Inneren des Reiches kommen? Wenn die Kommunisten sich ausreichend provozieren ließen, drohte in der Tat ein Bürgerkrieg. Sollte das als Vehikel dienen, um anschließend ein Militärregime installieren zu können? Das restliche Ausland würde vermutlich stillhalten, Frankreich aber auf den Reparationszahlungen bestehen ... Entsetzt hielt Anna den Atem an, als ihr zu Bewusstsein kam, was da auf sie zukommen mochte: eine Diktatur der Völkischen, welche einen Krieg gegen Frankreich planten und mithilfe der USA einen Überfall der Sowjetunion anvisierten, um die bolschewistische Revolution zu stoppen! Wie eine Fackel fiel der Gedanke in den tiefen Brunnen ihrer inneren Finsternis. Es war ja alles noch viel schlimmer, als sie gedacht hatte – aber was konnte man tun, ganz allein?

Anna atmete tief durch, ihr Puls schnellte in die Höhe. Sie musste wieder zu sich kommen! Musste sich einbringen, um einen neuen Krieg zu verhindern! Aber wie ...? Auf jeden Fall konnte sie ihre alten Bekannten aus der Arbeiterbewegung warnen. Und sie musste zusehen, dass sie auf dem Laufenden blieb, musste in Erfahrung bringen, wie sich die Pläne der Wirtschaftseliten einerseits, der radikal rechtsgerichteten Verbände andererseits entwickelten, um es der Gegenseite mitzuteilen, damit sie nicht von einem Putsch überrascht wurden oder sich zu etwas provozieren ließen, das sie später bitter bereuen würden.

Ihre Gedanken rasten. Sie könnte Heinrich davon überzeugen, dass sie auf seiner Seite stand, dass sie seine Pläne letztendlich doch guthieß! Vielleicht würde er ihr dann weitere Informationen zukommen lassen. Ja – sie würde ihm anbieten, die Kommunisten auszuspionieren, wobei es in Wirklichkeit natürlich umgekehrt wäre. Sie könnte vielleicht sogar seine Geliebte werden! Oder machte sie sich dadurch zur Hure des Kapitalismus? Nein, da war ja immerhin etwas zwischen ihnen, Heinrich liebte sie vielleicht sogar. Dann aber dachte sie wieder an Louise, wie tief und intensiv es mit ihr gewesen war. Anna schluckte: Wie Louise da gelegen hatte in ihrem Blut... Doch eines war sicher: Auch Louise hätte gewollt, dass sie sich nicht so gehen ließ, dass sie die Initiative ergriff.

Anna überlegte lange, mit wem sie Kontakt aufnehmen könnte. Wen könnte sie warnen? Den Sozialdemokraten traute sie nicht über den Weg, die hatten sich allzu sehr mit den Imperialistischen arrangiert. Es müsste eher jemand aus dem kommunistischen Lager sein. Doch wen kannte Anna noch aus den Münchner Tagen? Teils waren die Gefährten ermordet worden, teils untergetaucht, oder sie lebten in der bayerischen Hauptstadt. Schließlich kam ihr eine Idee: Clara Zetkin! Sie hatte die KPD-Reichstagsabgeordnete kürzlich bei einem Treffen der sozialistischen Frauenbewegung kennengelernt, als sie sich mal aufgerafft hatte, ihre Berliner Palmenoase zu verlassen.

Anna wusste, dass sie sie am ehesten in Prenzlauer Berg antreffen konnte. So fuhr sie in einem Taxi dorthin und öffnete die Tür eines völlig überfüllten Cafés. Stimmengewirr schlug ihr entgegen, dazu klirrende Teller und Tassen, lachende Münder, aufsteigender Zigarettenqualm. Mit Bernie an der Leine trat Anna ein und war geblendet von dem wogenden Leben, nachdem sie eine halbe Ewigkeit in den Katakomben ihrer von Alkohol getränkten Depression gehockt hatte. Da entdeckte sie Clara Zetkin, die wie ein Fels in der Brandung an einem runden Tisch saß. Sie winkte und ging zu ihr hinüber, woraufhin ihr die Politikerin einen Platz anbot, sie konnte sich sogar an sie erinnern. Anna fand es bezaubernd, wie sie einzelne Haarsträhnen vor den Ohren trug, was sehr individuell wirkte. Clara Zetkin war bereits 65 Jahre alt, schien jedoch in ihrem Tatendrang ungebrochen. Sie hatte eine breite, massive Stirn, ein kräftiges Kinn und dünne Lippen, die wohl mehr diskutiert als geküsst hatten.

Anna zog ihren beigen Mantel aus, legte ihn über einen der Stühle und bestellte einen Kaffee. Dann setzte sie sich und sagte: »Sie müssen wissen, dass ich nicht zufällig hier bin.«

»Ein Verehrer?«

»Ich wünschte, es wäre so.« Dann wusste sie nicht weiter. Wie sollte sie beginnen? Beeindruckt von der KPD-Genossin, fühlte sie sich blockiert. Was hatte diese Frau schon alles erlebt! 1889 zählte sie den Gründern der Zweiten Internationale der sozialistischen Arbeiterbewegung. Und als Angehörige des Zentralkomitees der KPD war sie zudem Mitglied im Exekutivkomitee der Kommunistischen Internationale, der sogenannten EKKI.

Eine Kellnerin brachte eine Tasse Kaffee. Anna nahm einen Schluck und begann: »Ich bin Ihretwillen hier, ich möchte Ihnen etwas mitteilen. Ich habe aus zuverlässiger Quelle erfahren, dass die USA Deutschland gegenüber freundlich gesonnen sind und sogar bereit, uns Kredite zu gewähren, doch wollen sie uns damit zu einen Krieg mit der Sowjetunion nötigen!«

Clara lächelte müde. »Herzchen, das ist nichts Neues. Die beiden Länder streben seit Jahren aufeinander zu. Denn das Deutsche Reich wusste schon vor dem Krieg, dass es die Amerikaner zur Durchführung seiner Weltmachtpläne benötigt.«

»Aber die sind doch gegen uns in den Krieg gezogen!«

»Ich sehe darin keinen Widerspruch«, entgegnete Clara. »Mit dem Kriegseintritt haben sie keine andere Absicht verfolgt, als den Krieg zu verlängern und das Rüstungsgeschäft zu sichern.«

»Ich weiß, dass an jedem Dollar Blutspuren kleben«, sagte Anna.

»Die USA haben der Entente große Anleihen gewährt. Ein Sieg Deutschlands hätte ihre Kapitalanlagen stark gefährdet. Genauso wie die Revolution in Russland. Weil die Sowjetunion das größte Hindernis für ihre Weltherrschaftspläne ist. Die Kapitalisten fürchten sich vor der großen revolutionären Welle. Und es wird zusehends gemeinsames Interesse aller, diese Welle aufzuhalten, ganz besonders in Deutschland. Die heutigen Differenzen zwischen amerikanischen, englischen und französischen Imperialisten drehen sich vor allem um die Frage, inwieweit eine Stärkung des deutschen Militarismus geduldet werden kann. Und die USA wollen Deutschland unterstützen, damit es Partner, damit es zum Söldner im Krieg gegen die Sowjetunion wird. Und Deutschland seinerseits versucht im Zwist zwischen den USA und Sowjetrussland wieder aufzusteigen.«

»Also bilden antisowjetische Bestrebungen die gemeinsame Grundlage des deutschen und des britisch-amerikanischen Imperialismus.«

»Genau. Im Kampf gegen den Kommunismus ist man sich einig. Wussten Sie, dass die USA Ende Januar 1919 eine Militärmission nach Deutschland geschickt hat, um aktiv in die Revolution einzugreifen? Dazu gehörte auch der Plan, die Führer des Proletariats zu liquidieren.«

Anna war konsterniert. »Sie meinen, dass Rosa Luxemburg und Karl Liebknecht von amerikanischen Agenten ermordet wurden?«

Die Kellnerin kam vorbei. »Frau Zetkin, noch ein Tee gefällig?«

»Gerne«, antwortete Clara milde lächelnd. Dann wieder zu Anna: »Sowohl der Versailler Vertrag als auch der Völkerbund verfolgen das Ziel eines Krieges gegen die Sowjetunion. Einzig und allein die KPD hat versucht, darüber aufzuklären. Es ist ja keineswegs Zufall, dass der Vertrag weder das industrielle Kriegspotenzial noch den preußischen Militarismus beseitigte, das Fundament für einen neuen Krieg. Wir sind in der ersten Etappe, die USA treffen just Vorbereitungen, um unter Mitwirkung Deutschlands ihre Pläne zu verwirklichen.«

»Denken Sie denn«, fragte Anna, die ganz blass geworden war, »dass die Ermordung Walther Rathenaus damit zu tun hat?«

Clara nahm ihren Tee entgegen. »Reichskanzler Wirth hat mit der Annahme des Londoner Ultimatums gegen die Pläne der Schwerindustrie gehandelt und somit die Ruhrbesetzung verhindert. Man muss ihm wirklich zugutehalten, dass er damit die Interessen der Nation über die der deutschen Monopolherren gestellt hat. Im letzten Oktober brachte Rathenau dann ein Abkommen mit Frankreich über die Lieferung von Sachwerten zustande. Die war Hugo Stinnes natürlich ein Dorn im Auge, weil sie der Schwerindustrie keine hohen Gewinne brachten und obendrein den Arbeitern ihre sozialpolitischen Errungenschaften sicherten. Als Rathenau schließlich noch das Rapallo-Abkommen unterzeichnete, war das Maß wohl voll.«

Anna nickte. »Weil es sowohl deutschen als auch amerikanischen Interessen widersprach.«

»Rapallo sollte uns auf den Weg einer friedlichen Entwicklung führen, er sollte ein Gegengewicht zu den Forderungen der Entente herstellen und die Unabhängigkeit festigen, und zwar dank freundschaftlicher Beziehungen zum Sowjetstaat. Damit drohte die Front gegen Russland zu zerbrechen.«

»Und nur zwei Monate später wird Rathenau ermordet...«

»Ein erstaunlicher Zufall, nicht wahr?« Clara lächelte ironisch.

»Aber da muss man doch etwas tun!«

»Die KPD sieht die Zeit für einen revolutionären Umsturz noch nicht gekommen.«

»Aber es sind doch Tausende auf den Straßen!«, entrüstete sich Anna. »Die allgemeine Stimmung ist hochexplosiv!«

»Die Leute gehen ja weniger für die Revolution auf die Straße. Sie protestieren gegen die Ermordung Rathenaus, gewiss. Sie stehen für die Demokratie ein, das ist schon etwas. Aber für die Revolution? Machen Sie sich keine Illusionen, Anna. Vielleicht erinnern Sie sich daran, dass die KPD im März letzten Jahres die Arbeiter schon einmal aufgefordert hat, zu den Waffen zu greifen. Das Ganze wurde blutig niedergeschlagen. Mehr denn je ist die KPD heute von der Komintern, den russischen Führern, abhängig, und die meinen, dass die Zeit für einen erneuten Aufstand noch nicht reif ist. Nur ein Einziger würde sofort losschlagen: Ernst Thälmann in Hamburg.«

Der Meisterschüler

Hitler und ich saßen in einer Ecke im Münchner Café Gasteig. Außer uns waren nur wenige Gäste anwesend, die uns nicht weiter beachteten. Ich nahm ein Stück Zucker und versenkte es in meinem Kaffee. »Nun, wie geht es voran mit der NSDAP?«, fragte ich.

»Wenden Sie sich an Herrn von Scheubner-Richter, dann erfahren Sie alles im Detail.« Hitler schnupperte an seinem Kümmeltee.

»Ich würde es lieber aus Ihrem Munde erfahren.«

Er blickte mir geradewegs in die Augen: »Ich nehme an, wir sind uns weiterhin über die Ziele einig, Herr von Trott?«

»Darauf können Sie sich selbstverständlich verlassen. Wir kennen uns doch nun schon eine ganze Weile. Und jetzt, da Rathenau ausgeschaltet wurde, sind wir einen großen Schritt weitergekommen, so traurig sein Tod auch ist.«

»Ich kann darin nichts Trauriges erkennen«, entgegnete er kühl. »Ich habe diese Strategie nie verstehen können: die Forderungen Frankreichs so lange zu erfüllen, bis die Unerfüllbarkeit offensichtlich wird? Einfach lächerlich, ein Widerspruch in sich! Höchste Zeit, dass der Reichskanzler ausgetauscht wird!«

»Ja, die Tage von Joseph Wirth sind gezählt.«

»Und dann?«

»Dann bekommen wir einen Kanzler, der ebenso konservative wie wirtschaftsliberale Ansichten vertritt, der vor allem proamerikanisch denkt. Wilhelm Cuno oder so.«

»Der Generaldirektor der HAPAG?« Das Kürzel stand für die Reederei Hamburg-Amerikanische Packetfahrt-Actien-Gesellschaft.

»In Versailles war er als Wirtschaftssachverständiger dabei«, erläuterte ich. »Vor zwei Jahren gelang ihm der Abschluss eines Kooperationsvertrags mit United American Lines. Außerdem wurde er gerade zum Präsidenten des Hamburger Übersee-Clubs ernannt.«

»Also ein Vertreter des Freihandels«, stellte Hitler missmutig fest.

»In erster Linie ein Freund der Amerikaner. Und von der Freundschaft mit den Amerikanern hängt doch heute sehr viel ab.«

»Wenn die alle so denken wie dieser Teufelskerl Madison Grant, kann es mir nur recht sein.«

Ich sah kurz aus dem Fenster. »Mir ist übrigens zu Ohren gekommen, dass die Rockefeller Foundation eine Abteilung für Rassenhygiene am Kaiser-Wilhelm-Institut hier in Berlin finanziert.«

»Warum erzählen Sie mir das?«

»Weil ich davon überzeugt bin«, antwortete ich, »dass es zu einer intensiven Zusammenarbeit kommen wird zwischen deutschen und amerikanischen Interessen, und zwar auf verschiedenen Ebenen. In der Wirtschaft streben wir auf beiden Seiten des Atlantiks monopolkapitalistische Strukturen an, die großen Unternehmen fusionieren bereits. Ideologisch gesehen lassen wir hier wie dort den Humanismus hinter uns, stattdessen feiert die Eugenik ihren Siegeszug. Die Geldgeber sitzen in den Startlöchern: Wenn wir Reichskanzler Wirth ersetzt haben, ist die Bahn frei für eine Provozierung der Ruhrbesetzung durch die Franzosen. Dann wird sich zeigen, ob die sich wirklich zu den Herren auf dem Kontinent aufschwingen können.«

»Oder ob sie einfach nur ausbluten.«

»So ist es. Die NSDAP, Herr Hitler, wäre prädestiniert, eine überaus wichtige Rolle zu spielen, wenn Geld nach Deutschland fließt und das ganze Land wieder auf Vordermann gebracht wird.«

»Was genau wollen Sie wissen?«, fragte Hitler und trank einen Schluck.

»Wie sieht es inzwischen mit dem organisatorischen Aufbau aus? Der SA? Dem Propaganda-Apparat?«

»Wenn es wirklich zur Ruhrbesetzung kommt, wird die SA im Zuge der Reichswehrvorbereitungen auf eine militärische Kampforganisation umgestellt. Unsere Aktionen greifen inzwischen mehr und mehr aufs Land über. Am 16. August werden wir natürlich auch dabei sein.«

»Bei der Protestkundgebung der vaterländischen Verbände?«

»Jawohl. Mit wehenden Hakenkreuzfahnen gegen das Republikschutzgesetz! Würde mich nicht wundern, wenn es unser bis dato größter Aufmarsch mit der SA wird. Der Zulauf ist jetzt schon so groß, dass sich die Hundertschaften sprunghaft vermehren.«

»Das wird die Geldgeber freuen«, sagte ich.

»Zudem gibt es eine Reihe neuer Sonderabteilungen. Eine technische Abteilung, eine Artillerieabteilung. Wir haben jetzt sogar ein Musikkorps – alle auf mich persönlich verpflichtet.«

»Und die Propaganda?«

»Da gehen wir weiterhin nach Plan vor und lassen eine Versammlungswelle nach der anderen über die Bevölkerung fluten. Natürlich können wir bei den Völkischen lernen, wie man es *nicht* tun sollte – diese Wanderscholaren und Nichtskönner vom Deutschvölkischen Schutz- und Trutzbund! Jeder, der den Mut besitzt, am Wirtstisch unter seinen Gegnern stehend, offen seine Anschauungen zu vertreten, leistet mehr als tausend dieser verlogenen Duckmäuser!«

»An wem orientieren Sie sich eigentlich?«

»Kennen Sie Lord Northcliffe? Ein britischer Journalist und Verleger. Zu Beginn des Krieges beherrschte er den größten Pressekonzern im Vereinigten Königreich. Ohne die imperiale wie antideutsche Ausrichtung seiner Blätter hätte es dort nie eine solche Kriegsbegeisterung gegeben! Anfang 1918 übernahm er sogar das Amt des Koordinators der britischen Propaganda im feindlichen Ausland. Seine Kriegsgräuelpropaganda war einfach großartig! Das muss man neidlos anerkennen.«

»Sie haben aber auch wahrlich Talent. Wie Sie immer wieder auf die Verträge von Versailles und St. Germain sowie die Friedensverträge einhämmern, ist grandios!«

»Das will ich hoffen«, sagte Hitler und gab der Kellnerin ein Zeichen, die Rechnung zu bringen. »Sie können Ihren Auftraggebern auch mitteilen, dass sich die von Rudolf Heß aufgestellte Nachrichtenabteilung wunderbar entwickelt. Wenn es zum Putsch kommt, wird man uns mehr als bereitfinden, Verantwortung für das neue Deutschland zu übernehmen.«

Die Spionin

Nach ihrem Treffen mit Clara Zetkin machte Anna einen Plan, wie sie am besten an Informationen käme, um die anvisierten Strategien der Finanz- und Wirtschaftseliten zu ermitteln. Zunächst brachte sie Bernie schweren Herzens zu ihrer Mutter nach München, die hocherfreut war. Anschließend suchte sie das Gespräch mit ihrem Vater und machte ihm weis, dass sie gerne wieder mit ihm zusammenarbeiten würde, um mit ihm zu reisen und ihn zu unterstützen, so gut sie es vermochte. Ihr dürste nach einer Aufgabe, so sagte sie, weil sie durch ein Gespräch mit Heinrich begriffen habe, an welchem Abgrund das ganze Land stünde.

Anna wollte ihren Vater begleiten, wenn er sich mit Persönlichkeiten wie Carl Duisberg oder Carl Bosch traf. Ihr schwante, was sie dabei erwartete: Fachgespräche über die scheinbar unbegrenzten Möglichkeiten der neuen Hochdrucktechnologie sowie über das Problem, dass ihre Kapitaldecke nicht ausreichte, diese gewinnbringend zu nutzen. Ihr Vater würde gebetsmühlenartig von seinen großartigen Erfahrungen in den USA berichten und immer wieder die Unternehmensstruktur der Rockerfeller'schen Standard Oil hervorheben. Anna bereitete sich seelisch darauf vor – sie wusste, dass es ihr die Galle hochtreiben würde –, damit man ihr nicht anmerkte, wie sehr sie der Zusammenschluss aller I. G.-Gesellschaften zu einem Konzern beunruhigte, denn sie ahnte, dass ein Monster geschaffen werden könnte, das über die Welt käme wie eine biblische Plage.

Der Wohlfahrtsprofessor

Berlin, Mitte November 1922. Anna schien ihre Depression überwunden zu haben, sie wollte mich tatsächlich zu einem Treffen zwischen ihrem Vater und Carl Duisberg im Hotel Adlon begleiten. Sie sagte, dass so vieles über die Sowjetunion in der Zeitung stehe, das ihr Angst mache: all die Toten, die Massaker, die Gräueltaten, der Terror zur Ausrottung der Bourgeoisie. Einfach schrecklich, es habe sie umdenken lassen. Zwar hatte ich Zweifel, was ihren plötzlichen Gesinnungswandel anging, doch ich ließ mich gern von ihr überzeugen, wohl auch weil es mich freute, dass sie wieder auf mich zukam. Also verdrängte ich, was ich doch eigentlich hätte wissen müssen: dass Anna niemals für einen Krieg stimmen würde.

Stieglitz hatte mich eingeladen, auch damit ich ihm von meiner Unterredung mit Hitler berichten konnte. Es war mir nicht entgangen, dass er mich seit der Amerikareise unter seine Fittiche nahm. Offenbar legte er Wert auf meine Gegenwart, auch wenn er mir den Grund dafür nicht ausdrücklich nannte. Als ich vorschlug, dass Anna zu dem Treffen mit Carl Duisberg hinzukommen könnte, war er einverstanden. Im Gegensatz zu mir kannte sie ihn bereits von der einen oder anderen Cocktailparty.

Das Adlon beherbergte zurzeit vorwiegend reiche US-Amerikaner und internationale Künstler. Als Anna und ich das Hotel betraten, war ihr Vater noch nicht da. Um uns her schwirrten die unterschiedlichsten Sprachen. Anna strahlte, als sie die Marmorsäulen und -böden, Kristallleuchter und Jugendstilvitrinen sah. Sie trug ein elegantes schwarzes Kleid und ein leichtes Pelzcape. Der Generaldirektor der Bayer & Co. AG erwartete uns in der Lounge, er saß vor einer fast zwei Meter hohen Palme an einem marmornen Tisch in einem Sessel im Stile Ludwig XVI.

»Anna!« Er sprang mit erstaunlicher Vitalität auf. »Welch eine Freude.« Duisberg gab ihr einen formvollendeten Handkuss.

Sie lächelte kokett. »Als ich erfuhr, dass mein Vater Sie heute hier treffen würde, musste ich mich einfach anschließen! Ich hoffe, Sie werden es mir verzeihen, wenn ich das Bedürfnis hatte, eine der herausragenden Persönlichkeiten unserer geschundenen Zeit wiederzusehen. Darf ich vorstellen? Heinrich von Trott.«

»Herr von Stieglitz hat mir von Ihnen erzählt.« Duisberg reichte mir die Hand, und wir ließen uns nieder.

»Noch immer Interesse an den Armen?«, fragte er Anna.

»Mehr denn je. Sollten nicht gerade wir, die wir solche Privilegien genießen, ein Herz für unsere Mitmenschen haben? Sie selbst tun genau dies in Ihren Werken, Herr Duisberg. Man nennt Sie doch sogar den Wohlfahrtsprofessor!«

»Sicherlich nicht ganz ohne Ironie.« Er zwirbelte seinen Schnurrbart. »Richtig ist, dass ich die Wohlfahrt als Teil einer weit größeren Aufgabe verstehe.«

»Die da wäre?« Anna neigte den Kopf zur Seite.

»Die Einheit des Ganzen herzustellen. Auf der einen Seite durch die reibungslose Zusammenarbeit aller Kräfte im Werk, auf der anderen die Harmonie des Zusammenlebens.«

»Ich habe gehört, dass auch Sie Ihre Mitarbeiter als Familienmitglieder betrachten. Ähnliches sagte mir Henry Ford«, fügte ich ein.

Duisberg nickte. »Alle, die für das Werk arbeiten, die dafür leben und darin aufgehen, sollen sich in diesem Bewusstsein geeint fühlen. Unsere Gegner behaupten zwar, dass sich die Gegensätze zwischen den Klassen verschärfen, aber bei uns in Leverkusen arbeiten wir mit freudigem Herzen daran, eine Insel des Friedens zu schaffen durch menschenwürdige Arbeitsbedingungen, Leistungsprämien, Betreuung im Krankheitsfalle etc.«

»Aber ist es nicht utopisch, zu glauben, man könne familiäre Beziehungen zur Arbeiterschaft aufbauen? Gibt es da nicht in der Tat zu viele Vorbehalte?«, fragte Anna.

»Ist denn die Sozialisierung nicht eine viel unwahrscheinlichere Theorie?«, konterte er. »Vor allem ausgerechnet unter den jetzigen Verhältnissen? Es ist sowieso grundlegend falsch, Sozialismus und Kapitalismus als konträre Kräfte anzusehen.«

»Sie meinen, es gibt gar keinen Gegensatz?« Anna stützte ihren Ellbogen anmutig auf der Lehne ihres filigranen Sessels auf.

»Doch, doch, einen ganz offensichtlichen. Er besteht allerdings zwischen Sozialismus und Individualismus. Was soll ich sagen? Das jetzige Wirtschaftssystem hat sich doch bewährt, der Arbeiterschaft geht es immer besser! Wollen wir also eine sozialisierte Individualwirtschaft oder eine sozialistische Gemeinwirtschaft? Das ist für mich die ganz wesentliche Frage. Letztere setzt allerdings Gemeinsinn voraus, und der ist doch längst zum Teufel gegangen – wir leben ja nicht mehr im Mittelalter! Ohne den Gemeinsinn aber, ohne eine solche psychologische

Grundvoraussetzung ist die Durchführung der Gemeinwirtschaft völlig unmöglich! Zum Realismus gehört heutzutage eben auch Psychologie! Psychologische Kenntnis und Erkenntnis.«

»Sie sind also nicht gegen den Achtstundentag?«, meldete ich mich wieder zu Wort.

»Keineswegs, Herr von Trott! Aber so leid es mir tut, die immensen Reparationszahlungen und Abgaben erfordern eine Steigerung der Produktion, und das bestimmt auch die Arbeitszeit, nicht ein so oder so geartetes ideologisches Programm. Deutschland muss erst wieder gesund werden.«

»Solange die Geldpapierpresse auf Hochtouren läuft, wird das wohl kaum passieren«, sagte ich.

»Und wir sind ganz besonders davon betroffen«, echauffierte sich Duisberg. »In anderen Ländern wurden inzwischen Konkurrenzunternehmen gegründet. Hinzu kommt, dass wir einen erheblichen Teil unserer Produktion zu Preisen zur Verfügung stellen müssen, die weit unter dem Weltmarktpreis liegen – eine Schande!«

»Sicher ein Milliardenschaden«, nickte ich.

Duisberg schüttelte unwillig den Kopf. »Der Krieg ist zwar offiziell beendet, aber er wird in anderer Form weitergeführt. Das muss ein Ende haben! Dieser ganz und gar unerfüllbare Friedensvertrag ist nichts weiter als eine Rute, mit der man uns züchtigen will.«

»Was also wollen Sie tun?«, fragte Anna.

»Ohne jeden Zweifel ist das im Augenblick dringendste Problem die Kohleversorgung der Industrie. Ein großer Teil unserer Werke ist schon heute nicht mehr in der Lage zu arbeiten. Selbst unsere Fabriken am Niederrhein leben von der Hand in den Mund. Es fehlt auch einfach an Möglichkeiten, die Kohle zu transportieren!«

»Was ist mit den deutschen Zügen?«, fragte ich. »Die stehen in Belgien und Nordfrankreich umher und rosten vor sich hin. Wenn man sie uns doch wenigstens leihweise überließe – einfach schändlich, diese Verschwendung!«

»Dass die Züge dort gar nicht genutzt werden, ist ein weiterer Beweis dafür, dass man uns in die Knie zwingen will, dass man an den Reparationen gar nicht interessiert ist. Die Franzosen haben es doch in Wirklichkeit auf die Besetzung der Ruhr abgesehen!«

»Daran kann ich einfach nicht glauben!«, entgegnete ich. »Es wäre ganz gegen jede wirtschaftliche Vernunft. Auch die Franzosen werden einsehen müssen, dass auf freiwilligem Wege mehr zu erzielen ist als mit Zwang. Der verursacht allzu große Kosten, die unser Gegner selbst würde tragen müssen. Einfach undenkbar, die Besetzung des Rheinlandes. Wir reden hier von heiliger Erde!«

Da kam Hermann von Stieglitz auf uns zu, worauf wir uns alle begrüßten.

»Worüber habt ihr denn gesprochen?«

»Darüber, wie wir auf die Drangsalierung durch die Franzosen reagieren könnten«, antwortete Anna.

»Was uns angeht«, meinte ihr Vater, »letztlich durch Zusammenfassung der Industrie. Wenn wir uns besser organisieren, können wir bestimmte Produkte erheblich billiger herstellen. Es bedarf neuer Gesichtspunkte, neuer Organisationsformen.«

»Also einer Fusion?«, fragte ich.

»Nein«, antwortete Duisberg. »Bei einer Fusion gehen entweder alle beteiligten Firmen in einer neu zu gründenden Aktiengesellschaft auf, oder eine der Firmen, zum Beispiel die BASF, übernimmt die anderen. So oder so würden die Einzelunternehmen ihren Namen verlieren, was angesichts der guten Namen nicht empfehlenswert wäre.«

»Welche Möglichkeit gibt es dann noch?«

»Eine Holding-Gesellschaft. Der große Vorteil wäre, dass man die bewährten historischen Namen und Organe unverändert erhält. Wir könnten den Verkauf vereinheitlichen, wodurch wir an die 27 bis 29 Millionen einsparen könnten.«

»Ich kenne Ihre Ansicht bezüglich der Holdinggesellschaft«, sagte Stieglitz zu Duisberg. »Über die finanziellen Aspekte würde ich mich gerne mit Max Warburg unterhalten.«

»Hast du nicht gesagt, dass Freiherr von Schröder von der J.-H.-Stein-Bank bevorzugter Partner der chemischen Industrie sei?«, fragte Anna, wohl um ihre Sachkenntnisse vor uns auszubreiten.

»Nun, man sollte stets mehrere Meinungen einholen. Die Warburgs haben große Erfahrung mit Fusionen – besonders in den USA. Außerdem habe ich gehört, dass sich James Warburg in Hamburg aufhält. Du kennst ihn doch noch aus Kindertagen, Anna! Ich würde mir wünschen, dass du schon mal vorfährst, um meinen Besuch dort vorzubereiten. Ich bin sicher, dass sich James auch freuen würde.«

»Gern. Wann soll ich denn fahren?«, fragte Anna überrascht.

»Am besten so bald wie möglich.«

Anna nickte, dann wandte sie sich mir zu. Ich versank in ihren Augen, suchte die alte Verbindung zwischen uns, jene seelische Berührung, die jenseits von Zeit und Raum in einem unendlichen Punkt zusammenzulaufen schien.

Hatte ich Anna zurückgewonnen?

Unausweichlich

Hamburg, 30. November 1922. Es war regnerisch, kühl und windig. Anna saß mit James Warburg in einem Restaurant auf den Elbterrassen. Soeben landete ein Kreuzfahrtschiff an, womöglich aus den USA.

Der Sohn von Paul Warburg, 1896 in Hamburg geboren, war seit letztem Jahr Vizepräsident der International Acceptance Bank of New York. Sein sympathisches Äußeres mit dem dunklen, nach hinten gekämmten Haar und vor allem sein offenes Lächeln gefielen Anna. Seine Hände mit den feingliedrigen Fingern ruhten entspannt auf der weißen Tischdecke, als würden sie gleich über Elfenbein und Ebenholz dahingleiten und Chopin oder Schubert spielen. Wie es sich wohl anfühlen mochte, wenn diese Hände sanft ihre Haut streicheln würden...? Sie hatte James schon als Kind gemocht, nun spürte sie zudem eine erotische Anziehung. Und sie fand es fantastisch, dass er mit einer Musikerin verheiratet war, der Amerikanerin Kay Swift.

»Stimmt es, dass du Songs für deine Frau schreibst?«

James, der gerade ihre Kristallgläser mit Weißwein auffüllte, hielt inne. »Wie kommst du denn darauf?«

»Ich bin sicher, dass du dazu Talent hast!«

»Hm, na ja. Ich habe von deiner Entführung gehört«, wechselte er das Thema. »Mein Vater hat mir davon erzählt. Einfach unfassbar!«

»Man kann nicht sagen, dass man sich in den USA zu Tode langweilen würde.« Anna nahm sich eine Zigarette und ließ sie sich von ihm anstecken.

»Also, Anna, verrate mir, weshalb wir uns hier treffen.«

»Der Grund ist mein Vater. Ich bin sozusagen die Vorhut, er möchte mit dir ins Gespräch kommen.«

»Über die Finanzierung eines engeren Zusammenschlusses der I. G. Farben...?«

»Genau. Ein sicherlich interessantes Projekt.« Anna errötete leicht, eigentlich mochte sie so gar nicht reden, und fügte hinzu: »Du lebst in New York? Bist du glücklich dort? Manchmal überlege ich mir, ob ich nicht auch übersiedeln sollte. Aber nach allem, was passiert ist – nun, ich brauche wohl noch etwas, um darüber hinwegzukommen.«

»Das verstehe ich.«

»Im Moment sieht es ganz danach aus, als läge die Lösung für Deutschlands Probleme in den USA.«

»Ja, richtig«, sagte er.

»Dabei spielt die International Acceptance Bank sicher eine wichtige Rolle, das wünsche ich dir zumindest. Sie wurde von deinem Vater gegründet, nicht wahr? Es ist eine Tochterfirma von M. M. Warburg und Co.?«

»Ja. Wir vermitteln zwischen europäischen Kreditnehmern und den großen amerikanischen Bankhäusern.«

»Darüber hinaus habt ihr früh damit begonnen, amerikanische Rohstoffexporte nach Deutschland zu finanzieren ...«

»Junge, Junge!« Er prostete ihr anerkennend zu. »Ich hätte nicht gedacht ...«

»Dass ich zu mehr tauge als zum Kaffeekochen?«

»Ich wünschte, ich hätte solche Mitarbeiter.«

Anna lachte und sagte: »Ich habe einen guten Lehrer! Wahrscheinlich weil sich mein Vater schon immer einen Jungen gewünscht hat«, sagte sie und zog an ihrer Zigarette.

Ja, wahrlich. Dank ihres Vaters vermochte sie hinter die Kulissen der Macht zu schauen. Faszination und Widerwillen hielten sich die Balance, sodass es ihr gelang, die Beeindruckte zu spielen, die naive, attraktive Frau, die sich nebenher ein wenig für Wirtschaft und Politik interessierte. »Wann hat die Zusammenarbeit eigentlich begonnen, der Austausch zwischen Deutschland und den USA?«

»Schon lange vor dem Großen Krieg. Übrigens mit voller Unterstützung des Kaisers. Die beiden Länder sind doch füreinander prädestiniert!«

Anna zog die Augenbrauen hoch. »Imperien sind offenbar nicht aus der Mode gekommen. Gab es nicht schon um 1900 ein deutsch-amerikanisches Handelsabkommen?«

Er staunte schon wieder. »Ja! Woher weißt du nur solche Sachen? Die beiden Länder haben sich gegenseitig Zollermäßigungen gewährt.

1902 kam es zum Vertrag, der den J.-P.-Morgan-Trust an der HAPAG beteiligte, indem er ein Viertel der Aktien erwarb.«

»Ohne Gegenleistung?«

»Die HAPAG konnte Anteile des Morgan-Trusts in gleicher Höhe erwerben. Es heißt, dem Kaiser sei der Vertrag so wichtig gewesen, dass er sich bei den Verhandlungen zwischen die beiden Generaldirektoren setzte. Die Liniennetze von HAPAG und Norddeutschem Lloyd umspannten ja vor dem Krieg noch den gesamten Erdball«, erklärte Warburg.

»Aber beide mussten anschließend den Totalverlust ihrer Flotten hinnehmen!«

»Das ist die bittere Wahrheit.«

»Der neue Reichskanzler war doch früher Generaldirektor der HAPAG, nicht wahr?«

»Das stimmt. In der amerikanischen Botschaft ist man über die Wahl Wilhelm Cunos sehr erfreut.«

»Na ja, dann kann sich Deutschland doch heute sehr glücklich schätzen, dass es über solch ausgezeichnete Beziehungen zu den USA verfügt.« Anna hoffte, dass James ihr die widerstreitenden Gefühle nicht ansah, und blickte sicherheitshalber aus dem Fenster. In der Ferne schaukelte ein kleines Segelboot auf und ab, wie verloren auf den Wellen einer unermesslichen Trostlosigkeit…

Großraumwehrwirtschaft

Carl Duisberg und ich saßen erneut im Hotel Adlon. Stieglitz hatte ihm gesagt, dass er von mir das ein oder andere über den bevorstehenden Putsch in Deutschland erfahren könne. So hatte er mich kurzerhand zu sich bestellt, um mir etliche Fragen zu stellen: zur sogenannten Schwarzen Reichswehr, einer Ansammlung halb legaler Verbände, die der Reichswehr zwar nicht direkt angegliedert waren, aber von ihr unterhalten wurden. Die Soldaten lebten teilweise sogar gemeinsam in einer Kaserne, hatten die gleichen Dienstvorschriften, Truppenausweise und Uniformen. Die von den Alliierten vorgegebene maximale deutsche Truppenstärke von 100 000 Mann wurde in offizieller Zählung nicht überschritten, realiter aber verfügte die Reichswehr über ein sehr viel schlagkräftigeres Heer. Weiterhin konnte ich ihm Informationen zur

O. C., zur NSDAP sowie der SA und zu den Putschvorbereitungen liefern.

»Ohne synthetisches Benzin hätte das deutsche Heer den Großen Krieg sicher niemals führen können«, sagte ich im Anschluss.

»Ja, das stimmt. Die Offiziere im Kriegsministerium waren diesbezüglich unfassbar naiv«, nickte der Bayer-Generaldirektor. »Sie wussten nicht, dass man zur Munitionsherstellung Salpetersäure braucht. Das müssen Sie sich mal vorstellen! Ohne unsere großen Vorräte an Salpeter hätten wir den Krieg schon 1914 verloren! Doch dank des Haber-Bosch-Verfahrens ...«

»Sie meinen die Vereinigung von Luftstickstoff mit Wasserstoff zu Ammoniak und dessen Überführung in Salpetersäure? Dafür wurde das Ammoniakwerk in Leuna errichtet, weil es in der Nähe zu den Braunkohlelagern liegt, nicht wahr?« Seit einiger Zeit – Stieglitz hatte es mir angeraten – beschäftigte ich mich mit unseren Industrieanlagen. Nach und nach arbeitete ich mich in dieses recht sperrige Gebiet ein und verstand so langsam, welche Rolle die jeweiligen Erzeugnisse für die Wirtschaft spielten.

Duisberg nickte anerkennend, »Ja. Carl Bosch wurde Ende 1915 von der Reichswehr aufgefordert, die Erzeugung wesentlich zu erhöhen. Wir haben gearbeitet wie verrückt und kamen auf erstaunliche Mengen, sodass das Ausland nicht glauben wollte, wir hätten all dies ohne Vorbereitungen erreicht. Ähnlich war es auch bei vielen anderen Ersatzprodukten, etwa beim synthetischen Kautschuk. Eiserner Wille hat dazu geführt, dass wir während des Krieges wahre Wunder vollbrachten. Bei den Gaskampfmethoden traten allerdings dann Ausrüstungsmängel zutage. Wurden unsere Soldaten mit Gas angegriffen, bekamen sie Schwierigkeiten.«

Schwierigkeiten – davon konnte ich ein Lied singen! Ohne dass ich etwas dagegen tun konnte, schossen mir Bilder durch den Kopf: Im Schützengraben die feindlichen Linien durch ein Scherenfeldrohr beobachtend, hatte ich kleine weiße Wölkchen entdeckt, eins neben dem anderen; zunächst wirkten sie ganz unscheinbar und harmlos. Plötzlich ein bedrohliches Zischen: Die Wölkchen glitten ineinander, wurden lebendig, begannen zu wachsen, sich auszubreiten, bis sie schließlich einen dichten Vorhang bildeten, der auf uns zugekrochen kam.

»Gas!«, schrie ich. »Ein Gasangriff! Los, wir müssen in die Feuerstellung! Wo sind die Pferde?«

Duisberg sagte etwas, aber ich hörte ihn nur wie aus weiter Ferne. Dank der Pferde konnten wir uns rechtzeitig in ein kleines Dorf zurückziehen. Doch die Nebelwand kam wabernd über die Straße herangekrochen. Dahinter überrannte der Feind unsere Infanterielinien. Die Kompanien standen im Nahkampf. Der Rest war in Panik geflohen oder durch Schrapnellfeuer getötet worden. In unserem Schützengraben standen nun die Engländer. Sie hatten alle Gasmasken auf: handtellergroße Augengläser mit einen Rüssel, sie sahen aus wie Marsmenschen, doch die Gaswolke konnte ihnen nichts anhaben. Wären wir nicht so schnell gewesen ...

Ich schwitzte, und mir war übel. Doch irgendwann ließen mich die Bilder los und ich konnte mich wieder auf meinen Gesprächspartner konzentrieren, der von meiner Pein offenbar nichts mitbekommen hatte. »Die Anforderungen an die chemische Industrie waren sehr streng. Und die Frist für die Lösung des Problems sehr kurz.« Wovon redete er?

Duisberg lehnte sich vor und sagte leise: »Sie können Ihren Leuten von mir ausrichten, was sie längst wissen sollten: Wenn wir eines Tages wiederaufrüsten, wird sich die chemische Industrie nicht verstecken, sondern wir stellen uns mit unserem ganzen Gewicht zur Verfügung. Das Wichtigste dabei aber ist eine machtvolle und energische Regierung. Wir brauchen einen Führer!«

Ich räusperte mich. »Im Norden wie im Süden laufen die Putschvorbereitungen auf Hochtouren. Wir warten eigentlich nur noch darauf, dass die Kommunisten losschlagen und uns einen Vorwand liefern.«

Duisberg nickte zufrieden. »Die chemische Industrie wird hinter Ihnen stehen. Wir setzen auf eine Regierung, welche uns eine Ausdehnung unserer Anlagen für synthetisches Benzin ermöglicht.« Verschwörerisch rückte er näher. »Vielleicht erwacht dann sogar wieder ein alter Traum: der Traum von einem großen Wirtschaftsraum. Von Bordeaux bis Sofia einschließlich der südosteuropäischen Rohstoffquellen!«

Auf dem Weg zur Weltregierung

Der Himmel über Hamburg zog sich immer weiter zu, erste Regentropfen fielen aus tiefdunklen Wolken herab. Anna fröstelte, sie würde sich am liebsten verdünnisieren, nach Berlin zurückfahren und sich in ihrer Wohnung verkriechen.

Nein, sie durfte sich jetzt nicht gehen lassen, immerhin saß sie James Warburg gegenüber, Spross einer der mächtigsten Familien der Welt! Sie zwang sich zu einem Lächeln und fragte: »Aber gibt es denn keine Konkurrenz zwischen der Morgan- und der Rockefellergruppe?«

»Ich muss dir nicht erklären, dass Konkurrenz heute anders als früher eher kritisch betrachtet wird«, antwortete er offenherzig lächelnd.

»Als unnötiger Kräfteverschleiß!«

»Ja, genau. In Deutschland arbeiten die Morgan- und die Rockefellergruppe auf jeden Fall eng zusammen. Der Schwerpunkt von Morgan liegt dabei allerdings in der Montanindustrie.«

»US Steel«, nickte Anna, die, um möglichst viel über die Ziele und Methoden der Eliten zu erfahren, seit einigen Tagen viel Zeitung las. Darüber hinaus hatte sie sich Bücher zur jüngeren Wirtschaftsgeschichte besorgt sowie über internationale Beziehungen und löcherte ihren Vater mit Fragen.

James griff nach ihren Händen. »Ich bin wirklich beeindruckt von deinem Wissen.«

Für den Moment genoss Anna die Berührung und ließ das Knistern zwischen ihnen zu, auch wenn es ihr schwerfiel, den Anschein von Leichtigkeit aufrechtzuerhalten.

»Es gibt Bestrebungen, eine große europäische Montanunion unter internationaler Führung zu bilden«, sagte er. »Da besteht weitgehende Übereinstimmung zwischen dem deutschen und dem amerikanischen Kapital. Und je tiefer die Reichsmark sinkt, desto lebhafter wird die Kauflust nach deutschen Aktien.«

»Die Inflation ist die Welle, auf welcher der Dollar zu uns kommt.«

»Und die Welle steigt und steigt!«

»Sie wird aber doch nicht etwa künstlich erzeugt?«

»Ursprünglich nicht. 1916 begann die deutsche Regierung damit, Geld zu drucken. Die Rüstungsaufträge haben natürlich Riesensummen verschlungen.«

»Durch die derzeitige Geldentwertung sinken aber auch die Reallöhne der Arbeiter drastisch.«

»Du würdest eine gute Gewerkschaftlerin abgeben!«, lachte er.

»Eine goldene Zeit für alle, die Schulden haben!«

»Die Inflation kann natürlich ein wahrer Segen sein.« Sein Blick streifte ihr Dekolleté. Wollte er zum nächsten Gang übergehen?

Anna lehnte sich lasziv zurück. »Man müsste blind sein, um nicht zu erkennen, dass die Geldentwertung, die Aufnahme amerikanischen Kapitals und die Bildung von Trusts nach amerikanischem Vorbild Hand in Hand gehen.«

Er sah ihr in die Augen.

»Und die Politik?«, fragte sie, nun etwas heiser. »Wohin steuern wir, Herr Kapitän?«

»Was meinst du?« Er sah sie an und erkannte, dass ihr die Frage ernst war. »Wir steuern auf eine Weltregierung zu, geführt von einer globalen Wirtschaftsmacht, die stärker ist als sämtliche Regierungen der Nationalstaaten zusammen. Sie wird über die Zukunft herrschen.« Er zog ein fast entschuldigendes Gesicht.

Wo sollte das enden? Anna wurde schwarz vor Augen. »Können wir bitte gehen?«, fragte sie. »Und über etwas anderes sprechen? Mir ist plötzlich so kalt…«

James machte der Kellnerin ein Zeichen. »Nehmen Sie auch Dollars?«

Die Bedienung strahlte übers ganze Gesicht: »Das ist selbstverständlich kein Problem, Herr Warburg. Dollars? Immer gerne.«

VIII. Machtspiele

Ruhrbesetzung

Anfang März 1923. Die Franzosen hatten sich tatsächlich auf das Abenteuer Ruhrbesetzung eingelassen. Als Handelsreisender getarnt, fuhr ich mit dem Zug in Richtung Essen. Außer mir befand sich noch ein älterer Herr mit Fliege im Abteil. Er saß mir schräg gegenüber und las den Don Quichotte auf Spanisch. Als er bemerkte, dass ich mir das Buch ansah, sagte er mit spanischem Akzent: »Ich habe es eine halbe Ewigkeit nicht mehr gelesen, doch die Zustände hier haben mich dazu gebracht. Es hilft, die ganze Situation mit etwas mehr Humor zu betrachten.«

Ich nickte und blickte zum Himmel hinauf. Die Sonne war hinter undurchdringlichem Grau verschwunden, als wolle sie das ganze Leid nicht ansehen, das sich überallhin erstreckte: Trostlose Stadtlandschaften und stillgelegte Industrieanlagen zogen vorbei, zerlumpte Gestalten strichen durch die Straßen. Wie hatte es nur so weit kommen können? Wie hatten sich die Träume einer ganzen Generation innerhalb weniger Jahre in einen solchen Albtraum verwandeln können? Aber hatten wir eine andere Wahl gehabt? Mussten wir nicht genau diesen Weg einschlagen? Gut, wir hätten uns auch einfach in unser Schicksal ergeben, alle Demütigungen ertragen, alle Forderungen wie Sklaven erfüllen und vergessen können, wer wir waren. Wir aber waren stolz, und ich hatte mich sehr bewusst dafür entschieden, den Kampf gemeinsam mit den Kameraden aufzunehmen, um uns der Feinde, der Franzosen, zu erwehren. Was mich anging, so befanden wir uns noch immer im Krieg.

Über mir in der Ablage befand sich ein kleiner Musterkoffer, der mir noch zum Verhängnis werden könnte – lagen doch darin nicht nur völlig unbedeutende Preislisten, sondern auch ein Aufstellungsplan der französischen Truppen im Abschnitt Düsseldorf-Essen. Mein Verbindungsmann vor Ort, Max Fährmann – jener Oberschlesienkämpfer, den ich vor einem Jahr in Berlin kennengelernt hatte –, war inzwischen Mitglied des aktiven Widerstandes im Ruhrgebiet. Ich schloss die Augen, ließ die Ereignisse Revue passieren: Hugo Stinnes und seinesgleichen hatten sich schließlich gegen die »Erfüllungspolitiker« durchgesetzt: Nach Rathenaus Ermordung – ich konnte mir schwerlich vorstellen, dass Stinnes nichts damit zu tun hatte – wurde die Regierung Wirth gestürzt. Die neue Regierung unter Wilhelm Cuno war vonseiten der Schwerindustrie in den USA hochgeschätzt, da sie vorzüglich die Morgan- und Rockefeller-Interessen vertrat. Cuno ließ rücksichtslos die Arbeiterbewegung unterdrücken, und in der Außenpolitik steuerte er einen antisowjetischen Kurs, sodass die Voraussetzungen für amerikanische Anleihen zum Teil bereits gegeben waren. Die Herrschaft der Wirtschaftskonglomerate über den Staat fand damit ihren unverhüllten Ausdruck. Am 26. Dezember 1922 hatte die alliierte Reparationskommission eine vorsätzliche Verfehlung Deutschlands bei der Lieferung der Reparationen festgestellt, und bereits im Januar waren mehrere tausend französische und belgische Soldaten ins Ruhrgebiet einmarschiert, während die US-Regierung ihre Truppen aus der Region abzog. Über Essen und Umgebung war nun der Belagerungszustand verhängt. Die Falle war somit zugeschnappt, und es sollte sich jetzt zeigen, ob Frankreich seine Hegemonialstellung in Europa würde sichern können oder ob es sich übernehmen und eine empfindliche Niederlage erleiden würde, und zwar zugunsten der USA.

Unter den Deutschen hatte die Besetzung landesweite Empörung ausgelöst. Reichskanzler Cuno rief am 13. Januar zum passiven Widerstand auf, Kurt Jahnke von der DNVP wurde mit der Organisation betraut. Jegliche Reparationszahlungen waren eingestellt, Verwaltung und Verkehr im besetzten Gebiet durch Generalstreiks teilweise lahmgelegt worden, wodurch die Kosten für die Besetzung die Ausbeute bald übersteigen würden. Die französischen Industriellen sollten nicht genügend Kohle für ihre Hochöfen erhalten – ein riskantes Spiel, bei dem die Bevölkerung im Ruhrgebiet in unerträgliches Elend gestürzt wurde. Unterdessen hielten sich die USA vornehm zurück: Man wollte dem Konflikt so lange fernbleiben, bis Deutschland wie auch Frankreich so geschwächt sein würden, dass sich beide bedingungslos unterwerfen mussten.

»Bonjour, Messieurs.« Ich schreckte hoch. Ein französischer Kriminalbeamter hatte die Tür unseres Abteils geöffnet und fragte mit herrischem Unterton, wer wir seien und was wir im Ruhrgebiet zu suchen hatten. Hinter ihm auf dem Gang standen zwei Soldaten und sahen zu. Mir schlug das Herz bis zum Hals, während ich erklärte, dass ich im Auftrag einer Textilfirma unterwegs sei, um neue Preislisten der Zentrale in Berlin zu überbringen. Der Beamte nickte und wandte sich meinem Mitreisenden zu. Sein Name war Eugeni Xammar, ein spanischer Journalist, der für diverse Tageszeitungen über die Ruhrbesetzung schrieb.

»Öffnen Sie Ihr Gepäck!«, verlangte der Franzose dann mit scharfem Ton. Mir stockte der Atem, aber ich holte den Koffer herunter und öffnete ihn. Dabei spürte ich, wie sich Schweißtropfen auf meiner Stirn bildeten. Während er alles durchwühlte, stand ich wie versteinert daneben. Jetzt würde er den Aufstellungsplan finden, gleich! Ich rüstete mich, dem Kerl einen Schlag zu versetzen ... Doch – war er denn blind? – er legte den Plan immer wieder von einer Seite zur anderen. Schließlich wünschte er uns eine gute Weiterreise und verließ das Abteil. Ich aber klappte den Koffer zu, packte ihn wieder auf die Ablage und sackte schwer atmend in meinen Sitz zurück.

»Kennen Sie den Witz von den zwei Damen aus der gehobenen Gesellschaft?«, fragte mich unvermittelt der Spanier. »›Schon wieder ein neues Kleid, Frau Regierungsbaurat?‹ Die andere erwidert: ›Ach ja, ich konnte der Versuchung einfach nicht widerstehen. Ein Schnäppchen, wissen Sie? Die vier Meter Seide und die Spitzen habe ich im Räumungsverkauf erstanden. Dann habe ich mir für drei Tage eine junge Näherin nach Hause kommen lassen und ihr als Modell gestanden. Das alles zusammen für nicht einmal eine Million Reichsmark!‹«

»Ja, Deutschland entwickelt sich zu einem Land von Millionären«, sagte ich. Der Spanier war mir durchaus sympathisch in seiner humorvollen Unbekümmertheit.

»Was für eine Tragödie!«, fuhr er fort. »Eigentlich fehlt es Ihnen ja hier an nichts: erfahrene Landwirte, eine bewundernswerte Technik und ein unter normalen Umständen gut funktionierendes Verkehrsnetz. So viel Reichtum, der von nichts weiter repräsentiert wird als von einem Berg Papier, der von Tag zu Tag wächst.«

Mit ironischem Unterton erwiderte ich: »Zumindest hat Deutschland heute kaum noch Inlandsschulden.«

»Und die Industrie ist fein raus! Dabei besitzen Hunderttausende von Familien gerade mal das Nötigste zum Leben. Ich frage mich, wie die Arbeiterklasse reagieren wird, wenn es immer mehr Arbeitslose gibt und die Reallöhne ins Bodenlose stürzen. Heute kaufen oder morgen das Doppelte bezahlen.«

»Auf jeden Fall haben die Franzosen unsere Widerstandskraft unterschätzt!«

»Unglaublich, dass sie Hunderttausende mobilisiert haben und Millionen ausgeben, nur um ein paar Millionen Tonnen Kohle und ein paar Tausend Telegrafenmasten einzutreiben.«

»Sie wollten sich eben das Rheinland einverleiben!«

Als wir in Essen ankamen, verabschiedete ich mich und verließ schnellen Schrittes den Bahnhof. Auf dem Vorplatz patrouillierten einige deutsche Polizisten zu Pferd und hielten die Leute vom Hotel Handelshof fern, in dem französische Offiziere untergebracht waren. Ein französischer Soldat in typisch blauer Uniform mit Stahlhelm und aufgepflanztem Bajonett stand vor einem großen Schild, auf dem in riesigen Lettern stand: »Commandement de la place«, darunter: Kommandantur. Ich wusste bereits, dass diese im ehemaligen Gebäude des Kohlensyndikats untergebracht war und hatte keinerlei Interesse, mich dort wiederzufinden. Man erzählte sich grausame Geschichten von Folter und Verhören ...

Deutschland und die Deutschen

Nach Wochen und Monaten, in denen sich Anna unentwegt an der Seite ihres Vaters bewegt hatte, war sie nun völlig erschöpft: Die Versteckspiele, das entwürdigende Lügen, die ständige Bedrohung aufzufliegen waren zermürbend, sie musste unbedingt zu neuen Kräften kommen, durchatmen, einen geistigen Ausgleich finden zu den widerlichen Machtspielen, in die sie sich hineinbegeben hatte.

Als sie hörte, dass Wassily Kandinsky einen öffentlichen Vortrag in Weimar halten würde, entschloss sie sich spontan, mit dem Wagen dorthin zu fahren. Schon seit Langem wünschte sie sich, der geschichtsträchtigen Stadt einen Besuch abzustatten, auch wegen der dortigen Bauhaus-Schule.

Ein blauer Himmel hieß sie in Weimar willkommen, als wolle er sie für die Kälte entschädigen. Vor dem Vortrag begab sie sich auf den historischen Friedhof auf einer Anhöhe im Südwesten der Stadt. Über einen von Linden gesäumten Weg erreichte sie die klassizistische Fürstengruft, links und rechts aufstrebende Bäume, verwitterte Grabsteine, verrostende Kreuze. Anna trug einen Mantel, eine leichte Mütze und dünne Lederhandschuhe, in Händen hielt sie zwei Rosen sowie ein kleines Büchlein, eine Zitatensammlung deutscher Schriftsteller über

Deutschland und die Deutschen. Sie fühlte sich bedrückt, als lastete einer der massiven Grabsteine auf ihrer Seele, und sehnte sich nach der Gesellschaft von Bernie. Doch der Terrier war inzwischen fast der Hund ihrer Mutter geworden, die ihr gegenüber betonte, es könne für das Tier nicht gut sein, dauernd hin und her geschoben zu werden.

In der zwischen 1823 und 1828 errichteten Fürstengruft ruhte Großherzog Carl-August von Sachsen-Weimar-Eisenach mitsamt 31 seiner Ahnen und Familienmitglieder. Was Anna jedoch viel mehr interessierte, waren Goethe und Schiller, mit denen das Oberhaupt der Herrscherfamilie ebenfalls im Tode hatte vereint sein wollen. Sie betrat den quadratischen, im Innern zweigeschossigen Bau über den dorischen Portikus, den Kapellenraum mit neoklassizistischer Ausmalung und sternenbekrönter Kuppel. Links vom Eingang ging es eine kleine Treppe hinab in das Gewölbe. Dort legte sie jeweils eine Rose auf die beiden Eichensärge ab, trat wieder zurück und ließ die Atmosphäre auf sich wirken. Was würden die »Dichterfürsten« wohl über die jetzige Situation in Deutschland denken? Damals noch in zahlreiche Fürstentümer aufgeteilt, war die Sehnsucht, sich staatlich zu vereinigen, kaum erwacht, zumindest im Vergleich zu den Einheitsbestrebungen ab Mitte des 19. Jahrhunderts, zunächst noch nationalliberalen Aspirationen, die durch die Reichsgründung 1871 vollendet werden sollten. Anschließend dauerte es nicht mehr lange, bis Deutschland so mächtig wurde, dass sich die Nachbarländer herausgefordert sahen, es kam zum Deutsch-Französischen Krieg, der glorreich für das Deutsche Reich zu Ende ging. Tja, und 45 Jahre später sah alles ganz anders aus, der Weltkrieg war eine Katastrophe! Anna mochte gar nicht daran denken, so schwer lag ihr das Ganze noch immer auf der Seele. Ob wirklich allein die Deutschen als Verursacher anzusehen sind? Sie wollte das nicht glauben. Die anderen waren um kein Haar besser, sie hatte schließlich im Freundes- und Bekanntenkreis ihres Vaters genügend kriegslüsterne Wirtschaftsmagnaten kennengelernt, welche die Interessen anderer Länder vertraten. Und nun standen sie vielleicht wieder vor einem Krieg...

Anna schlug aufs Geratewohl eine Seite ihres neuen Büchleins auf. Ein Zitat von Wilhelm von Humboldt aus dem Jahre 1816 sprang ihr ins Auge: »Niemand könnte daran hindern, dass nicht Deutschland als Deutschland auch ein erobernder Staat würde, was kein echter Deutscher wollen kann, da man bis jetzt wohl weiß, welche bedeutenden Vorzüge in geistiger und wissenschaftlicher Bildung die deutsche Nation, solange sie keine politische Richtung nach außen hatte, erreicht hat, aber es noch unausgemacht ist, wie eine solche Richtung auch in dieser Rücksicht wirken würde.«

Wenn kein »echter Deutscher« sich einen imperialistischen Staat wünschen würde – wer waren denn dann all die Menschen, die die Straßen bevölkerten? Was war nur mit der deutschen Nation geschehen? Hatte man je von einer solchen Wandlung eines ganzen Volkes gehört? Der Wille zur staatlichen Einigung hatte diesen Menschen wohl nicht allzu gut getan... Dabei hatten es die Deutschen nur den anderen gleichtun wollen. Welch trauriges Missverständnis, welch bittere Enttäuschung, welche Verschwendung an Talent und Menschenleben! Was hatte Nietzsche noch bemängelt? Die Extirpation des deutschen Geistes zugunsten des deutschen Reiches! Andererseits waren die Deutschen eben auch Europäer, die wie alle anderen nach staatlicher Verwirklichung trachteten. Konnte man es ihnen denn wirklich verübeln, »normal« im Sinne europäischer Nationalstaatsentwicklung sein zu wollen?

Sie schlug nach und fand tatsächlich auch ein Zitat Friedrich Nietzsches: »In demselben Augenblick, wo Deutschland als Großmacht heraufkommt, gewinnt Frankreich als Kulturmacht eine veränderte Wichtigkeit. Schon heute ist viel neuer Ernst, viel neue Leidenschaft des Geistes nach Paris übergesiedelt; die Frage des Pessimismus zum Beispiel, die Frage Wagner, fast alle psychologischen und artistischen Fragen werden dort unvergleichlich feiner und gründlicher erwogen als in Deutschland – die Deutschen sind selbst unfähig zu dieser Art Ernst. – In der Geschichte der europäischen Kultur bedeutet die Heraufkunft des Reichs vor allem eins: eine Verlegung des Schwergewichts. Man weiß es überall bereits: In der Hauptsache – und das bleibt die Kultur – kommen die Deutschen nicht mehr in Betracht. Man fragt: Habt ihr auch nur einen für Europa mitzählenden Geist aufzuweisen? Wie euer Goethe, euer Hegel, euer Heinrich Heine, euer Schopenhauer mitzählte? – Dass es nicht einen einzigen deutschen Philosophen mehr gibt, darüber ist des Erstaunens kein Ende.«

Welch interessanter Gedanke: Vielleicht gab es tatsächlich einen gesamteuropäischen Geist, der das geistig-kulturelle Weiterkommen auf unserem Kontinent gewährleistet – wenn nicht durch die Deutschen, dann eben durch die Franzosen, die sozusagen in die Bresche springen mussten oder zumindest einfach nur wieder an der Reihe waren. Nietzsche schreibt: »Goethes Stimme und Beispiel weisen darauf hin, dass der

Deutsche mehr sein müsse als ein Deutscher, wenn er anderen Nationen nützlich, ja nur erträglich werden wolle – und in welcher Richtung er bestrebt sein solle, über sich und außer sich hinauszugehen.«

Über und außer sich hinauszugehen. Doch wohin? In welche Richtung hätte sich der Deutsche denn entwickeln sollen, um anderen Nationen nützlich zu sein? Anna blätterte weiter und las ein Zitat von Friedrich Schiller: »Zur Nation euch zu bilden, ihr hofft es, Deutsche, vergebens: Bildet, ihr könnt es, dafür freier zu Menschen euch aus.« Waren sich vielleicht die Deutschen mehr noch als andere selbst nie genug? Fühlten sie sich dazu aufgerufen, sich immer weiterzubilden, an anderen Nationen weiterzuwachsen, indem sie deren Kulturen in sich aufnahmen, um eine allgemeine Menschheitskultur zur Entfaltung zu bringen, um zu freien Menschen zu werden, die ihre einseitige Erfüllung nicht im Bereich des Politischen sahen, sondern im Bereich – ja, in welchem Bereich eigentlich? Anna blickte zu den beiden Sarkophagen. Die Geister der Verstorbenen schienen sie zu inspirieren, ihr zuzusprechen in ihren Schlussfolgerungen und sie zu ermuntern fortzuschreiten. Hatten etwa Goethe und Schiller ihre Finger zu diesen Stellen im Büchlein geführt? Hatten sie ihr Gedanken eingehaucht? Goethe selbst sagte über die Deutschen: »Doch liegt mir Deutschland warm am Herzen. Ich habe oft einen bittern Schmerz empfunden bei dem Gedanken an das deutsche Volk, das so achtbar im Einzelnen und so miserabel im Ganzen ist.« Ein anderes seiner Zitate: »So sollten es die Deutschen halten: weltempfänglich und weltneuschaffend, die Herzen weit offen für den großen Geist der Welt, groß durch Verstand und Liebe, durch Mittlertum und Geist, denn Mittlertum ist Geist: so sollten sie sein.« Also sollten die Deutschen dadurch über sich hinauswachsen, dass sie zum Geist fänden, zum großen Geist der Welt. Doch schrieb er auch: »Unseliges Volk, es wird nicht gut ausgehen mit ihm, denn es will sich selbst nicht verstehen, und jedes Missverstehen seiner selbst erregt nicht nur die Schmähungen allein, es erregt den Hass der Welt und bringt es in äußere Gefahr.« Was meinte Goethe? Dass die Deutschen sich selbst nicht verstehen – vielleicht dass sie auf Abwege geraten und dadurch Unmut erregen, sogar Hass, der im Krieg münden kann? Anna konnte nicht mehr aufhören zu lesen: »Was gilt es: Das Schicksal wird sie schlagen, weil sie sich selbst verrieten und nicht sein wollten, was sie sind. Es wird sie über die Erde zerstreuen wie die Juden – und das nimmt mich nicht wunder, denn ihre Besten lebten immer bei sich im Exil. Im Exil erst und in der Zerstreuung werden sie aufwachen aus ihrem Geistesschlafe und werden dann erst lernen, das Gute, was in ihnen liegt, zum Heil der Menschheit zu entwickeln: Dann werden sie das Salz der Erde sein!«

Die Deutschen das Salz der Erde, wenn sie aus dem Geistesschlafe erwachen? Na ja. Und Goethe selbst, war er »erwacht«, hat er zur geistigen Entwicklung seines Volkes beigetragen? Anna kannte seine Schriften nur oberflächlich, sie hatte den Faust und einige andere Theaterstücke gelesen. »Ich weiß: die Welt wird nicht glauben, dass das geistige Weltbild, das ich geschaffen, das deutsche Weltbild ist, das sie der Welt verkünden sollten. Ich weiß: mein Volk wird über mich herfallen und meine Farbenlehre, welche ich der materialistischen Auffassung eines Newton entgegenstelle, es wird meine Idee der Urpflanze für Dilettantismus halten. Sie können es nicht begreifen, weil sie ihren geistigen Auftrag vergessen haben. Unseliges Volk, noch im Fallen lästerst du, was du verstehen solltest!«

Also betrachtete Goethe sein dem Materialismus entgegenstehendes Weltbild als deutsch? Wie weit waren die Deutschen heute davon abgerückt! »Mögen sie mich verdammen, das kann meine Sendung nicht berühren! Mögen sie aber wissen: Ich gehe hinüber. Der Geist des deutschen Volkes, dem ich dort nahe bin und den ich in meinem Werk geoffenbaret habe, er kann auf mich rechnen. Mögt ihr ihn verleumden: ich trete dennoch für euch ein.«

Ach ja, auch Kandinsky wollte ja heute über das Geistige sprechen – über das Geistige in der Kunst.

Eine nicht ganz harmlose Beschäftigung

In der Essener Innenstadt herrschte fiebrige Unruhe, als hätte man mit einem Spaten in einen Ameisenhaufen gestochen. Plakate mit antifranzösischer Propaganda waren allgegenwärtig, ebenso Panzer und Maschinengewehre. Französische Offiziere und Soldaten drückten sich herum, um den vielen Beschäftigungslosen, die der passive Widerstand auf die Straßen gespült hatte, nicht in die Augen sehen zu müssen, um niemanden zu provozieren.

Als ich in eine der kleinen Gassen abbog, musste ich mich mit anderen Passanten an die Häuser drängen, um einen Laster vorbeizulassen. Da spürte ich eine Hand, die sich klammheimlich in meine Manteltasche schob, griff danach, wirbelte herum und blickte in die Augen eines kleinen Mannes, der mir einen verzweifelt-verschwörerischen Blick zuwarf und die Hand öffnete, wo ein zerknittertes Papier zum Vorschein kam. Ich ließ ihn los, er rannte sofort davon, und ich entfaltete ein Flugblatt: ein Aufruf, die Arbeitsangebote der Franzosen auszuschlagen.

Im Hotel sagte der Rezeptionist entschuldigend, er könne leider nichts garantieren, jederzeit könnten die Franzosen das Hotel in Besitz nehmen und die Gäste rausschmeißen. Willkommen in Essen! In meinem Zimmer im zweiten Stock stellte ich den Koffer ab, trat ans Fenster und sah auf die Straße hinab, wo soeben Max Fährmann mit einem Kampfgenossen herbeieilte, beide wie einfache Arbeiter mit breiter Hose und abgewetzter Jacke gekleidet. Wenige Minuten später saßen wir zusammen in meinem Zimmer, ich auf dem einzigen Stuhl, die beiden auf dem Bett. Ich konnte mich noch gut an unser erstes Treffen erinnern, wo Fährmann mit ungeheurer Geschwindigkeit sein Schnitzel verschlungen hatte. Er hatte sich wenig verändert, war vielleicht noch dünner als zuvor. In seine dunkelblonden Haare schlich sich trotz seines jugendlichen Alters bereits ein wenig Grau.

»Das war ja ein schöner Scherz«, grinste er mich jetzt an.

»Was meinst du?«, fragte ich unschuldig.

»Na, das mit den 20 000 Zigaretten!«

»Hast du wirklich gedacht, dass ich dich mit Zigaretten abspeise?«

Er schlug mir leicht gegen den Oberarm und antwortete: »Die Stahlmantelmunition hat uns auf jeden Fall gute Dienste geleistet!«

»Aber wie hat es euch denn nun eigentlich aus Oberschlesien hierherverschlagen?«

»Kurz nach dem Einmarsch der Franzosen ins Ruhrgebiet wandte sich ein Ingenieur der Krupp AG – Haller hieß er – an den Chef.«

»An Heinz Hauenstein?« Ich wusste, dass man ihn wieder entlassen hatte.

»Ja, er war gerade in Berlin. Haller fragte, ob wir unseren Kampf nicht auch gegen die Franzosen richten könnten. So kam es, dass unsere Truppe nach Essen verlegt wurde. Haller organisiert hier nun den Widerstand, und Krupp stellt dafür monatlich vier Millionen Mark zur Verfügung. Wir sollen das französische Militär beobachten, vor allem den Spionagedienst, und verhindern, dass beschlagnahmte Kohle abtransportiert wird.«

»Sprengt ihr die Bahnlinien?«

»Genau«, antwortete der andere, übers ganze Gesicht grinsend. Er hieß Albert Leo Schlageter, war siebenundzwanzig Jahre alt, sehr schlank und hatte eine ebenso lange wie krumme Nase.

»Ja, mit vollem Einverständnis der Regierung und der Reichswehr.« Fährmann war offenbar wichtig, dass ihre Aktionen den Anschein von Legalität behielten. »Aber als wir in Breslau ankamen, wurden wir zunächst einmal verhaftet und ins Polizeipräsidium gebracht. Endlose Vernehmungen, das kann ich dir sagen! Nach vierundzwanzig Stunden haben sie uns endlich gehen lassen. Immer dieselbe Geschichte: Zwar bitten uns offizielle Stellen um Hilfe, das Ganze bleibt aber so geheim, dass die linke Hand nicht weiß, was die rechte tut.«

»Seit einem Monat ist es den Essenern übrigens untersagt, ihre Autos zu benutzen«, berichtete Schlageter. »Wir können jetzt nur noch mit der Straßenbahn fahren.«

»Die Franzosen«, fügte Fährmann hinzu, »haben die Stadt vom Rest der Welt praktisch abgeschnitten. Dabei können sie die besetzte Region wirtschaftlich kaum nutzen! Jeder einzelne Soldat hier kostet die Regierung täglich Geld! In Gelsenkirchen ist es ihnen zwar gelungen, umgerechnet 50 000 Francs einzutreiben, die 3000 Soldaten aber, die damit beschäftigt waren, kosteten 150 000 Francs!«

»Die Strategie des passiven Widerstandes scheint aufzugehen«, sagte ich zufrieden. »Der Rest des Reiches muss jetzt den Mangel an Kohle, Koks und anderen Industrieerzeugnissen zu unglaublich hohen Preisen aus dem Ausland beziehen. Das sorgt für reichlich Unmut!«

»Wie sieht es nun mit dem Aufstellungsplan der französischen Truppen aus?«, fragte Fährmann.

Ich griff nach meinem Musterkoffer, legte ihn kurz auf meinen Schoß, öffnete ihn und überreichte ihm den Plan. Die beiden Kampfgefährten breiteten das Dokument übers Bett aus und beugten sich darüber.

»Das wird uns weiterhelfen«, stellte Fährmann zufrieden fest. »Wie laufen eigentlich die Pläne bezüglich des Umsturzes?«

»Major Buchrucker arbeitet auf Hochtouren«, erklärte ich. »Die Kommandos der Schwarzen Reichswehr werden als Arbeitskommandos getarnt, offiziell sollen sie im Lande zerstreut liegendes Kriegsgerät einsammeln, in Wirklichkeit aber werden die Waffen instandgesetzt und in Heeresgebäuden gelagert. Wir haben inzwischen Kommandos in Spandau, Döberitz, Potsdam, Rathenow, Frankfurt/Oder, Küstrin sowie in und um Berlin. Insgesamt dreiundzwanzig Standorte.«

»Die Reservetruppen verschlingen aber doch sicher sehr viel Geld«, meinte Schlageter.

»Das meiste kommt aus privaten Quellen. Aus der Industrie und der Landwirtschaft.«

»Und wann hauen wir den ganzen Sauladen hier endlich zusammen?«, fragte Fährmann.

»Wir rechnen mit Ende September. Erst wird Ebert beseitigt, dann alle republikanisch eingestellten Abgeordneten festgenommen, damit keine Gegenaktion stattfinden kann, und zeitgleich in Bayern geputscht. Nach der Einnahme von Berlin sollen die frei gewordenen Truppen nach Mitteldeutschland vorstoßen, um die dort aufgestellte Rote Armee mit den bayerischen Truppen und vaterländischen Verbänden niederzukämpfen. Buchrucker steht in Verhandlungen mit Kahr, Ludendorff, Hitler und Ehrhardt. Anschließend schmeißen wir die Franzosen raus.«

»Bis dahin halten wir hier die Stellung«, sagte Fährmann düster. »Wie immer. Schon erstaunlich, welche Ruhe man sich mit der Zeit aneignet. Es ist ja wirklich eine nicht ganz harmlose Beschäftigung.«

Schlageter, der noch immer den Plan studierte, zeigte plötzlich auf Kalkum, einen Stadtteil von Düsseldorf, und fragte: »Warum sind denn hier auf der Linie Duisburg-Düsseldorf keine französischen Truppen verzeichnet? Da ist doch eine Eisenbahnbrücke, die über den Haarbach führt!«

Sein Tonfall ließ mich Schlimmes ahnen, also antwortete ich bestimmt: »Woher soll ich das wissen, ich habe den Plan nicht entworfen.«

»Entworfen? Das hört sich ja an, als wäre er willkürlich gezeichnet worden!«

»Auf keinen Fall, er wurde doch einem französischen Offizier gestohlen.«

»Sagst du!« Sein Misstrauen schlug mir entgegen. Ich begann zu schwitzen.

»Es erfordert eiserne Disziplin, sich so zusammenzureißen, wie wir das tun.« Fährmann sah mich eindringlich an. »Jede Bewegung, jedes Wort ist genau überlegt, um ja nicht aufzufallen. Es ist sehr viel leichter, an der Front dem Feinde entgegenzustürmen, als ihm ganz auf sich gestellt Schaden zuzufügen. In Beuthen mussten wir einmal den Chef begleiten, als er den polnischen Stoßtrupps schon nicht mehr unbekannt war. Als er spätabends am Bahnhof ankam, bummelten wir mit ihm die Kaiserstraße hinunter. Die Polen folgten in vermeintlich zwanglosen Gruppen.«

Warum erzählt er mir das? Ich tat so, als würde es mich ungemein interessieren, doch fühlte ich mich wie eine Maus in der Falle.

»Schließlich folgten wir dem Chef in ein Café. Oder war es eine Kneipe? Auf jeden Fall setzte er sich dort in eine Ecke, um alles übersehen zu können. Wir blieben in seiner unmittelbaren Nähe und beobachteten, wie immer mehr Leute durch die Drehtüre kamen. An die dreißig Mann drängten sich an den kleinen Tischen, deutsche und polnische Stoßtruppler, während eine kleine Kapelle die neuesten Schlager spielte. Dann setzte sich einer der Polen an seinen Tisch und starrte ihn unverhohlen provozierend an. Plötzlich ging alles ganz schnell: Der Chef griff in seine Manteltasche, einige Polen sprangen auf, Revolver wurden gezogen, und in Sekunden war die schönste Schießerei in Gange, es war einfach unbeschreiblich. Dann ging das Licht aus, und alle stürzten ins Freie. Ich selbst konnte durch eine zerbrochene Fensterscheibe entkommen.«

»Eine bemerkenswerte Geschichte.« Panik ergriff mich. Fährmann testete mich!

»Was glaubst du, wie die Polen von uns Wind bekommen haben?«, fragte er nun.

»Sag du es mir«, entgegnete ich etwas heiser.

»In den Stoßtrupps ist ein Verrat ganz unmöglich. Aber unter den sogenannten ›Vertrauensleuten‹, die wir nicht nach so scharfen Gesichtspunkten aussuchen können, gibt es schwache Punkte. Leute, an die sich die Franzosen mit viel Geld heranmachen. Und dann kehrt einer oder gleich die ganze Gruppe von Kameraden nicht mehr wieder.«

Ich wusste, dass es für solche Leute nur eines gab: Sie verfallen der Feme, der politischen Selbstjustiz. Nach dem Weltkrieg war die Feme plötzlich wieder aufgetaucht und wurde innerhalb von deutschnationalen Untergrundbewegungen wie die Organisation Heinz auf Verräter angewandt, ebenso bei der Schwarzen Reichswehr. Die Morde wurden meist auf eine unglaublich brutale Weise ausgeführt, für die Verräter war ihnen sogar die Kugel zu schade. Tauchte ein Verdacht auf, war es praktisch unmöglich, den Kopf wieder aus der Schlinge zu ziehen. Geriet auch ich hier gerade in diesen Sog des paranoiden Misstrauens?

Ich schluckte. »Ihr haltet mich doch nicht etwa für einen Kollaborateur? Das ist nicht wahr, ihr werdet kaum einen Kameraden finden, der sich der Sache so sehr verschworen hat wie ich! Außerdem fungiere ich immer wieder auch als Geldbote. Ihr könnt natürlich nicht wissen, dass ich in engem Kontakt zu Industriekreisen stehe. Sie wären nicht allzu glücklich, wenn mir etwas passieren sollte.«

Ich spürte, wie es in ihren Köpfen ratterte. Offenbar waren sie sich unschlüssig, was mich betraf.

Da sagte Schlageter: »Wir haben gleich noch etwas zu erledigen. Wieso begleitest du uns nicht? Dort kannst du deine Loyalität demonstrieren!«

Bauhaus

Anna lief entlang der langen Front des nach Entwürfen von Henry van de Velde errichteten Ateliergebäudes der Großherzoglich-Sächsischen Hochschule für bildende Kunst, Gründungsort des Bauhauses, eine der einflussreichsten Bildungsstätten im Bereich Architektur, Kunst und Design, eine Kunstschule neuen Typs, Vorreiter einer Moderne, die Kunst, Technik und Handwerk in neuer Einheit betrachtete. Sie blieb einen Moment lang stehen, blickte neugierig hinauf zu den großen, in der Sonne glitzernden Atelierfenstern des oberen Stockwerkes.

Am Eingang grüßte sie zwei Studenten, die sich angeregt unterhielten. Am Fuße der Treppe bemerkte sie eine fast zwei Meter große, grün schimmernde Skulptur: »Eva« von Auguste Rodin. Sie zog es offenbar vor, hier in Weimar zu verweilen, anstatt auf immer und ewig in Rodins »Höllenpforte« verbannt zu sein. Und doch wandte auch Eva sich vom gleißenden Lichte ab, war in sich gekehrt und verbarg ihr Antlitz wie von grauenhaften Ahnungen gepeinigt. Interessanter Empfang, dachte Anna und blickte die sich ellipsenförmig in die Höhe schraubende Jugendstiltreppe hinauf: Angst und Schmerz an den Pforten des Geistes? Sie stieg in den zweiten Stock und ging auf eine Tür zu mit der Aufschrift »Der weiße Strahl« – so der Titel des heutigen Vortrags. Anna öffnete und betrat den sonnendurchfluteten Saal. Kandinsky sprach bereits, nickte ihr aber kurz zu. War es denn schon so spät? Schnell setzte sie sich in eine der hinteren Reihen.

Wassily Kandinsky war erst vor einem Jahr an das 1919 von Walter Gropius gegründete Staatliche Bauhaus gekommen. Im dunkelgrauen Anzug stand er am Podest, daneben auf einer Staffelei ein verhülltes Bild. Er sprach langsam und deutlich, teils vorlesend, teils frei, mit einem kaum merkbaren Vibrato in der Stimme: »Zur bestimmten Zeit werden die Notwendigkeiten reif. Das heißt, der schaffende Geist findet einen Zugang zur Seele, später zu den einzelnen Seelen und verursacht eine tiefe Sehnsucht, einen innerlichen Drang zur Erneuerung. In dem Augenblick, da die zum Reifen einer präzisen Form notwendigen Bedingungen erfüllt sind, sucht der Mensch, bewusst oder unbewusst, für den in geistiger Form in ihm lebenden neuen Wert eine materielle Form. Das ist das Suchen des geistigen Wertes selbst nach Materialisation. Das ist das Positive, das Schaffende. Das ist das Gute, der weiße befruchtende Strahl. Dieser führt zur Evolution, zur Erhöhung. So ist hinter der Materie, in der Materie, der schaffende Geist verborgen. Das Verhüllen des Geistes in der Materie ist oft so dicht, dass es im Allgemeinen wenig Menschen gibt, die zum Geist hindurchdringen können. Es gibt ganze Epochen, die den Geist komplett verleugnen. So war es im 19. Jahrhundert, und so ist es im Großen und Ganzen noch heute. Die ›schwarze Hand‹ aber gehört dem Hassenden, der versucht, die Erhöhung durch alle Mittel zu bremsen oder gar zu verhindern, der den Menschen Angst macht vor der Freiheit und sie taub macht gegen den Geist. Deshalb wird jeder neue Wert von den Menschen feindlich betrachtet. Man sucht ihn zu bekämpfen durch Spott und Verleumdung. Die Freude des Lebens aber ist der unaufhaltsame, ständige Sieg des neuen Wertes. Dieser Sieg geht langsam vor sich. Der neue Wert erobert ganz allmählich die Menschen. Und wenn er in vielen Augen unzweifelhaft wird, so wird aus diesem Wert, der heute unumgänglich nötig war, eine Mauer gebildet, die gegen das Morgen gerichtet ist. Das Verwandeln des neuen Wertes in eine versteinerte Form ist das Werk der ›schwarzen Hand‹. Die ganze Evolution, die innere Entwicklung und die äußere Kultur, ist also ein Verschieben der Schranken. So sieht man, dass im Grunde nicht der neue Wert das Wichtigste ist, sondern der Geist, welcher sich in diesem Wert offenbart hat. Die Form ist immer zeitlich, das heißt relativ, da sie nicht mehr ist als das Mittel, in dem sich die heutige Offenbarung kundgibt.«

Anna hörte gebannt zu. Kandinsky kam nun auf die geistig-mentale Entwicklung der Gesellschaft zu sprechen, wie Ideen und Werte einem fortwährenden Wandel unterworfen seien. Dann machte er einen Schritt auf die Staffelei zu und enthüllte das Bild: ein großes Dreieck. »Sie müssen sich die kulturelle Entwicklung genau so vorstellen, mit der spitzesten, kleinsten Abteilung nach oben. Das Dreieck bewegt sich kaum sichtbar nach vorn und aufwärts. Und da, wo heute bewusstseinsmäßig die kulturschaffenden Menschen sind, da ist morgen die nächste

Abteilung, das heißt: Was heute nur der obersten Spitze verständlich ist, was dem ganzen übrigen Dreieck eine unverständliche Faselei ist, wird morgen zum sinn- und gefühlvollen Inhalt des Lebens der zweiten Abteilung, also derjenigen Menschen, die bewusstseinsmäßig nachrücken. In diesem Augenblick unterliegen einzelne Künstler dem Zeitgeist, welcher sie zu einzelnen Formen zwingt, die einander verwandt sind und dadurch auch eine äußerliche Ähnlichkeit besitzen. Diesen Moment nennt man eine ›Bewegung‹. Nicht das ist das Wichtigste, ob die Form persönlich, national, stilvoll ist, ob sie der Hauptbewegung der Zeitgenossen entspricht oder nicht, ob sie einzeln dasteht oder nicht. Sondern das Wichtigste in der Formfrage ist, ob die Form aus der inneren Notwendigkeit gewachsen ist oder nicht. Das Vorhandensein der Formen in der Zeit und im Raum ist ebenso aus der inneren Notwendigkeit der Zeit und des Raumes zu erklären. Deshalb wird im letzten Grunde möglich werden, die Merkmale der Zeit und des Volkes herauszuschälen und schematisch darzustellen. Und je größer die Epoche ist, das heißt, je größer die Bestrebungen zum Geistigen sind, desto reicher in der Zahl werden die Formen einerseits und desto größere Gesamtströmungen und Gruppenbewegungen werden zu beobachten sein.«

Schließlich kam Kandinsky auf die Gegenwart zu sprechen, die sich – nach einer intensiven Phase materialistischer Desillusionierung – durch eine unerwartete Blüte kultureller Erneuerung auszeichne. Während viele Menschen eine allgemeine Dekadenz oder gar den Untergang des Abendlandes beklagten, sei eine Vielfalt an neuen Kunstrichtungen aufgeblüht, die wie die moderne Physik von einem tiefgreifenden Bewusstseinswandel kündeten, vom Ende einer Kulturepoche und ihrer Vorstellung des dreidimensionalen Raumes, vom Übergang in eine neue Zeit, eine neue Gesellschaft, eine neue Kultur. »Diese Merkmale einer großen geistigen Epoche, diese Epoche, die sich heute in einem der ersten Anfangsstadien kundgibt, sehen wir in der gegenwärtigen Kunst. Die scheinbar zügellose Freiheit und das Eingreifen des Geistes entspringen der Tatsache, dass wir in jedem Ding den Geist, den inneren Klang zu fühlen beginnen. Denn die Welt klingt. Sie ist ein Kosmos der geistig wirkenden Wesen. So ist die tote Materie lebender klingender Geist!«

Die Worte brachten Annas Herz zum Erblühen, die Wellen ihres inneren Seelenmeeres beruhigten sich. Da bemerkte sie, dass sich jemand aus den vorderen Reihen zu ihr umgedreht hatte und ihr zulächelte – eine alte Bekannte vom Monte Verità: Marianne von Werefkin!

Fememord

»Der Kerl ist mehr als vorsichtig«, sagte Max Fährmann, während wir die Essener Hauptstraße entlangliefen. Trotz des Namens war sie gesäumt von höchstens zweistöckigen Häusern.

»Du wirst ihn nie alleine auf der Straße antreffen«, fügte Schlageter hinzu. »Der lässt sich von den französischen Soldaten in Zivil bis in seine Wohnung begleiten. Wir kommen einfach nicht an ihn ran.«

»Es besteht kein Zweifel, dass er ein Verräter ist?«, fragte ich.

»Seit vierzehn Tagen beobachten wir das Schwein!« Schlageter war sichtlich genervt, dass ich eine solche Frage stellte. »Vierzehn Tage, in denen er fünf von uns verraten hat!«

Fährmann blieb stehen, fasste mich am Arm und sagte eindringlich: »Die ganze Organisation steht auf dem Spiel, verstehst du? Aus Breslau ist der Befehl gekommen, ihn unschädlich zu machen, es ist also unausweichlich.«

»Und wie?«, fragte ich, eine Browning in meiner Manteltasche umklammernd, die mir Schlageter zugesteckt hatte. So schlugen sie zwei Fliegen mit einer Klappe: Ein in der Region Unbekannter würde die Tat begehen, und gleichzeitig konnten sie mich auf die Probe stellen. Mir war ganz schlecht.

»Unser Beobachtungstrupp hat herausgefunden«, sagte Schlageter, während wir weitergingen, »dass diese Drecksau die Gewohnheit hat, nachmittags im Schlepptau der Franzosen spazieren zu gehen.«

»Sieh mal!« Fährmann wies mit dem Kopf auf einige Männer, die wie harmlose Spaziergänger vor den Schaufenstern auf und ab schlenderten.

»Franzosen?«, flüsterte ich.

»Nein, die gehören zu uns. Sie sind bereit, einzuspringen und zu helfen, sobald du den Verräter ausgeschaltet hast.«

Es war schon länger her, dass ich jemanden erschossen hatte, das letzte Mal in New York. Was sollte ich tun, es war ja wichtig, so versuchte ich mein Gewissen zu beruhigen. Zumindest wären Fährmann und Schlageter wohl von meiner Unschuld überzeugt.

Im selben Moment spürte ich es und blieb unvermittelt stehen. Nicht jetzt, flehte ich in meine Seele hinab, doch es war zu spät. Gegenwart und Vergangenheit verschwammen, Erinnerungen an die Front vermischten sich mit meiner unmittelbaren Wahrnehmung, ich hörte bereits näherkommende Detonationen. Da gerieten auch schon die Häuser ringsumher ins Wanken. Kalk rieselte von den Wänden, ich hielt mir den Kopf. Jemand rief irgendetwas. Da hob es ein ganzes Haus empor, splitternde Fensterscheiben ergossen sich klirrend auf die Straße. Schwer atmend blickte ich hinauf: Das Dach war abgerissen, und oben stand ein Mann, der mit einem Geschütz unablässig auf uns feuerte.

Ein Ellbogen rammte sich in meine Seite. »Mensch, wach auf!«, zischte Schlageter. »Da vorne ist das Schwein!«

In die Realität zurückkatapultiert, erblickte ich einen Mann mit Hut, der uns in einiger Entfernung entgegenkam, ein paar Männer folgten ihm. Ich atmete tief ein, ließ Fährmann und Schlageter stehen, beschleunigte meine Schritte, schlüpfte in einen Hauseingang und zog die Browning hervor. Mein Herz raste. Als er auf meiner Höhe war, trat ich hervor. Ich sah noch, wie der Mann mich ungläubig ansah, dann drückte ich ab. Er ging zu Boden, und ich feuerte noch dreimal. Fast gleichzeitig stürzten sich unsere Leute auf die französischen Bewacher, sodass ich mühelos entkommen konnte. Ich wusste, dass andere nun ein großes Theater veranstalten, in falsche Richtungen weisen und sogar scheinbar selbst bei der Suche mithelfen würden, während ich zum Bahnhof eilte, um meinen Zug zu erwischen. Nur raus, raus aus dieser Hölle!

Allein der Hölle in meinem Kopf, der entkam ich so schnell nicht.

Der weiße Strahl des Geistes

Marianne von Werefkin trug einen überdimensionierten Hut mit einer künstlichen Rosenblüte. Anna war überglücklich, sie zu treffen. Und die beiden Frauen waren sofort wieder warm miteinander.

»Wie geht es dir? Wo wohnst du jetzt?«, fragte Anna.

»Ich lebe noch immer in Ascona. Du weißt ja, dass mein ursprünglicher Pass vom Zarenreich ungültig ist und ich von der Sowjetunion keinen neuen erhalte. Allerdings...« Sie kramte in ihrer Handtasche und holte ein kleines Heftchen hervor. »Sieh mal, das ist ein Nansen-Pass. Er wurde von einem Hochkommissar des Völkerbundes entworfen, von Fridtjof Nansen. Immerhin hat er dafür den Friedensnobelpreis erhalten!«

»Ich habe davon gehört«, sagte Anna. »Ein Pass für Staatenlose – sicher eine große Erleichterung für dich.«

»Natürlich. Das Leben ist schwer genug.«

»Und Jawlensky?«, erkundigte sich Anna.

»Er hat sich vor zwei Jahren von mir getrennt. Er lebt jetzt mit Helene und unserem Sohn in Wiesbaden.« Helene war die einstige Haushälterin der beiden. »Aber das ist Schnee von gestern. Komm, gehen wir zu Wassily. Absolut fantastisch, dass du nach Weimar gekommen bist! Wirst du hier studieren?«

»Nein, ich bin nur für einen ganz kurzen Besuch da«, antwortete Anna, während sie sich den Weg durch die Menge bahnten. »Morgen muss ich schon wieder in Berlin sein.«

Mit Kandinsky kamen sie gleich ins Gespräch. »Was genau meinen Sie«, fragte Anna, »wenn Sie sagen, dass der schaffende Geist einen Zugang zur Seele findet und nach Materialisation strebt?«

»Können Sie sich eine Welt vorstellen, die rein geistiger Natur ist?«, fragte er zurück.

»Nun, ich glaube, dass es geistige Wesen gibt, von denen gewisse Impulse ausgehen – Impulse, die wie geistige Samenkerne später zur Entfaltung kommen.«

Kandinskys Gesicht hellte sich auf. »Endlich mal jemand, der nicht an der Wirklichkeit des Geistigen zweifelt! Wenn die Zeit reif dafür ist, werden neue kulturelle Formen und Werte in die Realität ihrer Zeit hineingetragen. Damit lässt sich doch erklären, dass zu einer bestimmten Zeit, und zwar innerhalb weniger Jahre, sozusagen flächendeckend neue Kunstrichtungen, neue Philosophien, neue wissenschaftliche Anschauungen zum Tragen kommen – also Zeitgeistphänomene, eben weil die vielen verschiedenen Einzelphänomene auf spezifische Impulse aus der geistigen Welt zurückzuführen sind. Wenn wir die europäische Geschichte seit dem 17. Jahrhundert überfliegen, so können wir beobachten, wie die aufklärerisch-humanistische Befreiung des Individuums nach und nach zu einem immer stärker ausgeprägten Realismus geführt hat, und zwar so sehr, dass wir schließlich von den geistigen Dimensionen vollends abgeschnitten wurden.«

»Vor allem in Westeuropa«, sagte Anna.

»Auch in Russland«, fügte er schulterzuckend hinzu.

»Die Kommunisten sind momentan jedenfalls die Einzigen, die den Willen zum Frieden in sich tragen. Die anderen können doch den nächsten Krieg kaum erwarten!«

Kandinsky runzelte die Stirn. Warum hatte sie das nur gesagt? Auch wenn sie daran glaubte, so gehörte es nicht hierher.

»Ich persönlich habe keinerlei Interesse an der aktuellen Politik«, sagte Kandinsky trocken. »Ich habe mich nie politisch betätigt. Ich lese nicht einmal die Zeitung.«

Um der etwas peinlichen Situation zu entrinnen, fragte Anna: »Sie meinen, der Materialismus ist ein Ergebnis der Aufklärung?«

»War nicht das Zeitalter der Aufklärung gleichzeitig auch das der Kritik? Kritik der Religion, der Philosophie, der Moral. Kritik des Rechts, der Geschichte, der Wirtschaft und der Politik. Die zentralen Ideen des modernen Zeitalters – Fortschritt, Revolution, Freiheit, Demokratie – basieren allesamt auf Kritik. Nachdem die Französische Revolution zur Diktatur geführt hatte, nachdem Napoleon geschlagen, die Restauration in Europa angekommen war, in Deutschland Idealismus und Romantik endeten, begann im späteren 19. Jahrhundert einerseits der Siegeszug des Kapitalismus, der zur industriellen Revolution führte, andererseits jener der exakten Wissenschaften. Damit brachen sich Positivismus und Materialismus Bahn. Auch der Kommunismus ist eine Variante der völlig auf diese Welt bezogenen Mentalität, welche die geistige Freiheit des Menschen infrage stellt.«

»Also ist der Materialismus eine Form dessen, was Sie als ›schwarze Hand‹ bezeichnen?«, fragte Anna.

Kandinsky nickte. »Dabei ist es eben auch von großer Bedeutung, die entgegengesetzten Kräfte wahrzunehmen, die lichten, aufbauenden. Die Kräfte der geistigen Erneuerung. Ein Grund, um sich von neuer Zuversicht durchfluten zu lassen: vom weißen Strahl des Geistes!«

1. Mai 1923

Meinen Einsatz in Essen hatte ich heil überstanden, meinen ersten politischen Mord erfolgreich ausgeführt. War ich stolz darauf? Wohl kaum, nur immer wie geritten von den Ereignissen und Entscheidungen, die mich von Jahr zu Jahr in immer dichtere Finsternis führten. Auf jeden Fall würde man mich kaum noch einmal ins Ruhrgebiet schicken. Schlageter war am 7. April in Essen verhaftet worden, nachdem ihn ein Spitzel an die Franzosen verraten hatte. Nunmehr als V-Mann zwischen den am geplanten Putsch beteiligten Gruppierungen in Berlin und München eingesetzt, hörte ich, dass die Arbeitsgemeinschaft der Kampfverbände – NSDAP, die Bünde Oberland und Unterland sowie die Reichsflagge – am gestrigen 1. Mai eine schwere Prestigeniederlage erlitten hatten.

»Was ist passiert?«, fragte ich, in die Runde blickend.

»Die verfluchten Linken haben sich ungeniert feiern lassen!«, donnerte Vasily Biskupsky, ein Hüne mit der Statur eines prähistorischen Kriegers und Kopf der Exilrussen in München.

Eigentlich hatte ich mich mit Hitler treffen wollen, doch er ließ sich wegen Zahnschmerzen entschuldigen. So saß ich nun mit Alfred Rosenberg und drei weiteren Zaristen im Nebenraum der »Osteria« in der Schellingstraße beisammen: Max Erwin von Scheubner-Richter, Fjodor Winberg und eben Exgeneral Biskupsky. Den Raum zierten Wandgemälde neapolitanischer Buchten, und die Decke zeigte Motive der antiken Mythologie, als würden wir uns im Glanz einer Epoche sonnen, deren Größe uns doch völlig verschlossen blieb.

»Bei der Demonstration wollten wir natürlich einschreiten«, jammerte Scheubner-Richter. »Aber wir konnten den Aufmarsch nicht einmal behindern!« Er war Mitte vierzig und sah aus wie ein erfolgreicher Bankier mit seinem eleganten Anzug, dem fein ziselierten Schnurrbart und kühl berechnenden Augen hinter einer rahmenlosen Brille. »Stattdessen haben wir praktisch sämtliche Sicherheitsmaßnahmen selbst zu spüren bekommen.«

Die vier gehörten zur russisch-baltendeutschen Kolonie in München, deren Bewohner gänzlich andere waren als vor dem Krieg, als sich dort Künstler, Maler und Literaten niederließen. Inzwischen lebten hier überwiegend Angehörige des russischen Ancien Régime: Offiziere, Generäle und Adlige, die vor den Bolschewisten geflohen waren. Mittlerweile wusste ich genauer Bescheid über die enge Vernetzung der antidemokratischen Rechten. Das deutsche Heer hatte sich Anfang 1919 aus der Ukraine zurückziehen müssen, die zum Schlachtfeld der Kämpfe zwischen den Weißen und den Roten, zwischen der polnischen Armee und den Truppen der Bolschewiki geworden war, begleitet wurde es von Tausenden russischer Offiziere, die sich wie Schiffbrüchige nach Deutschland retteten. Sie setzten nun alles dran, die Heimat, die sich ihnen mehr und mehr verklärte, zurückzuerobern.

»Völlig unverständlich, dass die bayerische Regierung nicht den Ausnahmezustand erklärt hat – der 1. Mai steht schließlich auch für die Befreiung von der Räteherrschaft! Also hatten wir gemeinsam mit Hitler beschlossen, den Aufmarsch auf eigene Faust zu verhindern, und zwar mit Waffengewalt«, fuhr Scheubner-Richter fort. »Dem Treiben musste schließlich ein Riegel vorgeschoben werden. Sollten wir es etwa zu einer Neuauflage der Räterevolution kommen lassen?«

In Riga geboren, war er wie Alfred Rosenberg ein Baltendeutscher. 1917 bereits Nachrichtenoffizier beim Oberkommando Ost, übernahm er Anfang 1919 eine führende Rolle im Zentralausschuss des Ostpreußischen Heimatdiensts, der seine Hauptaufgabe in der Bekämpfung des Bolschewismus sah. Hätte der Kapp-Putsch im März 1920 Erfolg gehabt, wäre Scheubner-Richter als Chef des Nachrichtendiensts der neuen deutschen Regierung vorgesehen gewesen. Nach dem Scheitern des Putsches floh er nach München, wo er schnell Zugang zur russischen Emigration fand, besonders zu Großfürst Kyrill, einem der beiden Anwärter auf den Zarenthron, und seiner Frau Victoria, die einen Teil ihrer Juwelen für Adolf Hitler versetzte. 1922 trat Scheubner-Richter der NSDAP bei und gründete die Wirtschaftliche Aufbau-Vereinigung, die unter anderem eine Verbindung zwischen deutschen Wirtschaftskreisen und ukrainischen wie russischen Emigranten herstellen wollte. Der »Aufbau« unterhielt enge Verbindungen zur völkischen Szene, was der NSDAP und Hitler zugutekam – auch finanziell. So hatte Scheubner-Richter den Kontakt zu Fritz Thyssen vermittelt, einem der ersten Gönner der jungen Partei. Ziel von »Aufbau« war es, zunächst die Weimarer Republik durch eine Diktatur zu ersetzen, anschließend das Sowjetregime zu beseitigen und das alte Zarenreich wiederauferstehen zu lassen – wozu sich ja auch Hitler bekannte. Scheubner-Richter war sein maßgeblicher Berater in der Außenpolitik. Über seine Vereinigung wurden Gelder von Großfürst Kyrill an General Ludendorff und die NSDAP geschleust, auch Henry Ford beteiligte sich und ließ dem Vertreter Kyrills in den USA, Boris Brasol, beträchtliche Summen zukommen. Schließlich leitete Scheubner-Richter Geld von russischen Industriellen, vor allem Ölmagnaten, sowie deutschen Geschäftsleuten, Industriellen und Bankiers an die NSDAP weiter. Wahrscheinlich war der »Aufbau« auch an der Ermordung Rathenaus beteiligt. Und nicht zuletzt spielte die Organisation einige Monate später eine Schlüsselrolle bei den Vorbereitungen zum sogenannten Hitler-Ludendorff-Putsch.

»Es kam also zum Zusammenstoß mit den Ordnungskräften?«, fragte ich.

Scheubner-Richter zuckte mit den Achseln und antwortete verbittert: »Wir sind am Morgen mit den Kampfverbänden losmarschiert zum

Oberwiesenfeld, um militärische Übungen durchzuführen. Das Militär und die Kameraden von der Landespolizei hatten nichts Besseres zu tun, als uns weiträumig zu umkreisen und uns aufzufordern, die Waffen abzugeben. So fand die Maifeier mit 30 000 Teilnehmern auf der Theresienwiese ungestört statt.«

»Eine Schande!« Oberst Fjodor Winbergs dunkle Augen blitzen fanatisch. »Schande über die Regierung, die sich neuerdings zur Beschützerin jüdischer Sowjetfeste aufschwingt und zu deren Schutze mit der Waffe gegen die Verteidiger des Vaterlandes vorgeht!«

»Das Eis, auf dem die bayerische Regierung wandelt, wird immer dünner«, meinte General Biskupsky mit seiner Bassstimme. »Wir werden sie nur unterstützen, solange sie sich entschieden gegen die Linken wendet.« Biskupsky hatte während des Krieges auf verschiedenen Posten gekämpft, im Januar 1918 rückte er ins Zentrum des Widerstandes gegen das Sowjetregime und übernahm das Kommando des 3. Korps der ukrainischen Armee. Nachdem er Anfang 1919 nach Deutschland kam, schloss er sich den Verschwörern um Kapp an. Als der Putsch scheiterte, verlagerte Biskupsky seine Aktivitäten nach München, wo er Kontakt zum Ludendorff-Kreis aufnahm, der eine gesamteuropäische Konterrevolution anstrebte.

»Wie denkt man eigentlich in Berlin über unsere Kampfverbände?«, fragte mich Rosenberg.

»Das Misstrauen könnte nicht größer sein«, antwortete ich geradeheraus. Ich hatte erst vor wenigen Tagen mit einem Offizier der Reichswehr gesprochen, der im Stab General von Seekts arbeitete.

»Das ist wirklich unfassbar«, schnaubte Winberg. »Schließlich lassen sich unsere Verbände von echter politischer Überzeugung leiten – was sie im Zweifelsfalle über jedwedes Gesetz stellt!«

»Vor allem wenn die Gesetze aus dem roten Berlin kommen!«, fügte Scheubner-Richter hinzu.

»Ja, und ohne die Verbände, so heißt es in Berlin, stünde man wohl vor großen Schwierigkeiten, wenn man gegen die Franzosen vorgehen will, sie bilden eine starke Reserve.«

»Dafür sind wir ihnen gut genug!« General Biskupsky reckte das Kinn. »Hält man denn inzwischen einen Sieg über die Franzosen für möglich?«

»Ganz und gar nicht«, antwortete ich. »Man bereitet sich auf erbitterten Widerstand vor und hofft, das französische Militär so lange aufhalten zu können, bis ihm durch die eigenen Verbündeten Einhalt geboten wird.«

»Es ist wirklich bitter«, sagte Scheubner-Richter, »dass der Graben zwischen den Verbänden und der bayerischen Regierung noch weiter aufgerissen ist. Man könnte fast meinen, dass sie uns bald nicht mehr brauchen.«

»Zumindest können wir sagen«, meinte Rosenberg, »dass wir unter uns weiter zusammenstehen!«

Biskupsky verschränkte die Arme: »Ja, genau! Früher oder später werden wir die inneren Verhältnisse in Deutschland klären.«

Ambassadors

Hermann von Stieglitz hielt sich gerade im Hotel Adlon auf, als ihn früh morgens die Nachricht ereilte, er solle sich bitte in der amerikanischen Botschaft einfinden. Gleich rief er Anna an, damit sie ihn dorthin begleitete.

Ausgeruht und geistig gestärkt, war Anna bereit, ihre subversive Tätigkeit im Namen des Friedens wieder aufzunehmen. Also ließ sie sich nicht lange bitten, warf sich in Schale, zog den Fuchspelz um, setzte sich einen violetten Glockenhut auf und lief die Treppen hinunter auf die Straße, wo ihr Vater sie bereits erwartete: in einem ebenso eleganten wie dynamischen Duesenberg Straight-8 in Rot mit weißen Reifen. Stieglitz gab dem Fahrer ein Zeichen loszufahren.

»Worum geht's?«, fragte sie und kurbelte das Fenster herunter, um frische Luft in den Wagen zu lassen. Es war ein herrlicher Frühlingsmorgen, frühsommerlich warm, der Himmel kristallblau.

»Lassen wir uns überraschen«, antwortete er und musterte sie zufrieden. »Du siehst gut aus!«

»Vielleicht sollte ich öfters mal nach Weimar fahren. Bist du nervös?«

Statt darauf zu antworten, sagte er mürrisch: »Ich hoffe nicht, dass ich dich doch noch an die Kunst verlieren werde.«

Eine halbe Stunde später saßen sie in einem eleganten Gästezimmer der Botschaft am Wilhelmplatz und bewunderten die mit Stuck abgesetzten Wände und Decken, als der Hausherr Alanson Houghton den Raum betrat, dicht gefolgt vom englischen Botschafter Edgar Vincent, 1. Viscount D'Abernon. Anna und ihr Vater standen auf und begrüßten die beiden. Stieglitz stellte sie wieder als seine unverzichtbare und voll vertrauenswürdige Sekretärin vor.

Houghton nickte. »Sie sind mir wärmstens von Walter Teagle empfohlen worden.« Er stand von Anfang an im intensiven Austausch mit Hugo Stinnes und anderen deutschen Wirtschaftsführern, um, wie sie meinten, die deutsche Politik in die »richtige Richtung« zu lenken. Houghton hatte weiche Gesichtszüge, graumeliertes Haar, ein fliehendes Kinn und kleine, kluge Augen.

»Dann interessiert mich, was ich für Sie tun kann!«

Houghton wies auf seinen Begleiter. »Viscount D'Abernon, mein hochgeschätzter Kollege und ein Fachmann in Wirtschaftsfragen, hat ein Anliegen.«

Der englische Botschafter war etwas älter als Houghton. Mit seiner hochgezogenen Augenbraue und dem länglichen Bart wirkte er wie eine englische Ausgabe von Don Quichotte. Doch während Letzterer einen hoffnungslosen Kampf gegen die Windmühlen geführt hatte, war Viscount D'Abernon entschiedener Realpolitiker. Sie setzten sich an einen kleinen Tisch mit eingraviertem Bild des Brandenburger Tores. Während ihnen Getränke serviert wurden, sagte Houghton: »Herr von Stieglitz, ich habe Sie hierhergebeten, weil wir Sie warnen möchten.«

Stieglitz richtete sich auf. »Was meinen Sie?«

»Es geht um die Franzosen!«, erläuterte Viscount D'Abernon. »Wir haben erfahren, dass sie vorhaben, die Anilin- und Sodawerke der BASF in Ludwigshafen zu besetzen und die Direktionsmitglieder zu verhaften. Die Betriebsleiter könnten dasselbe Schicksal erleiden.«

»Unerhört! Die wollen sich am Ende dort festsetzen!« Stieglitz war so erregt, dass sich seine Wangen röteten.

»Sie behaupten, die Maßnahmen dienen dazu, die Reparationslieferungen der I. G. Farben zu sichern.«

»Nun denn. Ich werde Ihre Warnung, für die ich Ihnen natürlich zutiefst verbunden bin, unverzüglich an Herrn Bosch weiterleiten. Ich würde mich nicht wundern, wenn er die gesamte Industrieanlage dann demontieren und nach Leuna abtransportieren ließe!«

Houghton nahm sein Glas mit Tonic Water und umklammerte es mit beiden Händen. »Wir bedauern natürlich sehr, dass den Unternehmen der Interessengemeinschaft solche Unannehmlichkeiten bereitet werden. Es versteht sich von selbst, dass die Situation ganz anders aussähe, wenn die Franzosen nicht so uneinsichtig wären.«

»Ich nehme an«, fragte Viscount D'Abernon, »dass Ihre Pläne zu einer vertieften transatlantischen Partnerschaft weit gediehen sind?«

»Durchaus, wir hegen ja seit vielen Jahren den Wunsch, unsere wissenschaftliche und finanzielle Macht gewinnbringend zu bündeln.«

Anna hörte schweigend zu. Kein Zweifel, Deutschlands Eliten warfen sich in die Arme der amerikanischen und britischen Kapitalisten. Eine Schande war das!

»Stimmt es«, hakte der amerikanische Botschafter nach, »dass Sie auf eine Einbindung von Standard Oil hoffen?«

»Ja, und Standard Oil hat großes Interesse bekundet. In der momentanen Lage sind uns jedoch die Hände gebunden. Erst muss es in Deutschland wieder zu geordneten Verhältnissen und einer erneuten Kapitalliberalisierung kommen. Generell gehen wir davon aus, dass wir dann mithilfe britisch-amerikanischer Darlehen unsere Industrie nicht nur wiederaufbauen, sondern auch wesentlich modernisieren könnten. Zudem liegt es ja im Interesse der USA, wenn wir hier ein verlässliches Bollwerk bilden gegen die Sowjetunion!«

Anna fühlte einen Reif ums Herz. Nur ein Idiot könnte übersehen, was sich hinter solcherart verklausulierten Formulierungen verbarg: Die Messer für die nächste große Runde wurden gewetzt! »Leider scheinen die Franzosen das nicht gutzuheißen«, warf sie ein.

»Ja, man legt dort wohl größeren Wert auf territoriale, militärische und wirtschaftliche Vorteile als auf die Reparationszahlungen«, sagte Viscount D'Abernon. »Die Behauptung, die Ruhrbesetzung sei im Interesse eines künftigen Kartells zwischen der französischen und der deutschen Industrie, wird ohne Zweifel von der Tatsache widerlegt, dass die Franzosen ein günstiges Abkommen mit den Deutschen hätten erzielen können.«

»Wenn sie es denn gewollt hätten«, meinte Stieglitz. »In Wirklichkeit aber streben sie die politische Kontrolle der Ruhrkohle an. Dann wären sie beim Stahlbedarf auch unabhängig von England und den USA. Und Deutschland wäre ein für alle Mal keine Großmacht mehr, sondern militärisch verkrüppelt und wirtschaftlich abhängig!«

»Tatsächlich kämpft Poincaré entschlossen für die französische Sache«, sagte der englische Botschafter. »Dabei ist er blind für jedes andere Interesse. Wenn ihm das große Spiel gelingt, wird er sich jedoch Deutschland zum ewigen Feind machen.«

»Was allerdings keine Rolle mehr spielen würde, da wir völlig macht-
los wären. Zumindest können wir den Franzosen dafür dankbar sein,
dass sie für den Zusammenhalt bei uns in Deutschland Unerhörtes geleistet haben.«

Houghton nickte. »Auf jeden Fall ist uns nun zur Genüge ersichtlich
geworden, dass eine Entwaffnung Deutschlands ohne eine Herabmin-
derung der französischen Rüstungen ein großer politischer Fehler sein
könnte.«

Viscount D'Abernon fügte hinzu: »Solange ein Staat in Europa militärische Überlegenheit über alle anderen besitzt, wird eine wirkliche
Befriedung nicht möglich sein.«

Selbstverständlich meinte er damit ausschließlich die kontinentalen
Mächte, während es das Natürlichste der Welt ist, wenn England eine
solche Übermacht besäße…

Reiter der Apokalypse

Scheubner-Richter ballte seine Hand zur Faust. »Hitler hat sehr gut erkannt, dass die Abrechnung mit den Novemberverbrechern Voraussetzung für jede Aktion nach außen ist.«

»Solange wir das Übel nicht an der Wurzel packen, wird sich überhaupt nichts ändern«, schimpfte Winberg. »Die ganze internationale
Verseuchung, die jüdische Vergiftung, das ganze Antichristentum!«

»Sie glauben, dass die Juden mit dem Teufel im Bunde sind?«, fragte
ich und meinte es als Scherz. Er aber starrte mich an. »Mein junger
Freund, was glauben Sie denn, von wem der Bolschewismus angeführt
wird? Von niemand anderem als dem Leibhaftigen und seinen jü-
disch-satanischen Horden – dem muss sich jeder Christ, jeder Arier,
jeder Nichtjude entgegenstellen!«

Ich staunte. Dass die Juden mit dem Antichristen verbandelt sein
sollten, war mir neu. In Winbergs Weltbild aber gab es wohl nur Platz
für zwei antagonistische Prinzipien: das Böse einerseits – Juden, Freimaurer, Demokraten und die Kommunisten, allesamt Mitglieder einer
jüdischen Weltverschwörung – und das Gute andererseits: das Zarenreich. Winberg war wie Boris Brasol ein sogenannter Schwarzhunderter
gewesen, Mitglied einer monarchistisch-nationalistischen Organisation,
die zwischen 1904 und 1906 Hauptanstifter und Akteur antisemitischer

Pogrome in Russland gewesen war, wobei Juden misshandelt und getötet wurden, das Ganze durchaus mit Unterstützung der zaristischen Behörden. Man munkelte außerdem, dass Winberg eine Affäre mit der Zarin gehabt habe und dass in einem ihrer Zimmer eine Swastika an die Wand gemalt gewesen sei. Bis heute fühlte sich Winberg berufen, die Menschheit auf den Kampf gegen eine jüdische Geheimorganisation einzuschwören, welche generalstabsmäßig gegen die christliche Welt vorgehe. Das Dokument, das ihm all dies zu beweisen schien, waren abermals die »Protokolle der Weisen von Zion«. Im Gegensatz zu jenen, welche von einem rassistischen Standpunkt aus gegen Juden eingestellt waren, argumentierten die russischen Konterrevolutionäre theologisch, denn sie waren im orthodoxen Christentum verwurzelt. Viele folgten dem Philosophen Wladimir Solowjew, der in seiner »Kurzen Erzählung vom Antichristen« davon berichtete, dass die Zerstörung des Westens den Untergang des Abendlandes einleiten würde. In der Geschichte erlangt der Satan seine Macht mithilfe von Freimaurern und eines »Universellen Komitees«, das mit Juden gar nichts zu tun hat, bei Winberg jedoch zur »jüdischen Allianz« mit dem Antichrist an der Spitze wurde.

»Wie Dostojewski schon sehr gut erkannt hat«, dozierte er, »sind alle Aktionen der westeuropäischen Politiker nichts als Blendung. Ihr aller Herr ist der Jude und seine Bank, der mithilfe des Sozialismus das Christentum auszurotten versucht. Und wenn nichts als Anarchie übrig bleibt, dann wird der Jude an der Spitze stehen – und wenn der ganze Reichtum Europas vertan ist, bleibt die Bank des Juden. Dann aber wird der Antichrist kommen!«

Ich musste mich zusammenreißen, um angesichts dieses apokalyptischen Antisemitismus keine spöttische Bemerkung zu machen, dabei waren die Ansichten, denen ich selbst nachhing, nicht viel vernünftiger. Soldaten wie ich, welche die traumatischen Erlebnisse im Krieg nicht losließen, gefielen die Ressentiments gegenüber den Siegermächten.

General Biskupsky räusperte sich und donnerte dann los: »Wenn wir unsere Kräfte bündeln, können wir das Ruder vielleicht noch herumreißen. Zuerst kümmern wir uns um Berlin, dann um die Franzosen und schließlich um die Judenclique in der Sowjetunion.«

Ich fragte beunruhigt: »Aber Sie wollen doch nicht etwa losmarschieren, ohne auf den Putsch zu warten?«

»Herr von Trott«, entgegnete Rosenberg. »Sie wissen sicher, dass wir mit sämtlichen maßgeblichen Kreisen des nationalen Widerstandes in

Verbindung stehen. Selbstverständlich hoffen wir auf eine konzertierte Aktion, um den Bolschewismus entgegenzutreten. Der Kampf muss mit äußerster Entschiedenheit und Brutalität geführt werden. Wenn es aber nicht dazu kommen sollte, werden wir die großen Hoffnungen, die viele auf Bayern setzen, nicht enttäuschen – gegründet auf dem Glauben, dass von hier aus die Befreiung des Vaterlandes erfolgen wird. Also werden wir zuschlagen und nach Berlin marschieren.«

Scheubner-Richter lehnte sich vor. »Wenn wir eines von den Kommunisten gelernt haben, so, dass Weltgeschichte nicht durch Parlamente und Mehrheiten gemacht wird, sondern mit der Energie einiger weniger Männer, die ihr Schicksal selbst in die Hand nehmen. Wenn wir nicht handeln, Russen und Deutsche Hand in Hand, wird die russische Intelligenz ausgelöscht und das deutsche Volk versklavt durch die kommunistisch-jüdische Internationale.«

»Es ist deshalb unbedingt notwendig«, fügte Rosenberg hinzu, »dass die Truppen Ehrhardts, geführt von Ludendorff, in Thüringen einmarschieren. Die dortige Reichswehr wird sich uns anschließen. Dann haben wir freie Bahn, um nach Berlin durchzubrechen.«

»Die Arbeiterschaft ist so demoralisiert, dass ein erneuter Generalstreik auszuschließen ist«, fügte Scheubner-Richter hinzu.

»In der Tat«, bestätigte ich. »Die Bereitschaft zu einem Kompromiss mit Ludendorff ist in den Rechtskreisen weit verbreitet.«

Aus dem Gleichgewicht

Anna sagte zum englischen Botschafter: »Mir scheint, Ihre Doktrin einer Balance of Power in Europa ist aus der Mode gekommen.«

»Ein mangelndes Gleichgewicht wirft nach wie vor Probleme auf«, entgegnete Viscount D'Abernon. »Die Lage von 1914 hat sich heute in ihr Gegenteil verkehrt. England, das einst gegen Deutschland kämpfen musste, um dessen militärische Beherrschung Europas unmöglich zu machen, mag sich in einigen Jahren gezwungen sehen, aus denselben Gründen gegen Frankreich zu kämpfen. Solange jedenfalls Deutschland ein zusammenhängendes Ganzes bleibt, gibt es immer noch ein gewisses Gleichgewicht in Europa.«

»Und welche Rolle kommt dabei den USA zu?«, wandte sich Hermann von Stieglitz an Alanson Houghton.

»Nichts ist den Franzosen verhasster als eine enge Verbindung zwischen unseren beiden Ländern«, antwortete er. »Sie wollen nicht einsehen, was Amerika mit der ganzen Frage zu tun hat. Doch ich brauche Ihnen nicht zu sagen, dass wir unter allen Umständen eine Hegemonie Frankreichs verhindern müssen. Würde es in diesem Konflikt gewinnen, so wird uns über kurz oder lang der Zutritt zu den Märkten und Volkswirtschaften Europas verwehrt!«

»Dann wäre es doch wünschenswert, wenn man sich in London und Washington zu konkreten Maßnahmen entschließen könnte. Sonst, fürchte ich, wird sich Deutschland noch aus schierer Verzweiflung der Sowjetunion annähern.«

»Nicht umsonst«, nickte Viscount D'Abernon, »nennt man Berlin heute das Tor zum Osten: Es wimmelt dort nur so von russischen Delegierten und Sowjetbeamten mit ihren Spionen. Sie scheinen zu glauben, dass die Ruhrinvasion eine exzellente Gelegenheit für eine Ausweitung der Revolution bietet. Scharenweise schicken sie ihre Agenten ins Ruhrgebiet!«

»Letztendlich wird die Haltung der Westmächte die Haltung Deutschlands gegenüber der Sowjetunion bestimmen«, sagte Houghton. »Bezüglich der Reparationen denken wir vernünftig, und wir sind auch weiterhin gegen jede weitere Zersplitterung Ihres Landes. Eine Annäherung an die Sowjetunion bedeutet eine große Gefahr für die westliche Zivilisation. Momentan warten wir noch ab, doch sind wir bei einer Zuschärfung der Lage entschlossen, zugunsten Deutschlands einzugreifen.«

»Durch Gewährung von Krediten?«, fragte Stieglitz.

»Selbstverständlich. Mithilfe von Anleihen mag es gelingen, die Außenpolitik Frankreichs maßgeblich zu lenken. Aber die Zeit ist leider noch nicht reif für eine offene Aktion.«

Noch nicht reif für eure Weltherrschaftspläne! Innerlich kochte Anna schon wieder.

»Glücklicherweise haben wir nun mit Reichskanzler Cuno einen Mann an der Spitze, der seine Politik intensiv auf die diplomatische Intervention der USA in Europa stützt.«

»Ja«, entgegnete der amerikanische Botschafter, »wir können uns wirklich glücklich schätzen, dass er, der wie kaum ein anderer auch die Interessen der deutschen Schwerindustrie vertritt, von der prosowjetischen Politik abrückt. Außerdem sind wir uns einig, dass man die Reparationsfrage einem Expertengremium übertragen sollte. Wir Amerikaner haben 70 000 Menschenleben und viele Millionen Dollar geopfert, um den Krieg für die Freiheit durchzufechten. Nun werden wir bald weitere Geldopfer bringen müssen, um den Frieden in der Welt und den Wohlstand wiederherzustellen.«

Nichts als Lügen, dachte Anna. Houghton war ein astreiner Imperialist, und im Grunde genommen lauerten die Amerikaner doch nur im Hintergrund, um den richtigen Zeitpunkt zu erwischen, Europa zu unterwerfen.

»Bevor wir aber eingreifen können«, sagte er jetzt, »werden wir die deutsche Währung stabilisieren müssen.«

»Ja, unbedingt«, pflichtete Viscount D'Abernon ihm bei. »Das Reich ist heute derart bankrott, selbst wenn man das Schwert aus der Wunde entfernt, also die Franzosen aus dem Ruhrgebiet vertreiben würde, wäre es noch immer zweifelhaft, ob der Patient überlebt. Zu allem Überfluss glauben Berliner Financiers, dass der Sturz der Reichsmark gar nicht durch die gewaltigen Notenmengen verursacht wird.«

Anna konnte sich nicht mehr zurückhalten: »Was haben Sie gegen die Geldentwertung einzuwenden? Der Reallohn der Arbeiter sinkt, und die Preise steigen. Außerdem begünstigt es den Fluss Ihres Kapitals in Richtung Deutschland. Und das«, fügte sie charmant lächelnd hinzu, »können wir doch nur von ganzem Herzen begrüßen.«

»Ein interessanter Standpunkt«, entgegnete Houghton. »Generell herrscht diesbezüglich tatsächlich Übereinstimmung zwischen dem deutschen und dem britisch-amerikanischen Kapital sowie den Vertretern der Weimarer Republik. Wir erwarten mit Ungeduld den Beginn einer neuen Epoche, die offene und durchaus erweiterte Zusammenarbeit der progressiven Kräfte in Deutschland, Großbritannien und den USA.«

Zur Vorbereitung des nächsten Weltkrieges, dachte Anna, während sie immer noch lächelte.

»Deutsche Banken«, bemerkte Viscount D'Abernon, »haben ja schon sofort nach dem Krieg Vorbereitungen für die Aufnahme ausländischen Kapitals zum weiteren Aufbau der deutschen Industrie getroffen. Die amerikanische Mitarbeit ist nicht zuletzt wegen der ungeheuren finanziellen Möglichkeiten der Wall Street so wertvoll.«

»Ich frage mich nur, wann es so weit sein wird«, sagte Stieglitz, in seine leere Tasse blickend.

»Gewiss muss Deutschland erst einmal völlig frei von Schulden sein«, sagte Houghton. »Das wird die Inflation über kurz oder lang bewerkstelligen.«

»Unterdessen«, fügte Viscount D'Abernon hinzu, »und das verrate ich Ihnen ganz im Vertrauen, Herr von Stieglitz, hat die Bank of England – und die Federal Reserve ist ihr darin gefolgt – den Zinssatz stark angehoben. Die Zeit für Investitionen in Deutschland ist zwar noch nicht gekommen, aber Sie können davon ausgehen, dass wir zielsicher darauf zusteuern!«

»Wenn die Franzosen«, meinte Houghton, »infolge ihres jüngsten militärischen Übergriffs erst einmal vor dem Bankrott stehen und sich genötigt sehen, eine amerikanische Anleihe aufzunehmen, werden sie keine andere Wahl haben, als das Ruhrgebiet wieder zu räumen. Daraufhin wird in England und den USA der Leitzins wieder drastisch gesenkt, sodass kurz darauf das Geld – wie durch einen Trichter gepresst – nach Deutschland fließen kann.«

Und wir werden zu einer Zweigstelle der Wall Street, dachte Anna.

»Ich bin überzeugt«, fügte der amerikanische Botschafter hinzu, »dass die sechs Konzerne der I. G. Farben dann in aller Ruhe fusionieren können und es schließlich mit Standard Oil zu einem bedeutenden Austausch von Aktienpaketen kommen wird. Denn ohne Zweifel wird der Bedarf an Flüssigtreibstoffen im mechanisierten Krieg der Zukunft stark ansteigen!«

»Sie sehen, Herr von Stieglitz«, lächelte Viscount D'Abernon mit patriarchalischer Güte, »wir sind eifrig bemüht, Ihnen entgegenzukommen.«

»Das ist wahrlich fantastisch, und im Namen der I. G. darf ich Ihnen beiden, verehrte Botschafter, unseren überschwänglichen Dank zum Ausdruck bringen!«

Anna war nun vollends angewidert: von den Botschaftern, Vertretern von Ländern, die weltweit die Menschenrechte vorschoben, um Krisen auszulösen, um heuchlerisch im Namen der Demokratie und des Fortschritts Kriege anzuzetteln und andere Völker zu unterdrücken. Ganz enttäuscht aber war sie von ihrem Vater – letztendlich ein willfähriger Kretin, der den beiden Botschaftern in den Hintern kroch. Und doch würde sie sich zusammenreißen, lächeln und ihr Spiel aufrechterhalten, auch wenn ihre Hoffnung mehr und mehr sank, etwas tun zu können zur Vermeidung eines weiteren Krieges.

»Wenn das französische Vorgehen die Lage auch verschärft, so hat es uns doch der Gesundung nähergebracht.« Viscount D'Abernon hob theatralisch die Hände. »Die akute Krise ist ein notwendiger Schritt auf dem Wege des Wiederaufbaus. Die Verheerungen durch die Ruhrbesetzung sind ebenso notwendig wie der Zusammenbruch der deutschen Finanzen, um die Welt zur Besinnung zu bringen. Wenn das Ganze überstanden ist, werden wir uns, so hoffe ich sehr, erneut hier einfinden und von ganzem Herzen über all das lachen können.«

IX. Eskalation

Deutscher Tag

Am 2. September 1923 fand in Nürnberg der vierte »Deutsche Tag« statt, eine Heerschau und Großkundgebung mit 100 000 Teilnehmern vaterländischer und völkischer Verbände in Erinnerung an die Kapitulation der französischen Armee 1870. Ein Meer aus schwarz-weiß-roten und weiß-blauen Fahnen wogte über der Arbeiterstadt, hinzu kamen feldgraue Uniformen und Hakenkreuze, Jubelschreie und brausende Heilrufe. Überall war zu hören, dass es sicher bald zur Abrechnung mit den »Novemberverbrechern« käme, dass man sehr bald losschlagen wolle. Damit sollten die Arbeiter provoziert werden, um das Feuer der bolschewistischen Revolution zu entfachen – um es mit dem Putsch gleich wieder im Keim ersticken zu können.

Ich stand mit Max Erwin von Scheubner-Richter hinter Hitler, der mit General Ludendorff, Prinz Ludwig Ferdinand von Bayern und anderen Mitverschwörern den großen Vorbeimarsch abnahm und unermüdlich – halb zeremoniell, halb lapidar – den Hitlergruß erwiderte. Vorangetragen wurden die Fahnen der alten Armee, es folgten Kriegsvereine und Offiziersverbände, Einheiten der bayerischen Landespolizei und studentische Korporationen, die SA, Reichsflagge und Wikingbund, die Nachfolgeorganisation der O. C., welche aufgrund der ihr zur Last gelegten zahlreichen Morde im Juli 1922 verboten worden war. Bund Oberland sowie der Bund Bayern und Reich. Männer, Frauen und Kinder standen dicht gedrängt auf den Gehsteigen, streckten Hitler und Ludendorff den Arm entgegen und ließen Blumen und Kränze auf sie herabregnen, als hätten sie sie aus Not und Knechtschaft befreit.

»Die Bevölkerung nimmt uns ja begeistert an«, bemerkte ich. »Allerdings auch in den Arbeitervierteln. Ich weiß nicht, ob wir uns wirklich darüber freuen sollten. Wie schlimm muss das Elend eigentlich noch werden, bis die Roten endlich losschlagen?«

»Nur Geduld«, entgegnete Scheubner-Richter.

»Der Einfluss der reformistischen Gewerkschaftsführer nimmt auf jeden Fall ab, und zwar zugunsten der Radikalen. Wilde Streiks sind an der Tagesordnung. Die Lebensmittel werden immer knapper. Wer kann sich heute schon noch Milch oder Fleisch leisten?«

Scheubner-Richter zuckte mit den Achseln. »Seit Stresemann an der Regierung ist und vier Sozialdemokraten im Kabinett sitzen, hat sich die Arbeiterklasse erst mal wieder beruhigt.«

»Trotzdem. Ich habe gehört, dass inzwischen ganze Trupps von Arbeitslosen aufs Land ziehen, um sich Lebensmittel unter den Nagel zu reißen. Der Aufstand kommt – das ist unausweichlich.«

»Was machen eigentlich unsere englischen Freunde?« Scheubner-Richter kratzte sich am Kinn.

»Sie sind beunruhigt«, antwortete ich, »vom revolutionären Aufschwung und vom Erstarken der Sowjetunion. Premierminister Baldwin tritt für eine schnelle Beilegung des Ruhrkonflikts ein. Das Chaos hier bei uns droht auch den englischen Handel in Mitleidenschaft zu ziehen. Man rechnet aber damit, dass es nicht mehr lange dauern wird, bis der Franc massiv fällt. Dann – davon bin ich überzeugt – werden die Engländer und Amerikaner zugunsten Deutschlands eingreifen. Präsident Calvin Coolidge hat bei seiner Antrittsrede ja seine Bereitschaft bekundet, an der Lösung des Reparationsproblems mitzuwirken!«

»Bis dahin muss uns der Putsch unbedingt gelingen!«

»Ja. Alle warten nur darauf, dass den Franzosen endlich die Puste ausgeht.«

»So ist es. Sollte Stresemann auf die Idee kommen, den passiven Widerstand abzublasen, müssen wir unverzüglich losschlagen. Hitler hat den 29. September im Auge.«

»Es gibt ein festes Datum?«

»Klar! Wir werden mit dem Kampfbund auf Berlin marschieren wie Mussolini auf Rom!«

»Dann sollte man sich aber unbedingt mit der Schwarzen Reichswehr absprechen. Eine isolierte Aktion könnte das Unternehmen rasch zum Scheitern bringen!«

»Wir stehen bereits in engem Austausch mit Major Buchrucker. Sie haben doch selbst noch kürzlich mit ihm gesprochen – wie sieht es denn nun aus?«

»Es stehen vier Infanterie-Regimenter bereit. Das sind zusammen 12 000 Mann. Dazu kommen vier selbstständige Bataillone und eine Anzahl an Sonderformationen, also noch mal 6000 Mann. Sie werden in Küstrin und der Umgebung von Berlin direkt am ersten Mobilmachungstag verfügbar sein und das Regierungsviertel und andere wichtige Punkte besetzen. Die mitwirkenden Verbände sollen sich versammeln, sobald sie von dem Schlag unterrichtet werden.«

Scheubner-Richter nickte. »Doch wird es noch vierzehn Tage dauern, bis Buchruckers Bataillone verwendungsbereit sind. Sie sehen also, mein Lieber, dass wir keineswegs vorhaben, alleine loszuschlagen!«

»Das freut mich zu hören.«

»Und was ist mit der Industrie, steht sie hinter uns, z.B. Stinnes?«

»Keine Sorge, die meisten Industriellen unterstützen unser Vorhaben. Stinnes ist bestens informiert, er geht übrigens davon aus, dass die Lage nach drei Wochen geklärt sein wird.«

»Ich hoffe, ihm ist klar, dass ein Diktator vonnöten ist, der die Sprache des Volkes spricht und der selbst aus dem bürgerlichen Lager kommt.«

»Natürlich. Er rechnet fest mit der Errichtung einer faschistischen Diktatur. Dann wird auch wieder Kapital aus dem Ausland nach Deutschland fließen.«

Ich blickte über die tosende Menge in ihrer geradezu übernatürlichen Begeisterung. In den von Hunger gezeichneten Augen flackerte Hoffnung. Wir sollten diese Menschen nicht enttäuschen!

Ernst Thälmann

Anna hatte die Heuchelei nicht mehr ausgehalten und war kurzerhand nach Hamburg gefahren, um sich mit Ernst Thälmann zu treffen, welcher laut Clara Zetkin zur Revolution entschlossen war. Obwohl sie nicht viel für die materialistische Ideologie der Kommunisten übrig hatte, glaubte sie, dass hier angesichts des drohenden Krieges der einzige Ausweg war. Trotz ihrer großbürgerlichen Herkunft traute man ihr von deren Seite, wusste man doch um ihr Engagement während der Münchner Räterevolution. Außerdem ließ sie den Kommunisten ja wichtige Informationen zukommen.

Nun saßen sie in einer Arbeiterkneipe. Anna, die ein einfaches dunkelgraues Kleid trug, schielte auf Thälmanns blütenweißes Hemd mit breitem Kragen und die roten Hosenträger. Vor ihm stand ein großer Bierkrug, während Anna sich ein Glas Weißwein bestellt hatte. Der KPD-Mann mit seinen hellen, durchdringenden Augen, dem massiven

Kopf und seiner großen Nase war ausgesprochen attraktiv, auch wenn er kaum noch Haare hatte, und zudem voller Vitalität.

»Die Revolution muss kommen!«, sagte er mit norddeutschem Akzent. »Der Gesundheitszustand der Arbeiter ist erschütternd, die Zahl der Tuberkulosefälle nimmt rapide zu, ebenso die Säuglingssterblichkeit! Milch ist so verdammt teuer geworden. Hundertausende sind vom Hungertod bedroht!«

»Aber Vorsicht, die Rechten warten nur darauf, dass es zum Aufstand kommt. Sobald ihr losschlagt, werden sie das als Vorwand nehmen, um euch niederzuringen und eine Militärdiktatur zu errichten!«

Thälmann schien etwas belustigt über ihren Eifer, nickte dann aber ernst. »So oder so wollen uns Stinnes und Co. rücksichtslos zerschmettern und den Zehnstundentag wiedereinführen. Es kann also nur darum gehen, dass wir ihnen zuvorkommen. Wir haben bereits mit der Vorbereitung begonnen.«

Ernst Thälmann hatte seine Eltern, die eine kleine Gemüsehandlung betrieben, mit sechzehn verlassen. Nachdem er sich eine Weile allein durchgeschlagen hatte, übernahm er am Hamburger Hafen Gelegenheitsarbeiten. Anfang des Jahrhunderts war er zunächst der SPD beigetreten, wenig später der Gewerkschaft. Im Massenstreik sah er ein wichtiges Kampfmittel der Arbeiterklasse. Während des Krieges wandte er sich gegen »das imperialistische Völkermorden« sowie die Burgfriedenpolitik der Sozialdemokratie. Als er selbst eingezogen wurde und das Gemetzel an der Front miterlebte, stieg sein Hass gegen Imperialismus und Militarismus stark an. Nach dem Krieg verlangte er als geachteter Funktionär der USPD nachdrücklich den Anschluss an die Komintern, die im März 1919 unter Lenins Führung gegründet worden war. 1920 wurde Thälmann Mitglied des Zentralausschusses der Vereinigten Kommunistischen Partei Deutschlands. Parallel zu seinen vielfältigen Aufgaben in Partei und Gewerkschaft leistete er weiterhin Knochenarbeit in verschiedenen Hamburger Betrieben.

»Wenn wir nach praktischen Beweisen für die Richtigkeit der marxistischen Thesen suchen«, sagte Thälmann, »müssen wir uns nur den Stinnes-Konzern ansehen. Wie sagte Karl Marx doch gleich? Mit der Entwicklung der kapitalistischen Industrie wird die Konzentration der Betriebe und der Kapitalien zunehmen, der nationale Reichtum wird sich in wenigen Händen befinden, und ein immer größerer Teil der Menschheit wird als Lohnarbeiter sein Brot verdienen. Genau das ist heute eingetreten! Wie kaum ein anderer hat Stinnes davon profitiert – von jenem Würgeengel, der all das wieder ins Nichts zurückgestoßen hat, was sich über die Jahrzehnte entwickelte.«

»Was aber kann man dagegen tun?«

»Unsere Chance liegt in der Zerrissenheit des bourgeoisen Lagers. Und wir können davon ausgehen, dass die Mehrheit der Werktätigen mit der KPD sympathisiert. Wir haben heute zudem die Möglichkeit, an mehreren Punkten gleichzeitig den Kampf aufzunehmen. Kommunistische Truppen stehen in Sachsen bereit und haben begonnen, ihre militärischen Übungen zu verstärken. Sie sammeln dort immer mehr Waffen. Und in Moskau teilt man unsere Ansicht, dass die Situation hier der in Russland kurz vor der Revolution sehr ähnlich ist.«

»Wirklich?«, fragte Anna überrascht. »Ich dachte, man hält dort die Zeit für die Revolution noch nicht gekommen?«

»Das hat sich geändert«, entgegnete Thälmann und sah sie an. Anna freute sich, dass er sie offenbar ernst nahm. »Vor allem Trotzki denkt, dass es nur noch um die Frage geht, wer zuerst losschlägt, die KPD oder die Faschisten. Von einem Erfolg in Deutschland erhofft man sich auch einen Stimmungsaufschwung in der Sowjetunion. Die Finanzen zur Vorbereitung der Revolution werden vom sowjetischen Botschafter Krestinski in Berlin verwaltet. Wir planen derweil den Eintritt der KPD in die sächsische Landesregierung. Überregional sollen dann die Arbeiter bewaffnet werden – in Sachsen und Thüringen z.B. jeweils 50 bis 60 000 Arbeiter –, nicht zuletzt um sich gegen die Nationalsozialisten in Bayern verteidigen zu können!«

Annas Herz schlug schneller. »Wann soll es losgehen?«

Thälmann lehnte sich vor und flüsterte: »Nach den Plänen Trotzkis am 9. November – genau fünf Jahre nach der Novemberrevolution in Russland! Anschließend wird das Deutsche Reich endlich kommunistisch! Dann zerbrechen wir die Diktatur der Monopolherren und ersetzen sie durch die Diktatur des Proletariats!«

Der Verräter

Ich lehnte an einer Häuserwand und wartete, meine Seele so verdunkelt wie der Abendhimmel, aus dem es unaufhörlich regnete. Da, endlich, die Haustür in der Berliner Leopoldstraße öffnete sich. Ein Mütterchen kam heraus und bog nach rechts ab. Ich huschte hinein, schloss meinen Regenschirm und stellte ihn neben der Tür in die Ecke. Dann schlich ich die Treppen bis ins dritte Stockwerk hinauf, das Licht ließ ich aus. Mein Ziel war die Wohnung von Frank Mauerstein, von dem ich eigentlich gar nichts weiter wusste, als dass er der Feme verfallen war. Zwar war ich alles andere als ein eiskalter Killer, doch dem Auftrag der Schwarzen Reichswehr nicht Folge zu leisten, barg die Gefahr, dass sie mich selbst auf die Liste setzten. Außerdem war es ja wohl besser, einen zu viel als einen zu wenig aus dem Weg zu räumen, der den geplanten Umsturz in Gefahr bringen könnte.

Das Einzige, was mein Herz erwärmte, war der Gedanke an Anna. In letzter Zeit war sie gar nicht mehr so kratzbürstig, im Gegenteil. Ich hatte den Eindruck, dass sich ihre politischen Ansichten deutlich gewandelt hatten, ihre Äußerungen jedenfalls legten das nahe. Hatte sie nicht gesagt, dass auch sie einen Umsturz begrüßen würde?

Im dritten Stock zog ich die Browning aus dem Schulterhalfter, drehte den Schalldämpfer auf, klemmte die Waffe unter den Arm und öffnete leise die Tür mit einem Sperrhaken. Vorsichtig schob ich mich hinein – und war wie vom Donner gerührt: Eine Gestalt starrte mich an! Doch blickte ich lediglich in den Flurspiegel. Wie sah ich nur aus! Zu viel Alkohol, zu viele Zigaretten, zu viele Ängste… Ich riss mich zusammen und horchte in die Wohnung hinein.

»Anton?«, hörte ich eine Männerstimme. »Bist du es?« Den Informanten zufolge bekam Mauerstein regelmäßig Besuch von seinem jüngeren Bruder aus München, der enge Kontakte zur NSDAP hatte. Dieser war die Tage aber nicht in Berlin gesehen worden. Kurz entschlossen schob ich die Tür auf und stand vor einem Mann im zerknitterten Schlafanzug, der kaum älter wirkte als ich selbst. Er schaute mich mit weit aufgerissenen Augen an und wich zurück. Offenbar wusste er gleich, was Sache war, denn er fragte mit heiserer Stimme: »Glaubst du wirklich, dass ich ein Verräter bin? Wer hat das behauptet?«

Ich hob entschuldigend die Achseln.

»Du machst einen Fehler«, er kam einen Schritt auf mich zu, »ich war von Anfang an dabei! Habe gegen die Kommunisten gekämpft, gegen die Polen!« Er machte noch einen Schritt vorwärts und sah mich mit flehendem Blick an. »Für Deutschland, Kamerad! Immer für Deutschland!«

Plötzlich war ich mir nicht mehr sicher. Was, wenn er recht hatte? Ich würde einen Unschuldigen töten, einen von uns! Nur – wie sollte ich das jetzt herausfinden? Außerdem war es ja nur zu logisch, dass er versuchte, seinen Kopf aus der Schlinge zu ziehen, indem er das Blaue vom Himmel log. Würde ich nicht genauso... In dem Moment spürte ich einen heftigen Schlag und fiel nach vorne, die Waffe rutschte mir aus der Hand unter einen Sessel. Instinktiv drehte ich mich auf den Rücken, über mir stand ein junger Mann, offenbar dieser Anton, der Bruder. Er blickte auf und rief: »Hol deinen Revolver, Frank!«

Schnell griff ich an mein Fußgelenk und zog eine kleine Pistole aus dem verborgenen Knöchelholster. Frank Mauerstein öffnete inzwischen eine Tischschublade, triumphierend holte er einen Revolver hervor. »Da ist er!«

Nun gab es kein Zögern mehr. Noch während ich drei Schüsse auf ihn abfeuerte – zwei in den Bauch, einen direkt ins Herz –, schrie Anton auf und stürzte sich auf mich. Er kniete auf meinen Brustkorb, hielt meine Hand mit der Pistole am Boden fest und schlug auf mein Gesicht ein. Als er den Griff ein wenig lockerte, ließ ich die Pistole fallen und rammte ihm meinen Ellbogen gegen die Nase. Er ließ augenblicklich los, woraufhin ich ihm gezielt gegen die Gurgel boxte. Er rollte röchelnd zur Seite. Auch ich krümmte mich, dann kamen wir beide wieder in die Höhe. Einen kurzen Augenblick standen wir lauernd voreinander, bis er schließlich zu einem Schwinger ausholte. Ich tauchte darunter weg und verpasste ihm einen weiteren Schlag auf die Nase. Laut aufjaulend stürzte sich auf mich, ich aber trat gegen sein Schienbein, so heftig, dass er sich vor Schmerz nach vorne beugte – eine perfekte Position, um ihm meine Faust voll ins Gesicht zu schlagen. Wie ein nasser Sack ging Anton Mauerstein zu Boden. Ich sprang über ihn hinweg, hastete zur Tür und rannte die Treppen hinunter. Geistesgegenwärtig griff ich noch meinen Regenschirm, öffnete die Haustür und sah vorsichtig nach rechts und links. Dann machte ich den Schirm auf und verschwand im Regen.

Zuflucht

Mit einem Taxi fuhr ich direkt in die Auguststraße und humpelte die Treppen hinauf. Oben angekommen, klopfte ich an Annas Wohnungstür, ohne zu wissen, ob sie sich momentan überhaupt in Berlin aufhielt.

»Wer ist da?«, rief sie.

»Ich bin's, Heinrich. Bitte mach auf!«

Sie öffnete, und ich stürzte in ihre Arme. Sie schleppte mich zu einem Diwan unter einer Zimmerpalme, wo ich das Bewusstsein verlor. Als ich die Augen wieder öffnete, saß sie neben mir und hielt besorgt meine Hand.

»Du siehst aus, als seist du von einem Lastwagen überrollt worden, grauenhaft!«

»Ein Überfall…«, krächzte ich und musste husten.

Anna zog mir vorsichtig den Pullover sowie mein durchgeschwitztes Hemd über den Kopf und untersuchte meinen Körper. Sanft strich sie über meine Schulter. »Scheinbar nur Prellungen, halb so schlimm!«

Anna sah bezaubernd aus in ihrem Morgenmantel mit Jugendstilmustern. Und der Duft ihres Parfums machte mich ganz schwindlig, es erinnerte mich an jene unvergesslichen Stunden in New York.

»Du fehlst mir«, flüsterte ich.

Sie sah mir in die Augen – Honig für meine Seele.

»Ich fühle mich so allein. Und ich beginne, an alledem zu zweifeln.« Wie kam ich nur darauf, so etwas zu sagen?

Um ihre Lippen spielte ein zärtliches Lächeln.

»So viel Unrecht ist geschehen«, sagte ich. »Ein solches Leben habe ich mir nie gewünscht. So viel Leid…« Ich schluckte.

Anna schob eine Haarsträhne zurück und schaute mich liebevoll an. »Heinrich…«

»Warum sind wir nur in diese schrecklichen Zeiten hineingeboren? Warum können wir uns nicht schöneren Dingen widmen? Alles ist grausam und dunkel. Menschen töten und werden getötet – ein nicht enden wollender Albtraum.«

»Hier bei mir bist du sicher.« Sie lächelte und berührte meine Wange. Dann näherte sie sich mir, ich spürte ihren Atem im Gesicht. Anna schloss die Augen, und ich küsste ihren weichen Mund, umarmte sie, hielt sie endlich in meinen Armen. Meine Schmerzen waren vergessen, die Leidenschaft riss uns davon.

Aufmarschplan

Wenige Tage später traf ich mich in einem kleinen, der Schwarzen Reichswehr vom Wehrkreiskommando III zur Verfügung gestellten Geschäftszimmer in der Berliner Kurfürstenstraße mit Major Bruno Buchrucker. Draußen regnete es wieder mal in Strömen, es wurde merklich kühler.

Buchrucker war um die fünfzig, sportlich durchtrainiert und immer ein wenig nervös. Wir sahen uns regelmäßig, um über den Stand der Putschvorbereitungen zu sprechen. Auch jetzt stand er wie unter Strom, was nicht verwunderte. »Endlich ist es so weit! Gestern hat mir Kurt Jahnke vom Nachrichtendienst mitgeteilt, dass die Regierung den passiven Widerstand im Ruhrgebiet Ende September aufgeben will. Angeblich, um die Inflation in den Griff zu bekommen. In Wahrheit eine feige Kapitulation!«

»Und wann geht's los?«, fragte ich.

»Am 29. September. Die neue Streikwelle kommt uns da sehr gelegen, es wird so aussehen, als ob wir kommunistische Aufstände niederschlagen wollten. Das Ganze soll nach wie vor mit der Sprengung der Börse beginnen.«

»Ein perfektes Symbol. Darauf hätten die Kommunisten eigentlich selbst kommen können. – Was soll mit Ebert geschehen? Und mit Stresemann?«

»Die werden nach Spandau gebracht und beseitigt«, antwortete er hastig. »Auch Innenminister Severing. Wir müssen schließlich durchgreifen. Zu diesem Zweck haben wir sechs Kommandos gebildet, zwei vom Wikingbund. Alles ist bis ins Kleinste geplant: Das Regierungsviertel und andere wichtige Punkte werden zwischen zwei und drei Uhr nachts von vier selbstständigen Bataillonen und den Sonderformationen der Schwarzen Reichswehr besetzt. Zuvor werden die Minister aus den Betten geholt und erschossen. Sämtliche republikanischen Abgeordneten werden festgenommen. Wer Berlin hält, wird auch den Rest des Reiches in der Hand haben!«

»Und die anderen Einheiten?«

»Für das Küstriner Bataillon stehen Transportlastwagen schon bereit. Gleichzeitig werden Infanterie-Regimenter in Brandenburg versammelt. Die Verbände im Rest des Reiches sollen ihre Truppen zusammenziehen und sich bereithalten. Es ist ja sonnenklar, dass die Aktion zeitlich mit der in Bayern, Mecklenburg und Pommern zusammentreffen muss. Nach der Einnahme von Berlin stoßen die frei werdenden Truppen nach Sachsen und Thüringen vor, um gemeinsam mit den bayerischen Verbänden, vor allem dem Wikingbund, die dort aufgestellte Rote Armee niederzukämpfen.«

»Und die neue Regierung?«, fragte ich.

»Wird wie geplant von einem Direktorium gebildet. Friedrich Minoux ist der Wunschkandidat von Stinnes für das Amt des Reichskanzlers.«

»Ich dachte, Ludendorff sei dafür vorgesehen. Er steht den nationalen Kreisen als militärischer Führer doch am nächsten!«

»Auch möglich«, meinte Buchrucker. »Der Wikingbund würde am liebsten Ehrhardt als Führer sehen. Die stecken aber in chronischen Finanzschwierigkeiten und müssen sich fügen. Was denken Sie übrigens, wie wird sich die Entente verhalten?«

»Die Franzosen werden es verurteilen, Briten und Amerikaner eher stillschweigend akzeptieren.«

»Die große Frage ist noch, wie es mit dem Versailler Vertrag weitergehen wird, man kann ihn ja nicht sofort aussetzen. Offiziell wird sich die neue Regierung zur unbedingten Erfüllung bekennen müssen. Damit gewinnen wir Zeit, um ein richtiges Heer aufzustellen und den Kampf mit den Froschfressern aufzunehmen!«

Wie Blätter im Herbst

Anna flanierte in einem eleganten roten Kleid und etwas gelangweiltem Gesichtsausdruck durch das Haus der Patriotischen Gesellschaft, den Sitz des Hamburger Übersee-Clubs. Max Warburg hatte sich bei dessen Gründung an englischen Clubs orientiert; hier wollte man die deutschen Beziehungen zu den britischen und den amerikanischen Partnern ausbauen.

Eine noble Abendgesellschaft hatte sich eingefunden, zumeist Männer um die 60 mit ihren weiblichen Begleitungen. Zurzeit konzentrierte Anna ihre Aktivitäten auf die Hafenstadt und versuchte ihre Bekanntschaft mit James Warburg und seiner Frau Kay Swift zu vertiefen. Sich gegenüber den Finanzeliten als eine der ihren auszugeben war ihr inzwischen fast zur zweiten Natur geworden: Halb zeigte sie Intelligenz, um als Gesprächspartnerin ernst genommen zu werden, halb spielte sie die Unbedarfte, der man gerne dozierend auf die Sprünge half.

Neben prominenten Gästen der Finanz- und Wirtschaftswelt waren auch Carl Friedrich Goerdeler, Oswald Spengler und John Maynard Keynes zugegen. Letzterer warf Anna einen lüsternen Blick zu, als sie an ihm vorbeilief.

»Schön, dass Sie auch da sind!«

Anna drehte sich um. Kay Swift lächelte sie an.

»Können Sie mich bitte vor diesen Lustgreisen beschützen?«, flüsterte Anna auf Englisch.

»Sicher keine harmlosen Gestalten«, entgegnete die Komponistin. Sie hatte einen schön geschwungen Mund und trug eine Kurzhaarfrisur.

»Wissen Sie, wo Jimmy zu finden ist?«, fragte Anna. So wurde James in diesen Kreisen genannt.

»Eben war er noch drüben bei der Uhr.« Kay zwinkerte ihr zu. »Gehen Sie nur, er hat schon nach Ihnen gefragt.«

Anna sah hinüber zu dem kunstvoll gestalteten Stück mit römischen Ziffern, die Uhr hing in einem der kirchenartigen Gewölbebögen, umgeben von vier hölzernen Engeln. Diese wiederum waren umrahmt von einem metallischen Kranz mit messerartigen Sonnenstrahlen, den zwölf Sternzeichen. Über dem Ganzen stand auf einer Erdkugel Merkur mit Flügelhelm, Stab und geflügelten Schuhen. James verabschiedete sich darunter gerade von einer Gruppe älterer Männer. Anna trat heran und legte die Hand auf seinen Unterarm. »Merkur scheint über dich zu wachen.«

Er sah lächelnd hinauf zu dem Schutzgott der Kaufleute und entgegnete: »Er wacht über eine sehr vergängliche Welt.«

»Und das Geld.«

»Ja, es kommt und geht wie der Wind.«

»Papier«, entgegnete sie verschmitzt. »Wie Blätter im Herbst. So leicht, so vergänglich.«

»Eher aufgefressen von der Inflation. Ohne den Goldstandard gibt es keinen Schutz vor Werteverlust. Aber wem erzähle ich das!«

Anna nahm sich ein Champagnerglas von einem der Tabletts, die von Kellnern dargereicht wurden, und sagte: »Ich frage mich nur immer, wie man die Leute dazu bringen kann, wertloses Papier als Austausch für reale Gegenstände zu akzeptieren.«

»Wahrscheinlich, weil es per Gesetz als Zahlungsmittel deklariert ist. Auch Steuern werden ja damit bezahlt.«

»Warum eigentlich finanziert man den Krieg nicht einfach per Steuererhöhung?«

»Die Bürger würden wohl schnell ihre Begeisterung verlieren, wenn sie auf diese Weise von den wahren Kosten erführen! Wenn die Regierung die Druckerpresse anwirft, werden sie indes gut verschleiert.«

»Die Währung aber verliert immer weiter an Wert.« Anna hakte sich bei James unter, um ein paar Schritte zu gehen. »Ich frage mich, wie es nur so weit kommen konnte.«

»Mit Deutschland?«

»Ganz allgemein. Mit dem Geld, der Geldwirtschaft.«

»Früher war das ganz anders«, erklärte er. »Die Leute verwahrten ihre Goldmünzen beim Goldschmied und erhielten dafür Quittungen, mit denen man genauso bezahlen konnte wie mit Geld. Die Magie begann wahrscheinlich, als die Goldschmiede zu Geldverleihern wurden.«

»Und Geld verliehen, das ihnen gar nicht gehörte?«

»Ja. Weil sie aus Erfahrung wussten, dass die Einleger ihr Geld normalerweise nicht gleich zurückhaben wollen. In gewisser Weise existierte es zwei Mal: einmal im Tresor des Goldschmiedes beziehungsweise der Bank, wie es ja auf der Quittung verbürgt wird, und ein zweites Mal in den Händen des Kreditnehmers. Es ist ein offenes Geheimnis, dass Geld aus Schulden geschöpft wird – immer dann, wenn jemand Geld bei der Bank aufnimmt. Und wenn jemand die Schulden zurückzahlt, verschwindet es wieder, als hätte es nie existiert.«

»Aber keine Bank kann doch lange ohne reale Reserven existieren!«

»Deshalb muss die Regierung ja auch bei diesem magischen Vorgang mitwirken«, sagte er milde lächelnd und prostete ihr zu.

Anna nippte an ihrem Glas. »Ach so. Ehrlich gesagt, habe ich früher nie verstanden, welche Funktion die Zentralbank eigentlich hat.«

»Es ist ein Mechanismus, bei dem Schulden in Geld umgewandelt werden. Und zwar im großen Stil.«

»Bitte erkläre mir das etwas genauer«, bat sie.

»Nehmen wir das Federal Reserve System. Es beginnt damit, dass die Regierung Staatsanleihen an die Bank schickt, also ein schriftlich niedergelegtes Versprechen, eine gewisse Summe einschließlich eines festgelegten Zinssatzes zu einem bestimmten Datum auszuzahlen. Da die FED von der Einhaltung des Versprechens ausgeht, weil die Regierung im Prinzip fähig ist, jede Summe über Steuern einzunehmen, wird aus den Anleihen nun Vermögen. Dafür überreicht die FED Federal-Reserve-Schecks, die von der Regierung an eine Geschäftsbank geschickt werden, auf der sie eines ihrer Konten hat. Von hier aus werden die Schecks genutzt, um Regierungsausgaben zu bezahlen, dafür aber wird nun Papiergeld verwendet.«

»Das Geld existierte also vorher gar nicht.«

Er nickte. »Und wer auch immer es empfängt, bringt es seinerseits auf die Bank, wo man es nun wieder umtauft in Geschäftsbanken-Einlagen. Sie zeichnen sich aus durch eine Doppelnatur: Einerseits müssen sie als Verbindlichkeiten der Bank betrachtet werden – schuldet sie ja doch den Einlegern dieses Geld –, andererseits ist es aber auch frei verfügbar, sodass es auch als Aktivposten angesehen wird. Für die Banken wird es jetzt wirklich interessant. Da die FED es den Geschäftsbanken gestattet, nicht mehr als, sagen wir, 10 Prozent der Einlagen als Reserven zurückzubehalten, können sie 90 Prozent weiterverleihen, aus diesem Grunde Überschussreserven genannt.«

»Damit wird dann erneut Geld aus dem Nichts geschaffen«, bemerkte Anna. »Also wenn das Geld verliehen wird.«

»Ja. Die Bank muss auf die Einlagen Zinsen zahlen, wird aber auch auf das ausgeliehene Geld Zinsen erheben. Damit ist die Summe neunmal so groß wie die ursprüngliche Schuld der Regierung bei der FED. Mehr Geld fließt in den Kreislauf, der Wert des Geldes sinkt, und die Preise steigen.«

»Inflation eben. Letztlich aber eine versteckte Steuer«, meinte sie.

»Von der wir alle ganz ungemein profitieren! Der amerikanische Kongress verfügt über eine praktisch unbegrenzt sprudelnde Geldquelle, und wir Finanzleute erfreuen uns des Lebens.«

»Und wenn die Einleger plötzlich ihr Geld alle auf einmal zurückhaben wollten?«

»Dann würde die Regierung einspringen. Die Bank ist ihr zu wichtig, als dass sie sie bankrottgehen ließe.«

»Sie wird ihr also erneut Geldmittel bereitstellen.«

»Dafür wurde das Federal Reserve System geschaffen. Es beruht auf einer unverbrüchlichen Partnerschaft zwischen Politikern und Geschäftsleuten.«

»Du hättest Professor an der Universität werden sollen«, sagte Anna und sah ihm in die Augen. »Komm, lass uns doch mal rausgehen. Ich habe Lust... auf eine Zigarette.«

Ausnahmezustand

Berlin, 30. September 1923. Der Putsch sollte längst im Gange sein, doch während Buchrucker noch fieberhaft mit den Vorbereitungen beschäftigt gewesen war, hatten sich die Ereignisse überschlagen: Wenige Tage früher als gedacht hatte die Regierung die Verfügung erlassen, den passiven Widerstand gegen die französische Besatzung im Ruhrgebiet einzustellen. Somit war es deutschen Unternehmern wieder erlaubt, offen mit den französischen zu verhandeln. Währenddessen wurden die Kräfte gegen revolutionäre Bewegungen von links und von rechts gebündelt.

Bayern hatte mit Verhängung des Ausnahmezustandes reagiert, und Gustav Ritter von Kahr wurde zum Generalstaatskommissar mit diktatorischen Maßnahmen ernannt, der 14 geplante Kundgebungen der Nationalsozialisten verbieten ließ und Korvettenkapitän Ehrhardt damit beauftragte, den Grenzschutz gegenüber Sachsen und Thüringen zu bilden. Vor drei Tagen dann hatte Reichspräsident Ebert kurzerhand den Ausnahmezustand über ganz Deutschland verhängt und die vollziehende Gewalt dem Reichswehrminister übertragen. Offiziell waren damit die bürgerlich-demokratischen Rechte außer Kraft gesetzt. In der Zeitung war gleich zu lesen, dass Stinnes die Reichsregierung im Namen der Schwerindustrie aufforderte, den Achtstundentag aufzuheben und ein Streikverbot für lebenswichtige Betriebe zu erlassen. Es schien, als hätten die Franzosen doch gewonnen. In Wirklichkeit aber war es ein Pyrrhussieg: Während der Dollarkurs im vergangenen Monat einen Durchschnittsstand von nahezu hundert Millionen Mark erreicht hatte, war nun auch der Francs völlig am Boden. Die englischen und die amerikanischen Imperialisten standen in den Startlöchern, um in Deutschland als großherzige Lichtgestalten hilfreich einzugreifen.

Ich stand zeitunglesend an einer Ecke der Kurfürstenstraße und wartete ungeduldig auf Buchrucker. Eine Randnotiz handelte davon, dass in Hannover gerade die letzte Postkutsche aus dem Verkehr gezogen worden war. Gegen 16 Uhr sah ich endlich, wie sich der Major am Steuer seines rot-schwarzen Ford-Modells T näherte. Ich faltete die Zeitung zusammen und winkte ihm. Er hielt daraufhin am Straßenrand an, wo ich zu ihm in den Wagen stieg.

»Fahren Sie zum Wehrkreiskommando!«

»Was ist los?«, fragte er beunruhigt.

»Gegen Sie ist ein Haftbefehl erlassen worden!«, erklärte ich.

»Was zum Teufel...« Er drückte aufs Gas. »Woher wissen Sie das?«

»Von einem Informanten, der für Reichswehrminister Geßler arbeitet.«

»Oh nein!«

»Was ist in den letzten Tagen passiert?«, fragte ich.

»Innenminister Severing hat Wind von unseren Vorbereitungen bekommen. Seitens des Reichswehrministeriums wurde ihm zwar gesagt, bei den Aufmärschen handle es sich lediglich um Anwerbungen für die Arbeitskommandos, aber...«

»Ich kann mir gut vorstellen, dass es ihm schwerfiel, das zu glauben!«

»Zumal wir mit mehreren Bataillonen nun auf Gefechtsstärke gekommen sind! Außerdem haben wir in und um Küstrin Felddienstübungen vorgenommen.«

»Höchstwahrscheinlich hat Severing das Ganze auch Ebert gemeldet«, überlegte ich.

»Ja«, bestätigte Buchrucker. »Vorgestern hat Ebert beim Wehrministerium angeordnet, die Truppenbewegungen untersuchen und unsere Arbeitskommandos auflösen zu lassen!«

»Und von Seekt?«, fragte ich nach dem Chef der Heeresleitung.

»Ich hatte vor vier Tagen noch eine Unterredung mit ihm. Da spürte ich schon, dass irgendetwas nicht stimmt. Kein Wunder: Wenige Stunden später wurde den Ausnahmezustand erklärt!«

»Offenbar hat er sich nun doch gegen den Putsch entschieden. Aber warum nur?«

»Das ist doch klar!« Buchrucker schlug mit der rechten Faust auf das Lenkrad. »Von Seekt ist doch nun quasi der Machthaber, ihm wurde die alleinige Exekutivgewalt übertragen! Jetzt denken die sich da oben, dass sie uns nicht mehr brauchen. Denen werd' ich's zeigen!«

»Was haben Sie vor?«, fragte ich, aus dem Fenster schauend. Wir verließen Berlin in Richtung Osten.

»Wir fahren nach Küstrin!« Buchrucker schlug nochmals aufs Lenkrad. »Verdammt, der Putsch wird wie geplant durchgezogen!«

Ein Bombengeschäft

Anna war mit James von der Party auf die Hamburger Trostbrücke gelaufen. Dort blieben sie stehen und zündeten sich eine Zigarette an. Die Wolken zogen dunkelgrau über das Nikolaifleet, den Hauptmündungsarm der Alster.

Sie blickte hinab auf das Wasser und sagte: »Das Federal Reserve System funktioniert also aufgrund einer Kooperation zwischen Politik und Business, meinst du?«

»So wird man das wohl nennen müssen.« Er lehnte sich zu ihr.

»Die US-Zentralbank wurde doch 1913 gegründet«, sagte sie nachdenklich.

»Ja, das Bundesgesetz wurde damals von Kongress und Senat angenommen und am 23. Dezember von Präsident Wilson als Federal Reserve Act in Kraft gesetzt.«

»Also einen Tag vor Weihnachten. Ich habe mich immer gefragt, ob es einen Zusammenhang mit dem Krieg gab.«

»Das könnte durchaus sein.«

Anna lehnte sich gegen die Brüstung und sah ihn an. »Ich bin ganz Ohr.«

»Nach Ausbruch des Krieges konnten England und Frankreich ihre Kosten zunächst über ihre eigenen Zentralbanken sowie nationale Geschäftsbanken decken. Als er sich jedoch mehr und mehr in die Länge zog, änderte sich das. Also wandten sie sich an die USA, vor allem an J. P. Morgan. Das geborgte Geld wurde verwendet, um in den USA kriegswichtiges Material zu kaufen. Für die Abwicklung dieser Geschäfte wurde auch wieder Morgan beauftragt. Selbstverständlich wurde jedes Mal eine Gebühr bezahlt. Viele der Firmen gehörten zudem Morgan selbst oder standen zumindest unter seinem Einfluss.«

»Nun ja, ich kann verstehen, dass er dann kein allzu großes Interesse an der Beendigung des Krieges hatte.«

»Sein Problem war auch eher, dass Deutschland drauf und dran war, den Krieg zu gewinnen. Also wurde es zusehends schwieriger, neue Käufer für die Anleihen zu finden. Selbst die Verlängerung der alten Anleihen geriet ins Stocken.«

»Dann hätten die Engländer und Franzosen kein Geld mehr für Kriegsmaterial gehabt.«

»Ja, genau. Die amerikanischen Investoren standen kurz davor, immense Verluste einzufahren. Also wandte man sich direkt an das Finanzministerium mit der Bitte, darauf hinzuwirken, dass die USA ihre Neutralität aufgaben und Deutschland den Krieg erklärten.« Er lächelte sie betörend an. Anna spürte, dass er lieber etwas ganz anderes mit ihr unternehmen wollte. Also sagte sie schnell mit gekonnt unschuldigem Augenaufschlag: »Ach so. Wunderbar, wie du es mir erklärst. Es ist das erste Mal, dass ich alles gut verstehe!«

Das wirkte, er fuhr fort: »So konnte man die Gewinne sichern und die Geldgeber aus ihrer schwierigen Situation befreien. Also begann der Propagandafeldzug gegen Deutschland. Man fädelte die Versenkung der ›Lusitania‹ ein, um einen Grund für die Kriegserklärung zu erhalten, die Deutschen tappten in die Falle, und am 16. April 1917 traten die USA in den Krieg ein. Nun konnte der Kongress über das Kriegs-Darlehen-Gesetz den Alliierten eine Milliarde Dollar bewilligen.«

»Was über die Federal Reserve Bank bewerkstelligt wurde, nehme ich an.« Anna schmiss ihre Zigarette zu Boden und trat sie aus.

»Ein Bombengeschäft. Die Regierung hatte sich seit Herbst 1916 darauf vorbereitet. Bei allen strategischen Regierungsposten konsultierte Präsident Wilson Cleveland Dodge, den Vorsitzenden von Rockefellers National City Bank, Bernard Baruch wurde Vorsitzender des War Industries Board, und das Bankenkartell stellte Geld für England und Frankreich zur Verfügung, indem es das Federal Reserve System einbezog.«

»Das wieder einmal Geld aus dem Nichts erschuf und damit die Inflation anheizte.« So also lief der Hase! »Kann es sein, dass die Notenbank zu dem Zweck gegründet wurde, den geplanten Krieg zu finanzieren? Und dass er erst endgültig ausgelöst wurde, als der Federal Reserve Act in Kraft trat?«

Warburg schnickte seine Zigarette ins Wasser. »Der Gedanke drängt sich in gewisser Weise auf. Bekanntlich hat Deutschland jedoch die alleinige Kriegsschuld anerkannt.«

»Somit ist das wohl erledigt«, sagte Anna. Sie war nahe daran, die Fassung zu verlieren. Künftige Generationen würden davon überzeugt sein, dass Deutschland als Alleinschuldiger des Großen Krieges zu gelten hat – was für ein machtvolles Instrument in den Händen der Kriegsgewinner! Man würde Deutschland nicht nur über Generationen hinweg zur Kasse bitten, sondern auch immer am moralischen Gängelband halten können, damit sie ja nicht wieder auf falsche Gedanken kämen so mitten drin zwischen Ost und West ...

Fehlzündung

Gegen 20 Uhr erreichten wir Küstrin, die Sonne war bereits untergegangen. Buchrucker war noch immer völlig aufgelöst, er hatte sogar beinahe einen Unfall verursacht. Er konnte es einfach nicht fassen, dass all seine Bemühungen der letzten Monate vergeblich gewesen sein sollten. Der Haftbefehl gegen ihn war das i-Tüpfelchen. Wie ein Besessener raste er mit dem Wagen über das Kopfsteinpflaster der Altstadt, die sich auf einer Halbinsel am Zusammenfluss von Oder und Warthe befand, Ziel war die nach italienischem Vorbild erbaute Festung, in der sich nun eine Kaserne befand. Während ich noch daran dachte, dass hier Friedrich der Große inhaftiert worden war, nachdem er versucht hatte, vor seinem überaus strengen Vater nach England zu fliehen, sprang Buchrucker aus dem Wagen und hetzte ein paar Stufen hinauf. Ich folgte ihm ins Geschäftszimmer der Arbeitskommandos, wo er von dem Haftbefehl und der veränderten Lage berichtete.

Buchrucker erklärte, dass er sich einer Festnahme entziehen und bald das Signal zum Losschlagen geben werde. Major a.D. Hertzer solle die Mobilisierung der auf den Forts Gorgast, Tschernow und Säpzig liegenden Kompanien befehlen, damit sie bei Tagesanbruch in die Küstriner Festung einrücken. Gleichzeitig solle der Hohe Kavalier, eine die Warthebrücke beherrschende Bastion, besetzt werden. Am nächsten Morgen wolle er den Festungskommandanten Oberst Gudowius aufsuchen, damit dieser Reichswehrminister Geßler die Lage klar mache und der Haftbefehl wieder aufgehoben würde. In seiner Verzweiflung meinte er tatsächlich, den Putsch jetzt noch erfolgreich durchführen zu können – die Hoffnung stirbt bekanntlich zuletzt. Ich aber konnte nur den Kopf schütteln. Wie konnte er nur glauben, dass Geßler seinem Anliegen nachkäme? Ganz im Gegenteil: Er würde doch eher Einheiten der regulären Armee nach Küstrin entsenden, um dem Treiben ein Ende zu bereiten! Doch ich hielt mich zurück, suchte mir nur eine Uniform, um dem Theater unbemerkt beiwohnen zu können. Was für eine Schande, dachte ich bedauernd, dass sich der gesamte Putschplan nun in eine solche Farce verwandelt hatte.

In der Tat trafen die Kompanien in den Nachtstunden in der Festung ein, um sich zunächst in den Unterkunftsräumen zur Ruhe zu begeben. Die Abteilung, der ich mich anschloss, trat um kurz vor acht im Hof an. Die Sonne war verschnupft, sie wollte unter der grauen Wolkendecke nicht hervorkommen. Major Buchrucker erschien in Begleitung von Hertzer und hielt vor den Männern eine, wie er wohl meinte, feurige Rede. Er war dabei in einem ganz unmöglichen Zustand, vielleicht sogar betrunken. In Zivil gekleidet, gab er wild gestikulierend unzusammenhängende Worte von sich, sodass ich hätte laut auflachen mögen. Ich war mir sicher, dass die Männer trotz der üblichen Habachtstellung mehr als verwundert waren. Am Ende verkündete er, dass er sich mit Hertzer nun in die gegenüberliegende Kommandantur von Oberst Gudowius begeben wolle, um ihn, seinen Vorgesetzten, der nach wie vor ahnungslos war, für die Sache der nationalen Revolution zu gewinnen.

»Falls wir nach angemessener Frist nicht herauskommen, wissen Sie, was zu tun ist!«, rief Hertzer noch einem Leutnant zu.

Ich folgte den beiden mit zwei, drei anderen neugierigen Soldaten, blieb aber draußen vor der offenen Tür stehen, als sie bei dem Oberst eintraten. Zwei weitere Offiziere hielten sich dort auf, Major Raschick und Hauptmann Lindig.

»Herr Oberst«, hörte ich Buchrucker sagen. »Sie können sich nicht vorstellen, was passiert ist!«

»Sie meinen, dass der Hohe Kavalier auf Ihren Befehl hin besetzt worden ist?«, fragte Gudowius.

»Eine notwendige Maßnahme, Herr Oberst!«

»Ich sehe nicht, warum dies zum jetzigen Zeitpunkt wichtig sein soll!« Gudowius war die Anspannung anzuhören.

»Weil Haftbefehl gegen mich erlassen worden ist!«

Eine Pause folgte, Gudowius sah ihn fassungslos. Schließlich sagte er: »Wenn das so ist – Major Raschick, Hauptmann Lindig, stellen Sie unverzüglich die Herren Buchrucker und Hertzer unter Arrest!«

»Das können Sie nicht tun! Wir müssen unverzüglich gegen Berlin losschlagen, stellen Sie sich uns nicht in den Weg!«

»Sie müssen wahnsinnig geworden sein!« Oberst Gudowius' Stimme war gefährlich leise.

Panisch rief Buchrucker: »Glauben Sie etwa, dass wir beide hier ganz alleine sind? Dann müssen Sie wirklich hinterm Mond leben, Herr Oberst! Wir werden überall losschlagen, im ganzen Reich! Der große Moment ist gekommen!«

»Also ich werde mich hier auf kein Abenteuer einlassen!«

»Ich fürchte, Sie haben gar keine andere Wahl. Sie werden sich schnell von der Übermacht unserer Abteilung überzeugen können.«

»Was fällt Ihnen ein, Sie sind verhaftet! Major Raschick, beordern Sie unverzüglich die Reichswehrtruppen der Garnison heran. Ersuchen Sie auch die Garnisonen Fürstenwalde und Frankfurt/Oder um Unterstützung!«

In dem Moment kam ein Stoßtrupp unter Führung des mit Buchrucker verbündeten Leutnants a.D. Hayn herbeigeeilt und drang mit einer Gruppe von Unteroffizieren und Mannschaften in die Kommandantur ein, Tumult entstand. Buchrucker aber schien plötzlich der Mut verlassen zu haben. Völlig verschwitzt und mit den Nerven fertig, starrte er vor sich hin.

»Was ist los?«, fragte Hertzer bestürzt. »Treffen Sie eine Entscheidung, wir warten auf Ihre Befehle!« Keine Reaktion. Offenbar war dem Major die Ausweglosigkeit seiner Situation plötzlich bewusst geworden.

Hertzer blaffte ihn an: »Ich sehe, dass ich mich in Ihnen geirrt habe, Sie sind kein Führer, sondern ein Waschlappen! Herr Oberst«, wandte er sich an Gudowius und legte seinen Revolver auf den Schreibtisch, »hiermit unterstelle ich mich mit meiner Abteilung wieder Ihrem Befehl!«

Der Stoßtrupp wurde daraufhin entwaffnet und gefangen genommen. Auf Befehl Hertzers wurden die Positionierung auf dem Hohen Kavalier und die Geschütze an der Warthebrücke geräumt. Sämtliche Formationen der Arbeitskommandos gaben ihre Waffen ab. Lediglich auf Forst Gorgast fand dies zeitverzögert statt, weil man dort von der veränderten Situation ganz einfach nicht unterrichtet worden war.

Damit war der Putsch misslungen. Ein Glück, dass Buchrucker als Einziger von meiner Funktion und dem Grund meiner Anwesenheit wusste, so konnte ich mich unbemerkt verdrücken. Mit einem gestohlenen Motorrad machte ich mich auf nach München.

Zu den Waffen, Kameraden!

Hamburg, 22. Oktober 1923. Die Stadt war in hellem Aufruhr, Massen von Menschen verstopften die Straßen. Überall verbreitete sich die Nachricht, dass fast die gesamte Reichswehr Norddeutschlands nach Sachsen und Thüringen abtransportiert werde, wo Kommunisten in die Regierungen eingetreten waren und der Hauptkampf zur Ergreifung der Macht ausgetragen werden sollte. Die proletarischen Hundertschaften bildeten dabei den Keim einer neuen Roten Armee. Die KPD stand also vor der Wahl, zu kapitulieren oder den bewaffneten Kampf aufzunehmen.

Am Abend eilte Anna zur entscheidenden Sitzung des Hamburger KPD-Oberbezirks Nordwest. Als sie den großen, überfüllten Versammlungsraum betrat, der über und über mit roten Fahnen dekoriert war, schlug ihr die emotional aufgeladene Stimmung entgegen. Da stieg Ernst Thälmann mitten im Saal auf einen Tisch und rief mit geballter Faust: »Das Gewehr in die Hände der Arbeiter! Unsere proletarischen Hundertschaften, sie leben hoch!« Begeisterte Rufe begleiteten seine Worte. »Alle Bedingungen für den Sieg sind gegeben! Die arbeitende Klasse will nicht mehr in der alten Weise leben!« Annas Herz schlug immer höher. »Die deutsche Arbeiterklasse ist entschlossen, das Volk vom doppelten Joch zu befreien: vom Versailler Vertrag und von der Diktatur der Kapitalisten!« Die Menge applaudierte laut, bereit, den Kampf aufzunehmen. Während alle mit geballter Faust immer wieder »hoch, hoch, hoch!« riefen, drängte sich ein Arbeiter nach vorn und schrie: »Genossen! Die Reichswehr ist in Sachsen einmarschiert!«

Alle schrien durcheinander und forderten den Generalstreik. Thälmanns Stimme setzte sich schließlich durch: »Aber der Generalstreik allein reicht nicht mehr aus! Die herrschende Klasse tritt nie freiwillig ab – man muss sie stürzen! Die Situation erfordert eine höhere Form des Kampfes: den bewaffneten Aufstand in ganz Deutschland! Aber, Genossen, der Aufstand ist eine Kunst. Und deren Hauptregel, die Lenin und Stalin im Oktober 1917 so meisterhaft angewandt haben, ist die entschlossene Offensive. Die Offensive gilt es jetzt zu beginnen! Haltet euch bereit!« Beifall und Jubel tosten durch den Saal.

Am nächsten Tag war Anna noch vor Morgengrauen wieder vor Ort. Die Anführer besprachen das Vorgehen: Zunächst sollten die Außenbezirke besetzt und die Innenstadt abgeriegelt werden, um sie zu gegebener Zeit von allen Seiten konzentrisch anzugreifen. Der KPD-Oberleitung stand der sogenannte Ordnungsdienst zur Verfügung, der militärische Kern der proletarischen Hundertschaften. Alle zusammen warteten nun auf die Nachricht, dass die Waffen endlich eingetroffen waren, die ihnen per Zug aus Sachsen und Thüringen geliefert werden sollten – ahnungslos, dass man im Rest des Reiches die Revolution abgeblasen hatte. Niemand war hier darüber informiert worden, dass die KPD-Führung in Chemnitz von der Revolution zurückgeschreckt war und die Ausrufung des Generalstreiks durch geschickte politische Manöver verhindert hatte.

Als die schmerzliche Wahrheit endlich durchsickerte und klar wurde, dass keine Waffen geliefert würden, wollten Thälmann und seine Gefährten dennoch nicht aufgeben und griffen kurzerhand zu einem verwegenen Plan. Thälmann fasste zusammen: »Dann beschaffen wir uns die Waffen eben selbst, Genossen! Wir holen sie uns aus Polizeistationen und Vorortkasernen. Nachdem wir dann im Nordwesten, im Norden, Nordosten und Osten der Stadt den Sieg errungen haben, ziehen wir weiter in die Innenstadt.«

»Genau. Und den Vormarsch lassen wir von Massendemonstrationen decken!«, rief ein anderer, ein untersetzter Mann mit starken Schultern.

»So machen wir es!« Thälmann klopfte ihm auf die Schulter. »Wir müssen die Brückenübergänge und den Schiffsverkehr sperren. Eisenbahntrupps müssen die Schienenstrecken zerstören, die Straßen müssen mit gefällten Bäumen abgesperrt und Telefon- sowie Telegrafenleitungen unterbrochen werden.«

Es war kühl, der Himmel bleiern. Anna hatte sich einem Stoßtrupp angeschlossen, dem gerade mal ein einziger, dazu noch ungeladener Revolver zur Verfügung stand. Um kurz vor 5 Uhr fanden sie sich in einer Unterführung vor der Polizeiwache 26 in der Burgstraße ein. Anna blickte auf die Uhr: Noch fünf Minuten! Der Sekundenzeiger tickte unbarmherzig weiter, synchron zum Takt ihres Herzens, das fast schmerzte, das jeden Moment explodieren und ihr ein großes Loch in die Brust reißen mochte. Sie blickte in die Gesichter der Kameraden – eine Handvoll Arbeiter, die nichts weiter hatten als ihre Entschlossenheit, den sprichwörtlichen Mut der Verzweifelten. Sollten sie wirklich das Ruder der Weltgeschichte herumreißen können? Noch eine Minute. Der Sekundenzeiger begann das Lied der Revolution zu trommeln. Oder hämmerte er nur auf sie ein, schlug er Nägel in ihre Särge? Nur noch wenige Sekunden...

Um Punkt fünf griffen sie an. Der Führer, ein Berg von einem Mann, ging gemächlich auf den Horchposten vor der Wache zu und fragte ihn, wie spät es sei. Als der seine Uhr hervorzog, packte ihn der Hüne am Kragen, entwaffnete ihn und schleifte ihn dorthin, wo der Stoßtrupp wartete. Dann ging er mit vier Mann und Anna zurück, öffnete die Tür und setzte einem verschlafenen Wachtmeister den soeben erbeuteten Revolver auf die Brust. »Die Macht befindet sich in den Händen des Proletariats«, erklärte er. »Nun wird die Arbeiterregierung errichtet. Übergeben Sie uns all Ihre Waffen!«

Anna wähnte sich in einem Traum, und doch war alles völlig real: Der Stoßtruppführer musste seine Aufforderung drei Mal wiederholen, bis ihm der Mann seine Pistole aushändigte. Anschließend stürmten sie den Aufenthaltsraum der Wachbereitschaft, wo den überrumpelten Polizisten ihre Waffen abgenommen wurden, woraufhin sie sie in die Arrestzellen sperrten. Auch Anna holte sich eines der Gewehre aus den Schränken, dann ging es wieder hinaus auf die Straße. Einem der Wachtmeister war es jedoch gelungen, ein Alarmsignal auszulösen. Kurz darauf kamen andere Polizisten angerannt und versuchten die Aufständischen zu stoppen. Schüsse knallten durch den Morgen. Der Stoßtruppführer wehrte sich heftig, wurde aber am rechten Arm getroffen. Zwei Polizisten wollten ihn entwaffnen, er aber warf den einen wie eine Puppe zu Boden, den anderen schleuderte der Hüne gegen die Wand. Da aber trafen ihn weitere Kugeln in Bauch und Unterschenkel. Wieder stürzten sich Polizisten auf ihn, er aber schlug nach wie vor um sich, bis er schließlich am Kopf getroffen wurde und zusammenbrach. Anna hielt sich entsetzt die Hand vor den Mund. Ihr wurde schwarz vor Augen, sie fühlte, wie ihre Beine nachgaben. Da ergriff sie plötzlich jemand von hinten und zerrte sie in einen Wagen, der mit quietschenden Reifen davonraste.

Wallstreet und die Bolschewiki

Anna fand sich in einem schwarzen Rover wieder, einem Clegg Twelve. Vorne saß ein Chauffeur und neben ihr auf der Rückbank... »Paul! Was zum Teufel tun *Sie* hier?«

Paul de Lanoy fragte trocken zurück: »Und du? Was tust du hier?«

Adrenalin rauschte durch ihren Körper. In bewährter Manier machte sie große Augen und antwortete frech: »Spazieren gehen?«

Doch konnte sie nun wohl niemandem mehr etwas vorspielen: De Lanoy zog die Augenbrauen hoch und schaute sie halb amüsiert, halb herablassend an. Auch hatte er stark abgenommen, seit sie ihn das letzte Mal gesehen hatte. Wann mochte das gewesen sein? Vor vielen Jahren, sie war noch fast ein Kind gewesen. Anna konnte es einfach nicht fassen. Die Revolution war endlich ausgebrochen, und sie fuhr mit einem Bankier im Auto einfach davon! Wie es wohl den Kameraden ergehen mochte? Ihr zog es das Herz zusammen. Jetzt musste sie aber wohl erst einmal von ihrer Beteiligung an der Revolution ablenken.

Angriff ist die beste Verteidigung: »Wo sind Sie nur gewesen? Heinrich hat sie unendlich vermisst. All die Jahre eine solche Ungewissheit!«

»Es war leider notwendig«, antwortete er kurz angebunden. Sie vermutete, dass ihr Satz ihn nicht ganz so unbeeindruckt ließ, wie es den Anschein hatte.

»Notwendig? Für wen?«

»Für Heinrich, seine Entwicklung. Um sich beweisen zu können.«

»Ist das Ihr Ernst?«, entfuhr es Anna, die Heinrichs Vater schon als Kind nicht sonderlich sympathisch gefunden hatte. »Deshalb sollte er das Schicksal eines Waisenkindes teilen? Wie können Sie nur so grausam, so verantwortungslos sein!«

»Ist es nicht eher verantwortungslos, an einem bolschewistischen Umsturzversuch teilzunehmen? Und grausamer, die Garanten der bestehenden Ordnung zu ermorden? Denn darauf liefe es doch hinaus, wenn das hier Erfolg hätte!«

So eine Unverschämtheit! »Die Revolutionäre ... sie wollen niemanden töten. Sie ... sie wollen Gerechtigkeit und ... und Frieden«, stammelte sie. »Sie wollen einen neuen Krieg verhindern!«

De Lanoy legte den Kopf schief. »Du glaubst doch nicht wirklich, dass diese kleine Revolte hier zu irgendetwas führen wird?«

»Was *wollen* Sie eigentlich? Ich verstehe nicht, was Sie hier zu suchen haben!«, giftete sie.

»Dein Vater hat mich geschickt.«

Anna hob die Nase. »Dann sollten Sie wissen, dass ich in seinem Auftrag hier bin, um die Kommunisten zu beobachten!«

De Lanoy schaute sie an. »Er ist sich wohl nicht mehr so sicher, wen du in Wirklichkeit ausspionierst ...«

Das saß. Anna kniff die Lippen zusammen und blickte aus dem Fenster. Große Verzweiflung stieg in ihr auf, begleitet von Hoffnungslosigkeit. Ihr war zum Heulen zumute. »Warum hat er ausgerechnet Sie geschickt?«, presste sie schließlich hervor.

»Um dich über die wahre Natur des Kommunismus, über die Absichten der Sowjetunion aufzuklären. Für den Fall, dass du irgendwelche Hoffnungen in sie setzen solltest.«

»Ich weiß nicht, was Sie meinen!«

»Nun, dass sie in Deutschland nicht die geringste Chance haben, die Macht zu übernehmen.«

»So wenig wie in Russland?«, fragte Anna spitz.

»Wenn die Bolschewisten dort an der Macht sind, dann deshalb, weil *wir* das so wollen.«

»Wie bitte? Was glauben Sie, wer Sie sind? Die Zauberer von Oz? Wen meinen Sie überhaupt?«

De Lanoy zögerte. »Unsere Bruderschaft. Den Round Table.«

Sie lachte kurz auf. »Was für ein Blödsinn!«

Paul de Lanoy schwieg, und Anna grübelte über seine Worte nach. Sie wusste zwar von elitären Klubs – sogenannten Bruderschaften –, in denen die Mitglieder Bankhäusern, der Industrie, dem diplomatischen Korps, der Offizierskaste und der Regierungsaristokratie entstammten, doch was sollten die mit der Revolution in Russland zu tun haben? Das Ganze war ihr ein Rätsel.

»Wohin fahren wir eigentlich?«, fragte sie schließlich verunsichert.

»Nach Berlin.«

»Warum tun Sie das? Und wo ist Heinrich?«

»In München – warum?«

»Weiß er, dass Sie wieder aufgetaucht sind? Er sucht Sie!«

»Nein, ich habe ihn bisher noch nicht getroffen. Aber ich habe es vor.«

Sie sah ihn halb wütend, halb neugierig an. »Wir haben ja nun etwas Zeit. Dann können Sie mir doch Ihre Geschichte erzählen. Sie wollen mir doch nicht tatsächlich weismachen, dass der Westen beim Sturz des Zaren seine Finger mit im Spiel hatte!«

»Nun, die Deutschen sind doch unendlich naiv. Keiner will es wahrhaben. Doch war es ja so, dass Zar Nikolaus nach Kriegsbeginn bald begonnen hat, seine Allianz mit England und Frankreich infrage zu stellen, und Verhandlungen mit Deutschland über einen Separatfrieden aufnahm. Das aber konnten wir unmöglich zulassen.«

»Wen meinen Sie, wenn Sie immer von ›uns‹ reden? Den Round Table?«

»Bitte lass mich erst einmal ausreden. Es gab verschiedene Netzwerke, die parallel gearbeitet haben. Zum einen ließen es sich die Deutschen selbst einiges kosten, um die Bolschewisten an die Macht zu bringen. Dafür wurde der Separatfrieden mit Russland geschlossen und der Zweifrontenkrieg beendet. Anderes wurde vom britischen Botschafter in Russland, George Buchanan, organisiert, der im Mittelpunkt der Umsturzpläne gegen den Zaren stand, und zwar für den ja dann tatsächlich eintretenden Fall, dass er aus der Entente ausbrechen würde.«

Wie bitte? In Anna stieg eine Ahnung auf, dass die Briten politisch längerfristig dachten und sehr viel komplexere Strategien entwickelten, um ihre Ziele zu erreichen, als die Deutschen es sich je vorstellen konnten. Und das British Empire prägte sicherlich auch seine Untertanen, besonders natürlich die herrschende Klasse, schließlich lebten sie in einem mehrere Jahrhunderte alten Weltreich. Musste sie nicht im Vergleich zur herrschenden Klasse in Deutschland mit einem immensen politischen Erfahrungsschatz ausgestattet sein? Einem Vorsprung in der Fähigkeit, strategisch zu denken, Allianzen zu schmieden und seine Gegner auf subtile Weise zu bekämpfen?

»Ein weiteres Netzwerk«, fuhr de Lanoy fort, »verband Berlin und die skandinavischen Hauptstädte. Dessen Führer war ein Mann namens Alexander Parvus, eigentlich Israil Lasarewitsch Helphand. Er konnte die deutschen Generäle davon überzeugen, dass ein Friedensvertrag mit dem Zaren letztlich doch nur darauf hinausliefe, dass sich die russische Armee nach einer kurzen Erholungspause mit neuer Kraft gegen das Deutsche Reich wenden würde. Wenn der deutsche Generalstab jedoch helfen würde, die Bolschewisten in Russland an die Macht zu bringen, dann könnten sie sich nicht nur den Frieden, sondern auch den immensen russischen Markt sichern.«

»Und dann?«, fragte Anna.

»Die schlechte Lebensmittelversorgung in Petrograd führte zu Streiks und Demonstrationen. Schließlich fielen sieben führende Generäle und mehrere Garnisonen der Hauptstadt vom Zaren ab. Nikolaus wurde zur Abdankung gezwungen. Ich nehme an, dass dies wiederum von einem anderen Netzwerk organisiert worden ist – vom englischen Botschafter Buchanan.«

»Das glaube ich nicht«, sagte Anna. »Als die Duma die provisorische Regierung unter Ministerpräsident Kerenski einsetzte, entstanden parallel dazu Arbeiter- und Soldatenräte. Sie waren es doch, welche die Revolution weiterführten und die Bildung einer bürgerlichen parlamentarischen Demokratie verhinderten!«

»In der Tat. Gleichzeitig sorgte Parvus dafür, dass Lenin aus der Schweiz durch Deutschland nach Finnland und von dort nach Petrograd reisen konnte, und zwar mit vollem Einverständnis der deutschen Behörden. Zur selben Zeit brach Trotzki mit einem amerikanischen Pass nach Russland auf. Gelder, welche zuvor von J. P. Morgan und Kollegen sowie der Federal Reserve Bank an Kerenski gegangen waren, wurden nun an die Bolschewiki umgeleitet. Kurz darauf konnten sie die Macht übernehmen, ohne einen einzigen Schuss abzugeben. Wie so oft, bleibt die offizielle Geschichtsschreibung an der Oberfläche, weil sie nur die äußeren Begebenheiten registriert und nichts davon mitbekommt, wer wem Gelder zukommen lässt.«

»Woher aber wollen Sie das alles wissen?«

»Weil ich selbst zum Parvus-Netzwerk gehört habe«, antwortete er. »Ich habe für die Nya Banken am Transfer sowohl deutscher als auch amerikanischer Gelder zu den Bolschewiki mitgewirkt. Noch zu Beginn des Krieges flossen große Summen aus der Wallstreet zum Zaren: Kredite, die von der National City Bank und dem Guaranty Trust aufgelegt wurden.«

Also von Rockefeller, J. P. Morgan und Konsorten, dachte Anna.

»Das Ganze wurde von Olof Aschberg, Kopf der Nya Banken in Stockholm, für den ich damals arbeitete, in die Wege geleitet. 1916 war ich mit ihm in New York, um über einen weiteren Fünfzig-Millionen-Dollar-Kredit an den Zaren zu verhandeln. Gleichzeitig leiteten wir Gelder der deutschen Regierung an die Bolschewiki. Vor Ort spielte das amerikanische Rote Kreuz eine wichtige Rolle beim Staatsstreich.«

»Das Rote Kreuz?«, fragte Anna ungläubig.

»Die Mission bestand fast ausschließlich aus Bankiers, Anwälten und Wirtschaftsprüfern aus New Yorker Banken und Investmenthäusern.«

»Sie wollen mir also erzählen, dass die Revolution von der Wall Street finanziert wurde?«

»Auch aus London, insbesondere über einen außerordentlich einflussreichen Mann namens Lord Milner.«

»Und die Deutschen wurden dabei übertölpelt und dazu gebracht, ihr eigenes Grab zu schaufeln!«

»Du hast es erfasst. Solltest du also von den Kommunisten irgendetwas erwarten, Frieden oder soziale Gerechtigkeit, dann vergiss nie, wer sie in Russland an die Macht gebracht hat und auch weiterhin kontrolliert.«

»Es wird sich wohl noch erweisen müssen, ob die Sowjetunion nicht doch irgendwann Eigenständigkeit entwickelt!«

»In Deutschland jedenfalls lässt die Revolution auf sich warten. Die Leute von der Hamburger KPD waren die Einzigen, die zugeschlagen haben, tut mir leid.«

Anna ahnte, dass er recht hatte. Wenn sie aus dem Fenster schaute, so gab es nirgendwo während ihrer Fahrt durch Deutschland ein Anzeichen von Revolution. Tief enttäuscht und zudem gekränkt, dass er sie so vorführen konnte, war sie zu keinem weiteren Gespräch fähig und schwieg den Rest der Fahrt. Auch fielen ihr angesichts der neuen Perspektive auf das revolutionäre Geschehen der letzten Jahre keine Argumente mehr ein – zumal sie ja den Anschein zu wahren hatte, dass sie der Sache gar nicht mehr anhängen wollte.

De Lanoy brachte sie zu ihrer Wohnung und empfahl ihr, zu ihrer Mutter zu fahren, die sich in der Schweiz aufhielt. Anna besann sich auf ihre alte Sehnsucht nach dem Monte Verità und packte kurzerhand die Koffer. Was Paul de Lanoy anging, so hoffte sie, dass er wieder in der Versenkung verschwinden würde – eine Hoffnung, die sich leider nicht erfüllte.

Die Würfel sind gefallen

»Die Minister der SPD sind zurückgetreten«, sagte ich. »Die Reichswehr wird nun wohl auch in Thüringen einmarschieren.«

»Ja, ärgerlich. Und wieder für Ordnung sorgen.« Max Erwin Scheubner-Richter saß missmutig vor mir im Sessel in seiner Münchner Wohnung.

»Einige sagen aber auch, die Gegenrevolution hätte dann ihre Ziele erreicht, ohne dass die Kommunisten zuschlagen mussten: Der Achtstundentag wird gekippt, und Ebert wird den Generälen die vollziehende Gewalt übertragen. Damit herrscht de facto eine Militärdiktatur!«

»Wenn Sie glauben«, blaffte er, »dass damit auch unsere Ziele erreicht sind, so haben Sie von der nationalsozialistischen Bewegung nicht viel verstanden!«

Ich hob meine Hände. »Sie missverstehen mich. Ich mache mir doch nur Sorgen, dass Generalstaatskommissar von Kahr nun keinen Grund mehr für einen Putsch sehen könnte.«

»Dann werden wir die Bayern eben zu ihrem Glück zwingen müssen! Hitler versucht schon seit Tagen, Seißer und Lossow davon zu überzeugen, dass Kahr nicht der richtige Mann ist. Hitler wünscht sich eine andere Stellenbesetzung für das Reichsdirektorium: sich selbst, Ludendorff, Lossow und Seißer.«

»Und wie haben sie reagiert?«

»Sie meinten, das sei völlig unmöglich. Insbesondere wegen der Reaktionen, die Ludendorffs Ernennung im Ausland auslösen würde. Hitler aber hält eisern an seiner Forderung fest, weil er ihn braucht, um die Reichswehr für sich zu gewinnen. Sie waren ja Anfang September bei der Gründung des Kampfbundes im Zirkus Krone dabei. Eindeutiger als mit diesem Schutz- und Trutzbündnis kann man doch wohl seine Entschlossenheit nicht zum Ausdruck bringen.«

Ich nickte. »Für Adolf Hitler ist die deutsche Frage erst gelöst, wenn die Hakenkreuzfahne vom Berliner Schloss weht!«

»Tritt gefasst, deutsches Volk, und vorwärts marsch!«, tönte Scheubner-Richter. »Es wird Zeit, dass jemand den ganzen Schweinestall ausmistet und von allen parasitären Elementen befreit!«

»Und wenn Kahr nicht mitspielt?«

»Dann wird es zur Konfrontation kommen. Hitlers Kampfbund ist die Vorhut einer revolutionären Bewegung. Wenn wir Kompromisse eingehen, können wir gleich einpacken! Und jeder Stillstand bedeutet letztlich einen Kompromiss. Eine Schande, dass Buchrucker in Berlin so kläglich gescheitert ist! Also werden wir von hier aus losschlagen.«

»Der Aktionsplan bleibt wie besprochen?«

»Ja. Zuerst übernehmen wir die Macht in München. Dann in Regensburg, Augsburg, Ingolstadt, Nürnberg und Würzburg. Überall werden Bahnhöfe, Telegrafenämter und Telefonvermittlungen der Post, die Rundfunkstationen, Stadtwerke, Rathäuser sowie die Polizeibehörden besetzt. Kommunistische und sozialistische Führer kommen unverzüglich in Haft.«

»Und was geschieht mit diesen Leuten?«

»Wir werden sie wohl in Sammellager bringen, wo sie sich mal zur Abwechslung nützlich machen können.«

»In *Konzentrationslager?*«, fragte ich etwas entsetzt.

Scheubner-Richter sah mich an, stand auf und sagte: »Ich hoffe doch, dass Sie noch zu unserer Sache stehen, Herr von Trott. Es wird Zeit, dass unser Führer vom Apostel endlich auch zum Mann der Tat wird. Entweder sind Sie für uns oder gegen uns, überlegen Sie sich das!«

X. Verzweiflung

Wieder am Lago Maggiore

San Pancrazio, 30. Oktober 1923. In eine leichte Decke gehüllt, lag Anna im Liegestuhl neben ihrer Mutter und blickte über die magische Sonnenlandschaft, Bernie rannte quietschfidel umher.

»Ist es nicht ganz wunderrrbar hier?«, fragte Elina mit russisch-rollendem R. »Doch wohl sehr viel angenehmer als in dem Drrreckloch Berlin!«

Sie waren nun schon seit zwei Tagen auf dem Anwesen der deutsch-russischen Baronin de Saint Léger. Anna haderte etwas damit, dass sie plötzlich in dieses verschlafene Nest versetzt war. In der Zeitung hatte sie mit Empörung gelesen, dass die deutsche KPD-Führung vom Generalstreik und den Umsturzplänen abgerückt war und die Hamburger Revolutionäre um Ernst Thälmann kurzerhand im Stich gelassen hatte. In Sachsen hatte es viele Tote und Verwundete gegeben, als die Reichswehr dort mit Gewalt gegen die Kommunisten vorging. Die Landesregierung wurde auf Grundlage der Notverordnungen durch Reichspräsident Ebert aufgelöst und der sozialdemokratische Ministerpräsident Erich Zeigner amtsenthoben. Die Regierung in Thüringen wiederum hatte sich freiwillig aufgelöst. Somit seien im Reich »Ruhe und Ordnung« wiederhergestellt, hieß es.

Ruhe und Ordnung! Anna schloss die Augen. Dann musste sie wieder an Paul de Lanoy denken, wie er sie von der Straße aufgelesen hatte. Woher hatte er nur gewusst, wo sie sich befand? Hatte man sie die ganze Zeit beschatten lassen? Ihr Vater...?

»Schläfst du?«, fragte Elina.

»Ich denke an Heinrichs Vater«, antwortete Anna, »dass er mich regelrecht entführt hat.«

»Entführt? Ich dachte, er hat dich gerettet!« Jetzt hatte sie sich verplappert! Ihre Mutter kannte ja nur die Version, dass sie James Warburg besucht habe und »rein zufällig« in die Unruhen geraten sei, aus denen Paul de Lanoy sie »aufgesammelt« habe.

»Ich wundere mich einfach nur, wieso er plötzlich dort aufgetaucht ist.«

»Hast du ihn denn nicht gefragt?«

Sie konnte ihr ja schlecht beichten, dass er sie vor sich selbst habe schützen wollen, also log sie erneut: »Er meinte, er sei aus beruflichen Gründen in Hamburg gewesen und habe mich vom Auto aus am Straßenrand entdeckt.«

»Also ein glücklicher Zufall?«

»Ja, schon. Aber wieso er gerade dort aus der Versenkung auftaucht? Das war schon seltsam. Ich frage mich …«

»Anna!«, fuhr Elina gereizt dazwischen. »Dein Vater und auch Heinrichs Vater sind sehr einflussreich, das solltest du doch wissen. Was erwartest du? Dass sie dich in alles einweihen? In Staatsgeheimnisse, oder was weiß ich? Warum lässt du das nicht einfach ruhen und genießt die Schönheit hier?«

»Ja, Mama. Ich möchte auch nicht undankbar sein. Ich bin doch extra gekommen, um dich zu besuchen. Du weißt, wie sehr ich den Lago Maggiore liebe.«

»Und Heinrich? Wie geht es ihm? Er arbeitet noch immer für das Militär, nicht wahr?«

Anna wusste nicht recht, was sie sagen sollte. Schließlich antwortete sie: »Es geht ihm sicherlich gut. Wir haben nicht viel Kontakt.«

»So ein lieber Junge …« Elina lehnte sich genüsslich zurück und schloss die Augen. Nach einer Weile fuhr sie fort: »Was für ein Wetter, und das Ende Oktober! Auf den Brissago-Inseln herrscht das wärmste Klima der ganzen Schweiz, ich kann mir gar nicht mehr vorstellen, in Russland zu leben. Ich meine natürlich das Klima, von der politischen Situation brauchen wir erst gar nicht reden.«

»Es gibt eben keine Eisheiligen.« Anna fiel die Konversation schwer, sie dachte an den Führer ihres Stoßtrupps, der noch vor wenigen Tagen in Hamburg sein Leben für die Revolution gelassen hatte. Es war einfach nur absurd, hier zu sitzen und übers Klima zu reden, als sei nichts geschehen.

»Mein Gott, es soll hier rund 1700 Pflanzenarten geben! Pflanzen aus allen Kontinenten: Palmen, Gingkobäume, Kamelien, Magnolien – ja sogar Sumpfzypressen! Man wähnt sich ja fast auf einer karibischen Insel!«, schwärmte Elina weiter.

»Ich habe gehört, dass Antoinette de Saint Léger auch Künstler und Schriftsteller einlädt?«

»Ja, schon. Aber sie sollte sich lieber nicht übernehmen. Eine echte Abenteurerin ist sie, dabei nicht mehr die Jüngste. Hast du schon die reizenden Puppen gesehen, die sie herstellt?«

Wo war sie hier nur gelandet! Und wie kam es, dass die einen in Sicherheit und Luxus lebten, die anderen im Kerker oder auf dem Schafott landeten? Sie selbst hatte natürlich nun schon zum zweiten Mal den Kopf aus der Schlinge gezogen. Dafür sollte sie ihrem Vater eigentlich dankbar sein, doch sie zahlte es ihm mit Verrat zurück. Wie lange würde das alles noch gut gehen? Paul de Lanoy hatte sie ja schon deutlich wissen lassen, dass man sich ihrer Loyalität nicht mehr sicher war. Würde sie vielleicht früher oder später dasselbe Schicksal ereilen wie das ihrer Gefährten? Wenn sie doch nur ahnten, dass sie an der langen Leine der westlichen Kapitalisten hingen, zumindest die Revolutionäre in Russland – nichts als willfährige Puppen im großen Marionettenspiel der Eliten!

Voller Wehmut dachte sie an das unbeschwerte Leben auf dem Monte Verità. Es war so schön dort gewesen, der Umgang mit Künstlern, Schriftstellern und Pazifisten, der Tanz und die Gespräche mit Rudolf von Laban. Was wohl aus dem Sanatorium geworden war? Da kam Bernie angelaufen, um sich den Kopf streicheln zu lassen. Er freute sich sichtlich, dass sie da war. Anna lächelte, atmete den Duft der unzähligen Blüten ein und begann sich endlich ein wenig zu entspannen.

Der Putsch kommt ins Rollen

München, 8. November 1923. Würde es morgen wirklich losgehen? Seit einigen Tagen hatte ich keinen Kontakt zum Führungskreis der NSDAP, mir fehlten aktuelle Informationen. Während ich am Nachmittag mit Schal und Wintermantel – es war außergewöhnlich kalt geworden – durch die Straßen lief, zeigte sich die Sonne nicht ein einziges Mal, sondern verbarg sich hinter schweren grauen Wolken. Da erblickte ich plötzlich Gottfried Feder, offenbar verärgert verließ er gerade ein Bankgebäude. Dabei konnte der wohlhabende Bauunternehmer, Gründungsmitglied der NSDAP, davon ausgehen, nach dem Putsch zum Finanzminister ernannt zu werden. Unter der Nase hatte er sich jedenfalls schon mal ein sogenanntes Hitlerbärtchen stehen lassen, sehr en vogue zurzeit.

»Kein guter Tag für Geschäfte?«, sprach ich ihn an.

Er lüftete kurz seinen Hut und antwortete gereizt: »Meine Wertpapiere sind noch immer nicht da. Ich solle am Montag wiederkommen – am Montag!«

»Der Putsch…?«

»Na klar. Also Sie sind doch sonst immer so gut informiert!«, sagte er, während wir nebeneinander herliefen. »Vorgestern hat Kahr mitgeteilt, dass er sich zwar für die Errichtung einer nationalen, vom Reichstag unabhängigen Regierung in Berlin einsetzen würde, er bestand aber darauf, selbst das Signal zum Handeln zu geben. Bis es so weit sei, würden er selbst, Lossow und Seißer jeden Putschversuch niederschlagen.«

»Was ist so neu daran?«

»Das Ganze war doch vor allem eine Zurechtweisung! Anscheinend will das Triumvirat General Ludendorff und Hitler aus dem Direktorat ausschließen. Das ist Verrat! Wir machen die ganze Drecksarbeit, und die setzen sich wie die Maden ins Fleisch. Das wird sich rächen!«

»Wie denn?«, hakte ich nach, einen Haufen Hundekot umkurvend.

»Gestern Vormittag hat eine Besprechung der Kampfbund-Führer stattgefunden. Hitler war dort, Ludendorff, Göring, Scheubner-Richter und einige andere. Sie haben beschlossen, noch heute loszuschlagen.«

»Heute! Wo denn?«

»Fragen Sie Scheubner-Richter!« Feder eilte davon.

Sogleich schnappte ich mir ein Taxi und fuhr in die Widenmayerstraße, eine relativ ruhige Allee links der Isar. »Geht es also los?«, fragte ich, als Scheubner-Richter auf mein Klingeln hin öffnete. Er trug Pantoffeln, dazu einen beigefarbenen Hausmantel.

»Woher wissen Sie das denn schon wieder?« Er winkte mich hinein.

»Ich habe zufällig Feder auf der Straße getroffen. Also wann?«

»Heute Abend im Bürgerbräukeller. Kahr wird über die Ziele seines Regimes reden.«

»Und wo ist Ludendorff?«

»Wohl noch im Generalstaatskommissariat.« Er ging zum Fenster und sah hinaus. »Ludendorff will von Kahr persönlich wissen, was er vorhat.«

Da klingelte es an der Haustür. Scheubner-Richter ging und öffnete. Kurz darauf betrat Ludendorff höchstpersönlich das Zimmer. Ich stand auf und salutierte.

Er grüßte mit einer kurzen Handbewegung zurück und ließ sich in einen Sessel fallen. »Kahr und Lossow haben zugestimmt.«, sagte er.

»Dem Marsch auf Berlin?«, fragte ich elektrisiert.

Ludendorff nickte und nahm ein Glas Wasser entgegen. »Wir sind uns einig, dass wir ein neues vaterländisches Regime benötigen. Ich habe ihn ermahnt, sehr bald zu handeln, die Not des Volkes ist unerträglich. Und er meint, dass nur ein Preuße die Streitkräfte motivieren und auf unsere Seite ziehen könne.«

»Also Sie selbst«, nickte ich.

»Aber?«, fragte Scheubner-Richter und ging wieder zum Fenster hinüber.

»Kahr meint, die Zeit ist noch immer nicht reif. Er befürchtet, dass einseitiges Handeln Bayerns einen Bürgerkrieg entfachen könnte, und will erst noch abwarten.«

»Die Schwarze Reichswehr in Küstrin befindet sich aber in Auflösung!«, rief ich. »Major Buchrucker wurde verhaftet!«

»Deshalb ist von dort auch zunächst nichts zu erwarten«, meinte Ludendorff. »Aber wenn wir erst einmal auf Berlin marschieren, wird die Reichswehr uns unterstützen, ganz sicher – vorausgesetzt dass ich der revolutionären Armee voranmarschiere!«

»Kahr ist damit aus dem Spiel«, sagte Scheubner-Richter. »Der ist doch einfach nur feige!«

»Es sei denn...« Ludendorff trank einen Schluck Wasser. »Es sei denn, wir können ihn heute Abend überzeugen.«

»Also: Revolution oder Tod!«

»Gibt es eigentlich ein Kennwort?«, fragte ich.

»Glücklich entbunden. Das Kennwort lautet: Glücklich entbunden!«

Das dritte Foto

Wehmütig schlenderte Anna mit Elina über den Monte Verità. Unkraut und Schlinggewächse hatten den Berg wieder in Besitz genommen und wucherten vor sich hin. Ida Hofmann, Henri Oedenkoven und seine Frau Isabella hatten den Ort 1920 verlassen, um im fernen Brasilien einen Neuanfang zu wagen.

Anna trug einen offenen Mantel, darunter ein violettes Kleid mit einer großen rosafarbenen Blume am Rocksaum. Was sie erblickte, erfüllte sie mit Melancholie. Die Schönheit war dem Untergang geweiht – alles flüchtig, vergänglich. Keine Blumenbeete mehr, keine Weltverbesserer und Naturmenschen, keine Künstler, Anarchisten oder Psychoanalytiker, keine Vegetarier oder Nackten mehr, der Ruf nach Wahrheit und Authentizität war verstummt. Nur ein Landstreicher mit Strohhut saß beim Walkürenfelsen allein auf einer Bank und blickte auf den See hinab, als posiere er für ein Gemälde Van Goghs.

Die Licht-Luft-Hütten waren verbarrikadiert, manche neigten sich bereits langsam seitwärts. Einzelne Dachziegel lagen umher, zwischen Wegen, Wiesen und dem Gartenland gab es kaum einen Unterschied, sodass der Spaziergang in der strahlenden Sonne etwas mühsam war. Erinnerungen tauchten aus ihrem Inneren auf, die Tänzerinnen, die ständig mitschwingende Erotik, der blinkend funkelnde Sternenhimmel, die surrealistische Poesie, die Freunde: Else Lasker-Schüler, Marianne von Werefkin, Rudolf von Laban, Mary Wigman, Hermann Hesse... Ihre Augen füllten sich mit Tränen, wie bitter-süßer Honig tropften die Worte Elses leise aus ihr heraus: »Nie ging einer über meinen Pfad. Aber dein Antlitz wärmt meine Welt. Von dir geht alles Blühen aus. Wenn du mich ansiehst, wird mein Herz süß. Ich liege unter deinem Lächeln und lerne Tag und Nacht bereiten. Dich hinzaubern und vergehen lassen, immer spiele ich das eine Spiel...«

»Du bist ewig poetisch im Herrrzen.« Elina knöpfte ihren Mantel zu. Dabei wäre sie beinahe über ein Gestrüpp gestolpert.

Anna kam sich plötzlich kindisch vor. So vieles war seither geschehen und vergangen – untergegangen. Hoffnungslosigkeit überkam sie. Der Krieg – würde er kommen? Schon wieder? Wer eigentlich entschied über Krieg oder Frieden? Nur alte Männer, die sich und ihre Kinder zuvor in Sicherheit brachten! Die Welt war bis in ihren innersten Kern verrottet, morsch wie die Hütten dort drüben, das hatte sie jetzt gelernt.

»Wann hast du eigentlich Vater zuletzt gesehen?«, wandte sie sich ihrer Mutter zu, während sie auf das Zentralgebäude zuliefen.

»Vor einigen Monaten, als er für ein paar Tage zu Besuch war.«

»Bist du einsam?«, fragte Anna sanft.

»Nun ja«, antwortete Elina bitter lächelnd.

Kurz darauf standen sie vor dem Haus, in dem einst der Speisesaal, das Musik- und das Bibliothekszimmer untergebracht waren. Während Elina neugierig zur Tür ging, wischte Anna Staub von den Scheiben, um hineinspähen zu können. Das Ganze war öde, geisterhaft...

Als sie ihr Taschentuch aus der Manteltasche holen wollte, um sich die Hände zu säubern, zog sie den Brief mit heraus, den ihr der Portier kurz vor der Abfahrt noch übergeben hatte. Ohne Absender. Anna runzelte die Stirn und öffnete den Umschlag. Ein Foto kam zum Vorschein. »Was ist das denn?«

Ihre Mutter schaute hin und zog scharf die Luft ein. Das Bild zeigte drei Jungen vor einem alten Tor. »Wo hast du das her?« »Es kam heute mit der Post. Wer sind die Buben?«

»Der eine hier ist dein Vater.«

»Na so etwas! Hm, siehst du die Inschrift da über dem Tor? ›Institut Dr. Schmidt‹ – kennst du das?«

»Ein exquisites Schweizer Internat in St. Gallen, hier ganz in der Nähe. Aber ich hatte keine Ahnung, dass Hermann es besucht hat. Was soll das nur?«

»Da will uns offenbar jemand etwas mitteilen.« Anna blickte wieder auf das Foto. »Wieso weiß keiner, dass Vater auf diesem Internat war? Findest du das nicht mehr als seltsam? Ich habe diese ganze Geheimniskrämerei so satt! In unserer Familie werden offenbar unzählige Dinge unter den Teppich gekehrt. Damit muss jetzt endlich Schluss sein. Wenn mir jemand etwas sagen will, dann soll er es tun. Ich fahre nach St. Gallen!«

Glücklich entbunden

Kurz vor halb acht. Gespannt wartete ich abends im Bürgerbräukeller auf das Erscheinen Adolf Hitlers, der sich für letzte Besprechungen in die Redaktion des *Völkischen Beobachters* begeben hatte, um anschließend mit Scheubner-Richter und Alfred Rosenberg herzukommen.

Der große Saal war mit etwa dreitausend Personen brechend voll, man bekam kaum noch einen Stehplatz. Hier und da teilten sich zwei Gäste einen Stuhl. Die Kellnerinnen, wuchtige Maßkrüge fest im Griff, hatten Mühe, sich durch die Menge zu quetschen. Ich selbst war rechtzeitig gekommen und saß an einem der Tische, neben mir ein typischer Bayer in Lederhosen und mit großem Schnurrbart.

Die Zuhörerschaft war äußerst gemischt: Ich erblickte den bayerischen Ministerpräsident Eugen Ritter von Knilling neben drei Mitgliedern seines Kabinetts, den ehemaligen Polizeipräsidenten Ernst Pöhner und den Kabinettschef von Kronprinz Rupprecht. Außer den geladenen Gästen waren Hunderte von Münchner Bürgern gekommen, zudem Bankiers, Geschäftsleute, Fabrikanten und Zeitungsredakteure, natürlich aber auch Anhänger des Kampfbundes und der NSDAP. Über alle hinweg behielt ich Rudolf Heß im Auge, der an der Garderobe in seiner Uniform der alten bayerischen Armee ungeduldig von einem Fuß auf den anderen tippelte, als müsse er dringend zur Toilette. Ich aber wusste, dass auch er auf Hitler wartete.

Unterdessen hatte man wohl schon dem »Stoßtrupp Hitler«, welcher sich in der Kegelbahn des »Torbräu« versammelte, mitgeteilt, dass sie auserkoren waren, den ersten Schlag im Namen der neuen Regierung zu führen. Andere, an verschiedenen Punkten der Stadt versammelte Truppen des Kampfbundes – etwa viertausend Mann – wussten hingegen noch immer nicht, dass der Startschuss nun bald fiel. In den letzten Monaten hatte es so viele Alarme und Sonderübungen gegeben, dass der heutige Appell nichts Besonderes mehr war.

Auf der Gegenseite erwarteten wir ca. 2600 Kämpfer der Regierung: etwa zweihundertfünfzig Offiziere und Mannschaften der blauen Polizei, dann die Gefechtseinheiten der Landespolizei mit einer Gesamtstärke von etwa 1800 Mann und schließlich etwa 800 Mann der Reichswehr. Allerdings befand sich die Hälfte bis drei Viertel der Mannschaften zu diesem Zeitpunkt gar nicht in den Garnisonen.

Ein Raunen ging durch den Saal, als das Triumvirat endlich erschien: Generalstaatskommissar von Kahr, Generalleutnant Otto von Lossow und der Befehlshaber der Landespolizei Bayern Hans von Seißer plus Gefolge zwängten sich zur Rednerbühne durch. Unterdessen war auch Hitler erschienen und herrschte den wachhabenden Polizeikommissar an: »Diese Herren hier gehören zu meiner Begleitung!« Mit Scheubner-Richter, Rosenberg, Max Amann, dem »Reichsleiter für die Presse«, und Ulrich Graf, Hitlers Leibwächter, betrat er den Saal und blieb bei Heß stehen – ungefähr dreißig Meter vom Podium entfernt. Es war kurz nach acht. Wie ich später erfuhr, traf derweil draußen der Stoßtrupp ein und riegelte den Bürgerbräukeller von allen Seiten ab.

Da bestieg Kommerzienrat Eugen Zentz, der die Versammlung organisiert hatte, behäbig das Podium, das aufgeregte Stimmengemurmel verstummte. Mit stark bayerischem Dialekt wandte er sich an Kahr: »In schwerster Stunde unseres Vaterlandes, am Jahrestag des größten Verbrechens am deutschen Volk, begrüßen wir Eure Exzellenz in der Mitte eines Kreises treuer deutscher, bayerischer Männer aller Stände. In diesen drei Worten – treu, deutsch und bayerisch – liegt das, was uns hier, so verschieden sonst unsere Anschauungen sein mögen, zusammenführt, was wir alle auch in Ihnen, Eure Exzellenz, verehren. Wir wollen Ihnen sagen, dass wir alle zu Ihnen stehen.«

»Aber ohne Juden!«, schrie der Mann neben mir, stürmischer Beifall folgte.

Während Zentz noch ein paar Banalitäten über die treue Gefolgschaft und die Stärke des Führers zum Besten gab, sah ich, wie Ernst »Putzi« Hanfstaengl Hitler einen Maßkrug in die Hand drückte, der ihn achtungsvoll entgegennahm, als handle es sich um den heiligen Speer des Longinus. Hanfstaengl, der mich mit seinem quadratischen Kopf an das Monster von Frankenstein erinnerte, hatte in Harvard studiert und bis 1918 die amerikanische Filiale der Firma seiner Eltern in New York geleitet, einen Kunstsalon, zu dessen Kunden unter anderen auch Henry Ford zählte. Nachdem der Salon als Feindbesitz von den US-Behörden enteignet worden war, ließ sich Hanfstaengl 1919 in München nieder, wo er bald Hitlers Freund und finanzieller Unterstützer wurde.

Gustav Ritter von Kahr trat nun vor das Pult. Er trug wie so oft einen altmodischen Gehrock mit viel zu langen Ärmeln, sein dichter Schnurrbart sah aus wie angeklebt, und sein Haar war in der Mitte wie mit einem Rasiermesser geteilt. Auch vor ihm stand ein Maß Bier. Alle Augen richteten sich auf ihn. Mit monotoner Stimme setzte er an, den Blick auf sein Redemanuskript gesenkt: »Der Marxismus steigert das Begehren des Menschen, indem er, der allgemein menschlichen Trägheitsneigung schmeichelnd, erklärt, dass jeder Mensch auch ohne eigene Leistung, beziehungsweise Leistungssteigerung, Ansprüche auf alle materiellen Güter der Erde habe ...«

Eigentlich waren die Leute ja gekommen, um eine epochale Rede zu hören, einen politischen Vulkanausbruch, ein tektonisches Beben aus unterseeischer Tiefe, wodurch mächtige Wellen emporsteigen würden, um weit über die nationalen Grenzen hinaus alle Feinde, alle Sorgen und Probleme hinfortzuspülen. Stattdessen quälte sich der »Diktator« nun durch seine Textwüsten, als hielte er eine Vorlesung über die historischen Ursprünge der Tuberkulose. Peinliche Langeweile breitete sich aus. Neben mir begann der Bayer laut schmatzend sein Schnitzel in sich hineinzuschaufeln. Einfach widerlich! Ich blickte hinüber zu Hitler, der gegen eine Säule lehnte und am Fingernagel kaute. Neben ihm stand

Hanfstaengl und riss gähnend den Mund auf, ohne die Hand davorzuhalten. Dann holte Hitler seine Taschenuhr hervor und schlenderte zur Garderobe, wo er seinen Trenchcoat ablegte und mit Scheubner-Richter, Amann, Rosenberg und Friedrich Weber, Chef vom Bund Oberland, die Köpfe zusammensteckte. Jeden Moment konnte es losgehen!

Plötzlich knallte ein Schuss. Mein Tischnachbar verschluckte sich so heftig, dass ich ihm auf den Rücken klopfen musste. Mitten im Trubel bahnte *er* sich den Weg nach vorn: Adolf Hitler, der »König von München«, das Eiserne Kreuz auf der Brust. Davon abgesehen, wirkte er eher wie ein drittklassiger Portier. Direkt in seinem Gefolge etwa zwanzig Mann, allesamt mit Hakenkreuz auf roten Armbinden und mit Revolvern oder Maschinenpistolen bewaffnet. Kahr starrte ihnen fassungslos entgegen. Die Aufregung nahm zu, manche quiekten, andere kletterten auf die Tische, um besser sehen zu können, Stühle wurden umgeworfen, Bierkrüge krachten zu Boden. Wieder andere versuchten den Saal zu verlassen, wurden jedoch von hereinströmenden SA-Leuten davon abgehalten. Sämtliche Eingänge waren abgeriegelt, sogar ein Maschinengewehr aufgebaut worden. Auf dem Podium begann Eugen Zentz eine Glocke zu schwingen.

Da verstellte ein Major der Landespolizei Hitler den Weg. Der aber hielt ihm seine Browning an die Stirn. »Treten Sie beiseite, Herr Major. Es ist mein Ernst!« Daraufhin wurde der Mann brutal beiseite gestoßen. Männer des Stoßtrupps postierten sich auf dem Balkon und an der Wand entlang. Mir gegenüber zog ein Mann zunächst eine Pistole, dann eine Hakenkreuzbinde aus seiner Jackentasche, die er sich um den Arm band wie der Kapitän einer Fußballmannschaft.

Hitler brauchte fünf Minuten, um schließlich schweißgebadet, mit zerknittertem Frack und zerzaustem Haar am Podium anzukommen. Die Menge tobte. Hitler schrie: »Ruhe!« und stieg auf einen Stuhl, anschließend auf einen Tisch. Als die Menge sich nicht beruhigte, schoss er kurzerhand in die Decke, und der Lärm ließ nach. Hitler kletterte wieder herunter, betrat das Podium, Kahr, Lossow und Seißer wichen zurück. Er wandte sich an den Saal und schrie: »Ich erkläre die bayerische Regierung für abgesetzt, es lebe die nationale Revolution! Der Saal ist von sechshundert Schwerbewaffneten besetzt. Und wenn nicht sofort absolute Ruhe eintritt, kommt noch ein Maschinengewehr auf die Galerie!« Stille folgte, die Leute waren teilweise auch schon zu betrunken, um einen Fluchtversuch zu unternehmen.

Hitler fuchtelte hektisch mit seiner Browning herum. »Eine provisorische Regierung wird nun gebildet. Die Kasernen sind besetzt, Reichswehr und Landespolizei rücken bereits unter Hakenkreuzfahnen heran. Es folgt die Abrechnung mit den Verbrechern, die Deutschland heute zugrunde richten. Bis auf Weiteres übernehme *ich* die Leitung dieser neuen Regierung!«

»Was für ein Theater«, brummelte der Bayer neben mir.

»Exzellenz von Kahr!«, sagte Hitler, »Exzellenz von Lossow, Herr Oberst von Seißer – ich muss Sie bitten, mit mir zu kommen. In zehn Minuten ist alles erledigt. Ich garantiere für Ihre Sicherheit!«

»Ich werde mit Ihnen nirgendwohin gehen!«, fauchte Kahr. »Wir haben einander nichts mehr zu sagen. Sie haben Ihr Ehrenwort, nicht zu putschen, gebrochen!«

»Die Revolution lässt sich nicht mehr aufgehalten. Die Zeit zum Handeln ist gekommen«, entgegnete der neue Führer.

Lossow kniff die Augen zusammen und fragte mit höhnischem Unterton: »Auch in Berlin und im Norden?«

Hitler aber reagierte nicht, sondern gab seinen Leuten den Befehl, das Triumvirat ins Nebenzimmer zu bringen. Er flüsterte Scheubner-Richter noch etwas zu, dann verschwand er selbst durch die Tür. Augenblicklich brach wieder Getöse aus. Erneut versuchten manche den Raum zu verlassen und wurden wieder mit Knüppeln und Drohungen zurückgedrängt. Andere wiederum verfielen in eine merkwürdige Lethargie und starrten vor sich in die Bierkrüge.

»Volksgenossen!«, schrie plötzlich Hermann Göring, der mit funkelnden Orden behängt aufs Podest gestiegen war. »Heute beginnt die Nationale Republik! Sie richtet sich in keiner Form gegen Kahr. Wir hoffen, dass er ins Reichsdirektorium eintritt. Sie richtet sich nicht gegen die Truppen, sie richtet sich nicht gegen die Polizei, sie richtet sich ausschließlich gegen die Berliner Judenrepublik!« Jubelrufe durchfluteten den Saal. Unter den Gästen waren auch stadtbekannte jüdische Mitbürger, nach ihnen wurde sich umgedreht.

»Wir haben diesen Schritt gewagt«, tönte Göring feierlich weiter, »weil wir der Überzeugung sind, dass wir unsere Männer an der Spitze unterstützen müssen. Aber bis zur Klärung der letzten Einzelheiten muss ich Sie bitten, hier sitzen zu bleiben und den Anordnungen der Wachen Folge zu leisten. Die neue Reichsregierung – Hitler, Ludendorff, Pöhner, Kahr –, sie lebe hoch!«

Erneut brandete Beifall auf, wie auf Kommando begannen alle das Deutschlandlied zu singen, es herrschte ein unglaublicher Lärm. In dem Moment fielen mir drei junge Männer auf, die sich einen Weg durch die Menge bahnten und zu mir herübersahen. Ein mulmiges Gefühl überkam mich, als ich erkannte, wer da auf mich zulief: Anton Mauerstein! Er verlor keine Zeit, drückte dem mir gegenübersitzenden Mann unauffällig einen Revolver in die Seite und zwang ihn aufzustehen, setzte sich, griff sich eine Speisekarte und bedeckte damit die Hand, in der er die Pistole hielt, die darunter direkt auf mich zielte. Panik überfiel mich. Mit leicht zittriger Hand zog auch ich meine Pistole aus dem Schulterhalfter.

Die Toteninsel

»Ich fahre nach St. Gallen!«, wiederholte Anna. Sie musste gegen den Lärm des kleinen Schnellbootes anbrüllen, das durch das spiegelglatte Wasser des Lago Maggiore pflügte.

»Ich halte das für keine gute Idee!«, rief Elina »Schlafende Hunde soll man nicht wecken.« Dabei klammerte sich in die Polster, als könne sie jeden Moment hinausgeschleudert werden. Bernie saß auf dem Boden und hielt die Nase in den Fahrtwind.

Annas Haare tanzten wie Flammen. »Möchtest du es denn nicht genauso wissen? Irgendetwas steckt doch dahinter! Wieso sollte uns jemand sonst dieses Foto zuspielen?«

Elina hob die Schultern.

Anna fühlte sich einmal mehr unbehaglich, wie in unsichtbaren Fäden gefangen – was hatte das alles zu bedeuten? Woher kam die Fotografie? Wer wollte sie da auf eine Spur locken?

Um nach St. Gallen zu fahren, musste sie jetzt zurück nach San Pancrazio, um die Schlüssel für den Wagen ihrer Mutter zu holen, und sich dann wieder nach Ascona bringen lassen, wo das Auto stand. Sie blickte über das Wasser und kniff die Augen zusammen. »Ist das nicht die Baronessa dahinten?«

Am Ufer stand eine weiße Gestalt wie ein in Laken gehüllter Geist. Woran erinnerte sie das? Ja, genau. »Kennst du das Bild ›Die Toteninsel‹ von Arnold Böcklin?«

Elina sah ihre Tochter fragend an.

»Manche sehen ja darin einen Abgesang auf die europäische Kultur. Den Untergang. Das Ende.«

»Ich weiß nur«, entgegnete Elina, »dass Böcklin acht seiner vierzehn Kinder verloren hat.«

Auge in Auge

Anton Mauerstein funkelte mich hasserfüllt an, zur Vergeltung für den Tod seines Bruders bereit. Hinter ihm standen seine beiden Begleiter.

Hitler war nun schon seit fast einer Viertelstunde mit den drei Männern im Nebenzimmer verschwunden, Unruhe und Verwirrung breiteten sich aus, der Hofbräukeller kochte. Ich saß stocksteif da und suchte fieberhaft nach einem Ausweg. Da stieg Putzi Hanfstaengl neben mir auf einen Stuhl, um eine Art Pressekonferenz abzuhalten. Mit theatralischer Geste berichtete er ausländischen Journalisten, dass nun eine Regierung der nationalen Einheit gebildet worden sei, die Ordnung und Disziplin wiederherstellen werde. Da kamen der ehemalige Bürgermeister von München, Wilhelm von Borscht, und der Redakteur Fritz Gerlich zu ihm. Borscht zupfte ihn am Ärmel und rief: »Hilf uns bitte, wir werden hier ja gefangen gehalten!« Also stieg Hanfstaengl von seinem Stuhl herab und begleitete die beiden zum Haupteingang, wo sie wohl abgewiesen wurden, denn sie kamen zurück. Hanfstaengl begab sich nun hinüber zur Theke und unterhielt sich mit einer dickbusigen Kellnerin. Anschließend winkte er Borscht zu sich und flüsterte ihm etwas ins Ohr, woraufhin der in der Küche hinter der Theke verschwand. Das war es! So würde auch ich entkommen können, ich musste nur auf eine Gelegenheit warten.

Die Stimmung im Saal wurde immer aggressiver, und die SA-Leute gingen die Anwesenden immer brutaler an. Da kam Hitler, stieg aufs Podium, zog seine Browning hervor und feuerte erneut in die Decke. Augenblicklich trat Stille ein, der ganze Saal in Todesstarre. Hitler entschuldigte sich ganz ruhig dafür, dass die Verhandlungen mit Kahr, Lossow und Seißer etwas länger gedauert hätten als erwartet. Sein Auftritt reichte, um die Stimmung im Saal wieder umschlagen zu lassen – keinerlei Widerspruch war mehr zu hören, alle schienen wie hypnotisiert – oder eingeschüchtert.

»Deutsche Volksgenossen!«, rief er. »Heute vor fünf Jahren wurde die größte Schandtat begangen, die unser unglückliches Volk in maßloses Elend gestürzt hat. Heute noch müssen wir der Schande ein Ende setzen. Ich schlage deshalb Folgendes vor: Das Kabinett Knilling ist abgesetzt, ebenso muss die Regierung der Novemberverbrecher in Berlin weichen. Eine deutsche nationale Regierung wird hier in München noch heute ernannt!«

Mitten im allgemeinen Trubel stand ich ganz langsam auf. Mir war ganz schlecht vor Nervosität: Würde Mauerstein sich auf mich stürzen? Würde er schießen? Nein, er wagte es offenbar nicht. Während Hitler also da oben die Revolution ausrief, schlich ich mich davon in Richtung Theke, Mauerstein blieb sitzen. Wie *versteinert,* dachte ich und musste nervös kichern.

Panisch schaute ich immer wieder zurück. Mauerstein war nun auch aufgestanden und folgte mir mit seinen Gorillas, ich hatte nur einen lächerlichen Vorsprung. Hinter mir lief Hitler zur Höchstform auf. »Aufgabe der neuen Regierung ist es, mit der ganzen Kraft aller deutschen Gaue den Vormarsch anzutreten in das Sündenbabel Berlin, um das deutsche Volk zu retten!«

Ohrenbetäubender Jubel folgte, der Lärm war unglaublich. Jetzt oder nie! Ich lief los, rannte aus Versehen einen älteren Mann um und verschwand hinter der Theke. Vor der Küchentür wollte mich die Dicke zwar aufhalten, aber ich hielt ihr kurzerhand meine Waffe vor, sie schrie und ließ mich vorbei. Dreitausend Stimmen intonierten »Heil Hitler!«, derweil ich auf den Hinterausgang zuflitzte. Kurz darauf stand ich auf der Straße und blickte nach rechts und links. Vor dem Haupteingang des Bürgerbräukellers mit seinem bogenförmigen Portal standen Mannschaften, die den Ort nach allen Seiten hin abriegelten, darunter Dutzende von Schwerbewaffneten in Kampfausrüstung mit Karabinern, Handgranaten und Maschinenpistolen. Ich musste weg hier, die drei Verfolger waren sicher gleich da!

Ein Soldat vom Bund Oberland kam auf mich zu. »Was haben Sie hier zu suchen!«, raunzte er mich an. Doch dann erkannte er mich, grüßte kameradschaftlich und ließ mich durch. Ich bog in eine kleinere Straße ab und begann zu rennen.

Institut Dr. Schmidt

Anna fuhr mit dem Fiat 520, dem »Superfiat«, ihrer Mutter durch ein
Jugendstil-Villenviertel und bog in einen Innenhof ab. Die teilweise von
buntem Efeu überwucherten Gebäude des Instituts Dr. Schmidt waren
umgeben von Laubbäumen in den unterschiedlichsten Rot-, Gelb- und
Orangetönen. Man könnte sich in das Gemälde eines impressionisti-
schen Künstlers versetzt fühlen.

Sie parkte den Wagen, ging geradewegs auf das mehrstöckige Hauptgebäude zu und erkundigte sich bei einigen Schülern in Anzug und Krawatte nach dem Schuldirektor. Kurz darauf wurde sie von Dr. Schmidt
höchstpersönlich in einem Raum mit großer Fensterfront empfangen,
von wo aus man einen wunderschönen Blick auf die weiter unten gele-
genen Parkanlagen hatte. In der Fensterecke stand eine Vase mit Rosen,
umrahmt von floralen Jugendstilmustern des Interieurs. Der Gründer
des Internats, ein untersetzter Mann mit breiter Stirn und Brille, reichte
Anna die Hand. »Fräulein von Stieglitz! Sie haben sich eine wunderbare
Jahreszeit ausgesucht, um uns zu besuchen«, sagte er mit schweizeri-
schem Akzent. »Was kann ich für Sie tun?«

»Es ist wirklich bezaubernd hier«, sagte Anna, worauf sich beide
einander gegenüber an den Tisch setzten. »Ihre Schüler haben großes
Glück. Es ist so idyllisch.«

»Ein Ort des Friedens in einer allzu kriegerischen Welt.«

»Ich bin sicher, dass sich mein Vater bei Ihnen sehr wohl gefühlt hat.«

»Das hoffe ich doch sehr«, erwiderte Dr. Schmidt. »Es ist uns natürlich immer eine große Freude, wenn ich höre, dass sich ehemalige
Schüler gerne an uns erinnern. Allerdings ist Hermann von Stieglitz
meines Wissens nach nicht ein einziges Mal zu unseren Ehemaligen-
treffen gekommen.«

»Das tut ihm auch sehr leid«, sagte Anna geistesgegenwärtig, ergriff
die Gelegenheit beim Schopfe und zauberte wie gewohnt eine Geschichte aus dem Hut. »Deshalb hat er mich gebeten, Ihnen bei meiner
Reise nach Ascona einen kurzen Besuch abzustatten.«

Sie zog das Bild aus ihrer Handtasche hervor und legte es vor den
Direktor. »Er meinte, dass ich Ihnen dieses Foto hier zeigen solle, Sie
würden sich gewiss darüber freuen.«

»Ach, natürlich, die drei Unzertrennlichen! Ich kann mich gut an sie
erinnern: Hermann, Max und Paul. Paul und Hermann waren sehr be-

gabt in Mathematik. Max war introvertierter, mehr an Kunst und Musik interessiert.«

Paul de Lanoy! Wieso hatte sie ihn nicht gleich erkannt? Anna staunte.

»Darf ich Ihnen einen Tee bringen lassen?«, fragte der Direktor.

Doch sie starrte weiter auf das Bild. Es hieß doch, ihr Vater und Paul hätten erst viel später Bekanntschaft geschlossen! Warum nur hatte man ihr und sogar ihrer Mutter verschwiegen, dass sie sich bereits als Kinder kannten? Und wer war der Dritte im Bunde? Anna blickte hoch. »Nein, danke«, erwiderte sie endlich.

»Wie geht es Ihrem Vater? Ist er denn Mathematiker oder Wissenschaftler geworden? Er hatte großes Talent, wirklich.«

»Er ist Direktor bei der BASF.«

»Gratuliere! Habe ich es mir doch gedacht, dass etwas aus ihm wird.«

Anna fragte aufs Geratewohl: »Und haben Sie jemals wieder etwas von diesem anderen Jungen gehört?«

»Sie meinen Max von Loewenstein? Ein Ehemaliger hat mir erzählt, dass er in der Nähe von Ascona lebt. Offenbar hat er sich für ein, sagen wir, unbürgerliches Leben entschieden. Also ehrlich gesagt, er ist ein Landstreicher. Traurig.« Er schürzte die Lippen.

Anna durchfuhr eine Idee: Der Mann, den sie auf dem Monte Verità gesehen hatte, der mit dem Strohhut – könnte das dieser Max gewesen sein?

Dr. Schmidt fragte freundlich: »Wollen Sie wirklich heute noch zurückfahren? Sie könnten auch hier bei uns übernachten.«

»Das ist wirklich sehr großzügig, aber meine Mutter erwartet mich. Sie würde sich sonst Sorgen machen.«

»Verraten Sie mir noch schnell, wie es Paul de Lanoy geht.«

»Leider haben wir keinen Kontakt zu ihm.« Stimmte ja fast.

»Und Sie? Was machen sie so im Leben?«

Anna lächelte etwas traurig. »Das frage ich mich manchmal selbst.«

»Viele junge Leute haben heute die Orientierung verloren.«

»Vielleicht gehöre ich ja zu dieser verlorenen Generation. Die vor allem jeden Glauben in die Menschheit verloren hat.«

»Das wäre sehr schade«, meinte Dr. Schmidt sanft. »Vielleicht ist dies nur eine Phase. Ein Moment, um zu neuen Ufern aufzubrechen ...«

Flucht vor dem Rächer

München, 9. November 1923. »Hitler hat die Regierung gestürzt!«, riefen ein paar Jungs von der anderen Straßenseite herüber, als ich am nächsten Morgen vor die Tür des von mir bewohnten Mietshauses trat. »Die nationale Revolution ist ausgebrochen!« An der Ecke standen Männer in Uniform, die Flaggen in Schwarz-Weiß-Rot schwangen.

Ich lief etwas ziellos durch die Straßen, als mir auf dem Marienplatz auf einmal ein Bekannter entgegenkam: Eugeni Xammar, der katalanische Journalist, mein Sitznachbar im Zug Richtung Ruhrgebiet!

Auch er erkannte mich, und wir begrüßten uns herzlich. »Berichten Sie jetzt aus München?«, fragte ich ihn.

»Nun, ich habe gestern diesen Adolf Hitler interviewt, der ja wohl für den Putsch hier verantwortlich ist. Anscheinend hat er sogar Erfolg damit.«

»Warum zweifeln Sie an ihm? Hat er Ihnen nicht von seinen großartigen Zielen erzählt?«

Xammar lachte unfroh. »Doch, doch. Aber sein größtes Bestreben scheint ja zu sein, gegen die armen Juden vorzugehen. Er wolle sie *vernichten,* wenn er könnte, das sagte er mir wortwörtlich. Oder zumindest allesamt vertreiben – so wie wir es in Spanien im Jahr 1492 getan hätten. Was für ein abwegiger Vergleich!« Kopfschüttelnd verabschiedete er sich und verschwand.

Im selben Moment erblickte ich zu meinem Entsetzen Anton Mauerstein und seine Vasallen. Wo kamen die jetzt wieder her? »Haltet den Kerl da!«, schrie Mauerstein. Ich drehte mich um und begann zu rennen. Ein Schuss knallte, ich zuckte zusammen – die Kugel schlug neben mir in die Hauswand ein. War das zu fassen: Da brach endlich die Revolution aus, und ich musste um mein Leben rennen!

Nun setzte auch noch Schneeregen ein, und ich wurde klitschnass. Die Verfolger auf den Fersen, hetzte ich weiter. In der Briennerstraße kam mir im Schneematsch eine Marschkolonne samt Militärkapelle entgegen, angeführt von Heinrich Himmler, ein wehendes Hakenkreuzbanner in Händen. Er nickte mir zu. Hinter ihm erkannte ich Ernst Röhm, Wilhelm Bruckner vom Münchner SA-Regiment und Hermann Esser, einer von nur fünf seiner Getreuen, die Hitler duzen durften, so hatte ich gehört. Kurzentschlossen reihte ich mich ein. Ich kannte Esser, er hatte noch vor meiner Zeit beim Wehrkreiskommando gearbeitet.

»Wohin geht's?«, fragte ich etwas außer Atem und blickte mich nervös um: Von Mauerstein und seinen Gorillas keine Spur.

»Zum Bürgerbräukeller«, antwortete Esser. »Vorher aber noch zum St.-Anna-Kloster, um Waffen und Munition aufzunehmen.«

Kaum hatte er das gesagt, tauchte ein Motorrad auf. Der Fahrer winkte Röhm zur Seite und rief: »Befehl von Oberst Kriebel und Hauptmann Göring: Nur die SA und Bund Oberland gehen zum Bürgerbräukeller! Sie besetzen mit Ihren Leuten das Wehrkreiskommando und etablieren dort ein Hauptquartier für General Ludendorff. Seine Exzellenz und General von Lossow folgen bald.«

So teilten sich die Kolonnen. Ich entschloss mich, Röhm zum Kriegsministerium zu folgen, wo sich das Wehrkreiskommando befand. Immer mehr Schaulustige kamen herbeigelaufen; viele jubelten uns begeistert zu. Um 22 Uhr erreichten wir unser Ziel, und Röhm verlangte Einlass.

Obwohl er doch immerhin früher einmal Leiter des Waffenreferats der Reichswehr in Bayern war und sogar den bombastischen Spitznamen »Maschinengewehrkönig von Bayern« trug, leisteten die Wachen vor dem Kriegsministerium Widerstand und drohten damit, das Feuer zu eröffnen, falls wir nicht wieder abzögen. Nach längeren Diskussionen konnte Röhm sie schließlich überzeugen, uns durchzulassen. Als wir den Hof betraten, wandte er sich an den Offizier vom Dienst, Wilhelm Daser: »Ich wurde beauftragt, eine Ehrenwache für Ludendorff und Lossow bereitzustellen, die jeden Augenblick hier eintreffen werden!«

Angesichts der Übermacht ließ Daser Röhm gewähren, der sich nun im Vorzimmer der Amtsräume von Lossows im dritten Stockwerk einnistete. Ich aber blieb bei den Mannschaften in den Gängen des Wehrkreiskommandos, wo ich mir einen Wintermantel unter den Nagel riss.

»Lässt Röhm diesen Daser wirklich laufen?«, fragte ich einen älteren Offizier.

»Er und seine Leute sind genauso Patrioten wie wir«, gab er schroff zur Antwort. »Wie könnten sie sich uns widersetzen wollen? Veteranen des Krieges, Manner der weißen Gegenrevolution!«

Dennoch. Ich hielt es für Wahnsinn, dass man ihnen sogar die Kontrolle über die Telefonzentrale des Wehrkreiskommandos überließ.

Nach einer Weile tauchte plötzlich Hitler mit seinen Leuten im Hof auf.

»Der Führer kommt, um Röhm persönlich zu gratulieren!«, rief einer der Soldaten begeistert.

Kurz darauf umarmten sich Hitler und Röhm freudestrahlend. Hitler, im Trenchcoat, mit Revolver im Gürtel und einer Rhinozerospeitsche in der Hand, hielt eine kurze Ansprache voller Siegesgewissheit: »Nun wird eine bessere Zeit kommen! Wir alle werden Tag und Nacht arbeiten für das große Ziel, Deutschland aus Schmach und Not zu retten.«

Nicht weit von mir stand Heinrich Himmler mit seiner Flagge in der Hand und zitterte vor sich hin – ob vor Kälte oder Rührung, vermochte ich nicht auszumachen. Als ich erfuhr, dass Hitler auf dem Weg zur Pionierkaserne war, fuhr ich kurz darauf in einem der Mannschaftswagen mit. In der Kaserne waren an die fünfhundert Mann vom Bund Oberland eingesperrt worden. Dort jedoch standen wir dann vor einem verschlossenen Tor, die Wache wies Hitler unwirsch zurück. Sollten sie es sprengen? Hitler entschied sich dagegen, und wir machten uns auf den Weg zurück zum Bürgerbräukeller. Er wollte seinen neuen Reichswehrminister von Lossow darum bitten, bei der Pionierkaserne zu intervenieren.

Herzland

Als Anna noch vor Sonnenuntergang am Monte Verità ankam, lief sie fix hinauf zum Walkürenfelsen. Auf der Bank saß tatsächlich der Landstreicher. Er war recht groß und trug unter seinem Strohhut einen langen, ungepflegten Bart. Neben ihm lehnte ein Wanderstock, und auf dem Boden stand eine Rotweinflasche ohne Etikett. Scheinbar ohne jede Regung blickte er ins Tal hinab zu den Fischerdörfern. Es wurde bereits kühl, der Himmel war verschleiert.

»Verzeihen Sie, wenn ich Sie so einfach anspreche, aber ...«

Der Mann zuckte heftig zusammen und blickte erschrocken zu ihr hoch. Vermutlich hatte er lange keinen menschlichen Kontakt mehr gehabt, zumindest wirkte er so vereinsamt wie verwahrlost.

»Bitte haben Sie doch keine Angst. Darf ich mich zu Ihnen setzen?«

Er blinzelte sie aus hellblauen, scheuen Augen an, lächelte jetzt aber ein wenig und machte Platz.

»Ich bin Anna von Stieglitz.«

Er schaute sie groß an. Sie griff in ihre Tasche und holte eine Flasche toskanischen Wein hervor, den sie auf der Fahrt in einer Gaststätte besorgt hatte. »Haben Sie einen Öffner?«

Er nahm die Flasche entgegen und stellte sie neben die andere auf den Boden. »Dann sind Sie wohl nicht zufällig hier.«

»Nein. Dr. Schmidt hat mir erzählt, dass Sie und mein Vater gemeinsam mit Paul de Lanoy sein Internat besucht haben.«

Loewenstein lachte heiser. »Ich nehme an, Hermann und Paul haben inzwischen eine großartige Karriere bei den Kapitalisten gemacht.«

»Ja, das stimmt, es geht ihnen gut, sie haben es beide weit gebracht.«

»So? Nun ja, mag sein.« Loewenstein nahm einen Schluck aus der Weinflasche.

Wie konnte sie ihn nur aus dieser entsetzlichen Lethargie reißen? Vielleicht sollte sie ihn etwas provozieren. »Es heißt aber, Paul de Lanoy war an der Finanzierung der Russischen Revolution beteiligt. Er behauptet, die Engländer wären letztlich für den bolschewistischen Umsturz verantwortlich. Unglaublich, oder?«

Jetzt richtete er sich auf und sagte unerwartet klar: »Nein, wieso? Das ist doch ganz logisch.«

»Inwiefern?«

»Nun, nach den napoleonischen Kriegen verblieb schließlich England als einzige Weltmacht. Verständlicherweise hatte man kein Interesse daran, dass ein Staat ähnlich mächtig wurde. Also stellte Großbritannien die sogenannte Balance of Power als moralische Notwendigkeit hin, doch war das nichts anderes als ein Mittel zum Machterhalt.«

»Gegenüber dem Bündnis zwischen Preußen, Russland und Österreich?« Anna, die sich immer schon für Geschichte interessiert hatte, wusste nicht recht, was er im Sinn hatte.

»Ja. Ein Gegengewicht zu Frankreich«, antwortete er. »Solange die Heilige Allianz das Gleichgewicht nicht störte, hielt England sich vornehm zurück. Russland allerdings wurde mit großem Misstrauen beobachtet – nicht zuletzt wegen seiner Expansionsbestrebungen in Richtung Indien. Diese Angst schlug in regelrechte Hysterie um, als durch die Eisenbahn die kontinentalen Verkehrswege drastisch verkürzt wurden.«

»Wo ist das Problem?« Anna freute sich, dass ihr Gesprächspartner so versiert war, was ja doch etwas erstaunte bei seinem Lebenswandel.

»Man kann sich davon einen Eindruck machen bei dem Geopolitiker Halford Mackinder. Er befürchtete, dass Russland das Herzland damit einnehmen könnte.«

»Herzland – was bitte soll das denn sein?«

»Im Prinzip ein im Zentrum Eurasiens gelegenes Gebiet: dreimal so groß wie Nordamerika und bestens versorgt mit Arbeitskräften und Rohstoffen, mit Weizen-, Baumwoll-, Treibstoff- und Metallproduktion. Für jede Seemacht aber eine uneinnehmbare Festung. Unvermeidlich eine riesige, mehr oder weniger eigenständige Wirtschaftswelt. Für Mackinder war das Herzland der geografische Dreh- und Angelpunkt der Geschichte und der natürliche Sitz der Macht. Wie viele seiner Landsleute aber meinte er, dass dem British Empire die Weltherrschaft gebühre. Und er warnte davor, dass Russland ihm das Zepter aus der Hand nehmen könnte. Denn ein flächendeckendes Schienennetz könnte ja letztendlich einen Prioritätenwechsel nach sich ziehen: Die Herren über die Seemacht, also die Engländer, würden damit von denen überflügelt, welche über die größte Landmacht verfügen.«

»Ich verstehe immer noch nicht diese Idee des Herzlandes.«

Er nahm seinen Wanderstock, begann in den Sand vor sich zu zeichnen und erläuterte: »Umgeben ist das Herzland von einer sichelförmigen Küstenregion, vom sogenannten inneren Halbmond, also von Skandinavien sowie der westeuropäischen Staatenwelt mitsamt Deutschland, dem Mittelmeer, der Türkei, Nordafrika, der arabischen Halbinsel, Vorder- bis Hinterindien über China und Korea bis hin zur Beringstraße. Hinzu kommt der äußere Halbmond, welcher wiederum den inneren Halbmond umgibt: Hierzu zählen Großbritannien, Kanada, die USA, Südafrika, Australien und Japan – ein Ring außen vorgelagerter, inselartiger Stellungen der See- und Handelsmächte.« Er machte eine kurze Pause. »Nun erwies sich aber zunächst gar nicht Russland als größte Gefahr für das British Empire, sondern vielmehr Deutschland, vor allem als Wilhelm II. die kaiserliche Marine zu vergrößern trachtete. Eine Konfrontation schien unausweichlich, um zu verhindern, dass es zu einer Wachablösung kommen könnte und ihre weltumspannende Macht – wie einst vom spanischen an das englische Weltreich – nun an das Deutsche Reich übergehen könnte. Ein Horrorszenario für die britischen Herrenmenschen! Dass der Deutsche Kaiser dabei sein Maul so weit aufriss, machte die Sache nicht leichter.«

Anna verstand. »Und wenn Deutschland sich mit Russland verbünden würde …«

Er nickte. »Damit drohte die eurasische Vereinigung, gestützt auf eine riesige slawische Armee und die technologische Meisterschaft aus Deutschland. Mackinder sagt: Wer das Herzland regiert, beherrscht Eurasien, wer dieses jedoch regiert, beherrscht die Welt!«

Anna runzelte die Stirn. »Wollen Sie etwa auch behaupten, dass die Engländer den Weltkrieg forciert und damit letztlich schuld daran waren? Um ein deutsch-russisches Bündnis zu verhindern?«

»Ja, genau. Seit Anfang des Jahrhunderts läuft eine gigantische Einkreisung ab. Und die Briten nehmen dafür sogar in Kauf, dass die Führung des Empires an ihre amerikanischen Brüder übergeht, mit denen sie aufs Engste verbunden sind.«

Wo ist Kahr?

Als wir den Bürgerbräukeller betraten, schlug uns beißender Rauch und Alkoholgestank entgegen. Vorsichtig blickte ich mich um: keine Spur von meinen Verfolgern. Die Anwesenden aber wirkten merkwürdig apathisch, abgestumpft von allzu vielen Reizen. Während übermüdete Kellnerinnen leere Bierkrüge einsammelten und umgeworfene Stühle und Tische aufstellten, saßen einige Stoßtrupp- und SA-Männer umher und stopften Würste in sich rein.

Hermann Esser und Putzi Hanfstaengl saßen zusammen an einem Tisch.

Hitler trat auf sie zu. »Wo sind Kahr und Lossow?«.

»Ludendorff hat sie einfach gehen lassen!«, antwortete Esser.

»Tja, warum auch nicht«, sagte Hitler. »Landespolizei und Reichswehr verhalten sich ruhig. Wir verfügen aktuell über eine Streitmacht von 2500 Mann! Röhm hat das Wehrkreiskommando besetzt, und die Ettstraße ist in der Hand von Pöhner und Frick. SA und Bund Oberland marschieren durch die Straßen, die Menge jubelt uns zu! Außerdem ist Verstärkung von außerhalb auf dem Weg – noch mal an die 1300 Mann.«

»Und die Stadtviertel rechts der Isar?«, fragte Esser.

»Alle in den Händen der SA!« Hitler schlug triumphierend die Rhinozerospeitsche auf den rechten Oberschenkel. Während ich mich setzte, ging er in Richtung Nebenzimmer, wo Ludendorff sich aufhielt. Vorher drehte er sich noch einmal um und schrie: »Das Einzige, was mir Sorgen bereitet, ist dieser mangelnde Elan hier! Was für ein Sauhaufen!«

»Ich habe ja keine Erfahrung mit Revolutionen«, meinte Hanfstaengl. »Ich weiß aber, dass man seine gestürzten Vorgänger normalerweise nicht einfach gehen lässt.«

»Wie ist es dazu gekommen?«, fragte ich und nahm mir ein Stück Brot aus einem Korb.

»Ludendorff!«, antwortete Esser. »Er hat die drei vereidigt, und als Scheubner-Richter meinte, dass man ihnen nicht trauen könne, regte er sich schrecklich auf! Er meinte, man könne einen alten Herrn wie Kahr nicht die ganze Nacht über in das schäbige Nebenzimmer eines Bierkellers einsperren.«

»Erstaunlich, was nun aus alledem geworden ist.« Hungrig kaute ich das Brot. »Im Norden wird die Schwarze Reichswehr aufgelöst. Aber hier begeht man vielleicht die gröbsten Fehler!«

»Passen Sie auf, was Sie sagen«, ermahnte mich Hanfstaengl.

Ich seufzte und bestellte mir erst einmal etwas Richtiges zu essen, auch wenn an Entspannung nicht zu denken war. Wie konnte ich nur Mauerstein loswerden? Wer könnte mir helfen? Wen könnte ich ins Vertrauen ziehen? Immerhin musste ich dann wohl zugeben, einen Mord begangen zu haben!

Hitler redete inzwischen im Vestibül auf seine Zuhörer ein. Aber auch wenn er selbst mit dem Verlauf der Ereignisse zufrieden schien, so herrschte in München doch Kopf- und Hilflosigkeit. Viele der beteiligten Offiziere waren über den Staatsstreich zu spät informiert worden, sodass ihre Handlungen mehr oder weniger vom Zufall bestimmt waren, denn es fehlte an klaren Befehlen und Zielsetzungen.

»Was ist eigentlich mit Ehrhardt?«, fragte ich Esser.

»Der steht mit seinen Leuten vom Wikingbund an der thüringisch-bayerischen Grenze.«

Hanfstaengl meldete sich zu Wort: »Aber auf wessen Seite befindet sich Ehrhardt denn nun, aufs Hitlers oder auf Kahrs?«

Hermann Esser hob die Hände. »Ich habe nicht die geringste Ahnung.«

»Roßbach und die Infanterieschüler sind da!«, rief plötzlich ein hereineilender junger SA-Mann.«

»Na, dann kann uns ja nichts mehr passieren.« Esser stand auf. Wir taten es ihm nach und folgten Hitler und Ludendorff hinaus auf die Straße. Dort standen an die vierhundert Offiziere und Anwärter mit im Wind flatternden Hakenkreuzfahnen im Schneeregen. Eine Blaskapelle spielte.

»Die zukünftige Elite der Reichswehr.« Esser grinste.

»Was für ein Scheißwetter!«, sagte ich, in den dunkelgrauen Himmel blickend.

»Infanterieschule meldet sich gehorsamst Seiner Exzellenz General Ludendorff und unserem Führer Adolf Hitler!«, schrie der Anführer Gerhard Roßbach, einst Freikorpsführer und Oberschlesienkämpfer, kerzengerade vor den beiden stehend.

Ich musste an mich halten, als ich sah, wie Ludendorff im feucht-kalten Wind mit der einen Hand salutierte, mit der anderen mühsam seinen Schlapphut auf dem Kopf festhielt. Dann schritt er mit Hitler die Front der angetretenen Offiziersanwärter ab, begleitet von der Kapelle und immer neuen frenetischen Rufen: »Heil! Heil! Heil!«

Hitler hielt eine pathetische Rede, dann durften sie abtreten. Sie verschwanden im Bürgerbräukeller, wo Bier, Wurst und Semmeln auf sie warteten.

Die Wahrheit

Max von Loewenstein zündete eine Zigarette an. »Die Engländer waren bestens über den deutschen Schlieffen-Plan informiert. Dieser sah eine große Flügelbewegung durch Holland und Belgien vor, um bis nach Paris vorzustoßen.« Loewenstein musste heftig husten.

»Sind Sie in Ordnung?«, fragte Anna besorgt.

Er winkte ab, griff sich seine Weinflasche, trank einen kräftigen Schluck und sprach weiter: »Schon 1906 hatte der britische Generalstab an Manövern in Belgien teilgenommen, um den Einsatz eines Expeditionskorps auf dem Kontinent zu erproben. Im Mai 1914 berichtete Colonel House, der Hauptberater Präsident Wilsons, dass Frankreich und Russland gegen Deutschland und Österreich vorgehen würden, sobald England sein Einverständnis dazu gäbe. Daraufhin wurde der Anschlag auf Erzherzog Ferdinand in Sarajevo inszeniert. Anfang Juli zeigte sich Außenminister Lord Grey wieder einmal als Meister der Lügen und Intrigen, indem er die naiven Deutschen darüber informierte, dass Russland nicht bereit sei zu intervenieren, falls Österreich-Ungarn die Serben bestrafen würde. Er behauptete auch, dass Großbritannien weder mit Frankreich noch mit Russland irgendeine Verpflichtung eingegangen sei.«

»Sie denken, der Krieg gegen Serbien war eine Falle?«

»Während man Deutschland ins offene Messer laufen ließ, gerierte sich England als großer Vermittler, der nichts als Frieden wünsche.

Deutschland war dumm genug, Frankreich den Krieg zu erklären, und stand plötzlich als der große Aggressor da. Und als der Schlieffen-Plan umgesetzt wurde, erklärte Großbritannien heuchlerisch, dass es den Vorstoß gegen Belgiens Neutralität nicht akzeptieren könne. Bald war Deutschland eingekesselt zwischen den Grabenkriegen im Westen und der Seeblockade der Engländer. Dann schien der Zar einen Separatfrieden mit Deutschland anzustreben.«

»Und wurde gestürzt«, ergänzte Anna. »Den Teil der Geschichte kenne ich bereits.«

»Ja, Mitteleuropa wurde planmäßig in Stücke zerrissen, Deutschland empfindlich geschlagen. Nun gelten wir als Kriegsanstifter und zudem einzige Verlierer, wenngleich wir auf eigenem Territorium nicht besiegt wurden.« Loewenstein zog gierig an der Zigarette. Seine Finger waren schon ganz gelb. »Heute befinden wir uns mitten im zweiten Akt. Als Nächstes sollen die Deutschen umerzogen werden, damit sich unser Land brav als Quasikolonie in das britisch-amerikanische Imperium eingliedern lässt.«

»Mit welchem Ziel?«

»Ein weiterer Krieg.«

»Gegen die Sowjetunion«, flüsterte Anna. »Aber woher wissen Sie das alles eigentlich?«

»Weil auch ich auserkoren war, eine solch brillante Karriere zu beschreiten wie dein Vater. Als ich aber merkte, wohin der Weg führte, bin ich ausgestiegen und habe mich hier im Tessin versteckt. Geheimnisträger, wenn sie abtrünnig werden, sind doch nichts anderes als Tote auf Urlaub.«

»Haben Sie eigentlich noch Kontakt zu meinem Vater? Und zu Paul de Lanoy?«

»Zu meinen Brüdern? Nein«, sagte er und schmiss seine Zigarette weg.

Anna fuhr auf. »Aber mein Vater hat doch gar keine Brüder!«

»Doch, doch. Das ist auch eines der Geheimnisse.« Er zuckte desinteressiert mit den Achseln.

Anna sah ihn mit offenem Munde an. Ihre Welt brach zusammen, alles begann sich zu drehen. Brüder! Deshalb waren sie zusammen auf dem Internat. Paul de Lanoy ihr Onkel! Ja, und Heinrich, der war demnach ihr Vetter! Und Max von Loewenstein …

»Dann sind Sie … Dann bist du mein Onkel!«

»Ja, Anna«, sagte er. »Ich bin tatsächlich dein Onkel, und du bist meine Nichte. Das Ganze muss sehr aufwühlend für dich sein. Und es ist auch nicht normal, aber bitte bedenke, dass ich nur in Ruhe gelassen werden möchte. Ich will mit der ganzen Mischpoke nichts mehr zu tun haben!« Er blickte um sich. »Ich fürchte nur, wenn du mich hier gefunden hast…«

»Hast du Angst?«, fragte sie. »Wovor?«

Er aber sprang auf und packte in Windeseile die beiden Flaschen in eine Umhängetasche. Dann schaute er sie noch einmal kurz aus sanften Augen an. »Lass mich bitte. Wenn du mehr wissen willst, frag am besten unsere Mutter. Sie wohnt wohl noch immer am Seeufer in Ascona.«

»Eure Mutter …?«

»Antonia Natale. Sie hat damals in die Adoption eingewilligt, und wir wurden von drei unterschiedlichen Familien aufgenommen. Ich kam zu den von Loewensteins, Paul zu der belgischen Familie de Lanoy und dein Vater…«

»… zur Familie von Stieglitz«, sagte Anna leise.

Er nickte und zuckte wieder mit den Schultern.

Anna wurde von einem Wirbelsturm an Gefühlen und Gedanken erfasst. Ihre Großeltern, jene vermeintlichen Eltern ihres Vaters, sie waren gar nicht ihre leiblichen Großeltern! Aber warum wurde das all die Jahre einfach verschwiegen? Selbst ihre Mutter schien nicht wirklich etwas zu wissen. Höchstens ahnte sie, dass etwas mit der Familiengeschichte ihres Gatten nicht stimmte. Anna wollte Max von Loewenstein noch so vieles fragen, sie wollte ihn festhalten, wollte, dass er sich wieder zu ihr setzte, doch er war auf dem Sprung.

»Pass gut auf dich auf!«, sagte er noch und verschwand in der Nacht.

Anna blieb wie erstarrt sitzen. Heinrich war ihr Cousin!

Demonstrationszug

»Wir marschieren!«, verkündete General Ludendorff a. D. Dabei sah er in Zivilkleidung eher wie ein x-beliebiger Rentner aus, nicht wie ein zu allem entschlossener Revolutionsführer. »Oder sollen wir etwa warten, bis sie uns umzingeln?«

Kurz zuvor hatten wir erfahren, dass mit Panzern verstärkte Verbände der Reichswehr und der Landespolizei aus allen Richtungen gegen das Wehrkreiskommando vorrückten, um Röhm und seine Leute zu vertreiben. Kahr, Lossow und Seißer waren zur Tat geschritten und hatten eine Gegenoffensive gestartet!

Hitler saß nachdenklich schweigend auf seinem Stuhl und wirkte gar nicht mehr heroisch.

»Und wenn die auf uns schießen?«, fragte ein SA-Offizier.

»Eher fällt der Himmel auf uns, als dass sich die bayerische Reichswehr gegen mich wendet!«, erwiderte Ludendorff mit dem Brustton der Überzeugung.

So wurden mehr oder weniger improvisierte Vorbereitungen getroffen, wobei nicht ganz klar war, ob sie auf eine Parade abzielten oder eine militärische Operation. Das Ganze wirkte nachlässig und unbesonnen. Eine vollständige Kompanie des Bundes Oberland blieb gar im Bürgerbräukeller zurück, weil die Männer noch am Essen waren.

Nach einigem Hin und Her aber setzte sich die 2000 Mann starke Kolonne in Marsch, die Turmglocken schlugen gerade zwölf Uhr. Einige sahen übernächtigt aus, andere waren noch halb besoffen. Ein trostloses Bild! Wenigstens hatte es aufgehört zu schneien.

Während der Verkehr in München ganz alltäglich dahinfloss, marschierten wir in Zwölferreihen, vorneweg vier Fahnenträger mit im eisigen Wind flatternden schwarz-weiß-roten Fahnen und den Hakenkreuzflaggen. Dahinter und direkt vor mir: Hitler mit Schlapphut in der Hand, Ludendorff mit zerknittertem Hut auf dem Kopf, Scheubner-Richter, der seinen Zwicker auf der Nase trug und Hermann Göring mit allen Orden auf der Brust.

»Die Dinge stehen schlecht«, sagte Scheubner-Richter zu Rosenberg, dann zu Hitler: »Ich fürchte, das ist unser letzter gemeinsamer Gang.«

Hinter mir liefen der Stoßtrupp, die SA-Bataillone, die Offiziersanwärter der Infanterieschule, die Oberländer, allesamt schwer bewaffnet mit geladenen Gewehren, zusammengesetzten Maschinengewehren und aufgesetzten Bajonetten. Zusätzlich folgten Lastwagen, auf deren Dächern ebenfalls Maschinengewehre montiert waren. Als wir die Rosenheimer Straße auf die Ludwigsbrücke zumarschierten, wurde Dietrich Eckharts Sturmlied angestimmt.

Auf der Brücke stand ein Kommandeur der Landespolizei mit etwa dreißig Mann und schrie: »Absperren! Sie dürfen die Brücke nicht passieren!« Dann drehte er sich zu seinen Leuten um, die hinter ihm eine Kette bildeten. »Mit scharfen Patronen laden!« Schließlich wieder zu uns: »Wenn Sie nicht halten, lasse ich schießen!«

»Weitergehen!«, kommandierte Göring. »Vorwärts!«

Ein Trompetensignal ertönte. Daraufhin stürzten sich SA-Leute auf die Polizisten, entwaffneten sie, schlugen ihnen teilweise mit ihren Gewehrkolben die Zähne aus, spuckten sie an und schrien: »An die Wand stellen und erschießen!«

Unterdessen führten Ludendorff und Hitler ihre Heil rufenden Truppen unbeirrt weiter, sodass wir bald die Zweibrückenstraße entlangmarschierten. Dort empfing uns eine begeistert jubelnde Menge mit Hakenkreuzfahnen. Viele riefen uns zu und winkten mit weißen Taschentüchern. Durch das Isartor ging es weiter das Tal entlang zum Marienplatz. Hier herrschte Oktoberfeststimmung mit einer Flut an Menschen. Auf den Balkonen des Rathauses sah ich wehende Hakenkreuzfahnen, der ganze Platz war schwarz-weiß-rot eingefärbt.

»Was a Gaudi!«, hörte ich einen Bayern in Lederhosen grölen.

Da schrie Ludendorff: »Die Kolonnen sollen hinter dem Rathaus rechts abbiegen!«

Kurz darauf liefen wir durch die Weinstraße in Richtung Feldherrnhalle auf das inzwischen belagerte Wehrkreiskommando zu. Immer mehr Menschen schlossen sich uns an, Neugierige ebenso wie Gesinnungsgenossen. Die Gehsteige waren überfüllt mit lachenden, teils sogar vor Freude weinenden Gesichtern.

An der Ecke Perusa-/Theatinerstraße angekommen, sahen wir uns plötzlich einer schwerbewaffneten Polizistentruppe gegenüber. »Rechts einschwenken, rechts!«, brüllte Ludendorff. »Wir werden sie umgehen!«

So bogen wir in die Residenzstraße ein und liefen weiter in Richtung Odeonsplatz. Der Demonstrationszug begann gerade die »Wacht am Rhein« zu singen, als sich die Straße verengte. Ich schaute über meine Schulter: Hinter mir bahnten sich meine drei Verfolger einen Weg durch den grölenden Demonstrationszug – sie waren nur noch ca. zehn Meter entfernt!

Die Großmutter

Ascona, 9. November 1923. Anna stand zögernd vor einem rötlichen, sehr schmalen vierstöckigen Haus am Lago Maggiore. Ihr Herz klopfte. Würde sie nun ihrer wahren Großmutter begegnen? Schließlich nahm sie den alten Türklopfer, einen Ring im Maul eines Löwen aus Messing, und schlug sachte gegen die Tür.

Kurz darauf hörte sie Schritte, und jemand öffnete. Eine alte Frau mit braungebranntem Gesicht, zum Zopf gebundenen Haaren und hellblauen Augen trat aus dem Dunkel. »Oh, mein Gott, Anna!« Sie strahlte über das ganze faltige Gesicht.

»Sie kennen mich?«

»Natürlich! Komm doch bitte rein.«

Kurz darauf saß sie an einem Tisch mit karierter Tischdecke, während ihre Gastgeberin in der Küche war. Annas Blick wanderte durch den Raum. Unzählige Bücher standen in Regalen, an den Wänden hingen Bilder und Fotografien. Plötzlich stockte ihr der Atem. Da, auf einem Foto waren sie und Heinrich abgebildet, es konnte noch nicht alt sein. Ein anderes, offenbar in Creisau aufgenommen, zeigte sie auf einer Wiese vor dem Stieglitz'schen Haus. Sie stand auf und betrachtete es näher.

»Sicherlich wunderst du dich, dass ich diese Bilder besitze«, sagte Antonia Natale, die den Raum betrat und ein Tablett mit Tee und Keksen auf den Tisch stellte. »Hermann war so nett, sie mir zu schicken. Und ich kann verstehen, dass dir dies alles mehr als merkwürdig vorkommen muss.«

Anna nickte, sie war unfähig zu antworten.

Die Hausherrin setzte sich leicht schnaubend an den Tisch, Anna nahm gegenüber Platz, Antonia ergriff ihre Hand. »Ich bin deine Großmutter. Dein Vater und seine Brüder sind hier bei mir aufgewachsen. Später sorgte ihr Vater dafür, dass sie von adeligen Familien adoptiert wurden und einen Titel erhielten. Das war zwar damals im Deutschen Reich eigentlich nicht möglich, also bis 1919, doch wurde es so arrangiert, dass alle drei ganz offiziell als leibliche Söhne eingetragen wurden. Geld war natürlich auch mit im Spiel. Die neuen Eltern waren sorgfältig ausgewählt worden, die Jungs kamen in etwas abseits des öffentlichen Geschehens lebende, verarmte Familien, die sich mit dem Deal sofort einverstanden erklärten. Und die zuständigen Behörden in der Schweiz, in Belgien und Deutschland erhielten großzügige Zuwendungen, sodass sie gern kooperierten. Damit das Ganze nicht auffiel, wurden Max, Hermann und Paul in das Institut von Dr. Schmidt gesteckt. Und später krähte kein Hahn mehr danach, niemand bezweifelte ihre adelige Abstammung. Nicht einmal der Schulleiter wusste, dass die drei Brüder waren.« Die Großmutter fügte wehmütig hinzu: »Und während sie hier im Internat weilten, konnten sie mich wenigstens von Zeit zu Zeit besuchen.«

Deshalb also waren die spärlichen Besuche bei ihren vermeintlichen Großeltern so dermaßen unpersönlich verlaufen! Am Ende kannten sie Annas Vater kaum, und alle spielten nur eine Rolle? Anna fühlte sich, als sei sie unverhofft in ein Theaterstück geraten und kenne weder Text noch Handlung.

Sie räusperte sich. »Darf ich fragen, wer mein richtiger Großvater ist?«

»Natürlich hast du ein Recht, dies alles zu erfahren.« Sie zog ihre Hand zurück. »Er stammt aus einer alteingesessenen englischen Adelsfamilie. Deshalb konnten wir beide nicht heiraten.«

»Also handelte es sich um eine lang andauernde Liebschaft?«

»So einfach ist das nicht.« Antonia straffte sich. »Ich bin Schweizerin und war damals Lehrerin hier. Er bewunderte meine Gesundheit, meine außerordentliche Vitalität. Außerdem lobte er stets meine Intelligenz. So hat er mich wohl auserwählt, um Kinder von ihm zu bekommen. Und natürlich haben wir uns auch geliebt.«

»Hat er denn in England keine Familie gehabt? Eine Ehefrau?«

»Nun, er sagte mir, es gehe ihm darum, weitere Kinder in die Welt zu setzen, auf die er sich später würde verlassen können, ohne dass man ihr Verwandtschaftsverhältnis sogleich erkennen konnte. Deshalb sollten sie auch nicht seinen Namen tragen.«

»Das ist ja krank!« Anna verzog das Gesicht.

»Nein, es ist sehr klug. Und äußerst machtbewusst.«

Anna schwieg, ihre Gedanken rasten. New York, das Gespräch mit Margaret Sanger. Ihr war eiskalt ums Herz. »Er ist ein Anhänger der Eugenik, nicht wahr?«

»Selbstverständlich – wäre es nicht sehr dumm, wenn man deren Möglichkeiten ignorieren würde? In den Kreisen, denen dein Großvater entstammt, sucht niemand seinen Ehepartner selbst aus. Auch die Planung der Nachkommenschaft folgt festen Kriterien. Ich habe mich dem gefügt.« Sie griff nach ihrer Teetasse.

»So so. Diese Herrenmenschen züchten also ganz nebenbei noch eine Brut an Bastarden heran, damit sie für ihre Machenschaften zur Verfügung stehen!«

Antonia verschluckte sich fast und stellte die Tasse wieder ab. »Nein, Anna, so darfst du das nicht sehen. Dort gelten einfach andere Gesetze. Die Machtfülle dieser Familien ist jenseits unseres Fassungsvermögens, sie wird gemeinhin unterschätzt, sie operieren hinter den Kulissen. Und manche Clans haben über Jahrhunderte, nicht selten mithilfe von Zins und Zinseszins, Unsummen an Geld angehäuft.«

»Ohne je irgendetwas Nützliches zu tun!«

»Sie haben ihre Macht vermehrt«, konterte Antonia trotzig. »Und du kannst es sehen, wie du willst, aber mich erfüllt es mit Stolz, dass meine Söhne dazugehören.«

»Außer Max!«

Antonia seufzte. »Er war stets der Zarteste, so sensibel. Wie geht es ihm? Er besucht mich nicht, aber ich weiß, dass er hier in der Gegend lebt.«

»Er ist ein Landstreicher! Ich glaube nicht, dass es ihm besonders gut geht.«

Die Alte neigte ihren Kopf und trank wieder aus ihrer Tasse.

»Wie lange hat mein Vater hier gelebt?«

»Immerhin fast zehn Jahre, Paul ebenso. Du musst wissen, dass sie Zwillinge sind, natürlich keine eineiigen.«

»Nein!« Das auch noch.

»Doch, sie waren unzertrennlich, sie besuchten gemeinsam erst das Internat hier, dann brachte sie ihr Vater nach Oxford und anschließend in die USA, wo sie in Yale studierten.«

War alles hier nur ein Traum, eine große Lüge, irgendein perverses Spiel? Anna hielt es nicht mehr länger auf ihrem Stuhl, sie stand auf. Antonia Natale sank derweil leicht in sich zusammen. Offenbar hatte sie sich mit all dem abgefunden, die Ungeheuerlichkeit war ihr offenbar gar nicht bewusst.

Nachdem Anna sich verabschiedet hatte und wieder auf die Straße trat, schwindelte ihr. Was hatte das alles zu bedeuten?

Die Amme

Nachdem Anna längere Zeit wie in Trance umhergelaufen war, registrierte sie plötzlich, dass sie vor der »Casa Bianca« stand, jener Gaststätte mit dem schönen Hinterhof, wo sie damals mit Rudolf von Laban und Hermann Hesse einen so schönen Abend verbracht hatte. Sie sehnte sich nach Ruhe – einem Anker – und betrat das strahlend weiße Haus.

Der Hinterhof sah noch genau so aus, wie sie ihn in Erinnerung hatte. Allerdings war er jetzt fast leer. Nur zwei Männer unterhielten sich im Hintergrund und schauten kurz zu ihr herüber. Die meisten Gäste zogen es wahrscheinlich vor, direkt am Lago Maggiore zu sitzen.

Anna bestellte sich einen Rotwein. Sie war wie erschlagen von den Neuigkeiten, die all ihre Gewissheiten zerstört hatten. Sie hielt ihr Glas mit beiden Händen umklammert, starrte hinauf in den glitzernden Sternenhimmel und versuchte, innerlich zur Ruhe zu kommen.

Wie aus weiter Ferne drang die Stimme des einen Mannes an ihr Ohr: »... eine Entität namens Catherine – angeblich der Geist von Zarin Katharina der Großen.«

Eine Entität? Vorsichtig drehte Anna den Kopf und nahm die beiden ins Visier. Der eine Mann hatte kurze blonde Haare, wie sein Freund mochte er Anfang dreißig sein. Der andere hatte eine recht dunkle Hautfarbe und volles schwarzes Haar. Ein Orientale vielleicht?

»William T. Stead will mit ihr in Kontakt gewesen sein. Die Zarin habe ihn ausgewählt, um ihm Botschaften über die Zukunft der slawischen Völker mitzuteilen.«

Was redeten die da? Komische Leute. Sie kicherte nervös. Zu ihrer Überraschung sahen die beiden freundlich herüber.

»Darf ich fragen, worüber Sie da sprechen?«, fragte sie spontan.

»Ja, gern«, erwiderte der Europäer. »Wir sprachen über okkulte Einflüsse in der britischen Politik. Interessieren Sie sich für solche Themen?«

»Ja, sehr!«, antwortete Anna. In Wirklichkeit war ihr jede Ablenkung willkommen. Wenn sie an ihre Familie dachte, wurde ihr ganz schlecht. »Möchten Sie sich vielleicht zu mir setzen?« Sie wies auf zwei freie Stühle auf der anderen Seite des Tisches.

Tatsächlich standen die beiden Männer auf. »Darf ich vorstellen?«, sagte der Blonde und wies auf seinen Begleiter. »Kirshan Divari, eine der erstaunlichsten Persönlichkeiten, die mir je begegnet sind.«

Divari verbeugte sich. »Es freut mich sehr.«

»Mein Name ist Karl Hauser.« Er nahm Annas Hand und küsste sie behutsam.

Sie lächelte, nannte ihren Namen und dachte bei sich, dass es sich wohl um charmante Schürzenjäger handelte – Liebesabenteurer, die sich die Nacht versüßen wollten.

»Mir wird von der ganzen Galanterie noch ganz schwindelig. Bitte setzen Sie sich doch. Was hat es denn nun also mit diesen okkulten Einflüssen auf sich?«

Hauser schmunzelte: »Wir müssen Ihnen vorkommen wie weltferne Fantasten!«

Anna lachte. »Ich habe mir heute schon einiges anhören müssen, da wird mich Ihre Geschichte nicht weiter aus der Bahn werfen. Außerdem ist mir zu Ohren gekommen, dass die Engländer mit den USA, generell die angelsächsischen Länder, das Ziel verfolgen, eine Annäherung Deutschlands an Russland unter allen Umständen zu verhindern, damit sich das eurasische Festland niemals vereinen kann. Haben Sie davon gehört?«

»Ja«, nickte Kirshan Divari. »Die Herzlandtheorie stammt von Halford Mackinder. Er gehörte dem Round Table an, einer britisch-amerikanischen Geheimgesellschaft, die auf Cecil Rhodes zurückgeht.«

»Ich habe davon gehört, weiß aber nicht viel.« Anna dämmerte, dass den beiden ein Flirt eher fernlag.

»Cecil Rhodes«, erklärte Divari, »ist durch Diamanten- und Goldgeschäfte in Afrika zu einem der reichsten Männer der Welt geworden. Einen Großteil seines Vermögens brachte er testamentarisch in eine Stiftung ein, die jährlich zweihundert Studenten ein Stipendium an der Universität Oxford ermöglicht. Insbesondere das All Souls College dort ist die geistige Heimat von Round Table. Sie hatte großen Einfluss auf die Politik Großbritanniens – bis hin zur Planung und Durchführung des Krieges gegen Deutschland.«

Anna richtete sich auf. »Sie meinen auch, dass die Angst der Engländer vor einer Vereinigung des Herzlandes zum Weltkrieg geführt hat?«

»Sicherlich hat das eine Rolle gespielt«, antwortete Hauser. »Andererseits verbergen sich hinter Mackinders Theorie wohl auch okkulte Ziele. Das Außergewöhnliche an Round Table ist, dass viele dieser Imperialisten an übersinnliche Phänomene glauben, so auch jener William T. Stead, ein Journalist, der von einer Verschmelzung Britanniens mit den USA träumte, und zwar nicht nur politisch, sondern auch durch bestehende Blutsbande. 1899 sorgte er in England für eine antideutsche

Hysterie, indem er einfach behauptete, Berlin bereite eine Invasion der britischen Inseln vor.«

Anna wunderte sich immer mehr. Das Ganze war doch einfach nur obskur. Politik und Esoterik? »Das müssen Sie mir genauer erläutern!«

»Die genannten Kreise sind der Meinung, dass die angelsächsische Kultur die Nachfolge der griechisch-lateinischen übernehmen müsse, also jener Weisheitslehren, die uns aus der Antike weitergegeben wurden. In ferner Zukunft aber werde das Zentrum der allgemeinen Menschheitsentwicklung bei den slawischen Völkern liegen.«

»Und was ist mit den anderen Völkern? Was ist mit Mitteleuropa?«, fragte Anna.

»Nun, konsequenterweise muss deren Geistesleben unterdrückt werden, damit es nicht an Kraft gewinnt und sich wiederum befruchtend in Richtung Osten auswirkt. Stattdessen soll England für das heute noch im Kindesalter befindliche slawische Volk eine erzieherische Funktion ausüben – so wie dies einst Rom für die germanischen Stämme geleistet hat –, eine Art Amme.«

Anna stand auf, um auf und ab zu gehen. »Und Sie wollen mir erzählen, dass all dies eine Rolle gespielt hätte beim Ausbruch des Großen Krieges?«

»Wenn Sie wüssten«, entgegnete Hauser, »wie lange man, während man in der offiziellen Presse Englands davon berichtete, wie gut inzwischen die Beziehungen zum Deutschen Reich seien, in den betreffenden Kreisen, gerade in den Geheimorden, schon vom Krieg gesprochen hat! Er galt als unausweichlich, als ›notwendig‹! Eines Tages aber kommt ans Tageslicht, welche Rolle sie bei der Kriegsentfesselung gespielt haben, jene Orden, deren Fäden in die englischen, in die französischen Ministerien hineinreichen.«

»Soll das heißen, dass im Geheimen eine elitäre Gruppe von Engländern die politischen Geschicke der Welt leitet und sich nun quasi auch noch zu den Erziehern der Slawen aufschwingen will, weil sie davon ausgehen, dass diese in ferner Zukunft das Sagen haben werden?« Hatte Heinrich nicht von diesen Exilrussen in den USA und Deutschland berichtet, die in enger Verbindung mit den Völkischen standen? Hing das jetzt irgendwie zusammen?

»In der Tat strebt man nach einer engeren Verbindung zwischen England und Russland«, antwortete Hauser. »Gerade William T. Stead hat sich dafür stark gemacht.«

»Und glauben Sie wirklich, dass er mit dem Geist Katharinas der Großen in Kontakt getreten ist?«

»Nein, ganz und gar nicht. Er hat das wohl geglaubt, ja. Höchstwahrscheinlich stand er aber in Kontakt mit Wesen aus anderen Dimensionen, meiner Ansicht nach dämonischen Wesenheiten, die sich seiner bedienten, um ihre unheiligen Ziele zu verwirklichen. So konnten mithilfe spiritistischer Praktiken, die im britisch-amerikanischen Establishments gang und gäbe sind, gestalterische Ideen im politischen und sozialen Leben installiert werden, die aus einem übersinnlichen Bereich stammen.«

»Sie meinen, die Machtelite hat Handlungsanweisungen aus dem *Jenseits* erhalten?«, fragte Anna.

Hauser nickte. »In den Logen sieht man die angelsächsische Kultur als überlegen an. Sie sorge dafür, dass wir in der Menschheitsevolution eine höhere Stufe erklimmen. Um eine Weltkultur zu erschaffen, müssen die anderen, rückständigen Völker erzogen werden, damit es zu einem Weltreich der weißen Rasse komme, die nach Meinung der Theosophin Annie Besant ausschließlich England zum Zentrum haben kann. Letztlich soll der Endsieg also durch Erziehung bewerkstelligt werden, durch Schulung, durch Unterweisung, durch Umerziehung, die zur Übernahme entsprechender Vorstellungsformen führen werde. Dabei soll etwa die deutsche Kulturentwicklung komplett umgangen werden.«

»Das Ganze ist doch ein Hirngespinst!«

»Mag sein«, sagte Kirshan Divari. »Und doch scheinen geistige Kräfte losgetreten worden zu sein, welche danach trachten, die Menschheitsentwicklung aufzuhalten, zumindest zu stören oder abzulenken, indem sie sich gewisser Persönlichkeiten bemächtigen, um sie zu willfährigen Werkzeugen zu machen!«

Karl Hauser nickte. »Vielleicht muss man etwas weiter ausholen. Durch die Aufklärung kam es zu einer Aufspaltung in die rein rationalistisch-positivistische Wissenschaftlichkeit auf der einen und den Okkultismus auf der anderen Seite. Diese zwei Strömungen sind in England praktisch berührungslos dahingeflossen. Offiziell lehnte man dort übersinnliches Gedankengut ab und orientierte sich rein am Äußerlichen. In der deutschen Kulturentwicklung hingegen, ganz besonders in der Goethezeit, ist das anders, hier gibt es eine deutliche Vermengung, ja eine Synthese aus modernen Wissenschaftsmethoden einerseits und Einblick in die geistige Welt andererseits.«

Anna hörte gebannt zu. Das war es doch genau, was die moderne Kunst ausmachte, wonach auch sie selbst sich sehnte! Die Quintessenz all dessen, was sie auf dem Monte Verità gehört und miterlebt hatte!

Hauser fuhr fort: »Die Verknüpfung zwischen der sinnlich wahrnehmbaren Welt und dem Übersinnlichen aber prädestiniert die mitteleuropäischen Kulturen dazu, eine Verbindung mit der slawischen Welt einzugehen, um eine Vergeistigung der Wissenschaften zu erreichen. Eine Wissenschaft, die zwar empirisch vorgeht, nicht aber dogmatisch auf einer materialistischen Weltanschauung fußt. Eine Wissenschaft, welche geistig-kulturell wirkend die spätere Menschheitskultur vorzubereiten hilft.«

»Es geht letztlich um eine Spiritualisierung des Intellekts«, fügte Kirshan Divari hinzu. »Um eine Erweiterung der Naturwissenschaft durch eine Wissenschaft des Geistes: Unser Denken muss sich dahingehend weiterentwickeln, dass es die geistige Welt mit derselben Genauigkeit erfasst wie die sinnliche Welt.«

»Wie soll das gehen?«, fragte Anna.

»Ja, heute ist das schwierig«, erwiderte Hauser. »Denn ab ca. 1840 kam es in ganz Europa zu einer Hinwendung zum Positivismus und damit zum Siegeszug der Naturwissenschaften mit ihren rein materiellen Anschauungen: Darwin, Marx, Engels, Sie wissen schon. Die Geistigkeit, die menschliche, gefühlvolle Innerlichkeit überhaupt rückte ganz in den Hintergrund – das war eine Absage an die größte Errungenschaft der abendländischen Kultur: an das individuelle Menschen-Ich. Stattdessen entfalteten sich ab 1860 imperialistische Ideen und Ziele, die dem deutschen Geist, der deutschen Kultur hohnsprechen. Vielschichtiges Denken verwandelte sich in hasserfüllten Machtwillen, Gefühlswärme in militärische und taktische Härte. Der Weltkrieg war das Ergebnis all dessen.«

»Wenn die Götter den Tempel verlassen«, sagte Anna leise, »dann ziehen die Dämonen ein.« Sie dachte an Heinrich, wie er sich verändert hatte, wie verroht er war – ein Spiegelbild der allgemeinen Entwicklung? War er da in einen Sog geraten, wie Hauser es soeben geschildert hatte? »Wo aber stehen wir heute?«, fragte sie.

»Vor einem Abgrund«, antwortete Hauser. »Vor einer radikalen Negierung der Humanitätsidee, vor der Verleugnung der moralischen Natur des Menschen. Stattdessen appelliert man an archaische Blutinstinkte. Man könnte fast meinen, dass die deutsche Kultur auf Menschen und

Gruppen übergegangen ist, die sich in unserem Nationalstaat nicht ganz zu Hause fühlen. Denn der eigentliche Geist der Deutschen im Sinne eines neuzeitlichen Humanismus bringt sich zunehmend durch Staatsbürger mit jüdischen Wurzeln zum Ausdruck, während sich ansonsten ein dämonischer Ungeist breitmacht, zu beobachten in Literatur, Journalismus, Theater, Musik, Film, Kunst und Wissenschaft.«

Anna war beeindruckt. »Meinen Sie, dass das Böse wirklich existiert?«

Hauser nickte. »Genau so sehe ich es. Wir erleben aktuell einen Angriff auf unsere geistige Fortentwicklung. Man versucht, die deutsche Kultur einzustampfen, unser Geistesleben auszulöschen, stattdessen will man uns in einer rein diesseitigen, einer entzauberten Welt gefangen halten.«

»Was aber können wir dagegen tun? Wo bleibt überhaupt das Gute – wo bleibt Gott?«, fragte Anna.

Kirshan Divari übernahm das Wort. »Wir sollten zunächst unterscheiden zwischen den Begriffen Einheit, Ganzheit und Vielfalt, wobei die Einheit ein Aspekt der Ganzheit ist.«

»Was ist dann die ganze Ganzheit?«

»Gott ist die Ganzheit. Die Vielfalt in der Einheit und Einheit in der Vielfalt. Gott ist gleichzeitig Energie und Individuum. Als Individuum ist er das absolute ungeteilte Sein. Als Individuum umfasst er das Absolute und das Relative, das Geistige und das Materielle.«

»Und wir, die Menschen?«, fragte Anna.

»Wir sind Teile der Ganzheit, bis in die kleinste Einzelheit von Sinn und Wert erfüllt. Wer Gott nur als Einzelwesen ansieht, missbraucht ihn. Und wer ihn nur als Energie betrachtet, wird sich niemandem verantwortlich fühlen. Weil es in der unterschiedslosen Einheit keine Trennung und also keinen Unterschied gibt zwischen Gut und Böse. Bewusstsein und freier Wille gehören ebenso zur Realität Gottes wie zu unserer, die wir Teile Gottes sind. Dazu zählt auch die Verantwortung für das, was wir tun. Dass wir unterscheiden können zwischen Gut und Böse, damit wir im Leben einen Sinn erkennen und unsere Handlungen nach der Liebe richten. Demnach sind wir gleichzeitig eins und verschieden von Gott, quantitativ verschieden und qualitativ eins. Wir bleiben ewiglich Individuen. Als Teile Gottes aber sind wir in Gott und eins mit dem Ganzen.«

Anna fühlte eine wohltuende Wärme, ja fast ein Brennen in ihrem Herzen. Doch eine Frage blieb bisher unbeantwortet. »Und das Böse?«

»Das Böse hat seinen Ursprung in der Trennung von der göttlichen Einheit. Verbinden wir uns jedoch wieder mit dieser Quelle, finden wir die Kraft, mit der wir dem Bösen widerstehen können.«

Anna sah die beiden Männer an. Einer Eingebung folgend, fragte sie: »Und welche Rolle spielt die moderne Kunst? Sie müssen wissen, dass ich mit dem Gedanken spiele, eine Galerie zu eröffnen.«

Karl Hauser lächelte. »Dazu kann ich Sie nur ermuntern. Wir leben in einem visuellen Zeitalter. Über die Kunst kann man vielleicht wieder jemanden erreichen.«

»Und daran erinnern«, fügte Kirshan Divari hinzu, »dass wir unauslöschliche Funken sind, Funken des einen göttlichen Feuers.«

Kurz darauf verabschiedeten sich die beiden Männer und verließen das Lokal. Anna blieb tief beglückt noch eine Weile sitzen, versunken in die Worte, die ihre Seele so sehr berührt hatten, die ihr vielleicht den Weg zu neuen Ufern wiesen.

Als sie schließlich die Gaststätte verließ, stoppte plötzlich ein schwarzer Wagen neben ihr. Zwei Männer stiegen aus und baten sie mitzukommen. Sie kannte die beiden, es war der Chauffeur und ein anderer Bediensteter ihres Vaters. Der wolle sie sofort sehen, sagten sie. Und da auch sie einige Fragen an ihn hatte, stieg sie ein.

Als sie kurz darauf am Haus ihrer Großmutter vorbeikamen, schaute Anna hoch. Antonia Natale stand tatsächlich am Fenster. Anna kurbelte das Fenster herunter und winkte ihr zu, doch die alte Frau senkte nur die Augen.

Feuer!

In der Residenzstraße hakten sich die vorderen Reihen mit Hitler und Scheubner-Richter ein, Gesang von Tausenden ergoss sich in die enge Schlucht der Häuser. Vor uns tauchten ein paar Polizisten auf, auf die wir nun direkt zu marschierten, sie würden gewiss von der Sturmflut unseres Demonstrationszuges weggespült.

Die Kirchturmuhr über uns zeigte 12 Uhr 42. Anton Mauerstein und seine zwei Gorillas hatten sich inzwischen nah an mich herangeschoben, zwischen den vielen Menschen aber war ich wohl sicher. Doch als ich mich ca. drei Minuten später erneut umwandte, richtete er seinen Revolver exakt auf mich. Ich hörte den Schuss, duckte mich weg und sah noch, wie einer unserer Leute zusammenbrach. Eine weitere Kugel pfiff an mir vorbei – direkt in die Stirn eines der Polizisten vor uns, der rückwärts zu Boden stürzte. Daraufhin erwiderten seine Kameraden das Feuer. Panik brach aus. Ich warf mich wie die meisten zu Boden, andere fielen direkt auf mich. Die Zuschauer stoben schreiend in alle Richtungen davon. Scheubner-Richter bekam eine Kugel ab, stürzte und riss Hitler mit sich. Ulrich Graf schrie auf, von mehreren Kugeln getroffen. Auch Göring bekam Schüsse in Schenkel und Lende ab und fiel hin. Ludendorff aber, der sich zunächst zu Boden geworfen hatte, stand wieder auf und lief unbeirrt weiter auf die Polizisten zu. Da ratterten auch schon die Maschinengewehre des Stoßtrupps los, ein höllisch-lauter Feuerkampf, etwa dreißig Sekunden lang.

Dann war es plötzlich vorbei. Stille.

Ich lag unter einem Berg Menschen begraben, manche sicher tot – sogleich katapultierte es mich in eine jener grauenhaften Szenen an der Front. Zusammengerollt hatte ich im Schlamm eines Bombenkraters gelegen, als ich eine Leuchtkugel pfeifend in den Himmel steigen sah. Beim Niedersinken projizierte sie in ihrer roten Helle meine Silhouette schattenhaft an die Wand des Kraters. Da erblickte ich plötzlich einen Menschen vor mir, er trug wie ich einen Helm und starrte mich direkt an. Im nächsten Moment erlosch die Leuchtkugel, und es war nichts mehr zu sehen. Was will der Kerl? Kommt er vielleicht gerade näher, um mich zu erdolchen? Oder wird er eine Handgranate auf mich werfen? Aber dafür war er doch viel zu nah! Dann wieder eine Leuchtkugel. Der Soldat hatte sich nicht fortbewegt, er lag einfach nur da und starrte mich aus toten Augen an. Aber der sieht ja ganz genauso aus wie ich … Ich bin es selbst! Das Grauen war unerträglich.

Mit noch immer rasendem Herzen war ich wieder da, ich musste für einen Moment das Bewusstsein verloren haben. Um mich herum hörte ich Schmerzensschreie und das Gewimmer von Sterbenden. Überall war Blut. Nicht weit von mir sah ich Alfred Rosenberg über bewegungslose Körper robben.

Und meine Verfolger? Ich schob einen Mann beiseite, der sich vor Schmerzen krümmte. Vorsichtig hielt ich mit eingezogenem Kopf Ausschau. Da sah ich Mauerstein, er lag in den Armen eines seiner Begleiter und hatte die Augen weit aufgerissen. Auch er schien mich anzustarren, doch er hatte ein Loch in der Stirn.

Nun sprang ich auf und flüchtete. Überall lagen Tode und Verwundete umher, ich rutschte auf Blut aus, stand wieder auf und rannte weiter. Bald irrte ich durch die Straßen, wobei ich mich kaum erinnern kann, welchen Weg ich einschlug.

Als ich schließlich am alten Friedhof an der Arcisstraße ankam, hielt plötzlich ein schwarzer Ford neben mir. Zwei Männer stiegen aus, sie packten mich, warfen mich auf die Rückbank und stiegen wieder ein, worauf der Wagen mit quietschenden Reifen davonfuhr.

XI. FINALE

Davos

Lautes Kreischen riss mich aus dem Schlaf – ein schriller, gespenstischer Schrei. Als ich die Augen aufriss, schlug mir das Herz bis zum Hals, es war stockfinster. Allein das Rattern eines Zuges war zu vernehmen. Hatte ich geträumt? Ich sah mich wieder mitsamt der Menschenmenge in Richtung Feldherrnhalle marschieren, rundum wehende Hakenkreuzfahnen. Dann die wütende Fratze von Anton Mauerstein, wie er auf mich schoss, der Schusswechsel mit den Polizisten. Und schließlich das ganze Blut, die Schreie, die Angst...

Der Zug fuhr aus dem Tunnel, und Erleichterung durchflutete mich. Ein Tunnel – ganz normal hier oben in den Alpen! Mir gegenüber in dem kleinen, grau gepolsterten Abteil saß ein Mann und musterte mich mit hellblauen Augen. Ja, klar, er war einer der beiden, die mich in München nach der Demonstration genötigt hatten, in den Wagen zu steigen! Während der Fahrt hatten sie mir erklärt, sie würden im Auftrag meines Vaters handeln, und gaben mir dessen Visitenkarte als Beweis. Und sie sagten, dass sie mich in die Alpen zu ihm bringen sollten.

Zunächst waren wir zu einem Herrenmodegeschäft gefahren, wo man mir neue Kleider kaufte, denn meine waren ja voller Blut. Dann in rasendem Tempo raus aus München und über die Schweizer Grenze nach Rorschach, wo wir die Eisenbahn bis nach Landquart in Graubünden nahmen, einer kleinen Alpenstation am südlichen Ufer des gleichnamigen Flusses. Dort hatten wir eine Weile bei eisigem Wind umhergestanden. Meine Begleiter hatten dann einen Pelzmantel aus dem Auto geholt und ihn mir überreicht. Schließlich waren wir, jetzt nur noch zu zweit, in die Viafier retica, die Rhätische Bahn, eingestiegen, die uns auf felsigem Weg ins Hochgebirge bringen sollte – hinauf nach Davos, wo, wie sie sagten, mein Vater mich sehnlichst erwartete. Ob das alles so stimmte? Instinktiv griff ich mir ans Jackett – meine Browning war noch immer dort, wo ich sie im Herrenladen heimlich hineingesteckt hatte. Der Kerl gegenüber grinste mich breit an, womit er mir wohl mitteilen wollte, dass ich nichts von ihm zu befürchten hatte.

Ich beruhigte mich wieder und blickte hinaus. Gerade überquerten wir ein tiefes Tal. Dahinter breitete sich unter überdimensional großen

Wolken die Alpenlandschaft aus. Es war, als würde man aus den Niederungen des irdischen Trubels in eine Welt ewigen Friedens hinaufgleiten. Wie der Reisende in Dantes »Göttlicher Komödie« kam ich mir vor, die ich als Heranwachsender gelesen hatte. In ewiges Weiß gekleidet, wuchsen die Berge immer höher. Würde ich dort oben Vergebung für meine Sünden erlangen, dafür, dass ich Menschen ermordet hatte? Wohl kaum. Vielmehr musste ich mich wohl auf ein besonderes Stelldichein gefasst machen, vielleicht erwartete mich in dieser jungfräulichen Blütenreinheit kein anderer als der Leibhaftige? Für einen kurzen Moment empfand ich den Kontrast zwischen der göttlichen Erhabenheit dieser den menschlichen Abgründen entrückten Landschaften und meiner seelischen Verfallenheit besonders deutlich.

Ich fühlte mich nicht gut, mir war heiß und etwas schlecht. Offenbar hatte ich leichtes Fieber und befand mich gerade in jenem anfänglichen Zustand einer Grippe, der einer leichten Beschwipstheit ähnelt. So versuchte ich meinem Gedankenfluss Einhalt zu gebieten: Ich stellte mir vor, wie ich meine umherschwirrenden Gedanken herbeiwinkte, sie pfeifend zu mir beorderte, sodass sie schließlich auf meinem rechten Unterarm landeten wie kleine Vögel, damit ich sie für eine Weile in einen Käfig sperren konnte.

Während die Lokomotive den schmalen Pass hinaufschnaufte, fragte ich mich, wie das Treffen mit meinem Vater wohl verlaufen würde. Wo mochte er all die Jahre gesteckt haben? Würde ich endlich Antworten auf all meine Fragen bekommen? Würde er mir verraten, was damals mit Hubertus passiert war? Ich spürte, dass es in mir zu kochen begann, und konnte es kaum erwarten, endlich anzukommen.

Nach einigen Aufenthalten an winzigen, schäbig anmutenden Bahnhofshütten erreichten wir schließlich die Passhöhe, der Blick weitete sich ins Unermessliche, geradezu unberührbar Ehrwürdige. Wie geheimnisvoll, geradezu erschütternd jene elementaren Kräfte waren, die all diese ungeheuren Gesteinsmassen auftürmen konnten, ja wie sie immerfort auf kolossale Weise wirkten – auch gerade jetzt, in diesem Moment. War es nicht unglaublich, dass solche Kräfte so Unvorstellbares bewirkten, ohne dass man davon auch nur das Geringste mitbekam? In der Ferne tauchte wie ein funkelnder Edelstein ein Gebirgssee auf, dichte Fichtenwälder mit ihren Schneekissen schmückten die umgebenden Hänge, die sich in ihrer majestätischen Schönheit im türkis leuchtenden Wasser spiegelten.

Kurze Zeit später fuhren wir unter lautem Quietschen der Bremsen endlich in Davos ein, der höchstgelegenen Stadt Europas mit knapp 10 000 Einwohnern. Über uns leuchtete der Himmel in durchdringendem Blau, obwohl sich die Sonne bereits dem Horizont näherte. Wir zogen unsere Pelzmäntel an, stiegen an der kleinen Bahnstation aus, setzten uns in einen gemütlichen Einspänner und fuhren los: vorbei am prächtigen Kurhaus, die elegante Promenade entlang, wo die gehobene Gesellschaft warm verpackt umherflanierte, Einheimische, Touristen und Lungenkranke, um die letzten Sonnenstrahlen zu genießen. Manche waren auch mit Skiern unterwegs oder fuhren wie wir in Droschken. Belustigt sah ich einem Mann auf Skiern nach, der sich von einem Pferd ziehen ließ und dabei ein Gesicht machte, als sei es das Natürlichste der Welt.

Bald schon erreichten wir das etwas abgelegene Stationshäuschen »Davos Schatzalpbahn«.

»Wohin geht's jetzt?«, fragte ich neugierig.

»Hinauf ins Sanatorium Schatzalp«, antwortete mein Begleiter und ging die Fahrkarten holen.

»Ins Sanatorium«, wiederholte ich. »Ist mein Vater denn krank?«

Der Mann zuckte nur mit den Achseln. Mit einigen anderen Gästen stiegen wir in eins der geschlossenen Abteile, eine kleine rechteckige Kabine, und setzten uns mit Blick nach oben hin. Langsam fuhr die Bahn an die siebenhundert Meter lang steil bergauf, bis auf 1861 Meter Höhe. Wir stiegen aus und stapften durch den Schnee auf ein elegantes, vierstöckiges, Jugendstilgebäude zu, dreihundert Meter über Davos thronend. Das Sanatorium war langgestreckt, mit seiner Vielzahl an Balkonen erinnerte es mich an einen versunkenen Ozeandampfer, auf dem sich Nacht für Nacht eine Geisterschar amüsierte.

»Hier entlang«, sagte mein Begleiter, wir durchquerten unter teils neugierigen Blicken die großzügige Hotelhalle.

»Müssen wir uns nicht anmelden?«, fragte ich und zog meine Mütze ab.

»Nicht nötig. Sie werden erwartet.«

Wir fuhren mit dem Lift bis ins dritte Stockwerk und gingen einen komplett in Weiß gehaltenen Gang bis ans Ende, wo wir vor einer Tür stehen blieben.

Ich fühlte leichte Panik in mir aufsteigen. »Ist mein Vater in diesem Zimmer?«

Der Mann hob nur kurz die Augenbrauen. »Brauchen Sie noch etwas?«

»Vielleicht eine Flasche Wodka«, antwortete ich. Dann gelänge es mir vielleicht, die Bakterien in Schach zu halten.

Er nickte, klopfte an, öffnete leise die Tür, ließ mich eintreten und schloss sie wieder. Ich war allein. Doch draußen auf der Balkonloge stand jemand in Pelzmantel und wollener Mütze, der Silhouette nach eher eine Frau. Das war doch ... Ich näherte mich von hinten und berührte sanft ihre rechte Schulter. Wie vom Blitz getroffen, drehte sich Anna zu mir um und starrte mich mit weit aufgerissenen Augen an. »Was zum Teufel tust du hier? Wusstest du etwa von dem Ganzen?«

»Nein, ich bin ebenso fassungslos! Die haben mich in München entführt, angeblich soll ich hier meinen Vater treffen.«

»Mich haben sie in Ascona abgeholt.« Sie umarmte mich. »Sie meinten, wegen einer Familienzusammenführung. Aber ich habe außer dir bisher noch niemanden gesehen.«

»Ausgerechnet in einem Sanatorium – was soll das? Die Leute kommen doch wegen der Tuberkulose hier rauf. Am Ende stecken wir uns noch an!«

»Nein, mir wurde gesagt, dass die Kranken woanders untergebracht sind. Auf unserer Seite des Gebäudes soll es kein Risiko geben.«

»Wie beruhigend.« Ich ließ Anna los und schaute ins Tal.

»Ist es nicht wunderschön?« Anna stellte sich neben mich.

»Fast unwirklich. Märchenhaft. Zutiefst berührend.«

Anna hob die Augenbrauen und lächelte, sie war es ja nicht gewöhnt, solche Worte von mir zu hören. Hatte sie mich doch zuletzt immer mehr als gefühlskalten Menschen erlebt. Und tatsächlich hatte ich mir größte Mühe gegeben, jegliche Gefühle in mir auszulöschen, um mich abzuhärten, um das alles irgendwie ertragen zu können. »Weißt du eigentlich, was in München geschehen ist? Mein Gott, es war ja erst heute!«

»Was ist passiert?«, fragte sie.

Ich zog meine Mütze, die ich die ganze Zeit in der Hand gehalten hatte, wieder auf und erzählte ihr von den Ereignissen der letzten achtundvierzig Stunden, das ganze Theater. Wie der Putsch ins Leere gelaufen war, man auf mich geschossen hatte, ich geflüchtet war und schließlich in das Auto gedrängt wurde.

»Aber dann wirst du ja jetzt vielleicht von der Polizei gesucht!«

»Dann hat wohl mein Vater, wenn er mich hierherbringen ließ, endlich mal eine gute Tat getan!« Ich setzte mich schräg auf einen Lehnstuhl, auf dem ein Pelzsack lag, nahm Anna bei der Hand und zog sie zu mir. »Und du? Was gibt es Neues?«

»Du wirst staunen«, sagte sie. »Ich habe interessante Dinge herausgefunden, vor allem was uns beide betrifft. Aber ich beginne mal von vorn.« Anna begann zu erzählen: wie sie von meinem Vater in Hamburg nach dem misslungenen Umsturzversuch der Kommunisten abgeholt worden war und er ihr berichtete, dass er tatsächlich an der Finanzierung der Bolschewisten in Russland beteiligt gewesen sei. »Die Wallstreet scheint in die ganze Angelegenheit verstrickt zu sein, insbesondere die National City Bank und der Guaranty Trust. Das Ganze war ein abgekartetes Spiel.«

Eine Windböe fegte über uns hinweg. Ich köpfte meinen Mantel bis obenhin zu.

Anna berichtete nun von einem alten Foto mit drei Jungen darauf, das ihr jemand zugeschickt habe. Sie ging kurz ins Zimmer und kam mit dem Bild zurück. »Siehst du, hier sind unsere beiden Väter.«

»Und der dritte Junge?«

»Erzähle ich dir gleich. Schau mal, die Inschrift hier auf dem Tor.«

»Institut Dr. Schmidt«, las ich.

»Ein Internat in St. Gallen.« Anna berichtete, dass sie dorthingefahren sei und mit dem Institutsleiter gesprochen habe, der erzählte, dass unsere Väter das Internat besucht hätten gemeinsam mit dem dritten Jungen, Max von Loewenstein. Den habe sie noch am selben Tag auf dem Monte Verità angetroffen, wo sich der Landstreicher herumtreibe. Und dann kam es: Er behauptete, der älteste Bruder von Hermann und Paul zu sein. »Verstehst du? Unsere Väter sind Brüder! Sogar Zwillinge!«

»Was für ein Blödsinn!«, entfuhr es mir. »Der hat dir einen Bären aufgebunden.«

»Nein, Heinrich, es stimmt! Sie sind zweieiige Zwillinge.«

Ich starrte sie an. Ich merkte, wie die Krankheit immer mehr von mir Besitz ergriff, mir war wieder ganz schwummerig zumute. »Was ... was macht dich so sicher?«

Anna berichtete nun von ihrem Besuch bei Antonia Natale, unserer Großmutter, sie habe alles bestätigt.

Ich starrte sie an. »Und wer ist dann unser Großvater?«, fragte ich verwirrt.

»Das weiß ich nicht, nur dass er Engländer ist. Und ...«

Wie aus dem Nichts stand plötzlich ein älterer Mann mit Spitzbart auf der Türschwelle zum Balkon. Er verbeugte sich leicht und bat uns, ihn zu begleiten. Neugierig folgten wir ihm den Gang entlang. Anna lief vor mir her, sie trug ein violettes Kleid mit einer rosafarbenen Blume am Rocksaum und in der Hand eine kleine Handtasche. Der Diener blieb vor einer Tür stehen. Als er sie nach einem Klopfen öffnete und Anna einzutreten bat, erblickte ich für einen Moment Hermann von Stieglitz. Mich führte der Mann zum Nebenzimmer.

Ich spürte mein Herz rasen und trat ein.

Aus anderem Holz geschnitzt

Mein Vater trug eine elegante schwarze Hose und eine Seidenweste über dem weißen Hemd. Sein inzwischen graues sowie dünner gewordenes Haar war streng nach hinten gegelt.

»Einrisch!«, sagte er mit frankophonem Akzent und breitete lächelnd seine Arme aus. Ich spürte, dass er seine Verlegenheit überspielte, dass ihm die Situation im Grunde peinlich war. Nervös ging ich auf ihn zu. Er kam mir entgegen und umarmte mich, als sei ich der heimkehrende Sohn, den er verloren glaubte. Dabei war er es doch gewesen, der uns verlassen, der sich aus dem Staub gemacht hatte, um irgendwelchen Geschäften nachzugehen. Plötzlich musste ich an Hubertus denken, der sich an der Front eine Kugel in den Kopf gejagt hatte.

»Ich bin so glücklich!« Er packte mich an den Schultern. »Lass dich ansehen!«

»Was soll das Theater?« Ich hatte nicht vor, es ihm allzu leicht zu machen.

»Komm, wir setzen uns.« Er wies auf zwei Stühle an einen Tisch. »Ich kann mir vorstellen, dass du dich jetzt erst einmal stark wunderst.«

»Woher bitte willst du das wissen?«

»Weil ich dir stets nahe war.«

Ich starrte ihn sprachlos an. Er nahm ein silbernes Etui aus der Hosentasche und bot mir eine Zigarette an. Ich griff zu, denn ich wäre mir allzu kleinlich vorgekommen, ihm die Geste zu verwehren.

»Ich war allein«, sagte ich mit heiserer Stimme und blies den Rauch über ihn hinweg. Ich spürte, dass mir das Rauchen nicht bekam. Die

Erkältung würde mich sicherlich bald ganz erreicht haben. Doch das hier war jetzt zu wichtig, um mich gehenzulassen.

»Hermann und seine Familie haben dich doch aufgenommen. Du warst also nicht ganz allein.«

»Stimmt es, dass er mein Onkel ist?«

»Unsere Familie hat ein gewisses Faible für Geheimnisse.«

»Was zum Teufel soll das?«, zischte ich ihn an. »Was hast du nur all die Jahre getrieben? Und von welcher Familie sprichst du?«

»Von einer sehr noblen.« Er hob den Kopf. »Einer Familie mit weitverzweigtem Stammbaum. Vor langer Zeit sind sie aus Deutschland nach England ausgewandert und dort zu Ansehen, Macht und Einfluss gekommen.«

»Warum habe ich nie etwas darüber erfahren? Und wieso hast du mir nicht gesagt, dass Anna meine Cousine ist?« Ich zog an der Zigarette, musste aber heftig husten und drückte sie angewidert aus. Meine Lungen brannten wie Feuer.

Ruhig antwortete mein Vater: »Niemand sollte wissen, dass Hermann und ich Brüder sind. Deshalb wurden wir ja auch von verschiedenen Familien adoptiert.«

»Wozu, verdammt!«

»Das war uns zunächst auch nicht klar. Aber wir wussten schon immer, auch als Kinder, dass unser Vater über uns wachte. Er hat uns finanziell unterstützt, sich um unsere Ausbildung gekümmert, um unsere Zukunft. Wir sind ihm zu großem Dank verpflichtet.«

»Und was verlangt er dafür?«

»Nun, wir helfen ihm, die Zivilisation gegen die Barbarei zu verteidigen. Sieh nur, was in Russland passiert ist!«

»Wie bitte?«, brauste ich auf. »Du selbst warst doch daran beteiligt, die Bolschewisten an die Macht zu bringen!«

»Oh, mein Gott!«, sagte er und drückte ebenfalls seine Zigarette aus. »Ich habe damals für die schwedische Nya Bank gearbeitet. Wir hatten lediglich den Auftrag ausgeführt, Geld von Deutschland nach Russland zu transferieren.«

»Von wem kam denn die Anweisung?«

»Vom deutschen Geheimdienst.«

»Und ihr wusstet nicht, wofür das Geld gedacht war?«

»Natürlich wussten wir das. Es sollte dem Umsturz dienen, um einer Regierung an die Macht zu verhelfen, die den Krieg im Osten beenden würde. Ich bin Bankier, Heinrich, kein Moralist. Abgesehen davon konnte man damals ja auch gar nicht wissen, was für Unmenschen dadurch an die Macht geraten würden.«

Ich hatte keine Kraft, mit ihm zu streiten. Ich fühlte, wie das Fieber kontinuierlich stieg. Eines aber wollte ich noch wissen: »Was ist mit Hubertus geschehen? Warum hat er sich umgebracht?«

Er seufzte. »Dein Bruder hat leider die Nerven verloren. Die Anforderungen waren ihm zu hoch.«

»Anforderungen – was meinst du? Er hat mir noch einen Brief geschrieben. Er meinte, dass er dich schrecklich enttäuscht habe.«

»Nun ja, er war eben überfordert. Wir wollten, dass er reif wird, um in der Familie seinen Platz einzunehmen. So haben wir ihn gewissen... Prüfungen unterzogen, in Situationen gebracht, die er zu meistern hatte – aber immer nur um zu wachsen, sie sollten seiner Charakterbildung dienen.«

»Stattdessen ist er daran zerbrochen.«

»Ja. Vor allem als er erfuhr, dass die Schicksalsschläge ihn nicht zufällig ereilt hatten.« Er schwieg einen Moment. »Aber nun bist du an seine Stelle gerückt.« Er stand auf und blickte aus der Glastür hinaus. Draußen ging allmählich die Sonne unter, der Himmel begann sich rot einzufärben. »Wir alle sind sehr stolz auf dich, Heinrich! Du bist aus einem anderen Holz geschnitzt als Hubertus. Du hast die nötige Härte und Durchschlagskraft. Du hast den Krieg mit all seinen Herausforderungen gemeistert, deine Anlagen, Fähigkeiten und Talente, sie haben sich da schon gezeigt. Und anschließend erst recht!«

»Ich bin zum Mörder geworden!« Ich wollte ihn provozieren.

»Eben«, sagte er. Wusste er etwa davon? »Früher warst du ein Träumer, nun bist du ein Mann. Also können wir von Glück reden, dass du diesen Krieg überlebt hast, für den du dich ja sogar freiwillig gemeldet hast. Das war eine Steilvorlage für alles Weitere.«

»Was meinst du?«

»Wir waren es, die für deine Beförderung im Reichswehrgruppenkommando 4 gesorgt haben. Und dafür, dass du zum Verbindungsoffizier von Baron von Sebottendorf ernannt wurdest, denn du solltest schließlich wichtige Persönlichkeiten kennenlernen: Ludendorff, Haushofer, Rosenberg, Hitler und so weiter. Mein Gott, Heinrich, du hast all unsere Erwartungen bei Weitem übertroffen! Dabei hielten wir stets eine schützende Hand über dich, beispielsweise als du in München von diesem Riesen angegriffen wurdest.«

»Was wollte der von mir?«

»Da hat uns wohl jemand von der Konkurrenz nicht gegönnt, dass wir uns als Familie so gut weiterentwickeln.«

»Und New York?«

»Der Eugenik-Kongress sollte dich mit den modernsten Erkenntnissen der Wissenschaft in Bezug auf Rassenhygiene und menschlichen Fortschritt vertraut machen.«

»War es also kein Zufall, dass ich Anna dort getroffen habe?«

»Natürlich nicht. Auch ihre Entführung nicht.«

Entsetzt schaute ich ihn an. »Sag nicht, dass ihr dahintergesteckt habt!«

»Hermann meinte, sie würde sich einem liederlichen Lebenswandel hingeben. Und sie drohte sich immer mehr von dir zu entfernen ...«

»Deshalb wurde sie einer solchen Gefahr ausgesetzt? Das war unverantwortlich!«

Er blickte aus dem Fenster. »Du kannst mir glauben, Heinrich, ich habe Hermann eindringlich davon abgeraten, aber er wollte nicht auf mich hören. Eigentlich war auch alles ganz anders geplant gewesen – völlig ungefährlich. Anna sollte zwar entführt werden, doch es war ja nur gespielt. Du hättest sie befreien sollen, um in ihren Augen als Held da zu stehen. Als ihr dann aber ganz von alleine zueinander fandet, wollte Hermann das Ganze abblasen. Aber dann ... Nun, die Kosher Nostra hat sich nicht mehr zurückpfeifen lassen.«

»Mir ist ganz schlecht«, sagte ich.

»Annas Bewacher war auch ganz geschockt, als die Kerle sie sich trotzdem griffen. Aber ihr habt sie ja gerettet, es ist alles noch mal gut gegangen!«

»Und nun soll ich also meine Cousine heiraten?«

Er setzte sich wieder zu mir. »So funktioniert es in unserer Familie seit Jahrhunderten, Heinrich. Es ist das Prinzip des adligen Blutes, das in seiner Reinheit erhalten werden muss. In manchen Kreisen bekommt man nicht einfach so seine Kinder, man züchtet sie – von Generation zu Generation.«

Ich war wie erschlagen, rat- und sprachlos.

»Zurück in Deutschland«, erklärte mein Vater weiter, »haben wir dich mithilfe von Hugo Stinnes als Verbindungsmann der Industrie zu den verschiedenen vaterländischen Verbänden, zur Schwarzen Reichswehr und zur NSDAP eingesetzt, also zu allen, die bereit sind, Deutschland in unserem Sinne wiedererstarken zu lassen. Dir ist eine wichtige Rolle zugedacht, sobald eine dieser Gruppierungen an die Macht kommt!«

»Was in einer schönen Pleite geendet ist«, sagte ich, zu Boden blickend.

»Das Ganze ist lediglich aufgeschoben. Dass es jetzt noch nicht geklappt hat, spielt uns letztendlich in die Karten. Deutschland wird bald wieder auf die Beine kommen. Dank der britisch-amerikanischen Anleihen wird die Maschine gut geölt wieder Fahrt aufnehmen, das kannst du mir glauben. Die neue Entwicklung wird die Börse in den USA ganz ungeheuerlich ankurbeln.«

»Für wen arbeitest du eigentlich?«

»Für J. P. Morgan.« Er setzte sich auf und räusperte sich. »Aber der ganze Hype wird nicht ewig anhalten. Ich gehe von einem baldigen Crash aus.«

»Einer Finanzkrise?«, fragte ich.

»Fruchtbarer Boden, auf dem eine Partei in Deutschland an die Macht kommen könnte, die sich gegen Osten wenden wird. Wenn es so weit ist, wirst du endgültig bereit sein, deine Aufgabe zu übernehmen.«

Warum jetzt?

»Nimm bitte Platz, Anna!«

Anna presste die Lippen zusammen, zeigte auf das Naturbild mit Hirsch über dem Bett und sagte: »Großartige Kunst!« Dann setzte sie sich zu ihm an einen kleinen Tisch und stellte ihre Handtasche auf den Schoß.

»In Hamburg sind über 1400 Aufständische verhaftet worden«, sagte ihr Vater in provozierender Gleichmütigkeit. Wie gemein er sein konnte! Sie aber winkte ab, als sei es auch ihr völlig gleichgültig.

»Das haben wir sicherlich auch dir zu verdanken ...« Er musterte sie.

Sie lehnte sich vor, hob die Hände und sagte: »Ich freue mich, wenn meine Informationen zweckdienlich waren.« Dabei hatte sie ganz sicher nichts mitgeteilt, was irgendjemanden in Gefahr hätte bringen können. Aber sie musste das Versteckspiel ja weitertreiben.

»Wusstest du, dass es über einhundert Todesopfer und mehr als dreihundert Verwundete gegeben hat?«

»Schlimm«, antwortete sie und lehnte sich zurück. Innerlich drohte sie zu explodieren.

Stieglitz nickte. »Darunter 17 tote Polizisten und 61 Zivilisten.«

»Dann entfällt der Rest wohl auf die Revolutionäre. Ist Ernst Thälmann auch dabei?«, fragte sie und hoffte nichts sehnlicher, als dass er entkommen konnte.

»Diesen Verbrecher wird man auch noch einfangen. Und dann Gnade ihm Gott!«

»Du glaubst an Gott?« Anna öffnete ihre Handtasche und holte einen Lippenstift hervor. Ihr Vater sah ihr schweigend zu, wie sie sich die Lippen anmalte.

»Gefällt es dir hier?«, fragte er und blickte hinaus.

»In einem Sanatorium für Tuberkulosekranke? Ein ungewöhnlicher Ort, um ein bisschen zu plaudern.«

»Ich meine Davos. Das Hochgebirge.«

»Mir wäre das Meer lieber gewesen. Oder zumindest ein See. Ascona oder so.« Sie schaute ihn lauernd an.

»Ja, ich habe gehört, dass du deine Großmutter kennenlernen durftest.«

»*Dürfen* scheint hier in der Tat der richtige Ausdruck zu sein!« Dann fügte sie hinzu: »Also, Vater, was ist eigentlich los? Weshalb sind Heinrich und ich hier?«

»Nun, wir wollen eine große Familienzusammenführung feiern. Auch Elina, Barbara und Alice sind gekommen.«

»Ich habe in den letzten Tagen einiges erfahren. Paul und du, ihr habt uns an der Nase herumgeführt – unser ganzes Leben lang!«

»Vor allem haben wir euch nun mit der Nase auf die Wahrheit gestoßen. Die Zeit ist reif, dass ihr euren Großvater kennenlernt!«

»Den Engländer?«

»Wir sind Europäer. Aber natürlich ist mein Vater zunächst Untertan seiner Majestät, des Königs.«

»Und ein begeisterter Anhänger Wagners?«

»Wieso fragst du das?«

»Na, wegen des dramatischen Ortes hier! Ich nehme an, dass er ihn ausgewählt hat. Warum nicht gleich auf einer hochgelegenen Burg in England?«

»Er ist schon seit Monaten hier, um sich auszukurieren.«

»Tuberkulose? Ich hoffe doch, dass ich ihn nicht umarmen muss!«

»Das musst du nicht. Und die Ansteckungsgefahr ist ohnehin minimal. Er ist praktisch auskuriert.«

»Warum jetzt?«, fragte Anna.

»Heinrich und du, ihr habt euch ganz wunderbar entwickelt. Wir haben die letzten Jahre ein Auge auf euch beide gehabt. Wir haben euch gefördert, euch praktisch hinaufgezogen, um eure Fähigkeiten zielgerichtet auszubilden, damit ihr euch entfaltet und wieder zueinander findet. Es wäre wunderbar, wenn ihr eine eigene kleine Familie gründen würdet.«

»Also hör mal, wir sind Cousin und Cousine!«

»Aber niemand weiß das. Ist denn nicht die Zuneigung das Wichtigste? Außer der Abstammung natürlich.«

Anna stutzte. Sollten Heinrich und sie etwa in dieses elitäre Zuchtprogramm hineingepresst werden? »Aha«, sagte sie schließlich mit ironischem Unterton. »Eugenische Pseudologik. Unser *Keimplasma* ist also so wertvoll, dass eine Vermischung mit anderen Menschen unverantwortlich wäre?«

Stieglitz nickte. »Ja, aber das ist nicht alles. Heinrich liebt dich sehr. Liebst du ihn denn nicht?«

Anna antwortete nicht.

»Wenn du ihn heiratest, dann könntest du auch auf ihn einwirken, dass er von seinem engen Nationalismus ablässt. Dass er sich für eine weitere Perspektive öffnet, in der unsere Familie eine größere Rolle spielt. Eine Familie, deren Interessen den Rahmen der einen oder anderen Nation bei Weitem übertreffen. Ich beschwöre dich, Anna, verbinde dich mit Heinrich! Gründet einen neuen Familienzweig, der unsere Interessen in Mitteleuropa vertreten kann.« Er lächelte sie liebevoll an und fuhr fort: »Ich weiß, dass du dir deines Weges noch nicht sicher bist, das ist aber ja für dein Alter ganz normal. Manchmal habe ich sogar gedacht, dass du mir nur etwas vorspielst und immer noch deinen anarchistisch-kommunistischen Fantasievorstellungen nachhängst.«

Anna war noch immer fassungslos. Aber eines wurde ihr plötzlich bewusst: Mit ihrem Versteckspiel hatte sie sich ihrer Familie wahrlich als würdig erwiesen!

Kälte

Nach dem Gespräch mit meinem Vater holte mich der Diener, der Ziegenbart, wie ich ihn nannte, wieder ab. Auch Anna war bei ihm, endlich sollten wir unseren Großvater kennenlernen!

Pelzmäntel und Mützen überm Arm, die wir gleich benötigen würden, so hieß es, liefen wir ein Stockwerk tiefer den Gang entlang. Vor den Türen standen Gefäße mit kurzen Hälsen. Anna fragte: »Wozu dienen denn diese Flaschen da?«

»Sauerstoff«, entgegnete der Ziegenbart. »Es wirkt belebend.« In dem Moment hörte man ein grauenhaftes Husten. Er hob den Zeigefinger. »Oft ein letzter Energieschub für Sterbende.«

Er klopfte an eine Tür, öffnete und führte uns zur Balkonloge. Der Abend war hereingebrochen, ein Stehlämpchen auf einem kleinen Tisch beleuchtete die Szenerie: Auf einer Liege ruhte ein Greis, eingemummelt in einen Pelzsack. Ich kannte ihn: Es war Lord Hellbroke, er lag da wie eine alte Robbe, die man in einer Konzertloge geparkt hatte. Rechts und links von ihm stand je ein Stuhl. Anna und ich zogen die Pelzmäntel über und setzten die Mützen auf. Mich fröstelte trotzdem, das Fieber stieg unaufhaltsam. Über dem Wintertal mit seinen schimmernden Schneeflächen und dunklen Schatten sowie dem urtümlichen Gebirge hing eine elegante Mondsichel.

»Kinder, ihr könnt euch gar nicht vorstellen, wie glücklich ich bin!«, krächzte Hellbroke mit seiner ein wenig weinerlichen Stimme und fast unmerklich englischem Akzent.

Peinlich berührt blickte ich in den Himmel, mehr und mehr Sterne blitzten auf.

»Sie können sich aber vielleicht vorstellen, wie seltsam uns dies alles anmutet«, sagte Anna.

Hellbroke musste husten. Dann holte er eine knochige Hand hervor und winkte ab. »Das ist nur allzu begreiflich. Und doch folgt es einer Notwendigkeit. Ihr werdet es noch früh genug verstehen.«

»Was meinen Sie?«, fragte ich.

»Die innere Gesetzmäßigkeit.« Seine Hand verschwand wieder im Pelzsack. »Der Gang der Sterne, das eherne Schicksal.«

Wieder schüttelte ihn heftiger Husten. Ich fragte mich, wie es wohl mit seiner vermeintlichen Genesung stand. »Sollen wir vielleicht besser ins Zimmer gehen?«, fragte ich, vor allem weil ich das Gefühl hatte, mir selbst hier den Tod zu holen. Die Kälte nagte an mir, und ich wünschte mir nichts mehr, als mich ins Bett legen zu können.

Seine Hand kroch wieder hervor und legte sich auf die meine. »Die Luft tut mir gut. Sie macht mich wieder stark, du wirst sehen!«

Der Stammbaum

Anna schaute den alten Mann neugierig an. »Fließt also englisches Blut in unseren Adern?«

»Blut ist etwas ganz Besonderes, zumindest wenn es sich um eine Familie wie die unsrige handelt, eine Dynastie, die sich durch kluge Heiraten erhalten und weiterentwickelt hat, und zwar seit Jahrhunderten. Wir gehören zur Blüte des englischen Adels und führen unsere Familienunternehmen seit Generationen mit Bedacht. Denn wir verfügen über den größten strategischen Vorteil, den ein erfolgreiches Unternehmen haben kann.«

»Solvente Kunden?«, fragte Anna.

»Nein, unseren Stammbaum!«, korrigierte Hellbroke. »Die Aufgabe lautet, kluge Nachzucht zu betreiben. Vor allem kommt es auf Charakter und Beziehungen an.«

Ihr standen die Haare zu Berge. Wieso nur war sie nicht in eine Künstlerfamilie hineingeboren worden! Mit Menschen – vielleicht etwas verrückten, aber liebenswerten Malern oder Schriftstellern –, die sich nicht den ganzen Tag Gedanken darüber machten, wie man die Weltherrschaft an sich reißen konnte.

»Wir haben euch zu dem gemacht, was ihr heute seid«, fuhr Hellbroke fort. »Ihr habt alle Prüfungen bravourös bestanden! So strecken wir euch nun die Arme entgegen, damit ihr euren rechtmäßigen Platz im Kreise der Familie einnehmen könnt.«

»Haben wir denn gar keine jüdischen Vorfahren?«, fragte Heinrich unvermittelt. Er sah blass aus. Ging es ihm nicht gut?

Lord Hellbroke lachte. »Möge mich der Blitz treffen! Warum nur in aller Welt denkst du an so etwas Abwegiges?«

»Weil die Familie offenbar über große Macht verfügt. Über Reichtum.«

Genau in diesem Moment drang ein Lachen zu uns herüber, irgendwoher aus den Schatten der Nacht. Hellbroke räusperte sich und tat, als hätte er nichts gehört. »Warum glaubst du eigentlich, dass die Juden eine solche Macht besäßen?«

»Manche behaupten doch, dass die Juden die Geschicke der Völker und Nationen bestimmen. Dass sie die bestimmende Macht hinter den politischen Ereignissen sind. Das ›Weltjudentum‹, nicht wahr?«

Hellbroke hustete. »Dass sich alle immer auf die armen Juden stürzen!« Er wandte sich Heinrich zu: »Wenn du von den Juden sprichst, so meinst du wahrscheinlich die großen Bankiersfamilien. Die meisten Juden jedoch leben oder haben immer in fürchterlicher Armut gelebt. Die Reichen aber, die ehemaligen Hofjuden, haben sich traditionell recht wenig für Politik interessiert.«

»Meinen Sie?«

»Ich weiß es. Im Allgemeinen herrscht da großes Desinteresse vor. Das trifft selbst auf die Rothschilds zu, die das Geschäft der Staatsanleihen im 19. Jahrhundert praktisch monopolisiert hatten. Sie hatten ebenso wenig politische Ambitionen wie irgendein anderer beliebiger Bankier – Regierungswechsel, ja selbst Revolutionen spielten für ihre Position kaum eine Rolle. Darin ähneln sie der Beamtenschaft, wie diese gehörten sie zum Staatsapparat als solchem, ohne sich einer bestimmten Regierung verpflichtet zu sehen.«

»Dann frage ich mich, warum man bis heute den Juden allerorts Misstrauen entgegenbringt.«

»Wahrscheinlich weil viele ihre Möglichkeiten sehen und von da auf Ehrgeiz schließen. Schon frühzeitig wurden sie wohl mit Macht überhaupt assoziiert und verdächtigt, diese zu ihren Gunsten auszunutzen. In unseren Tagen repräsentiert die Familie Rothschild wie keine andere den jüdischen Internationalismus in einer Welt nationalstaatlich organisierter Völker und bietet damit die Steilvorlage für allerlei Fantasien einer geheimen Macht hinter den Thronen und Regierungen, welche die Fäden zieht.«

»Demnach verdanken die Juden ihr besonderes Verhältnis zu den Regierenden, zum Staat insgesamt, ihrem Finanzgeschick und ihrer Bereitschaft, Geld und Wissen zur Verfügung zu stellen, was ihnen dann aber zum Verhängnis wurde?«, fragte Anna.

Hellbroke sah sie liebevoll an. »Ja, Anna, das stimmt. Im 18. Jahrhundert gehörten sie zum Hof sämtlicher Fürstentümer in Europa, sie kümmerten sich um die Finanzgeschäfte und gewährten der Regierung Kredite, wozu andere Gesellschaftsgruppen übrigens nicht bereit waren. Dadurch genossen sie Wohlwollen und Schutz, hatten einen festen Platz, wurden aber auch immer diskriminiert. Und es lag verständlicherweise nicht im Interesse der Machthaber, dass sich die Juden allzu sehr assimilierten – hätte ihnen ja doch sonst niemand mehr finanziell unter die Arme gegriffen!«

Hellbroke machte eine Pause, er litt offenbar unter schweren Atemproblemen. Nichtsdestotrotz fuhr er fort: »Das aufstrebende Bürgertum widmete sich derweil der aufkommenden Privatwirtschaft, die Juden aber hatten kein Interesse am Unternehmertum, sie hatten kaum Anteil an der Entwicklung des kapitalistischen Systems oder späteren Industriekapitals. Doch immer wenn irgendeine Gruppe in Konflikt mit der Regierung oder dem System geriet – etwa die Liberalen zur Zeit der Restauration, die Adligen nach der Französischen Revolution oder das Kleinbürgertum zur Zeit der französischen dritten Republik –, so wurden sie zur Zielscheibe. Was keiner zu begreifen scheint: Die Juden finanzierten einfach nur den Staat, völlig unabhängig vom jeweiligen Regime.« Wieder unterbrach er sich, um nach Luft zu schnappen und sich zu räuspern. Doch sein Wille zu reden war stärker: »Nach der französischen Revolution entwickelten sich die Monarchien jedoch immer mehr zu Nationalstaaten. Immer höhere Kapital- und Kreditbeiträge wurden erforderlich, was von den einstigen Hofjuden nicht mehr gestemmt werden konnte: Staatsbedürfnisse, die nur die vereinigten Mittel der wohlhabenden Schichten des gesamten mittel- und westeuropäischen Judentums befriedigen konnten. Die damit einhergehenden Privilegien weiteten sich dementsprechend aus.«

Hellbroke hustete. Anna wartete einen Moment und fragte dann: »Also ist das Schicksal der europäischen Juden mit der nationalstaatlichen Entwicklung aufs Engste verflochten?«

Er nickte. »Exakt. Sie sind ein internationales Element, ein innereuropäisches Volk, ja meines Erachtens sogar der stabilisierende Faktor, quasi der Mörtel, der das europäische Nationalstaatensystem – das nun leider am Ende ist – bis zuletzt zusammenhielt. Nur dadurch ist es ihnen möglich, gleichzeitig als Kriegslieferanten, Staatsbankiers, Nachrichtenübermittler und Friedensverhandler zu wirken. Quasi als Nebenprodukt aber entstand eine Paranoia: ›die goldene Internationale‹, jene eingebildete diabolische Weltmacht, welche die Puppen tanzen lässt.«

Hellbrokes Lungen pfiffen, und er hustete wieder. »Nun aber ist es Zeit für die Bettruhe. Wir können gern weiterreden, wenn wir morgen Abend in Davos gemeinsam soupieren. Man wird euch jetzt auf eure Zimmer bringen. Schlaft gut, Kinder. Morgen wird ein interessanter Tag.«

Ordo ab Chao

Ich hatte den ganzen Tag im Bett verbracht und über all die Neuigkeiten nachgedacht. Auch Hellbrokes Erläuterungen bezüglich der Rolle des jüdischen Finanzadels stellten einen neuen Blickwinkel für mich dar. Außerdem ging mir im Kopf herum, dass heute der Tag sein könnte, da ich um Annas Hand anhielt – eine Art Wahnvorstellung, dem Fieber geschuldet. Aber Annas Nähe machte mich so glücklich! Sie ließ mir aus der Sanatoriumsküche heißen Tee mit Honig bringen, ich hielt mich jedoch an die Flasche Wodka, um mich auszukurieren.

Elegant gekleidet fuhren wir gegen Abend mit der Schatzalp-Bahn hinunter ins Dorf. Nur Hellbroke ließ sich von einem Hotelmitarbeiter die Bobbahn herunterbringen, und zwar auf einem Schlitten, festgezurrt wie eine Leiche. Tatsächlich wurden die Verstorbenen im Winter auf diese Weise vom Sanatorium nach Davos gebracht. Unten angekommen, stiegen wir in eine große, von zwei Pferden gezogene Kutsche, die uns durch frostigen Wind zu einem traditionellen Restaurant brachte. Der Himmel war verhangen, bleierne Schwere lastete auf allem.

Nun saßen wir hier in einem Nebenraum, Lord Hellbroke am Tischende, links und rechts von ihm Annas und mein Vater, neben dem ich selbst und Anna, auf der anderen Seite Elina von Stieglitz und Annas Schwestern. Wir plauderten, der Alte hüstelte vor sich hin, während Barbara und Alice zankten und von ihrer Mutter immer wieder zur Raison gerufen wurden.

»Hermann, ich bin entzückt von meiner Enkelin Anna, sie ist eine richtige Persönlichkeit!«, meinte Hellbroke soeben.

»Ja, das ist wohl wahr. Ich bin sehr stolz auf meine älteste Tochter, auch wenn es nicht immer einfach mit ihr war, das können Sie mir glauben!«

Anna beugte sich zu mir herüber und tuschelte in mein Ohr: »Wo gibt's denn so was, der siezt seinen eigenen Vater! Sind wir jetzt wieder im 19. Jahrhundert angekommen, oder was?«

Ja, das war mir ebenfalls aufgefallen, allerdings würde auch ich Hellbroke niemals duzen können. Anna nickte zustimmend, nachdem ich ihr dies mitgeteilt hatte.

Als ich mich schon fragte, was als Nächstes geschehen würde, wurde Champagner für alle serviert. Nachdem die Kellner uns wieder allein gelassen hatten, nahm Hellbroke ein Messer und klopfte dreimal kurz gegen sein Kristallglas. Nebenher bemerkte ich, dass er am rechten Revers eine kleine Anstecknadel mit Winkel und Zirkel trug.

Er schaute in die Runde. »Ich möchte mich an dieser Stelle von Herzen bei euch bedanken. Auch wenn es letztlich dem ›Großen Architekten‹ zu verdanken ist, dass wir es alle so weit gebracht haben.«

Wen meinte er – Gott?

»Und wir können dem ganzen Uhrwerk nur unsere größte Liebe entgegenbringen«, fuhr er fort, »wenn wir die Zeichen sehen: Wir stehen an der Schwelle zu einem neuen Zeitalter, einer neuen Weltordnung von Toleranz und Frieden. Eine wundersame Zusammenführung steht bevor, im Kleinen wie im Großen. So wie sich unsere Familie vereint, so werden sich in absehbarer Zeit auch Deutschland und England vereinen, das liegt in der Natur der Sache. Geliebte Kinder, cheers!«

Anna kicherte. Ich hätte augenblicklich sterben können, so viel Liebe spürte ich in diesem Moment für sie!

»Findest du das Ganze hier nicht auch unglaublich geschmacklos?«, flüsterte sie mir zu, während wir die Gläser erhoben.

»Überraschend allemal«, entgegnete ich lächelnd und stieß mit ihr an.

Nach dem Essen wandte ich mich an Hellbroke: »Dürfte ich Sie noch etwas fragen?«

»Jederzeit, Heinrich. Du kannst von mir alles bekommen! Alles – verstehst du?«

»Nun, gestern erwähnten Sie, dass Ihrer Meinung nach unser Nationalstaatensystem am Ende sei. Wie meinten Sie das?«

Er wischte sich den Mund ab, trank einen Schluck Rotwein und sagte: »Jedermann weiß, dass es in Europa immer um einen Ausgleich der Kräfte ging. Und auch wenn einzelne Staaten den Versuch unternahmen, das Gleichgewicht zu ihren Gunsten zu verschieben, so wussten sie doch stets, dass keiner von ihnen Europa ganz alleine beherrschen kann. Die Juden sind das Symbol dafür, durch ihre internationalen Beziehungen fungierten sie stets als Bindeglied zwischen den einzelnen Nationalstaaten und sorgten für Balance. Sie wirkten gleichsam als Energiefeld, in dem sich die nationalen Atome verbanden.«

»Könnte ein Zusammenbruch Europas für sie dann nicht gefährlich werden?«, fragte Anna.

»Ausgezeichneter Gedanke!«, lobte er. »Wenn es wirklich dazu kommen sollte, könnte gut jemand auf die Idee verfallen, dass man die Juden gleich mit vernichtet.«

»Das kann doch nicht Ihr Ernst sein!«, schaltete sich Elina ein.

»Was bringt denn heute das Gleichgewicht so sehr durcheinander?«, fragte ich.

»Wir sind heute Zeitzeugen einer untergehenden Gesellschaftsordnung. Das gesamte Gebäude, das aus religiösen, kulturellen und gesellschaftlichen, aus politischen und wirtschaftlichen Elementen besteht, scheint in sich zusammenzufallen. Als Geschäftsmann kann ich vor allem über die wirtschaftlichen Faktoren Zeugnis ablegen: Im internationalen Kräftespiel werden die rein politischen Faktoren immer schwächer. Sie werden zunehmend zum Widerspiel wirtschaftlicher Kräfte.«

»Wenn es also nicht um die Juden geht«, fragte ich, »um wen dann?« Ich bemerkte, wie sich unsere Väter verstohlene Blicke zuwarfen.

»Wir sind eine verhältnismäßig kleine Gruppe. Führer der Großindustrie und des Finanzwelt, die sich anschicken, die Welt in Besitz zu nehmen, um eine neue Ordnung zu installieren, die provinziellen sozialen und politischen Strukturen Europas werden damit verschwinden. Was ihr verstehen müsst, Heinrich, Anna, ist die Tatsache, dass die industrielle Revolution in Ländern wie den USA, England, Deutschland, Frankreich oder Belgien überbordet. Produktion und wirtschaftliches Wachstum, ja das gesamte kapitalistische System gerät aber in eine lebensbedrohliche Krise, wenn es nicht expandiert, es muss sich also über nationale Beschränkungen hinwegsetzen.«

»Es heißt ja«, sagte Anna, »dass der Imperialismus auf die Weltbühne trat, als die Industrialisierung Europas und Nordamerikas an seine Grenzen gestoßen ist.«

»Ja, an politische Grenzen, die der Expansion nicht nur im Wege stehen, sondern den gesamten Prozess bedrohen! Ein Prozess, der uns aus seiner inwendigen Logik dazu zwang, politisch zu werden. Während sich unsere Familien bis zum Ende des 19. Jahrhunderts den Luxus erlauben konnten, sich aus der Politik weitgehend herauszuhalten, um das Geschäft mit dem Staat jüdischen Bankiers zu überlassen, sehen wir uns nun vor die Notwendigkeit gestellt, die Außenpolitik der Nationalstaaten im Sinne der für die Produktion unablässigen Expansion zu bestimmen.«

»Warum eigentlich genau?«, fragte Anna und trank einen Schluck Champagner.

»Der Grund besteht in der Überproduktion von Kapital: überflüssiges Geld, das innerhalb der nationalen Grenzen nicht mehr gewinnbringend investiert werden kann und also exportiert werden muss. Da Investitionen im Ausland aber völlig unkalkulierbar sind, müssen wir die Machtmittel des Staates in Anspruch nehmen – leider! –, um dem Kapital im Ausland Sicherheiten zu verschaffen, die denen des Inlandes annähernd entsprechen. Mit anderen Worten: Wir benötigen staatliche Protektion für unsere ausländischen Geldanlagen und also eine Expansion der staatlichen Gewaltmittel. Damit wechselt seit einiger Zeit schon die Führung im imperialen Geschäft in die Hände des Industriekapitals, und die Fäden, welche die Staatswirtschaft mit der Privatwirtschaft verbinden, ziehen immer fester an. Seit Ende des vorigen Jahrhunderts können wir es uns auch gar nicht mehr leisten, uns davon fernzuhalten. Dadurch haben die jüdischen Finanziers ihre Monopolstellung im staatlichen Anleihe- und Darlehenswesen, für die man sie heute so sehr hasst, nach und nach verloren. Gerade im staatlichen Anleihegeschäft sind sie eigentlich schon überflüssig geworden.«

»Aber die Rothschilds, die Warburgs und Schiffs haben doch noch immer ungeheure Macht!«, bemerkte ich.

»Einzelne Juden behalten natürlich großen Einfluss«, antwortete er. »Familien, mit denen wir aufs Beste zusammenarbeiten, mit denen wir gemeinsame Ziele teilen und die am imperialistischen Geschäft ganz wunderbar verdienen. Aber wir reden heute keineswegs mehr von einem Kollektiv, das im Staatsgeschäft tätig wäre. Die Juden als in sich geschlossene Gruppe sind ein reines Fantasiegebilde, das an Kraft proportional zuzunehmen scheint, je mehr sich die Gruppe in einem rasanten Auflösungsprozess befindet. Vielleicht wird der Vertrag von Versailles der letzte Friedensvertrag gewesen sein, in dem Juden als finanzielle Berater eine wichtige Rolle spielten. Und vielleicht war der letzte Jude, der seine Stellung im Nationalstaat ausschließlich seinen jüdischen internationalen Beziehungen verdankte, Walther Rathenau.«

»Und der hat dafür mit dem Leben bezahlt«, meinte Anna.

»Uns kann es ja nur recht sein«, sagte mein Vater, »wenn die Juden ins Visier geraten. So können wir ungehindert unsere Ziele verfolgen.«

Ich schaute verstohlen zu Annas jüdischstämmiger Mutter hinüber, welche die Bemerkung aber gar nicht wahrgenommen zu haben schien.

»Der Prozess der Kapitalakkumulation bedarf zu seiner Sicherstellung eines Prozesses der Machtakkumulation«, sagte Stieglitz. »Es liegt ja auf der Hand, dass die Produktion dauernd neue Territorien benötigt, die noch nicht kapitalistisch erschlossen sind und uns mit Rohstoffen, Waren und Arbeitsmärkten versorgen können.«

Hellbroke nickte. »Der Monopolkapitalismus braucht den gesamten Planeten. Dass wir somit in einen Kampf mit der Sowjetunion geraten, muss ich euch nicht erzählen. Deutschland hat nun die einmalige Chance, sich anzuschließen – quasi als Juniorpartner. So, ihr Lieben, entsteht ganz im Sinne des großen Architekten Ordnung aus dem Chaos!«

Hellbroke streckte seine knochige Hand aus und zeigte auf Anna und mich. »Dafür, liebe Kinder, benötigen wir zuverlässige Agenten, Familienmitglieder, die dafür sorgen, dass wir unsere Ziele erreichen. Die Nationalstaaten sind weniger denn je in der Lage, mit den wirtschaftlichen Erfordernissen fertig zu werden. Was wir heute brauchen, sind transkontinentale Zusammenschlüsse!«

Was fällt Ihnen ein?

Anna, die stirnrunzelnd zugehört hatte, fragte plötzlich mit scharfem Ton: »Geht es euch um das Herzland?«

»Was meinst du?«, fragte ihr Vater irritiert.

»Will man freundschaftliche Beziehungen zwischen Deutschland und Russland verhindern, da sie gemeinsam zu viel Macht auf sich vereinen und die ach so gelobte Balance of Power stören würden?« Sie hatte vielleicht etwas zu viel getrunken, denn sie fuhr mit rosigen Wangen fort: »Die beiden Länder sollen offenbar in einen weiteren Krieg getrieben werden! Hintergrund ist dabei weniger der Kampf um Ressourcen als das Ziel einer britisch-amerikanischen Weltherrschaft!«

Hellbroke begann heftig zu husten.

»Anna«, zischte ihr Vater, »reiß dich zusammen!« Würde es hier gleich zum Eklat kommen?

Hellbroke fing sich wieder, nahm einen Schluck Wasser und wandte sich Anna zu: »Meine Liebe, dieses Gerede vom Herzland spielt vielleicht eine Rolle bei den unteren Graden der Hierarchie, etwa bei den Traditionalisten. Wir aber«, Hellbroke lächelte, »streben eine friedliche Welt an. Einziges Hindernis ist die Sowjetunion. Wir müssen also in Deutschland ein Regime unterstützen, das in der Lage ist, den Bolschewisten Widerstand zu leisten.«

Mir war heiß und kalt zugleich, die Krankheit hatte mich im Griff, das Fieber stieg. Hellbroke fuhr mit metallischer Stimme fort: »Andernfalls droht uns der Untergang! Nie dürfen wir vergessen, liebe Kinder, dass der Bolschewismus nur eine ganz besonders grässliche Abart der Dekadenz ist, des um sich greifenden Verfalls, für den dieses Davos hier mit all seinen Dahinsiechenden ein eindringliches Beispiel gibt. Wie widern sie mich an, all diese Kranken hier!« Erneut wurde er von einem Hustenanfall geschüttelt, nahm seine Serviette und wischte sich den Mund ab. »Wir müssen das Ruder herumreißen, bevor das allgemeine Niveau der Zivilisation unwiederbringlich herabgedrückt wird. Die Wiederherstellung einer selbstbewussten nordischen Herrenrasse, dieser feinen Blüte der Evolution, ist die Voraussetzung für eine Rückverbindung zur heiligen All-Einheit mit der Natur!«

»Sind wir denn nicht frei?«, fragte Anna.

»Letztendlich wird sich der Mensch eben entscheiden müssen: Wählt er die Freiheit und stellt sich den Notwendigkeiten in den Weg und leitet somit seine eigene Vernichtung ein, oder wird er das Notwendige selbst erfüllen, eigenhändig, aus eigenem Antrieb heraus? Das Gesetz aber ist die Notwendigkeit, nicht die Freiheit des Einzelnen. Lasst uns darauf anstoßen!« Er hob sein Glas. »Cheers! Wir trinken heute auf...«

Annas Stimme schnitt dazwischen: »Ich persönlich lege allerdings Wert darauf, selbst entscheiden zu können, was notwendig ist und was nicht!«

Lord Hellbroke aber lächelte nur milde. »Das mag dir so erscheinen. Und doch wirst auch du irgendwann erkennen, dass es im Leben der Menschen ebensolche Notwendigkeiten gibt wie in der Chemie oder der Physik. Auch da läuft alles rein gesetzmäßig ab, ganz und gar unerbittlich und unbarmherzig.«

»Sie meinen also, dass es eine Vorbestimmung gibt?«

»Ja, jetzt hast du es verstanden. Das Programm geht aus einem kosmischen Zyklus hervor. Schließe dich uns an, und wir werden dir zeigen, wie man das erkennen, ja wie man das sogar steuern kann!«

Ich räusperte mich. »Wie will man denn das favorisierte Regime in Deutschland unterstützen?«

»Na, über das Zentralbankensystem. Bald schon werden die Schleusen geöffnet, ein Goldregen wird sich über Deutschland ergießen, die ganze Wirtschaftsmaschinerie wieder anspringen und das Lachen auf den Gesichtern der Menschen schlagartig zurückkehren. Englisches und amerikanisches Geld wird die Deutschen reanimieren, gesteuert über niedrige Zinssätze der Notenbanken in London und New York, eine Politik des leichten Geldes.«

»Also eine Spekulationsorgie«, warf Anna ein.

»Genau. Allerdings kommt dann unweigerlich der Punkt, da die Zinssätze praktisch über Nacht wieder angehoben werden müssen. Ein Crash wird folgen, der die Blase zum Platzen bringt.« Hellbroke hob bedauernd die Schultern. »Die Kreditgeber werden ihr Geld zurückverlangen, quasi von einem Tag auf den anderen werden Existenzen zerstört, weil niemand die Schulden zurückbezahlen kann. Entlassungen und Massenarbeitslosigkeit sind die Folge. Unzufriedenheit macht sich breit, die Deutschen werden nach einem Retter verlangen.«

Anna hob die Augenbrauen. »Und dann kommt die Zeit für den großen Diktator?«

»Gewiss«, sagte Hellbroke. »Einer muss schließlich aufräumen. Und dafür wird er geliebt werden vom Volk.«

Ich fragte: »Gibt es schon einen Kandidaten?«

»Dieser Hitler scheint mir ganz geeignet zu sein.«

»Hitler?«, fragte Anna. »Diese Witzfigur?«

»Wir haben Heinrich doch nicht umsonst da eingeschleust! Wir glauben an die Bewegung und benötigen zuverlässige Leute an dieser Schaltzentrale – Familienmitglieder, versteht ihr?« Hellbroke schaute Anna und mich liebevoll an. »Ihr beiden seid nun aufgefordert, am großen Tempelbau mitzuwirken. Dafür habt ihr die letzten Jahre unbemerkt ein Zuchtprogramm durchlaufen. Ihr wart wie raue Steine, auf die der Große Baumeister einhämmern musste, um euch vorzubereiten für die Aufgabe. Zuverlässigkeit und Ehrbewusstsein – das war das Bildungsziel! Im Zuge des Programms habt ihr euch verändert, habt erkannt, was die Welt im Innersten zusammenhält, wie euer großer Goethe sagt. Vor allem du, Anna, hast deinen naiven Idealismus abgelegt und gelernt, was ohne solchen Ballast alles erreicht werden kann. Kinder, lasst euch ein für alle mal gesagt sein: Wer keine Schuldgefühle hat, wird erlöst. Ihr müsst euch einfach immer selbst verzeihen! Ist das nicht wunderbar? Ein kosmisches Geschenk, der ultimative Schlüssel zur Welt!«

Anna und ich schwiegen betreten.

»Die ganzen Pfaffen wissen ja nicht«, fuhr Hellbroke fort, »dass göttliche Strafe gar nicht aus der Sünde resultiert, sondern ausschließlich aus dem subjektiven Empfinden, gesündigt zu haben. Wenn du es also schaffst, dir selbst aus tiefstem Herzen zu vergeben – zumal du nichts anderes tust, als der Notwendigkeit zu folgen –, dann wirst du auch nicht für deine Sünden bestraft. Das ist eines der tiefsten Geheimnisse unserer Welt, der allein für seine Auserwählten bewahrte Schatz des Großen Architekten, auch für euch beide. Nun also werdet ihr am großen ›Salomonischen Tempelbau‹ teilnehmen.«

Ich staunte. »Wie bitte?«

»Ein geistiges Gebäude, versteht ihr? Die neue Weltordnung, in die auch ihr euch als Steine einbringen werdet.« Er sah mich an. »Wir wollen, Heinrich, dass du eine Zeit lang nach England gehst.«

»Wozu?«, fragte ich überrascht.

»Damit Gras über die Sache in München wachsen kann. Wir haben dir ein Rhodes-Stipendium besorgt. Du darfst nun eine Weile an der University of Oxford studieren und wichtige Kontakte knüpfen. Was sagst du dazu?«

Ich war überwältigt. Oxford! Und was konnte mir zum jetzigen Zeitpunkt Besseres passieren, als eine Weile aus Deutschland zu verschwinden? Untertauchen, zur Ruhe kommen, ja, aber ... »Und Anna?«, fragte ich.

»Sie wird dich selbstverständlich begleiten, und zwar möglichst als deine Ehefrau!«, meinte der Alte. »Ich fordere euch beide hiermit auf: Gründet gemeinsam einen neuen Zweig unserer Dynastie!«

Erwartungsvoll drehte ich mich zu ihr um. Doch Anna warf ihre Serviette auf den Tisch, stand auf und rief: »Das kommt überhaupt nicht infrage! Was fällt Ihnen ein?« Sie stürmte nach draußen und warf die Tür zu, während der am Tischbein angeleinte Bernie heftig zu bellen begann.

»Anna!« Hermann von Stieglitz blickte ihr entsetzt hinterher.

Als ich etwas verzögert reagierte, ihr nacheilte und die Tür nach draußen öffnete, schlug mir ein Schneesturm entgegen – von Anna keine Spur. So ging ich wieder hinein, um mich wärmer anzuziehen. Außerdem schaute ich noch einmal kurz in den Raum, wo die anderen saßen. Sie sahen mich betroffen an, mein Vater aber gab mir mit einer hektischen Handbewegung zu verstehen, dass ich mich sputen solle. Mir schauderte bei dem Gedanken, in diese Eiseskälte hinaus zu müssen – als führe die Tür direkt in den Abgrund. Frostig klirrende, unbarmherzige Notwendigkeit ...

Ich warf meinen Mantel über, zog die Mütze tief über die Ohren, machte einen Schritt in das weiße Nichts hinaus und verschwand.

Euterpe

Anna lief durch die dunklen Straßen von Davos. Sie fühlte sich leer und einsam, ganz taub vor Hoffnungslosigkeit, und hielt verzweifelt Ausschau nach einer Rückzugsmöglichkeit. Außerdem kroch ihr die Kälte in die modisch weiten Ärmel ihres Pelzmantels. Hinter der nächsten Ecke erblickte sie ein Hotel mit einer geradezu unwirklich anmutenden Jugendstilfassade. Eine ovale Tür, umrankt von Efeu aus grün-metallischem Kupfer, stand einladend ein wenig offen.

Als sie die in warmes Licht getauchte Eingangshalle betrat, war niemand zu sehen. Dass sich die Gäste bei dem Wetter auf ihre Zimmer zurückgezogen hatten, war nur allzu verständlich, aber das Personal? Vielleicht gingen sie davon aus, dass spät abends niemand mehr nach ihnen verlangen würde. Dennoch war es ungewöhnlich. Während draußen der Sturm heulte, sah Anna sich um, betrachtete das lebendige Muster der Tapete und der Decke: Blütenkelche, Katzen und Vögel, morbid wirkende Masken und Gestalten, meist Frauen, deren Haare sich schlangenartig zu bewegen schienen. Aus vier im Raum verteilten Säulen, die wie in einem sakralen Raum fächerartig mit der Decke verbunden waren, ragten goldbeflügelte Engel hervor, andachtsvoll die Hände zum Gebet erhoben.

Plötzlich meinte Anna eine Melodie zu vernehmen, ganz leise, wie von einer Flöte. Sie schaute nach rechts und links und entdeckte hinter einer der Säulen eine angelehnte Tür. Darüber hing das Bild eines sich küssenden Paares, dessen Haare ineinander verschmolzen. Vorsichtig drückte sie die Tür auf, eine Treppe führte hinab.

»Hallo? Ist da jemand?«, rief sie und hörte ihre Stimme wie in einer Höhle widerhallen. Anna stieg die Stufen hinab und betrat eine Schwimmhalle. Die Wände waren wunderschön ornamentiert, von der Decke hingen Kronleuchter in Form von Blütenkelchen. Auch hier gab es Säulen mit Engeln, die das etwa zwölf Meter lange Becken säumten. Überall ringsumher glitzerten Steine, vielleicht sogar Edelsteine, Diamanten, Saphire und Rubine. Am gegenüberliegenden Ende ragte eine große Skulptur aus der Wand, eine Frau, barbusig mit frei schwebenden Haaren. Sie blickte Anna eindringlich an. Und es verschlug ihr den Atem, als sie sah, dass sie in ihrer Hand eine Flöte hielt.

Anna trat vorsichtig an den Rand des Beckens: Das Wasser glitzerte, der Boden war mit Kacheln in leuchtendem Gold ausgelegt. Sie kniete

nieder und hielt ihre Hand hinein: Es war angenehm warm. Da überkam sie eine unbändige Lust, hineinzutauchen. Kurzentschlossen zog sie
sich aus und sprang hinein.

Fieberwahn

Als ich das Restaurant verließ, riss es mir sogleich die Mütze vom Kopf,
ich konnte sie gerade noch packen. Dieser Schneesturm hatte etwas Ag-
gressives an sich, als meinte er es persönlich mit mir. Jacke, Mütze und
Schal vermochten mich bald nicht mehr vor der Kälte zu beschützen.
Trotz eingeschränkter Sicht stapfte ich unverdrossen durch den Schnee
in Richtung Schatzalp-Station. Würde die Bahn auch fahren bei dem
Wetter? Und hatte sich Anna wirklich zum Sanatorium begeben? Ich
wusste es nicht. Aber ich konnte doch nicht einfach mit den anderen im
Warmen sitzen bleiben, ich musste zu ihr, musste mit ihr reden!

Im Schnee versinkend, kämpfte ich mich weiter, derweil peitschten
Gedanken durch meinen Kopf: Alles, was ich in den letzten zwei Jahren
erlebt hatte, meine Karriere, die Beziehungen und Freundschaften, ja
sogar die Annäherung zwischen Anna und mir, unsere kleine Liebes-
geschichte – das alles soll geplant, gesteuert, manipuliert gewesen sein?
Waren wir Marionetten, Puppen in einem absurden Theater, bei dem
Hellbroke und unsere Väter mit ihren Freunden im Hintergrund die
Fäden zogen? Was wollte man von uns? Ich sollte mit Anna *die Dynastie
fortführen?* Wir waren auserwählt, um, wie Hellbroke sich auszudrücken
beliebte, an der Errichtung des Salomonischen Tempels mitzuwirken?
Wo war ich da nur gelandet! Dieses elitäre Denken, war das zu glauben!
Was hatte ich denn bisher schon geleistet? Mich im Krieg nicht habe
totschießen lassen?

Vor mir tauchte das Häuschen der Drahtseilbahn auf. Ein Stein fiel
mir vom Herzen, als ich den eingemummelten Mann vom Personal darin sitzen sah, der mir wie einem Schiffbrüchigen die Hand entgegenstreckte und mich hineinzog. Ob er eine junge Frau gesehen habe, fragte
ich ihn, während die Gondel hinauffuhr. Er zuckte mit den Achseln.
Eben habe er ein paar Leute hochgebracht, vielleicht sei sie dabei gewesen, er könne sich nicht genau entsinnen.

Am Eingang des Sanatoriums passierte ich einen an der Wand
lehnenden Sarg. Ich lief die Stufen hinauf in die Eingangshalle. An

der Rezeption saß dösend ein alter Mann. Ich begab mich zu den Fahrstühlen und fuhr hinauf, lief den Gang entlang, wo aus einem der Zimmer wieder einmal grauenhaftes Husten drang. Würde ich bald selbst so da liegen und mir die Seele aus dem Leib röcheln? Ich klopfte und öffnete die Tür zu Annas Zimmer. Sie war nicht da. Umsonst! Oder war sie im Zimmer ihres Vaters? So unwahrscheinlich es mir auch erschien, lief ich weiter. Aber die Räume waren alle verschlossen. Also fuhr ich mit dem Aufzug wieder hinab, durchquerte die Lobby und betrat durch eine große gläserne Verandatür das im Dämmerlicht liegende Restaurant: auch hier keine Menschenseele. Die cremefarbenen Vorhänge waren zugezogen, auf den Tischen standen kleine, rötlich schimmernde Stehlämpchen, als wolle hier eine Gespenstergesellschaft tagen. Mir schwindelte, die Knie gaben nach, ich sackte auf einen Stuhl...

Den Saal füllen plötzlich Menschen, Kranke aus ganz Europa, Frauen in enganliegenden Seidenkleidern, die Männer in Knickerbockern und Sweatern. Sie unterhalten sich lebhaft in allen möglichen Sprachen, während sie sich über nahrhafte Suppen, Fisch- und Fleischgerichte, über Geflügel und Mehlspeisen, Obst und Käse hermachen. Anschließend stehen sie bei leichter Klaviermusik in kleinen Gruppen umher und plaudern, spielen Domino oder Bridge, alle mit dunkel umränderten Augen. In der Tiefe des Salons erblicke ich eine weitere Gestalt, sie blickt mich an – der Tod höchstpersönlich, der den einen oder anderen Moribunden mit sich fortreißen will auf eine Reise ohne Wiederkehr. Ich taste an meine linke Brust, vergewissere mich, dass der Revolver da ist, denn er nähert sich, kommt auf mich zu...

Ich fuhr hoch, blickte mich um. Wieder überfiel mich bleierne Müdigkeit, ich musste mich hinlegen! Also fuhr ich wieder hinauf und betrat mein Zimmer. Hatten die Alten geplant, dass wir hier zusammen schlafen sollten? Ich nahm die Wodkaflasche, die dort noch stand, und goss mir ein Glas randvoll. Dann setzte ich mich in den Sessel in der Ecke und trank. Vielleicht würde es mir ja gut tun. Hatte ich nicht eine beginnende Grippe an der Front mit einer Flasche Wodka erfolgreich in die Flucht geschlagen? Ich schloss die Augen und schlief augenblicklich ein.

Als ich die Augen wieder öffne, blicke ich in Annas lächelndes Gesicht. Ich lehne an einer großen Eiche, es ist Sommer, wir sind in Creisau, fast noch Kinder, neben uns im goldenen Lichte glänzende Sonnenweizenfelder. Ich nehme ihre Hand und spüre innige Verbundenheit, unser Schicksal von höheren Mächten durchwaltet.

Plötzlich wendet sie sich von mir ab. Wir sind in München, überall hängen rote Fahnen an den Balkonen. Sie reiht sich in eine Marschkolonne ein und entfernt sich. Ich laufe ihr hinterher, immer weiter, ohne sie einholen zu können. Aus der Ferne dringt Kanonendonner an meine Ohren. Als ich um eine Häuserecke biege, stehe ich unvermittelt in New York, in Harlem, oben an der Subway 135. Straße. Kurz darauf laufe ich über die Lenox Avenue, das ganze Viertel ist in Jazz getaucht. Einfach wunderbar, wie fröhlich die Leute tanzen, wie Musiker auf den Dächern stehen und ihre Saxophone spielen. Am Black Venus öffnet mir ein Riese von einem Türsteher die Tür. Der Klub ist zum Bersten voll, die Stimmung ausgelassen, um mich herum halb nackte Kellner und zügellos tanzende Männer und Frauen. Auch Anna amüsiert sich wild gestikulierend auf der Tanzfläche. Ich kämpfe mich durch die Menge, als plötzlich ein Schuss fällt und die Leute in Panik auseinanderrennen. Ein Mann mit Hut stürzt auf mich zu, ich falle, er drückt mir sein Knie auf die Brust und den Kopf auf den Boden. Wieder ein Schuss, er fällt tot auf mich. Ich wälze ihn zur Seite, springe auf, ziehe meine Waffe und schieße. Der Mann stirbt vor meinen Augen. Ich bin nun in München, schreiende Menschen um mich herum. Blut, überall Blut! Neben mir Hitler, auch er schreit, doch ich kann ihn nicht hören, weil ein Maschinengewehr erbarmungslos feuert. Immer mehr Menschen stürzen oder lassen sich zu Boden fallen. Über mir ein Berg von Körpern. Ich ersticke!

»Heinrich! Hilfe, Hilfe!«

Anna! Ich versuche mich freizukämpfen, doch die Leichen halten mich. Ja, sie halten mich fest, ziehen mich unter sich. Panik erfüllt mich bis in die letzte Pore, ich schreie und schreie – und wache endlich wieder auf.

Es war ruhig, nur ein Husten war wieder zu hören.

Anna – sie hatte nach mir gerufen, geisterhaft-verloren, einsam und verzweifelt: Sie war in Gefahr! Ich nahm meine Mütze vom Bett, riss die Zimmertür auf und hetzte den Gang entlang, die Treppe hinunter, durch die Eingangshalle und verließ das Hotel, zurück in den Schneesturm.

»Heinrich ...!«

Transfiguration

Als Anna wieder aus dem goldenen Becken stieg, fühlte sie sich wie neugeboren, durch und durch erfrischt, als hätte ihr das Wasser neue Lebenskraft verliehen. Sie stand nun direkt unter der weiblichen Gestalt mit der Flöte in der Hand, und ihr war, als würde sie ihr Gesicht, ihre Augen, dieses fast unmerkliche Lächeln von irgendwoher kennen.

Immer noch umgab sie wohltuende Stille. Entlang der Wände verlief eine steinerne Bank. Als Anna sich darauf ausstreckte, merkte sie, dass sie aufgewärmt war. Ihre Gedanken kehrten zurück zu der Tafelrunde mit ihrer Familie. Wie konnte man nur von ihr erwarten, dass sie sich den Wünschen der Altvorderen beugte und Heinrich heiratete, dazu noch ihren Cousin! Sie kam sich vor, als wolle man sie in eine längst vergangene Zeit zurückstoßen. Ausgerechnet sie, die so fortschrittlich dachte und ihre Freiheit liebte! Da kannte man sie aber schlecht, niemals würde sie dem zustimmen! Ebenso mussten sie sich aus dem Kopf schlagen, dass sie als Anhängsel mit nach Oxford ging. Heinrich ein Rhodes-Stipendiat! Kirshan Divari hatte doch erzählt, diese Stipendien stünden im Zusammenhang mit Round Table, der Gesellschaft, die den Krieg gegen Deutschland forciert hatte! Aber würde Heinrich sich so weit korrumpieren lassen? Er, der sich so sehr für die Wiederauferstehung Deutschlands einsetzte? Würde er sich bewusst hineinziehen lassen in dieses Schlangennest der britisch-amerikanischen Eliten? Doch was hieß das denn heute noch: »bewusst«? Gerade an Heinrich zeigte sich ja jene erschreckende Tendenz – Symptom der Zeit –, sich ins Un- und Vorbewusste zurückfallen zu lassen. Was hatte Divari noch gesagt? Dass sich in Deutschland ein »dämonischer Ungeist« breitmache. Dass sie vor zwei Möglichkeiten stünden: über die niederen Aspekte hinauszuwachsen zu einer höheren, erweiterten »Ichhaftigkeit« oder abzustumpfen, um Brutalität und Egoismus, letztlich dem Bösen Tür und Tor zu öffnen! Aber war nicht auch sie selbst gefährdet, vom eigenen Schatten regelrecht verschluckt zu werden, ihrem »Dämon« anheimzufallen? Denn auch sie verspürte bei sich eine tiefe Sehnsucht, sich aufzulösen und in unterschiedslose Einheit abzutauchen. Und dann war da noch das Verlangen, ihrer Sexualität ungehemmten Lauf zu lassen, was zum Ichverlust führen musste – eine beängstigende Erkenntnis! Auf der einen Seite war es zwar für ihr inneres Wachstum notwendig, andererseits wohnte doch gerade der Triebnatur das Böse inne, welches sie in sein flüchtiges Reich hinwegzuheben trachtete ... Über diese Gedanken schlief Anna ein.

Als sie im nächsten Moment hochschreckte und sich von der Bank erhob, blieb ein Teil von ihr schlafend liegen. Das war ihr noch nie passiert: Sie schlief, träumte und war doch bei vollem Bewusstsein! Überrascht blickte sie um sich. Da tat sich ein dunkler Abgrund vor ihr auf und zog sie unwiderstehlich-machtvoll zu sich hinab, sodass sie sich nicht dagegen wehren konnte, einen Schritt nach vorne tat und sich einfach fallen ließ. Während sie fiel, drohte sie Panik zu ergreifen. Doch hielt sie sich an dem Gedanken fest, dass sie ja nur träumte. Sie durfte das einfach nicht vergessen, durfte unter keinen Umständen das Bewusstsein verlieren! Anna nahm einen tiefen Atemzug, sie atmete ein und wieder aus und versuchte sich auf sich selbst zu konzentrieren. Nur einen Augenblick später stand sie in einem bezaubernden Garten: leuchtende Farben, liebliche Düfte, Blumen. Sie drehte sich um und sah einen weißen Tempel mit einer großen runden Kuppel aus Gold. Sie lief die Stufen hinauf und betrat das Innere. Dort benötigte sie einen Moment lang, bis sich ihre Augen an das seltsame Licht gewöhnt hatten. Schließlich aber erblickte sie mitten im Raum auf einem kleinen quadratischen Podest einen Kelch, der in einen von der Decke kommenden hellen Sonnenstrahl getaucht war. Sie trat heran und sah, dass der Kelch mit klarem Wasser gefüllt war. Der Boden schimmerte golden – es sah aus wie das Schwimmbecken, in dem sie eben noch gebadet hatte. Intuitiv wusste sie, was sie zu tun hatte: Sie nahm den Kelch, führte ihn an ihre Lippen und trank. Das Wasser floss in ihren Körper und schien sie von innen her umzuwandeln, bis gleißendes Licht aus jeder ihrer Poren nach außen erstrahlte.

Was sie nun erlebte, war einfach überwältigend: Sie wurde durchflutet von unermesslicher Liebe, einem nie dagewesenen, reinen Fühlen und tiefer Gewissheit. Sie fühlte, wie sich der Geist der Sonne in ihre Seele ergoss, wie sie geistig befruchtet wurde. Da erschien eingerollt vor ihrem inneren Auge ein Embryo: *das Sonnenkind*. Anna wusste, dass es fortan in ihrer Seele wachsen und gedeihen würde – vorausgesetzt, dass sie sich daran machte, ihre Triebe und Begierden zu läutern. Sie musste den inwendigen Schatten, ihre Drachennatur überwinden. Nur so konnte sie ein neuer Mensch werden und sich für das Gute einsetzen – in liebender Hingabe an das Schöpferische, den göttlichen Geist der Liebe, der sich über sie ergossen hatte und alles durchströmte. Es war keine Frage mehr: Sie musste ihre Individualität in Freiheit bewahren, musste wach und innerlich aktiv bleiben, um zu höherer Ichhaftigkeit heranzureifen.

Anna Absicht stand nun fest: Sie würde eine Kunstgalerie eröffnen, ein Forum für Werke der neuen Zeit.

Schneefall der Seele

»*Heinrich...!*« Annas Stimme hallte in mir nach.

Inzwischen war ich mir sicher, dass sie nicht ins Sanatorium zurückgekehrt war. Warum sollte sie? Also stapfte ich zurück zur Drahtseilbahn, um wieder hinunter ins Dorf zu fahren, doch war sie inzwischen geschlossen. Sollte ich jetzt wirklich den ganzen Weg hinunterlaufen, durch Schnee, Wind und Eis? Nein, unmöglich, ich kehrte um.

Beim Eingang des Sanatoriums lehnte noch immer der Sarg an der Wand, als habe er die ganze Zeit auf mich gewartet. Da schoss mir ein eigentlich abstruser Gedanke durch den Kopf: Ich könnte ihn doch nehmen und damit die Bobbahn hinunterfahren! Oder wartete da drin einer auf seinen Abtransport? Ich krallte meine Finger in den Sargdeckel, öffnete ihn und sah, dass er leer war. Und sehr elegant mit Samt ausstaffiert.

Es dauerte eine halbe Ewigkeit, bis ich ihn an das obere Ende der Bahn gezogen hatte. Schweißgebadet und wohl auch nicht mehr ganz bei Sinnen brachte ich den Sarg in die richtige Position, schob ich ihn an und sprang hinein. Geschafft! Schnell nahm er Fahrt auf, und in rasantem Tempo ging es bergab. Dann aber begann er zu schlingern und die Spur zu verlieren – bis er schließlich in die Höhe schoss. Kurz flog ich durch die Luft, dann knallte er auf den Boden, und ich wurde in hohem Bogen hinausgeschleudert...

Der Sturm ist verflogen, der Himmel strahlend blau. Ich stehe vor einem großen Tor mitten in der weißen Alpenlandschaft – einer Art Himmelstor. Ein unwiderstehlicher Drang bewegt mich dazu, es zu durchschreiten, über die Schwelle auf die andere Seite zu gehen. Kaum aber dass ich drüben bin, reißt etwas in mir auf, ich erfahre den Durchbruch meiner selbst. Ungehindert fließe ich in die Landschaft, verschmelze mit ihr, werde eins mit allem, was da ist. Um mich herum ist alles in merkwürdiges Licht getaucht, alles in wabernder Bewegung, alles geht farblich ineinander über.

Da erblicke ich vor mir eine durchsichtige Blume, eine Lotusblume, die allmählich zu rotieren beginnt. Gleichzeitig spüre ich in mir ein elementares Erstarken meiner Wirbelsäule, Stolz erfüllt mich. Kaum aber, dass ich dieses Gefühl benennen kann, kommt es auch schon zu einer dramatischen Schwächung des Rückrades, verursacht durch eine in sich verschlossene Wesenheit mit spitzen Ohren. Und ein zweites Wesen erscheint, es ist von berückender Schönheit, sieht mich mit diamantenen Augen an, greift nach der Lotusblume und zupft die Blütenblätter ab, um sie um mein Rückgrat zu binden. Bald sind sämtliche Blütenblätter herumgeknüpft.

»Heinrich...!«

Eine schwere Detonation lässt mich aufschrecken. Die Einschläge der Artillerie, die aufsteigenden Rauch- und Feuersäulen, sie kommen immer näher. So schnell ich nur kann, stehe ich auf und renne voller Panik den Hang hinab. Falle immer wieder hin, rappele mich auf und laufe weiter. Ringsumher liegen die Kameraden, von Kugeln getroffen oder in Stücke gerissen, ein heilloses Durcheinander, Angst und Verwirrung. Bald renne ich durch die verschneiten Gassen von Davos, gejagt von Dämonen.

Da kommt ein Soldat auf mich zu. Ein Feind? Ich greife in meine Brusttasche und ziehe den Revolver hervor...

Die Umarmung

Als Anna vor die Tür trat, graute bereits der Morgen. Hatte sie so lange dort unten geschlafen? Rundherum war es still, offenbar schliefen alle noch. Genießerisch atmete sie die frische Gebirgsluft ein.

Da sah sie plötzlich Heinrich mit hochrotem Kopf um die Ecke torkeln. Er hob seine Waffe und zielte auf sie.

»Heinrich!«, schrie sie entsetzt. »Nicht schießen!«

War er von Sinnen? Er schien sie nicht zu erkennen, seine Hand zitterte, doch er hielt noch immer auf sie zu.

»Heinrich! Ich bin es!«

Da, endlich fiel er mit einem Schluchzen vor ihr auf die Knie, die Waffe rutschte in den Schnee. Anna ließ sich ebenfalls fallen und nahm ihn in den Arm. So hielten die beiden sich fest, als wären sie von einem anderen Stern gemeinsam auf diesem Planeten gestrandet.

Ihre Geschichte aber ist noch lange nicht zu Ende...

Sie glauben nicht, dass sich die Geschichte wirklich so zugetragen hat? Überprüfen Sie bitte selbst:

Ahamed, Liaquat: Die Herren des Geldes. Wie vier Bankiers die Weltwirtschaftskrise auslösten und die Welt in den Bankrott trieben. München 2010

Allen, Gary: Die Insider. Baumeister der »Neuen Welt-Ordnung«. Wiesbaden 1971

Allen, Gary: The Rockefeller File. Seal Beach, Kalifornien 1976

Arendt, Hannah: Elemente und Ursprünge totaler Herrschaft. München/Zürich 1986

Baran, Paul A./Sweezy, Paul M.: Monopolkapital. Frankfurt am Main 1970

Barnet, Andrea: Crazy New York. Die Frauen von Harlem und Greenwich Village. Hamburg 2003

Baur, Johannes: Die russische Kolonie in München 1900–1945. Wiesbaden 1998

Beck, Friederike: Das Guttenberg-Dossier: Das Wirken transatlantischer Netzwerke und ihre Einflussnahme auf deutsche Eliten. Aktuelle und geschichtliche Einblicke. Ingelheim am Rhein 2011

Beck, Hanno: Große Geographen. Pioniere, Außenseiter, Gelehrte. Berlin 1982

Ben-Sasson, H. H.: Geschichte des jüdischen Volkes. Von den Anfängen bis zur Gegenwart. München 2007

Bernard, Emily: Carl Van Vechten & The Harlem Renaissance. New Haven/London 2012

Beyer, Susanne: Palucca. Die Biografie. Berlin 2009

Black, Edwin: IBM und der Holocaust. München 2001

Black, Edwin: Nazi Nexus. America's Corporate Connections to Hitler's Holocaust. Washington, D. C. 2009

Black, Edwin: War Against the Weak: Eugenics and America's Crusade to Create a Super Race. New York 2003

Blavatsky, Helena Petrowna: Die Geheimlehre. Eine Auswahl. Calw 1987

Blouet, Brian W.: Global Geostrategy. Mackinder and the Defence of the West. London/New York 2005

Borkin, Joseph: Die unheilige Allianz der I. G. Farben. Eine Interessen-
gemeinschaft im Dritten Reich. Frankfurt am Main 1981
Bracher, Andreas: Europa im amerikanischen Weltsystem. Bruchstücke
zu einer ungeschriebenen Geschichte des 20. Jahrhunderts. Basel
2014
Brenner, Lenni: Zionismus und Faschismus. Werder an der Havel 2007
Bubner, Rüdiger: Deutscher Idealismus. Stuttgart 1994
Büttner, Ben: Der Fünf-Dollar-Tag. Henry Ford und der Fordismus.
München 2003

Carmin, E. R.: Das schwarze Reich. Geheimgesellschaften und Politik
im 20. Jahrhundert. München 1994
Cohen, Naomi W.: Jacob H. Schiff. A Study in American Jewish Lea-
dership. Hannover/London 1999
Cole, Margaret: The Story of Fabian Socialism. London 1961
Conrad, Joseph: Heart of Darkness. London 2007
Corbin, Steven: No easy Place to be. New York 1989

D'Abernon, Viscount: Ein Botschafter der Zeitenwende. Band 1: Von
Spa (1920) bis Rapallo (1922). Leipzig o. J.
D'Abernon, Viscount: Ein Botschafter der Zeitenwende. Band 2: Ruhr-
besetzung. Leipzig o. J.
Delany, Samuel R.: Atlantis. Three Tales. Middletown, Connecticut 1995
Denny, Ludwell: Amerika schlägt England. Geschichte eines Wirt-
schaftskrieges. Stuttgart 1930
Deschner, Karlheinz: Der Moloch. Eine kritische Geschichte der USA.
München 1992
Docherty, Gerry/Macgregor, Jim: Verborgene Geschichte. Wie eine ge-
heime Elite die Menschheit in den Ersten Krieg stürzte. Rotten-
burg 2014
Domhoff, G. William: The Higher Circles. An Investigation of the Men
and Women Who Govern Our Country. New York 1971
Domhoff, G. William: Who Rules America? New Jersey 1967
Dos Passos, John: Manhatten Transfer. Reinbek bei Hamburg 2008
Dostojewski, Fjodor M.: Tagebuch eines Schriftstellers. München/Zü-
rich 2001
Du Bois, W. E. B.: Die Seelen der Schwarzen. The Souls of Black Folk.
Freiburg 2008

Effenberger, Wolfgang/Wimmer, Willy: Wiederkehr der Hasardeure. Schattenstrategen, Kriegstreiber, stille Profiteure 1914 und heute. Höhr-Grenzhausen 2014

Evans, Richard J.: Das Dritte Reich. Aufstieg. München 2005

Faderman, Lillian: Odd Girls and Twilight Lovers. A History of Lesbian Life in Twentieth-Century America. New York 1991

Fisher, Rudolph: The City of Refuge. Columbia 2008

Fisher, Rudolph: The Walls of Jericho. Michigan 1994

Fitzgerald, F. Scott: Der Große Gatsby. Köln 2011

Fitzgerald, F. Scott: Diesseits vom Paradies. Zürich 2007

Flechtner, Hans-Joachim: Carl Duisberg. Vom Chemiker zum Wirtschaftsführer. Düsseldorf 1959

Ford, Henry: My Life and Work. USA 1922

Ford, Henry: The International Jew. The Foremost Problem. Dearborn, Michigan 1920

Franke, Manfred: Schlageter. Der erste Soldat des 3. Reiches. Köln 1980

Franz-Willing, Georg: Krisenjahr der Hitlerbewegung. 1923. Preußisch Oldendorf 1975

Franz-Willing, Georg: Ursprung der Hitlerbewegung. 1919–1922. Preußisch Oldendorf 1974

Frazer, James George: Der goldene Zweig. Das Geheimnis von Glauben und Sitten der Völker. Hamburg 1989

Gable, Craig (Hg.): Ebony Rising. Short Fiction of the Greater Harlem Renaissance Era. Bloomington 2004

Glombowski, Friedrich: Organisation Heinz. Das Schicksal der Kameraden Schlageters. Toppenstedt 2009

Goethe, Johann Wolfgang: Wilhelm Meisters Lehrjahre. Frankfurt am Main 1980

Goodrick-Clarke, Nicholas: Die okkulten Wurzeln des Nationalsozialismus. Wiesbaden 2004

Gordon Jr., Harold J.: Hitlerputsch. Machtkampf in Bayern. 1923–1924. Frankfurt am Main 1971

Gorman, Daniel: The Emergence of International Society in the 1920s. Cambridge 2012

Grant, Madison: Der Untergang der großen Rasse. Die Rassen als Grundlage der Geschichte Europas. Viöl 2002

Griffin, G. Edward: Die Kreatur von Jekyll Island. Die US-Notenbank Federal Reserve. Rottenburg 2002

Guérin, Daniel/Mandel, Ernst: Einführung in die Geschichte des amerikanischen Monopolkapitalismus. Berlin 1972

Guérin, Daniel: Fascisme et grand capital. Paris 1971

Habedank, Heinz: Zur Geschichte des Hamburger Aufstandes 1923. Berlin 1958

Hamann, Brigitte: Hitlers Edeljude. Das Leben des Armenarztes Eduard Bloch. München/Zürich 2008

Harrison, C. G.: Das Transcendentale Weltenall. Stuttgart 1990

Heer, Hannes: Thälmann. Reinbeck bei Hamburg 1975

Heyer, Karl: Wesen und Wollen des Nationalsozialismus. Basel 1991

Higham, Charles: Trading with the Enemy. An Exposé of The Nazi-American Money Plot 1933–1949. New York 1983

Hipler, Bruno: Hitlers Lehrmeister. Karl Haushofer als Vater der NS-Ideologie. St. Ottilien 1996

Hitler, Adolf: Mein Kampf. München, 1941

Hobson, J. A.: Imperialism. A Study. New York 1902

Hösle, Vittorio: Eine kurze Geschichte der deutschen Philosophie. München 2013

Hortschansky, Günther: Ernst Thälmann. Eine Biographie. Berlin 1980

Huggins, Nathan Irvin: Harlem Renaissance. Oxford 1971

Hutchinson, George: The Harlem Renaissance in Black and White. Cambridge 1995

Jeffreys, Diarmuid: Weltkonzern und Kriegskartell. Das zerstörerische Werk der IG Farben. München 2011

Jünger, Ernst: In Stahlgewittern. Stuttgart 1995

Jung, C. G.: Die Beziehungen zwischen dem Ich und dem Unbewussten. München 1994

Kameradschaft Freikorps und Bund Oberland (Hg.): Für das stolze Edelweiß. Aschau i. Ch. 1999

Kandinsky, Wassily: Essays über Kunst und Künstler. Zürich 1955

Karl, Michael: Die Münchner Räterepublik. Porträts einer Revolution. Düsseldorf 2008

Karl, Michaela: »Noch ein Martini und ich lieg unterm Gastgeber«. Dorothy Parker. Eine Biografie. St. Pölten/Salzburg 2011

Kellogg, Michael: The Russian Roots of Nazism. White Émigrés and the Making of National Socialism. 1917–1945. Cambridge 2005

Kludas, Arnold: Vergnügungsreisen zur See. Eine Geschichte der deutschen Kreuzfahrt. Band I: 1889–1939. Hamburg 2001

Kludas, Arnold/Beer, Karl-Theo: Die glanzvolle Ära der Luxusschiffe. Reisekultur auf den Weltmeeren. Hamburg 2005

Köhler, Jochen: Helmuth James von Moltke. Geschichte einer Kindheit und Jugend. Reinbek bei Hamburg 2008

Körner, Roland (Hrsg): Bevor Hitler kam. Drei Hauptquellen zur Ideengeschichte und Frühzeit des Nationalsozialismus von Gottfried Feder, Dietrich Eckart und Rudolf von Sebottendorf. Bremen 2000

Kohl, Christine: Bilder eines Vaters. Die Kunst, die Nazis und das Geheimnis einer Familie. München 2008

Korzetz, Ingo: Die Freikorps in der Weimarer Republik. Freiheitskämpfer oder Landsknechtshaufen? Aufstellung, Einsatz und Wesen bayerischer Freikorps 1918–1920. Marburg 2009

Kühl, Stefan: Die Internationale der Rassisten. Aufstieg und Niedergang der internationalen Bewegung für Eugenik und Rassenhygiene im 20. Jahrhundert. Frankfurt am Main 1997

Kunz, Gunnar: Inflation. Erfurt 2011

Kunz, Gunnar: Organisation C. Erfurt 2007

Laban, Rudolf von: Die Welt des Tänzers. Stuttgart 1922

Lacey, Robert: Ford. The Men and the Machine. New York 1986

Landes, David: Die Macht der Familie. Wirtschaftsdynastien in der Weltgeschichte. München 2008

Landmann, Robert: Ascona – Monte Verità. Auf der Suche nach dem Paradies. Frauenfeld 2009

Larsen, Nella: Quicksand & Passing. Blacksburg 2010

Lasker-Schüler, Else: Sämtliche Gedichte. Frankfurt am Main 2004

Le Rider, Jacques: Modernité viennoise et crises de l'identité. Paris 1990

Lemke, Sieglinde: Primitivist Modernism. Black Culture and the Origins of Transatlantic Modernism. Oxford/New York 1998

Leppmann, Wolfgang: Die Roaring Twenties. Amerikas wilde Jahre. München/Leipzig 1992

Locke, Alain: The New Negro. Voices of the Harlem Renaissance. New York 1925

Löbbermann, Dorothea: Memories of Harlem. Literarische (Re)Konstruktionen eines Mythos der zwanziger Jahre. Frankfurt am Main/New York 2002

Mann, Heinrich: Ein Zeitalter wird besichtigt. Frankfurt am Main 1988

Mann, Thomas: Der Zauberberg. Frankfurt am Main 2002

Mann, Golo: Deutsche Geschichte des 19. und 20. Jahrhunderts. Frankfurt am Main 1992

Matthews, Jeffrey J.: Alanson B. Houghton. Ambassador of the New Era. Lanham 1965

McKay, Claude: Home to Harlem. Boston 1987

Métraux, Alfred: Voodoo in Haiti. Gifkendorf 1998

Misik, Robert: Was Linke denken. Wien 2015

Möller, Helmut/Howe, Ellic: Merlin Peregrinus. Vom Untergrund des Abendlandes. Würzburg 1986

Moore, Lucy: Anything Goes. A Biography of the Roaring Twenties. New York 2010

Morrison, Toni: Jazz. Reinbek bei Hamburg 2006

Morrison, Toni: Playing in the Dark. New York 1993

Mullins, Eustace/Bohlinger, Roland: Die Bankenverschwörung. Die Machtergreifung der Hochfinanz und ihre Folgen. Struckhum/Nordfriesland 1954

Nemo, Papa: Der Weg des Voodoo. Von den Grundlagen zur Praxis. Siegburg 2003

Neumann, Erich: Tiefenpsychologie und neue Ethik. Frankfurt am Main 1997

Neumann, Erich: Ursprungsgeschichte des Bewusstseins. Frankfurt am Main 1995

Nippoldt, Robert: Jazz. Im New York der wilden Zwanziger. Hildesheim 2008

Obermann, Karl: Die Beziehungen des amerikanischen Imperialismus zum deutschen Imperialismus in der Zeit der Weimarer Republik (1918–1925). Berlin 1952

Osterrieder, Markus: Welt im Umbruch. Stuttgart 2014

Philipponnat, Olivier/Lienhardt, Patrick: Irène Némirovsky. Die Biographie. München 2012

Ploppa, Hermann: Hitlers amerikanische Lehrer. Die Eliten der USA als Geburtshelfer des Nationalsozialismus. Marburg 2008

Polanyi, Karl: La Grande Transformation. Aux Origines politiques et économiques de notre temps. Paris 1983

Poos, Dominik: Soldatische Erwartungen und Erfahrungen im Ersten Weltkrieg. München 2011

Preparata, Guido Giacomo: Wer Hitler mächtig machte. Wie britisch-amerikanische Finanzeliten dem Dritten Reich den Weg bereiteten. Basel 2010

Quigley, Carroll: Katastrophe und Hoffnung. Basel 2011

Quigley, Carroll: The Anglo-American Establishment. San Pedro, Kalifornien 1981

Rattemeyer, Volker (Hg.): Das Geistige in der Kunst. Vom Blauen Reiter zum Abstrakten Expressionismus. Wiesbaden 2010

Ravenscroft, Trevor: Die heilige Lanze. Der Speer von Golgatha. München 1970

Reed, Ishmael: Mumbo Jumbo. New York 1996

Reuter, Astrid: Voodoo und andere afroamerikanische Religionen. Frankfurt am Main 2003

Riemeck, Renate: Mitteleuropa. Bilanz eines Jahrhunderts. Frankfurt am Main 1965

Riley, Len: Harlem. New York 1997

Risi, Armin: Einheit im Licht der Ganzheit. Zürich 2011

Risi, Armin: Ganzheitliche Spiritualität. Zürich 2011

Rosenberg, Alfred: Der Mythus des XX. Jahrhunderts. München 1943

Rosenberg, Arthur: Geschichte der Weimarer Republik. Hamburg 1991

Rott, Marianne: Zauberberg-Wanderung. Vom Waldhotel Davos zum Thomas-Mann-Platz auf der Schatzalp. Würzburg 2009

Roussel, Pascal: Divina Insidia. Eine göttliche Falle. Berlin 2012

Rovira, Àlex/Miralles, Francesc: Einsteins Versprechen. Berlin 2011

Rupieper, Hermann J.: The Cuno Government and Reparations. 1922–1923: Politics and Economics. Den Haag/Boston/London 1979

Sabrow, Martin: Die verdrängte Verschwörung. Der Rathenau-Mord und die deutsche Gegenrevolution. Frankfurt am Main 1999

Sanger, Margaret: The Pivot of Civilization. O. O. 2010

Sauer, Bernhard: Schwarze Reichswehr und Fememorde. Eine Milieustudie zum Rechtsradikalismus in der Weimarer Republik. Berlin 2004

Schneer, Jonathan: The Balfour Declaration. The Origins of the Arab-Israeli Conflict. London 2010

Schrobsdorff, Angelika: »Du bist nicht so wie andere Mütter«. München 2006

Schroeder, Christoph: Geopolitik und Weltordnung. Heartland-Theorie. München 2008

Schultze, Ernst (Hg.): Ruhrbesetzung und Weltwirtschaft. Eine internationale Untersuchung der Einwirkungen der Ruhrbesetzung auf die Weltwirtschaft. Leipzig 1927

Schwab, Andreas: Monte Verità. Sanatorium der Sehnsucht. Zürich 2003

Schwarz, Fritz: Morgan. Der ungekrönte König der Welt. Darmstadt 2008

Solovyov, Vladimir Sergeyevich: War, Progress, and the End of History. Including a Short Story of the Anti-Christ. London 1915

Steiner, Rudolf: Kunst und Kunsterkenntnis. Grundlagen einer neuen Ästhetik. Dornach/Schweiz 1986

Swami Omkarananda und C.G. Jung: Der psychologische Schatten und das überpsychologische Selbst. Zürich 1970

Stoddard, Lothrop: The Rising Tide of Color Against White World-Supremacy. New York 1920

Sutton, Antony S.: Wallstreet and the Bolshevik Revolution. New York 1974

Sutton, Antony S.: Wallstreet und der Aufstieg Hitlers. Basel 2009

Symonds, John: Das Tier 666. Leben und Mystik. München 1996

Thurman, Wallace: Infants of the Spring. New York 1992

Toomer, Jean: Cane. New York 1923

Ufermann, Paul/Hüglin, Carl: Stinnes und seine Konzerne. Berlin 1924

Ulfkotte, Udo: Gekaufte Journalisten. Wie Politiker, Geheimdienste und Hochfinanz Deutschlands Massenmedien lenken. Rottenburg 2014

Ulrich, Bernd/Ziemann, Benjamin: Frontalltag im Ersten Weltkrieg. Essen 2008

Van Vechten, Carl: Nigger Heaven. New York 1926

Van Vechten, Carl: Parties. Berlin 2010

Viesel, Hansjörg: Literaten an der Wand. Frankfurt am Main 1980

Voswinckel, Ulrike: Freie Liebe und Anarchie. Schwabing – Monte Verità. Entwürfe gegen das etablierte Leben. München 2009

Wallace, Mac: The American Axis. Henry Ford, Charles Lindbergh, and the Rise of the Third Reich. New York 2003

Warburg, James P.: Germany. Key to Peace. New York 1953

Warburg, James P.: Turning Point toward Peace? New York 1955

Weininger, Otto: Geschlecht und Charakter. München 1980

Wells, H. G.: Die offene Verschwörung. Aufruf zur Weltrevolution. Frankfurt am Main 1996

Wurm, Clemens A.: Industrielle Interessenpolitik und Staat. Internationale Kartelle in der britischen Außen- und Wirtschaftspolitik während der Zwischenkriegszeit. Berlin 1988

Xammar, Eugeni: Das Schlangenei. Berichte aus dem Deutschland der Inflationsjahre 1922–1924. Berlin 1998

Zdral, Wolfgang: Der finanzierte Aufstieg des Adolf H. Wien 2002

Ziegler, Philip: Legacy. Cecil Rhodes, the Rhodes Trust and Rhodes Scholarships. Yale 2008

Zopf, Regine: Das Unsichtbare wird sichtbar. Die Chakren und ihre Bedeutungen für die heutigen Menschen. Scharnhorst 2000

Zweig, Stefan: Der Kampf mit dem Dämon. Hölderlin, Kleist, Nietzsche. Leipzig 1985

Zweig, Stefan: Die Welt von Gestern. Erinnerungen eines Europäers. Frankfurt am Main 2010

Zweig, Arnold: Erziehung vor Verdun. Berlin 2010

ABBILDUNGSNACHWEIS

Umschlag vorne innen: Halford J. Mackinder: »The Geographical Pivot of History«. In: Geographical Journal 23, Nr. 4, April 1904, S. 435

Seite 13:   Ausstellungskatalog »Gottfried Graf & die Macht der Vision – eine Introspektive«. Städtische Galerie Böblingen 2016, S. 76

Umschlag hinten innen: Harry H. Laughlin: »The Second International Exhibition of Eugenics held September 22 to October 22, 1921, in connection with the Second International Congress of Eugenics in the American Museum of Natural History, New York«. William & Wilkins Co., Baltimore 1923

Deutsche und Juden vor 1939

Stationen und Zeugnisse einer schwierigen Beziehung

Von Wolfgang Effenberger und Reuven Moskovitz

Taschenbuch, 640 Seiten, über 100 Abb.,
ISBN 978-3-943007-14-5

www.deutsche-und-juden-vor-1939.de